国家社科基金重点项目"'一带一路'海外中国公民权益保护的法律供给机制研究"（编号：16AZD023）研究成果

"一带一路"
海外公民权益保护的法律对策

蒋新苗◎主编

湖南师范大学出版社
·长沙·

图书在版编目（CIP）数据

"一带一路"海外公民权益保护的法律对策／蒋新苗主编. --长沙：湖南师范大学出版社，2024.12

ISBN 978 - 7 - 5648 - 5442 - 3

Ⅰ.①一… Ⅱ.①蒋… Ⅲ.①法律保护—基本知识—世界 Ⅳ.①D911.05

中国国家版本馆 CIP 数据核字（2024）第 103586 号

"一带一路"海外公民权益保护的法律对策

"Yi Dai Yi Lu" Haiwai Gongmin Quanyi Baohu de Falü Duice

蒋新苗 主编

◇出 版 人：吴真文
◇责任编辑：孙雪姣
◇责任校对：谢兰梅
◇出版发行：湖南师范大学出版社
　　　　　　地址/长沙市岳麓区　邮编/410081
　　　　　　电话/0731 - 88873071　88873070
　　　　　　网址/https：//press. hunnu. edu. cn
◇经销：新华书店
◇印刷：长沙雅佳印刷有限公司
◇开本：787 mm×1092 mm　1/16
◇印张：34
◇字数：680 千字
◇版次：2024 年 12 月第 1 版
◇印次：2024 年 12 月第 1 次印刷
◇书号：ISBN 978 - 7 - 5648 - 5442 - 3
◇定价：98.00 元

凡购本书，如有缺页、倒页、脱页，由本社发行部调换。

目 录

绪 论

当今的热词"一带一路"（The Belt and Road，B & R）指"丝绸之路经济带"和"21 世纪海上丝绸之路"两者的简称。① 据历史考证，"丝绸之路"的名称源于德国著名地理学者里希特霍芬（1833—1905 年）撰写出版的著作《中国：亲身旅行的成果和以之为根据的研究》（五卷）一书。② 他在这一巨著的第 4 卷和第 5 卷中，将公元前 114 年至公元 127 年这一阶段，中国与中亚、中国与印度之间因丝绸贸易需求而开拓出的通道形象地命名为"丝绸之路"。里希特霍芬首创的这一名称迅速为地理地质学术界和大众所接受并予以广泛应用。其后，德国著名史学家赫尔曼在上一世纪初出版的《中国与叙利亚之间的古代丝绸之路》中，根据新发现的一系列考古资料出土文物，认为丝绸之路还应包括中国通往地中海西岸和小亚细亚的道路。至此，丝绸之路的范围得以确立。它是中国古代经过中亚通往南亚、西亚以及欧洲、北非的陆上贸易交往的通道。具体而言，中国古代的陆上"丝绸之路"主要是指西汉（公元前 202 年至公元 8 年）张骞受汉武帝指派出使西域所经过的地方，起点为西汉首都长安（即现今的西安），全长约 6440 公里，经过凉州、酒泉、瓜州、敦煌、新疆及中亚国家阿富汗、伊朗、伊拉克、叙利亚等地到达地中海沿岸，目的地是罗马。张骞开辟的这条"陆上丝绸之路"被认为是以丝

---

① 除了"陆上丝绸之路"和"海上丝绸之路"，还有北向蒙古高原，再西行天山北麓进入中亚的"草原丝绸之路"等。

② 里希特霍芬（Ferdinand Von Richthofen）1833 年 5 月 5 日出生于普鲁士上西里西亚卡尔斯鲁赫（现为波兰管辖之地），1905 年 10 月 6 日卒于柏林。他早年就学于布雷斯劳大学和柏林洪堡大学，1856 年毕业并获博士学位。里希特霍芬一直从事地质调查和地理学研究，除专注于欧洲区域地质调查外，还到日本、中国、印度尼西亚、菲律宾、锡兰、缅甸和美国等许多地方旅游考察，其中 1868 年至 1872 年之间曾七次到中国进行地质考察。里希特霍芬 1873 年至 1878 年任德国柏林国际地理学会会长，1875 年担任波恩大学地质学教授，1883 年至 1886 年担任莱比锡大学地理学教授，1886 年担任柏林洪堡大学教授和校长。

绸贸易为纽带联结欧亚大陆的重要通道，是古代东西方文明交流与融通的关键之路。① 而"海上丝绸之路"则是指古代中国与世界其他地区进行经济文化交流交往的海上贸易的路线。最早开辟可追溯到秦汉时期，出发地一般为沿海的广州、泉州、宁波、扬州等港口城市，近至南洋而后阿拉伯海最远至非洲东海岸。在当今全球化时代，随着世界贸易与经济文化交流的拓展，丝绸之路成为古代中国与西方所有政治经济文化往来通道的统称。

在当今世界迈入信息化、电子化、智能化、网络化、市场化、全球化、多元化走势不可逆转大潮流之际，国际社会面临的严峻挑战也与日俱增，不可预测性和不稳定性等变数增多，非传统安全威胁的风险增大，单边主义逆全球化潮头而兴风作浪，贸易保护主义逆贸易自由化而肆虐横行，霸权主义和极端主义逆国际法治而猖獗无忌，世界贸易摩擦或贸易战愈演愈烈，全球化的发展、变革、分化与异化并存，全球治理体系危机四伏，国际秩序的重塑不断加剧。以国家为中心的原有国际秩序被打破，以个人、跨国公司、专业团体、非政府组织等为主的非国家行为体发挥着越来越重要的作用，全球治理的主体日趋多元化，资本、劳动力、生产技术和贸易服务等世界经济要素的跨界流动以及资源的全球配置与国际移民的加速，从客观上呼唤世界各国共享共建以促进经济要素、资源和市场深度交流融合，推动"一带一路"共建国实现包括经济合作在内的更大范围、更高水平、更深层次的区域共建，一起打造开放、包容、均衡、普惠的区域经济合作架构。与此同时，当今国际社会的治理模式已由乌托邦式的"世界政府治理"，逐渐演变为包括"政府治理"、"没有政府治理"和"超国家治理"在内的多元治理模式。现实中，传统治理理论与应对全球性问题的制度需求脱轨或背道而驰。国际社会现行治理模式缺乏满足全球公共产品供给能力，现存国际组织囿于职权或机制僵化而难以发挥解决全球性危机的固有功能，不少国家主体参与全球治理的意愿日渐衰减，全球公共利益不时遭受局部利益的博弈或绑架，全球治理机制辖域与职权的僵硬化、滞后化、私益化、碎片化和无序化日趋凸显且无法彻底解决世界争端。日益严峻的世界局势以及与日俱增的全球性难题，不仅迫使全球治理和国际法治的公法性模式不得不更新换代，而且迫使全球治理模式和国际法治机制不断创新升级。所有这些均需要全方位整合区域合作与全球合作精神，秉持国际社会本位理念，共同维护国际社会正当权益与根本利益，构建新型伙伴关系，增

---

① 参见《谁发现了丝绸之路》，http://www.cssn.cn/ts/dlz/rwsk/txdysbss/201504/t20150423_1599720.shtml，访问时间：2024年7月15日。

进世界各国人民的人文交流与文明互鉴，共享和谐、安宁与幸福的美好生活。为此，习近平主席 2013 年 9 月在哈萨克斯坦访问期间前往纳扎尔巴耶夫大学进行演讲，首次提出构建"丝绸之路经济带"的设想：为了使我们欧亚各国经济联系更加紧密、相互合作更加深入、发展空间更加广阔，我们可以用创新的合作模式，共同建设"丝绸之路经济带"。沿途各国人民必将因此收获幸福。以点带面，从线到片，逐步形成区域大合作。随后，习近平主席 2013 年 10 月 3 日在印度尼西亚国会发表演讲时提出共同建设 21 世纪"海上丝绸之路"，倡导"共享机遇、共迎挑战，实现共同发展、共同繁荣"。不仅如此，习近平主席还在不同场合多次论及"一带一路"，2014 年 6 月在中阿合作论坛第六届部长级会议开幕式上强调"一带一路"是互利共赢之路。2015 年 3 月 28 日在博鳌亚洲论坛开幕式上特别指出："'一带一路'建设秉持的是共商、共建、共享原则，不是封闭的，而是开放包容的；不是中国一家的独奏，而是沿线国家的合唱。"2016 年 1 月，习近平主席访问沙特阿拉伯、埃及、伊朗和阿盟总部时在阿盟总部发表演讲明确提出："我们在中东不找代理人，而是劝和促谈；不搞势力范围，而是推动大家一起加入'一带一路'朋友圈；不谋求填补'真空'，而是编织互利共赢的合作伙伴网络。"2016 年 8 月，习近平总书记在推进"一带一路"建设工作座谈会上进一步提出 8 项要求，从统一思想到统筹落实，从金融创新到人文合作，从话语体系建设到安全保障，面面俱到。2017 年 10 月 18 日，习近平总书记在党的十九大所作报告的第十二部分的标题就是"坚持和平发展道路，推动构建人类命运共同体"，提出"一带一路"建设中推动构建人类命运共同体。2021 年 4 月 20 日，博鳌亚洲论坛年会中习近平主席强调：要把"一带一路"建成"减贫之路"、"增长之路"，为人类走向共同繁荣作出积极贡献。2021 年 7 月 1 日，习近平总书记在《庆祝中国共产党成立 100 周年大会上的讲话》中指出："在新的征程上，我们必须高举和平、发展、合作、共赢旗帜，奉行独立自主的和平外交政策，坚持走和平发展道路，推动建设新型国际关系，推动构建人类命运共同体，推动共建'一带一路'高质量发展，以中国的新发展为世界提供新机遇。"2022 年党的二十大报告指出"共建'一带一路'成为深受欢迎的国际公共产品和国际合作平台"。2023 年是提出共建"一带一路"倡议 10 周年，10 月 18 日习近平主席在第三届"一带一路"国际合作高峰论坛的主旨演讲中强调中方愿同各方深化"一带一路"合作伙伴关系，推动共建"一带一路"进入高质量发展的新阶段，为实现世界各国的现代化作出不懈努力。尤其引人注目的是，2018 年 3 月 11 日，第十三届全国人大第一次会议通过的宪法修正案在序言中明文规定："发展同各国的外交关系和经济、文化交流，推动构建人类命运共同体。"2013 年 11 月,《中共中央关于全面深化改革若干重大问题的决定》包含"一带一路"构想,有一系列文件在努力贯彻和落实习近平总书记有关"一带一路"倡议的精神和要求。例如,2014 年 12 月中央经济工作会议将"一带一路"列为 2015 年经济工作的主要任务之一,通过了"一带一路"建设战略规划。2015 年 3 月,国家发展改革委、外交部和商务部联袂发布《推动共建丝绸之路经济带和 21 世纪海上丝绸之路的愿景与行动》。① 2015 年 7 月 20 日党的十八届五中全会决定:中国三大发展战略为"一带一路"建设、京津冀协同发展、长江经济带发展。2016 年 3 月,"推进'一带一路'建设"被列为国家"十三五"规划纲要的专门一章。2018 年 1 月 23 日,中央深化改革领导小组会议通过《关于建立"一带一路"国际商事争端解决机制和机构的意见》。2021 年 3 月 14 日发布的《中华人民共和国国民经济和社会发展第十四个五年规划和 2035 年远景目标纲要》将从"加强发展战略和政策对接、推进基础设施互联互通、深化经贸投资务实合作、架设文明互学互鉴桥梁"这四个方面继续推动"一带一路"高质量发展。"一带一路"倡议也得到以联合国为代表的国际社会的认同。2018 年 7 月举行的"一带一路"法治合作国际论坛发表《"一带一路"法治合作国际论坛共同主席声明》。2017 年 3 月 17 日,"一带一路"写入联合国安理会决议(联合国安理会在关于阿富汗问题第 2344 号决议,呼吁国际社会凝聚援助阿富汗共识,通过"一带一路"建设等加强区域经济合作,敦促各方为"一带一路"建设提供安全保障环境、加强发展政策战略对接、推进互联互通务实合作等)。

"一带一路"建设的倡议作为一种理论创新和探索,是全球治理模式转变发展中的必然产物,是中国共产党和中国政府主动应对全球形势深刻变化、统筹国内国际两个大局作出的重大决策。"一带一路"倡议是新一届党中央在处理新型国际关系中的统筹兼顾与发展理念的创新;在迅速变幻的国际环境中,把握我国重要战略机遇期,基于新安全观的周边外交大战略,主动推出对外开放的新举措。"一带一路"倡议促进区域合作,有利于沿线各国经济繁荣,不同文明交流互鉴,从而促进世界和平发展,是中国应对复杂的国际和周边局势的选择。时任国务院总理李克强同志 2018 年 3 月 5 日在第十三届全国人大一次会议上做的《政府工作报告》中也特别提到:推进"一带一路"国际合作,坚持共商共建共享,落实"一带一路"国际合作高峰论坛成果。推动国际大通道建设,深化沿线大通关合作。

---

① 2015 年 2 月,中央成立"一带一路"建设工作领导小组。2015 年 12 月 16 日,陈恩天提出:每年 12 月 16 日为"一带一路"国际日(一爱相伴一路)。

扩大国际产能合作,带动中国制造和中国服务走出去。可见,扎实推进"一带一路"建设、同奏合作共赢新乐章,这是努力实现构建人类命运共同体使命的必然要求和客观需要。

事实上,自2013年9月习近平总书记提出"一带一路"倡议,越来越多国家响应与参与。共建"一带一路"已成为中国提供给世界的新方案:积极参与国际合作、完善全球治理机制、促进世界共同繁荣发展、推动人类命运共同体构建。截至2023年10月15日,中国已经同150多个国家、30多个国际组织签署"一带一路"合作文件;① 2021年中国对外直接投资继续保持两位数增长,流量达1788.2亿美元,位列全球第二,同比增长16.3%,占全球的10.5%,2021年,中国企业对"一带一路"共建国家直接投资流量达241.5亿美元,同比增长7.1%,较2012年翻一番,占同期中国对外直接投资流量总额的13.5%。其中,制造业是中国对"一带一路"共建国家的重点投资行业,直接投资流量达94.3亿美元,同比增长22.8%,份额占39%。2013—2022年,中国与共建国家进出口总额累计19.1万亿美元,年均增长6.4%;与共建国家双向投资累计超过3800亿美元,其中中国对外直接投资超过2400亿美元;中国在共建国家承包工程新签合同额、完成营业额累计分别达到2万亿美元、1.3万亿美元。② 2022年中国对外直接投资流量1631.2亿美元,为全球第2位,连续11年列全球前三,连续7年占全球份额超过一成。中国对外直接投资存量达2.75万亿美元,连续6年排名全球前三。③ 2022年中国与共建国家进出口总额近2.9万亿美元,占同期中国外贸总值的45.4%,较2013年提高了6.2个百分点;中国民营企业对共建国家进出口总额超过1.5万亿美元,占同期中国与共建国家进出口总额的53.7%。其中,在共建"一带一路"国家设立境外企业1.6万家。④ 截至2023年底,中国对"一带一路"共建国家直接投资存量超3000亿美元,境外经贸合作区超过100家,累计投资近730亿美元。在共建国家承包工程完成营业额近2万亿美元,占对外承包工程总额的比重超八成。2023年,中国与共建"一带一路"国家进出口达19.47万亿元,

---

① 《第三届"一带一路"国际合作高峰论坛主席声明》,https://www.yidaiyilu.gov.cn/,访问时间:2023年11月1日。

② 国务院新闻办公室:《〈共建"一带一路":构建人类命运共同体的重大实践〉白皮书》,http://www.scio.gov.cn/gxzt/dtzt/49518/32678/32679_32746/202310/t20231010_773749.html/,访问时间:2023年11月1日。

③ 中华人民共和国商务部:《2022年度中国对外直接投资统计公报》,http://perth.mofcom.gov.cn/article/jmxw/202310/20231003445672.shtml,访问时间:2024年6月30日。

④ 《共建"一带一路":构建人类命运共同体的重大实践》,http://www.scio.gov.cn/gxzt/dtzt/49518/32678/index.html,访问时间:2024年6月30日。

增长 2.8%，占中国外贸总值的 46.6%，规模和占比均为倡议提出以来的最高水平。同年，中欧班列开行 1.7 万列，发送货物 190 万标箱，同比分别增长 6% 和 18%；西部陆海新通道班列运输货物 86 万标箱，增长 14%；海关监管验放中老铁路进出口货物 421.8 万吨，增长 94.9%；① 一些重大项目如中老铁路、雅万铁路等取得积极进展，中白工业园新入园企业 13 家。同时，沿线国家企业也看好中国发展机遇，在华新设企业 4294 家，直接投资 82.7 亿美元。② 目前中国已与近 60 个"一带一路"共建国家签署了双边投资协定，促进双边投资升级，其中，2015 年，中国企业对 49 个"一带一路"共建国家非金融类直接投资 148.2 亿美元、与 60 个国家新签对外承包工程项目合同额 926.4 亿美元；2016 年，中国企业对"一带一路"沿线 53 个国家非金融类直接投资 145.3 亿美元、与 61 个国家新签对外承包工程项目合同额 1260.3 亿美元；2017 年，中国企业对"一带一路"沿线 57 个国家非金融类直接投资 143.6 亿美元、在沿线 61 个国家新签对外承包工程项目合同额 1443.2 亿美元；2018 年，中国企业对"一带一路"沿线 56 个国家非金融类直接投资 156.4 亿美元、在沿线 62 个国家新签对外承包工程项目合同额 1257.8 亿美元；2019 年，中国企业对"一带一路"沿线 56 个国家非金融类直接投资 150.4 亿美元、在沿线 62 个国家新签对外承包工程项目合同额 1548.9 亿美元。2023 年，我国企业在"一带一路"共建国家非金融类直接投资 2240.9 亿元人民币，比上年增长 28.4%；对外承包工程方面，我国企业在"一带一路"共建国家新签承包工程合同额 16007.3 亿元人民币，增长 10.7%；完成营业额 9305.2 亿元人民币，增长 9.8%。③ 联合国贸发会议（UNCTAD）网站发布的《2021 世界投资报告》显示，中国 2020 年已跃居为全球第一大外国直接投资流出国。截至 2023 年，我国全行业对外直接投资 10418.5 亿元人民币，比上年增长 5.7%。其中，我国境内投资者共对全球 155 个国家和地区的 7913 家境外企业进行了非金融类直接投资，累计投资 9169.9 亿元人民币，增长 16.7%。④ 2019 年对外劳务派出总人数 48.7 万人，承包工程项下派出人数 21.1 万人、劳务合作项下派出人数 27.6 万人，对"一带一路"

---

① 中华人民共和国商务部：《2023 年中国与东盟、RCEP 其他成员国及"一带一路"沿线国家贸易情况》，http：//asean. mofcom. gov. cn/article/o/r/202401/20240103466237. shtml，访问时间：2024 年 6 月 30 日。

② 中华人民共和国商务部：《2020 年中国对外投资合作情况》，http：//www. mofcom. gov. cn/article/i/jyjl/l/202102/20210203038250. shtml，访问时间：2021 年 7 月 1 日。

③ 中华人民共和国商务部：《2023 年我国对"一带一路"共建国家投资合作情况》，http：//file. mofcom. gov. cn/article/tongjiziliao/dgzz/202401/20240103469619. shtml，访问时间：2024 年 6 月 30 日。

④ 中华人民共和国商务部：《2023 年我国全行业对外直接投资简明统计》，https：//hzs. mofcom. gov. cn/tjsj/art/2024/art_ 11235a0aea794093846b51c5b891ac37. html，访问时间：2024 年 6 月 30 日。

共建国家派出劳务 27.3 万人，① 2020 年对外劳务合作派出各类劳务人员 30.1 万人，12 月末在外各类劳务人员 62.3 万人。② 可见，随着"一带一路"建设的全方位推进和深入发展，中国公民和企业越来越多走出国门，中国公民与企业在海外的数量之多可谓史无前例，海外利益分布也十分广泛。具体而言，新中国成立至改革开放以前，中国公民出国的人数屈指可数；1978 年改革开放以后，中国公民走出国门的日益增多；"一带一路"倡议实施以后，中国公民出国人数居高不下。国家统计局的权威统计数据显示，自 2013 年"一带一路"倡议提出至 2023 年，中国公民出境旅游人数已从 0.98 亿人次增长到 2.06 亿人次，③ 成为世界第一，当之无愧地号称全球最大的出境旅游市场大国。教育部的权威统计数据显示，2019 年中国在海外留学人员总数为 165 万人。④ 商务部的权威统计数据显示，2017 年中国在海外的劳务人员为 97.7 万人；2018 年中国在海外的劳务人员为 99.7 万人；2019 年中国在海外的劳务人员为 99.2 万人；2023 年在海外劳务人员为 54.1 万。⑤ 此外，中国在海外的企业数量也在不断增加，国家外汇管理局的权威统计数据显示，目前中国自然人和法人在境外直接投资设立企业将近 6 万家，资产总额超过 9 万亿

① 此前的有关统计数据表明，截至 2015 年上半年，中国累积向"一带一路"沿线国家派出各类劳务人员 280.3 万人，占累积对外派出劳务人员总数的 36.4%。http://www.china.com.cn/newphoto/news/2015-07/07/content_36001143_2.htm，访问时间：2021 年 7 月 1 日。

② 中华人民共和国商务部：《2020 年中国对外投资合作情况》，http://www.mofcom.gov.cn/article/i/jyjl/l/202102/20210203038250.shtml，访问时间：2021 年 7 月 1 日。

③ 国家移民局：《2023 年全国出入境人员超 4.24 亿人次》，https://s.nia.gov.cn/mps/tztg/202401/t20240100_0106.html，访问时间：2024 年 6 月 30 日。

④ 教育部：《2019 年出国留学人员情况统计》，http://www.moe.gov.cn/jyb_xwfb/gzdt_gzdt/s5987/202012/t20201214_505447.html，访问时间：2021 年 7 月 1 日。

⑤ 中华人民共和国商务部有关统计数据显示：2012 年对外劳务派出总人数 51.2 万人（承包工程项下派出人数 23.3 万人、劳务合作项下派出人数 27.8 万人），其中对"一带一路"沿线国家派出劳务 28.1 万人；2013 年对外劳务派出总人数 52.7 万人（承包工程项下派出人数 27.1 万人、劳务合作项下派出人数 25.6 万人），其中对"一带一路"沿线国家派出劳务 28.4 万人。2014 年对外劳务派出总人数 56.2 万人（承包工程项下派出人数 26.9 万人、劳务合作项下派出人数 29.3 万人），其中对"一带一路"沿线国家派出劳务 30.9 万人。2015 年对外劳务派出总人数 53 万人（承包工程项下派出人数 25.3 万人、劳务合作项下派出人数 27.7 万人），其中对"一带一路"沿线国家派出劳务 33.1 万人，年末在外各类劳务人员 102.7 万人。2016 年对外劳务派出总人数 49.4 万人（承包工程项下派出人数 23 万人、劳务合作项下派出人数 26.4 万人），其中对"一带一路"沿线国家派出劳务 32.7 万人，年末在外各类劳务人员 96.9 万人。2017 年对外劳务派出总人数 52.2 万人（承包工程项下派出人数 22.2 万人、劳务合作项下派出人数 30 万人），其中对"一带一路"沿线国家派出劳务 31.3 万人，年末在外各类劳务人员 97.7 万人。2018 年对外劳务派出总人数 49.2 万人（承包工程项下派出人数 22.7 万人、劳务合作项下派出人数 26.5 万），其中对"一带一路"沿线国家派出劳务 30.2 万人，年末在外各类劳务人员 99.7 万人。2019 年对外劳务派出总人数 48.7 万人（承包工程项下派出人数 21.1 万人、劳务合作项下派出人数 27.6 万人），其中对"一带一路"沿线国家派出劳务 27.3 万人，年末在外各类劳务人员 99.2 万人。2023 年对外劳务派出总人数 34.7 万人（其中承包工程项下派出 11.1 万人，劳务合作项下派出 23.6 万人），年末在外各类劳务人员 54.1 万人。数据来源，中华人民共和国商务部：《2023 年我国对外劳务合作业务简明统计》，http://fec.mofcom.gov.cn/article/tjsj/ydjm/lwhz/202401/20240103469622.shtml，访问时间：2024 年 6 月 30 日。

美元。① 与此同时，海外中国公民的人身和财产遭到传统和非传统突发事件冲击的风险不断增加，海外中国国民面临的安全威胁已经不局限于因盗窃、抢劫等犯罪行为所导致的常见人身伤害和财产损失，还包括日益增多的国际社会中常见的恐怖袭击以及在海上所面临的海盗袭击等，并且诸如自然灾害、大面积暴发的流行性疾病、国外动荡的政治局势等重大的、突发的事件也频繁威胁着身处海外的中国公民的安全。尤其是"一带一路"共建国家大多数是一些发展中国家，有的国家政局动荡频繁、战乱不断、法治水平低、社会治安差，进一步增加了海外中国公民权益保护的难度。世界百年变局与中华民族伟大复兴战略全局"两局交织"、激烈碰撞，使得中国海外公民权益的维护面临更加艰难的困境与挑战。因此，有效保障身在海外的中国公民的生命、财产安全不受侵扰，保护其合法权益，已经成为中国政府、相关企业和社会各界所面临的亟待解决的重大课题和难题。

海外利益已然得到每一国家的高度重视。当下，衡量一个国家政府社会管理能力水平高低的重要指标是能否为其海外公民提供高质量、高效率的保护，能否切实维护海外公民各项权益。自党的十八大以来，我国领事保护能力建设与海外民生工程建设取得历史性成就。在习近平总书记等中央领导同志关怀下，我国成功组织多次海外中国公民撤离行动，其中包括第一次动用军舰撤侨，使困于也门战乱的同胞安全撤离；受理各类领保救助案件近 30 万起，包括处理 100 多起中国公民在境外遭遇绑架或者袭击的重大案件。外交部门借力新媒体新技术，推出新版中国领事服务网、12308 热线、"领事直通车"微信公众号等领事信息和服务平台，努力为海外同胞提供全天候、零时差、无障碍的领事服务。遍及世界各地的中国公民真切感受到："中国脚步"走到哪里，"中国保护"就会跟到哪里；切身体会到：祖国日益强大与兴旺发达是中国人的荣光！不过，我国主要以外交手段来进行领事保护，深受政治因素、道德因素影响，在国际社会层面缺乏权威性和强制性，其法律依据亟须加强。因此，在全球治理与全面依法治国的叠加下，海外中国公民权益的保护问题引起了党和政府的高度重视，反复强调"应将其纳入法治化轨道"。2012 年党的十八大报告就提出"要坚定维护国家利益和我国公民、法人在海外的合法权益"。2013 年党的十八届三中全会提出"完善我国领事保护体系"。2014 年李克强在谈到海外民生问题时提出："中国将加大海外领事保护人力和财政投入，年底前建成全球领事保护应急呼叫中心。"2014 年 4 月 15 日，习近

---

① 国家外汇管理局：《国家外汇管理局公布 2024 年 3 月末我国国际投资头寸表》，https://www.safe.gov.cn/beijing/2024/0712/2409.html，访问时间：2024 年 6 月 30 日。

平总书记在中央国家安全委员会第一次会议上强调："要准确把握国家安全形势变化新特点新趋势，坚持总体国家安全观，走出一条中国特色国家安全道路。"2015年，习近平总书记在中央外事工作会议上提出："要切实维护我国海外利益，不断提高保障能力和水平，加强保护力度。"2017年李克强在《政府工作报告》中提出："加快完善海外权益保护机制和能力建设。"2019年党的十八届四中全会提出："构建海外利益保护和风险预警防范体系，完善领事保护工作机制，维护海外同胞安全和正当权益，保障重大项目和人员机构安全"，"加强涉外法律工作，运用法律手段维护我国主权、安全、发展利益，维护我国公民、法人在海外及外国公民、法人在我国的正当权益"。2019年习近平总书记在中央政法工作会议上提出："加强海外利益保护，保障重大项目和人员机构安全"，"要加强构建海外安全保护体系，保障我国在海外的机构、人员合法权益"。2020年11月17日，习近平总书记在中央全面治国工作会议上提出："要坚持统筹推进国内法治和涉外法治。要加快涉外法治工作战略布局，协调推进国内治理和国际治理，更好维护国家主权、安全、发展利益。"海外中国公民权益保护的法律供给是我国涉外法治工作战略布局的重要一环，习近平法治思想涉外法治理念是海外中国公民权益保护法律机制构建的重要指针。要强化法治思维，运用法治方式，有效应对挑战、防范风险，综合利用立法、执法、司法等手段开展斗争，坚决维护国家主权、尊严和核心利益。要推动全球治理变革，推动构建人类命运共同体。2022年10月，党的二十大报告指出："加强重点领域、新兴领域、涉外领域立法，统筹推进国内法治和涉外法治，以良法促进发展、保障善治。"2023年9月实施的《中华人民共和国领事保护与协助条例》是当代中国第一部关于领事保护与协助工作的专门立法，回应了新形势下海外公民保护中领事保护与协助工作的新要求，具有重要的时代意义。海外公民权益保护正是需要通过国内法、涉外法以及国际法的立法完善，达到以良法促进发展、保障善治的目的。

海外中国公民合法权益的保护属于国家战略发展的题中应有之义。近年来，无论是在全球疫情肆虐之时，还是在世界局部地区战乱发生、政局动荡之际，中国外交部门多次指示驻外使领馆积极主动开展工作，全力做好海外中国公民的保护事宜，帮助广大侨胞加强各种危机应对和防范。在具体实践中，一方面，应不断加强海外中国公民权益保护相关的立法与司法工作，为我国海外公民和企业构建起完善的法律保护安全体系；另一方面，不断强化国际社会的合作机制建设，积极与外国政府或相关国际组织签订领保方面的条约，科学合理地构建海外中国公民权益保护的国际条约体系，为领事保护和外交保护提供既全面又有力的法律支撑,更有效地保护海外中国公民的人身财产安全。

一、选题的理论意义与实践价值

(一) 理论意义

其一,有助于丰富外交领事关系法以及国际人权法的研究成果。"一带一路"共建海外中国公民权益保护研究涉及诸多理论问题,如外交人员派遣国、派遣国国民以及接受国彼此之间的权利义务关系,"一带一路"建设法律供给机制概念和范围,不同体系中法律法规之间的逻辑关系,并且广泛涉及国际法、外交、国际关系等诸多方面,但国内外专门研究这一国际法问题的专著还不多。本书在对"一带一路"共建国家海外中国公民权益受侵害的典型案例进行深入分析的基础上,从国际法学角度对海外中国公民权益保护路径与方法展开系统探讨,将有利于进一步拓展国际法理论研究的深度和广度,不断增加相关保护对策的实践高度和力度,从不同角度诠释人类命运共同体的外交法与国际人权法理论。

其二,促进和夯实相关学科的融合,推动协同创新。本书涵盖内容广泛,涉及"一带一路"建设和人类命运共同体构建的方方面面,无数的基础性理论探索工作需要许多人为此付出辛勤的劳动,深入系统的研究则需要团队专家学者的互相配合、通力协作,同时也需要得到团队之外专家的大力支持。因此,深入全面地对本选题进行研究,既可以培养和锻炼一批从事涉外法律研究的优秀学术人才,又可以助力构建良好的国际国内学术交流平台。此外,有关"一带一路"共建国家海外中国公民权益保护问题的研究,不仅涉及国际法学、经济法学、民商法学、立法学、行政法学等不同法学学科,而且与经济学、外交学、国际关系学、国际政治学等法学之外的学科关系密切。一定程度上看,本研究报告的成果对于相关学科也有一定参考价值,有助于推动相关学科的协同研究及跨学科的拓展,深化我国构建人类命运共同体的各种理论学说。

(二) 实践价值

其一,有利于完善海外中国公民权益保护机制。当前,尽管国际安全形势日益复杂化、多元化,但在中国"走出去"战略稳步实施的总体背景下走出国门或出境的中国公民与企业依然没有停止前进的步伐,从而使得涉及海外中国公民和法人权益维护案件呈多发频发趋势,如何在接受国境内有效维护国民权益,涉及中国硬软实力基础,更涉及我们对有关法律理论的深入了解和有效运用。此外,中国也面临着其他国家对其在中国境内本国国民的领事保护或外交保护问题。保持中国与有关国家双边关系平稳有序发展,有赖于相关案件在法律框架内得到妥善解决。因此，本书对海外中国公民权益保护有关法律问题的系统梳理，将有助于中国领事保护相关实践的进一步制度化和规范化，从而在一个个典型维权案件的依法有效解决中，服务于更有效维护中国不断拓展的海外利益，服务于为中国的经济建设和全方位改革开放创造更为和平友善的外部环境。

其二，为"一带一路"建设中我国企业和公民走出去提供有针对性的法律对策。近年来，我国公民和企业在海外的人身和财产安全面临不同方面和层次的威胁。近来，我国政府组织实施中国公民境外撤离行动10余次，处理公民在境外遭绑架、袭击案件数百起。可是，目前维护海外中国公民权益的法律法规不够健全，领事保护工作则主要依赖外交交涉，手段较单一，效果不尽如人意。这就需要制定或修订有关法律法规，运用有效的法治方式和法律手段，辅之以必要的行政手段，为我国企业、公民构筑强大的海外"安全网"。本书可为我国对外投资企业和海外中国公民权益保护提供法律理论支撑，特别是有利于推动构筑"一带一路"共建国家的海外中国公民人身安全与财产安全的法律保障机制，为相关部门的决策建言献策。

其三，有利于推动中国领事条例、领事保护与协助条例立法。对海外本国公民保护的法律制度，在法律渊源上除包括国际公约、双边领事条约外，还应包括国内立法，但中国迄今为止依然缺乏有关国内立法，这不仅制约着有关领事保护与协助实践的依法有效实施，而且也使得中国领事保护与协助法律制度不健全的现状一直持续。中国的有关专门立法从2006年开始"分阶段推进"，目前仍在调研起草中。本书在广泛调研与全面收集"一带一路"共建国家有关典型案例的基础上，总结和提炼领事保护的成功范例，阐释"五位一体"大领事保护格局下行之有效的领事保护原则与规则，为中国有关专门立法提供正反两方面的经验与教训，全方位探寻实践依据与实践源泉。

二、研究现状

（一）国内研究现状

在新的历史时期，随着"一带一路"倡议的提出与大力推行，我国赴海外工作和投资的公民数量将大幅增加。然而，当前世界总体经济形势仍不容乐观，东西方可能出现"新冷战"的战略思维，全球范围内的经济纠纷、种族冲突、恐怖袭击、政局动乱、自然灾害、传染病暴发等突发事件的发生频率攀升。特别是随着中国国际地位的提升，我国海外公民开始逐渐成为恐怖袭击、武装动乱等的目标。海外中国公民的安全与正当权益受到了前所未有的挑战。

通过对"中国知网"资源总库进行检索（截至 2022 年 10 月 31 日），主题为"海外公民"的核心期刊论文有 219 篇，"海外公民权益保护"的期刊论文有 20 篇，其中核心期刊论文 17 篇；主题为"海外公民"的硕、博士学位论文 123 篇，均涉及海外公民安全和利益的保护；主题为"领事保护"的核心期刊论文 366 篇，主题为"领事保护"的硕、博士学位论文 197 篇；主题为"外交保护"的核心期刊论文 307 篇，主题为"外交保护"的硕、博士学位论文 276 篇。对中国国家图书馆中文文献图书库进行统计（截至 2022 年 10 月 31 日），主题为"海外公民"的专著有 21 部，主题为"领事保护"的专著有 13 部，主题为"外交保护"的专著有 24 部。总的来说，相关成果并不丰富。现有研究成果主要集中在以下五个方面问题：

其一，中国公民海外安全状况。对中国公民海外安全状况的分析许多文献都有涉及，最具代表性的有：夏莉萍在《海外中国公民安全状况分析》（《国际论坛》2006 年第 1 期）和《海外中国公民安全风险与保护》（《国际政治研究》2013 年第 2 期）中对涉及海外中国公民安全的事件做了统计以及对风险进行了分类，通过分析统计数据，总结出了中国公民在海外面临的安全威胁的种类、主要风险的排序、世界各地区及主要国家对于海外中国公民的相对安全程度。廖小健《海外中国公民安全与领事保护》（《南洋问题研究》2009 年第 3 期）一文归纳总结了新时期中国领事保护的发展所取得的成果和领事保护面临的挑战，指出进一步提高海外中国公民安全保护工作的能力与成效是对我国领事保护工作的新要求。汪段泳等在《中国海外公民安全：基于对外交部"出国特别提醒"（2008—2010）的量化解读》（《外交评论》2011 年第 1 期）中采用替代性样本分析，通过对 2008 到 2010 年外交部公布的"出国特别提醒"的量化解读，对我国海外公民安全风险在地理方向、主要种类等分布特征及领事保护的信息传递效率进行分析。龙峰在其硕士学位论文《非传统安全视角下海外中国公民的保护》（湘潭大学，2013 年）中分析了非传统安全视角下中国公民海外安全风险的分类及形式。曾睿《谋发展首先要谋安全》（《重庆与世界》2015 年第 9 期）强调自 2004 年部际联席会议机制成立以后，中国已经基本建立了中央、地方、驻外使领馆、企业和个人"五位一体"的境外安全保护工作联动机制，实施了海外风险定期评估机制，境外中国公民和机构安全工作取得突破性进展。孙南翔在《我国海外突发事件应急机制构建探析》（《学术探索》2015 年第 4 期）中认为"我国应细化制定不同危险等级的应急计划，要统筹协调应急行动中的多部门联动机制，要打造三套海外突发事件的应急机制，要以'人本'理念为导向构建海外突发事件应急机制"。张杰《中国在中亚地区的利益与公民安全保护》（《俄罗斯研究》2016 年第 5 期）认为，随着中国与中亚国家经济交往与发展，海外公民和海外利益的安全风险有增无减，国家间应加强安全合作和事先预防，努力打造安全命运共同体。张杰《在俄华人华侨华企的安全保护与中俄警务合作》（《国际安全研究》2018 年第 6 期）剖析了近年俄罗斯针对华人华侨华企的违法犯罪案件频发的缘由，提出应发挥国家安全保护的责任，加强中俄双边警务；认为面对"一带一路"沿线国家的海外公民和海外利益的安全风险仅仅分析其所处环境的危险度是不够的，应着重探讨消除安全风险的多元方法。王玫黎等《总体国家安全观下中国海外权益保障国际法治构建的理论析探》（《广西社会科学》2019 年第 8 期）认为"一带一路"倡议实施过程中，包括海外公民安全权益在内的中国海外权益保障面临严峻挑战。目前，我国海外权益保障相关法律还存在不少问题，纵向来看，我国国内法在应对"一带一路"建设中的国际法律问题时后劲乏力，缺少有力衔接；横向来看，"一带一路"共建国的法律体系各异，各国法治化程度有别，法律冲突难以避免。

其二，中国公民海外安全风险增大的原因分析。张明明在《中国公民海外遇袭遇险原因分析》（《理论前沿》2006 年第 9 期）中认为，近年来中国公民海外遇袭遇险事件呈增长趋势，其原因在于我国出境人数的大量增加、国际恐怖主义的猖獗、经济利益的冲突、文化传统习俗的潜在影响以及社会骚乱等突发性事件的危害等。黎海波在其博士学位论文《国际法的人本化与中国的领事保护》（暨南大学，2009 年）中指出全球化的发展、世界局势的变化、国际关系的演变等因素交织在一起是海外中国公民安全和权益事件产生的重要背景。汪段泳等在《中国海外公民安全：基于对外交部"出国特别提醒"（2008—2010）的量化解读》（《外交评论》2011 年第 1 期）中认为，海外中国公民安全风险的迅速增大，从某种程度上可以说是不可避免的。主要成因一是居民收入水平的不断提高，推动中国公民的出国热情持续高涨，发生安全事件的概率和数量大大增加；二是国内经济的持续高速增长，需要大规模的"引进来"和"走出去"支撑，对外经济合作的不断扩展也导致了海外安全风险；三是全球金融危机加剧了我国海外公民的人身与财产安全所面临的风险；四是海外公民自身原因也是安全问题的主要因素之一。陶莎莎在其博士学位论文《海外中国公民安全保护问题研究》（中共中央党校，2011 年）中分析了海外中国公民风险的来源与变化。夏莉萍在《海外中国公民安全风险与保护》（《国际政治研究》2013 年第 2 期）中认为，第一，必须清楚，海外中国公民安全事件频发是中国融入世界过程中不可避免的现象；第二，当今世界恐怖主义组织种类繁多，我国海外公民安全面临前所未有的复杂局面；第三，世界资源短缺也增加了对海外中国公民安全的威胁；第四，中国出境公民自身知识应加强。张杰《"一带一路"与海外安全保护》（经济管理出版社，2019年）探讨了中亚地区中国公民与企业面临的安全风险，提出在"一带一路"安全风险和危机的化解与治理过程中需要复合型多元化的应对工具，应将各种方法与路径有机结合、综合运用并构建海外安全保护的立体型体系。还有学者梳理了海外利益保护学术研究进程，如李博艺《海外利益保护问题的文献综述及研究展望》（《天津商务职业学院学报》2021年第9期）认为：众多学者对我国海外利益的研究在内容上逐渐丰富、结构上逐步调整，但同时我国学术界对海外利益这一概念的内涵与外延上还存在一定的分歧，这无疑成为我国公民权益保护制度建立的理论障碍。

其三，中国维护海外中国公民安全和权益的成效及存在的问题。中国外交部部长前助理沈国放在《坚持以人为本 加强领事保护》（《求是》2004年第22期）认为，随着我国经济与社会日益走向国际化，海外利益不断拓展，相伴生的风险亦随之增大，维护好我国海外公民和企业的权益，已成为一个迫切的现实问题。当前的领事保护在能力建设上仍面临一些亟待解决的问题，如内部协调机制不够通畅，法律保障不够健全，领事人员短缺，缺乏专项基金等保护手段，尚难以应对新形势下的新问题。王秀梅和吴殿朝《非传统安全背景下的海外中国公民保护问题初探》（《广东外语外贸大学学报》2009年第5期）通过对非传统安全背景下海外中国公民权益维护的现状和问题的分析，提出了外交保护性质和理念的革新路径与方向，为我国海外公民保护机制的构建提供了相当具体的对策建议。刘志军在其硕士学位论文《论海外华侨权益的法律保护》（湘潭大学，2010年）中指出，海外华侨权益法律保护面临着国家民族间利益冲突、种族歧视和经济全球化引发的仇视心理等社会障碍，以及立法的缺失、海外执法机构本身能力局限等法制障碍，并提出一份《中华人民共和国海外华侨保护法》建议稿。王秀梅《国际法人本化趋势下海外公民保护的性质演进及进路选择》（《现代法学》2010年第4期）提出在国际法人本化趋势下强化海外中国公民权益的保护既是国家的权利也是国家的义务和责任，我国有关部门应想方设法采取有效措施应对海外中国公民和法人的人身与财产面临的严重威胁和挑战，努力克服在保护海外中国公民权益的外交实践方面的不足与缺失，完善有关领事和外交保护的立法与司法实践。夏莉萍在《中国涉非领事保护分析》（《西亚非洲》2013年第1期）中认为，近年来中国政府在保护海外公民安全方面所进行的制度化变革包括保护机构的多元化、保护程序的机制化和保护手段的法制化等。夏莉萍在《领事服务：还是"灰姑娘"吗》(《世界知识》2013 第 12 期)中分析了海外中国公民安全风险的特点以及海外公民安全保护的新动向，指出中国公民的海外安全意识亟待加强，领事保护中的"供需矛盾"急需解决，临时安全保护与海外长期发展问题需统筹兼顾。而王玉主等《风险—收益视角下中国对外投资中的海外利益保护问题探析》(《亚太经济》2020 年第 6 期)认为走出去的中国投资者面临的外部风险不断加大，国内政策支撑体系和制度保障体系仍不完善，企业国际竞争力和社会责任感不够强，国内各利益主体之间、我国与东道国之间协同性不足等原因，我国海外利益拓展反而加剧了投资者风险与收益之间的失衡。

其四，国际领事保护和外交保护制度新趋势与保护海外中国公民权益的理念、体制和机制。从统计中可以看出，无论是有关期刊论文，还是硕博论文，数量还是相当可观的。陈小沁在《新时期中国领事保护的特点与趋势》[《聊城大学学报(社会科学版)》2015 年第 4 期]中认为"领事保护立法应包含非应急状态下程序性规范和应急状态下程序性规范两大方面。前者包括建立海外公民登记制度、明确领事保护的范围，对日常领事工作的程序加以规范；后者主要包括安全状况动态评估、预警信息发布、制定应急方案等，使采取的各项应急措施有法可依"。张磊《论我国领事保护制度的内涵》(《河北法学》2009 年第 5 期)通过对《中国领事保护和协助指南》中的领事保护的实施主体、权利性质、实施条件、保护对象、保护方式和保护范围等问题的分析，提出了中国领事保护制度的理想内涵。夏莉萍在《试析近年来中国领事保护机制的新发展》(《国际论坛》2005 年第 3 期)一文指出了近年来中国外交为保护海外中国公民安全所采取的新措施及利用外交资源保护中国海外公民安全的重大意义，认为新形势下中国政府在保护海外公民安全方面出现了很多可喜的制度化变革，但是还存在很多不足需要进一步完善和发展。葛军《东帝汶撤侨"第一号领事保护事件"》(《世界知识》2006 年第 12 期)揭示了东帝汶撤侨作为领事处成立后的"第一号领事保护事件"的始末，这是领事保护处成立当天所采取的行动，而且是中国政府第一次包机直飞事发国家接侨。这次撤侨行动的经验和教训是：一要考虑加强领事保护的组织建设、制度建设和资源积累，二要考虑强化领事保护的法治化。万霞《海外公民保护的困境与出路：领事保护在国际法领域的新动向》(《世界经济与政治》2007 年第 5 期)着重分析了国际领事保护制度出现的国家责任强化、领事保护形式多样化、保护制度的规范化与法治化等问题，呼吁进一步健全中国海外公民的领事保护机制。黎海波博士学位论文《国际法的人本化与中国的领事保护》（暨南大学，2009 年）论述了人权的综合推动、国际领事法的压力、国际法的人本化对中国领事保护的影响。张峻峰的硕士学位论文《论海外中国公民安全与中国领事保护》（华东师范大学，2009 年）论述了危机管理与领事保护的含义，从全球角度分析了中国公民海外风险源并简要介绍了中国领事保护的基本情况。黎海波《当前中国领事保护机制的发展及人权推动因素》（《创新》2010 年第 4 期）认为中国领事保护不可忽视国内人权与国际人权双重因素的影响，融合内政与外交的人本思想来逐步健全领事保护机制。黎海波《撤离滞留泰游客与中国的人本性领事保护机制分析》［《中国安全（学术版）》2010 年第 2 期］揭示了本次撤侨事件规模大、反应快、人本色彩浓等特点，为中国领事保护实践和发展提供了丰富的经验。夏利萍《从利比亚事件透析中国领事保护机制建设》（《西亚非洲》2011 年第 9 期）分析了此次事件暴露的中国领事保护预防机制所存在的问题和薄弱环节，对完善我国领事保护机制有重要启示。刑爱芬《海外中国公民领事保护的立法初探》（《国际论坛》2011 年第 4 期）分析了当前海外中国公民保护的主要问题是缺乏完整统一的立法，应顺应时代要求，更新外交观念，借鉴国外先进范例，科学构建海外中国公民权益保护的立法。苏卡妮《中国领事保护立法的不足与改进：以中外双边领事条约为主要视角》［《福建师范大学学报（哲学社会科学版）》2013 年第 2 期］建议在宪法中增加"国家有保护海外公民正当权益的义务"的条款，同时完善其他相关立法，以便中国对海外公民启动领事保护有更加明确权威的国内法依据。颜梅林《海外中国公民领事保护的法律依据研究：兼评〈领事工作条例〉（征求意见稿）》（《华侨华人历史研究》2013 年第 4 期）在对 48 个中外双边领事协定有关海外中国公民领事保护条款进行类比分析后，提出应突破传统国家法以国家利益为中心的价值取向，全面贯彻"以人为本，外交为民"的理念，强化关于海外公民领事保护方面的规定。包运成在《海外公民权益的国际人权机制保护》（《社会科学家》2014 年第 6 期）一文中从国际人权机制的角度提出维护中国海外公民权益的途径。任正红《中国也门撤离行动的"领事保护"属性》（《世界知识》2016 年第 12 期）论及也门撤侨不仅是中国军舰第二次执行海外撤侨任务，而且是中国军舰第一次直接抵达港口执行撤侨行动，同时还是中国军舰首次实施撤离外国公民的国际救助行动，符合国际法原则和规则。梁蓉在《"维也纳领事关系公约"的挑战与革新》（《河北法学》2016 年第 12 期）中分析了公约所遭遇的退出危机与困境，强调国际社会应全面关注和不断革新作为人权保护的国际法渊源的《维也纳领事关系公约》。夏利萍《西方国家领事保护中的"可为"与"不可为"》(《世界知识》2017 年第 17 期) 分析了西方国家关于海外领事保护的范围和有限性的规定,厘清领事官员和公民个人的责任也是中国领事保护机制构建不可忽视的。程禹乔《领事保护视角下的中国公民海外救助》[《齐齐哈尔大学学报(哲学社会科学版)》2017 年第 2 期]认为因中国领事保护资源与需求的非对称性而严重阻碍了中国公民海外救助的科学发展,应努力寻求领事保护在政府和民间力量之间的平衡点。夏利萍《中国地方政府参与领事保护探析》(《外交评论》2017 年第 4 期)认为海外中国公民因地缘联系而聚集分布的特点使得地方政府在处理一些领事保护案件时不可或缺,中国应逐步构建包括地方政府在内的"五位一体"的领事保护联动机制。许育红《"领事保护"称谓在新中国的演变故事》(《世界知识》2018 年第 15 期)阐述了新中国成立至改革开放前夕主要使用"保侨",改革开放至 20 世纪 90 年代初主要使用"护侨",20 世纪 90 年代以后逐渐转变为"领事保护",最后特别强调制定领事保护条例的意义与价值。夏利萍《惠及台胞的中国领事保护拉近两岸距离》(《世界知识》2018 年第 18 期)从 1991 年海湾战争期间中国驻科威特使馆帮助滞留在科威特的台湾劳务人员安全撤离的实践开始,中国驻外使领馆对海外的台湾同胞提供一视同仁的保护与帮助。中国领事保护的这一实践已在国际社会产生重要的国际影响。丁丽柏在《"维也纳领事关系公约"的革新与中国应对》(《政法论坛》2019 年第 3 期)揭示了《维也纳领事关系公约》的时代局限性,与时俱进并努力革新"责任"与"人本"理念,可考虑设立"领事保护事务委员会"监督与协调公约的有效实施。张丹丹、孙德刚《中国在中东的领事保护:理念、实践与机制创新》(《社会科学文摘》2019 年第 10 期)通过对中东地区风险评估与预警及撤侨实践的分析,主张打造六大支柱构成的海外中国平安体系,强化中央、地方、驻外机构、企业和公民"五位一体"的联动机制,构建中国大领事保护法律体系。肖晗和宋国新《中国'一带一路'建设中海外利益的脆弱性分析与保护机制构建》(《学习与探索》2019 年第 5 期)围绕着"观念—规则—保护"的逻辑,从顶层、中层和基层出发,将海外公民权益保护置于国家海外利益保护中,战略设计、风险预防和权益保护相结合,形成海外利益保护的前期引导、中期预防和后期保护三个阶段性能力。该文将海外公民权益的保护路径上升到保护机制,这一转变使其成为近期较为突出的研究成果,它也标志着学界的关注点正在从单一化路径向一体化机制转向。

孙德刚《中国领事保护的整体思想与机制建设:以利比亚撤侨行动为例》

(《国际论坛》2020 年第 1 期）通过对利比亚撤侨行动这一中国领事保护海外中国公民经典案例的分析，较全面地阐述了中国在中东地区领事保护的优劣与利弊，提出应注意领事保护的常态化机制建设和采取精细化的领事预警对策应对海外突发事件，逐步完善领事保护的国际协调机制和善后处理机制。颜梅林《海外中国公民撤离的法律供给》（《中国社会科学报》2020 年 6 月 18 日第 4 版）提出海外中国公民撤离的国内法规则的完善应从法律、法规、规章等三个层次逐步进行；而国际法规则的发展则应主导并推动相关国际公约的完善和建立：如将领事保护应急机制、特殊情况下军事资源参与撤离、便利海外撤离运输工具过境等内容纳入相关国际法条约。胡非非《全球治理视野下我国海外利益的法律保护》[《中南民族大学学报（人文社会科学版）》2022 年第 4 期] 认为：随着中国"走出去"战略的不断推进，我国贸易结构不断升级，新兴市场的海外利益分布占比不断提高，但面临的政治风险、人身财产安全、被制裁风险以及经营风险等急速上升，中国的海外利益安全面临日益严峻的挑战。中国海外国家利益更多表现为一种战略利益，主要包括海外地缘政治利益、国际制度利益、海外能源资源利益等。同时，我国海外利益保护的主体从传统的国家主体逐渐延伸至海外法人与海外公民等私法意义上的主体，在维护利益的方式、解决争端的路径和救济手段等方面均存在差别。

对国外保护海外公民权益的机制研究中，夏莉萍在其博士学位论文《20 世纪 90 年代以来主要发达国家领事保护机制变化研究——兼论对中国的启示》（外交学院，2008 年）中对 20 世纪 90 年代以来主要发达国家的领事保护机制的变化作了较为系统、详尽的研究，为进一步探讨提供了丰富的素材。万霞在其博士学位论文《外交保护制度研究》（外交学院，2012 年）中对典型国家国内法中外交保护制度进行了比较研究，指出目前各国外交保护制度国内法中出现相对不统一和保守的特点。张磊在其博士学位论文《外交保护国际法律制度研究》（华东政法大学，2012 年）中以外交保护的实施条件为逻辑主线展开，全面论述了外交保护国际法律制度。

在著作方面，暂时尚未找到较早的外交保护方面的文献。关于领事保护较早的文献主要是《新中国领事实践》编写组编写的《新中国领事实践》（世界知识出版社，1991 年）专辟一章论及"保护中国公民在国外的正当权益"，但并未对领事保护做专门、全面性的论述。梁宝山的《实用领事知识：领事职责·公民出入境·侨民权益保护》（世界知识出版社，2001 年）一书通俗系统地介绍了现代领事关系和领事业务领域内各方面的知识，如领事的起源、发展和现状、领事种类和职责、公民出入境各种护照和签证的办理手续、国外侨民权益的保护及适用的相关法规等。同时，书中还梳理了从清朝到中华人民共和国的中外领事关系。厦门大学庄国土教授的著作《华侨华人与中国的关系》（广东高等教育出版社，2001 年）从侨务工作的角度论述了中国政府对海外中国人的保护政策和保护措施。还有其他关于领事保护的内容主要是从国际法的角度论述或散见于国际法方面的一些著作中。早期的著作比较注重知识介绍和领事工作流程以及海外中国公民寻求保护应具备的相关常识指南。近年来，领事和外交保护方面的著作也是寥寥可数，主要有夏莉萍在其博士学位论文的基础上修订而成的《领事保护机制改革研究——主要发达国家的视角》（北京出版社，2011 年）；殷敏《外交保护法律制度和中国》（上海世纪出版集团，2010 年）涉及外交保护的基础理论问题、外交保护提起的实体要件、法人外交保护的特别问题、外交保护提起的程序要件、外交保护的发展势态以及中国政府对外交保护的立场和实践等问题；张兵、梁宝山主编《紧急护侨——中国外交官领事保护纪实》（新华出版社，2010 年）讲述的是一些中国外交领事官员在异国他乡异常艰难的情况下进行领事保护的可歌可泣的动人故事，极富现实教育意义。张磊《外交保护国际法律制度研究》（法律出版社，2011 年）提出应厘清外交保护与领事保护的关系，领事保护是独立于外交保护的法律制度，明晰外交保护法律制度有利于明晰领事保护法律制度，中国综合国力的提升与对外开放程度的拓展急需进一步加强外交保护法律制度的科学构建。

黎海波《海外中国公民领事保护问题研究（1978—2011）》（暨南大学出版社，2012 年）就国籍国对其海外公民的保护——领事保护和外交保护——进行研究，重点论述该措施既是国际法的一种特殊制度，也是国家间关系的一项重要内容。张卫华《外交保护法新论（1952—2012）》（法律出版社，2012 年）是一本运用新港学派的政策定向法理学对外交保护法进行考察的学术著作。该书把外交保护过程看作全球权威决策过程的一个组成部分，对谁是外交保护过程的参与者，他们各自的理念是什么，求偿国进入外交保护的权威场合必须具备什么条件，他们为保护本国国民所运用的策略有哪些等问题进行了分析，最后提出了外交保护权威过程的决策成果，并且面向未来，展望外交保护法的发展。张磊《国家实施外交保护的国籍持续原则研究》（法律出版社，2012 年）和《外交保护中跨国公司国籍认定法律制度研究》（法律出版社，2014 年）以联合国国际法委员会在 2006 年通过的《外交保护条款草案》作为重要线索，从国籍认定和国籍持续两个角度入手对规则细节进行了深入研究，并通过翔实的文献和丰富的案例将迄今有关国籍持续规则的各种理论与实践全面和系统地展现给读者。此外，还有李晓敏《非传统威胁下中国公民海外安全分析》（人民出版社，2011 年）研究了在当前国际政治多极化、经济全球化和非传统安全威胁有增无减的国际环境下，中国公民在走出国门，前往世界各地经商、留学、旅游和劳务等跨国活动过程中，在海外遇到的风险和避险策略。

其五，降低中国公民海外安全风险的途径。许多学者从理论上和实践上提出了降低中国公民海外安全风险的途径，具有代表性的有：中国外交部长前助理沈国放在《坚持以人为本　加强领事保护》（《求是》2004 年第 22 期）认为，降低中国公民海外安全风险，要强化服务意识、预防意识和大局意识。夏莉萍《海外中国公民安全风险与保护》（《国际政治研究》2013 年第 2 期）从个人、公司、国家三个角度，对海外中国公民权益保护提出对策和建议；特别指出，对国家来说，除了要加强海外领事保护外，还应加强有关立法工作，如加强对外派劳务方面的立法，使国外劳务人员的安全有切实可行的法律保障。还有学者从私人安保的角度探讨海外中国公民权益保护，如张杰《"一带一路"与私人安保对中国海外利益的保护》（《上海对外经贸大学学报》2017 年第 1 期）认为面对"一带一路"共建国家的海外公民和海外利益的安全风险仅仅分析其所处环境的危险度是不够的，应着重探讨消除安全风险的多元方法。挖掘"一带一路"共建国家的私人安保资源并充分发挥其作用，是保护中国在中亚地区的海外利益与安全的重要方法之一。颜苏《国际法视野下的私营军事安保公司——模式、争论及中国应对》（《国际法学刊》2020 年第 1 期），李秀娜《我国私营安全公司域外服务的法律困境及其突破》（《当代法学》2021 年第 1 期）认为应正视私人安保的争议，突破法律困境，提出发展私人安保体系是加强我国海外利益的重要手段。陶莎莎的博士学位论文《海外中国公民安全保护问题研究》（中共中央党校，2011 年）从整体上提出海外中国公民安全保护的政策建议，即：理念上落实外交外事为民的中国外交理念；从原则上坚持预防与处置并重的原则，继续加强和完善海外中国公民安全保护的协调、预防、应急、服务和磋商五项机制；建立和健全外交部、海关、商务等各个机构之间相应的信息交换网络；善于利用相关的国际经验；中国外交、商务、旅游、教育等部门要加大力度培养出国中国公民进退有度的风险意识，培养其良好的维权意识和守法意识。蒋新苗《"一带一路"海外中国公民权益保护的法治困境破解》［《西北大学学报（哲学社会科学版）》2021 年第 1 期］认为降低中国公民海外安全风险需要有法律制度保障，首先应对沿带沿路海外中国公民权益保护的法治困境进行破解，从理念、机制、立法与司法等方面寻找方法，全方位地构建海外公民权益保障制度。还有学者另辟蹊径，从域外法的角度借鉴他国对海外公民权益保护的有效方式，具有代表性的如杨达《日本在东南亚的海外利益保护论析》（《世界政治与经济》2020 年第 4 期）、杨娜《欧洲大国的海外利益保护论析——以法国、英国和德国在非洲的利益保护为例》（《世界经济与政治》2019 年第 5 期）。其中，杨达认为日本对海外经营者的保护主要体现在形成了着眼出海企业内部引导的"预防式"和出海企业外部助力的"反馈式"两种有特色的海外利益保护方式；杨娜通过研究英、法、德等国家在非洲海外利益保护问题，认为三国政府是维护海外利益的关键行为体，军事力量是有力保障，跨国公司控制了非洲国家的关键领域，而海外公民权益特别是跨国企业的股东和经营者的权益也是通过此种方式维护的。

（二）国外研究现状

国外学者对海外中国公民权益保护的研究不多，安德里亚·吉塞利（Andrea Ghiselli）的 *Protecting China's Interests Overseas：Securitization and Foreign Policy*（Oxford University Press，2021）一书为保护中国的海外利益、为了解中国外交和安全决策提供了一个值得关注的新窗口。该书基于大量中国原始资料，探讨了参与制定和实施中国外交政策的主要参与者如何理解保护中国公司和海外公民的资产和生命的问题，特别是在北非和中东地区。本书的不同章节探讨了中国外交和安全政策机制的各个方面和动态，分析得出的结论是：中国捍卫其海外利益的战略的出现在很大程度上是由危机驱动的。2011 年 36000 名中国公民从利比亚撤离是这一进程的关键时刻。此后，中国领导层特别是中国人民解放军在加强不同机构的能力和协调方面做出了重大努力。中国对海外利益的保护力度在不断加大，尤其是在中国公民前往较多的地区和经济利益较重要的地区关注非传统安全对海外利益的威胁。

而其他的国外研究对象主要是本国的海外公民，但相比中国学者，国外的研究起步较早，研究成果也更为丰富。国外学者有关海外公民安全保护的研究最早可以追溯到 1928 年博查德（Borchard）著的 *The Diplomatic Protection of Overseas Citizens*。它是最早从外交保护的视角研究海外公民安全问题的著作。该书从属地国与国籍国、属地国与国籍国公民的角度阐述了外交保护的基本原则。近期研究成果也不少，最典型的有近年翻译的著作《领事法和领事实践》（世界知识出版社，2012年）。该书以《维也纳领事关系公约》为切入点，系统介绍了领事制度的发展历程以及对各国领事保护实践所产生的重大影响，详细列举了西方发达国家在与其他国家建立和发展领事关系的过程中所遇到的一系列领事关系问题，如双边领事关系的建立、领事官员的派遣、领事纠纷的解决办法和原则等，并附有大量的司法案例以及著名国际法学者的评论，是国内外领事法领域权威性的代表作。此外，阿瑟维思的《领事援助知情权：对正当法律程序的保障》和《外交保护的概念、发展与重要性的若干思考》也是具有代表性的研究成果，着重剖析了欧盟框架下的外交保护和领事协助。同类型的研究成果还有《外交保护实践：诉讼、交涉与领事协助》，该书也主要从欧盟的角度分析了外交保护的国际法和国内法依据。其他专著还有阿梅拉辛格的《外交保护》（C. F. Amerasinghe, *Diplomatic Protection*, Oxford University Press, 2008）、博查德·埃德温·蒙特奥菲的《海外公民的外交保护或国际索赔》（Edwin M. Borchard, *Diplomatic Protection of Citizens Abroad or the Law of International Claims*, The Banks Law Pub. Co., 1928）、英国学者阿库斯特的《现代国际法概论》（中国社会科学出版社，1982年）、德国的沃尔夫冈·格拉夫·魏智通的《国际法》（法律出版社，2002年）、英国伊恩·布朗利的《国际公法原理》（法律出版社，2007年）、奥地利阿·菲德罗斯的《国际法》（上、下册）（商务印书馆，1981年）、《奥本海国际法》（中国大百科全书出版社，1998年）等都涉及外交保护的内容。

集中探讨领事保护的专著主要有《美国外交和领事实践》、《美国领事：1776—1914年间美国领事服务史》（C. S. Kennedy, *The American Consul: A History of the United States Consular Service*: 1776—1914, Greenwood Press, 1990）、《美国外交》等对美国建国后直到19世纪30年代的领事制度发展的历史做了详细的阐述。另外还有《工作中的美国领事》（William U. Morgan and Charles Stuart Kennedy, *The U. S. Consul at Work*, Greenwood Press, 1991）主要论述了美国领事保护制度的历史发展过程和职能演变以及为美国公民所提供的服务。英国学者阿库斯特的《现代国际法概论》中对外国人的待遇标准提出了"国际标准"，而这一标准恰恰是发达国家与发展中国家争议的焦点。还有奎格利·约翰·B的《领事法指南》，富兰克林·威廉·麦克亨利的《国外利益的维护：外交与领事实践研究》与《美国领事外交和领事实践》。《美国外交和领事实践》对美国领事制度发展的历史做了详细的阐述，而《美国外交系统：第一道防线》（Andrew L. Steigman, *The Foreign Service of the United States: First Line of Defense*, Westview Press, 1985）阐述了美国外交系统的历史沿革，包括美国外交系统和领事系统合并的情况。

国外学者在研究海外公民保护方面的论文也有一些富有代表性的，但大多是与领事保护或外交保护的论述紧密结合在一起的。德克·汉斯库尔（Dirk Hanschel）在 2006 年发表的论文 "Staatliche Hilfspflichten bei Geiselnahmen im Ausland" 中全面介绍了德国领事服务机构提供领事保护的具体工作流程，同时结合德国政府解救海外人质的范例对德国《领事法》的实施程序和相关规则进行了具体分析。法罗·塞巴斯蒂亚诺（Faro Sebastiano）和莫拉鲁·马达利纳（Moraru Madalina）在 2010 年发表的论文 "Consular and Diplomatic Protection：Legal Framework in the EU Member States" 中对当时的欧盟 27 个成员国有关本国公民、其他欧盟公民及其非欧盟家庭成员、外国常驻公民、无国籍人士、难民等的领事保护或外交保护的立法与司法实践进行了全面调研和分析，提出有必要通过一项欧盟法律措施，将规制领事保护或外交保护的各种规范汇编到一份文书中，不仅使得欧盟成员国相关法律的确定性和透明度一览无余，而且可为欧盟公民获得领事保护或外交保护提供必要的法治保障。凯伦·廷达尔（Karen Tindall）在 2012 年发表的论文 "Government's Ability to Assist Nationals in Disasters Abroad：What Do We Know about Consular Emergency Management?" 中认为大量领事应急事件属于小概率高影响的事件，尽管这些事件发生在国界以外，但影响着无数本国国民并挑战政府的海外应急管理体制，应努力提升领事保护机制维护海外公民权益的能力和效果。简·沃特斯（Jan Wouters）等作者在 2013 年发表的论文中强调欧盟应建立共同领事保护机制，在分析欧盟自 1990 年开始探索建立共同框架确保在第三国的欧盟公民获得领事保护的实践基础上，认为欧盟公民共同领事保护权的实现存在种种障碍，既有各成员国的也有欧盟的，立法障碍、政治障碍、体制和机制障碍等均不断阻碍着欧盟公民个人领事保护权的有效实现和一致落实。米罗索·德拉（Miroslaw Dela）在 2014 年发表的论文 "Legal Status of the Honorary Consul" 中研究了荣誉领事制度的沿革以及荣誉领事的法律地位，他们除了履行传统的文化交流、经济贸易和投资促进等职责外，最重要的职能就是确保派遣国的公民在国外得到照顾、关照特别是法律方面的帮助。苏珊·伦茨（Susanne Lenz）在 2017 年发表的论文 "Der konsularische Schutz：Notfälle Deutscher im Ausland" 中分析了德国海外公民的法定权利与外交部门的法定职责及其相互关系，考察了德国公民享有领事保护权的历史沿革以及德国外交部门探寻提供领事保护法律依据的历程，着重对德国公民在海外遭遇重大风险时外交部门提供有效救援的流程进行了梳理。哈尔瓦·

德莱拉（Halvard Leira）在 2018 年发表的论文 "Caring and Carers：Diplomatic Personnel and the Duty of Care" 中提出维护海外公民权益可采用混合的多元化方法，不仅应强化公民自我管理能力，而且应尽力通过荣誉领事或其他私人行为解决海外公民对保护日益增长的需求。

不过，外国学者专门研究中国海外公民权益保护的论文尤为罕见，目前能查找到的仅仅集中在领事保护或外交保护方面，主要有沙伊奥·H. 泽瑞邦（Shaio H. Zerba）在 2014 年发表的 "China's Libya Evacuation Operartion：A New Diplomatic Imperative—Overseas Ctizen Protection" 与奥比恩·费斯图（Aubyn Festus）在 2013 年发表的 "China's Foray into African Security and the Question of Non-Interference" 等文章。沙伊奥·H. 泽瑞邦（Shaio H. Zerba）的文章对中国 2011 年从利比亚撤侨行动进行了全面分析，指出中国政府保护公民权益的压力与日俱增，不应只满足于一次成功撤侨，应当重新评估全球外交形势与海外危机化解机制。可见，国外对海外中国公民权益保护的研究成果甚少，特别是对"一带一路"共建国家海外中国公民权益保护方面。

（三）国内外现有研究成果的不足

近年来，国内外研究"一带一路"共建国家海外中国公民权益保护的著述日益增加，为本课题的研究提供了大量参考文献与丰富的研究素材，为深入研究海外中国公民权益保护的法律问题奠定了一定前期基础。但是，上述研究成果尚存在一定不足或缺陷。

一是有关海外中国公民权益保护问题的研究成果多为介绍性或评述性的，研究性特别是定性或定量分析的成果并不多见。仅有的几部专著大多属于纪实性和介绍性的，对个案或具体制度的评述占据主导地位，对"一带一路"共建国家海外中国公民权益保护的整体诠释较少。如黎海波 2012 年在暨南大学出版社出版的专著《海外中国公民领事保护问题研究（1978—2011）：基于国际法人本化的视角》就是以 2011 年前的海外公民权益保护为研究对象的，难以契合"一带一路"建设和人类命运共同体构建的需求。其他有关论文也是大同小异，纪实性、介绍性、评述性特征明显，深入系统的研究较为缺乏。

二是有关海外中国公民权益保护问题的研究成果对"一带一路"共建国家海外中国公民权益受侵害的情况缺乏全面了解，管中窥豹、一孔之见、犀牛望月或盲人摸象的现象并非罕见。因为各种局限性，现有成果获取"一带一路"共建国家海外中国公民个人和法人合法权益受损的相关资料的方式也不够科学，资料来源渠道有限，大多从外交部、中国驻外使领馆的官网上发布的信息或其他网络媒体报道中获取并依靠传统的简单统计分析法进行研究，运用大数据技术手段拓展信息来源的成果较少。

三是有关海外中国公民权益保护问题的理论研究与相关实践结合不够紧密，甚至存在脱节的现象。一方面是学者理论研究偏清高，个别研究不接地气；另一方面是现实的复杂性和实践的多变性，关于"一带一路"共建国家海外中国公民权益保护的资料涉及面广，与多个国家有关、与多种语言相关，文献资料的收集难度大，有的主管部门或国际组织也不愿意将有关材料和信息透露给学者。另外，相关研究成果关注实践新动向与理论新趋势略显滞后，特别是对突发事件中海外中国公民权益保护问题的研究跟进不够积极。例如，疫情暴发以后，滞留海外的中国留学生 130 余万、海外中国劳工近 70 万还有大批海外侨民，维护如此多的海外中国公民的正当权益成为一个现实而紧迫的难题，党和政府采取了一系列有效措施，取得了举世瞩目的成效，但理论界反应不够及时和迅速。一些国家甚至掀起了反华排华的浪潮，使得海外中国公民和企业面临更加艰难的困境，如何加强特殊环境下"一带一路"共建国家海外中国公民权益的保护，成为理论界和实务界亟待解决的重大问题。

四是有关海外中国公民权益保护法治化的研究成果甚少。一方面缺乏有关其他国家相关立法与司法的研究，如美国联邦法典第 22 编包括了一系列有关海外公民权益保护的规定，菲律宾的海外劳工保护法律制度也较健全，但我国学者对此研究不够，对俄罗斯的领事法律制度的研究也只有一篇博士论文，其他相关成果罕见。另一方面缺乏对中国有关海外中国公民权益保护立法与司法实践问题的研究，尤其是缺乏有关"一带一路"共建国家海外中国公民权益保护法治化的研究。

五是有关海外公民权益保护的国别研究成果涉及面不够广泛，有的甚至浅尝辄止。虽然国内学者探讨了一些西方发达国家有关海外公民权益保护的制度或经验，但主要集中在英美发达国家，对其他国家特别是"一带一路"共建发展中国家的海外公民权益保护机制研究罕见，如对海外侨民人数众多的印度与海外劳工散布全球的菲律宾等国的海外公民权益保护问题的研究几乎无人涉及。有的研究成果往往偏重某一个方面，点线拾遗补阙的居多，缺乏系统化、全方位的研究，如对西方发达国家有关海外公民权益保护的国内法律法规、顶层设计、指导性政策、双边协定、缔结的国际公约、具体工作方法和流程等缺乏细致化研究，难以为我国相关部门决策提供具体可行的路径和借鉴对策。

由此可见，加强有关"一带一路"共建国家海外中国公民正当权益保护的研究，不仅有着独到的理论学术价值，而且有着广泛的社会应用价值和实践指导功用。

三、基本结构与主要内容

在海外的中国公民一般分为两类：一是长期固定居住定居在国外的中国公民，如华侨；二是因学习工作等暂时生活在国外的中国公民。他们都具有中国国籍，但都身处中国之外。随着中国对外交流的扩大，海外中国公民的外延也在不断扩展，不仅包括以上两种情形，还包括临时、短期出国旅游、探亲、经商、文化交流等中国公民群体。因此，对海外中国公民的安全保护进入一个新阶段。自党的十八大以来，以习近平同志为核心的党中央坚持"以人为本，外交为民"的理念，全力打造海外民生、惠民工程，无论人民身处何地，其安危与冷暖都是我党高度关注关心的。

用法律来保护境外中国公民的安全是最有效的手段。现代国际关系中，领事保护和必要时的外交保护是一国政府维护本国公民或法人在海外的人身安全和财产利益最权威和最合法的方式。而相关法律制度的缺失和不完善制约了领事保护和外交保护的效率，海外中国公民权益受损事件的处理效率和结果不能尽如人意。本书将着重解决以下问题：第一，从国内法和国际法层面全面梳理目前海外中国公民权益保护法律制度，阐释其基本内涵与特征，揭示其不足与现存缺陷，厘清目前海外中国公民权益保护所面临的风险、挑战与法治障碍。第二，对主要发达国家海外公民权益保护制度特别是领事保护和外交保护制度进行比较研究，探索其发展变化趋势，以期为海外中国公民权益保护法律机制的构建和健全提供可资借鉴的他山之石。第三，通过对"一带一路"共建国家的海外中国公民权益受侵害的典型案例的剖析，总结经验、汲取教训，为海外中国公民权益保护的法治对策的完善建言献策。

（一）海外中国公民权益保护法律障碍研究

目前，我国没有专门针对海外公民权益保护的立法，涉及海外公民权益保护的立法主要是《中华人民共和国国籍法》（以下简称《国籍法》）、《中华人民共和国民法典》（以下简称《民法典》）、《中华人民共和国公民出入境管理法》（以下简称《公民出入境管理法》）、《中华人民共和国海商法》（以下简称《海商法》）、《中华人民共和国涉外民事关系法律适用法》（以下简称《涉外民事关系法律适用法》)、《中华人民共和国民事诉讼法》(以下简称《民事诉讼法》)、《中华人民共和国刑法》(以下简称《刑法》)中有关涉外问题的规定,以及其他部门规章中零散的相关条款。如此,我国在维护"一带一路"共建国家的海外中国公民正当权益的实践中常面临"无法可依"的尴尬。为了消除海外中国公民权益保护的种种法律障碍,国务院有关部门正着手起草"领事保护与协助工作条例",以弥补现有立法缺失与司法不足。

从国际立法看,我国加入的国际条约、缔结的双边条约数量不够,有些国际条约包含了对海外公民保护的重要内容和方法,但我国尚未加入;有些条约我国虽然已经签署但还未批准。例如,我国政府于1998年签署了《公民权利和政治权利公约》,但因死刑废除并未批准,所以,我国无法利用该公约向联合国人权委员会提出对国家或个人的相应指控或者个人申诉,因此不利于我国政府对海外公民进行保护。另外,截至2023年,与我国建交的国家已达183个,[①]但目前与我国签订双边领事条约的国家只有48个;与"一带一路"共建国家签订的双边领事保护协定更是屈指可数,目前与我国签订"一带一路"合作协定的国家65个,而签订领事保护条约的也只有31个国家,占比不到半数。而近些年,海外华侨居住范围已由最初的东南亚国家为主,拓展到几乎遍布世界各地。而领事条约签订国家的数量与华侨分布国家的数量差距较大,不相匹配,因此很多国家的华侨无法得到有效的领事保护。而居住国几乎未有对华侨权益保护的特别立法,更有甚者,是有关歧视海外华侨的立法。海外华侨在权益受侵害时,经常投诉无门。正是因为东道国相关立法缺失与司法不足,海外华侨正当权益保护的效果严重受损。

(二) 主要发达国家海外公民权益保护机制比较研究

在全球化迅猛发展的大背景下,各主要发达国家的出国人员相应增加,其海外公民权益保护问题凸显了出来,许多国家纷纷进行领事工作、外交保护工作机制的改革。本书采取以案说法的形式,着重梳理主要发达国家冷战结束以来领事保护机制改革的成败得失,并在此基础上揭示各国领事保护机制和外交保护机制所展现出的走势,进一步分析这些变化趋势产生的原因、目的、价值及其相关问题,将主要发达国家的领事保护机制改革与中国近年来领事保护机制和外交保护机制改革与进行对比分析,挖掘其共同点,阐析各自的不同点,全面揭示中国现

---

① 中华人民共和国外交部:《中华人民共和国与各国建立外交关系日期简表》,https://www.mfa.gov.cn/web/ziliao_ 674904/2193_ 674977/200812/t20081221_ 9284708. shtml,访问时间:2024年6月30日。

有制度的不足之处，探寻发达国家在维护海外公民权益方面的成功范例及可资借鉴之处。

在世界各国的实践中，美国政府对其海外公民的保护力度一直非常大，十分关注境外公民各项权益保护。美国政府依靠其强大的实力和完善的机制并配以"人本"理念，全面而高效保障海外美国公民的安全和利益。同时美国法律和行政命令规定了美国政府（国务院）该对海外公民的安全义务。如美国联邦法典第 22 卷第 2671 条第（b）款《海外公民撤离》、美国联邦行政法典第 22 卷第 71.1 条《保护海外美国公民》、美国联邦行政法典第 22 卷第 71.6 条《协助受灾美国公民》、美国联邦法典第 22 卷第 1731 条《保护海外归化美国公民》等法律法规从各个方面对海外美国公民权益进行保护。此外，美国政府 1998 年 2 月 9 日签署的第 13074 号行政命令还规定国防部应提供军事力量支持国务院从海外受威胁地区撤离美国公民，并明确国务院、国防部及健康与人类服务部等部门的合作义务。同样，日本政府在保护其海外公民权益方面的力度也是较为突出的。2003 年 6 月，日本议会通过《武力攻击事态应对法》《安全保障会议设置法部分修改法》《自卫队法等部分修改法》。日本海外公民保护的直接法律依据是其 2004 年生效的《关于武力攻击事态当中的国民保护措施之法律》。该法规定海外公民保护的基本原则，设定了保护的主体和机制，规范了从中央到地方各级部门机构的责任和义务，而且还对具体措施如避难、救助等进行了较为详细的规定。以此为基础，日本政府 2005 年出台了《有关国民保护的基本方针》，外务省颁布了《外务省国民保护计划》。该计划详细地规定了国民保护措施实施的体制、内容、方法以及实施过程中各部门之间的协调合作。除美国和日本以外，本书对欧盟一些代表性国家维护其海外公民权益的做法进行了较深入的分析，同时也涉及陆上丝绸之路与海上丝绸之路的诸多国家如加拿大和澳大利亚等发达国家的海外公民权益保护机制问题。

（三）海外中国公民权益保护法律保障体系研究

保护中国公民在海外的权益，加快立法进程是重要途径之一。立法保护海外中国公民的权益，是贯彻实施《中华人民共和国宪法》和完善我国涉侨法务工作的要求。现行法律体系下，海外中国公民权益保护存在一些亟待完善之处。

其一，宪法是我国的根本大法，是制定其他法律法规的依据，具有最高的法律效力。《中华人民共和国宪法》第 50 条规定了对华侨正当权益的保护。该法第 89 条规定国务院护侨的职责。海外中国公民的权益保护，既体现了国家对公民的保护责任，也是公民宪法权利的海外延伸。但是，宪法第 50 条和第 89 条的规定抽象缺乏操作性，对于海外公民安全保护的效用有限。

其二，我国现有国籍制度存争议。《中华人民共和国国籍法》规定我国国籍政策为单一国籍，也就意味着不承认中国公民具有双重国籍。这个政策的科学性和合理性存疑，因为其不符合国际社会的现状和我国的国情，事实上也不利于海外公民安全和利益的保护，对公民利益也对国家利益造成了伤害。

其三，《中华人民共和国公民出入境管理法》是行政法规，主要是对中国公民出入国境的管理，是国家对公民的管理和管控，关注的是公权力而不是私权益。

其四，《中华人民共和国刑法》管辖制度失衡，主要体现在属人管辖和保护管辖的设置方面，同等情形下，我国侨民的刑事境遇保护甚至低于外国公民的尴尬局面。

其五，有关海外公民权益保护专门性立法如海外公民保护法、领事保护法等的缺失是我国海外公民权益保护法律制度不健全的重要表现。有关预防和事后救济的问题找不到法律依据，导致处理不力。

公民海外利益作为国家利益的重要组成部分，理应得到我国法律的保护。随着社会主义法律体系的全面建立，国内公民权益保护法律制度正日臻完善，而与之相比较，海外公民安全利益保护的立法缺失更加凸显，这实为遗憾。以单行法的方式进行专门立法，以法律手段完善制度、建立机构、确保经费等，这是保护我国海外公民权益的一个重要切入点。

（四）我国领事保护法律制度完善对策研究

1. 我国领事保护制度不足之处

《中国境外领事保护和服务指南》在 2000 年由我国外交部首次发布，随后多次更新。2023 年发布最新版《中国领事保护与协助指南》。新版指南根据 2023 年 9 月 1 日起正式施行的《中华人民共和国领事保护与协助条例》精神，并结合海外安全形势变化作出更新。2004 年 7 月，为应对恐怖主义，外交部新设立涉外安全事务司。2007 年，外交部成立领事保护中心（领事司领事保护处升格而成）专门统领协调领事保护工作。由此可见，我国领事保护制度取得了明显发展，但其存在的主要缺陷已经对海外中国公民权益保护造成了阻碍。

第一，保护对象范围有限。《国籍法》第 3 条不承认双重国籍，第 9 条规定中国国民取得外国国籍时即自动丧失中国国籍。因此，在实际生活中，那些加入外国国籍的华人在海外遭遇不公平对待时失去祖国的保护。我国现行国籍法律所体现的价值取向与国际社会的普遍做法不符，而且与我国的实际国情也不匹配。国籍体现了公民与国家主权之间的互动关系，如果强调单一国籍，单方放弃属于本国的国民，实际上是对国家主权的放弃。在全球化时代，各国高度重视国家主权和国家利益，而我国现行国籍法却将价值目标定位于消除国籍冲突，这从理论上讲主次颠倒，从实践上有损我国国家主权和公民利益，不利于海外几千万华人权益的保护。

第二，保护主体上，多元参与性相对薄弱。目前参与实施中国领事保护的主体多为政府部门，非政府部门的参与极少。现有个别案例也只是表明在发生紧急事件后，应急小组中的参与人员中包括与当事人有关的非政府部门代表而已。比较主要发达国家领事保护机制，其在海外公民保护中多元参与性强，而且呈现以下显著特点：一是包括公民社会、企业、公民个人在内的广大非政府力量的参与；二是各方参与方式都基本实现了制度化。如前文所述，在美国国务院和国防部之间签署有关撤离侨民的合作协议，国务院与航空公司签署关于处理空难的协议；澳大利亚也有国防部协助保护的应急计划；英国设立的旅行建议审查小组代表组成固定且定期举行会议；英国的非政府组织的参与也体现了机制化的特点，如英国外交部与"囚犯在国外"组织建立合作，提供经费，充分发挥其在领事保护方面的作用。

第三，立法层次低，加大了领事保护的难度。2009年11月19日国务院法制办就《领事工作条例（征求意见稿）》公开征求社会各界意见。2019年国务院把制定《领事保护与协助工作条例》列入"国务院2019年立法工作计划"，《中华人民共和国领事保护与协助条例》2023年9月1日正式实施，在领事保护方面虽有专门法，但仍属行政条例。中国现行的领事保护工作是基于国际公约、双边协定、我国国内零星的法律规定以及接受国国内法进行的，我国立法上的不系统以及相关多边或双边协定数量不够也造成了我国领事保护工作的困境。

第四，领事保护救济机制缺位，对于行政相对人权利难以保障。法理上看，驻外使领馆应该是一国政府的派出机构，因而当领事保护机构不作为或者作为不当时理应可以提起行政程序救济。但是现实情况是，我国领事机构作为行政主体在我国立法中不明确，外交部只是对其业务有指导功能，《国务院组织法》中也没有任何关于领事机构的专门规定。因此，海外公民若因领事保护不当提出救济，中国法院一般会因领事保护具有国家行为的性质援引《行政诉讼法》第12条第1项之规定不予立案或裁定驳回起诉，而《行政复议法》中也未对这种领事保护关系予以规定。根据我国行政诉讼法的法定原则，该法律关系中的权利受损无法寻求司法救济。

2. 我国领事保护法律制度完善对策

第一，提升立法层级，完善领事保护立法工作。从宪法层面对领事保护问题进行规定，宪法对领事保护制度进行制度规范，有利于从根本上保证领事保护制度的法制化建设。在宪法层面之下，可以尝试在部门法中以更详细的列举方式将保护我国公民合法权益的具体方式确立下来。另外，可将目前《中华人民共和国领事保护与协助条例》提升立法层级，协调与双边条约和国际条约的适用效力，使领事保护做到有章可循、有法可依，同时加强领事官员的标准化和专业化管理。

第二，必须完善相关涉外法律法规，体现对海外中国公民权益的有效保护。如有关国籍的规定，刑法中属人管辖和保护管辖的设置，完善多元参与的有效机制等，提高领事保护的效用。

第三，应确立领事保护的可诉性，使之符合国际上行政诉讼的一般规定，将司法审查对象涵盖政府机构，并把外交和领事机关作为政府部门和派出国外的政府机构，包含在可诉范围内。

（五）我国外交保护法律制度完善对策研究

外交保护作为国家保护本国侨民和海外公司的重要手段之一，是现代国际法的重要组成部分。1924年常设国际法院的"希腊/英国马弗罗马蒂斯巴勒斯坦特许权案"可以看作国际法中外交保护的习惯法之源。而联合国一直致力于将外交保护纳入条约立法中，1996年联合国国际法委员会第四十八届会议确定"外交保护"为专题，外交保护在国际社会就开始向着规则化与法典化的趋势发展。侨民所在国应承担国家责任是外交保护行使的前提。根据属地管辖原则，外国人应服从东道国法律管辖，当其生命财产受到不法侵害或不公正待遇时，也应当在东道国请求东道国的行政或司法救济。当外国人在东道国得不到合理救济时，其本国政府通过正当的外交或司法途径为本国公民提供保护。在国内法中，主要是在宪法中规定外交保护，国家对海外公民的保护既是义务也是权利。部分国家法律规定，公民可以就政府未履行外交保护义务提供司法诉讼。目前，只有少数国家对外交保护进行了立法。一些有影响的大国还没有立法、也鲜有司法判例，例如美国、俄罗斯和中国。另外一些国家，出现了领事保护与外交保护的混淆，实为领事保护却冠以外交保护之名。因此，在国内法中，也需要厘清外交保护制度和领事保护制度。

中国是较晚融入世界体系的国家之一，也是较晚派出驻外使领馆的国家之一。

海外中国公民存在的历史要早于中国对外交保护和领事保护制度接受与实践的历史。目前，随着"一带一路"建设的大力推进和海外中国公民数量的增多，中国外交保护制度显然不能满足海外中国公民权益保护的要求，我国在外交保护的理论研究、外交立法和机制建设方面还存在明显的不足，还需要继续进行发展和完善。

1. 我国外交保护法律制度主要不足之处

第一，外交保护专门立法的缺失。我国还缺少一部专门的针对外交保护的法律。由于缺少此方面的规定，我国有关部门在对本国国民提供外交保护时无法可依，而国民在寻求外交保护时也无法可循。

第二，已有的法条仅为宣誓性条款，缺乏具体规定和可操作性。我国目前立法未有外交保护的规定，宪法中仅是宣示了对"华侨"的利益进行保护，表述抽象，立法远远滞后于现代外交保护实践的需要。

第三，外交保护机制不完备。尽管外交部总结工作实践经验，借鉴其他国家成功做法，尝试着建立了预警机制、处置机制、部际联席会议机制和试行境外公民登记制度等一系列外交保护的相关机制和制度，但这些机制和制度仍然在摸索和磨合过程中，需要进一步规范化。

2. 完善我国外交保护法律制度对策

第一，制定专门的外交保护法。中国可以借鉴美国、欧盟等国家和地区的做法，针对海外公民权益保护制定专门的、体系化的法律法规，明确诸如外交保护机关、国籍和外交保护的程序、方式、各个相关部门义务和合作等具体问题。

第二，建立健全相关保护机制，如预警机制、应急机制、部际联席会议机制以及非政府组织合作机制等系列做法，以立法的形式明确各种机制中相关主体的权利和义务以及可诉性事由。

第三，应更多地参与到国际立法中去，把握主动权和国际话语权。我国政府应加大对联合国《外交保护条款草案》以及各个国家相关制度的研究力度，掌握国际上外交保护制度的发展趋势，在与有关国家签订重要外交条款时将外交保护有关事项进行充分的协商，若发生涉及海外公民权益的双边争议则优先适用双边条约中的外交保护条款。

四、研究路径与研究方法

随着中国公民出境人数的上升，涉及海外中国公民的安全事件和权益受侵事件越来越多。外交部部长王毅在 2019 年两会记者会上介绍："我国正在积极构建海外中国平安体系，让中国公民海外旅行更加安全、安心和顺心。过去一年，外交部和驻外使领馆共处理了 8 万多起领事保护案件，平均每 6 分钟就要处理一起。"而海外中国公民权益保护法律体系的不完善，使这些海外维权事件和安全事件的处理效率不尽如人意。本书针对目前海外中国公民正当权益保护的现状，立足于典型案例的剖析，从事先预防、事件应对和事后处理三个阶段入手，全面梳理海外中国公民权益维护的法律依据，揭示现有法律保障体系的不足与缺失，同时与主要发达国家海外公民权益保护法律体系进行比较研究，寻找我国相关立法与司法现存的差距，有针对性地提出有关"一带一路"共建国家海外中国公民权益保护法律对策的完善建议。

海外中国公民权益的法律保护涉及多学科背景，因此，本书综合民商法学、刑法学、国际法学、国际关系学、国际政治学、历史学、外交学、经济学等学科背景，主要采用以下研究方法：

第一，文献分析法。文献分析法是本研究报告所采用的最基本的研究方法。主要指在占有文献的基础上对文献进行分析辨识，最终形成科学认识。本书所搜集的资料，主要来自各国外交部、其他政府部门、欧盟官方网站、联合国网站等，对案例与相关文献进行整理分析，总结出各主要发达国家海外公民权益保护机制的变化态势。

第二，比较分析法。比较分析法在本研究报告中占有重要的地位，主要采用内外比较和纵向比较的方法。内外比较主要通过对发达国家海外公民权益保护法律保障机制与中国相关机制的比较，分析相同点和不同点，以期为中国相关法律完善提供有益的借鉴。西方发达国家保护本国海外公民的理念形成较早，具体政策制定和机制建设等方面的发展相对成熟和完善，可供我国借鉴。但是，我国应遵循我国的基本国情，不能盲目移植国外做法，找出一条适合中国国情的海外中国公民权益保护政策。本书也有选择地对主要发达国家保护本国海外公民的典型案例进行比较分析，揭示这些国家保护本国海外公民的经验教训，为我所用。纵向比较主要着重于中国历史上对海外中国公民权益保护法律体系的演变，旨在梳理该项制度在我国的经验教训，为当下海外中国公民保护提供可供参考的意见和建议，为中国的海外利益需求和总体外交战略提供智力支持，为完善适合我国国情的海外公民权益保障制度及领事立法提供理论上的支持。

第三，大数据统计分析法。大数据统计分析法即是通过新的科技手段对研究对象进行数据分析，以研究对象的规模、速度、范围、程度等数量关系为研究路径，认识和揭示事物间的本质和规律，达到对事物的正确判断、预测其发展趋势的一种研究方法。本书通过对"一带一路"共建国家海外中国公民权益遭受侵犯的详细情况及相关数据统计尤其是对各国出国旅游人数、旅游目的地变化、对外经济活动等方面的数据统计来分析各国有关海外公民正当权益保护机制革新的原因。

第四，案例分析法。本书采用案例分析法，通过实地调研与访谈等方式，广泛收集"一带一路"共建国家海外中国公民权益遭受侵害的典型案例，分成事先预防、事件应对和事后处理三个不同阶段选择案例，进行较深入的法理分析，找准当前海外中国公民权益维护的难点、重点与痛点，总结经验、吸取教训，分门别类地为"一带一路"共建国家海外中国公民权益保护提供完善对策。

上 篇

丝绸之路经济带共建国的中国公民权益保护

第一章
在哈萨克斯坦的中国公民权益保护

哈萨克斯坦共和国（The Republic of Kazakhstan），简称哈萨克斯坦，国土横跨欧亚两大洲，北邻俄罗斯，南与乌兹别克斯坦、土库曼斯坦、吉尔吉斯斯坦接壤，西濒里海，东接中国，是世界上最大的内陆国。哈萨克斯坦全国人口总数超过2003 万（截至 2024 年 3 月），约有 140 个民族，其中哈萨克族和俄罗斯族为主要民族。① 哈萨克斯坦现首都为阿斯塔纳，官方语言包括哈萨克语和俄语，法律体系属于大陆法系。哈萨克斯坦是一个实行总统制共和制的资本主义国家，也是中亚地区发展最快、最稳定的国家。哈萨克斯坦奉行多元平衡外交，不仅与中国、俄罗斯、美国保持着良好合作关系，和欧盟的关系也十分密切。

原为苏联加盟共和国之一的哈萨克斯坦于 1991 年 12 月 16 日宣布独立，随后中国承认并支持了哈萨克斯坦的独立。独立后的哈萨克斯坦实施经济改革，推行市场经济和私有化。哈萨克斯坦的经济命脉以石油、天然气、采矿、煤炭和农牧业为主，制造业和轻工业相对落后，日用消费品依赖进口。此外，哈萨克斯坦的自然资源十分丰富，目前已探明 90 多种矿藏，其中铜、铅、锌、钨、铬、磷的储存量均居亚洲前列，煤、铁、石油、天然气的储量也非常丰富。中国企业在哈萨克斯坦的投资也主要围绕矿产、石油、天然气等自然资源开展。②

从古至今，哈萨克斯坦一直在中亚地区占据着重要战略地位，对中国与中亚地区乃至与欧洲地区的文化交流产生了重要影响。中哈两国交往历史悠久，睦邻友好，守望相助。步入 21 世纪，中哈两国之间政治、经济、外交合作日益紧密，高层互访频繁。特别是自 2011 年中哈建立战略伙伴关系以来，两国之间的商贸往来和投资组合蓬勃发展。习近平总书记于 2013 年提出共同建设"丝绸之路经济

---

① 中华人民共和国外交部：《哈萨克斯坦国家概况》，https：//www. fmprc. gov. cn/web/gjhdq_ 676201/gj_ 676203/yz_ 676205/1206_ 676500/1206x0_ 676502，访问时间：2024 年 6 月 30 日。
② 许春清、许雨璋：《中国企业在哈萨克斯坦投资纠纷的法律解决方法》，载《发展》2019 年第 12 期。

带"倡议，哈萨克斯坦时任总统纳扎尔巴耶夫予以积极响应和支持，极大地推进了中哈两国之间的经济交往。

如今，作为"中亚之光"的哈萨克斯坦已成为"一带一路"建设的重要枢纽，同时，哈萨克斯坦作为丝绸之路从中国向西延伸的第一站，在整个亚洲地区发挥着十分重要的作用。2014 年 12 月 14 日中哈两国签订《共同推进丝绸之路经济带建设的谅解备忘录》。① 2015 年 12 月，中哈双方签署了《关于便利中国公民赴哈萨克斯坦共和国团队旅游的备忘录》。从 2017 年 7 月开始，中国和哈萨克斯坦正式启动中国旅游团队赴哈萨克斯坦旅游业务，不到一年的时间，中国公民赴哈旅游人数激增。② 此外，哈萨克斯坦劳动与社会保障部 2020 年 1 月的数据显示，中国在 2010 年后成为哈萨克斯坦国外劳动力的第一大来源国。③ 这些数据逐年稳步地上涨证实自区域经济合作与"丝绸之路经济带"建设推进实施以来，中国赴哈人数一直在成倍增长。随着"欧洲西部—中国西部"高速公路等基础设施的高速建设，以及中哈经贸额的快速增长，一部分中国公民出于旅游、学习等目的赴哈，也有一部分中国公民是被哈萨克斯坦较为宽松的投资政策和良好的法治环境所吸引选择赴哈投资。自丝绸之路经济带与"光明之路"对接项目实施以来，越来越多的中国公民也选择赴哈务工或劳务移民。④

哈萨克斯坦对在哈的外国公民权益保护形成了较为健全的法律机制，大致可做如下分类。

一、外国人法律地位规定

哈萨克斯坦是《联合国宪章》《世界人权宣言》《公民权利和政治权利国际公约》《经济、社会和文化权利国际公约》等多个公约的成员国，举办过加强中亚国家人权机构区域合作边会，在保证人权和自由方面迈出重要步伐并取得显著成果。通过签署有关外国人入境居留、公民相互之间的待遇、外国人有关人权保护等事项的条约，哈萨克斯坦承认了外国人法律地位的平等，并保证在不违背所承担的国际义务的条件下，维护外国人的合法权益。在国际经贸合作领域，哈萨克斯坦

① 《发改委与哈萨克斯坦共和国国民经济部签署关于共同推进丝绸之路经济带建设的谅解备忘录》，https：//www. yidaiyilu. gov. cn/xwzx/bwdt/77007. htm，访问时间：2024 年 6 月 20 日。

② 东方网：《中哈旅游合作论坛举行　中国公民赴哈萨克斯坦旅游前景广阔》，http：//news. eastday. com/eastday/13news/auto/news/world/20170605/u7ai6825296. html，访问时间：2024 年 6 月 20 日。

③ 张宏莉、余苇：《哈萨克斯坦外来劳务移民及治理措施》，载《俄罗斯研究》2020 年第 3 期。

④ 康·瑟拉耶什金、丁超：《当前中哈关系中的现实问题及解决路径》，载《俄罗斯东欧中亚研究》2019 年第 1 期。

于 2015 年正式加入 WTO，批准了一系列协议，如《关税及贸易总协定》《贸易服务总协定》《贸易知识产权协议》。根据国民待遇原则、最惠国待遇原则等 WTO 基本法律原则，在民事权利方面哈萨克斯坦应给予外国人和企业与其国内公民、企业同等待遇。此外，哈萨克斯坦为调整外国人法律地位颁布了《关于外国人法律地位的命令》，明确规定了外国人在哈萨克斯坦的法律地位与权利义务。

二、外国人权益保护的实体法规定

哈萨克斯坦现行的实体法框架下有诸多关于外国人权益保护的法律规定。1995 年哈萨克斯坦为保护外国人权益颁布了《关于外国人法律地位的命令》，其第二章规定了外国公民的基本权利自由和义务，包括劳动工作、休息、健康保护、社会和退休金保障、获得教育等具体权利。除此之外，《宪法》《民法》《劳动法》《就业法》《建筑法》等相关法律法规中均对在哈外国人民事权益做出了具体规定。《宪法》和《民法》规定了外国人在哈萨克斯坦享有为本国公民规定的权利和自由并承担相应的义务。《劳动法》详细规定了在哈务工外国人的报酬数额、休息时间等相关权益。2017 年《针对医疗保障问题对一些法规文件的修改和补充》增加了外国公民与本国公民平等享受强制社会健康保险制度下医疗援助的权利。针对外国人的人身财产安全，《刑法》给予在哈外国人无国籍区别的保护。反之，外国人在哈国犯罪应当被追究相应的刑事责任。为了保护外国投资者的利益，哈萨克斯坦近几年连续出台、修正了 20 多部法规，主要包括《投资法》《对外活动基本法》《自由经济区管理法》《外汇调节法》《外来投资保护法》《海关法》《哈萨克斯坦外资纳税优惠条例》。这些法律法规是哈国调节国内外投资关系、吸引投资的基本法律，对于加强在外国投资人的权益保护起非常重要的作用。

三、外国人权益保护的程序法规定

目前哈萨克斯坦主要的诉讼程序法有《民事诉讼法》《刑事诉讼法》《刑事执行法》。《民事诉讼法》第二编规定了外国人和无国籍人、外国组织和国际组织有权为维护受害者或解决相关争议之目的及时通过法律自由地及受保护地向哈萨克斯坦法院提起诉讼，且外国人享有与哈萨克斯坦公民和组织同等的诉讼权利与履行同等的诉讼义务。除此之外，《民事诉讼法》第四编专门规定了涉外诉讼程序，为外国人在涉哈诉讼中最大限度地保护自身权益提供了程序支持。哈国在刑事诉讼程序立法方面规定得较为精细烦琐，《刑事诉讼程序》对刑事诉讼程序的基本原则、诉讼程序中的证据与证明、适用的强制性诉讼措施等问题作了基本规定。在刑事诉讼程序的实施阶段，任何人不得因出身、性别、种族、语言、宗教或者其他任何情况遭受歧视，保障享有依据本法典规定程序获得专业法律救助的权利。基于上述规定，在哈外国人有权通过司法程序保护自己的权利与自由。在国际司法协助领域，哈萨克斯坦加入了《承认及执行外国仲裁裁决公约》《解决国家和他国国民之间投资争端公约》，先后与中国签订了《民事和刑事司法协助的条约》和《引渡条约》，上述国际公约和双边司法协助条约为外国人在哈萨克斯坦参与诉讼和国际商事仲裁活动提供了基础性规范。

第一节　事先预防

近年来，作为中亚五国"领头羊"的哈萨克斯坦经济水平飞速发展，政治状况也较为稳定，成功吸引了大批中国投资者和务工者前来从商就业。然而，最新数据表明，中国公民在哈萨克斯坦遭受人身权、财产权侵害的案件数量却不断增多。这也提醒我们海外发展往往是机遇与风险并存，未雨绸缪显得尤为重要。为进一步强化在哈中国公民权益的有效保护，本书着重选择中国公民在哈萨克斯坦受到人身权、财产权侵害的典型案件，立足事先预防的角度进行法理分析，专门针对海外公民权益保护的预防环节提出法律对策和相关建议。

一、中哈工人恶性群殴案件

阿克托盖铜矿是哈萨克斯坦最大的铜矿，金属铜储藏量达到 17 亿吨。中国政府于 2011 年向该项目提供 15 亿美元贷款，2014 年，该铜矿由哈萨克斯坦铜业公司承包给中国某集团公司进行承建。该项目工地上中方员工约 150 人，哈方员工约 400 人。

2015 年 7 月 8 日，在哈萨克斯坦东部的阿克托盖市，中国某集团公司承建的铜矿工程服务项目基地发生了一起中哈工人恶性群殴案件。这场性质恶劣的群殴案件具体发生在该项目工地的食堂里，一名中国工人向一名哈方食堂工作人员抱怨饭菜质量差、分量少。该工作人员解释，分量多少受到严格管理并且完全按照公司的工人数计量，因此他们无法提供第二份。随后，这位中国工人无视一名中国籍管理人员的劝说，与一名哈方保安发生冲突，并追打哈方食堂厨师，大规模冲突一触即发，超过 100 人卷入群殴事件当中。然而，就在哈方工人食堂反击中国工人后，他们接着又到中方员工宿舍恶意打砸抢，事态蔓延至项目所在城镇，哈方工人但凡见到中国人便展开攻击。当地警方于 7 月 8 日下午 1 点 15 分到达事发现场，当地政府也派出直升机以及部队进厂维护秩序，中国大使馆工作人员配合当地警方在现场进行调解、安抚双方工人，这场群殴事件才得以平息。

2015 年 7 月 8 日晚，哈萨克斯坦相关部门记者第一时间发布了伤亡数据，在这场群殴事件中预计有 31 名工人受伤，包括 21 名中籍工人和 1 名哈籍安保人员，他们被送往 A 镇和 U 市的医院。经过哈方警方调查之后，伤亡数据得到了更新。哈萨克斯坦政府在 7 月 9 日召集紧急会议。7 月 10 日，据官方统计，145 人参与了这场斗殴，其中中方 65 人被送往医院，目前仍有 31 人留在医院接受治疗。他们身体情况稳定，无人受到致命伤害。哈萨克斯坦副总理强调，这次群殴案件只是一次"国内暴力冲突"，没有政治因素或种族歧视因素。①

随后，中国网络上流传着"哈萨克斯坦人暴力袭击中国人"的说法，称哈方民众联合警察对中国人采取暴力袭击行为。事实上，该事件仅仅是由日常琐事引起的偶发独立事件，只不过最终酿成百人参与的群殴，造成多名中哈工人受伤，生活设施被打砸。事发后，中国驻哈使馆和总领馆组成应急工作组，第一时间赶赴现场了解情况，慰问伤员，与现场管理人员、当地警方以及东哈州政府进行全面协商，积极探寻解决对策。经过多方合作，事态得到了控制，项目工地也恢复了基本秩序，事件影响已被降到最低。我国驻哈使馆为此专门提醒中企以预防为主加强内部管理、对安全生产情况进行自查自纠，吸取此次事件的教训，引以为戒，在哈经营期间遵守当地法规，采取合理方式对中方员工的不稳定心理因素进行排查，及时解决潜在问题，避免发生类似事件。

二、法理分析

哈萨克斯坦境内的中国劳工数量的日益增多，加之国际排华情绪等影响而引发的各种突发冲突事件，可能会给在哈中国劳工的人身权、财产权等合法权益造成无法预料的损害。为了更好地保护在哈务工中国公民的各种权益，我们应当从过往的伤亡案件和侵权案件中汲取经验教训。结合中哈工人恶性群殴案件，具体分析案件事实与法律性质，揭示维权的法律依据，进而从事先预防的角度给即将前往哈萨克斯坦的中国公民提出有益的应对策略。

---

① 观察者网：《哈萨克斯坦上百名中哈工人互殴　我使馆提醒中企加强内部管理》，https://www.guancha.cn/Third-World/2015_07_14_326779.shtml，访问时间：2021 年 6 月 20 日。

（一）本案法律性质分析

上述案件的起因是该项目工地的一名中国工人因不满伙食与哈萨克斯坦当地一名安保人员发生冲突，随后又追打了哈方食堂厨师。案件发生至此，若现场三个当事人的肢体冲突没有彼此造成严重伤害和不良影响，那么此案可以简单认定为一般民事纠纷或者轻微的治安案件，可以由冲突当事人所属的项目公司或是哈方警察进行简单的调解处理；若调解不成，冲突三方当事人也可以就个人损失在哈萨克斯坦提起民事诉讼。

然而，上述案件的发展轨迹远比单纯的肢体冲突案件更加错综复杂。近些年在海外的中国公民经常遭遇各种矛盾纠纷引发的伤害事件，有针对中国人的非法行政案件、境外劳务纠纷、意外伤害、恐怖主义威胁、非法移民等，这些潜在威胁直接关系到海外中国公民的安危及合法利益。[①] 具体到此案，哈方工人对中国公民无差别地进行人身攻击并且抢夺毁坏中国公民个人财物的一系列行为，极有可能与哈萨克斯坦社会现存较明显的反华情绪和对所谓"中国威胁论""中国扩张论""中国掠夺论"的担忧心理有关系。此外，中国与哈萨克斯坦等中亚国家社会文化差异较大，一些中国公民习惯在国外"露财炫富"，引起当地民众心生嫉妒；与此同时，部分中国公民在哈萨克斯坦不懂也不尊重哈国法律，违法乱纪，容易成为当地公民排斥攻击的对象；还有中国公民在哈萨克斯坦的公共场所不排队，行车不按规矩，出游不讲文明，开着扰民音量跳广场舞等。这些典型的"华人行为"容易引发当地居民的反感，进而产生排华情绪。

从整体上对此案进行反思，可以归纳出此次群殴事件背后的主要原因有三：其一是相关涉案企业对中国工人的管理不到位。中国某集团公司在哈萨克斯坦展开承建工程过程中，并未给为其工作的中国工人提供最基础的后勤保障。正如在此案中，该项目工地食堂的厨师大部分为哈萨克斯坦国员工，饮食文化的巨大差异导致中国工人在饮食上难以接受和习惯哈国厨师提供的工作餐。又由于中哈两国语言存在差异，中方工人难以表达自己的正常需求，没有办法与哈方工作人员进行有效的交流和沟通，企业方也未提供中间工作人员对双方诉求进行调解。其二，中国企业招募的部分赴哈人员知识水平和文化素养相对较低，再加上企业没有提前对赴哈务工人员进行相应的培训，中方工人将国内的恶习带到了哈萨克斯坦。其三，中亚五国普遍对中方企业和中国员工持有偏见，由于中哈双方彼此之

---

① 单海玲：《我国境外公民保护机制的新思维》，载《法商研究》2011年第5期。

间的成见和误解，矛盾爆发的方式主要表现为斗殴、群殴。①

再回到中哈工人群殴案件本身，哈方工人无差别攻击中国公民以及打砸抢中国公民财物的行为愈演愈烈，逐步演变为针对中国工人的暴力冲突事件，其中主动挑起事端并积极参与打砸抢的哈方工人，严重侵害了中方工人的人身权益和财产权益，其行为已然上升为刑事犯罪行为。但由于案件发生在哈萨克斯坦国境内，根据属地管辖原则，首先应当由哈萨克斯坦相关部门在第一时间对事故中伤亡的中国公民进行救助，开展针对事故的相关调查，明确事故中中哈双方工人的责任与损失，并对人身权和财产权受到侵害的中国公民进行赔偿。从国籍国保护的角度出发，在此案中我国可以通过对在哈中国公民实施领事保护来行使属人管辖权，但必须在哈萨克斯坦法律允许的限度内进行，并受尊重国家领土主权及不干涉内政等原则的约束。根据属人管辖原则，领馆应在案发的第一时间对涉案的中国工人提供领事保护，并与哈萨克斯坦有关部门进行交涉，提醒并监督哈萨克斯坦有关部门及时展开救助行动，并对事故进行具体调查，对权益受损的中国公民进行补偿，保护在哈中国公民的合法权益。

统计数据表明，目前海外中国公民权益受侵害的领事保护案件年均发生3万多起。有专家认为，随着我国国际地位和影响力提升、海外投资不断加大、人员往来日益频繁，海外中国公民和机构的安全形势应引起高度关注，预计今后十年形势将会更加严峻。②

（二）中国公民在哈萨克斯坦维护人身权益的困境及相关理论依据

在上述中哈工人恶性群殴案件中，哈萨克斯坦作为中国公民的所在国及时给权益受到侵害的中国公民提供了救助。另外，中国作为国籍国也在群殴案件发生后的第一时间给中国公民提供了领事保护。可见，中国公民在哈萨克斯坦接受救援保护的相关法律依据既包括国际法依据也包括国内法依据，并且中国公民在哈萨克斯坦的权益保护高度依赖于中哈两国的国际合作与配合。其中，国籍国对在海外的本国公民权益进行保护主要法律依据涉及属人管辖原则，而所在国哈萨克斯坦对中国公民权益保护的义务来源于国家主权原则和属地管辖原则。同时，中国和哈萨克斯坦关于双方公民权益保护所达成的双边协定也是至关重要的法律依据。具体到这场群殴案件，虽然中国公民的人身权益和财产权益损失更加惨重，

---

① 朱永彪、任希达：《中亚中国劳工权益面临的风险》，载《新疆师范大学学报（哲学社会科学版）》2017年第4期。

② 新华网：《海外华人侵害案为何渐多》，http://www.xinhuanet.com/world/2014-05/22/c_126530857.htm，访问时间：2021年6月20日。

但此案件发生在哈萨克斯坦境内，首先应当由哈萨克斯坦方政府进行处理和相应的事后调查。依据国家主权原则和属地管辖原则，当中国公民踏上哈萨克斯坦的国土时，就意味着中国公民处于哈萨克斯坦主权和领土的管辖之下，承担着外国人在哈萨克斯坦的法律义务，与此同时，在哈萨克斯坦的中国公民也享受着与其本国公民平等的法律地位和人权保护。

与属地管辖国相应的是属人管辖国，其主要通过对在海外的本国公民实施外交保护和领事保护来整体实现海外公民权益的国籍国保护。狭义上的外交保护仅仅是指能够引发国家责任、导致法律后果的保护行动，国家将一国对其国民的损害视为对自己的损害，并在国际交涉中要求对方承担国际责任。① 一般只有在中国公民的合法权益受到所在国政府机关的侵害，且寻求当地救济失败时，我国才会给予该中国公民相应的外交保护。国籍国的领事保护相对而言就比较普遍，我国领事馆大多时候都承担着协助者的角色，受到国家主权原则和属地原则的约束，领事馆一般会给海外的中国公民提供各种帮助，如与哈方政府有关部门进行交涉。此案中，中国驻哈使馆和总领馆在事发后及时采取了有效措施。可见，我国政府对于海外中国公民的权益保护十分重视，只要法律允许，中国政府都会全力以赴，为海外中国公民提供领事保护和外交保护，切实维护海外中国公民的合法权益。

除了国籍国和所在国单方面地为在哈中国公民提供帮助和法律援助，两国之间的国际合作和配合也为在哈中国公民的权益保护发挥着重要的作用。从中哈两国司法协助的法律依据来看，中哈两国都是《承认及执行外国仲裁裁决公约》的成员国。近些年来，中哈两国先后签订了《民事和刑事司法协助的条约》《引渡条约》等双边司法协助条约。中哈两国在司法协助上互相合作，为在哈萨克斯坦中国公民权益保护提供了程序上的便利。

三、对策建议

现如今在哈萨克斯坦的中国公民数量与日俱增，中国公民赴哈的主要目的为经商、务工、留学、旅游等，其中选择赴哈务工的中国公民占有较大比例。根据哈萨克斯坦卫生和社会发展部劳动、社会保障和移民委员会劳务移民调节局的统计数据，2015 年在哈工作的外国劳务人员中国人最多，达 18000 多人。② 这些在

---

① 万霞：《海外中国公民安全问题与国籍国的保护》，载《外交评论》2006 年第 6 期。
② 中华人民共和国商务部：《哈萨克斯坦对中国公民发放劳务许可大幅缩减》，https：//m. mofcom. gov. cn/article/i/jyjl/e/202009/20200903004766. shtml，访问时间：2024 年 6 月 30 日。

哈务工的中国公民主要从事商贸、餐饮等服务业，以及建筑业等。① 但近年来屡次发生中国劳工在海外公民权益受损甚至危及人身安全的案件，中国公民在海外生活掺杂着众多潜在风险和不安定因素。在动身前往哈萨克斯坦务工求学之前，我国公民可以多从事先预防的角度思考如何在危机之下保护自己，提前了解哈国的法律制度与社会状况也是极为有效的事前预防之策。

（一）了解并尊重哈萨克斯坦的社会文化与法律制度

中国公民在动身前往哈萨克斯坦求学务工之前，应大致了解一些哈萨克斯坦的法律制度与社会文化，学会入乡随俗且尊重他国文化习俗。哈萨克斯坦对我国大多数公民而言是一个亲近又神秘的国家。"哈萨克"的意思是"自由"或"白色的天鹅"，它代表着游牧民族文化。而"斯坦"是"家园"和"聚居地"的意思。简而言之，哈萨克斯坦，就是哈萨克族人的聚居地。哈萨克族信奉伊斯兰教，属于穆斯林中的逊尼派，同时哈萨克斯坦是一个非常包容的世俗社会，民风淳朴，多种民族和宗教和谐共存。哈萨克斯坦居民多为穆斯林，不食猪肉，不食动物血。主要的传统节日有开斋节、那吾鲁斯节和古尔邦节等。进入教堂的男士不得穿短裤，女士不得着暴露服装。哈萨克斯坦拥有良好的法治环境，重视投资者权益保护工作。例如，阿斯塔纳国际金融中心设有以最高国际标准运作的国际仲裁中心，以解决阿斯塔纳国际金融中心的民事和商业纠纷。阿斯塔纳国际金融中心类似于经济特区，其中会有一些特殊的优惠政策。哈萨克斯坦拥有强大的基础设施，比如发达的互联网、铁路、高速公路、机场等。哈萨克斯坦当前正在扩大市场开放，大力发展基础设施，经济日趋多元化和现代化。②

了解哈萨克斯坦的风土人情和社会习俗有助于中国公民融入当地生活。上述案件中，中方工人因个人饮食偏好问题与哈方工作人员发生了肢体冲突，其实因吃穿住行、社会文化差异而引发的冲突是可以完全避免的，可就是这样一件日常琐碎小事成了这场群殴案件的导火索。了解并尊重他国文化，也是公民对自己尊重与保护。

（二）关于出入境办理的建议

在我国公民赴哈求学务工之前，最好对哈萨克斯坦的出入境相关规定有所了解。

---

① 朱永彪、任希达：《中亚中国劳工权益面临的风险》，载《新疆师范大学学报（哲学社会科学版）》2017年第4期。

② 中国国际贸易促进会：《投资哈萨克斯坦的十个理由》，http：//www.ccpit.org/Contents/Channel_ 4126/2019/0328/1145601/content_ 1145601. htm，访问时间：2021 年 6 月 20 日。

根据 2023 年 11 月赴哈签证新规，赴哈签证分短期、长期和外交、公务、投资三大类共 39 种。持公务普通护照、普通护照的中国公民可在哈驻华使馆、驻上海总领事馆、驻香港总领事馆或驻乌鲁木齐签证代办点（仅限新疆籍人员）办理赴哈签证。签证须通过正规的中介机构或本人办理，签证申请类型须与出行目的相符，否则可能会被哈边检部门拒绝入境，即使入境后也可能因违反哈移民法被处罚款或遭返。持中国公务普通护照、普通护照、旅行证在哈国入境、出境或过境，自入境之日起单次停留不超过 30 日，每 180 日累计停留不超过 90 日，免办签证，逾期需申请居留签证。持哈外国人定居证者出入哈亦无须办理签证。持中国香港特区护照在哈停留不超过 14 天免办签证，持中国澳门特区护照赴哈前需办理签证。哈驻外使领馆颁发签证均需经哈国内批准，得到"返签号"后方可颁发，因此办理签证时间较长。哈不可办理落地签证，赴哈人员须在境外办理好签证。

中国公民在入境哈时需在边境填写好"移民卡"，并妥善保存，出境时交回。在哈临时居留超过 5 日的外国人，须在入境后 5 个自然日内请签证所示的邀请方协助在所在地移民警察局办理登记，变更居住地址后应于 3 日内在入住地移民警察局登记。

临时入境的外国人须在其签证到期前离境，如逾期离境须缴纳罚款，情节严重者可能被拘留。如在入境后遗失证件，须补领新的国际旅行证件，并立即前往移民警察局办理出境签证之后方可离境。

（三）提高自身风险防范意识

我国公民在哈萨克斯坦期间应随身携带并妥善保管护照、签证、居留证件、移民卡等，并留存复印件以备不时之需。尽量减少夜间出行，选择市内公交或正规出租车出行。在公共场所避免露富，兑换外币时应选择封闭式的银行兑换点。勿将证件和行李物品交由他人保管。来哈务工需办妥劳务许可、工作签证和相应手续，不可轻信中介。

（四）自然灾害和突发事件的预防建议

哈萨克斯坦的主要自然灾害为泥石流、地震等，多发于南部山区，如阿拉木图州。冬季北方常有暴风雪发生。

我国公民若在哈萨克斯坦遇到地震请注意以下事项：远离外墙、窗户、玻璃和较高的家具，迅速躲在坚固的桌下或较矮且重心稳固的家具下方，或靠站在内墙柱子边，随手以棉被、坐垫、安全帽保护头部。迅速熄灭煤气、烟蒂或其他火种，关闭电源，避免地震引起的间接灾害。除非房子比较陈旧、房屋已出现严重裂痕，或屋外有大片空地，留在室内比室外安全。最好避免搭乘老旧电梯，如身处公共场所，勿夺门而出，以免踩伤、挤伤。走在过街天桥、地下通道，应尽快离开。要远离建筑工地。驾车时，应立即减速停车，将车停靠在安全岛的一边，等地震过后再开。不要进入长桥、堤坝、隧道，如已进入要尽快离开。此外，在哈期间应注意食品卫生、个人卫生，建议饮用纯净水。

第二节　事件应对

近些年来，位于丝绸之路经济带核心区域的哈萨克斯坦，凭借着丰富的矿产资源，吸引了许多中国投资方在哈萨克斯坦投资承包大型工程项目。为此，着重选择新疆王先生在哈萨克斯坦投资所遭遇的巨额违约金这一典型案例，主要针对中国公民、企业在哈投资时可能面临的法律问题和投资风险进行分析与评价，探寻更为有效的法律对策，为"一带一路"共建各国的海外投资者提供具体可行的应对策略与参考范例。

一、中国投资者在哈面临巨额违约金典型案件

来自新疆的王先生早期在哈国投资设立了一家建筑公司，承包各种小型建筑工程，近几年随着"一带一路"与"光明路"项目的顺利对接，中哈两国积极合作的良好势头给王先生的建筑公司带来了巨大发展机遇，其公司在短短几年内顺利转型为大型工程公司（简称 A 公司）。

随着我国对外承包工程业务市场的不断发展，王先生在哈承包的工程项目规模也日渐扩大。2013 年年底，A 公司正式签署哈国 C 市大型化工项目（简称 B 项目）总承包合同，业主为哈萨克斯坦某石化工业公司。该项目施工地点位于 C 市郊区，于 2014 年 12 月开工，计划竣工日期为 2018 年 6 月，计划工期 42 个月。由于 A 公司在合同签订前未能开展详细的市场调研，对 B 项目市场了解不够全面，总承包合同签订后中哈双方对于部分条款未能有效达成合意。2014 年中哈双方签署了补充协议后，B 项目才正式开工。随着 B 项目工程的展开，A 公司遇到了越来越多的工程问题，一些法律风险也随之而来。

中哈双方在 B 项目总承包合同中约定了中哈劳工比例，哈方业主要求配备 3 个中国工人至少要配备 7 个哈国工人。但实际上哈国劳工资源匮乏，以哈国劳工的平均水平又无法胜任 B 项目核心工作，导致项目施工效率极其低下。一方面，由

于哈国政策不稳定，中方劳工的工作签证办理异常困难，B 项目经常出现劳工不足的情况，项目施工不得不往后延期。又由于 B 项目冬季施工时间较长，同时项目施工需要的大型设备数量较多，而设备运输又受到河运季节的限制，一旦错过丰水季就面临着延期问题。另一方面，砂子、石子等原材料也需要通过铁路、汽运等方式从几百公里外的城市运输到项目现场，原材料运输周期较长的问题也影响着项目的总体进度。此外，A 公司的设计人员对哈国的当地标准不熟悉，且存在语言沟通上的困难，在设计工程图纸时花费大量时间去研究当地标准，进一步导致了项目进度滞后。

中哈双方在 B 项目总承包合同中约定工期延误的违约赔偿金上限为合同总价10%，并按照工期延误的天数计算违约金。2018 年 5 月，项目进度已经严重滞后，A 公司即将面临高额的合同违约金，王先生决定及时止损，召集公司法务和项目负责人商讨策略。那么，A 公司该采取何种措施才能应对合同履行中产生的各种法律风险？

二、法理分析

目前，哈国的基础设施建设水平仍然处于起步阶段，在"一带一路"倡议的带动下，我国相关企业和投资者积极承包哈国的基础工程项目建设，其中不乏大型工程总承包项目。与此同时，哈国复杂多变的法律环境使得我国投资者在哈投资时常面临多重阻碍，因此，有必要专门从事件应对的角度对新疆王先生与哈萨克斯坦某石化工业公司之间的 C 市大型化工项目工程延误引发的巨额违约金纠纷案进行法理评析，并归纳梳理哈国相关法律法规，全面揭示中国公民在哈投资可能面临的法律风险。

（一）本案法律性质分析

国际工程承包是指一国的工程建筑商通过国际投标或接受委托等方式，与另一国兴办工程项目的政府机构企业或个人签订承包合同，承包商按合同规定提供技术、资本、劳务、管理、设备材料，按质按量完成工程设计、建造和机械设备安装任务，同时收取合同规定的费用和款项。①

在哈萨克斯坦 C 市大型化工项目工期延误案中，王先生投资的 A 公司和哈方业主之间签署的 B 项目合同正属于国际工程总承包合同。从合同相对关系来看，

---

① 杨乔松：《FIDIC 合同模式与我国国际工程承包法律模式的比较研究》，华东政法学院 2004 年硕士学位论文。

合同一方是作为项目总承包方的中国企业，另一方则是哈国企业。而中国企业在哈签订、履行承包合同时容易就合同效力、合同履行期限等事项与合同相对方发生争议。如 A 公司在履行承包合同时，对项目施工条件进行了错误预判，导致项目施工进展迟缓，公司面临着承担巨额违约金的法律风险。具体到该合同中，中哈双方约定工期延误的违约赔偿金上限为合同总价 10%，并按照工期延误天数计算违约金。然而，A 公司赶在合同履行期限届满之前通过了内部决策，及时有效地采取了相应措施，进行法律风险转移，挽回了合同即将违约的局面。

首先，根据合同的意思自治原则，在不违反哈国强制性规定的前提下，合同双方可以合意约定合同的履行期限，A 公司利用双方高层接触的机会就工期问题进行了协商谈判，为 B 项目争取到 6 个月宽限期。且 A 公司与哈方业主签署了增补合同，约定延期 6 个月之内不计算产生进度延误罚款；此外，A 公司充分利用施工分包合同的优势，将哈方严苛的劳工比例要求转移到施工分包合同中，同时给中方工人申请办理商务签证，将项目工程中紧要、核心的工作分派给中方工人，通过劳务分包将大部分技术含量低的工作交由哈方工人完成。随后，A 公司积极开展夏季施工，充分利用施工工期，2018 年 10 月，A 公司在 6 个月的宽限期内顺利结束 B 项目的工程施工。

若进一步分析考虑哈国相关法律具体详细的规定，该案中的工程承包合同可能暗藏着更大的投资风险。例如，哈国投资的项目均应通过国家定额系统计算支付承包商合同价款。虽然中哈双方签署的是总价合同，但哈方业主支付的价款必须通过实际完工数量乘定额系统中的相应单价计算得到，而往往定额系统中的单价过分低于实际市场价格。这就意味 A 公司可能要承担无法从哈方的业主手中获得全额合同价款的投资风险。[①]

（二）中国投资者在哈投资可能面临的法律风险

根据英国媒体提供数据可知，中国投资者在 2015 年成为哈萨克斯坦最大外商直接投资来源。[②] 这也意味着，在哈投资的中国公民和企业是建设中哈两国"一带一路"相关基础设施的中坚力量。由此可见，在哈中国投资者的权益保护不仅仅关系到中国海外公民的生命财产安全，也影响着中哈之间的"一带一路"经济建设合作能否成功。但现实情况是，在哈国投资往往是机遇与风险并存。

---

① 陈建友：《哈萨克斯坦 EPC 总承包项目风险分析与对策——以 IPCI 项目为例》，载《价值工程》2020 年第 6 期。

② 环球网：《英媒：中国投资者成哈萨克斯坦最大外商直接投资来源》，https：//world. huanqiu. com/article/9CaKrnJVPkk，2021 年 6 月 7 日。

总的来说，中国投资者在哈国常见的投资风险主要包括官僚主义和腐败；地缘政治问题，欧亚经济联盟市场融合的不确定性；透明度问题；保护主义；立法问题；环境问题；税收问题；等等。① 具体而言，中国公民在哈投资面临的法律风险主要有三种。其一，哈国法律体系尚未完善，缺乏稳定的投资法律环境。在立法理论和技术层面，哈国缺乏相关经验，目前哈国关于对外经贸的法律规范仍待完善，且缺乏与之配套的法规和实施细则。其二，哈国为了保护本国企业，弱化了外资企业的法律地位，并且修改了部分政策，加重了外资企业税务负担。其三，哈国的投资法起步晚，为了适应国内外经济发展的需求，哈国立法者不断地对投资法进行修正，导致哈国投资政策极其多变，如其新《投资法》取消了特殊优惠政策，实行国民待遇具体规定，"哈萨克斯坦共和国法人及根据哈萨克斯坦共和国法律程序组建的法人，包含外商投资的法人"。哈国对外国投资者不采取特殊优惠，内、外资一视同仁。这意味着，我国企业哈国投资将不再享有任何特惠政策。

哈国《劳动法》中关于劳动许可制度的限制也会给我国企业带来劳动合同管理的风险法律。哈国对外国劳务人员实行严格的工作许可制度，获取工作签证十分困难，外国公民要想从事工作就必须获得劳动部门颁发的工作许可，否则将被罚款、拘留直至驱逐出境。哈国的劳动部门对外国劳务的数量实行总量控制、按州发放。尽管近些年来哈国政府不断提高了外籍员工劳动许可的配额，但仍然不能满足外资企业的实际需要。许多在哈投资经营的外资企业反映，哈政府经常毫无理由地拒绝给公司经理人员和技术人员发放签证，或者只提供短暂的居留期限，这一做法无疑会给中国企业在哈的生产经营带来不利影响。

在税收政策方面，2001 年 6 月哈萨克斯坦《税法典》公布实施，在此之后哈国不断地对《税法典》进行修改。2008 年，哈国开始制定新税法应对经济危机。2009 年 1 月 1 日，新《税法》开始实施，由于实施效果不佳，近些年来哈国立法者一直在增补修改新《税法》。由此可见，哈国税法尚不稳定，这就会对中国投资者在哈国投资建立以及承包重大工程的企业造成严重影响。此外，哈国新《税法》规定提高进出口税率，对企业法人财产税增加到 1.5%，雇主要支付雇员的社会税。新《税法》颁布之前，社会税率为 5% ~ 13% 不等，新税法将社会税统一调整为 11%，这一举措加重了中国企业的生产成本负担。

（三）中国投资者在哈投资维权的法律依据

中国公民和企业在哈国进行贸易投资的主要法律依据可以分为国际法依据和

---

① 赵爱玲：《哈萨克斯坦私有化下的中国机会》，载《中国对外贸易》2016 年第 1 期。

国内法依据。国际法依据主要包括中、哈两国加入的多边国际条约、中哈之间签订的协议以及国际惯例；国内法依据以哈国法律为主。

多边国际条约是中国投资者在哈国投资的基础法律依据。中哈两国均为上海合作组织的成员国，因此在上合组织框架下中哈之间达成的政府间协议，是中哈两国开展经贸合作的基础性法律文件。此外，中国与哈萨克斯坦共同参加的其他多边国际条约也构成双方经贸合作的法律基础。

中哈两国的政府间协议是由中哈政府签订，属于国家之间的条约，在签约国之间发生法律效力。近年来中国政府与哈国签订了多个双边协议，比如《关于在石油和天然气领域合作的协议》《关于中哈天然气管道建设和运营的合作协议》《避免双重征税协定》等，这些双边协议是中国与哈国开展经贸合作的重要法律根据。

企业之间的协议直接规定双方当事人的权利义务，不仅约束企业的经营行为而且也是中国公民在哈投资维权的重要依据之一。其中，中国石油天然气集团公司和哈萨克斯坦国家石油天然气公司签订的《关于中哈天然气管道建设和运营的基本原则协议》就是这类协议的典范。

调整中方投资国内法依据主要是哈国的国内法。哈萨克斯坦独立至今，法律法规制定过程相对较短，随着社会经济的不断发展，近年来法律制度变动比较频繁。哈国为吸引外国投资者进入本国投资，制定了一系列投资法律法规。关于外资企业进入哈国进行项目投资建设涉及的主要法律法规有：《反垄断法》（2001）、《投资法》（2003）、《企业经营法典》（2015）、《关于国家支持投资的若干问题》（2017）、《投资优惠申请接收、登记和审议办法》（2017）、《关于批准战略性投资项目清单（2018—2020）》。这些法律法规均是中国公民在哈进行投资必须遵守的准则，同时也是在哈的中国投资者维权的法律武器。

（四）中国投资者在哈解决投资争议的法律依据

一是国际公约或国际惯例。当争议发生时，如果被投资国的本国法与投资国缔结或参加的国际公约相冲突，则通行的做法是适用国际公约。例如，哈国《石油法》规定：适用《石油法》和《矿产资源使用法》时，不能与哈国参加或缔结的国际公约的规定相抵触；哈国《投资法》规定，哈国批准的国际协议优先于国家法律。在资源国本国法与国际公约都没有规定的情况下，适用国际惯例。

二是哈国的法律。中哈两国签署了大量的政府间协议，但中国投资者在哈投资时主要靠签订、履行各种合同来具体落实，这些合同在主体、内容和客体方面存在着涉外因素。如果合同双方在合同履行的过程中发生争议，经协商仍不能解决，且中哈两国的法律对合同问题有不同的法律规定，那么适用不同国家的法律就可能导致不同的处理结果，这又产生了法律适用的争议。在投资实践中，哈国政府往往会出于对本国经济和社会利益保护的需要，进而对争议的法律适用进行国家干预，直接规定适用本国法，排除外国法的适用。例如哈国政府在同外国石油公司签订的石油勘探开发合同中，其适用法律条款就规定：本合同双方当事人的权利和义务，以及本合同条款中的优先权是由哈国现行法律基础严格确定的。

三是投资者选择的法律。在哈投资涉及的法律关系类型众多，纷繁复杂，并非所有争议都必须适用哈国的法律解决，在哈国法律没有相关规定的情况下，投资者可以根据哈国的国际私法规则自主选择处理争议所适用的法律。投资者应当明示选择所适用的法律，且其选择的法律不能规避哈国强行法的适用。

三、对策建议

随着中哈两国之间不断加强政治和商业合作，中国企业对哈的直接投资也在不断增长。2015 年，中国投资者成为哈国最大的外国直接投资来源。对于我国投资者而言，在哈国投资充满了机遇，但在机遇的背后同样也面临着各种风险。因此有必要为在哈投资的中国公民及企业从法律角度提供一些切实可行的建议，以确保中国公民和企业在哈进行投资时可以最大限度减少投资风险和资产损失。

（一）谨慎签订投资合同，明确合同条款

中国公民和企业在哈国投资时应当全面防范法律风险，尤其是合同法律风险。在投资合同签订阶段，投资者应尽量规范每一项合同条款，做到面面俱到，从而降低合同相关的潜在风险。例如，在订立建设工程相关的合同时应尽量明确合同条款的内容、工程范围及双方责任、法律适用和争议解决方式。承包商应在承包合同中清晰地、完整地界定业主与承包商的权责范围，另外工程的工期、质量标准、延期赔偿费用等具体内容也要详细地规定出来，对未来存在的不可控风险进行预判，并规定出相应的免责条款，明确因政治、社会、自然灾害等引起的相应损失应由业主承担。

（二）控制不确定因素，学会风险转移

在哈国投资的中国公民，应对其投资领域的不确定性因素进行全面研究和预判，尽可能地减少投资中的各种不确定因素，对可能中断项目和无法预测的政府行为或自然灾害提前进行全面预设，备好可替换的投资方案。投资者可以围绕哈国的政策优惠和当地企业的偏好展开投资贸易。投资者在和哈方企业达成合作关系之前要进行细致的市场调研，充分了解合作对象的背景及信用。在资金充足的

情况下，可以分散投资，建立弹性业务链。同时中方投资者应准备充足可靠的文件材料应对哈国政府的行政审查。在履行合同时，投资者应综合考虑各种不确定因素可能带来的影响，做好最坏的打算，并学会风险转移。具体到上述案件中，A公司应考虑可能影响工程进度的各种因素，调查哈国的交通运输条件、自然环境等内容，并综合各类因素预先做出合理的判断，如哈国的气候环境是否会影响施工等。同时，中国投资者和企业可以专门聘请熟悉国内法、国际法和哈国法律的律师和专家提供专业的法律服务。当投资者在哈国面临法律纠纷时，法律顾问可以帮助投资者进行协商、调解、诉讼等法律活动。

（三）追踪哈国当地政策，选择最优投资领域

哈国为了引进外资推出各类优惠政策，在2019年引资项目规划中40%以上集中于可再生能源和信息通信技术领域。同时哈政府将食品工业、农业化学、农业工程、气体化学、信息通信技术以及采矿冶金部门设为引资优先领域，为促进外国企业进入上述领域，哈国政府预留大量国家储备资金以支持大型项目实施。我国投资者和企业可以密切关注相关领域投资动态。相反，为保障国家、经济的安全和社会的稳定，哈国存在一些国家监管投资或者限制外国投资者参与的领域，例如，限制对电信、媒体的投资比例，限制外国投资者参与农业项目投资的比例。同时，还对重要战略领域的资产转移进行限制或者提出特殊要求，例如矿产、银行及其他领域。对此，中国投资者和企业应仔细研究哈国推出的优惠政策，如免除土地税、所得税等优惠政策，对涉及信息安全、军事安全的行业则要谨慎考虑。同时要注意条款实施细则，随时注意政策变更，否则政策的突变会导致巨大的损失。

（四）规范企业内部劳务管理

中国企业应全面了解哈国关于劳务引进的各种政策，在尊重哈国法律法规的前提下，尽可能完善和规范企业内部的劳务管理。中国企业应在哈国法律规定的期限内从国内调配自己的员工和专家，并且要特别注意各类专家和人员的比例。如果企业违反引入外国劳动力规定程序会招致如下后果：对领导人追究行政或刑事责任（若多次违法）；对公司或业主进行行政处罚；追究工人行政责任（罚款和驱逐出境）。如果被驱逐出境，以后赴哈的签证将会遭拒。中国企业可以利用哈国劳务公司聘用哈国劳动力，从而实现合理的中外员工比例分配。对于所需劳务企业可以提前申请劳务配额、分批次办理签证，避免繁杂的手续和流程。

（五）充分利用海外投资保险制度降低投资风险

中国投资者在哈投资项目受损的案件时有发生。随着中国在哈萨克斯坦的投

资规模逐年扩大,投资者和企业通过海外投资保险来规避在哈投资风险是必要的。海外投资保险是中国出口信用保险公司承办的非营利性的政策性险种,旨在鼓励企业进行符合中国利益的跨境投资,对企业因投资所在国发生的汇兑限制、征收、战争及政治暴乱,以及违约风险造成的经济损失进行赔偿,保证企业规避各种政治风险和信用风险产生的不确定性损失。中国投资者充分利用海外投资保险制度可以减少哈国政治风险引发的投资损失,同时可以获得融资便利,降低融资成本。此外还可以提升自身的风险管理水平,提高项目抵御风险的能力,及时化解投资风险,防控损失发生。

(六)中国投资者在哈投资争议的解决方式

当中国公民在哈萨克斯坦发生投资争议时可选择的解决途径有以下三种:一是通过外交、政治等途径解决投资争议。外交或政治途径包括谈判、斡旋、调停、调解、国际调查以及在联合国组织的指导下解决争端。二是通过仲裁途径解决投资争议。我国和哈萨克斯坦的法律中都有以仲裁方式解决争议的规定。例如在哈萨克斯坦共和国《投资法》中就明确规定了投资争议可以通过国际仲裁法庭解决。三是通过诉讼程序解决投资争议。哈萨克斯坦共和国《投资法》规定当投资纠纷通过谈判无法解决时可通过哈萨克斯坦共和国法院根据国际条约和现行法律法规予以解决。①

第三节 事后处理

改革开放以来,中国公民在海外留学、旅游以及工作已经变得越来越常见。随着"一带一路"倡议的提出与推进,也有越来越多的中国公民前往哈萨克斯坦等中亚国家工作。哈萨克斯坦劳动与社会保障部调查数据显示,中国在 2010 年后成为哈国外劳动力的第一大来源国。② 但中国公民在哈萨克斯坦遭遇的侵权事件有增无减。一旦事前预防和事中应对存在缺失,那么,侵害海外中国公民权益的案件发生以后,如何做好事后处理尤为重要。

---

① 王婧:《中国企业投资哈萨克斯坦的法律风险防范及解决途径》,载《中国商贸》2010 年第 17 期。
② 张宏莉、余苇:《哈萨克斯坦外来劳务移民及治理措施》,载《俄罗斯研究》2020 年第 3 期。

一、中国公民误入黑工厂案件

来自新疆的哈萨克族小伙子波塔通过新闻联播看到"一带一路"倡议的有关消息，知道中国和中亚各国的交流日益密切；也经常在闲谈中听到别家的小伙子去哈萨克斯坦工作挣了不少钱，心动不已。在一次聚会中他和朋友聊起此事，发现有不少人都有前往哈萨克斯坦工作的意愿。于是，聚会结束后，有意愿的人都自行回家与家人商量确认前往哈萨克斯坦工作的可能性。最终，共有 15 人决定前往哈萨克斯坦务工。

在确定人数后，一行人便开始进行出国的准备。由于科技的发展，许多信息都能通过上网了解。一行人通过外交部官网找到了中国驻哈萨克斯坦使馆的官网，通过中国驻哈萨克斯坦使馆的官网查到了前往哈萨克斯坦务工需要办理的手续，并按照相关指示办完了前往哈萨克斯坦所必需的一系列手续。此外，还通过外交部官网对哈萨克斯坦的气候以及风土人情有了基本的了解。做好一切准备之后，一行人先从家乡抵达乌鲁木齐，再从乌鲁木齐乘坐飞机前往哈萨克斯坦。

抵达哈萨克斯坦后，一行人在快捷酒店先行住下后便开始一边找房子一边找工作。几天后波塔通过劳务公司得知哈萨克斯坦有一个砖厂需要大量工人，于是波塔一行人便前往进行洽谈。砖厂方表示提供食宿，饮食由工厂的食堂统一提供，住所也是几人同住一间宿舍，工厂方提供了几张简单的照片，看起来也还算舒适。最终双方就薪酬问题达成一致，隔日开始上班。这样一来，也免去了继续找房子的奔波，一切出乎意料地顺利。

第二天波塔一行人早早地收拾好行李，前往前一天工厂方告知的所在地。工厂距离市区较远，周边也显得有些荒凉，整个工厂被高墙围住。同行中有人提出这地方有些荒凉，看起来人迹罕至，跟照片显示的似乎有些出入。对此有人提出，这毕竟是工厂，地处偏远是很正常的，工厂不可能开在城区。大家都认为这人说得有道理便也没再多说什么。此时一位昨天参与洽谈的工厂负责人恰好从厂里打开大门走出来，见到波塔一行人表示热烈欢迎，并将一行人迎了进去后，招呼保安将大门又关了起来。这位负责人将波塔一行人先带到了住处，住的地方是两层楼的红砖小矮楼，房屋内外都没有进行任何粉刷。四人同住一间小屋，屋内除了床和一张桌子外没有其他家具。波塔一行人中又有人提出居住的地方过于简陋，并且有些拥挤，与昨日看到的照片有出入。工厂负责人则表示工厂的住宿条件的确有限，昨天的照片展示的是一些资历比较老的员工的宿舍，那边的宿舍是与工厂同期建造的。而这边的宿舍则是新建的，还没来得及进行简单装修，等大家工作一段时间后可以考虑换到老员工的宿舍或者将宿舍简单装修。工厂负责人都表态了，波塔一行人也不好再有什么异议，便将就着住下了。在将波塔一行人安顿好后，负责人留下话说下午再来带他们去工作的地方便先去忙了，留下波塔一行人先行收拾。

中午，波塔一行人收拾妥当，便前去负责人指过的食堂就餐，结果发现食堂条件极其简陋，餐量也不太够，波塔一行人中已经有人抱怨了。午休时，波塔一行人发现手机在工厂是没有信号的。下午波塔一行人前往工厂准备开始工作，接待的已经不是昨天参与接洽的负责人，而是完全陌生的一个40岁左右的中年男人。中年男人将他们一一安排到了工作岗位，在安排岗位的过程中，波塔发现在厂房有两个人高马大的壮汉在来回巡视，波塔开始觉得有些不对劲了。好在一整个下午的工作都是风平浪静的，也没有发生什么异常的事情。由于该工厂的工人多是哈萨克斯坦本国或者邻近国家的人，跟波塔一行人只能用简单的英文进行交流，所以也没法有进一步的了解。到了晚饭的时间，一行人也随着人流一起前往食堂就餐，伙食还是和中午一样，没有营养还不能够充饥，尤其是下午工作了一下午，这种感觉尤为明显。晚饭结束后，波塔一行人离开食堂准备前往住处休息，但发现其他工人都在往厂房走，于是波塔拦住一个工人询问情况，工人告诉他晚上还要继续上班。波塔一行人中有人萌生了想要逃跑的想法，但是却在不远处看见了下午守在厂房的大汉，只好作罢，默默回到队伍前往厂房继续工作。夜间又加班了3个小时才将所有工人放回宿舍休息。

经过一段时间的辛苦工作以后，波塔一行人的忍耐已经达到了极限，食物不够充饥，晚上还加班，这对体力是极大的考验。有人撑不住想要离开，却在出厂的路上被壮汉拦住，并带回了住所。波塔一行人明白了自己是掉入了黑工厂，于是决定兵分两路，一路到处找有信号的地方用以拨打报警电话，另一路则到处找看有没有哪里可以逃出去。由于一群人行动目标太大，波塔一行人决定每天安排2个人寻找外逃的出口。因刚到工厂不久，一行人对地形还不熟悉，于是决定先熟悉地形，等条件成熟再集体逃跑。经过一段时间，一行人对工厂各处都比较熟悉了，便开始展开行动。可是行动过程中发生了意外，一个小伙子晚上出去被巡逻的壮汉抓住了，还被打得浑身多处青紫。此后，该厂看管也变得更严了，波塔一行人的外逃计划只能更隐秘地继续进行。皇天不负有心人，几天后波塔找到了有信号的地方并拨打了报警电话。很快，警察赶来工厂，将波塔一行人带出砖厂，由于发现其中有一人身上有明显的伤痕，该案以《哈萨克斯坦共和国刑法典》第

126 条款第二部分（非法剥夺自由）为依据立案。①

二、法理分析

中国公民在哈萨克斯坦误入黑工厂案件发生以后，关键在于做好事后处理。实际上，事后处理不仅包括我国作为国籍国对本国公民的保护，而且也包括哈萨克斯坦作为损害发生地对外国公民的保护。对于上述案件，原则上应该按照属地管辖原则由哈萨克斯坦管辖，在哈萨克斯坦对外国公民的保护不够时，我国也可以以属人管辖原则对案件主张管辖权。

（一）本案所涉民事法律问题分析

在上述案件中的民事部分又分为两个方面，一个方面是波塔一行人与砖厂的劳动合同纠纷，另一个方面则是砖厂的经营是否合法的问题。

对于波塔一行人与砖厂的劳动合同，在劳动合同的洽谈中，砖厂方负责人出示了食宿的照片，让波塔一行人对砖厂的食宿条件产生了错误认识。因此，合同的签订可能存在重大误解，从而导致双方签订的劳动合同无效。不可否认的是，砖厂和波塔一行人确实存在劳动关系，在这样的背景下，我们还需要来讨论砖厂和波塔一行人的劳动关系中的内容是否合理。在砖厂与波塔一行人的劳动合同中，砖厂提供的简陋的住宿条件以及不能果腹的饮食条件肯定是不符合合同约定的基本条件的。《关于外国公民在哈萨克斯坦共和国的法律地位的规定》第 7 条健康保护中的第 1 款规定，处在哈萨克斯坦共和国疆域的外国公民，在健康保护方面，和哈萨克斯坦共和国公民一样，拥有同等的权利和履行同等义务。再者，对于工作时间，《哈萨克斯坦共和国劳动法》第 36 章规定了原则上一天的工作时间不能超过 8 小时，对于加班时间，可以在员工自愿的情况下用休假形式替换，节假日工资可以是工作日工资的 1.5 倍。② 波塔一行人每天在砖厂的工作时间均超过了法定的 8 小时，而工厂方也完全没有要以休假的形式代替加班时间的想法，这是不符合《哈萨克斯坦共和国劳动法》的规定的。此外，哈萨克斯坦是联合国劳工组织的成员国，哈萨克斯坦对国际法的效力采取"二元论"立场，国际条约或习惯在国内不能直接适用，只能通过本国立法转化后适用。哈萨克斯坦《劳动法》的制定也没有排除相关国际条约的转化。另外，《关于外国公民在哈萨克斯坦共和国的法律地位的规定》第 6 条关于劳动工作和休息的第 3 款规定，在哈萨克斯坦共和国的外

---

① 环球网：《哈萨克斯坦警方从黑砖窑救出 15 名中国"奴隶"》，https://world.huanqiu.com/article/9CaKrnJFq2Y，访问时间：2021 年 6 月 20 日。

② 邓羽佳、秦放鸣：《哈萨克斯坦新劳动法：背景与影响》，《欧亚经济》2017 年第 2 期。

国公民，拥有基于哈萨克斯坦共和国公民一样的休息权。

对于砖厂的经营是否合法的问题，首先需要确定砖厂的经营是否按照哈萨克斯坦法律规定，通过有关部门取得营业许可；其次是砖厂提供的食宿是否达到相关标准；最后是对于工人的招录是否符合相关规定。这些都是值得关注的问题。

（二）本案所涉刑事法律问题分析

在对刑事部分进行具体的法律分析之前，首先要明确我国公民在哈萨克斯坦作为外国公民的法律地位。《关于外国公民在哈萨克斯坦共和国的法律地位的规定》第3条外国公民在哈萨克斯坦共和国法律地位的原则中第2款规定，外国公民在哈萨克斯坦共和国在法律面前平等，不论其出身，社会和财产状况，种族，民族属性，性别，教育，语言宗教信仰，职业种类和性质如何。

上述案件的刑事部分也可以分为两个方面，一方面是砖厂对于员工人身自由的限制，另一方面是工厂负责人的助手对于员工身体的故意伤害。《哈萨克斯坦共和国宪法》第16条第1款规定人人有权享有人身自由；同时其第2款还特别强调只有在法律规定的情况下，并且只有在具有上诉权的授权下才允许逮捕和拘留，未经法院许可，任何人被拘留的时间不超过72小时；第3款则规定被拘留、逮捕和被指控犯有罪行的每个人，从拘留、逮捕或指控之时起，均有权得到律师（辩护人）的协助。砖厂在砖厂四周筑起高墙，还限制工人外出，并且时间完全超过合理限度，这已经是完全符合限制人身自由的条件了。砖厂对于波塔一行人的人身自由的限制已经超过法律规定的限度了。砖厂负责人助手故意伤害员工身体的行为，在一定程度上来说也是源于其限制人身自由。因为，对员工的伤害是出于防止其逃跑的目的，最终的结果也是阻止了员工的逃离，维持了限制其人身自由的状态。所以，砖厂负责人助手对员工的伤害也是与限制人身自由密切相关的，砖厂的这种行为符合《哈萨克斯坦共和国刑法》第126条关于非法剥夺自由的规定，可以依法追究砖厂负责人及相关人员的法律责任。

三、对策建议

通过对波塔一行人在砖厂的遭遇的法理分析可知，案件已经发生，工厂对波塔一行中国工人的侵害已经造成，此时做好案件的事后处理才能更好地维护我国公民在海外的合法权益。上述案件中包含民事和刑事两个部分，需要分开进行处理。

（一）本案所涉民事法律问题对策建议

上述案件的民事部分主要是波塔一行人与砖厂的劳动关系纠纷，对策建议也主要围绕劳动争议的解决。

首先，产生了劳动争议，最简单直接且见效最快的是通过当事人双方协议解决。在上述案件中，波塔一行人可以直接与砖厂负责人进行协商，要求解除劳动合同，并且要求按照约定的工资标准向波塔一行人支付其工作期间的劳动报酬。双方可以面对面进行交谈，提出自己的要求，并且在合理合法范围内探寻最佳解决方案，通过协商一致的方式解除合同，形成有效救济。这样的解决方式一般来说是最快捷的，只需要当事人双方积极配合，广泛磋商，互谅互让，最终实现双方的愿望和基本要求。

其次，在协商不成的前提下，劳动争议可以进行劳动仲裁。根据哈萨克斯坦的法律规定，以签订劳动合同时向雇员提供的有关劳动合同的不正确信息为由，如果雇员提出终止劳动合同，雇主应支付损失赔偿。[①] 在上述案件中，砖厂负责人提供了不正确信息，波塔一行人还可以要求砖厂支付损失赔偿。

最后，当劳动仲裁仍不能解决争议时，波塔一行人可通过诉讼方式加以解决。《哈萨克斯坦共和国民事诉讼法》第五编是有外国人参加的诉讼，其中第413条规定了外国人的诉讼权利与义务：第1款规定外国人与无国籍人、外国组织与国际组织（以下均称外国人），为维护受害者利益或解决权利争议，有权根据法律自由地、受保护地向哈萨克斯坦共和国法院提起诉讼；第2款规定外国人享有与哈萨克斯坦共和国公民与组织同等的诉讼权利并履行同等的诉讼义务；第3款规定外国人根据本法与其他法律规定参加法院诉讼程序。根据这一条款，波塔一行人有权为维护自己的合法权益去法院提起诉讼。《哈萨克斯坦共和国民事诉讼法》第414条规定了外国人与无国籍人的民事诉讼权利能力，第1款规定外国人与无国籍人的民事诉讼权利能力，依其本国法；第2款规定外国人以其国籍国法为本国法。根据这一规定，波塔一行人的民事诉讼权利能力依中国法的规定。《哈萨克斯坦共和国民事诉讼法》第416条规定了哈萨克斯坦法院的国际管辖权，第1款规定被诉组织或外国被告的住所在哈萨克斯坦共和国境内的，哈萨克斯坦共和国法院对其参加的诉讼有管辖权。根据这一规定上述案件，哈萨克斯坦法院享有管辖权。《哈萨克斯坦共和国民事诉讼法》第419条还规定了协议管辖，当事人可以通过书面一致协议选择外国法院管辖，但本法第33条规定之事项除外。存在管辖协议的，并且被告在法院开始对案件进行事实审理之前提出管辖异议申请的，法院基于被告请求

---

① 艾莉维拉（KAIRASHEVA ELVIRA）：《中哈劳动合同解除制度比较研究》，南京理工大学硕士学位论文，2018年。

驳回起诉。根据这一条款，上述案件可以根据当事人双方的合意选择管辖法院，但被告在案件进行事实审理前可提出管辖异议，法院可以给予被告的请求驳回起诉，起诉被驳回只能另行起诉到法定的有管辖权的法院。

（二）本案所涉刑事法律问题对策建议

本案还涉及刑事违法问题。根据案例所述，砖厂负责人的助手对一名中国员工进行了殴打，并且伤势并不轻，这已经涉嫌构成刑事犯罪，这种情况下我国公民该如何维护自身的权利？

首先，在人身权利遭受侵害并且凭自己的力量无法救济的情况下，应该积极采取措施如报警等寻求公力救济。根据上述案件所述，我国公民已经通过自己的努力报警，这是维护自己人身权益的第一步。当警方到达事发现场时，我国公民需要配合警方调查，根据实际情况陈述案情，并将自己掌握的对案件侦查有帮助的信息向警方提供，以便更好地维护自身合法权益。

其次，根据《哈萨克斯坦共和国刑事诉讼法》，犯罪嫌疑人、刑事被告人、刑事受审人可以同刑事被告人和解，抑或签订诉讼协议以及依据调解程序达成和解的协议。相应地，刑事附带民事诉讼请求原告人有权放弃诉讼或者同刑事附带民事诉讼请求被告人签订和解协议。而刑事附带民事诉讼请求被告人有权承认控诉或者同刑事附带民事诉讼请求原告人签订和解协议。根据这一条款，人身权益受到侵害的中国员工可以与砖厂达成和解协议或者放弃诉讼。砖厂也可以自行承认其罪行，要求同人身权益受到侵害的中国公民达成和解协议。

最后，必须明确的是，《哈萨克斯坦共和国刑事诉讼法》规定在刑事诉讼程序的实施阶段，任何人，不得因出身、社会地位以及职务与财产状况、性别、种族、民族、语言、宗教、信仰、居住地或者其他任何情况遭受歧视，保障享有依据本法典规定程序获得专业法律救助的权利。任何人都有权通过司法程序保护自己的权利与自由。根据这一条款，哈萨克斯坦法理赋予我国公民在刑事诉讼中享有被平等对待的诉讼权利。我国公民在海外很容易成为弱势群体，这一条款是我国公民维护自己合法权益的重要依据。

（三）领事保护建议

前文中提到的民事和刑事部分的建议，更多的是在哈萨克斯坦根据其本国法律规定的救济途径。除此之外，对于海外中国公民合法权益的保护，还有一个非常重要的手段就是领事保护。随着"一带一路"倡议的推进，中国和哈萨克斯坦的交流日益密切，领事保护被使用的频率与之俱增。

中国政府秉承"外交为民"理念，统筹国内国际两个大局，加强顶层设计，整体推进领事保护，倾力打造海外民生工程。① 因此，在前述案件中波塔一行人作为海外中国公民，在遇到困难的情况下也可以申请领事保护。根据《维也纳领事关系公约》，领事职务包括"于国际法许可之限度内，在接受国内保护派遣国及其国民——个人与法人之利益"。中国在阿拉木图设有总领事馆，这一总领事馆可以在国际法许可的范围内，在哈萨克斯坦保护海外中国公民与法人的合法权益。在前述案例中，波塔一行人由于误入黑工厂需要领事保护时可以向该领事馆提出申请。

本章小结

中国和哈萨克斯坦一直保持友好合作关系。政治上，1992 年 1 月 3 日中哈建交，2002 年 12 月签署中哈睦邻友好合作条约，2005 年 7 月中哈建立战略伙伴关系，2011 年双方宣布发展全面战略伙伴关系，2019 年 9 月双方宣布发展永久全面战略伙伴关系。经济上，2018 年，中哈双边贸易额 198.85 亿美元，同比增长 10.8%。2019 年，中哈双边贸易额 219.91 亿美元，同比增长 10.6%。2023 年，中哈双边贸易额 410.2 亿美元，同比增长 32.2%。② 文化上，中哈双方也保持一定频率的交往，加上"一带一路"的推进，两国的交往更为频繁。

一、中国公民在哈萨克斯坦可能面临的侵害

（一）人身权益侵害

人身安全是海外中国公民最基本且最根本的权益。正如前述案例中务工人员在没能充分调查清楚工厂是否正规的情况下前往工作，从而造成自己的人身权益受损。首先，海外中国公民要做好预防措施，在找工作的过程中不要操之过急，要多花时间充分调查工厂或公司是否为合法经营，确认合法再签订劳动合同。其次，在人身侵害行为发生时要尽可能保护好自己的生命安全，只有在保证自己生命权的前提下，通过合法途径将违法人员制裁才能进行后续的维权。最后，在法益遭到侵犯后要注意保留证据并及时报警，协助警方调查。

---

① 张丹丹、孙德刚：《中国领事保护的整体思想与机制建设：以利比亚撤侨行动为例》，载《国际论坛》2020 第 3 期。

② 中华人民共和国外交部：《中国同哈萨克斯坦的关系》，https：//www.fmprc.gov.cn/web/gjhdq_676201/gj_676203/yz_676205/1206_676500/sbgx_676504/，访问时间：2024 年 6 月 30 日。

（二）财产权益侵害

中国公民在哈萨克斯坦务工的人数是比较多的，这类人员往往是对自身权益维护能力比较低下的，其财产权益的保护问题亦十分突出。在财产权益受到侵害前就要做好预防的措施，在务工地的宿舍注意落锁，避免财产丢失。外出时手机充电尽量有人在旁看守，建议将银行卡和身份证、护照等证件分开保存，发生银行卡被盗情形及时电话挂失，后期通过身份证、护照等证件补办。在人流量比较大的地方要注意保护自己的财物，将财物放置在视线可及之处。在马路上行驶时将包背在远离马路的一侧。乘坐公共交通工具时尽量在上车前提前准备好零钱，不要在上下车的过程中掏卡或者钱包，避免给歹徒可乘之机。尽量不要坐在靠近车门的位置，因为犯罪嫌疑人往往会在门口作案，方便作案结束后的逃窜。在感觉自己的财物被别有用心之人盯上时，要及时做出反应，表明对方的行为已经被发现，从而中断对方进行权益侵犯的行为。一旦发生财物被盗案件应及时报警，通过警方追回财物，挽回损失。

二、中国公民在哈萨克斯坦可采用的救济手段

在中哈各方面交流频繁的背景下，我国公民对自身权益的维护不可或缺。维护权益的途径一般有以下几种：

第一种是协商解决。这种争议解决机制更多用于一般民事纠纷。正如前文所述，此种方式方便、快捷、有效。尤其在外出旅游时发生的一些小纠纷，通过协商解决维护自身权益，是一种效益最大化的方式。

第二种是仲裁解决。这种争议解决机制更多适用于民事纠纷的解决。此种解决方式因第三方的介入能够帮助冲突双方冷静处理，厘清自己的诉求，从而达到维权、避免冲突激烈化的效果。

第三种是诉讼解决。这种争议解决既适用于民事纠纷也适用于刑事纠纷。这种冲突解决方式一般来说都是比较公正的。哈萨克斯坦有专门的刑事诉讼法及民事诉讼法对相关内容进行规定，为维护自身权益提供可靠的法律依据。

上述方式都是哈萨克斯坦国内法可以采取的救济措施，除了哈萨克斯坦国内的救济途径，中国作为国籍国也可以为海外中国公民提供一些保护。其中最为典型的就是领事保护和外交保护，领事保护侧重于对本国公民权益的保护，而外交保护则包含更多的政治意味，只有用尽当地救济或者在东道国违反国际法对本国国民权益造成损害时才会采用外交保护。中国在哈萨克斯坦设有领馆和使馆，在哈萨克斯坦的中国公民权利受损时可以先申请领馆的帮助，在用尽当地救济或者遇到哈萨克斯坦严重违反国际法时也可以申请外交保护。

中国公民在哈萨克斯坦实用信息

单位名称或事项	地址	电话	备注
外交部全球领事保护与服务应急热线	—	+86 – 10 – 12308 +86 – 10 – 65612308	
中国驻哈萨克斯坦大使馆	哈萨克斯坦阿斯塔纳市塔乌叶尔希兹吉克街44号	领事部：+7 – 7172 – 793524 领事保护协助：+7 – 7017 – 470186 政治处：+7 – 7172 – 793574 新闻和公共外交处：+7 – 7172 – 793590 　　　　　　　　　+7 – 7172 – 793599 经济商务处：+7 – 7172 – 793361 警务安全处：+7 – 7172 – 793581 武官处：+7 – 7172 – 793368 办公室：+7 – 7172 – 793357	领保电话,仅限于海外中国公民求助领事保护专用,不提供业务咨询
中国驻阿拉木图总领事馆	哈萨克斯坦阿拉木图市巴伊塔索夫大街12号	+7 – 701 – 7292938 **办公室** 传达室接待：+7 – 727 – 2700221 领事保护协助：+7 – 727 – 2362230 **政治新闻处** 总领事秘书：+7 – 772 – 72700228 文化旅游事务：+7 – 727 – 2700203 **交流合作处** 经商事务：+7 – 727 – 2700232 科技教育事务：+7 – 727 – 2700208 警务联络事务：+7 – 727 – 2700211 **领事侨务处** 领事证件咨询：+7 – 727 – 2700218 中国公民证件服务：+7 – 701 – 3183471	领事证件咨询 语言：哈、俄文 时间：周一至周五 9：00—12：00 15：00—18：00 **中国公民证件服务咨询** 语言：中文 时间：周一至周五 15：30—18：00
中国驻阿克托别总领事馆	哈萨克斯坦阿克纠宾州阿克托别市312步兵师大街3号	+7 – 701 – 4827634	
匪警	—	102	
火警	—	101	
急救	—	103	
紧急救助	—	112	

第二章
在俄罗斯的中国公民权益保护

俄罗斯联邦，亦称俄罗斯（Российская Федерация，Россия），位于欧亚大陆北部，是由 85 个联邦主体组成的总统制联邦国家。国土面积 1709.82 万平方公里，人口约 1.46 亿（截至 2024 年 4 月），首都为莫斯科，官方语言是俄语。

中俄 1996 年建立战略协作伙伴关系，2001 年签署《中俄睦邻友好合作条约》，2011 年建立平等信任、相互支持、共同繁荣、世代友好的全面战略协作伙伴关系，2017 年 7 月习近平主席访俄期间，两国元首签署并发表《中俄关于当前世界形势和重大国际问题的联合声明》。2019 年 6 月，两国元首签署并发表《关于加强当代全球战略稳定的联合声明》，将中俄关系提升为新时代全面战略协作伙伴关系，积极开展两国发展战略对接和"一带一路"建设同欧亚经济联盟对接。2023 年，中俄双边贸易额 2401.1 亿美元①，连续 6 年突破千亿美元大关。中国连续 14 年保持俄罗斯第一贸易伙伴国地位，俄罗斯也是中国主要贸易伙伴国。

俄罗斯涉及在俄中国公民权益保护的法律主要有外国人法律地位规定、外国人权益保护的实体法规定、外国人权益保护的程序法规定三类。

一、外国人法律地位规定

2002 年 7 月 25 日通过的第 115 号联邦法《俄罗斯联邦外国公民法律地位法》是俄罗斯立法上针对外国人法律地位的专门立法，也是在俄中国公民权利保护的根本依据。俄罗斯作为《世界人权宣言》《公民权利和政治权利国际公约》《经济、社会和文化权利国际公约》等公约的缔约国，在俄的外国人享有国民待遇。

---

① 中华人民共和国外交部：《中国同俄罗斯的关系》，https://www.fmprc.gov.cn/web/gjhdq_ 676201/gj_ 676203/oz_ 678770/1206_ 679110/sbgx_ 679114/，访问时间：2024 年 11 月 20 日。

二、外国人权益保护的实体法规定

从国内立法看，如《俄罗斯联邦宪法》规定了公民的基本权利，其中也蕴涵了对外国人权利规范。从国际立法看，中俄签订的双边协定如《中华人民共和国政府和俄罗斯联邦政府关于国民互相往来的协定》《中华人民共和国和俄罗斯联邦关于深化全面战略协作伙伴关系，倡导合作共赢的联合声明》《中华人民共和国政府和俄罗斯联邦政府关于对所得避免双方征税和防止偷漏税的协定》等都规定了外国自然人法律的权利义务。另外，俄罗斯作为欧洲国家，加入了《欧洲人权公约》以及联合国有关外国人权益保护的公约。

三、外国人权益保护的程序法规定

依据俄罗斯的民事诉讼法律制度、刑事诉讼法律制度、行政诉讼法律制度，不论是外国人还是俄罗斯公民，都享有同等的诉讼及辩护权利。外国人在俄罗斯的程序法律权益还可以通过国际法途径进行保护。俄罗斯于 1960 年批准加入了《承认及执行外国仲裁裁决公约》（《纽约公约》）；中国公民在俄罗斯的商事纠纷既可以通过诉讼途径解决，也可以通过仲裁解决，而且仲裁裁决因《纽约公约》具有流通性。中国和俄罗斯在 1992 年签订了《中华人民共和国和俄罗斯联邦关于民事和刑事司法互助的协定》，1995 年签订了《中华人民共和国和俄罗斯联邦引渡条约》，中国公民在俄罗斯可以通过这些国内法和国际法规范来保护自身权益。

第一节　事先预防

事先预防，是指在俄罗斯联邦的中国公民合法权益遭受现实性侵害之前，通过对俄罗斯联邦现有法律或政策性规定进行充分研判，并采取必要的防范措施，以期避免权益遭受侵害或降低损失发生的可能性。有效的预防措施建立在对权益侵犯发生可能性充分预测和准确评估的基础之上，对于在俄罗斯联邦的中国公民合法权益保护具有重要的意义。为此，本书专门选择侵犯中国劳动者合法权益典型案例进行具体分析，着重探讨在俄罗斯联邦的中国公民权益保护的事先预防法律机制与对策。

一、侵犯劳动者合法权益典型案例①

中国公民韩康影系福建省南平市人，具有二级建筑师资格（中国）和工学硕士学位，并拥有 5 年建筑设计行业从业经验。谢尔盖建筑工程设计公司（以下简称谢尔盖公司）系 2015 年 4 月在俄罗斯联邦共和国（以下简称俄罗斯联邦）加里宁格勒州首府加里宁格勒市设立的有限责任公司，注册资本 150 000 000 卢布，谢尔盖·伊万诺维奇任公司董事长兼设计委员会主任。2016 年 2 月，韩康影经朋友林嘉祥（中国香港居民）介绍，拟应聘到谢尔盖公司所属的设计委员会任职。根据《谢尔盖公司章程》第 39 条第 1 款 b 项规定，设计委员会是谢尔盖公司设计专业事务最高决策机构和学术研究机构，设主任 1 名，秘书长 1 名，副主任、副秘书长和专任委员若干人。经过电话面试，谢尔盖公司于 2016 年 5 月 1 日向韩康影发送工作邀请函。韩康影持中国护照于 2016 年 7 月 12 日在俄罗斯联邦移民局办理《工作许可证》，并按规定缴纳相应国税。2016 年 7 月 13 日，韩康影正式入职谢尔盖公司，担任谢尔盖公司设计委员会专任委员职务，并受邀担任谢尔盖公司中国籍员工俱乐部副主席职务，商定月薪 153000 卢布，暂时居住于谢尔盖公司职工宿舍。在磋商过程中，谢尔盖公司首席财务顾问约翰·格林先生（英国国籍）提出，因韩康影所担任的职务是公司高级管理职务，应设定试用期 5 个月，试用期工资按照职位工资减半核发，韩康影对此未提出任何异议。

2016 年 11 月 15 日，依据韩康影本人提出的申请，谢尔盖公司设计委员会作出第 45 号决议，韩康影晋升为公司设计委员会副秘书长职位，并提前结束试用期，月薪晋升为 160000 卢布。同日，谢尔盖公司向韩康影颁发了聘书（聘期 3 年），双方签署了 1 份《证件暂扣协定书》。协定书中约定，韩康影担任谢尔盖公司设计委员会副秘书长职位期间，应将其二级建筑师资格证书和硕士学位证书暂时保存于谢尔盖公司。协定同时约定，谢尔盖公司不得毁损或遗失前述证书，不得将前述证书用于本协定约定外的其他任何用途（此前，韩康影与谢尔盖公司并未签署任何书面文件）。韩康影依约向谢尔盖公司交付了证书，谢尔盖公司技术信息统计事务部向韩康影出具了收条。2016 年 11 月 20 日，谢尔盖公司人力资源部副部长李盛文（韩国国籍）以公司内部数据统计为由，要求韩康影填写《初任职员调查表》1 张，前述调查表中包含了韩康影的宗教信仰、健康状况等个人信息；韩康影如实提供了前述信息，并未对此提出任何异议。另外，根据谢尔盖公司的考核规定，

① 案件中涉及的所有人物均系化名。

韩康影每日到达工作地点均参加了指纹考勤认证,任职期间并未存在缺勤情况。

后韩康影与谢尔盖公司产生劳动纠纷,导致其权益受损。韩康影作为中国公民在俄罗斯工作,如何合理合法预防劳动纠纷的发生呢?

二、法理分析

中国公民到俄罗斯联邦境内务工,涉及境外雇员的法律地位、劳动契约的订立、雇主的法定义务、员工个人信息保护、试用期、个体劳动争议解决途径等诸多法律问题。现针对韩康影案进行相关的法理分析:

(一) 双方法律关系性质分析

韩康影虽然没有与谢尔盖公司订立书面的劳动契约,但双方劳动契约已经在事实上形成。韩康影接受谢尔盖公司聘任并担任公司高级职位,并由谢尔盖公司按月支付工资的事实,有邀请信、聘书、《证件暂扣协定书》、收条、往来信函、电子邮件和代发工资银行出具的证明函等证据证实。根据《俄罗斯联邦劳动法典》第67条第2款的规定,如果雇员经雇主或其代表同意或受委派已经实际开始工作,未制作书面形式的劳动契约视为已签订。根据前述条款,谢尔盖公司应在实际聘任韩康影后3个工作日内与其订立书面劳动契约,否则构成违法行为,应承担相应的法律责任,但不影响双方事实劳动契约关系的形成。

在开庭审理过程中,谢尔盖公司首席律师伊凡·涅夫斯基女士提出下述抗辩观点:第一,双方之间所形成的法律关系并不是劳动契约关系,而是民事合同关系,即由韩康影向谢尔盖公司提供设计咨询服务。韩康影在谢尔盖公司技术委员会所任职务,仅为荣誉性职务,不能视为其受到谢尔盖公司内部劳动规章的约束。由此,审理双方的法律纠纷不应适用《俄罗斯联邦劳动法典》的相关规定。另外,韩康影既未获得俄罗斯联邦国籍,也未在俄罗斯联邦境内获得建筑设计的相关资格,其持有的二级建筑师资质系在中国境内取得。根据俄罗斯联邦政府的相关规定,建筑设计行业从业人员需要在俄罗斯联邦境内获得资格认证,否则不能从事建筑设计行业。第二,即使双方之间的法律关系是劳动契约关系,谢尔盖公司亦不存在违法行为。谢尔盖公司已经于2016年11月15日与韩康影订立了《证件暂扣协定书》,明确约定了韩康影所担任的职务和聘期。这份《证件暂扣协定书》虽然条款尚不完善,部分条款的法律效力尚存在争议,但已经具备劳动契约的实质性内容,且为书面形式,应视为谢尔盖公司已经履行与韩康影订立书面劳动契约的法定义务。

仔细分析可见,谢尔盖公司首席律师提出的抗辩观点,不仅缺乏足够的证据支持，而且与《俄罗斯联邦劳动法典》的规定不符，理由如下：

其一，《俄罗斯联邦劳动法典》第 15 条明确界定了劳动关系的定义，其特征体现在下述四个方面：（1）雇员以获取工资为目的订立劳动契约；（2）雇员须亲自完成劳动任务；（3）由雇主提供符合法律、法规规定的劳动条件；（4）雇员应遵守雇主订立的内部劳动规章。① 区别于民事契约，劳动契约的核心特征即在于前述第四项特征，即劳动契约关系具有管理性和服从性，双方的地位具有一定程度的不平等性。就本案而言，韩康影以获取工资为目的到谢尔盖公司任职，工资的发放形式是月薪，工资的取得不以完成特定项目或任务为先决条件。韩康影所担任的公司设计委员会专任委员和副秘书长职务均是《谢尔盖公司章程》第 39 条第 1 款 b 项明确规定的正式职务。在本案中，谢尔盖公司按月向韩康影支付工资。韩康影在谢尔盖公司任职期间，遵守谢尔盖公司指定的各项规章制度，通过指纹验证的方式进行考勤，并按照公司的指令加班工作。因此，韩康影与谢尔盖公司所形成的法律关系不符合民事契约的平等性特征，双方之间存在显著的隶属关系。

韩康影作为中国公民，其在俄罗斯联邦境内务工应适用《俄罗斯联邦外国公民法律地位法》的规定。根据《俄罗斯联邦外国公民法律地位法》第 13 条的规定，外国公民有权自由支配自己的劳动能力，选择工作种类和职业……但应考虑到联邦法律的有关限制性规定。外国公民应取得工作许可证后才有权在俄罗斯联邦境内从事劳动活动。在本案中，韩康影已经于 2016 年 7 月 12 日在俄罗斯联邦移民局办理了《工作许可证》，符合在俄罗斯联邦境内从事劳务工作的法定条件。从另一个角度来分析，由于俄罗斯联邦移民局办理《工作许可证》应以获得雇主许可为条件，也能从侧面反映双方之间的法律关系为劳动契约关系的事实。

其二，《证件暂扣协定书》显然不能等同于书面劳动契约。《俄罗斯联邦劳动法典》第 57 条对劳动契约中的必要记载内容进行了详尽规定，涉案《证件暂扣协定书》虽然约定了聘任期限、所任职务等内容，但缺少工资条款、作息制度等基本内容，不能满足合法劳动契约的形式条件。就涉案《证件暂扣协定书》的订立目的而言，其主要内容在于约定谢尔盖公司暂扣韩康影资格证书和学位证书等相关事宜，仅是附带性的涉及所任职位和聘期等信息，这一立约目的从涉案《证件暂扣协定书》的名称中即可探知端倪。由此，谢尔盖公司试图以订立《证件暂扣协定书》的形式规避订立书面劳动契约的法定义务，其目的显然不能实现。

---

① 《俄罗斯联邦劳动法典》第 21 条明确规定，雇员必须遵守雇主的内部劳动规章制度和劳动纪律。

（二）双方约定试用期的合法性问题

根据《俄罗斯联邦劳动法典》的规定，企业和雇员之间可以约定试用期，但试用期一般不超过 3 个月。本案中，谢尔盖公司和韩康影达成口头约定，试用期 5 个月，显然超过了《俄罗斯联邦劳动法典》第 70 条第 5 款规定的试用期期限。同时，根据《俄罗斯联邦劳动法典》的规定，试用期内的雇员应与正式雇员同工同酬，双方关于试用期内工资减半的约定，不具备法律效力。

在开庭审理过程中，谢尔盖公司的首席律师伊凡·涅夫斯基女士提出下述抗辩观点：第一，韩康影所任职务是公司高级管理职位，应适用 6 个月的最长试用期限；第二，韩康影作为高级技术人才，应推定其知悉《俄罗斯联邦劳动法典》中关于雇员试用期的规定，其在磋商过程中对试用期时限和试用期工资问题并未提出异议，法庭应尊重双方自愿协商所作出的决定；第三，谢尔盖公司已经提前结束了韩康影的试用期，并晋升了其工作职位和月薪。

值得注意的是，由于双方之间并未订立书面劳动契约，有关试用期的约定（试用期条款）亦未以书面形式体现，已经违反《俄罗斯联邦劳动法典》第 57 条的规定，应认定为无效条款。即使不考虑试用期条款的书面形式问题，前述抗辩理由亦无充分依据支撑。首先，根据《俄罗斯联邦劳动法典》第 70 条第 5 款的规定，6 个月试用期的适用对象，仅限于企业负责人、总会计师及其副职、分公司（代表处）或独立机构的负责人，并没有包括全部公司高级职位。韩康影所担任的公司设计委员会专任委员（甚至是后来升任的设计委员会副秘书长职位）虽然也属于谢尔盖公司的高级职位，但不属于《俄罗斯联邦劳动法典》限定的 6 个月试用期的对象范围，不应适用 6 个月的最长试用期。其次，鉴于谢尔盖公司与韩康影之间形成的法律关系为劳动契约关系，不能等同于一般的民事关系，在尊重意思自治的同时，应充分考虑雇员的合法权益保障。相对于《俄罗斯联邦民法典》而言，《俄罗斯联邦劳动法典》具有一定程度的强制性，应予优先适用。无论韩康影是否实际知悉《俄罗斯联邦劳动法典》中关于雇员试用期的规定，谢尔盖公司均无权在法律规定之外设立不利于雇员的契约条款。双方之间口头劳动契约中关于超过法定试用期的约定应认定为无效。最后，谢尔盖公司提前结束试用期的行为，虽然在一定程度上减少了雇员韩康影因违法试用行为所遭受的经济损失，但获得职位晋升本来就是雇员依据《俄罗斯联邦劳动法典》所享有的权益，并不能作为谢尔盖公司设置 5 个月试用期的理由。同时在 2016 年 11 月 15 日韩康影晋升职位时，试用期已经超过了 3 个月，韩康影的经济损失已经客观发生。由此，谢尔盖公司首席律师提出的前述抗辩理由并没有被法庭采纳。

（三）谢尔盖公司的其他违法行为

谢尔盖公司在聘用韩康影的过程中，还存在下述违法行为：

第一，关于违法索取雇员证件的问题。《俄罗斯联邦劳动法典》第 65 条第 3 款规定："禁止向前来就职的人索要本法典、其他联邦法律、俄罗斯联邦总统令和俄罗斯联邦政府决议规定以外的证件。"本案中，谢尔盖公司不仅与韩康影签署《证件暂扣协定书》，而且无任何法定理由扣留韩康影的学位证书和建筑师资格证书，显然违反了前述规定。

第二，未给雇员办理《劳动手册》。根据《俄罗斯联邦劳动法典》第 66 条的规定，对于初次在俄罗斯联邦就业的人员，雇主应为其办理法定样式的《劳动手册》。劳动手册是雇员从事劳动活动和证明工龄的基本证件。本案中，谢尔盖公司既未与韩康影签订书面劳动契约，也没有为韩康影办理《劳动手册》，亦存在违法行为。

第三，违法采集雇员的个人信息。根据《俄罗斯联邦劳动法典》第 86 条第 4 项的规定，雇主无权获取和整理关于雇员的个人资料，包括采集政治、宗教和其他信仰及私人生活方面的信息。又根据前述法典第 88 条的规定，雇主不能询问雇员的健康信息。本案中，谢尔盖公司人力资源部在没有法定理由，且未征得韩康影书面同意的情况下，[①] 要求韩康影填写《初任职员调查表》，并提供宗教信仰、健康状况等个人信息，显然违反了前述规定。根据《俄罗斯联邦劳动法典》第 89 条的规定，韩康影有权就谢尔盖公司非法采集其个人信息的行为向法院提起诉讼。

三、对策建议

中国公民如果准备前往俄罗斯联邦务工，应做好充分的事先防范措施，预防劳动纠纷的发生，避免自身合法权益受到损失。具体建议如下：

（一）熟知俄罗斯联邦有关外国人法律地位、劳工权益保障等方面的法律规定

根据《俄罗斯联邦外国公民法律地位法》第 13 条的规定，除法律特别规定的八种情形外，外国公民必须持有《工作许可证》才可以在俄罗斯联邦境内从事劳动活动。实践中，中国公民进入俄罗斯联邦境内从事劳动活动，往往基于熟人介绍等事由，存在未及时到俄罗斯联邦移民局办理《工作许可证》等情形，可能最终被俄罗斯联邦移民局认定为非法务工，从而无法充分保障自身权益。另外，中

---

① 基于保护劳动者的目的，《俄罗斯联邦劳动法典》第 86 条第 4 项对雇员同意个人资料采集作了形式要求，即要求雇员书面同意。本案中，韩康影未当场提出异议不能等同于书面同意。

国公民在俄罗斯联邦就业前，应充分了解俄罗斯联邦现行最低工资标准，以避免自身合法权益受到损害。

（二）与企业订立劳动契约，仔细审阅契约内容并留存备查

劳动契约的签订应采取书面形式，一式两份，雇主和雇员各留存一份。值得注意的是，实践中部分雇主拒绝将双方签字的劳动契约交付给雇员，这种行为违反了《俄罗斯联邦劳动法典》第 67 条第 1 款的规定，雇员可以向雇主索取劳动契约或拒绝在劳动契约上签字，并可以向国家劳动监察机构或工会寻求帮助。根据《俄罗斯联邦劳动法典》第 67 条第 1 款最后一分句，雇员如果在留存于雇主的劳动契约上签字，将视为其已经收到 1 份劳动契约。如果雇员在劳动契约上签字而未主动索取劳动契约，在后续的诉讼程序中将可能处于不利的举证地位。

（三）认真了解所就职企业的基本情况，熟悉企业内部规章制度

中国公民在到俄罗斯联邦务工前，应对所就职企业的基本情况进行充分调查，核验企业的合法证件和实际经营状态，以避免受到欺诈而造成经济损失。同时，中国公民应遵守所在企业的内部规章制度，如果认为企业内部规章制度违反法律规定，应通过法定渠道提出权利主张。

第二节　事件应对

当俄罗斯联邦的中国公民合法权益正遭受非法侵害或存在遭受侵害的现实危险时，可通过向专业机构求助、积极与相对方进行协调、收集并保存证据等方式，在事件发生过程中采取一系列有效措施，以期尽量避免损害结果的发生。为此继续就劳动纠纷争议处理典型案例进行分析，本书专门针对俄罗斯联邦中国公民合法权益维护的事件应对措施加以探讨。

一、劳动纠纷争议处理典型案例①

2016 年 8 月 12 日，俄罗斯谢尔盖公司通过公开招标程序，中标加里宁格勒市某工程的设计项目。中标合同约定，谢尔盖公司应在 2017 年 3 月 8 日之前向建设单位交付设计成果。如果存在无理由的逾期等情形，谢尔盖公司须向建设单位支

---

① 案件中涉及的所有人物均系化名，延续本章第一节案件的基本信息。

付高额的违约金。2016 年 9 月 1 日，谢尔盖公司设计委员会正式委任日本籍员工伊藤四郎担任项目部设计主任（兼公司设计委员会副主任），中国籍员工韩康影担任项目部设计副主任，伊万·柴可夫斯基（加里宁格勒市人，系公司设计委员会主任谢尔盖·伊万诺维奇先生的内弟，原谢尔盖公司行政部高级助理）担任项目部秘书，前述三项任命均以谢尔盖公司设计委员会的名义作出。另外，谢尔盖公司另外向项目部派出普通设计人员 4 名、行政人员 1 名。项目部设立后，因伊万·柴可夫斯基长期消极工作，韩康影认为其不能胜任项目部秘书职务，遂向谢尔盖公司设计委员会提出投诉请求（投诉请求后被公司设计委员会驳回）。为此，两人发生多次口角，关系极其紧张。在项目设计期间，除项目部秘书伊万·柴可夫斯基外，韩康影和全体项目部职员全部休息日均加班工作（包括 2016 年 11 月 4 日俄罗斯民族统一日），每周工作时间在 60 个小时以上。

2017 年 2 月 18 日，项目部就设计成果初稿进行了内部讨论，韩康影认为设计成果存在重大技术瑕疵，无法满足建设单位的需要，认为应延期向建设单位提交成果。项目部秘书伊万·柴可夫斯基与韩康影在讨论会议上发生了激烈的争论。项目部设计主任伊藤四郎最终未采纳韩康影的意见，认为应按照合同约定的时间向建设单位提交设计成果，以避免承担违约责任。韩康影拒绝在讨论会议记录上签字。2017 年 2 月 19 日，韩康影以电话形式向设计委员会主任谢尔盖·伊万诺维奇先生反映了前述情况，并要求将此事提交公司设计委员会讨论决定。谢尔盖先生在电话中对韩康影给予了严厉斥责，并明确拒绝了韩康影的要求。2017 年 2 月 20 日，韩康影收到谢尔盖公司的内部电子邮件（通过内部系统向公司全体职员发送），撤销韩康影公司设计委员会副秘书长和专任委员职务，仅暂时保留项目部设计副主任职务。前述电子邮件中并未提及韩康影工资待遇问题和撤销职务的理由。2017 年 3 月 7 日，谢尔盖公司依约定向建设单位交付设计成果。2017 年 3 月 18 日，建设单位向谢尔盖公司发送正式通知，认为谢尔盖公司提交的设计成果存在重大瑕疵，严重违反中标合同的约定，要求谢尔盖公司重新编制设计成果并承担巨额违约责任。2017 年 3 月 20 日，谢尔盖公司设计委员会召开紧急会议，专门就设计成果瑕疵问题进行讨论。除未通知韩康影外，项目部全体工作人员均列席会议。公司设计委员会听取了项目部秘书伊万·柴可夫斯基所作的专题汇报和项目部设计主任伊藤四郎就设计瑕疵原因所作的技术分析。经过内部投票程序，多数委员认为前述设计成果严重瑕疵是韩康影设计失误导致，应由韩康影承担全部赔偿责任，项目部设计主任伊藤四郎负有部分责任，应请辞公司设计委员会副主任职务。因为部分委员存在分歧意见，谢尔盖公司设计委员会当日并未作出正式决议。

2017 年 3 月 21 日，谢尔盖公司人力资源部副部长李盛文约谈了韩康影，称公司已经决定解除韩康影的全部职务，责令韩康影立刻与项目部设计主任伊藤四郎办理工作移交手续，并搬离公司员工宿舍。李盛文部长同时表示，如果韩康影愿意认可公司作出的处理意见，公司将不再追究韩康影的经济赔偿责任。韩康影就此提出了申辩意见，认为设计成果瑕疵与他并无直接关联，并严词回绝了李盛文的提议。同时，韩康影提出公司应向其出具解除劳动关系的书面文件，这一要求亦被李盛文拒绝。同日傍晚，谢尔盖公司安保部 6 名安保专员来到韩康影所在的职工宿舍，破坏了门锁，并口头要求韩康影立即搬离宿舍。2017 年 3 月 22 日，谢尔盖公司中国籍员工俱乐部主席林萍（中国上海人）告知韩康影，公司设计委员会已经征得董事会的同意，决定撤销韩康影项目部副主任和公司中国籍员工俱乐部副主席职务，即日停发全部工资（包括 2017 年 3 月的未结算工资，2017 年 2 月的工资已经核发）。同日，韩康影将全部私人用品搬离公司办公室和员工宿舍。

2017 年 3 月 25 日，韩康影通过邮寄的方式向谢尔盖公司董事会和设计委员会分别送达陈情书，就谢尔盖公司违法解除劳动关系的行为予以抗议，并要求恢复其工作职位。前述信函并未获得谢尔盖公司的任何回复。2017 年 4 月 10 日，韩康影向加里宁格勒市劳动监察员反映谢尔盖公司的违法行为，并向法院正式递交诉状。同日，法院工作人员安德烈·马克诺告知韩康影应先向加里宁格勒市劳动争议委员会递交申请，并由劳动争议委员会作出决定；否则，法院不能直接受理案件。2017 年 4 月 11 日，韩康影向加里宁格勒市劳动争议委员会递交申请，要求确认谢尔盖公司的违法行为并提出了索赔主张。2017 年 4 月 14 日，加里宁格勒市劳动争议委员会作出决定，驳回了韩康影的申请。2017 年 4 月 16 日，韩康影将本案提交法院审理。

二、法理分析

针对中国公民韩康影与俄罗斯谢尔盖公司之间出现的劳动合同纠纷，有必要从法理角度深入探寻如何合理合法地应对纠纷，以便有效维护中国公民韩康影的正当权益。

（一）关于加班期间的工资待遇问题

根据《俄罗斯联邦劳动法典》第 91 条的规定，标准工时每周不能超过 40 个小时。本案中，韩康影在兼任公司项目部设计副主任期间，每周工作时间均在 60 小时以上，已经超过标准工时，鉴于双方未就工时问题在劳动契约中达成另外的约定，超出标准工时的工作应认定为《俄罗斯联邦劳动法典》第99条所规定的加班。谢尔盖公司应为韩康影提供补充休息时间或支付加班工资。关于加班工资的计算标准，根据前述法典第152条的规定，前两个小时的加班工资不得低于平时的1.5倍，超过两个小时后的加班工资不得低于平时的2倍。

另外，根据《俄罗斯联邦劳动法典》第112条的规定，2016年11月4日（俄罗斯民族统一日）是俄罗斯联邦的法定节日。又根据前述法典的相关规定，节日前一天的工作日工作时间应减少1个小时；如果未领取固定工资的雇员在节日未参加工作，雇主还需要向其支付补充报酬。本案中，韩康影作为领取固定月薪的雇员，按照谢尔盖公司的超过标准工时进行工作，且在法定节日加班，有权主张补充休息时间或加班工资。谢尔盖公司既未向韩康影支付加班工资，也未为韩康影提供补充休息时间，应承担相应的经济赔偿责任。

（二）关于谢尔盖公司解除劳动契约的合法性问题

为保障雇员的权益，《俄罗斯联邦劳动法典》第82条对雇主单方解除劳动关系进行了严格限制。只有在具备法定情形的前提下，雇主才有权单方解除劳动关系，且应遵循法律规定的程序。法定情形主要包括：（1）雇主已经开始进入清算程序或个体雇主已经停止经营活动；（2）雇主经过法定程序进行裁员；（3）经过鉴定，雇员因技能不足，不足以胜任所担任的职务或不能完成工作任务的；（4）在无正当理由的情况下，雇员多次未完成雇主指令的劳动任务；（5）雇员存在严重违反劳动义务的情形；（6）签订劳动契约时，雇员向雇主提供伪造的证件或其他文件。

在开庭审理过程中，谢尔盖公司首席律师伊凡·涅夫斯基女士提出下述抗辩观点：韩康影严重违反劳动义务，与项目部同事之间关系不睦，多次发生争执，且因其提交的设计成果存在显著瑕疵，导致谢尔盖公司向建设单位承担违约责任，蒙受巨额经济损失。谢尔盖公司据此解除劳动关系符合《俄罗斯联邦劳动法典》第82条的规定。

深入分析谢尔盖公司提出的抗辩观点，其显然不能成立。理由如下：

第一，关于韩康影与项目部秘书伊万之间的私人纠纷，或许由于项目部秘书伊万与谢尔盖公司高层之间的特殊关系，谢尔盖公司对伊万存在明显偏袒。双方纠纷来源于韩康影向公司设计委员会提出的投诉申请，谢尔盖公司不仅未有效处理前述投诉，反而将投诉人的身份信息透露给伊万，引发同事之间关系的不睦，不应由韩康影承担相应后果。

第二，谢尔盖公司向法庭提交的证据并不能充分证明设计成果存在瑕疵是韩康影违反劳动义务导致。如前文所述，除项目部秘书伊万外，韩康影与全体项目部工作人员在项目部任职期间均按公司指令加班工作，已经充分履行了劳动义务。项目设计成果是项目部全体工作人员共同完成的劳动成果，韩康影仅担任项目部设计副主任职务，由其独立承担项目设计成果瑕疵的责任显然并不合理。从其他相关人员的处理情况来看，项目部设计主任伊藤四郎仅被责令自行辞去设计委员会副主任职务，项目部秘书伊万和其他项目部设计人员均未遭受任何处分。从前述事实可知，谢尔盖公司对韩康影存在明显的偏见。值得注意的是，在谢尔盖公司将设计成果提交建设单位之前，韩康影已经在项目部会议上明确指出了设计成果瑕疵问题，并向谢尔盖公司最高负责人电话汇报了此事。如果谢尔盖公司采纳韩康影提出的前述意见，最终设计成果瑕疵所导致的巨额损失完全可以避免。然而，韩康影所提出的意见不仅没有被采纳，反而遭受了严厉的口头斥责，并被撤销了公司设计委员会副秘书长和专任委员两项职务。虽然前述职务被撤销并没有影响韩康影的工资待遇，但也足以反映谢尔盖公司对韩康影的实际态度。基于前述事实和理由，在谢尔盖公司不能提供充分的证据证明韩康影存在严重违反劳动义务的情形时，应认定其单方解除劳动关系的行为违法。

第三，即使韩康影存在《俄罗斯联邦劳动法典》第 82 条规定的情形，谢尔盖公司解除劳动关系也不符合法定程序，亦没有向韩康影支付法律规定的补偿金。《俄罗斯联邦劳动法典》第 84 - 1 条规定了雇主解除劳动关系的一般程序，应雇员的要求，雇主应采取合理方式向雇员送达解除劳动关系命令的副本，并提供其任职经历的书面证明文件副本。本案中，谢尔盖公司工作人员仅口头告知了韩康影解除劳动关系的相关事宜，韩康影提出索取书面文件的要求，亦被谢尔盖公司人力资源部副部长李盛文明确拒绝。同时，鉴于韩康影在订立劳动关系的过程中没有过错，谢尔盖公司应依据《俄罗斯联邦劳动法典》第 84 条第 5 款的规定，向韩康影支付相当于 1 个月平均工资的解职金。谢尔盖公司未履行前述支付解职金的义务，应承担相应的法律责任。从谢尔盖公司内部程序来讲，解雇韩康影的决议虽然经过公司设计委员会讨论并取得了多数委员的同意意见，但并未形成最终决议。在解除劳动关系之前，谢尔盖公司也没有依照《俄罗斯联邦劳动法典》第 82 条的规定听取基层工会组织选举机关的意见，亦存在违反法定义务的事实。

同时，谢尔盖公司在解雇韩康影时也未与其办理工资结算手续，甚至直接扣留其 2017 年 3 月的未结算工资，存在显著的违法情形。根据《俄罗斯联邦劳动法典》第 140 条第 1 款的规定，终止劳动契约时，雇主应在解雇员工当日将报酬总额支付给雇员。就前述未结算报酬和由此而产生的经济损失，韩康影可一并向法院提起诉讼。

另外，谢尔盖公司还违反了雇主的答复义务。根据《俄罗斯联邦劳动法典》第400条的规定，雇主对雇员要求具有答复义务，对于雇员向雇主寄送的申诉或要求，雇主必须在收到要求之日起3个工作日内作出书面答复。本案中，韩康影分别向谢尔盖公司董事会和设计委员会提起陈情，但未收到任何回复，结合谢尔盖公司解除劳动关系尚未符合法定程序的事实，应认定谢尔盖公司怠于履行前述答复义务，构成违法行为。

（三）关于雇员的权利救济途径问题

在本案中，韩康影与谢尔盖公司关于劳动关系的成立与解除、加班工资、试用期、离职工资结算等事项发生争议，且无法通过调解解决，应认定为个体劳动争议。根据《俄罗斯联邦劳动法典》第382条的规定，个体劳动争议由劳动争议委员会和法院进行审理。对于前述两种争议解决途径，雇员具有程序上的选择权利。雇员既可以向劳动争议委员会提出申请，也可以直接向法院提起诉讼。本案中，加里宁格勒市法院以韩康影尚未向劳动争议委员会提出申请为由，拒绝受理其提出的诉讼，违反了《俄罗斯联邦劳动法典》第391条第2款的规定。

三、对策建议

结合本案例，当中国公民在俄罗斯发生劳动纠纷后，建议从以下几个方面积极应对，保护自身合法利益不受损害。

（一）熟悉个体劳动争议的处理程序，避免超过请求期限

在俄罗斯，劳动争议委员会和法院均是审理个体劳动争议的法定机关。根据《俄罗斯联邦劳动法典》第386条的规定，雇员向劳动争议委员会提出请求的期限是知道或应当知道其权利被侵犯之日起3个月内；又根据《俄罗斯联邦劳动法典》第390条的规定，雇员应在收到劳动争议委员会决定副本后10日之内向法院提起诉讼。值得注意的是，区别于中国《劳动争议调解仲裁法》确定的劳动争议仲裁前置程序，① 根据《俄罗斯联邦劳动法典》第391条的规定，雇员可以越过劳动争议委员会直接向法院提起诉讼。如果中国公民不熟悉维权程序和法律规定，可以向中国驻俄罗斯联邦使领馆求助，也可以向当地律师事务所等社会中介机构咨询。

（二）积极与雇主进行协商，并寻求工会组织的帮助

如果中国公民在俄罗斯联邦务工期间遇到劳动争议，除申请劳动争议委员会

---

① 根据《中华人民共和国劳动法》第79条、《中华人民共和国劳动争议调解仲裁法》第5条的规定，非经劳动仲裁程序，劳动者不能直接向人民法院提起民事诉讼。

裁决或向法院提起诉讼外，还可以充分利用协商、调解等非诉讼纠纷解决机制。如果能通过协商解决纠纷，能够有效节约维权成本。同时，根据《俄罗斯联邦劳动法典》第370条的规定，工会有权对雇主及其代表人遵守劳动法典的情况、履行集体劳动契约的情况进行监督。中国公民在发生劳动争议时，可以寻求基层工会组织的帮助。

（三）重视证据的收集和保存

在劳动争议发生之后，尚未进入正式诉讼程序之前，中国公民应及时固定和采集相关证据，以避免在诉讼中陷入举证不能的不利局面。在正式诉讼程序启动之后，相关证据的收集难度将明显提升。例如，若雇主存在未与中国公民订立书面劳动契约的情形，中国公民应举证证明双方之间已经依据《俄罗斯联邦劳动法典》第67条第2款形成事实劳动契约关系。否则，法院将不能认定双方存在事实劳动契约关系。中国公民可以采集工作制服、考勤（会议）记录、工资发放凭证、工作函件（电子邮件）、手机短信、通话录音和影像资料等证据，用以证明事实劳动契约关系的成立。

第三节　事后处理

一、中国公民在俄罗斯合法权益受损案

2006年，中国人李甲前往俄罗斯务工，在 A 市工作期间，认识了美丽活泼的俄罗斯女孩喀秋莎，两人日久生情，最终步入了婚姻的殿堂。两人结婚的第二年，喀秋莎为李甲生下了漂亮的大女儿。由于李甲只是因工作前往俄罗斯，因此并未取得定居许可，因此，李甲向 A 市内务局申请了临时居留或定居许可。然而内务局拒绝了李甲的申请，并在同年11月做出了将李甲驱逐出境遣返中国的决定，同一年，喀秋莎又生下了第二个孩子。①

尽管李甲被驱逐回国，但为了全家团聚，5年后，李甲再次申请了签证，并以工作为目的前往俄罗斯联邦，并顺利在 A 市的内务局进行了有效期为一年的逗留

---

① 依据真实案件改编，参见《中俄案例（010）：刘氏夫妇在欧洲人权法院起诉俄罗斯联邦获得胜诉》，http://www.chinaruslaw.com/CN/LawsuitArbitrate/003/20151026153747_261532.htm，访问时间：2021年6月22日。

登记。此后，李甲又将有效期登记延长了一年。这两年，李甲与家人生活得平静幸福。2013 年，李甲的居留期限到期，再次向 A 市内务局申请了定居，但由于无法提供材料清单中无前科证明的原件，故 A 市内务局拒绝受理该申请。直到李甲在俄罗斯工作的权利期限届满，他向内务局又申请延长期限，然而这次，内务局拒绝了。

李甲认为，内务局对延长期限申请的拒绝，违反了俄罗斯法律规定，故向 A 市法院提起了第一次诉讼。法院判决李甲败诉，然而却认为 A 市内务局拒绝受理第一申诉人关于办理在俄罗斯联邦临时居留许可证的文件是违法的，责令有关负责人应当接受李甲的材料，并予以登记。李甲不服法院作出的关于延期申请的判决，遂向上一级 B 区法院审判委员会提出了上诉，然而委员会维持了原判，不予支持李甲的上诉请求。

依据法院判决，A 市内务局接受了李甲办理临时居住许可证的材料，然而审查后还是拒绝颁发在俄罗斯临时居住的许可证。李甲再次向 B 区法院提起了诉讼，要求判决政府拒绝颁发在俄罗斯临时居留许可证的行为违法以及责令颁发相应的许可证和补偿精神损失。法院在审理后判决李甲败诉，李甲仍然提出了上诉，然而结果并没有得到改变。

2014 年，由于李甲的工作权利期限届满又没有被批准延期，A 市法院依据行政规章规定，第三次判决李甲违反外国人在俄罗斯联邦逗留的制度，处以罚款并被驱逐出俄罗斯联邦，在驱逐之前拘留在市内务机关看守所。随后，李甲作为行政滞留人员继续待在该市。在此期间，李甲为保护自己的权利仍然继续起诉，2015 年，B 区法院裁定撤销关于驱逐李甲的判决，案件发回重新审判，同时解除了拘留。事情似乎有了转机，A 市法院对行政违法行为进行了审理，并裁定将行政违法记录和附件退给制作记录的内务局相关领导。到 2016 年，案件还未审结，但在随后的内务局副局长决议中，由于时效期届满案件终止，李甲不得不承担行政责任。此时，距李甲第二次前往俄罗斯联邦已经过去了 5 年的时间，维权之诉也已经进行了 3 年。

由于案件期限届满，李甲仍需承担违反俄罗斯联邦关于外国人居留制度的责任，A 市法院第四次判决在履行将李甲驱逐出境的决议之前，将他拘留在市行政机关。时间又过去 6 个月，B 区法院再次撤销了第四次的判决，将案件退回重审。然而重审结果并没有得到改变，法院第五次判决将李甲驱逐出境，同时法院批准了内务局关于将李甲在驱逐出境的判决履行之前将其拘留专门行政机关的申请。李甲不服该判决并提出了上诉，然而并没有得到支持。

因为俄罗斯是《欧洲人权公约》的缔约国，李甲最后选择了向欧洲人权法院提出了起诉，控告俄罗斯联邦政府违反了《欧洲人权公约》第 8 条，侵犯了自身权益。李甲称，他于当年居住在俄罗斯并和俄罗斯公民结婚，成为两个孩子的父亲，他在俄罗斯有家庭。俄罗斯国家拒绝给自己提供长期居住的权利和将其驱逐出境妨碍了他们的家庭生活。

欧洲人权法院指出，《欧洲人权公约》保障外国人入境一个国家并在这个国家居住的权利。按照国家权利和相应的国际条约，国家有权监察非本国人员。依据《欧洲人权公约》第 8 条，法院指出，国家没有完全的义务要尊重夫妻双方选择共同居住的国家和允许在自己的国家重新组建家庭。但是，法院认为，将个人从和他的家庭成员一起生活的国家驱逐，根据《欧洲人权公约》第 8 条第 1 点，违反了尊重其家庭生活的权利。

欧洲法院最终判决，俄罗斯政府违反了关于《欧洲人权公约》第 8 条，体现在侵害了申诉人个人和家庭生活应当得到尊重的权利，并判决赔偿相应的损失。

二、法理分析

李甲的遭遇非常曲折，为了能够与妻子和孩子生活在一起，付出了漫长的时间和不懈的努力。我国公民前往俄罗斯旅游或工作权利义务如何？又由谁来实施相应的行政管理？中国公民又可以通过什么样的手段来对抗同李甲一样的遭遇并寻求救济？所有这些问题的彻底解决，均需要从法理角度进行深入分析和全面梳理相关法律依据。

（一）中国公民在俄罗斯的权利义务分析

在一个国家，外国人和本国公民可能具有不同的法律地位，享有不同的法律权利。俄罗斯联邦明确界定了外国公民即指不具有俄罗斯国籍，且有证据证明拥有其他国家国籍的自然人，这里的证据，通常为护照、签证。俄罗斯政府对于我国赴俄公民的管辖，其法理基础在于属地管辖原则，顾名思义，就是俄罗斯政府对于俄罗斯领土范围内的一切人、事、物享有完全的和排他的管辖权。俄罗斯联邦政府制定了一系列关于明确外国人权利义务以及本国对应保障措施的法律规范，主要表现在以下三个方面。

其一，中国公民享有与俄罗斯联邦公民相同的权利，承担与俄罗斯联邦公民相同的义务。在 1993 年 12 月 12 日通过的《俄罗斯联邦宪法》第 62 条第 3 款①中，

---

① 《俄罗斯联邦宪法》第 62 条第 3 款："外国公民和无国籍者在俄罗斯联邦享有与俄罗斯联邦公民同样的权利和义务，联邦法律或俄罗斯联邦国际条约规定的情况除外。"

赋予了外国人以国民待遇制度，即法律赋予外国人（含无国籍人）与本国公民享有同样的权利、履行同样的义务。① 其中，又包含了两项基本内容：

一是中国公民和俄罗斯公民在俄罗斯法律面前平等。《俄罗斯联邦宪法》第19条第1款规定，"所有人在法律和法庭面前一律平等"，此处包括俄罗斯公民，也包括所有的外国人。此处的平等，可以从三个层面上进行理解。首先，中国公民和俄罗斯公民在享有的权利上是平等的，这里的权利既有宪法规定的权利，也有其他法律法规等规定的权利；既有实体上的权利，例如人身权、财产权，也有程序上的权利，例如诉讼中的权利。其次，无论是俄罗斯公民还是中国公民，他们所享有的权利在俄罗斯法律上受到平等的保护，当然，任何违反法律法规的行为或者侵犯他人合法权益的行为，势必会被严格追究法律责任。最后，俄罗斯公民与中国公民都不具有超越法律和宪法的权利，俄罗斯公民不因其具有俄罗斯国籍而拥有俄罗斯法律上的特权，而中国公民同样也不因具有外国国籍而有任何超越俄罗斯法律和宪法的权利。二是中国公民与其他外国公民在俄罗斯法律前一切平等。由于财富状况、所处社会情况，乃至各国间的习惯、宗教、语言存在差异，部分国家在对待来自不同国家和具有不同财产状况的外国公民时，可能有所差别，俄罗斯联邦政府承诺平等地保障在俄的一切外国人的权利，不分种族、肤色、性别等。同时，不得因外国人所处的社会、财富状况、语言和宗教信仰等，以任何形式限制外国人的权利。

其二，依据国际公约，俄罗斯联邦政府保障中国公民在俄的合法权利。俄罗斯作为欧洲国家，加入了《欧洲人权公约》。该公约共5章66条，第1条规定："缔约国应为在其管辖下的每个人获得本公约第一节中所规定的权利与自由。"此处既包含缔约国本国公民，也包括了前往缔约国的外国公民，在个人权利上则包括人身安全和自由、通信自由、结婚和成立家庭、和平集会和结社等。依据《欧洲人权公约》的规定，设立欧洲人权委员会和欧洲人权法院，以确保公约得以有效执行。本案中李甲即依据公约规定，将俄罗斯联邦政府诉至欧洲人权法院，而法院也依据过往判例和公约规定进行了判决。

其三，中国公民与俄罗斯公民和其他外国公民同等地享有权利和承担义务的例外情况。俄罗斯联邦政府保障中国公民与俄罗斯公民平等地享有权利和承担义务，但中国公民在俄的法律地位与部分法律权利仍然与俄罗斯公民存在差异。俄罗斯联邦政府在《俄罗斯联邦外国公民法律地位法》第1条中规定了外国公民在

---

① 刘向文：《外国人和外国法人在俄罗斯的法律地位》，载《东欧中亚市场研究》1997年第9期。

俄的法律地位，将在俄的外国公民分为两大类，即在俄永久性居住和在俄临时居住的外国公民，两者在取得条件和享有的法律权利方面存在不同，但两者均不享有选举权和被选举权等。① 除俄罗斯联邦法律规定外，中俄两国签订的各项条约及协定，使中国公民与其他外国公民在部分享有的权利上也显现出差异。在签证的取得上，两国公民的出、入境和逗留方面，中俄两国间签订了《中华人民共和国政府和俄罗斯联邦政府关于国民互相往来的协定》，同时约定两国公民应当接受他国法律、法规和规章，包括为外国公民制定的登记、居留、旅行和出入国境的规定。2009 年和 2012 年，两国又先后签订了《俄罗斯联邦政府和中国香港特别行政区政府互免签协议》以及《俄罗斯联邦政府和中国澳门特别行政区政府互免签协议》，这些条约在双方公民交往中设定了更为优惠的条件。在投资和劳务方面，中俄还签订了《关于短期劳务的协定和关于促进和相互保护投资协定》《中华人民共和国和俄罗斯联邦关于深化全面战略协作伙伴关系，倡导合作共赢的联合声明》《中华人民共和国政府和俄罗斯联邦政府关于对所得避免双方征税和防止偷漏税的协定》，这些协定使中国公民在赴俄劳动或投资上，相较于其他国家公民，可能具有一定的优势地位，享有更多的权利。

（二）李甲案的法律焦点分析

本案中，李甲面对的最大的问题是 A 市内务局作出的行政行为阻碍了他长期逗留在俄罗斯与家人团聚，从以下两个方面来对本案中的焦点进行分析。

第一，李甲是否应当接受 A 市内务局对他的管理。李甲作为中国公民，是否应当接受俄罗斯联邦政府特别是 A 市内务局对其的管理，答案是肯定的。其一，李甲前往俄罗斯务工，身处俄罗斯领土管辖下，依据世界各国所普遍承认的属地管辖原则，李甲应当尊重并接受俄罗斯的法律法规。其二，两国之间签订《中华人民共和国政府和俄罗斯联邦政府关于国民互相往来的协定》约定了双方公民前往他国时应当接受他国的法律、法规和规章，包括为外国公民制定的登记、居留、旅行和国境的规定，李甲作为中国公民，应当遵守中俄两国间的协定内容，接受俄政府为外国公民制定的相关规定。其三，俄罗斯政府对外国公民的主要管理措施规定在《俄罗斯联邦外国公民法律地位法》中，该法调整的就是外国公民与国家权力机关、地方自治机关以及上述机关公务人员之间因外国公民在俄罗斯联邦境内逗留（居留）、劳动、经营或从事其他活动而产生的关系。本案中，李甲赴俄

---

① 《俄罗斯联邦外国公民法律地位法》，http://khabarovsk.mofcom.gov.cn/article/ddfg/200212/20021200058815.shtml，访问时间：2021 年 6 月 23 日。

劳动、在俄逗留（居留）等行为，应当接受该法的约束。而该法第5条和第6条规定了外国公民在俄逗留（居留）的具体条件，并明确了是否延长或缩短外国公民在俄临时逗留的期限由外国公民在俄住所地的联邦及地方外交、内务部门决定。因此，李甲居住在A市，他延长逗留期限的申请，应当是向A市内务局提出。

第二，李甲采取的救济手段——行政诉讼——是否妥当。行政诉讼是指当公民与行政主体之间发生行政争议时，由法院对争议进行裁判的法律制度。① 在俄罗斯，当公民对行政决定不服而产生纠纷时，行政诉讼也是解决争议的主要手段之一。在案例中，李甲即采用行政诉讼，数次对A市内务局的行政处理结果和处罚提出起诉。实际上，中国公民在俄罗斯利用行政诉讼来维护自己合法权利的案件并不少见，例如因误入俄罗斯外国游客禁区而遭政府驱逐回国，② 留学生因疏忽滞留遭驱逐出境等。③ 在俄罗斯，规范行政诉讼的程序性规则涵括在《行政诉讼法典》《仲裁程序法典》《行政违法法典》之中。需要注意的是，《行政诉讼法典》的规定并不适用于行政违法行为案件的审理，而相关内容是独立规定在《行政违法法典》中。《行政诉讼法典》保护外国公民、无国籍人和外国组织的合法利益，根据该法第4条第4款，外国人享有与俄罗斯公民和组织相同的诉讼权利和履行相同的诉讼义务。④

本案中，李甲对俄罗斯行政机构不予延长居留期限和拘留行为进行起诉，法律依据就是《行政诉讼法典》。根据该法的规定，俄罗斯行政案件原则上由普通区法院管辖，行政处罚由俄罗斯仲裁法院审理，一些特殊情况，例如涉及国家机密的行政案件，则由对应的特殊法院进行审理。中国公民在俄罗斯进行的行政诉讼，大多是关于政府作出的处罚规定，在特殊法院审理的情形是极为少见的。在起诉的地域管辖方面，需要向被告所在地的法院提起诉讼，这一点与我国的规定相类似，特别需要注意的是，关于对驱逐出境或延长居留期的行政诉讼，应当向做出决定的专门机关的所在地法院提起诉讼。

三、对策建议

随着"一带一路"倡议实施，中俄两国友好关系不断加深，中国公民赴俄人

---

① 应松年主编：《行政法与行政诉讼法学》，法律出版社2005年版，第438页。

② 《俄罗斯律师助误入禁区的中国公民免遭驱逐出境处罚》，http://www.chinaruslaw.com/cn/news/201895124425_783733.htm，2021年6月23日。

③ 《俄罗斯最高法院判决最终化险为夷 中国留学生因疏忽逾期滞留被法院判处驱逐出境》，http://www.jinciwei.cn/i94563.html，访问时间：2021年6月23日。

④ 黄道秀译：《俄罗斯联邦行政诉讼法典》，商务印书馆2016年版，第7页。

数不断增多。据俄罗斯官方统计，2023 年中国赴俄游客数量达到 47.7 万人。① 在劳务和投资方面，中国公民人数也在逐年上涨。中国公民在俄罗斯权益受到损害后，建议从以下几个方面进行事后处理：

第一，中国公民在俄罗斯应全面了解相关法律法规并自觉守法。前往俄罗斯务工、留学、旅游或投资后，如想继续逗留或居留，须按照俄罗斯法律要求申请办理相关许可手续。对于俄罗斯法律的获取和解读，可以利用中国外交部网站，也可以通过咨询俄罗斯政府相关办事人员。同时，应对自己已有的相关材料内容了然于胸，避免失误导致的行政处罚。

第二，中国公民通过母国的领事保护维护自身权益。在遇到俄政府采取的有关人身自由和财产方面的处罚时，应及时通知中国驻俄罗斯使领馆，获得必要帮助。领事保护是我国领事制度的重要组成部分，是指派遣国的外交、领事机关或领事官员，在国际法允许的范围内，在接受国保护派遣国的国家利益，派遣国公民和法人合法权益的行为。因此，领事保护是中国公民在海外可以寻求保护的有效手段之一。且中俄两国间于 2002 年签订了《中华人民共和国和俄罗斯领事条约》，依据条约内容，中国领事官员有权向本国国民提供各种帮助和协助，包括法律协助，或为提供上述帮助和协助而采取措施，为此，俄政府不得以任何方式限制中国公民与领事官员联系并保障其自由进入领馆。② 但需要注意的是，中国使领馆维护中国公民的正当和合法权益，但在俄罗斯境内并没有行政执法权，因此，还需要通过法律等其他正当途径主张自身权利，在这一方面，使领馆可以提供有关律师、翻译等方面的帮助。更为详细的内容，可以查阅《中国领事保护与协助指南（2023 年版）》。

第三，中国公民通过俄罗斯法律和国际公约维护自身的权益。除诉讼以外，俄罗斯还设有仲裁和调解程序。仲裁，包括国际仲裁和国内仲裁，涉及经济纠纷以及行政处罚的案件主要由俄罗斯仲裁法院进行管辖，俄罗斯仲裁法院是由国家设立的法院，仲裁法院对部分案件具有专属管辖权，例如不动产等；③ 也有俄罗斯工商局国际商事仲裁院，与中国国际贸易仲裁委员会具有相同职能。调解程序，又称替代性纠纷解决程序，2017 年 7 月 27 日俄罗斯联邦政府颁布了《关于由调解

---

① 《中俄深化旅游交流合作》，http://tradeinservices. mofcom. gov. cn/article/news/gjxw/202407/165307. html，访问时间：2024 年 6 月 30 日。

② ［俄］杜玛伊基娜·瓦列丽娅：《中国和俄罗斯领事保护法律制度比较研究》，辽宁大学 2015 年博士学位论文。

③ 转引自钱铮铮：《俄罗斯司法制度简介》，载《中国司法》2006 年第 5 期。

人参与的替代性纠纷解决程序联邦法律》，确定了基于当事人自愿同意由调解人协助解决纠纷的程序规则。调解程序可以适用于民事纠纷（包括经济关系纠纷）、劳动纠纷（集体雇佣纠纷除外）以及家事法纠纷。但是，如果影响社会公众利益及未参与调解程序的第三方的权利和合法利益，则不得调解。当事人在调解程序中达成的调解协议不具有司法强制执行力，由当事人自愿履行。诉讼程序在俄罗斯区法院、主体法院和联邦最高法院进行，主要审理的是一般的民事和刑事案件。俄罗斯与我国不同，实行的是三审终审制。中国公民可以依据俄罗斯司法制度，选择适合自己的纠纷解决程序。俄罗斯作为《欧洲人权公约》缔约方并受其约束，该公约第 34 条明确规定：任何个人、非政府组织、个人组织可以向欧洲人权法院递交认为缔约国侵犯其权利的申请，请求人权法院作出判决和侵权赔偿。缔约国有义务遵守法院的判决。但欧洲人权法院受理案件的前提是该事项已经用尽国内救济方式。当中国公民在俄罗斯权益受到损失，如果用尽俄罗斯的国内救济方式都无法维护，则可向欧洲人权法院进行申请以保护其合法权益。

第四，中国公民可在俄罗斯聘请律师维护自身权益。中国公民在运用法律解决纠纷的过程中，建议聘请专业人士作为辅助。俄罗斯法律服务行业较为发达，当地或西方国家的一些律所在较大城市都设有网点，部分还可以提供中文服务，一旦出现纠纷，可以聘请律师通过正当的法律途径维护自己的合法权益。

本章小结

俄罗斯横跨欧亚大陆，是世界上国土最为辽阔的国家，资源丰富，科技发达。1996 年，中俄建立战略协作伙伴关系，2001 年双方签署《中俄睦邻友好合作条约》，2011 年建立平等信任、相互支持、共同繁荣、世代友好的全面战略协作伙伴关系，2019 年提升为中俄新时代全面战略协作伙伴关系。[①] 近年来，俄罗斯大力发展经济，尤其是在"一带一路"倡议下，中俄间合作交流不断增强。据中国海关统计，2018 年，中俄双边贸易额首次突破 1000 亿美元大关，达到了 1070.6 亿，

---

① 《中国同俄罗斯的关系》，https://www.fmprc.gov.cn/web/gjhdq_ 676201/gj_ 676203/oz_ 678770/1206_ 679110/sbgx_ 679114/，访问时间：2024 年 6 月 30 日。

2019 年则达到了 1107.57 亿美元，2023 年中俄双边贸易额 2401.1 亿美元。[①]

在经济贸易之外，中俄间人文交流和地区合作也开展得如火如荼。双方曾互办过多届文化年、语言年，留学交流人员也已超过 8 万人。而截至 2020 年 10 月，双方已经建立 163 对友好城市及省州、数十对经贸结对省州。[②]

尽管中俄关系良好，但中国公民在俄也遭遇过一些安全事件，例如 2018 年较为严重的致 7 名中国公民死亡的鞋厂失火事件，[③] 在此之前也发生过数起类似的火灾事件。由于中俄在文化、社会、司法和治安等存在差异，中国公民赴俄需要特别注意以下几点：

第一，人身财产安全的风险与防范。虽然俄罗斯目前治安状况较好，但是俄罗斯部分地区经济社会发展较为落后，还存在少数"光头党"这样的黑社会势力，以及少量极端主义分子和反政府武装，特别是在车臣共和国和鞑靼共和国境内。在 2011 年，莫斯科多莫杰多沃机场还曾遭遇恐怖袭击。因此，赴俄旅游或工作需要格外注意自己的人身财产安全，最好结伴出行。而且中国公民赴俄需要办理相关签证手续，在出行时需要随身携带相关材料以备检查。

在社会习俗方面，俄罗斯是多民族国家，其中超过 70% 的人口为俄罗斯族，信仰东正教，同时，受到古罗马和古希腊文化的影响，俄罗斯具有一些独特的习俗，例如，东正教会禁止与信仰不同的人结婚，因此能够前往教堂举行婚礼的人必须都经过洗礼入教，再例如，俄罗斯人通常都有"右尊左卑"的观念。因此，在俄罗斯旅居过程中，应当注意遵循当地特有的风俗文化，避免引起冲突。

第二，劳动风险与防范。俄罗斯有极为全面的劳动法律规范规定在《俄罗斯联邦劳动法典》之中，但俄罗斯关于劳动的法律规范与我国有许多不同之处。例如我国以固定期限劳动合同为原则，但俄罗斯以无固定期限劳动合同为原则。且俄罗斯政府对引进外国劳务采取较严格的配额制度。因此中国公民赴俄务工需要了解相关规范，在保护自己不受欺诈的同时，也可以借助俄独特的制度维护自己的权益。

第三，投资风险与防范。俄罗斯拥有健全的投资法律体系，且中国公民或企

---

① 《中国同俄罗斯的关系》，https：//www.fmprc.gov.cn/web/gjhdq_ 676201/gj_ 676203/oz_ 678770/1206_ 679110/sbgx_ 679114/，访问时间：2024 年 6 月 30 日。

② 《中国同俄罗斯的关系》，https：//www.fmprc.gov.cn/web/gjhdq_ 676201/gj_ 676203/oz_ 678770/1206_ 679110/sbgx_ 679114/，访问时间：2024 年 6 月 30 日。

③ 《俄罗斯鞋厂失火致 10 人丧生，包括 7 名中国公民！》，http：//baijiahao.baidu.com/s？id = 1589006068360339230&wfr = spider&for = pc，访问时间：2021 年 6 月 23 日。

业在俄投资也是中俄战略伙伴关系的体现,因此,受到中俄双边条约的保护。但在俄投资也面临问题:俄罗斯劳动力资源匮乏;俄罗斯投资环境欠完善;中国在俄企业对俄罗斯商业经营法律、财税政策了解不够,导致应对行政处罚方面非常无助等。因此,中国公民或企业赴俄投资仍面临风险,需要中国投资者更多了解俄罗斯经济动态、发展趋势和政策变化。①

在俄罗斯,2006 年成立了中国俄罗斯总商会,其宗旨和任务是加强在俄中资企业间的交流合作,总商会为会员企业提供各类政策信息、咨询服务和法律服务,因此,前往俄罗斯投资的企业,可以选择加入该组织,更好地保护自身的合法权益。

除此之外,中国驻俄罗斯经济商务参赞处发布了《驻俄罗斯中资机构和人员安全管理办法》(试行)。中国驻俄罗斯使馆经济商务参赞处和驻俄罗斯中资机构建立了安全联络员制度,该制度保障了中资企业在突遇安全事件时,能够及时向中国驻俄罗斯使馆经商参处、中国总商会报告,做好与当地政府的沟通,减少损害的发生。

第四,争议解决。俄罗斯争议解决主要有三种方式,诉讼、仲裁和调解。诉讼是通过法院解决,中国由人民法院管辖,俄罗斯则是仲裁法院和普通法院;仲裁,特别是国际经济纠纷仲裁,在中国是中国国际贸易仲裁委员会,而在俄罗斯则是工商局国际商事仲裁院;《俄罗斯联邦调解法》生效之后,俄罗斯联邦工商会的各地分会都纷纷成立了相应的调解委员会,面向社会提供调解服务。不同方式具有不同的优势和缺点,例如国际经济纠纷的解决,仲裁比诉讼更快也更便于执行。因此,选择时建议结合己方需求综合考虑。

总之,随着赴俄人数的不断增长,中国公民在俄权益的保护已成为亟待关注的问题。做好个人或企业权益保护,事前预防、事件应对以及事后处理,任何一个步骤都需要注意。上述案例的梳理、法理分析以及相关法律依据的剖析,可为赴俄投资、旅游、留学、工作和参与其他活动的中国公民了解如何在俄保护自己的合法权益和提高意外事件的应对能力提供可操作的方法与对策。

---

① 《对外投资合作国别(地区)指南——俄罗斯(2018 年版)》,http://www.fdi.gov.cn/CorpSvc/Temp/T3/Product.aspxidInfo = 10000545&idCorp = 1800000121&iproject = 25&record = 484,访问时间:2021 年 6 月 23 日。

中国公民在俄罗斯实用信息

单位名称或事项	地址	电话	备注
外交部全球领事保护与服务应急热线	—	+86 – 10 – 12308 +86 – 10 – 65612308	
中国驻俄罗斯大使馆	俄罗斯莫斯科友谊街6号	领事保护协助：+7 – 499 – 9518661 领事保护手机号：+7 – 499 – 9518661 大使馆传达室：+7 – 499 – 9518443 领事证件服务： +7 – 499 – 9518584（中文服务） +7 – 499 – 9518435（俄文服务）	领事证件服务咨询电话接听时间： 周一至周四 15:30—18:00 （节假日除外） 签证咨询时间： 工作日 09:00—16:00 24 小时领事保护与协助工作时间： 周一至周五 9:00—12:30 15:30—19:00 （非工作时间及节假日自动转接国内 12308 热线）
中国驻圣彼得堡总领事馆	俄罗斯圣彼得堡戈里鲍耶多夫沿河街 134 号	+7 – 812 – 7147670 领事部：+7 – 812 – 7137605 对外组：+7 – 812 – 7146230 办公室：+7 – 812 – 7138009 值班手机：+7 – 9627035069 护照旅行证、公证、婚姻 登记业务咨询：+7 – 9669229873	护照旅行证、公证、婚姻登记业务咨询时间： 周一至周五 9:30—11:30 14:30—16:30 （人工接听）
中国驻符拉迪沃斯托克总领事馆	俄罗斯滨海边疆区符拉迪沃斯托克伏谢沃洛德·西彼尔采夫街 59 号	+7 – 423 – 2648669 +7 – 423 – 2469210 +7 – 423 – 2469380（总机） **领侨处** 护照、公证咨询：+7 – 423 – 2648687	总领馆工作时间： 周一至周五 8:30—12:30 14:30—18:30 领侨处对外接待时间： 周一、二、三、四 9:00—12:30 14:30—16:00 护照、公证咨询时间： 周一至周五 14:30—18:30 （节假日除外）

（续表）

单位名称或事项	地址	电话	备注
中国驻伊尔库茨克总领事馆	俄罗斯伊尔库茨克高尔基大街34号	+7－395－2781431 **领侨处** 领事保护协助：+7－395－2781442 +7－9647301058（24小时领事保护与值班电话） 护照、公证咨询：+7－395－2781437 **双边处** 商务事务：+7－395－2781432 科技事务：+7－395－2781435 教育事务：+7－395－2781434	领侨处对外接待时间： 周一、三、四、五 9：00—12：00 业务咨询时间： 周一至周五 9：00—12：30 15：00—17：00 （节假日除外）
中国驻叶卡捷琳堡总领事馆	俄罗斯叶卡捷琳堡柴可夫斯基大街45号	领事保护协助：+7－922－1509999 中国公民证件咨询：+7－343－2535835 **双边处** +7－343－2535785 商务事务：+7－343－2535782 科技事务：+7－343－2535781 教育事务：+7－343－2535786 **办公室** +7－343－2535834	领事证件对外接待时间： 周一、二、三、五 9：00—12：00
驻哈巴罗夫斯克总领事馆	俄罗斯哈巴罗夫斯克列宁体育场	业务咨询：+7－9842813370 领事处电话：+7－421－2340572	对外接待时间： 周一、二、三、五 9：00—12：30
中国驻喀山总领事馆	俄罗斯联邦鞑靼斯坦共和国喀山波德卢日街21号	领事保护协助：+7－917－2734789 （24小时领保电话） 领保组：+7－843－2375034 商务组：+7－843－2375053	
匪警	—	102	
火警	—	101	
急救	—	103	

第三章
在白俄罗斯的中国公民权益保护

白俄罗斯共和国（Republic of Belarus），总统制共和国，国土面积约为 20.76 万平方公里，人口为 939.78 万，全国划分为 6 个州和 1 个直辖市，首都为明斯克，官方语言为白俄罗斯语和俄语，货币为白俄罗斯卢布。白俄罗斯是最早支持我国"一带一路"倡议的国家之一，积极参与各项合作，在整个丝绸之路经济带中发挥着重要的作用。2013 年 7 月，中白宣布建立全面战略伙伴关系，开创了两国关系发展新时代。2015 年 5 月，习近平主席访问白俄罗斯，中白两国签订《中华人民共和国和白俄罗斯共和国友好合作条约》，双方致力于将中白工业园打造成"丝绸之路经济带上的明珠和双方互利合作的典范"。中白工业园是中国在海外最大的工业园。2022 年，中白贸易额 50.8 亿美元、同比增长 33%。2023 年，中白贸易额为 84.4 亿美元，同比增长 67.3%。① 近几年来，随着"一带一路"倡议的深入推进，中白两国关系进入历史的最好时期，来往两国的公商务人员越来越多。中白两国相互免持普通护照人员签证，极大方便了中国公民入境白俄罗斯，因此前往白俄罗斯的中国游客、留学生以及商务投资者和劳务建设者也越来越多，白俄罗斯的诸多城市都可见到中国元素。白俄罗斯社会治安稳定，环境优美，地处欧洲中心，欧亚经济共同体成员国，离欧盟也很近，具有优越的地理位置和良好的市场前景，是"丝绸之路经济带"向欧洲延伸的重要节点。但 1986 年发生的切尔诺贝利核事故至今对白俄罗斯农业生产有影响。

白俄罗斯关于外国人权益保护的法律制度对在白俄罗斯的中国公民权益保护起到举足轻重的作用。白俄罗斯有关外国人权益保护的法律机制可作如下分类：

---

① 参见外交部网站：《中国同白俄罗斯的关系》（2024 年 3 月更新），https：// www. fmprc. gov. cn/web/gjhdq_ 676201/gj_ 676203/oz_ 678770/1206_ 678892/1206x0_ 678894/，访问时间：2024 年 6 月 30 日。

一、外国人法律地位规定

白俄罗斯加入了《世界人权宣言》《公民权利和政治权利国际公约》《经济、社会和文化权利国际公约》，根据这些公约的规定，外国人和无国籍人在白俄罗斯境内享有同本国公民同样的权利和自由。白俄罗斯《外国公民和无国籍人士法律地位问题的法律修改草案》于 2020 年 1 月 1 日生效。新法律继续内外国人平等原则，放宽了对外国公民及无国籍人士在入境居留等方面的条件，提高了该国的旅游和投资吸引力，同时还有助于白俄罗斯各高校吸引外国留学生、扩大教育服务出口。在投资领域，中国投资者根据《白俄罗斯投资法》《白俄罗斯总统第 10 号总统令》《关于中国—白俄罗斯工业园区（第 253 号总统令、326 号总统令）》享有投资优惠，如税收方面免去前 10 年的利润所得税，后 40 年减半等。另外，白俄罗斯在制药、生物技术、纳米技术、新能源、新材料和信息通信领域鼓励外国人投资，给予外国投资者税收优惠。

二、外国人权益保护的实体法律规定

对外国人保护体现在民事法律中外国人享有与白俄罗斯公民相同的民事权利，如人身权、财产权、婚姻家庭继承权等；《白俄罗斯共和国民法典》中第七编为国际私法篇，是解决涉外民商事纠纷的法律适用法，从内外法律平等进行选择方面对外国人权益进行了客观公正的保护；白俄罗斯的刑事法律对刑事案件中的外籍受害人和本国受害人未有区别对待，统一进行保护。

三、外国人权益保护的程序法律规定

根据白俄罗斯诉讼法相关规定，外籍人享有与本国人同样的诉讼权利。因为中白之间签订了《引渡条约》《民事和刑事司法协助条约》，在民事判决的执行方面，根据这些条约，中国公民在白俄罗斯遭受不法侵害，不仅可以通过白俄罗斯司法途径解决，而且在诉讼过程中享有对等的优惠待遇，例如互相减免诉讼费用。同时在仲裁方面，白俄罗斯加入了《承认及执行外国仲裁裁决公约》，有助于仲裁裁决的跨国承认与执行。

第一节　事先预防

一、中国投资人在白俄罗斯工程承包合同违约案

随着"一带一路"倡议的提出，中国海外最大工业园——中白工业园落户白俄罗斯，许多中国投资者将目光投向了白俄罗斯，寻找商机。张先生是一家大型民营建筑工程公司绿源公司的控股股东和董事长，其公司拥有施工企业对外承包工程资质证书。2015 年 3 月，该公司中标白俄罗斯明斯克大型超市的建设项目。该工程是 EPC 总承包项目（EPC 是指公司受业主委托，按照合同约定对工程建设项目的设计、采购、施工、试运行等实行全过程或若干阶段的承包，通常公司在总价合同条件下，对所承包工程的质量、安全、费用和进度负责），投标报价为5000 万美元。这是绿源公司在白俄罗斯承建的第一个项目，张先生特别重视，亲自前往白俄罗斯签署总包合同，以期在白俄罗斯获得更多的投资机会，赢取利润。该总包合同约定开工日期和竣工日期，工期自 2015 年 8 月 1 日至 2016 年 8 月 1 日，虽然总包合同约定业主支付预付款的条件，但是同时也约定只有在绿源公司开具预付款保函的情况下，业主才会支付预付款。张先生原计划在 2015 年 8 月之前通过白俄罗斯工程建设项目的审批，但由于白俄罗斯行政审批制度较为复杂，工作效率不高，直到 8 月份都未获得审批，但是张先生为了加快工程进度，在白俄罗斯既无注册代表处、分公司，又无注册子公司的情况下委派了几名项目经理，匆忙从业主手中接收了工地，工期仍然从 8 月份开始计算。但是白俄罗斯法律规定必须通过工程建设审批才能开工，注册完成项目公司才能够获得当地的施工许可证并办理引进外国劳动力许可证。绿源公司一直到 2015 年 11 月才通过工程建设审批，获得施工许可，工程才得以正式开工。工程开工后白俄罗斯已进入冬季，气温骤降至零下 30 摄氏度，明斯克政府颁布命令，所有工地停工。白俄罗斯人日常工作压力不大，假期较多，年底圣诞节和新年假期加在一起长达 24 天。绿源公司建筑工地直到 2016 年 2 月才复工。此时工期已经延期 6 个月，绿源公司认为在春夏季节多招聘工人，加快工程速度，是能够在 2016 年 8 月顺利完工的。即使绿源公司获得了引进外国劳动力许可，工地上中国工人仍未达到绿源公司的理想人数，无

法做到轮换倒班。在施工过程中，中方工程师发现其施工工艺与中国差别很大，最终只能由分包商完成。施工均采用白俄罗斯当地分包商施工，而当地分包商资源非常有限，工程款谈判非常艰难，工程款远远超出预算。上述情况之下，张先生坚持认为可以加快进度抢工期，并未将工程中出现的非工程建设方原因的停工及时告知业主，也没有向业主确认这些事实情况。2016年5月，建筑材料供应商应国际市场变化调高建筑材料釉面砖的价格，绿源公司拒绝加价，但因和建筑材料供应商签订的是分批供应合同，约定每批价格根据市场价格计算，因此建筑材料供应商停止供货，导致工程停工。工期已经只剩3个月时间，但工程整体进度不到一半，工程进度明显滞后，此时白俄罗斯业主方认为绿源公司存在实质性违约，要求解除合同，并要求绿源公司进行违约赔偿。绿源公司面临工程烂尾问题，张先生焦头烂额，此时才感叹工程中标时盲目乐观，未事先做好工程准备工作和风险防范工作。张先生工程违约案给绿源公司造成了巨额亏损，也促使我们反思中国投资者在白俄罗斯如何进行风险防范，做好事前预防，更好地保障自己的权益。

二、法理分析

（一）本案所涉及的法律关系

本案中主要法律关系为中国绿源建筑公司与白俄罗斯业主之间的涉外工程建设法律关系。绿源公司与白俄罗斯之间订立的是涉外工程建设合同，绿源公司应在合同规定的期限内，按照白俄罗斯业主的要求，完成大型超市的建设，而白俄罗斯业主则需要为绿源公司提供完成工程的必要条件、验收工程成果并按约定支付工程价款。在《白俄罗斯民法典》第三十七章中对建筑承包合同内容、发包人和承包人的责任与义务做了详细规定。本案中还存在绿源公司与材料供应商之间的买卖合同关系，绿源公司与材料供应商之间就材料的质量、数量、供货时间进行约定，此买卖合同的履行对建设工程施工合同的履行产生重要影响。本案中除了横向的民事法律关系还有纵向的行政法律关系，即白俄罗斯政府对涉外工程的管理和管控法律关系。首先，必须明确白俄罗斯法律对建设工程主体的特别要求，目前白俄罗斯法律有禁止非白俄罗斯企业从事建筑业的要求，因此中国投资者计划在白俄罗斯建筑工程领域投资，就需要在白俄罗斯设立子公司或者与白俄罗斯企业合作。其次，弄清白俄罗斯法律有关建设工程独特的审批制度，如建设工程项目必须审批，包括工程项目可行性论证、初步设计计划、设计图纸国家鉴定阶段等。最后，了解白俄罗斯引进外国劳动力许可制度，就该案中建设工程务工人员的管理方面而言，因为工程建设主体涉外，工程务工人员大多为中国籍，因此需要获得引进外国劳动力许可。

（二）本案所涉及的风险

本案存在的法律风险包括建设工程合同履行风险、政府许可延误风险和供应商违约风险等。建设工程合同履行风险是在合同履行过程中，由于客观情况，工程承包人可能不能履行合同。本案中张先生原本对白俄罗斯工程项目寄予厚望，但是由于未对白俄罗斯建设工程领域和施工环境进行深入了解，未考虑到白俄罗斯的自然环境、工作生活习惯，导致合同违约将承担法律责任。本案中，政府许可延误风险指的是政府施工许可和外国劳动力许可的时间超出张先生的预期，延误了工期。另外供应商违约也是在工程建设中面临的一个主要风险，承包人与供应商之间签订供应合同，但是由于合同本身不严谨或者国际市场变化、供应商履约能力下降等因素使得材料供应不及时。

（三）本案中存在的问题

张先生的公司中标白俄罗斯工程建设本是增加利润的好机会，但是在整个涉外工程开展过程中，由于疏于风险防范，存在较多的问题，最终白俄罗斯业主方提出违约主张，要求张先生的公司承担违约责任。首先张先生虽然中标白俄罗斯工程，但是未做好进入白俄罗斯投资的准备，对白俄罗斯工程建设方面的法律和管理制度不甚了解，未及时设立项目公司或者子公司，匆忙接收工地，且劳动力无法到达工地。合同签订过程中双方约定工程价格不能改变，即工程合同中的固定价，让自己处于被动局面，涉外工程合同影响工程价格的因素很多，例如汇率的变化、原材料的上涨等，出现这些情况应当与业主进行协调，可及时调整价格；张先生的企业认为白俄罗斯政府非常重视中国投资者，误认为只要在白俄罗斯投资，当地政府就会一路开绿灯支持中国投资者，没有重视合同中双方权利和义务的严格约束，合同中赋予业主方较大的合同自主权，并没有强调对业主权利的约束，例如单方面规定了业主合同解除权，没有防范合同风险。另外在合同履行过程中也出现了较多问题，合同履行过程中出现客观延误事项，而中国投资者一方面认为可以通过三班倒连续施工的方式来赶上工程进度，另一方面，乐观地认为与白俄罗斯业主有良好的合作关系，如果出现工期延误的情况，经营好与业主的关系，业主自然会同意延期，因为忽视了用法律手段通过合同方式来维护自身权利，当客观延误工期的情况出现时，并没有及时告知业主，丧失了申辩的权利。

三、对策建议

中国投资人前往白俄罗斯承包建筑工程项目的利润与风险并存，投资人的企业需要具有工程设计、采购、施工和项目管理等较为全面的能力，应做好充分准备，把控过程管理，进行风险控制，这样才能规避风险获取利润。

（一）做好前期准备工作

白俄罗斯政治经济文化社会环境都与中国存在巨大差异，因此，中国投资人前往白俄罗斯投资需要认真研究白俄罗斯的具体国情，为投资做好充分准备，切莫做拍脑袋的冲动决策。首先，研读白俄罗斯的法律政策和投资领域的相关文件，充分借助中白两国之间的友好合作关系，聘请对中国和白俄罗斯情况、语言都较熟悉的人才，了解中白之间的差异，因地制宜进行投资。其次，对白俄罗斯进行市场调研，了解工程项目所需的原材料是否可以本地供应，熟悉现场的自然资源和社会环境。建设工程施工工期一般较长，需要一个良好的周边环境来保障工程的顺利完成。再次，在投标前做好标书的编制工作，标书一定要量力而行，客观准确，切莫为了中标致使权利义务失衡。应对标书中存在的风险，如市场风险、原材料风险等进行较为全面的分析，这样中标后才会有良好的风险防范应对措施。

（二）订立合同严谨灵活

中国投资人的企业中标白俄罗斯工程后，就需要签订国际工程承包合同，中国企业在签订涉外合同时要既严谨又灵活。首先要研究合同条款，详细分析和评估合同条款，如业主和工程方的责任和权利、业主的技术要求、验收标准、环保参数、合同变更和合同索赔等，确保中国企业对这些条款的内涵理解正确，在签订合同时如不甚明晰，则一定要与业主确认清楚，并用中文和白俄罗斯文同时进行表述和约定，并得到对方的认可。另外在签订合同时应充分考虑中国企业在白俄罗斯投资存在较多的不确定因素，应在合同中为自己未雨绸缪，用合同条款为自身权益进行法律保障，如在合同中明确各种风险、免责条款和合同变更条款等，避免承担业主方不合理要求，如对业主的过失风险承担责任，合同价格并不因为不可预见的困难和费用而调整，业主因合同本文翻译免责，等等。因此，中国建筑在签订涉外工程时应尽量争取增大工程变更可能性的条款，切莫僵化自身权利义务，在履行合同时处于被动。

（三）积极履行合同、加强工程管理

中国投资人在与白俄罗斯业主签订合同时，应充分考虑白俄罗斯的实际情况，

如工程审批的进度、限制外国公司进入建设工程领域、外籍施工人员的劳动许可等，谨慎约定开工日期和工期。合同开工后应严格遵照工程进度施工，如果存在客观情况延误工期则积极与业主沟通，并保留证据，做好工期延误的责任规避。在项目建设的整个周期内，针对白俄罗斯具体情况列出风险清单，制定相应的风险应对策略，形成风险分析报告，在项目内部也应做好权责分工，如将各种不同风险落实到具体责任部分和人员，奖惩分明。根据国际市场的特点制定风险管理制度，白俄罗斯的建筑市场供应受欧亚经济联盟影响较大，应及时评估该国际市场的变化及时发现风险因素，调整风险防范对策。

（四）强化涉外法治理念，熟悉国际惯例

中国投资者日益关注国外市场，积极响应"一带一路"倡议，扩大投资地域，在中国投资者前往国外进行投资时，应树立良好的涉外法治理念，熟悉国际惯例。中国投资者在投资时应了解涉外投资纠纷、商业纠纷的解决途径和法律知识，通过涉外法律人才的服务，了解涉外民商事纠纷解决和国内纠纷解决的差异，尊重国外的法律制度，利用中国与白俄罗斯之间的司法协助条约求得民事判决的可执行性，或者充分利用涉外仲裁裁决的共通性解决跨国纠纷。另外，中国投资人在白俄罗斯投资如果依靠较小的生产要素价格优势获取投资机会，往往也是隐藏诸多风险的，有眼光有谋略的中国投资者务必更新观念，应依靠技术优势、资金优势、人才优势、管理优势立足白俄罗斯市场。中国投资者要提高企业在国际上的竞争力，就应遵守行业内的国际惯例，集中优势投入国际工程项目中，采用适应国际工程的公司结构形式等，消除旧有的管理弊端，不断向国际惯例靠拢，向国际化管理水平看齐。

第二节　事件应对

当我国公民在白俄罗斯遇到突发事件或者纠纷事件时，应合理合法应对，通过正当途径来维护自身权益。为此，本节专门通过中国南方姑娘小孟在白俄罗斯涉及的遗产继承纠纷案的具体分析，梳理在白俄罗斯的中国公民涉案中应对策略。

一、中国妻子在白俄罗斯遗产纠纷案

中国南方姑娘小孟与白俄罗斯公派中国的留学生谢里夫先生相识于 2012 年一

次聚会，经过几年热恋后组成家庭。初识之时，小孟对白俄罗斯一无所知，只认为是一个非常遥远的国家。一年后，谢里夫毕业回国，邀请小孟去白俄罗斯"旅游"。从学习俄语开始，小孟在谢里夫的鼓励下读了预科，又考上了研究生。小孟读研期间，谢里夫向小孟表达了自己的爱意，而小孟也早就钟情这个白俄罗斯小伙，二人相恋后，遇到婚姻的最大障碍是谢里夫的父母不同意儿子娶一个外国人，担心儿子远走他乡。谢里夫对坚决反对的父母表示，小孟是位善良美丽的中国姑娘，两人有着真挚的感情，而且小孟愿意在白俄罗斯与他共同生活。看二人态度坚决，谢里夫的父母只好同意。两人于2016年在中国登记结婚，并在白俄罗斯举行了婚礼，婚后两人在明斯克购买住宅一套，后小孟和谢里夫回到中国探亲，在小孟家乡又购买了住房一套。中白工业园发展良好，而谢里夫和小孟因既懂俄语又懂中文而成为中白工业园高薪吸引的人才，夫妻俩分别在中白工业园中的中资企业和中白合资企业工作。两人婚后生活幸福美满，但天有不测风云，2021年谢里夫突发疾病去世，小孟痛不欲生，此时发现自己已经怀孕，小孟带着对丈夫深深的思念，坚强地生活下来，只想着如何给腹中孩子一个稳定的未来。但是谢里夫的父母此时却提出，小孟和谢里夫在白俄罗斯未进行婚姻登记，婚姻无效，不能继承谢里夫的财产，特别强调在中国购买的房产是由谢里夫出资购买的，小孟也无所有权。因此谢里夫父母向当地法院提起遗产继承诉讼，请求继承谢里夫的所有财产包括在白俄罗斯和中国的房产。此时的小孟应该如何应对此项诉讼，维护自身利益？

二、法理分析

（一）本案法律问题分析

谢里夫父母向当地法院提起遗产继承诉讼，要求继承谢里夫的房产，我们需要先厘清这个案件中的法律问题，在此基础上对小孟的权利进行分析，进而解决问题。这个案件涉及的法律问题较为复杂：首先，这个案件的法律性质问题具有独特性，因为，无论法律关系的主体还是标的等因素都牵涉到白俄罗斯和中国两个国家，具有跨国性，并非单纯的国内案件，难免存在法律冲突，需要运用国际私法方法解决，应结合白俄罗斯民事法律与中国的民事法律予以解决；其次，这个案件涉及国际私法中的先决问题的处理，因为对于谢里夫财产的继承问题有一个需要先行解决的问题，即谢里夫和小孟的婚姻效力问题，这涉及谢里夫个人财产的认定和谢里夫继承人的认定；最后，这个案件还必须区分遗嘱继承与法定继承问题，一旦谢里夫留有遗嘱，本案将适用遗嘱继承的相关规则，否则就应按法定继承处理谢里夫的遗产。

（二）小孟和谢里夫跨国婚姻的效力问题

小孟是中国公民，谢里夫是白俄罗斯公民，两人的婚姻属于涉外婚姻。在谢里夫的遗产继承案件中，白俄罗斯法院需要首先认定两人的婚姻是否合法有效，这在国际私法中称为先决问题，而世界各国对先决问题的态度并不一致，既有持肯定态度的，也有持否定态度的，也有立场折中的。一般情况下，持肯定态度的国家通常在本国的国际私法立法中予以规定。但白俄罗斯民法典国际私法篇①中未对先决问题进行规定，因此只能依据白俄罗斯国际私法中对婚姻效力的冲突规定来判断小孟和谢里夫的婚姻效力。白俄罗斯解决涉外婚姻家庭民事关系的冲突规范，没有列入民法典的国际私法篇中，而是规定在婚姻家庭法第六篇，②该法第230条规定，白俄罗斯公民和外国人婚姻的效力如依婚姻缔结地有效，白俄罗斯亦认为有效，但不得违背白俄罗斯婚姻法强制性规定。小孟和谢里夫的婚姻缔结地在中国，应适用中国婚姻法认定两人的婚姻合法性。最后，白俄罗斯法院依法承认小孟和谢里夫之间存在合法有效的婚姻关系，小孟和谢里夫有共同的夫妻财产，小孟作为配偶对谢里夫的财产有继承权。

（三）小孟和谢里夫夫妻共同财产的认定

小孟和谢里夫的夫妻共同财产的处理问题也属于谢里夫财产继承案需要先行解决的问题，可依据白俄罗斯冲突法中的夫妻财产关系的冲突规范进行解决，通过冲突规范确定准据法。但白俄罗斯也缺乏规制夫妻财产关系的冲突规范，只能适用《白俄罗斯共和国民法典》国际私法篇总则第1093条的规定，即"如果根据本条第1款的规定尚无法确定准据法，则适用与涉外民事法律关系有最密切联系的法律"。而该案件中涉及的当事人一方为白俄罗斯人，且夫妻二人在白俄罗斯生活，白俄罗斯可以作为最密切联系地，适用白俄罗斯的婚姻实体法来认定小孟和谢里夫的夫妻共同财产。《白俄罗斯共和国婚姻家庭法》第24条和第27条规定，若未有婚姻财产协议，则婚姻缔结后的所得为夫妻共同财产，夫妻份额均等。

（四）小孟对谢里夫遗产继承问题

谢里夫的遗产问题，其继承人有中国公民，且被继承的财产有位于中国的不

---

① 白俄罗斯法律官网：《白俄罗斯民法典》，https：//etalonline. by/document/? regnum = HK9900278 ГРАЖДАНСКИЙ КОДЕКС РЕСПУБЛИКИ БЕЛАРУСЬ，访问时间：2021 年 6 月 25 日。

② 白俄罗斯法律官网：《白俄罗斯民法典》，https：//etalonline. by/document/? regnum = HK9900278 КОДЕКС РЕСПУБЛИКИ БЕЛАРУСЬ О БРАКЕ И СЕМЬЕ，访问时间：2021 年 6 月 25 日。

动产，因此是涉外继承案件，也需要借助国际私法冲突规范来解决。《白俄罗斯共和国民法典》第七篇国际私法第七十五章冲突规范第七节①涉外继承只规定了遗嘱继承和不动产需登记财产继承的法律适用，未规定法定继承。确定了谢里夫和继承的财产和继承人后就可以通过白俄罗斯冲突规范确定准据法。如果谢里夫有遗嘱，则适用白俄罗斯遗嘱继承的冲突规范，即适用被继承人最后惯常居所地法即白俄罗斯继承法；如果谢里夫没有立遗嘱，则法定继承适用最密切原则，也是适用白俄罗斯法。两处房产的继承适用不动产所在地法，则分别适用白俄罗斯继承法和中国继承法。

三、对策建议

通过对小孟在白俄罗斯涉外继承案件的法律分析可以发现，海外中国公民继承权的维护涉及众多法律问题，应从程序权益和实体权益维护两大方面采取行之有效的法律对策。

（一）应对程序权益保障的对策建议

小孟作为在白俄罗斯的外国人，在异地他乡应诉，存在较多的困难，但是通过法律途径解决问题，才是对自身权益最有力的保障。小孟可以向中国驻白俄罗斯使领馆请求领事协助，使领馆会向小孟推荐当地专业法律服务人士帮助小孟解决问题，但是费用需自理。如小孟的确存在生活困难或者其他特殊情况，使领馆会进行相关援助。在涉外遗产继承案件中，应以合法程序为前提做好个人权益保障。

其一，聘请律师，积极应诉。本案中，小孟面对遗产继承诉讼，应先向当地律师进行咨询，了解白俄罗斯的相关法律和自己的权益，选择有影响力的律师帮助其维护自身权益，少走弯路并达到事半功倍的效果。谢里夫父母已在白俄罗斯提出了遗产继承诉讼，根据《白俄罗斯共和国民事诉讼法》，白俄罗斯的民事法院有管辖权，因此小孟应积极应诉，通过法律程序保障自身权益。在谢里夫可继承财产中，涉及在中国的房产一处，根据中国的民事诉讼法，应由不动产所在地专属管辖，如小孟和谢里夫父母就该房产的继承产生纠纷，小孟可向中国法院提起诉讼。

---

① 白俄罗斯法律官网：《白俄罗斯民法典》，https://etalonline.by/document/? regnum = HK9900278 ГРАЖДАНСКИЙ КОДЕКС РЕСПУБЛИКИ БЕЛАРУСЬ，访问时间：2021 年 6 月 25 日。

其二，与原告沟通，友好协商解决纠纷。遗产继承案件涉及的当事人一般都具有亲属关系，特别是涉外继承案件具有法律上的复杂性，诉讼成本较高，因此，小孟可优先考虑与谢里夫父母调解结案。小孟和谢里夫父母有共同的情感纽带即小孟腹中的孩子，友好协商调解，考虑多方权益，解决遗产继承纠纷，既维护了亲属之间的情感，又可降低诉讼成本、提高诉讼效率，更好地维护当事人权益。而且根据白俄罗斯的家事法诉讼程序，可以在诉讼中进行调解，调解书具有与判决书同等效力。我国与白俄罗斯之间有民事司法协助协定，互相承认对方国家的民事判决。

其三，确定财产，固定证据。小孟在积极应诉、做好调解准备的同时，也需要进一步厘清可继承财产，小孟应清理和谢里夫婚后财产，如各项收入、投资、股票债券、债权等，明确婚后财产界限，固定证据，如不动产权登记权证日期是否齐全，需登记的财产登记日期是否为婚后等。

（二）应对实体权益保障的对策建议

通过以上合法程序运用是保障小孟权益的前提，可从以下几个方面为小孟给出实体权益保护建议。

其一，小孟对夫妻共同财产享有权益。通过前面的法理分析可知，小孟和谢里夫之间存在合法有效的婚姻关系，因此二人之间有夫妻共同财产，在谢里夫去世后，需要先对夫妻共同财产进行分割。依据法律规定，小孟和谢里夫没有婚姻财产协议，因此依《白俄罗斯共和国婚姻家庭法》，两人婚后财产属于夫妻共同财产，享有同等权利。小孟首先需要认定哪些财产属于夫妻共同财产，然后将夫妻共同财产进行平等分配，如果是非金钱利益，不宜进行分配的可以进行折价。白俄罗斯的不动产和中国的不动产都属于二人婚后所购，因此都属于夫妻共同财产，小孟对两处房产也享有所有权。在谢里夫去世后，谢里夫对房屋所有权所拥有的份额作为遗产可以由其继承人继承。

其二，小孟享有遗产继承权。小孟作为合法妻子，对谢里夫的遗产享有继承权，而谢里夫突然去世未立有遗嘱，谢里夫的遗产按法定继承处理。根据前面的法理分析可知，位于白俄罗斯的房产和其他非需登记的财产继承依白俄罗斯继承法处置。白俄罗斯的民法典继承法篇中规定被继承人的子女、配偶、父母享有第一顺序的继承权，因此小孟享有继承权。而位于中国的房产，则依据中国的继承法规定处理，小孟同样享有继承权。

其三，小孟腹中胎儿享有的权益。小孟腹中的胎儿享有谢里夫遗产权益。根据《白俄罗斯共和国民法典》继承法 1037 条对被继承人子女的认定,除了是已出生的子女之外,孕育中的胎儿也作为子女看待,享有继承权。因此小孟腹中的胎儿和小孟以及谢里夫的父母享有对谢里夫在白俄罗斯的财产同等份额继承权。处理位于中国的不动产应适用中国法律,根据 2021 年 1 月 1 日实施的《中华人民共和国民法典》第 16 条规定:"涉及遗产继承、接受赠与等胎儿利益保护的,胎儿视为具有民事权利能力。"第 1155 条规定:"遗产分割时,应保留胎儿的继承份额。胎儿娩出是死体的,保留的份额按照法定继承办理。"由此可见,我国法律对胎儿权益保护从原来的个别保护主义转为总括保护主义,胎儿视为具有民事权利能力,因此小孟腹中的胎儿享有与其他继承人同等份额的继承权。

第三节 事后处理

我国公民前往白俄罗斯投资、旅游、经商、留学、务工的人数越来越多,中国公民在白俄罗斯也出现了权益被侵犯的事件。在海外的中国公民遇到侵害权益案件应该如何处理?本书特选择中国山东姑娘小吕在白俄罗斯的翻译费用纠纷案进行深入分析,探析最佳的事后处理方案,合理合法维护正当权益。

一、翻译劳务费用落空案件

中国山东姑娘小吕在一所中部师范大学就读,所学专业为俄语,毕业后打算考研继续深造。大四时一个偶然机会,小吕得知国家汉办对外汉语志愿者项目。国家汉办也是孔子学院总部,是教育部所属的一个事业单位,主要作用就是传播中国文化,推广汉语走向全世界。其中有一类汉语志愿者就是从全国各高校应届本科毕业生以及研究生中选拔。本科毕业生和在读研究生符合条件都可以个人的名义向学校报名,学校推荐给所属教育厅,教育厅推荐给国家汉办,如果汉办审核通过的话,就可以参加汉办在各地举办的选拔考试。小吕抱着试试看的想法报名,通过了审核,并且顺利通过了国家汉办的考试,成为一名对外汉语推广的志愿者。经过一段时间的培训和准备,小吕被派往白俄罗斯的一所大学担任普通志愿者,担任这所大学汉语兴趣班的教学工作。

随着"一带一路"倡议的推广,中白工业园在白俄罗斯影响力逐渐加大,越来越多的白俄罗斯人想学习汉语，以期望得到更多的工作机会。小吕的学生除了这所大学在读的大学生外还有老师和行政管理工作人员，甚至还有校外的汉语爱好者。小吕很珍惜这个难得的对外交流推广汉语的机会，小吕总是开动脑筋让自己的课堂丰富多彩，小吕的教学得到大家的一致好评，附近的一些公司企业也知道了有一位俄语非常好的中国姑娘。时光飞逝，一年的汉语志愿者任期很快就结束了。在这一年时间里，小吕也更加了解白俄罗斯，白俄罗斯和中国互相承认学历，而且白俄罗斯的高等教育质量水平较高，特别是白俄罗斯国立大学在全球大学排名中位于前列，小吕决定志愿者工作结束后申请俄罗斯国立大学教育学硕士，在白俄罗斯读研。

因为小吕的经历，很顺利地进入白俄罗斯国立大学就读，而在担任汉语志愿者期间认识的朋友也有一直保持联系。其中一个朋友马克西姆在明斯克经营一家劳务公司，随着中白工业园的迅速发展，大量的中国企业需要劳动力，马克西姆的公司与中白工业园的企业有很多业务往来，因为有较多的资料需要中俄文互译。马克西姆上过小吕的课，知道小吕翻译能力强，因此请小吕课余时间帮助进行资料翻译。刚开始，两人约定每翻译一份就结算一次工资，后来因为翻译量大就每月结算一次，因为是朋友，两人之间对翻译的费用也一直是口头约定，而且支付时间也未进行明确约定。2019 年 12 月底，小吕清理了下，发现马克西姆已经三个月未支付翻译费用了，而这三个月小吕共翻译了 18 份文件，当小吕找到马克西姆公司时，才发现，马克西姆的劳务中介公司因为违反了白俄罗斯的政策和法律规定被停业整改。马克西姆对小吕表示，现在公司一直未营业，因此无法支付翻译费用，同时暗示小吕的翻译行为属于外国人非法务工，是不合法的，甚至还要举报小吕。小吕傻眼了，没想到朋友会如此做，又气又恨，情急之下小吕与马克西姆发生争执，马克西姆将小吕推出办公室，并扬言，小吕再来找他，他就以非法务工报警。小吕欲哭无泪，不仅要不回自己的劳务费用，还可能承担法律责任。小吕应该如何维护自身权益？

二、法理分析

（一）本案法律关系梳理

本案中有三个核心问题，需要从法律层面进行分析和解答，以便为当事人合理合法维护权益奠定基础：一是小吕为马克西姆翻译文件属于何种性质的法律关系，二是小吕是否构成非法务工，三是马克西姆推小吕的行为是否构成侵权。

第一，需要分析法律关系中的主体及其法律地位。在本案中，法律关系主体的一方是小吕，而另一方需要确认是马克西姆还是马克西姆所在的劳务公司。小吕作为中国公民，在白俄罗斯享有民事权利和义务，可以作为民事关系主体地位。而马克西姆和劳务公司也具备民事主体资格，我们需要厘清马克西姆请小吕进行资料翻译的行为是公司行为还是个人行为，进而确定民事关系的相对人。从法理角度可以从以下几个方面判断：一是请小吕翻译时，马克西姆是否明确告知是公司还是他个人请小吕翻译资料；二是小吕已获得的报酬的支付是公司支付还是马克西姆个人支付；三是马克西姆请小吕进行翻译的行为，劳务公司是否知情或者请他人进行资料翻译是否在马克西姆的工作职责范围内。

第二，需要分析小吕和马克西姆或者是劳务公司之间的法律关系的性质。小吕和马克西姆之间没有书面合同，但是存在事实的民事关系，小吕进行了资料翻译工作，并获得报酬，但是又未与劳务公司之间签订任何劳动合同，因此小吕和马克西姆或者劳务公司之间的法律关系应该是服务关系而不是雇佣关系。服务合同为一方提供智力、劳动或者咨询服务，而另一方支付费用。但是小吕和马克西姆之间并未就服务合同有书面约定，只能依据两人之间的交易习惯确定费用和费用支付时间。

外国人在白俄罗斯工作需要获得工作许可，而在白俄罗斯的中国留学生持有的是留学签证，是不能进行工作的。最近几年，随着中白工业园的持续招商，越来越多的中国企业进驻中白工业园，学生的兼职工作机会也在逐渐变多。这就需要当地中国企业给学生办理工作许可，拿到工作许可后才可以合法工作。而小吕为马克西姆提供翻译服务的行为属于服务行为，因此不属于非法务工，而马克西姆拖欠翻译费用的行为属于合同违约纠纷。

三、对策建议

中国公民在白俄罗斯权益受到损害，事后权益救济的途径方式有多种，首先应采用当地救济，再考虑国籍国救济或者其他救济方式。

（一）当地救济

根据法理分析可知，小吕和马克西姆之间或者是劳务公司之间存在服务关系。而马克西姆未向小吕支付翻译的费用构成了违约行为。当地救济指的是小吕作为中国公民在白俄罗斯提起诉讼，通过白俄罗斯的法律途径来维护自身权益。建议小吕首先了解白俄罗斯的法律制度和诉讼制度，可以咨询法律专业人士，聘请律师作为诉讼代理人。小吕可以向明斯克市区普通法院提起诉讼。小吕自认为了解白俄罗斯，因此与白俄罗斯朋友之间一直未有书面合同，这是其权利受损的一个重要原因。在本案中，因为小吕和马克西姆之间没有签订合同，也没有约定翻译的数量、费用、费用支付时间等，因此，小吕需要搜集固定这方面的证据，表明她与马克西姆或者劳务公司之间存在事实上的劳务关系，在诉讼中主张自身权益。如果证据表明，马克西姆是个人与小吕之间成立翻译服务关系，则由马克西姆向小吕支付翻译费用；如果马克西姆的行为构成职务代理，即代表公司与小吕之间构成翻译服务关系，则由劳务公司支付翻译费用。小吕可以通过此种方式获得权益救济。小吕的遭遇也提醒我们，白俄罗斯民商事法律制度较为健全，因此，在中国公民在当地的民事行为，需要签订民事合同来保障自身权益不受侵害，如果发生违约行为，则可以依据合同获得救济，于法有据。

（二）国籍国救济

国籍国救济是指小吕通过当地救济无法维护自己的权益，如白俄罗斯当地法院不受理该案，或者在法院审理过程中存在程序和实体法律问题，无法保障小吕在白俄罗斯的权益，小吕可以借助国籍国保护来维权，即采用领事保护和外交保护等方式。

中国驻白俄罗斯的外交官员，根据国家利益和对外政策，于国际法许可的限度内，在白俄罗斯保护本国及本国国民的权利和利益。小吕在权益遭受侵害时，可以通过领事保护来维权，即向中国驻白俄罗斯的使领馆请求提供当地法律服务人员联系方式，若当地法院无正当理由不受理该案，中国驻白俄罗斯的使领馆可以督促白俄罗斯行政、司法部门履职，如在审理该案时出现了明显有违公平正义、徇私枉法的行为，可以提出抗议。但是使领馆不得干涉白俄罗斯政府的内政和司法独立审判。

而外交保护是指一国针对其国民因另一国的不法行为而受到损害，以国家名义为该国民采取的外交行动或其他和平解决手段。在本案中，小吕本应该通过白俄罗斯的诉讼途径获得权益保护，但是如果白俄罗斯法院不受理，或者白俄罗斯行政部门违法认定小吕构成非法务工，由于白俄罗斯行政、司法机关的非法行为或者是不作为行为严重损害小吕的权益，而小吕又无法通过白俄罗斯的法律途径来维护自身利益的情况下，可以启动外交保护。目前为止，我国的外交保护措施实施得较为谨慎。

国籍国诉讼是指小吕可以在中国提起违约诉讼。本案如果白俄罗斯不受理，小吕也可以考虑在我国法院提出诉讼。本案合同签订地和履行地在白俄罗斯，但是合同一方当事人在国内，根据我国民事诉讼法涉外诉讼有利于当事人的原则，可以由我国法院进行管辖。我国法律受理该案后，应依我国《涉外民事关系法律适用法》中有关涉外合同的法律适用确定准据法，解决纠纷。考虑到被告是白俄罗斯国籍，很有可能不会应诉，法院可以做出缺席判决。因我国与白俄罗斯之间有民事司法协助条约，我国法院的民事判决可以在白俄罗斯法院申请执行。

（三）其他方式

"一带一路"倡议下，中国公民前往白俄罗斯投资、务工、留学的人数不断增多，当地华人华侨协会、中国留学生会作为民间社团组织，对中国公民权益保护起到了有益的补充。小吕在白俄罗斯权益受到损害，可以通过华人华侨协会、中国留学生团体发布求助信息，获得法律咨询，也可以通过当地华侨协会与马克西姆或其劳务公司进行沟通，采取调解的方式化解纠纷，节约诉讼成本。

本章小结

白俄罗斯位于东欧腹地，原属于苏联加盟共和国之一。它背靠独联体国家的广大市场，享有亚欧经济联盟的关税优惠，而且是丝绸之路经济带从中亚通向欧洲的必经之路。随着中白工业园建设的成功推进，中白围绕"丝绸之路经济带"建设的合作已取得初步成果。中白双方在政治经济科技文化教育各领域有着广泛而深入的交流，中国公民前往白俄罗斯的人数正不断增长。但是因为中白两国风土人情、历史文化情况迥异，因此，中国公民在白俄罗斯解决好保障自身权益这一问题已刻不容缓。

一、中国公民在白俄罗斯权益保护的潜在风险

尽管目前中国公民在白俄罗斯留学、旅游、经商、投资权益保护总体上良好，但也存在一些问题和障碍需要予以关注和克服。如当地政府部门工作效率不高，中国公民在白俄罗斯权益受损寻求当地救济可能不及时；白俄罗斯计划主导型经济和政府管理体制对中国投资者权益影响较大；受俄罗斯经济下滑的影响，白俄罗斯经济形势和金融环境也不容乐观，面临潜在的政治风险和社会风险；等等。这就需要在白俄罗斯的中国公民做好预案，采取行之有效的方式方法维护中国公民在白俄罗斯的权益。

（一）人身财产潜在风险

中国公民在白俄罗斯要注意保护自身的人身财产安全，虽然白俄罗斯目前治

安状况较好，但是因为白俄罗斯正处于社会转型期，白俄罗斯"强总统、弱政府、小议会、微反对派"的局面使得社会矛盾存积已久。而白俄罗斯地缘位置非常特殊，美国一直试图干涉现有政权。因此中国公民前往白俄罗斯，除传统的人身财产安全隐患外，政局潜在的动荡性也影响到中国公民在白俄罗斯权益的保护。

（二）投资潜在风险

白俄罗斯是一个新兴的投资市场，在经济运作中计划经济占有较大比例，企业、政府办事效率不高，投资也存在风险。在白俄罗斯投资领域有较多的审批环节，因此投资项目可能会因为政府的行政效率搁浅；而且白俄罗斯是一个计划经济转型国家，除了法律法规之外，在投资领域还有较多的政策规定，束缚了中国投资者进一步扩大投资；白俄罗斯卢布因与俄罗斯卢布挂钩，而卢布也是汇率波动剧烈的货币之一，因此在白俄罗斯投资也面临巨大的汇率风险。

（三）交易潜在风险

中国与白俄罗斯虽是全面共赢的合作伙伴关系，但是因为两国社会制度、经济文化、法律法规、宗教信仰、风土人情、交易习惯存在较大差异，中国公民在白俄罗斯进行商事交易时存在一定的交易风险，如白俄罗斯的交易相对人多为白俄罗斯国有企业，其履约效率和能力有待提高；国际市场价格波动带来风险；货物运输过程也存在不确定性；中国公民与白俄罗斯自然人、法人之间的民商事纠纷具有涉外性、复杂性、多样性，除了合同纠纷，还存在跨国运输纠纷、货物运输保险纠纷、支付纠纷等。

二、中国公民在白俄罗斯权益保护风险防范

白俄罗斯治安状况较好，中白两国是相互信任、合作共赢的全面战略伙伴关系，白俄罗斯人民普遍对中国公民友好，而且赴白俄罗斯的中国公民大多是随中国企业团队前往，因此在白俄罗斯的中国公民往往忽视了风险预防。小吕熟悉当地语言且早就在白俄罗斯孔子学院当过志愿者，本可以更全面、更深入地了解白俄罗斯情况，避免上当受骗，但是因为缺少对在国外工作生活可能出现的潜在风险的充分认识，缺乏有效防范措施，最终权益受损。

（一）树立防患意识，加强自身权益保护

中国公民在白俄罗斯可能出现的风险也是多样的，需要树立防范意识。白俄罗斯对持有因私护照的中国公民已免签证，因此前往白俄罗斯旅游较为方便，但是在旅游过程中仍存在许多潜在问题，如外币的持有过量，未经登记而在出入境时遭受处罚等。白俄罗斯留学费用较低且与中国互认学历，需要警惕留学欺诈等。投资

者在外贸投资领域也需警惕白俄罗斯潜在的风险，目前白俄罗斯对中国企业在白投资有大量的优惠政策，需要确保这些政策的连续性和透明性，而且与中国企业合作的大多是白俄罗斯的国有企业，白俄罗斯国有企业管理效率亟待提高，合同违约风险真实存在。所有这些情况均需要中国公民做好事先预防，维护其权益不受侵害。

（二）熟悉白俄罗斯法律法规，采用合理合法手段维护自身权益

赴白俄罗斯投资旅游的中国公民，一是需要全面熟悉白俄罗斯的相关法律法规，二是需要遵守白俄罗斯的法律法规，如中国留学生在学习之余进行工作，或者是毕业后有在白俄罗斯就业计划，应了解该国对外国人颁发劳务许可的条件和所需资料，避免非法务工的事情发生，既有利于遵守当地的法律法规，又可有效维护自身权益。另外，还应对白俄罗斯的法律法规以及维权方式有所了解，如白俄罗斯民事争议的解决可以通过诉讼和仲裁等途径解决，诉讼又可分为经济诉讼和民事诉讼，诉讼程序与我国类似，亦是二审终审。不仅如此，白俄罗斯也允许采用 ADR（Alternative Dispute Resolution 替代性纠纷解决机制）等方式解决争议，也可通过调解结案。一旦遭遇侵犯人身财产的刑事案件应及时拨打报警电话"102"或通过其他方式求助当地警方等。所有这些法律救济途径和手段应事先全面熟悉，而不宜在侵权事件发生后才去了解，不仅难以防患于未然，而且止损或减损难度有可能增加。

（三）充分利用使领馆信息，多方面做好自身防护

中国公民确定前往白俄罗斯后，应在中华人民共和国外交部领事司的网站上进行登记（目前登记为自愿，但有利于海外中国公民权益保护，建议进行登记），以便出现紧急情况时，我国使领馆能了解情况进行救助。同时还应了解中国驻白俄罗斯大使馆的基本情况，查看使领馆发布的安全警示，根据警示调整行程，防止发生危险时不知如何联系大使馆。目前我国驻白俄罗斯的大使馆的地址位于明斯克市别列斯季亚街 22 号，中国驻白俄罗斯大使馆网站为 by. chineseembassy. org，提前做好这一查询工作，可以更好地做好预防工作，在风险发生时及时求助。

中国公民前往白俄罗斯，也要做好自身风险防患，例如出境旅游之前，可以购买商业保险，防患于未然；树立自我保护意识，如白俄罗斯将 1986 年的切尔诺贝利核泄漏事件造成的污染地区列为禁区，白俄罗斯大使馆也发布了对中国公民的安全警示，中国公民切莫执意前往该地进行探险活动，如造成人身损害后再要求大使馆进行救助，其所有费用自行承担而且还可能负法律责任。另外，在白俄罗斯的中国公民要保持联系方式的顺畅，养成接收、查看警示信息的习惯，密切与使领馆、亲朋好友保持联系。

中国公民在白俄罗斯实用信息

单位名称或事项	地址	电话	备注
外交部全球领事保护与服务应急热线	—	+86 – 10 – 12308 +86 – 10 – 65612308	
中国驻白俄罗斯大使馆	白俄罗斯共和国明斯克胜利者大道67A号	+375 – 17 – 3774905 领事保护协助：+375 – 29 – 6286868 证件业务：+375 – 17 – 3117555 （中文服务） +375 – 17 – 3117547 （俄文服务） 科教文处（教育）：+375 – 17 – 3117522 科教文处（科技）：+375 – 17 – 3117521 科教文处（文化）：+375 – 17 – 3117520 值班电话：+375 – 17 – 3117544 经商处：+375 – 17 – 3117517 办公室：+375 – 17 – 3117531	**证件业务** **中文服务接听时间：** 每周一、三、五 14：30—18：00 （法定节假日除外） **俄文服务接听时间：** 工作日 14：00—17：30 （法定节假日除外） **现场问询：** 周一、三、五 9：00—11：30 （法定节假日除外） **科教文处（教育）** **接听时间：** 周一、三、五 15：00—18：00 （节假日除外）
中白工业园区开发公司	—	+375 – 29 – 3662601	
匪警	—	102	
火警	—	101	
急救	—	103	

第四章
在沙特阿拉伯的中国公民权益保护

沙特阿拉伯王国（Kingdom of Saudi Arabia）简称沙特，位于阿拉伯半岛，与约旦、阿曼、也门等国接壤，海岸线长 2448 公里，领土面积位居世界第十四位。沙特石油总量和储量位居全球第一，因此也被誉为石油大国，经济水平更是遥遥领先于普通发展中国家。沙特在政治体制上属君主制，并且也无所谓的政党之分。国家的行政执法的依据以伊斯兰教义为主。麦加是伊斯兰教徒的朝觐圣地。沙特国土面积 225 万平方公里，人口约 3218 万（截至 2024 年 6 月），首都为利雅得，官方语言是阿拉伯语，官方货币是沙特里亚尔。

沙特作为"一带一路"共建国，是二十国集团中唯一的阿拉伯成员，在亚洲地区有着十分重要的区域影响。2017 年中沙签订了《中华人民共和国和沙特阿拉伯王国关于建立全面战略伙伴关系的联合声明》。2019 年，沙特正式对 49 个国家开放旅行签证，其中就包含中国，中国公民赴沙人数迅速增长。除了旅游，我国的企业进驻沙特大多针对诸如工程建筑、海外投资、通信、医疗卫生等行业。而中国公民前往沙特的方式多体现为劳务派遣，此外也有不少国人通过其他途径抵达沙特从事简单的服务业工作。

沙特关于外国人权益保护的法律制度对在沙特的中国公民权益极为重要。沙特有关外国人权益保护的法律机制可作如下分类：

一、外国人法律地位规定

沙特虽然不受《公民权利和政治权利公约》《经济、社会和文化权利公约》等公约的约束，但沙特是 WTO 的成员国，根据 WTO 的规定，外国人在经济文化民事权利方面享有国民待遇，与沙特公民的各项权利基本一致。在投资领域，沙特进口关税较低，平均关税为 5%，对外资的吸引力较大，沙特政府所采取的一系列针对外商直接投资的优惠政策，进一步刺激了大量外国企业进驻沙特从事相关的直接投资活动。目前大量的外商投资者都在沙特政府所设立的 6 个经济城，诸如麦地那经济城、阿赫萨经济城，全国三十多座已建或在建中的工业城市以及朱拜勒、延布两个特设工业区内从事投资，充分享受到基于政府政策所带来的特殊地区性投资优惠待遇，特别是可以获得诸如廉价能源供应、廉价项目用地、优惠劳工措施、减免企业所得税等一系列优惠措施，原材料、设备等甚至可以直接免除进口关税的征收。其涉及的外资法律也较为完善，如《外国投资法》《沙特投资总署法令》等。沙特阿拉伯《劳动法》规定外籍劳工在沙特和本地劳工一样受劳工法保护。

二、外国人权益保护的实体法规定

沙特阿拉伯目前未有专门的《外国人权益保护法》，对外国人保护体现在由政府特别是国王颁布的尼萨（"法律法规"）中，外国人享有与沙特公民相同的民事等部分权利；沙特的刑事法律对刑事案件中外籍受害人和本国受害人未有区别对待，统一进行保护。

三、外国权益保护的程序法规定

沙特阿拉伯《民事诉讼法》和《刑事诉讼法》之中，外籍人享有与本国人同样的诉讼权利。

第一节　事先预防

事先预防能够降低中国公民在沙特阿拉伯受侵犯事件的发生率，保护我国在沙特公民的权益。对于即将奔赴或者已在沙特阿拉伯的中国公民来说，做好事先预防能够在很大程度上帮助其通过自我管理避免权益被侵犯。因此，选择"刘某携带两架无人机过境遭处罚案"作为典型范例进行深入分析，全面梳理中国公民入境沙特被处罚事件的来龙去脉，对案件进行法理透析，探寻原因，提供对策建议。

一、携带违禁品遭处罚案

2018 年在北京工作的刘某应朋友赵某邀请前往沙特首都利雅得旅游。在进行相关准备后，刘某于 2018 年 11 月 10 日抵达沙特，然而在通过海关检查时，却被告知需要去检查室等待，随后其背包也被海关人员带去隔壁房间。在经历了一段时间的等待后，刘某被告知海关在背包中发现违禁品，但却未告知具体内容。3 小时后，海关人员明确通知刘某经过确认其携带的两架遥控玩具飞机，属于禁止入境的物品，按照法律规定，将对其进行没收并做出 2000 里亚尔的处罚。此事不但对刘某的沙特之行造成了一定的困扰，更多的是经济上的损失，本想利用无人机记录沙特美景的愿望也破灭。事件发生后，我国驻沙特大使馆及时与所在地海关进行沟通，随后沙特海关回复其所实施的执法行为针对的是一切禁止携带入境物品的当事人，没收行为于法有据。根据沙特海关所明确禁止入境的负面清单，无人机包括其零部件均属清单范围，并且有关沙特内政部发言人也曾明确指出，外国公民在其境内使用无人机应当经过执法人员的许可。出国旅行本是我国公民放松和了解外国风土人情的最好方式，不承想却在入境时就遭到处罚。实际上，近些年，随着沙特对 40 多个国家开放旅游，大量外国公民开始热衷于前往这个神秘且富裕的国度，在入境的第一步就受到处罚的案例并非少数。除了对相关法律的不熟悉，更多的则是自以为所带物品不属于违禁品。

二、法理分析

前往沙特旅游的中国公民因为携带所谓的违禁品而受到处罚的事件令人惋惜，如果事先预防到位是可以避免的。事先预防既体现在所在国对外国公民的相关法律规定，又体现在国籍国对海外公民的保护。

（一）沙特对外国人管理有关情况

为管理好数量庞大的外国人，沙特建立了较为完善的外国人管理体制。

签证签发管理：入境签证由外交部和驻外使、领馆主管，实行"返签"制度。驻外使、领馆将签证申请人的信息通过沙特全球签证系统报送至外交部，外交部审批后向申请人签发返签批文，驻外使馆接收到"返签号"后，才可颁发签证。

境内签证延期、出境和再入境签证、离境签证和外国人居住证由内政部护照总局主管。在沙特外国人可直接前往护照总局设于各省市的护照办公室办理或网上申请办理。

外国人管理：沙特外国人管理领导部门是内政部外国人事务总局。其主要职责分为四个方面：其一，对外国人管理有关部门进行监督、指导、协调，提出建议，提高效率；其二，主动参与相关外国人管理的政策和规定的制定、修订；其三，针对境内外国人人数、身份等进行核实，并在此基础上分析统计结果，提出工作建议；其四，主动加入涉及"沙特化"（以本国公民代替外国劳工）的研究和政策措施。沙特护照管理部门除向本国公民发放护照外，同时还有权进行出入境管理，依法处理违法居留者，并有权依据相关法规调查、批捕、遣返外籍人士。沙特对外国人实行"属地管理"，外国人违法犯罪由案发地警察局负责。

重视现代技术在外国人管理中的应用：早在 2010 年，沙特就开始在外籍人管理系统中加入生物识别技术，外国公民出入境则需要实时拍照并按指纹，这些身份信息通常存于国家信息中心。沙特规划建成全球顶尖的大型生物信息数据中心，最大存储 3000 多万人的虹膜、脸部和指纹等信息。对于外国人签证的签发，有关部门会通过此中心进行生物信息对比，从而阻止相关不法分子获得签证进入沙特境内。

（二）本案中的法律问题

在本案中，受到处罚的刘某违反了一国关于入境管理的法律规定。作为入境的外国人首先应该做到的就是遵守他国法律规定，尤其是熟知入境的禁止性规定且严格遵守。

刘某和海关人员的法律关系，属于类似行政和刑事处罚的混合型关系。在违反相关规定后，海关人员作为执法主体有权对违反规定的人员作出处罚决定，这一决定包括没收违禁物品，按照海关法进行一定金额的处罚，情节严重的诸如发现含酒精饮品或猪肉等入境，一旦发现便即采取没收和销毁的措施，违反者同时将面临拘留、高额罚款、鞭刑等处罚。

面对此类情况，国籍国对在外国的本国公民的保护应及时跟进。在该案件发生后，我国通过使领馆及时了解情况，督促沙特海关给予合理解释，沙特海关也在第一时间告知我方，其处罚所依据的法律以及违禁品属实的证据。中国驻沙特大使馆对此也表示理解，但也在最大限度上向沙特海关争取对刘某作出较小的处罚。

三、对策建议

2019 年 9 月 27 日，沙特开始向部分国家签发旅游类签证，我国即在所列国家名单之中。入境沙特的中国公民人数开始增加，在沙特的安全问题将作为一个不可逃避且长期陪伴的问题跟随着中国公民。然而，万事开头难，入境的顺利与否往往在很大程度上影响着游客的整个旅程。对此，中国驻沙特大使馆应及时向我国公民提供赴沙特必须了解和遵守的事项，同时作为游客也要多做功课，深入了解大使馆未提及的细节之处。就本案而言,无人机被列为违禁品,受处罚者却丝毫不知情。

(一) 了解并遵守沙特法律

其一,沙特对于毒品持零容忍态度,并且一旦走私毒品被定罪通常会被处以死刑。因此确因需要带入中成药或其他镇静剂型药物,最好能够获得医生处方。其二,禁止携带含色情、淫秽内容的录音录像制品(如 CD、U 盘等)及复制品进入,一经发现将依法给予严惩。根据沙特海关公布的不准入境物品清单,无人机及相关零件、电子烟产品(包括零件和配件)为禁止入境物品,个人携带香烟不超过 200 支或 500 克。其三,持有以色列签证的人员需要更换护照,违反者将被禁止入境。其四,根据其宗教习惯,不得在敏感场所拍照。在当地人未许可的情况下,不能对人拍照,尤其是沙特的女子。其五,2018 年 6 月 24 日起,女性可以驾驶汽车;出现须由父亲、丈夫或兄弟陪同;出行时须穿黑袍,但可以不戴头巾;不得与非婚姻或血亲关系的成年异性(包括恋人)接触,否则将受到拘禁和鞭打。男士不得裸露上身或穿着不过膝短裤进出公共领域。同性恋以及通奸行为将会被处以死刑。其六,制造假币,伪造政府或银行的印章、官员签字、法院或公证处的法律文件,以及涂改、冒用他人证件等行为,在沙特均是严重犯罪,一经发现将处以监禁、鞭刑等重罚,且不得大赦。其七,封斋期间,除特定人员如病人、孕妇和哺乳期妇女外,所有人于公共场所在日出到日落期间不得进食、饮水及吸烟。其八,沙特安全形势总体稳定,但面临恐怖主义威胁隐患,需特别注意。其九,外国妇女劳动人员在沙特入境与工作会受到严格限制。除通过合法的正规劳务公司派遣赴沙工作的医生、护士之外,不建议妇女前往该地,同时不要轻易接受来路不明的工作邀请,尤其要警惕那些来自非正规劳务公司和所谓熟人的邀请。

(二) 其他规定

针对刘某携带违禁品案,除上述提及必须遵守的法律规定,还不可忽视其他有关规定,主要内容也可以从我国驻沙特使馆及领馆的公告和提醒中获知。2018年 11 月 10 日的刘某携带无人机入境事件发生后,无人机属于违禁品即为赴沙特国人所熟悉,大使馆也在第一时间提醒公民注意类似案件,凡被认定为违禁物品的切勿带入沙特。另外,为保证更好地避免此类事件的发生,我国赴沙特人员应该了解沙特有关入境物品管制的法律法规,如《统一海关法律制度》和《临时入境协定》等具体规定。

第二节　事件应对

一、中国公民在沙特务工权益保护案

小李是一名家住新疆的汉族小伙，结识了一些信仰伊斯兰教的穆斯林朋友。听闻在每个伊斯兰教历的 12 月，数以百万计的穆斯林都会聚集在沙特的麦加，参加一年一度的朝觐。朝圣期间，他们聚集在麦加周围，一起祈祷、吃饭、学习。麦加位于沙特西部赛拉特山的一个狭窄山谷中，面积 26 平方公里，人口 30 多万。它四周群山环抱，山峦起伏，景色壮丽。小李也对沙特这个国家感到好奇。碰巧，小李儿时的一个同学小张就在沙特一家食品店工作，店子不大但也有十几名员工，小张热情地邀请小李到沙特一起做事，并说已与食品店老板讲好由小李负责物品管理和批发的工作，并表示在沙特工作待遇好，而且沙特政府对外籍雇员还会有补贴。听了小张的介绍后，小李对前往沙特的兴趣越来越浓厚、期待越来越高。但是，从未出过国的小李对陌生的沙特好奇与担忧并存。如何保证既能赚钱又不被骗，成为小李心中最大的焦虑。小李身边的另一个朋友就因为在沙特做事而被骗取工资最后忍气吞声回国。想到这些，小李似乎又不时陷入迷茫之中。事实上，在面对欺骗时如何拿起法律的武器进行反抗，也是众多在外国务工的中国公民一直以来关心的重点。

二、法理分析

沙特阿拉伯是海湾地区最大的劳动力市场。近年来，由于沙特经济的快速增长，劳动力市场不断扩大。据相关部门统计，2017 年沙特对外劳务汇款达到 1416 亿里亚尔（折合 378 亿美元），沙特的劳动力市场蕴藏着巨大的商机。随着中沙工程合作的推动，双方劳务合作速度加快，大量的劳务人员开始涌入沙特市场。沙特"2030 愿景"和中国"一带一路"建设的对接更是进一步扩大了我国公民前往沙特务工的人数及规模。海外务工人员通常处于弱势地位，其权益更容易受到侵害，更需要从国际法与国内法层面探寻维权策略。

（一）国际法依据

《国际劳工公约》是由国际劳工组织制定的公约，对缔约的成员国具有法律约束力。可以从八个方面阐述该公约：基本权利方面，包括结社自由、废除强迫劳动、就业机会均等与待遇平等等自由公约和建议书反复强调的权利。就业和人力资源开发方面，包括就业服务、职业培训、就业保障、残疾人就业等方面的权利。工资制度方面，包括最低工资保障、工资支付保障等方面的权利。工作条件方面，包括工时、休息、安全、防护、卫生、福利等方面的权利。社会保障方面，包括事故赔偿、各种保险、综合性社会保障等方面的权利。特殊保护方面，包括女工、童工、未成年工、老年工人以及特殊工人的劳动保护等方面的权利。劳动关系方面，包括各种有关劳动关系、集体谈判、集体合同、调解、仲裁等方面的权利。劳动监督管理方面，包括劳动管理、劳动监察、劳动统计等方面的权利。

《国际劳工公约》的作用主要体现在四个方面：一是促进社会公正与维护世界和平；二是对缔约国有关劳动立法提供协调、规范和指示的作用；三是促使缔约国遵循或适用《国际劳工公约》；四是缔约国通过对《国际劳工公约》的批准和适用，为其在国际劳工组织进行活动、开展国际交流与合作和参与国际竞争提供机遇。沙特是《国际劳工公约》的缔约国，因此，在沙特务工的中国公民在因劳动待遇及其他权益受到侵害时，可援用《国际劳工公约》这一武器进行维权。

（二）沙特国内法依据

沙特劳动者权益保障大多适用的是 2005 年实施的《劳动法》和劳工部作出的相关规定。其主要内容包括雇主必须与雇员签订劳动合同；工资必须每月足额汇入雇员特定的工资账户；日工作量应保持在 8 小时以内或每周总计时长不超 48 小时，封斋期间伊斯兰教徒每日劳动时长限制在 6 小时或每周 36 小时以内；雇主须承担外籍雇员的签证更新费用、签证过期罚款、办理往返签证的费用以及离境和入境的机票费用。

（三）法律关系分析

小李一旦应小张之邀并承诺赴沙特的食品店工作，那么小李与食品店老板之间是基于劳务合同而产生的劳务法律关系，根据沙特相关劳动法的规定，雇主对小李所负法律责任较为严格。主要包括：其一，雇用者需在被雇佣人员进入沙特后的 90 天里，为其办理居留和工作许可证。若雇用者超期未能办理上述证件，所产生的罚款需由雇主承担。雇员则可以采取相关措施进行及时救济，如及时通知有关劳工管理部门，从而对其雇佣者采取相应的措施。其二，上述办理的工作许可证有效期为 1~2 年。在双方达成一致后，可对该证件的期限进行更新。许可到期后应立刻予以更新，以免受到处罚。未更新工作许可，最受影响的还是雇员本身。所以，只要两方依旧存在雇佣关系，被雇者就要及时要求雇主为其更新居留与工作许可证。若雇主无故拒绝其请求，雇员应该及时告知相关劳务管理机关，以便对其雇主采取必要措施。其三，雇主承担招工、居留证和工作许可证的更新费用、延迟更新证件的罚款、担保关系更换、职称变更、再入境签证等的费用。其四，工作协议中必须明确注明是否存在试用期，并且对试用期时间进行明确约定。通常情况下，该期间一般不超过 90 日，并且应当排除相关假日及病假。在此期间任何一方都有权解除协议，除非该协议中约定仅由一方享有终止该协议的权利。同一个雇主，禁止与雇员约定多个试用期。除非双方达成合意，雇员将从事其他工作，并同意再进行一次不超过 90 天的试用期。若工作协议在试用期内被终止，双方均无须支付赔偿。同样，雇员也无权索取试用期内的报酬。其五，雇员每日的劳动时间应在 8 小时以内，或者一周总计不超过 48 小时。按照工作性质和特点，根据《劳动法》，并在劳工机构批准的情况下可对工作时间进行调整。封斋期间，伊斯兰教徒的工作时间需减少 2 小时，并且将上班路程所用时间、休息和祈祷时间排除在外。其六，一周的周五全天属于雇员的休息日。若每周工作日不超过 6 天，雇主可在通知劳工部门后，将部分雇员的休息日作出调整。雇主应当许可雇员履行完成其宗教义务。其七，工作达 1 年以上，雇员每年能够享受不少于 20 天的带薪休假；若连续工作时间为 5 年，每年的带薪休假应不少于 30 天。若工作协议或企业内部规章中对此有规定，休假期限不受上述期限限制。雇员开始休假的时间，由雇主根据工作需要来确定。雇员申请一定期限的不带薪休假，须经得雇主的同意。若超期休假 20 天以上，双方的劳动协议将被暂停，经雇主同意除外。

除此之外，雇主还应当是小李在沙特的担保人，其依据同样来源于沙特劳动法，外国劳务人员在沙特和本地劳工同样受该劳动法的规制。根据劳动法的规定，外国人可以受雇于沙特民事领域的任何职位，包括在军事领域公开招募的人员。在沙特工作的外国人必须得到沙特劳工部的批准，并获得沙特劳工部颁发的工作许可证。外籍工人应当与雇主订立书面协议，接受由雇主作为担保人；外籍工人必须持有有效的居住证和工作签证；一名雇员只能受雇于其担保人，不得为他人工作；担保人不得派遣其雇员为第三人从事劳务，不得无视雇员擅自脱离其管理自行从业；从担保人处逃逸的外籍劳工 2 年内禁止被任何单位、个人雇用或收留。由此看来，小李要想在沙特务工，并不是他所谓朋友说的，只要想就能够来，关键在于小张的雇主是否真的愿意与其签订务工合同并且成为其担保人。

三、对策及建议

世界各国对于劳工权益的保护都十分重视，只是保护的形式不尽一致。例如，欧洲部分国家就不存在担保人制度而倾向于财产担保方式。结合上述有关小李拟赴沙特务工案例的法理分析，全面梳理赴沙特务工的注意事项，帮助中国公民前往沙特时合理合法处理各种事务，从而防止或减少劳务纠纷发生，以期达到保护自身合法权益的目的。

（一） 健全我国海外务工人员法律保护制度

我国海外务工人员法律保护所呈现出的价值决定了我国有必要强化海外务工人员法律保护工作。具体而言，我国海外务工人员法律保护的必要性主要体现在以下几个方面：首先，强化海外务工人员法律保护工作，是国际人权保护工作的重要要求；其次，强化海外务工人员法律保护工作，有利于对管辖冲突进行拓展处理；再次，强化海外务工人员法律保护工作，是推动劳动经济发展的重要要求。[1]

（二） 遵守沙特关于外籍劳工管理的法律制度

沙特是中东地区最大的劳力输入国，外籍劳工数量巨大，内政部和劳工部负责对外籍劳工的管理，制度和措施并举，力求合理控制外籍劳工总数。

一是"担保人"制度。根据沙特 2005 年颁布的《劳工法》，外籍人入沙特工作，应当首先经劳工部门批准，同时需获得其发放的工作许可证。外国工人应与雇主签订书面协议，雇主成为其担保人；外籍劳工必须持有有效居住证和工作签证；外籍劳工只能受雇于其担保人，不得为他人工作；等等。

二是沙特化分类制度。为提高本国人就业率，沙特政府于 2011 年 9 月开始实施沙特化分类制度，要求所有在沙特经营的企业根据行业和企业规模雇佣一定比例的本国员工，对于达到标准的企业给予一系列激励政策，未达标者给予一定惩罚，借此限制外籍劳工数量。

三是"沙特政府免除五年内工业部门雇佣外籍劳工的费用"政策。沙特表示，政府将自 2019 年 10 月 1 日起，为持证工业机构负担关于外籍工人的费用，为期 5年。在创造就业机会的驱动下，沙特政府对外籍劳工收取费用，以鼓励当地企业雇用沙特人。企业表示，这些费用大大增加了运营成本。2019 年 2 月，萨勒曼国王批准了一项计划，偿还部分在 2017 年、2018 年艰难支付外籍劳工工作许可证费用的公司，并对一些无力支付的公司免收上涨费用。

（三） 充分利用当地制度保护自身利益

当前，我国大多数企业主要在沙特从事建设工程承包、通信、医疗卫生等行

---

① 杨玉和：《"一带一路"倡议下我国海外务工人员法律保护现状研究》，载《法制与社会》2020 年第 7期。

业。绝大多数在沙特地区工作的中国工人集中在沙中合资企业工作，另外也有部分人是通过个人渠道到沙特做散工。沙特实行担保人制度，如果外国公民想在沙特工作，他们必须得到担保人的担保。担保人必须具备一定的经济实力和商业资质，并符合政府相关资质要求。除了合格的沙特个人和机构外，在沙投资总局注册的外国公司也可以充当担保人。担保人应对其担保的外国人承担更大的责任。未经担保人许可，擅自调换工作、从事非法工作、更换保险公司、擅自出境的，视为违法行为。沙特的劳动力市场竞争激烈，来自西亚北非和东南亚的数百万外国人在这里从事各种工作。由于沙特炎热干燥的气候、艰苦的工作条件、严格的宗教控制以及相对单调的社会和文化生活，若中国公民决定前往沙特务工，不仅需要做好法律文书文件等方面的准备，而且需要做好心理与生理上的充分准备。

第三节　事后处理

一、麦加朝觐者踩踏事件

沙特是一个政教合一的国家，伊斯兰教为国教，逊尼派占 85%，什叶派占 15%。沙特每年有两个主要的宗教节日，即开斋节和宰牲节。开斋节持续 7 天，宰牲节持续两周。伊斯兰教历每年的九月是斋月。在斋月的 30 天内，除患者、孕妇、哺乳期妇女和日出前踏上旅程的人外，从日出到日落，禁止人们饮酒和进食。宰牲节于 12 月 10 日在伊斯兰教历，宰牲节也是朝圣日。12 月 9 日至 12 日，来自世界各地的数百万穆斯林涌向沙特，前往圣城、麦加和麦地那朝圣。沙特人热情真诚，乐于助人，饮食习惯偏向甜食。沙特的女性通常会严格遵守其伊斯兰教义，如不接触陌生男人，外出时穿黑色长袍和面纱等。种种这些都让世界各国对沙特的文化感到好奇。2019 年沙特对外开放旅游签证，由此也吸引了越来越多的人前往。

（一）事件经过

根据阿拉伯电视台 2015 年 9 月 12 日的报告，当天沙特麦加的朝圣者在参加宗教活动时发生了拥挤的踩踏事件。据沙特阿拉伯当局称，踩踏事故发生在"掷石拒魔"的仪式上，但随后仪式发生混乱，引发了此次踩踏事故，有 345 人在当天麦加发生的拥挤踩踏事件中死亡。沙特阿拉伯卫生部门表示，朝觐者在同一时间拥挤在同一地点，最终导致了踩踏事故的发生。

（二）事件原因

其一，人员流动量过大。根据沙特内政部公布的数据，2015 年的朝圣活动吸引了 280 多万来自世界各地的朝圣者来到麦加。抛石驱邪是朝圣的最后一环，也是历次朝圣活动中最危险的时期。现场挤满了人。按照传统，抛石活动必须在中午开始，日落前结束，因此时间尤为紧迫。

其二，谣言引发骚乱。根据路透社报道，2015 年 12 月 12 日，当朝圣者来到麦加圣地朝圣时，突然有人喊道："有石头滚下山！"随即使得人群开始相互煽动和推搡，最终导致踩踏悲剧发生。

其三，活动场地安全程度严重不足。自 2004 年发生踩踏事故以来，沙特政府有意识地改善了米纳广场的硬件设施，如拓宽扔石平台和修建更多坡道。然而，与每年近 250 万朝圣者相比，目前活动空间仍然捉襟见肘。

其四，政府的管理存在严重问题。在有着数百万人流动的超大广场上，管理人员却并没有将人与车分开，而是允许大型运输车辆与行人混合前行。大量销售食品以及纪念品的小贩堵塞了安全通道，同时现场的指示牌太少，导致事件发生时，场面极其混乱。

（三）后续

在 2015 年沙特麦加踩踏事故中，中国驻沙特吉达总领馆 25 日对新华社记者发布消息称，一名中国甘肃籍女性在踩踏事故中遇难。9 月 28 日，中国外交部发言人确认，4 名零散赴麦加朝觐者遇难，而中国朝觐总团的 14500 人没有伤亡。沙特媒体报道，131 名伊朗人、14 名印度人及 4 名土耳其人在事故中遇难，大概 400 名遇难者为其他国籍人。

沙特麦加米纳地区发生朝觐者踩踏事件后，外交部高度重视。中国驻沙特使馆以及其他总领馆采取了一系列的善后措施，截至 2015 年 9 月 28 日 8 时，中国朝觐团 14500 多名朝觐人员均已取得联系，未发现人员伤亡，参与人员已陆续返回。另外，在零散的朝圣人员中，中方发现 4 名遇难者，我国驻沙特使领馆已经做好善后工作。除 4 名遇难者外，另有 4 名中国公民在踩踏事故中受轻伤，中国驻沙特使领馆密切跟踪事态，持续做好后续工作。

二、法理分析

正如前述案例所示，对于沙特麦加朝觐一直是我国伊斯兰教徒以及其他对宗教文化感兴趣的国人所热衷的宗教盛事。沙特作为政教合一的国家，其朝觐更是被定为国家法定宗教节日，在其开放旅游签证后跟团价格也并不昂贵，故吸引了一批又一批的国人前往。不仅如此，沙特的艾卜哈作为沙特南部阿西尔地区的首府，受红海的影响雨水不断，夏季最高气温一般不超过 30℃。全年凉爽宜人，已成为沙特难得的避暑胜地，被称为红海畔的避暑之都，各种特色建筑和独特文化等也吸引了众多游客。

然而，随着到沙特旅游的外国人数量的增加，安全问题也凸显。沙特在 2019 年才开始面向世界部分国家开放旅游签证，其旅游业的管理并不完善，从历年的朝觐事故分析可知，不仅在硬件设施上存在严重缺陷，而且在安保人员配备上也是极为不足。在早些年，恐怖事件频发时期，沙特甚至允许外籍人员持枪保护个人安危。在沙特，当危及中国公民生命财产事件突发时，我们应依据相关法律采取必要措施，避免人员伤亡和减免财产损失。

（一）事件发生国救助依据

在踩踏事件中，沙特政府对事件中的中国公民有紧急救助的义务。首先，沙特法律承认外国人在沙特国内享有国民待遇原则，当沙特人民出现危急事项时，政府有救助的义务，故外国公民出现危急事项同样享有救助权益。其次，依据国际习惯法，一国公民在另一国遭受意外事故，所在国应该向外国公民提供人道援助。再次，沙特作为伊斯兰法系国家，明确以《古兰经》等为基本指导。根据《沙特阿拉伯王国治国基本法》第 24 条，国家建设和保护两圣寺，提供安全、舒适的朝觐环境，让教徒得以便利、平静地完成朝圣之旅。沙特对通过审核有资格前往朝觐的国籍国和非国籍国人员的人身财产安全应履行保护义务。

（二）国籍国保护依据

中国公民在沙特突发权益受损事件时，国籍国保护的方式主要是领事保护和外交保护。

外交保护的传统对象是保护国家的海外国民，是一般国际习惯法承认的。一国采取外交或其他办法保护其在外国国民权利的根据是受保护人具有该国国籍，国籍是确定个人与国家联系的纽带或依托，也是国家属人管辖权的依据。中国公民在沙特遭到违法侵害后，往往首先所联想到的是领事保护，即寻求所在领馆的救济，但在满足外交保护的条件时，也可采用外交保护手段。其条件主要包括以下几点：中国公民在沙特遭受非法侵害；受害人持续具有中国的实际国籍或经常居住在该国；用尽沙特当地救济；等等。中国国民在沙特遭到非法侵害，我国固然可以进行外交保护，但这并不意味，只要国民遭到侵害，国家就有权行使外交保护，而是要求受害人用尽当地救济后仍未实现其合法权利，才能寻求外交保护，且是否进行外交保护由国籍国决定。

在国际法允许的范围内，采取领事保护也是派遣国的外交领事机关或领事官员保护本国的国家利益、本国人民及法人的合法权益的一种有力方式，该行为的最终目的是根据国家主权平等和友好合作的原则要求接受国保护派遣国及其国民的权利和利益，维护和加强双方的友好合作关系。以我国为例，当中国公民、法人的合法权益在驻在国受到不法侵害时，中国驻外使领馆依据公认的国际法原则、有关国际公约、双边条约或协定以及中国和驻在国的有关法律，反映有关要求，敦促驻在国当局依法公正、友好、妥善地处理相关事件。此外，领事保护还包括我国驻外使领馆向中国公民或法人提供帮助或协助的行为，如提供国际旅行安全方面的信息、协助聘请律师和翻译、探视被羁押人员、协助撤离危险地区等。①

中国驻沙特使领馆将持续关注事件进展，并会同中国朝觐总团妥善做好相关后续处置工作。在沙特麦加米纳地区发生朝圣者踩踏事件后，中国驻沙特大使馆和吉达总领事馆立即启动了应急机制。驻沙特大使和驻吉达总领事赶赴现场核实情况并进行相关处置工作，同时提醒朝圣者加强安全意识，确保自身安全。中国使领馆将继续关注事件进展情况，并与中国朝觐总团共同开展相关后续工作。

除4名遇难者外，4名在踩踏事故中受轻伤的中国公民在使领馆的协助下迅速得到救治，在踩踏事件中失踪的2名来自中国宁夏和甘肃的朝觐者也在中国驻沙特的使领馆努力下平安回到住处。

三、对策建议

原本令人神往的朝觐之行，因为一场踩踏意外，一些无辜的生命竟不幸离去。当类似的突发性公共安全危机发生时，中国公民可以通过以下方式来进行应对，保护自身的人身和财产权利。

（一）用尽沙特当地救济方式

在这次踩踏案中遭受人身及财产损失的中国公民可以通过沙特的法律途径获得赔偿。

其一，沙特政府负有赔偿责任。根据分析，沙特政府作为事故发生地有着不可推卸的责任，正如前面提到的沙特政府存在两处严重失误：第一，广场的硬件本身就有缺陷。虽然沙特政府在2004年踩踏事故之后有意识地改善了米纳广场的

---

① 中国领事服务网：《什么是领事保护》，http://cs.mfa.gov.cn/gyls/lscs/t830953.shtml，访问时间：2021年6月17日。

硬件设施，如拓宽扔石平台和修建更多坡道，但与每年近250万朝圣者的流量相比，显然无法消除潜在的安全隐患。第二，政府监督严重不足。在这个人员流动量高达数百万人的超大广场上，管理人员没有将人与车分开，而是允许大型运输车辆与行人混合。然而，大量小贩占用道路经营、销售食品和纪念品，堵塞了安全通道，朝圣现场的指示牌太少，导致现场混乱。虽然沙特国王在2015年9月24日麦加踩踏事故发生当天就下令斩首28名责任人，但是政府具有不可推卸的责任，应当给予伤亡的外籍公民赔偿。

其二，中国公民可以通过民事救济途径提起侵权民事诉讼，要求相关当事人进行赔偿，如向犯罪嫌疑人提起侵权损害赔偿诉讼。财产遭受损失的中国公民可通过沙特民事诉讼法维护自身权益，伤亡公民的家属也可直接向法院起诉要求获得赔偿。

（二）寻求国籍国救济

中国公民在沙特突遇事故，可以向中国驻沙特使馆及领馆求助。为了促进领事保护功能的进一步发展和完善，更有效地保护海外中国公民的利益，外交部采取各种措施加强领事保护机制建设。在沙特的中国公民既可自行维权也可请求使领馆采取领事保护或外交保护。例如，在沙特旅游遇到人身安全侵害等紧急情况时可拨打外交部全球领事保护与服务应急呼叫中心24小时热线进行求助。

本章小结

沙特位于亚洲西南部的阿拉伯半岛上，且是亚洲、非洲和欧洲的交汇处，是中国"一带一路"倡议的交汇点，也是中东最大的经济体和消费市场。沙特2023年国内生产总值为10676亿美元，是世贸组织、石油输出国组织和二十国集团成员国。沙特国家局面相对稳定，沙特资金实力雄厚，金融机构发达，财政和税收政策也颇具竞争力。随着沙特于2016年推出"2030愿景"并与中国"一带一路"建设对接，入沙的中国新移民身份更加多元化，留学生、投资商、技术人员、国企职工、医生等的数量显著增加。据英国《每日电讯报》报道，自沙特2019年9月28日起正式对49个国家公民开放旅游签证申请以来，已有50000多名外国游客迈出了进入沙特的第一步，其中，中国游客数量位居第二。沙特华人华侨人数估计在3万至5万人之间，目前尚无确切数据。他们主要居住在塔伊夫、吉达、麦加等西部地区。在沙特的华人华侨中，绝大多数是维吾尔族，其次是回族，约有 1000 ~ 2000 人，汉族约有 100 人，其中一些人已加入该国国籍。此外，入籍沙特的华人还包括乌孜别克族、柯尔克孜族等民族。除汉族外，其余均属穆斯林，信奉伊斯兰教。如何更好地保护在沙特的中国公民权益也就成为"一带一路"建设颇受关注的重要问题。

一、在沙特中国公民的权益内容

中国公民在海外，无论是务工还是旅游，同样享有人身及财产权益。在沙特中国公民权益可分类如下：

人身安全。人身安全是各国给予外国人享受的基本权利。沙特治安良好，经济发达，民风淳朴，宗教法律也严惩民事和刑事犯罪，一般刑事案件很少。

财产安全。在沙特的中国人一般从事的是务工活动，常常将打工挣的辛苦钱寄送回国。因此，中国公民在沙特的财产安全也是一项需要着重保护的权益。该权益不仅包括在沙特的中国公民财产不受他人暴力非法占有，同时，根据沙特法律规定，也并不会将外籍财产随意充公，禁止非法占有他人财产。

活动自由。在尊重沙特宗教习俗和禁止性规定的情况下，在沙特旅游或务工都是较为便利的，工作、学习、生活时均享有人身自由、活动安全。

投资权益。在中国企业走出去和中国"一带一路"倡议的推动下，沙特作为西亚非洲贸易额最大、经济规模最大、外商投资最多的国家，投资环境良好，贸易自由，价格低廉，而且没有外汇管制和贸易壁垒，为了实现"2030"愿景，沙特政府还出台了一系列政策，大力鼓励外国投资和合作。因此，沙特是中国实施上述发展战略的理想市场之一，也是中国企业探索中东市场的主要窗口。目前，中沙企业在贸易、能源、工程承包、技术合作、相互投资等诸多领域的交流与合作日益增多，特别是在能源、工程、通信等领域。沙特已连续 17 年成为中国在西亚非洲的最大贸易伙伴，中国已连续 10 年成为沙特的最大贸易伙伴。

劳动权益。沙特是海湾地区最大的劳务市场，近年来，由于沙特经济快速增长，劳务市场不断扩大。据 2023 年统计，沙特首都利雅得总人口 738 万，其中外国人约占 30%①，以外籍劳工居多。为管理和保护数量庞大的外国人的各种权益，沙特建立了较为完善的外国人管理体制。

---

① 《对外合作国别指南（沙特阿拉伯）2023 年》，http://www.mofcom.gov.cn/dl/gbdqzn/upload/shatealabo.pdf，访问时间：2024 年 6 月 30 日。

二、中国公民在沙特权益受损风险预警

（一）人身财产风险

基于宗教因素，沙特总体治安情况良好，但近年来因大量外籍劳务人员进入沙特，旅沙人员护照和随身物品被抢事件时有发生，应保持警惕，注意人身和财物安全，不要随身携带大量现金，贴身携带贵重物品乘坐出租车时看管好自己的物品，勿与不相识的人同乘一辆出租车，到人烟稀少的沙漠游玩更需要小心谨慎。中国企业或个人应在沙特保持高度警惕，加强施工现场和办公室安全设施建设、安保人员设置和安保体系标准化，建立有效的应急机制应对突发事件。

同时要警惕战争风险。2017年至今，也门胡塞武装多次向利雅得、吉赞等地发射弹道导弹，导致人员死伤和财产受损。沙特东部地区为主要产油区，易成为恐怖袭击对象，近年来已发生多起针对东部产油设施和输油管线的恐怖袭击案件。同时，沙东部地区为什叶派聚集区，治安状况较为复杂，2012年曾发生大规模聚众骚乱事件，造成众多人员伤亡。近年来，沙特阿拉伯东部地区针对无辜群众的袭击事件和严重刑事案件案发率呈上升态势，赴沙特东部地区的中国公民须提高警惕。

（二）投资风险

沙特拥有世界上最高的石油储量。据统计，截至2024年，沙特原油产量5.05亿吨，[①] 2023年4月，出口石油731万桶/日，剩余可采储量2976亿桶（占世界储量的17.85%）。[②] 这三项指标排名世界第一。石油行业也推动了沙特其他行业的发展。目前，沙特已成为外国投资中东地区的热点，同时受到越来越多外商投资企业的青睐。

在沙特进行投资、贸易、承包项目和劳务合作时，要特别注意提前进行风险调查、分析和评估，做好风险规避和管理工作，切实维护自身利益，包括为项目或贸易客户和相关方设计和评估资信调查，分析和避免项目所在地的政治和商业风险，以及项目本身的可行性分析。企业应当积极利用保险、担保、银行等保险金融机构和其他专业风险管理机构的相关业务，维护自身利益，如贸易、投资、承包工程和劳动信用保险、财产保险、人身安全保险等，银行的保理业务和福费廷业务，各种担保业务（政府担保、商业担保、保函）等。

（三）交易风险

沙特所有合同是以伊斯兰教义为基准的，即真正意义上走法律途径解决的合

---

① 《沙特阿拉伯国家概况》，https：//www.mfa.gov.cn/web/gjhdq＿676201/gj＿676203/yz＿676205/1206＿676860/1206x0＿676862/，2024年6月30日。

② 《对外合作国别指南（沙特阿拉伯）2023年》，http：//www.mofcom.gov.cn/dl/gbdqzn/upload/shatealabo.pdf，访问时间：2024年6月30日。

同就是阿拉伯文所签订的合同。一般情况下，沙特习惯在多种语言的合同中标注其阿拉伯文具有优先性。这尤其值得交易者在编写合同时特别加以关注。

（四）劳动风险

沙特实行担保人制度。如果外国公民想在沙特工作，他们必须得到担保人的担保，担保人必须具备一定的经济实力和商业资质，并符合政府相关资质要求。除了合格的沙特个人和机构外，在沙投资总局注册的外国公司也可以充当担保人。担保人应对其担保的外国人承担更大的责任。未经担保人许可，擅自调换工作、从事非法工作、更换保险公司、擅自出境的，视为违法行为。近年来，越来越多的人呼吁在沙特放松甚至废除担保人制度，但没有实质性措施。

三、中国公民在沙特权益受损的救济途径

（一）寻求法律保护

按照沙特现行《司法法》的规定，普通法院系统包括最高审判委员会和三个层级的法院，即最高法院、上诉法院和第一审法院。第一审法院分为普通法院、刑事法院、家庭法院、劳工法院和商事法院。普通法院主要审理不动产纠纷、违反交通法规以及超出其他院管辖权的案件；刑事法院主要负责审理刑事案件；家庭法院主要审理婚姻、家庭、继承相关案件；劳工法院主要审理因劳动关系引起的纠纷案件；商事法院主要审理商业纠纷、合伙纠纷、破产等纠纷或与商事法律相关的案件。[①] 在沙的中国公民可根据具体案情，选择正确的法院进行诉讼，以维护自身合法权益。

（二）寻求当地政府帮助

建议在沙的中国公民特别是中资企业密切与沙特投资总局、商投部、劳工部、税务总局、商工总会（含沙中商务理事会）的关系。

（三）寻求中国驻当地使（领）馆保护

中国外交部发布了 2023 年版《中国领事保护与协助指南》，该指南详细介绍了中国公民赴境外旅行、探亲、工作、出差应注意的事项。当沙特的中国公民权益受到损害时，可以向中国驻沙特使领馆求助，中国驻沙特大使馆领事部可以提供力所能及的帮助。帮助内容包括：提供咨询和必要的协助，推荐律师、翻译及医生，如遇特别情况协助向国内亲属通报情况，协助寻亲，补/换/发旅行证件，发回国证件，依法办理公证、认证、婚姻登记，与国内亲属联系并解决所需费用，应请求进行探视，等等。

---

① 汪麒麟：《沙特法院体系和诉讼程序简介》，载《法制与社会》2020 年第 13 期。

对于外交保护的适用，应当满足以下条件：中国公民在沙特遭受非法侵害；受害人持续具有中国的实际国籍或经常居住在该国；用尽沙特当地救济，并且要求受害人用尽当地救济后仍未实现其合法权利，才能寻求外交保护，且是否进行外交保护由国籍国决定。

（四）中国公民利用当地华人自治组织维权

成立于 2008 年 1 月的中国阿拉伯交流协会（简称中阿交流协会）是由中国和阿拉伯国家各界名人、社会活动家和学者发起的非营利性社会组织，以"让阿拉伯了解中国，让中国了解阿拉伯"为宗旨，力求增进中国人民与阿拉伯国家人民的相互了解和友好合作，促进共同发展，积极广泛开展民间交流与对话活动，积极为沙特等国家的中国公民维权代言，扩大社会影响力，与地方政府沟通，从而促使其出台保护中国公民权益更有效、更有力的政策和规定。

中国公民在沙特阿拉伯实用信息

单位名称或事项	地址	电话	备注
外交部全球领事保护与服务应急热线	—	+86 – 10 – 12308 +86 – 10 – 65612308	
中国驻沙特阿拉伯王国大使馆	沙特阿拉伯利雅得使馆区乌姆罗阿德哈姆里街 6654 号楼	+966 – 11 – 4832126 经济商务处：+966 – 11 – 4832126 转 210 领事侨务处：+966 – 11 – 4832126 转 105（证件事宜） +966 – 11 – 4831590（领事保护与协助）	对外办公时间：周日至周四 09：00—13：30（法定节假日除外）
中国驻吉达总领馆	沙特阿拉伯吉达阿尔扎赫拉 4 区阿姆鲁·宾·亚拉街 4 号楼	+966 – 12 – 6163412 领事保护协助：+966 – 508399809 商务咨询电话：+966 – 12 – 6163412 领事证件业务咨询电话：+966 – 12 – 6163415	对外办公时间：周日至周四 8：00—12：30 14：30—17：00（法定节假日放假安排另行通知）
匪警	—	999	
火警	—	998	
急救	—	997	
交通意外	—	993	
内政部护照总局（移民管理）	—	992	

第五章
在老挝的中国公民权益保护

老挝人民民主共和国（The Lao People's Democratic Republic），简称老挝，是地处东南亚地区的社会主义国家，曾隶属真腊王国，1353 年建立统一国家，史称澜沧王国。历史上曾沦为法国殖民地。1975 年废除君主制，正式成立老挝人民民主共和国，1997 年 7 月加入东盟。老挝国土面积约为 23.68 万平方公里，人口为 758 万（截至 2024 年 4 月），有 16 个省、1 个直辖市和 1 个特区。首都为万象，官方语言为老挝语，货币为基普。

2016 年，中国和老挝签订了《中华人民共和国和老挝人民民主共和国关于编制共同推进"一带一路"建设合作规划纲要的谅解备忘录》。中老两国有着深厚的传统友谊，相近的政治制度、相通的发展理念和良好的合作基础。中国政府提出的"一带一路"倡议与老挝"变陆锁国为陆联国"的战略对接结合，共建中老经济走廊，提升经贸合作规模和水平。2019 年 4 月，习近平总书记同本扬总书记签署《中国共产党和老挝人民革命党关于构建中老命运共同体行动计划》。老挝渐渐成为中国公民投资、旅游的热门地区，2023 年超过 48 万的中国游客前往老挝旅行。①

老挝关于外国人权益保护的法律制度对在老挝的中国公民权益保护起到举足轻重的作用。老挝有关外国人权益保护的法律机制可作如下分类：

一、外国人法律地位规定

老挝不仅加入了《世界人权宣言》《公民权利和政治权利国际公约》《经济、社会和文化权利国际公约》，而且也是 WTO 的成员国。因此，外国人在经济文化

---

① 云南省人民政府外事办公室：《南亚东南亚新闻周报》，http：//yfao.yn.gov.cn/zbdt/202311/t20231117_1095101.html，访问时间：2024 年 6 月 30 日。

民事权利方面享有国民待遇，与老挝公民的各项权利基本一致。老挝 2016 年新修订了《投资促进法》，保障外国投资者在法律面前一律平等，在现代高新技术应用、清洁农业、现代医院建设等方面进行投资将享受优惠待遇，而在 1 类高危险化学品、各种类型的辐射矿物质等方面禁止外国投资者进入。《引进外籍雇员条例》规定了外国人在老挝鼓励就业、允许就业和禁止就业的领域。

二、外国人权益保护的实体法律规定

老挝目前尚无专门的《外国人权益保护法》，只有《老挝出入境管理和外国人管理的总理令》，涉及老挝的外国人管理与法律地位问题。对外国人保护集中体现在民事法律中，在老挝的外国人享有与老挝公民相同的民事权利，如人身权、财产权、婚姻家庭继承权等；老挝目前也缺乏解决涉外民事关系法律纠纷的冲突规范。老挝的刑事法律对刑事案件中外籍受害人和本国受害人未有区别对待，统一进行保护。

三、外国人权益保护的程序法律规定

根据老挝的《民事诉讼法》《经济争端法》《刑事诉讼法》，外籍人享有与老挝本国人同样的诉讼权利。因中老之间签订了《引渡条约》《民事和刑事司法协助和仲裁合作协定》《中老双边保护投资协定》，所以中国公民在老挝诉讼过程中享有优惠待遇，如诉讼费用的减免等。

第一节　事先预防

在老挝旅行，当地的交通监管较松懈，地形多变、多雨，加之旅行社的资质管理缺乏监督等多重原因，车祸等意外发生频率居高不下。因此，做好事先预防可以从一定程度上避免交通事故等意外事件的发生。通过剖析相关案例的一些细节因素，从游客个人、旅行社及相关人员、监管部门多个角度做好预防工作，防患于未然，很有必要。

一、中国公民老挝旅游遭遇车祸事件

喜欢旅游的中国姑娘舟舟天性热爱冒险与自由，她对东南亚国家情有独钟，为此，她在当地一家旅行社报了一个旅行团，准备开启为期 8 天的老挝之行。舟舟最为期待的是琅勃拉邦，那是一座距离首都万象 500 公里的小城，面积不到 10 平方公里。那里自然宁静，庙宇林立，湄公河流经其中，山脉丛林依傍左右，美景丛生。舟舟期待着站在"生命之树"面前双手合十，为平安健康祈福。

2019 年 8 月中旬，舟舟乘飞机抵达老挝境内，踏上了那片期待已久的土地，享受着特有的自然的清新气味。舟舟在第三天乘坐上了旅行社安排的大巴车去往琅勃拉邦。在这个旅行团中，有 44 名中国游客，多数是六七十岁的常年旅行的老人。大巴车平稳沿着山路向上行驶，一侧是陡壁，一侧是悬崖。透过车窗，山下美景尽收眼底，一片苍翠碧绿，夏日中有微微清风吹过。导游介绍说，比起另一条平路，这条路不仅可以看到更美的风景，而且可以节省两三个小时。舟舟听了更打心底充满着对这次旅程的独特期待。

当日下午 3 点多，距离目的地约 40 公里，仅剩 1 小时的车程，大巴车驶上下坡路。车厢里开始蔓延着焦臭味，随后游客听到导游连续 3 遍重复"把安全带系好"，车厢开始摇摆。在乘客未及时作出反应的时候，车辆发出异响，伴随着车厢里混乱的喊叫声大巴车咣当一声就翻了。过了一段时间，什么声音也没有了，然后是微弱的求救声传来。由于剧烈的撞击冲下悬崖的大巴车车厢变形，玻璃破碎。事后据游客回忆，交通事故发生时，车子冲下悬崖后翻了两个跟头，然后跌进山谷，车头朝下。① 事故发生正值老挝雨季，山区路况较差，交通及通信不便，加大了搜救工作的困难。舟舟在这次事故中双腿受伤，所幸无生命危险。

随后，中国驻老挝使馆和驻琅勃拉邦总领馆第一时间启动应急机制，紧急协调老挝方军警医护力量展开救援，总领事带领应急工作组抵达现场协调救援工作。部分中资企业及使领馆领事协助志愿者就近向现场运送饮用水和食品。②

据央视新闻报道，经外交部领事保护中心官方微博核实，到 8 月 20 日，车上的 44 名中国乘客经过老方连夜搜救，确认 13 人遇难，2 人失踪，29 人被送往多家医院救治。

老挝湖南商会常务理事副秘书长透露，涉事旅游公司在老挝当地已有至少五六年经营时间，是一家华人开设的旅游公司，专门负责接待中国游客。当地华人透露，这一路段为事故多发路段，路况很不好。此次车祸原因经调查疑似刹车失

---

① 王双兴：《"抄近路"的老挝车祸》，《新京报》2019 年 8 月 22 日。
② 中华人民共和国驻老挝大使馆：《中国游客大巴在老挝发生严重车祸》，http://la.china-embassy.org/chn/dssghd/t1689972.htm，访问时间：2021 年 6 月 27 日。

灵，转弯时无法刹车，大巴车冲进道路下方山谷里。①

无独有偶，据老挝媒体报道，2019 年 12 月 2 日早上 8 点左右，在琅勃拉邦省附近村庄的道路上又发生了一起中国公民车祸遇难的事件。②

二、法理分析

中国公民在老挝频频发生交通事故，对此我们应如何应对？有必要全面揭示老挝交通事故多发原因，深入进行相关法理分析并探寻应对策略，以期有助于中国公民事先预防在老挝的事故，努力确保海外中国公民人身和财产安全。

（一）老挝交通事故频发的原因

从老挝交通事故发生的新闻报道来看，当地交通事故频发的原因主要有以下三类：一是老挝当地有关交通方面的法律法规不够完善，对酒驾等违法行为缺乏对应的刑事惩罚机制。因此，老挝交通事故多发的原因主要有酒驾、超速驾驶，尤其酒后驾驶被认为是车祸致人死亡的最主要原因。二是老挝的道路崎岖，地形复杂，多山路。老挝基础设施落后，路况不好，旅游大巴车的安全隐患非常明显。由于老挝多陡坡山路的地形特点，司机开车很累，游客坐车晕车很常见。尤其是琅勃拉邦到嘎西这段路，看似平坦，但实际上连续的长下坡会容易导致大巴车的刹车失灵，而在这种路段出事往往伤亡惨重。三是老挝旅游大巴车大多为欧美国家的二手车，由旅游公司运营，政府缺乏相应的安全监管体制。车辆可能存在安全隐患，或者行驶多年没有定期检修，应该报废的车辆没有进行报废处理。对旅行社车辆安全的监管缺失也是导致交通事故频发的原因之一。

舟舟所在的旅行团遭遇的大型交通事故便是老挝特殊的地理条件加上旅游大巴车的安全不过关等综合原因引发的，而且事故发生在老挝的雨季，导致了救援过程的困难增加。

（二）交通事故中旅行社责任的承担

舟舟等一众游客与旅行社签订了合同，即使是通过微信参团方式，只要有相关的微信截图等能够证明双方存在旅游服务合同关系，而且因实际履行合同发生车祸致人身伤害，即可用于后续的维权。

---

① 红星新闻：《中国旅行团老挝发生严重车祸，已致 13 人遇难，事发地呈 90°转弯》，https：//mp. weixin. qq. com/s/NNIWYEeEL1HML-cDHiNW2g，访问时间：2021 年 6 月 27 日。

② 掌中寮：《琅勃拉邦发生车祸　一名中国公民遇难》，https：//mp. weixin. qq. com/s/SfwfyKtO95i0Qxqq7J7CKg，访问时间：2021 年 6 月 27 日。

那么，舟舟以及同行的游客在车祸中受到的伤害能否向旅行社要求赔偿呢？还是说只能向提供车辆及载客服务的旅行辅助人要求赔偿？在旅游服务合同法律关系中，旅行社有一项重要义务，即安全保障义务，要求其提供的服务达到足以保障游客人身、财产安全的要求。本案例中，提供载客服务的旅游辅助者提供的服务实际上是旅游经营者合同的延伸，旅游辅助人的侵权行为可直接认定为旅行社的侵权行为。游客在旅游过程中乘坐旅行社提供的车辆发生交通事故导致人身损害、财产损失的，根据《民法典》第186条，因当事人一方的违约行为，损害对方人身权益、财产权益的，受损害方有权选择请求其承担违约责任或者侵权责任。此案件构成违约责任和侵权责任的竞合。因此舟舟等游客有权选择对旅行社提起合同之诉或侵权之诉，要求旅行社承担相应的民事赔偿责任。

如果旅行社擅自将旅游业务转让给其他旅行社，未经与其签订合同的游客同意，违反了游客的知情权和选择权，违反了诚实信用原则。根据我国《最高人民法院关于审理旅游纠纷案件适用法律若干问题的规定》第10条，旅游经营者如果擅自将业务转让给其他旅游经营者，而后游客发生人身、财产上的损害，游客如请求旅游经营者和实际提供服务的旅游经营者承担连带责任，法院应予以支持。

（三）涉外旅游纠纷中的法律适用

由于这一案件侵害的是中国公民的合法权益，以及本着对中老两国法律的了解程度和便利诉讼的原因，中国公民也可在回国后在中国提起诉讼。

《民事诉讼法》第265条规定，因合同纠纷或者其他财产权益纠纷，对在中华人民共和国领域内没有住所的被告提起的诉讼，如果合同在中华人民共和国领域内签订或者履行，或者诉讼标的物在中华人民共和国领域内，或者被告在中华人民共和国领域内有可供扣押的财产，或者被告在中华人民共和国领域内设有代表机构，可以由合同签订地、合同履行地、诉讼标的物所在地、可供扣押财产所在地、侵权行为地或者代表机构住所地人民法院管辖。在本案中，即可根据实际情况选择适合的管辖法院起诉。如果被告在我国有可执行的财产，后续判决的执行也就更为方便。

在我国法院诉讼过程中，考虑到涉外因素，会适用《涉外民事关系法律适用法》。如以违约之诉提起，双方的旅游服务合同中如果约定了适用的法律，即按约定法律进行适用，否则按特征履行说或最密切联系说确定适用法律。如以侵权之诉提起，当事人之间有共同的经常居所地，适用该地法律；如果在侵权发生之后约定了适用的法律，就按约定；如无前述情形，则适用侵权行为地法律，即老挝当地的法律。

在实践中，我国法院很可能经综合考虑决定适用中国法。《民法典》第 976 条规定，本案的车祸当事人不仅仅身体遭到损伤，还引发了严重精神损害。那么即使以违约之诉提起赔偿，法院也有可能会判处精神损害的赔偿。

同时，更为重要的是诉讼时效，如果超过了法律所规定的诉讼时效，则被告可能会提起诉讼时效抗辩，则原告即丧失胜诉权。在我国法院起诉，根据我国的《涉外民事关系法律适用法》第 7 条，诉讼时效适用相关涉外民事关系应当适用的法律。即如果我国法院决定在诉讼中适用中国法律的话，诉讼时效也要依照中国法律规定。在本案中，如游客提起违约或者侵权之诉，根据《民法典》第 188 条，诉讼时效期自权利人知道或者应当知道权利受到损害以及义务人之日起计算，向人民法院请求保护民事权利的诉讼时效期间为 3 年。因此，除了掌握维权的证据是必要的，不做躺在权利上的懒人也是维权成功的关键，况且及时地行使权利更有助于证据的保存。

三、对策建议

基于上述法理分析，着重从游客个人、旅游服务公司两个维度提出对策建议，积极预防中国公民在老挝旅游风险的发生。

（一）游客个人做好风险预防

其一，选择符合资质的旅行社。现在旅行社的市场准入标准低，导致了旅行服务市场的质量良莠不齐，为获得优质安全的旅游体验，仅依靠政府部门的监管来清理市场是不够的。在选择旅行社时，游客要注意查验所选的企业是否有旅游部门颁发的《旅行社业务经营许可证》和工商部门核发的《营业执照》等相关证件，可在网络上如通过"天眼查"查验旅行社的经营年限、经营情况以及是否存在消费者权益受到侵犯的法律诉讼情况，谨慎选择优质的旅游服务公司。老挝经济水平不高，基础设施较落后，游客在报名老挝旅游线路时着重了解旅行社相应服务资质，选择口碑品质较好的团队，切勿贪图低价产品，切忌选择打着"低价游"旗号的微信参团活动。要注意保存旅游合同、相关交易证据等，这既能预防纠纷发生，又是纠纷发生后维权的关键。

其二，做好旅游攻略。在决定好旅行地点后，尤其是出境游的游客要到中国驻该国的使领馆网站、中国领事服务网、领事直通车公众号、"领事之声"微博查询旅行所在地的最新情况、出境游的须知事项，防止因准备不足前往旅行地点而发生人身、财产安全损害事件。在老挝，由于其法律制度不够完善，基础设施建设落后等，交通事故发生率居高不下，是侵犯游客人身、财产安全的首要危险。因此千万不可带着娱乐的目的而忽视对安全的保障，否则将得不偿失。因此，旅游攻略的准备是相当重要的，尤其是在对安全风险的防范上。

其三，做好出国及海外中国公民登记。2013 年，中国外交部领事司推出了"出国及海外中国公民自愿登记"制度，主要是对即将出国或身在海外旅游、探亲、经商、学习、工作或从事其他活动的中国公民进行保护。在登记后，中国驻当地使领馆必要时会发送电子邮件给登记的中国公民，提示当地的安全状况，在发生相关危险时第一时间提供帮助。

其四，赴老挝旅行前可购买专项保险。[①] 老挝的地形、车辆安全等造成当地交通事故多发，且医疗条件落后、医疗成本高昂，在赴老挝旅行前宜根据具体情况购买专项保险，防止意外事故导致的经济损失和高额的金钱开支。

其五，选择合适的出行路线和时间。因为老挝山路多，基础设施建设相对落后，在出行路线的选择上要尽量避免走陡峭危险的山路，万不可为节省时间而忽视安全。发现车辆出现异常时及时停车，防止出现本可避免的交通事故。舟舟所在旅行团发生交通事故的路段地名为土匪山，是交通事故多发路段，且此地经常发生武装叛乱分子袭击事件，是旅行中应回避的地段。

从本案分析可知，事故发生时正值老挝雨季，连续下坡刹车失灵导致发生了如此惨重的交通事故，这值得认真吸取教训，出游时不仅要选择适当路线，而且要选择适合的季节。另外，交通事故所处路段是连续的长下坡行驶，频繁刹车很容易摩擦生热导致刹车失灵，因此，选择有经验的司机也是必要的，不仅要在出行前检查车况安全，在行驶到这样的连续长下坡路段时也要不时停下休息。在老挝，经过这样的山路，有经验的司机的做法是不时停下来往刹车上浇水降温。当然，为防止出现交通事故，还是要选择更为安全的替代路线。再者，游客自身也要提前学习必要的急救逃生知识以应对可能发生的交通事故。

（二）旅行社以人为本重视安全保障义务

游客发生交通事故等类似的侵权事件，承受损失的不仅仅是游客个人，企业也遭受着巨额的经济损失，商业信誉也面临危机。因此，旅游服务公司也需要从

---

① 中华人民共和国外交部：《中国领事保护和协助指南（2023 版）》，http：//cs. mfa. gov. cn/zggmzhw/lsbh/lbsc_ 660514/202311/P020231114392262052796. pdf，访问时间：2024 年 6 月 30 日。

注重利润的模式转向更有人文关怀的模式，秉持"安全第一"的宗旨，重视旅行中对游客的安全保障义务。旅行社在当地供应商筛选上应逐年审批，选择当地较为大型的服务供应商。在旅游业务中做好风险防范规划，面向游客开展安全自救教育活动，从而更好地预防可能出现的危险，提高游客应对紧急事故的能力。旅游中的交通事故是游客人身、财产损失最严重、发生频率最高的事故，预防交通事故发生是安全问题中的重中之重。因此，特别要注意加强对旅游大巴车出行前的安全检查。

在预防交通事故上，旅游服务公司可以起到决定性的引导作用。随着出境游游客的大规模增长，旅游安全风险种类越来越多。在巨量的游客规模压力下，游客缺乏出境经验或者目的地缺乏足够接待能力，都会将旅游安全风险显著放大。舟舟所在旅行团在老挝发生的车祸事件，更像是两种原因的叠加。游客由于缺乏常识和背景信息，跟团环境下缺乏对风险探知的主动性，更多依赖于旅行社提供的服务，即便察觉到风险，也只能"客随主便"。而部分国内外旅游公司对风险的忽视，既有主观上的侥幸心理，也有客观上对成本的把控，在资源采购、保险配置、过程管理和危机处置方面重经济收入、轻安全保障的情况不在少数。

第二节 事件应对

一、中国公民在老挝经商权益保护案

中国公民宋先生在老挝生活 5 年有余，经营两家超市，由于其他合伙人陆续退出，宋先生一人将超市全部收购了，并打造自己的超市品牌——万象之光。最近他正忙着在老挝首都万象筹办他在老挝的第三家超市。这家店位于老挝万象市著名旅游景点塔銮，是一家精品超市，面积约 2400 平方米。为了将超市做大，他花重金从国内请来职业经理人，还从各地引进服装、手机、家电等商品，将超市升级成了综合型大卖场超市，超市的员工也 100% 全部从本地招聘。在超市运营过程中，宋先生遇到了一系列的问题。首先在新店选址过程中，宋先生考虑到客流量，特意选取了景点附近的铺面，与房东签订了 5 年房屋租赁合同。签订合同后，房东因为需要向银行办理借款，遂将该房屋抵押给银行。宋先生知道后，要求房东向银行解除抵押，房东拒绝。如此，宋先生很担心在租赁合同期间，房屋所有人发生变动，影响超市的正常经营。其一，宋先生考虑到泰国商品在老挝很受欢迎，但其性价比不及同类的中国产品，于是着手从中国昆明进口一批饮品在超市内销售，但供应商提供的饮品在老挝海关增收关税时关税比例突然从10%调到了20%，供应商针对此情况，要求提高饮品的供货价格，宋先生认为提高关税不合理，咨询老挝海关未有答复。其二，宋先生在老挝当地与当地企业签订了采购合同，优价购买老挝特产安息香，但合同履行期到来之时，当地企业却称正逢雨季无法工作，因此不能按时交货。其三，宋先生在雇佣员工方面也遇到了问题，老挝劳动部门认为宋先生从中国聘请的经理应根据老挝法律办理老挝的工作签证，否则不允许其工作。宋先生非常焦急，一方面是乐观的老挝市场，另一方面是超市经营中的现实问题，该如何应对？

二、法理分析

宋先生面临的这些问题，主要涉及老挝的民事法律制度、关税管理法律制度以及劳动保护法律制度等方面的规定。若要妥善解决这些问题，首先需要了解相关的法律。

（一）老挝民商事法律解析

老挝目前的民商事法律体系还处在修订完善过程中，主要有《企业法》《合同与侵权法》《财产法》《电子交易法》《投资促进法》《知识产权法》《履约担保法》等。

老挝《企业法》对在老挝境内设立、运营、管理企业的原则、规则和方法等有较具体的规定。老挝的企业根据不同资金来源，可以被划分为私营企业、国有企业、混合所有制企业和合营企业；根据不同的组织形式，分为个人企业、合伙企业和公司。个人企业、合伙企业由出资人对企业债务承担无限责任，公司出资人（股东）则以出资额为限承担有限责任。老挝公民、居住在老挝的无国籍人和外国人都可以设立企业或者成为股份公司的发起人。

老挝《合同与侵权法》共7部分108条，包括总则、合同、侵权、争议解决和诉讼时效、禁止性规则、奖励与惩罚、终章，对合同的成立、合同的效力、合同的履行和保障措施和合同种类都进行了较为详细的规定，尤其对需登记和公证的合同作了特别规定，例如租赁合同和贷款合同。老挝将侵权行为分成一般侵权和特殊侵权，并将保护他人利益为目的的无因管理之债放入侵权债中。

老挝《履约担保法》较为简单，只有 4 章 29 条。老挝的担保类型分为法定担保和合同担保，对于物的担保，老挝法仅依据担保物本身的性质区分动产担保和不动产担保。在抵/质押权实现以前，尤其是订立抵/质押合同时，抵押权人/质押权人和抵押人/出质人便在合同中约定，在债务履行期届满，抵押权人/质押权人未受清偿时，抵押财产的所有权或他物权移转归债权人所有。老挝担保法允许流质契约，在债务履行期届满之前，担保合同中即可以提前约定抵押物在债务人履行不能时转移归债权人所有。

（二）老挝涉外法律制度

老挝目前尚未对国际私法中涉及的问题加以明确规定，法律选择也模糊不清，在老挝受理的涉外民商事案件均以老挝法律解决，只是在《民事诉讼法》中涉及涉外纠纷解决的管辖和判决执行问题。

老挝《投资促进法》涉及涉外民商事问题，规定了老挝本国和外国投资的原则、法规和措施，保障投资者、国家、集体和人民的权益。老挝与中国签订投资保护协定，任意一方缔约国在其法律和法规的管辖下，应保证另一方投资者可以转移在其领土内的投资和收益，该转移应按照转移之日接受投资一方通行的汇率进行。

（三）老挝对外贸易以及关税管理制度解析

老挝的对外贸易法律体系由《海关法》《统一制度和进口关税商品目录条令》《商品进出口管理法令》《货物贸易业务法》《进出口管理条例》等法律法规组成。《海关法》规定了除免税或者暂停征税的商品之外，任何进出口老挝的产品都要征收关税。老挝的进口商必须是已登记注册的公司。老挝是东盟成员国，老挝对东盟国家的进口关税控制在 5% 以下，非东盟国家的进口关税在 20% 以下。东盟十国（包括老挝）与中国签订了《中国—东盟全面经济合作框架协议货物贸易协议》。根据该协议，老挝对从中国进口的正常产品在 2015 年关税降为 0，敏感产品①在 2020 年关税降为 5% 之下。其他情况下，根据《统一制度和进口关税商品目录条令》进行关税的征收。关税税率由法律规定，禁止任何人以任何形式增加或减少法定税率。

三、对策建议

针对宋先生在老挝投资经营超市的过程中遇到的种种问题，依据老挝现有的

---

① 敏感产品是指货物进出口可能对进口国相关产业带来影响和冲击的产品。

法律规定并结合宋先生的实际情况，本书从保护海外中国公民权益角度出发，提出如下建议对策：

（一）中国公民在老挝投资方式的建议

中国公民在老挝投资可采用多种方式。在老挝的中国公民可以根据老挝《投资促进法》和《企业法》通过独资或者合资的方式设立个人企业、合伙企业和公司。宋先生在老挝经营超市，最初规模较小的时候可以直接申请个人企业，只需要向登记机关提供企业所有者和管理者姓名、地址、国籍、注册地址即可。当宋先生的超市经营达到一定规模时可以设立公司，设立公司较为复杂，例如有限公司设立需要2名以上的发起人，股份公司的设立至少需要9名发起人，且需要寻找愿意认购公司股票的认购人、召开成立大会等。因此，为了预防风险和保护在老挝投资的利益，宋先生可以采取设立公司的方式，一方面进行融资解决资金瓶颈问题，另一方面可以通过公司中的股东有限责任来防范其投资风险。

（二）中国公民在老挝订立房屋租赁合同建议

中国公民在老挝无论是经商还是务工，一般情况都会遇到与老挝公民签订房屋租赁合同等问题。宋先生在订立房屋租赁合同的时候，应该全面了解房屋的所有权和是否存在抵押等问题，因为根据老挝的《履约担保法》允许房屋所有人在签订抵押合同的时候约定，在债务无法偿还时可以直接以房屋进行清偿。如果房屋所有权没有问题，房屋也不存在抵押的情况下，宋先生即可以签订租赁合同。如果房屋在签订租赁合同之前就存在抵押，宋先生应该谨慎签订或者拒绝签订该租赁合同。如果房屋在签订租赁合同之后房屋所有权人再签订抵押，宋先生可以要求租赁合同继续有效。宋先生在签订了房屋租赁合同后，应该进行公证或者登记。虽然手续较为麻烦，但是在老挝能确保租赁合同的法律效力，而且也是在合同发生争议时对自身权利进行有效保护的必要方式。

（三）中国公民签订进货合同建议

中国公民在老挝与当地企业签订供货合同时需要着重对交易相对方进行资信调查和评估。宋先生在与当地企业签订安息香的合同时，应了解该企业的开采能力和存货实力，对其合同履行能力有一个较为全面的评估。中国公民与老挝企业商定的合同条款，必须遵循老挝《合同与侵权法》的相关规定，明确购买货物的数量质量、交货方式及时间地点、违约责任、责任的免除、争议解决的方法。宋先生与当地企业应在合同中约定好安息香的种类、数量、质量、规格，由于中老两国存在语言文化的差异，可以优先采用凭样品交货。交货时间地点根据安息香的生长和采摘规律确定。当地企业应该对安息香的采摘时间非常熟悉，而且即使无法采摘，也可以提供库存。因此，雨季无法采摘安息香不能作为不履行合同的理由，宋先生可以主张当地企业违约，通过调解、仲裁、诉讼等途径来解决该合同纠纷，保护自己的合法利益。

（四）中国公民雇佣员工建议

中国公民在老挝经营企业公司必然会涉及员工雇佣的问题，在老挝既可以雇佣中国公民，也可以雇佣老挝当地人或者是外国人。宋先生在老挝经营超市，雇佣中国公民做经理，也雇佣了老挝当地人为员工。这既解决了宋先生在老挝经营超市劳动力问题，也促进了老挝的就业。宋先生作为雇主应提前为中方经理在老挝万象劳务管理部门申请工作许可证，中方经理获得许可后在老挝驻中国的使领馆办理商务签证，这样就可以保证中方经理顺利在老挝工作。宋先生雇佣老挝当地人，应区分是个人雇佣、家庭雇佣还是企业雇佣，如果是前两种情况，需要签订劳务合同，由老挝《合同与侵权法》调整；如果是后一种情况，则需要签订劳动合同，由老挝《劳动法》调整，并适用《劳动法》中的强制性规定。宋先生应该根据自己超市的规模和性质决定采用何种用工形式，避免违反老挝的法律而使自己陷入被动地位损害自身利益。

（五）关税问题解决建议

老挝的关税管理制度对在老挝生活工作学习的中国公民影响也是非常大的。宋先生与中国企业签订了进出口合同，根据老挝的对外贸易法规定，只允许在老挝工业和商务部企业登记处登记的公司作为进口商。宋先生首先需要考虑的是自己是否是合格的进口商，如果不具备公司性质，则不能作为进口商，需要委托其他公司进行货物的进口。其次，宋先生应查询老挝的《统一制度和进口关税商品目录条令》《进出口管理条例》《中国－东盟全面经济合作框架协议货物贸易协议》，确认该种饮料是否属于中国与东盟之间的正常商品，如果是正常商品，则该饮料则不征收关税；如果该饮料属于敏感商品，则根据老挝海关已经公布的商品编号和税率征收关税，不存在任意改变关税的情况。宋先生在与中国企业签订进口饮料合同时，就应明确该种饮料是否需要征收关税，与中国企业协商好进出口关税缴纳义务方，这样才能避免合同纠纷，切实维护好自身利益。

（六）中国公民在老挝进行支付的建议

中国公民在老挝从事经营合同必然涉及支付问题。宋先生在老挝，与老挝当地经营者签订合同，可以利用银行业务，采用开立信用证等方式进行货款支付，这样可以化解宋先生作为卖方时交货后收不到货款，或者宋先生作为买方时付款后收不到货物的交易风险。但是由于中老银行之间目前还没有业务往来，因此在涉及与中国企业的支付时，可以通过宋先生在中国的银行账户完成，如果需要在老挝支付，则主要通过现金交易，宋先生在现金交易中应注意规避汇率风险、信用风险，注意交易安全。

（七）老挝涉外法律事务建议

老挝目前尚无国际私法的立法，因此法院在处理涉外的民商事案件时运用冲突规则进行法律选择外国法极为罕见，以直接适用老挝法律以及老挝参加的国际条约为主。宋先生在老挝经营超市，有可能出现各种纠纷，因为宋先生的国籍为中国，其纠纷应为涉外纠纷，但是如果向老挝法院提起诉讼，则法院不会选择适用中国的民商事法律，而是直接适用法院地法老挝法解决纠纷。宋先生应该聘请了解老挝法律的法律工作者如律师来维护自身利益。如果宋先生涉及的涉外案件中国法院有管辖权，则可以在中国法院提起诉讼，依据中国的冲突规范进行法律选择，最后做出判决。如该判决需要在老挝执行，则宋先生可以持中国判决书到老挝法律申请承认和执行，通过这种方式也可以达到保护宋先生在老挝合法权益的目的。

第三节　事后处理

东南亚一直以来被称为是博彩天堂，由于地理、文化等的阻隔，天高皇帝远，一些从事电信诈骗的人员常藏匿于这一带。这些犯罪分子以不法手段进行揽财并企图借助东南亚等海外独特地理位置逃避我国法律制裁。不过，也有部分受骗者因为海外务工被骗至此，虽不甘沦落犯罪，却依然受制于人。阿明在老挝被迫从事电信诈骗业务一案就是典型范例，本节将深入分析该案，以便为海外中国公民防范电信诈骗和有效维权提供法律对策。

一、出国务工引发电信诈骗案

程序员阿明已经在北京工作5年了，工资还仅仅能满足温饱，因此一直对工作状态郁郁不满。于是，2018年阿明的同事给他介绍一份在老挝的工作，宣称税后工资3万~4万，住海景房，包食宿。阿明家里的条件不太好，考虑到可以赚到更多的钱，阿明决定去老挝打拼。

第一次网络面试时，面试官问了阿明一些职业规划和个人生活情感问题，阿明对答如流。一场面试下来，阿明感觉这场面试诚恳专业。接着阿明收到了二面通知，技术面试。面试官是同行业的中国程序员，而且曾经同在北京打拼，阿明不禁放开心怀，同面试官侃侃而谈。二面结束后，人事部门打来电话沟通薪资。一套面试流程走下来，阿明的感受就是公司运营专业正规。于是，阿明办好手续后，怀揣着梦想就前往老挝所在公司。

阿明到达老挝后才发现该公司是一家从事网络诈骗的公司。阿明怎么也没想到优厚的报酬背后进行的竟然是非法的工作。阿明的护照和身份证被公司以办聘用合同和入职名义骗走，无法回国。实际的工作时间和报酬根本与合同不符，时刻处于公司的监控之中。阿明发现这样的工作更像是一个传销组织。一套完整博彩诈骗电脑程序的运转，需要大量程序员来维护。他们所做的工作是负责推广，吸引国内的公民来博彩网站投资，方法多种多样，有微信诱导、网络诈骗、"杀猪盘"虚假投资等。通过相亲网站、手机直播平台等网络媒介寻找作案目标，借交流感情或以投资为幌子骗取受害人信任，引诱其投资或下注。由于人身受到控制以及高额工作报酬，阿明不得不工作，虽然自己是受害人，但又不得不配合公司继续骗自己同胞的钱。① 公司对"业绩好"的员工不断提高工资，在巨大利益的诱惑下，阿明渐渐忘记自己也是一个受害者，千方百计欺骗中国公民在这个诈骗网站上投钱，以提升自己业绩。直到 2019 年 6 月，中国警方和老挝警方将这群网上诈骗团伙一网打尽，将阿明在内的犯罪嫌疑人全部抓获。

2019 年，中华人民共和国公安部进一步加强国际执法合作，加大打击跨国电信网络诈骗违法犯罪，在老挝打掉多个特大跨境电信网络诈骗团伙，捣毁 15 处诈骗窝点，追缴赃款赃物价值 2100 余万元，缴获手机、电脑等一大批作案工具。② 2019 年 10 月 15 日，中国公安机关将 136 名电信网络诈骗犯罪嫌疑人从老挝押解回国，涉及国内多地的 1200 余起电信网络诈骗案件成功告破。

二、法理分析

本案涉及中国公民在老挝务工以及跨国网络犯罪等问题，需要着重对其进行深入详细的法理分析，以便探寻解决方案。

---

① 掌中寮：《东南亚：针对中国人的不仅有赌场　还有网络赌博诈骗》，http：//mp. weixin. qq. com/s/QzpZXcQV-Th-sEsmZA-v3g，访问时间：2021 年 6 月 27 日。

② 江苏警方：《136 名电信网络诈骗犯罪嫌疑人从老挝被押解回国》，https：//mp. weixin. qq. com/s/eHK_9VR3d9NBmxilHW2uog，访问时间：2021 年 6 月 27 日。

（一）阿明行为涉嫌构成诈骗罪

阿明作为程序员到老挝务工主要从事的"工作"是通过网络交流感情或以投资为幌子赢得受害人信任，使其下注或投资，从而骗取钱财。该行为已经构成犯罪。首先，在所谓的工作中，阿明意欲谋取受害人的财物所有权，这符合了诈骗罪的客体要件。其次，阿明是使用欺诈方法骗取了高额价值的财物，他通过虚构事实或通过隐瞒真相，使受害者陷入错误认识，并因为这种错误认识作出了财产处分，因而使阿明这一方行为人获得财产，受害人受有财产损失，这是诈骗罪的客观要件。其次，阿明达到刑事责任年龄，具有刑事责任能力，这是构成诈骗罪的主体要件。最后，阿明最终目的是骗取受害人的钱财，具有非法占有他人财物的直接故意，这是其主观要件。《中华人民共和国刑法》第 266 条规定，阿明在本案中所实施的行为涉嫌构成诈骗罪。

电信网络诈骗是通过电话、网络等方式编造虚假信息，设置骗局，对受害人实施远程、非接触式诈骗，诱使受害人打款或转账的犯罪行为。电信网络诈骗的特点是犯罪活动的蔓延性较大，发展迅速。信息诈骗手段翻新速度快，通常是团伙作案，反侦查能力强，跨国跨境犯罪突出，隐蔽性强。从本案来看，电信网络诈骗团伙通过看似合法的招工形式，在短时间内吸纳数量较多的较高水平的专业技术人员，通过对其人身监控，利用程序员的技术知识，利用跨境犯罪侦查力较弱的条件实施诈骗罪。为打击日益频繁的电信网络诈骗犯罪，根据最高法等三部门发布的《关于办理电信网络诈骗等刑事案件适用法律若干问题的意见》，规定了电信诈骗行为从严惩处的情节，最高可判无期徒刑。具体量刑可参酌相关证据，如犯罪所得收益及阿明在组织中所处的地位，可能会以胁从犯认定减轻或免除处罚。

本案中的电信网络诈骗公司虽设在老挝，但犯罪嫌疑人为中国国籍，据属人管辖原则，中国公民在国外犯罪，按我国刑法规定最高刑为 3 年以上有期徒刑的罪行，可以追究刑事责任。另外，本案受害人为中国人，根据保护管辖原则，中国对该案也有管辖权。同时，我国与老挝在 2002 年缔结了《中老引渡条约》，也有助于中老两国司法执法合作，刑期在 1 年以上的即达到引渡条件，大大扩大了我国的刑事司法管辖权范围。

随着我国大国外交政策的推行，我国日益重视跨国执法合作，加大打击电信网络犯罪方面的力度。尤其，老挝作为"一带一路"共建国，我国与老挝有关电信网络诈骗的侦查和抓捕行动中的警务合作取得了长足进展。因此，对从事电信网络诈骗犯罪的犯罪嫌疑人绝不会因为跨境距离远而姑息，引渡、遣返等各种措施都会助力跨境追逃。

（二）劳动纠纷法律保护

阿明赴老挝的初衷是找到一份满意的工作，未想到在犯罪的道路上越走越远。抛开阿明电信网络诈骗的犯罪行为，单从民事法律角度分析，如果阿明是合法工作，出现了劳动纠纷，应采用合法途径解决。

1. 合法的出国务工途径

老挝劳动社会福利部颁布实施的《外籍劳工引进和使用管理决定》规定了外国人在老挝工作的一些条件。进入老挝工作必须满足身体健康且具有一定技能的条件。需要引进外籍劳工的单位和个人必须要向老挝劳动社会福利部劳务司递交相关申请。外籍劳工在老挝工作的期限为一年或半年。①

2. 了解企业资质，签订合同，办工作签证

中国公民通过有经营涉外劳务资格的公司外出务工，一般可以是劳务派遣或者直接与外国雇主签订劳动合同。如果劳务公司外派企业随意承诺可以出国，而不对个人身体及技能作要求，工作年限超过上述要求，很可能是不符合资质的企业，因此要慎之又慎。了解外派企业是否具有境外劳务派遣资质，可以在当地政府平台进行查询。通过外派形式赴老挝务工时要签订两份合同，与外派企业签订《外派劳务合同》，与老挝当地企业签订《雇佣合同》。若中国公民与老挝当地企业发生劳务纠纷，适用《雇佣合同》，请求外派企业协助与老挝当地企业进行交涉协商或进一步诉讼解决；若中国公民与外派企业发生劳务纠纷则适用《外派劳务合同》。每一份合同都要妥善保存，为以后可能出现纠纷及时有力维权做好准备。中国公民在满足出国条件及充分考虑到在老挝务工可能的风险后，如果仍决定赴老挝务工，需要办理 B2 工作签证，并凭此签证办理一年长期居留证件，取得合法合规在老挝长期居留和工作的权利。提出办理旅行签证工作后进行工作签证办理的公司多为不法企业，要予以警惕，以免发生在老挝非法务工的情况。非法务工会违反老挝法律，并被处以罚款，在发生劳务纠纷时也会引发维权障碍，百害而无一利。

3. 老挝劳动纠纷解决的法律规定

老挝《劳动法》针对不同类型的劳动争议，规定了不同的程序和纠纷解决方

---

① 中华人民共和国商务部：《对外投资合作国别（地区）指南——老挝（2020 年版）》，http://fec. mofcom. gov. cn/article/gbdqzn/index. shtml#，访问时间：2021 年 6 月 27 日。

式。涉及法律方面劳动争议的解决，中国劳动者认为老挝用工者未执行《劳动法》等有关规定，损害其合法权益，有权提出异议。用工方未处理，中国劳动者可要求工会或劳动者代表参加协商。若意见达成一致，在见证人见证下签署备忘录，5日内报送劳动行政部门或工会。若自异议提出 15 日内未形成一致意见，可以到劳动行政部门申诉。劳动行政部门在 15 日内不能就申诉帮助达成一致意见或不能实施，则中国劳动者可以到法院起诉。因此，对于这一类型的争议，解决的途径依次是异议、申诉、起诉。[①] 老挝《民事诉讼法》规定，各级法院都应当提供调解程序，而且劳动案件属于必须调解前置的案件。

三、对策建议

(一) 误入网络诈骗的事后处理

中国公民到达老挝后，如果发现像阿明一样误入网络诈骗组织，被没收手机、身份证或护照处于诈骗组织人身监控下，切记保持镇定清醒，在不触犯刑法的同时，不表现出明显的违抗，可寻找可靠安全的时机，寻求官方机构保护，到老挝各地的警察机构报案，或拨打各地的报警电话。考虑到当地执法不力或因证据不足、缺乏身份证明不予协助的情况，可以拨打中国外交部全球领事保护与服务应急呼叫中心 24 小时热线寻求领事帮助。应对电信诈骗务工案，其实重在预防。目前，老挝已发布社会风险警示，提请中国公民提高警惕，拒绝高薪诱惑，谨防虚假广告，增强安全意识和甄别能力。在出国时，尤其要注意不要将护照、身份证等复印件与原件存放在相同地方，以应对可能发生的意外状况。如在诈骗团伙中的确是被胁迫工作，应留存证据，以备日后被逮捕以诈骗罪立案起诉作无罪辩护。

(二) 劳务纠纷的维权方式

中国驻老挝大使馆经济商务参赞处显示，截至 2022 年末，我国公民在老挝各类劳务人员达 6028 人。随着"一带一路"建设及跨国流动的便利，越来越多的中国公民走出去，到老挝工作。然而，中老两国的法律制度不同，信息不对称，越来越多的中国公民合法权益遭到侵犯，得不到保护。

如果引发民事层面上的劳务纠纷，解决的方式多种多样，可以视情况循序渐进选择合适的维权方式解决纠纷，前提是中国公民在老挝境内应严格遵守当地的法律法规，只有本身行为合法，维权救济时才更有保障。中国劳动者在老挝境内

---

① 苏亚秋：《中国老挝两国劳动争议纠纷解决对比分析》，载《商》2016 年第 35 期。

发生劳务纠纷时，切勿采取过激行为，如围攻使领馆或政府以及罢工或游行等都是不当的行为。要采取合理合法方式反映诉求，否则不仅无法维护自身合法权益，还要承担相应的民事甚至刑事责任。

1. 司法救济

老挝注重通过调解、协商解决纠纷，重视维护和谐稳定的劳动环境，中国公民在老挝务工发生纠纷，首先宜采取谈判、调解的方式解决纠纷，以便于纠纷在相对友好的关系下快速解决，这种方式适用于员工有继续在原企业从事工作的可能，必要时可要求工会介入。在纠纷通过调解不能解决且需要进一步提起申诉、仲裁、诉讼的情况下，中国公民可以通过使领馆协助咨询老挝当地法律规定或司法部门工作人员，或聘请律师。

在老挝"打黑工"会被罚款甚至造成犯罪。因此，在赴老挝务工时一定要选择具有合法资质的劳务派遣公司，办理合适的签证，遵循各项赴老挝务工的法律规定。如果外派企业没有境外劳务派遣资质，与中国劳动者也没有签订合同，中国劳动者可向外派企业注册地的劳动仲裁委员会申请仲裁，以存在事实劳动关系为由，请求赔偿。如果外派企业有境外劳务派遣资质，但未与中国劳动者签订合同，也没有办理合法的出国手续，可以双方协商解决或向地方商务主管部门投诉来进行维权。①

2. 外交领事救济

中国公民在与当地企业发生劳务纠纷可以请求领事保护，中国驻老挝使领馆可以协助当事人维权，但是不得干预老挝司法行政工作。当事人如果用尽当地司法救济无效时，可以请求外交保护，但外交保护的启动由我国政府决定。我国驻老挝使领馆本着"外交为民"的原则会在国际法与老挝当地法律允许的范围内对中国公民权益进行合法保护。②

随着"一带一路"建设的开展，我国赴共建国家务工的人员将日益增多。由于对国外企业的了解上信息不对称，中国劳动者常常遭遇务工诈骗等劳务纠纷。复杂的涉外因素、不同国家的法律制度的差异，往往使得维权艰难而困苦。我国

---

① 大连华通出国：《出国劳务纠纷多种维权路径》，https：//zhuanlan. zhihu. com/p/37422402，访问时间：2021 年 5 月 30 日。

② 中华人民共和国商务部：《对外投资合作国别（地区）指南——老挝（2020 年版）》，http：//fec. mofcom. gov. cn/article/gbdqzn/index. shtml#，访问时间：2021 年 6 月 27 日。

应在国际社会的国际劳工公约革新、跨国务工中打击刑事犯罪等方面广泛开展合作，以更好维护跨国劳动者的权益。

本章小结

随着中国"一带一路"建设不断推进，特别是中老铁路的建设，老挝参与"一带一路"倡议的意愿愈加强烈，前往老挝工作和生活的中国公民日趋增多，为中老经济建设、文化交流和民间外交等方面贡献了自己的力量。现定居在老挝的中国公民约30万，占老挝总人口的4.4%，其中尤以广东、湖南、云南籍公民居多。2000年后，中国不同地域人群在老挝经营行业多有差异，浙江人借助资金和布料市场优势，多经营布匹、钱庄、商场等行业，如万象的中国城和大型钱庄大多由浙江人创办；四川人借助早期在老挝修路、建坝、挖矿的建设经验，多从事大型机械设备经营等；云南、广西人借助橡胶、蔬菜种植技术，多从事农业生产等；福建人在老挝北部承包大量土地种植香蕉；湖南人迁移早、数量多、资金少，多经营五金、百货、摩托、手机等行业，借助早期流动摆摊所掌握的信息优势，占据了老挝的乡村市场。2010年后，随着中老交流进一步深入，赴老的中国新移民身份逐渐多元化，留学生、国企职工、中方教师、投资人、技术工人的数量明显增加。如何更好地保护在老挝的中国公民权益是人们日益关注的问题。

一、在老挝中国公民的权益内容和特征

（一）在老挝中国公民的权益内容

狭义的海外利益仅指中国机构和公民在海外的生命、财产和活动安全，广义的概念还包括境外所有与中国政府、法人和公民发生利益关系的有效协议和合约，在境外所有中国官方和民间所应公平获得的尊严、名誉和形象。[1] 据此，中国公民在老挝享有的权益主要包括六类：

一是人身安全。在老挝的中国人享有的一项基本权益就是人身安全。老挝民风较为淳朴，且老挝公民大都信奉佛教，与人交往谦和有礼，因此在老挝的中国

---

[1] 陈伟恕：《中国海外利益研究的总体视野———一种以实践为主的研究纲要》，载《国际观察》2009年第2期。

公民人身安全总体上来说是较为安全的。但是近些年来，也发生过较为恶劣的侵害中国公民人身权益的案件，如2018年老挝湖南商会会长李先生在万象家中遇袭身亡，该案后由中国老挝两地警方联合办案并最终逮捕了犯罪嫌疑人。

二是财产安全。在老挝的中国人一般从事的是经营活动，积累了一定财富，因此，中国公民的财产安全也是一项重要的权益。该权益不仅包括在老挝的中国公民财产不受他人暴力非法占有，而且根据中老协议，不得随意将中国公民的财产征收、国有化，还包括中国公民在老挝积累的财富可以输回本国。

三是活动安全。在老挝的中国公民还享有人身自由即活动安全。中国公民在老挝以遵守老挝的法律和社会公共利益为前提，工作、学习、生活时享有人身自由、活动安全。

四是投资权益。根据老挝的法律制度和投资政策，老挝鼓励外国政府、外国企业、外国人对老挝的各行各业进行投资，但在一些特定领域如涉及国家政治经济安全产业对外资有最低资本要求或者当地参股要求限制。中国公民在老挝进行投资，享有投资自由权、投资管理权、投资收益权等。中国公民投资在不违反老挝法律的规定下，可以自主选择投资的领域、投资的方式、投资额的大小；在投资完成后，可根据投资的方式如独资合资享有对资本的管理权；中国公民享有投资获益，可自主决定收益的分配处理。

五是交易权益。老挝是社会主义国家，在经济运行中推崇市场规律，鼓励交易。因此，中国公民在老挝从事的经济交易事项较为广泛，常常涉及购销合同、易物合同、寄售合同、建筑合同、租赁合同等各类合同的签订与履行问题，中国公民在老挝从事经济交往活动时，享有平等主体地位，交易过程严格遵循当事人意思自治原则，积极保护当事人在交易中的各种利益。

六是劳动权益。老挝是一个相对地广人稀的国家，劳动力有限，因此对中国公民进入老挝务工持欢迎态度。根据老挝法律，中国公民在老挝务工享有法定的劳动权益，具体包括获得劳动报酬权、劳动休息权、劳动保障权等。在老挝务工的劳动者既有文化程度较高的教育工作者、科技工作者和管理人员，也有大量提供简单劳动力且文化程度较低的中国公民。应根据不同行业，加大对在老挝务工的中国公民的劳动权益的保护力度，比如对文化程度较高的劳动者除注重其劳动报酬外，还应注重其职业的发展；对文化程度较低并以体力劳动为主的劳动者应在注重劳动报酬的同时，还应更加关注劳动环境劳动保障方面的权益问题。

（二）在老挝中国公民的权益特征

权益内容的多样性。中国公民在老挝享有的权益内容较多，以人身财产安全为基础，同时又涉及经济利益、财产增值、劳动保障等权益。这些权益都是中国公民在老挝生活、学习和工作必要的保障。

权益内容具有超国民性。老挝是属于经济不发达国家，迫切需要吸引外资，因此，老挝对外国人、外国企业、外国政府在老挝进行投资给予了较多的优惠政策，比如税收的减免。实际上，中国公民在老挝的权益在投资领域、贸易领域享有一定的超国民待遇原则。

权益内容的国际性。中国公民在老挝享有的各种权益，一方面是老挝本国法律对外国人权益保护的具体体现；另一方面也是中国和老挝签订的各种双边条约所约定的，如双边投资保护协定就对中国公民在老挝的投资权益有明确的规定；另外，这也是国际公约的明确要求，因为中国和老挝都加入了一些对外国人权益保护的国际公约。由此可见，在老挝的中国公民享有的权益是综合的、国际性的权益。

二、中国公民在老挝权益受损风险预警

（一）人身财产风险

中国公民在老挝要注意保护自己的人身财产安全。虽然老挝目前治安状况较好，但是因为老挝经济社会发展较为落后，当地政府在人身财产保护方面投入的人力物力财力较少。而且中国公民收入相比老挝公民要高，其中一部分的中国公民属于老挝的富有阶层，因此中国公民在老挝有可能成为某些不法之徒的犯罪对象。

（二）投资风险

老挝是一个新兴的投资市场，对于外国投资者机遇与挑战并重，投资也存在风险。首先，老挝的基础设施建设薄弱，大部分公路、铁路年久失修，运输能力较弱。其次，老挝是一个内陆国家，没有对外的港口，外国商品进入老挝时采用海运的方式要经过其他国家的海关，往往会增加货物成本。最后，老挝的投资相关配套实施细则、条例等文件不够全面，导致了中国公民在老挝投资的不确定性。

（三）交易风险

中国与老挝虽同为亚洲国家，但是在交易语言、交易习惯、交易规则上仍然存在较大的差异，而且老挝的当地企业内部治理结构也不完善，因此中国公民在

老挝进行经济交易也可能存在一定的风险。

（四）劳动风险

中国公民无论在老挝雇佣劳动力，还是中国公民通过劳务输出赴老挝工作，都存在一定风险。老挝在劳动就业保护方面有"不可替代性要求"，老挝对外籍员工引进比例进行了规定，而且规定雇主必须优先将岗位安排给老挝籍员工。老挝劳动争议解决机制尚不成熟，通过法定的行政和司法途径受理并解决的劳动争议较少，往往采取调解的方式解决，而且争议解决的过程存在不确定性。

三、中国公民在老挝权益受损的本地救济途径

老挝法对民商事纠纷解决途径规定得较为全面，可以通过调解、仲裁和诉讼等途径解决。

（一）调解

调解与仲裁的法律条文集中体现在老挝《经济争议解决法》中，该法明文规定了调解制度。此外，《投资促进法》和《合同侵权法》也涉及调解的内容。老挝的调解和仲裁的专门服务机构为设立在老挝司法部的经济争议解决中心和地方性经济争议解决处，这些机构主要依《经济争议解决法》的规定来处理民商事纠纷。

（二）仲裁

老挝的仲裁制度作为与调解制度并行的纠纷解决方法，规定在《经济争议解决法》中，老挝同时也是《承认及执行外国仲裁裁决公约》（又称《纽约公约》）的缔约国。老挝仲裁的专门服务机构为设立在老挝司法部的经济争议解决中心和地方性经济争议解决处。

（三）民事诉讼

老挝1990年颁布了《民事诉讼法》，2004年进行了修改，并在2014年通过了《民事诉讼法》修正案，民事诉讼制度较为完整。老挝《民事诉讼法》规定了基本的审判制度：公开审判、三审终审、依法判决、独立审判及合议、判决的终局性；还规定了承认外国判决的申请程序、判决不予承认的情形及对老挝法院不予承认外国法院判决的救济程序。

四、中国公民在老挝权益的领事保护

外交部领事司、驻外使领馆是我国领事保护的主要机构。领事保护工作的主

要宗旨在于保护中国国家利益和海外中国公民合法权益。中国外交部发布了2023年版《中国领事保护与协助指南》，该指南详细介绍了中国公民赴境外旅行、探亲、工作、出差应注意的事项。在老挝的中国公民正当权益受到损害时，可以向中国驻老挝使领馆求助，中国驻老挝大使馆领事部可以提供力所能及的帮助。帮助内容包括：提供咨询和必要的协助，推荐律师、翻译及医生，如遇特别情况协助向国内亲属通报情况，协助寻亲，补/换/发旅行证件，签发回国证件，依法办理公证、认证、婚姻登记，与国内亲属联系并解决所需费用，应请求进行探视。中国公民前往老挝之前可以通过中国领事服务网"出国及海外中国公民自愿登记"系统（http：//ocnr. mfa. gov. cn/expa）进行公民自愿登记，如果老挝出现突发情况，使领馆能够及时通过该系统上登记的信息联系到中国公民，保护中国公民的权益。

五、中国公民在老挝权益的外交保护

外交保护，是指一国针对其国民因另一国的国际不法行为而受到损害，以国家名义为本国民采取的外交行动或其他和平解决手段。一般来说，外交保护泛指一国通过外交途径对在国外的本国国民的合法权益进行的保护。外交保护针对的是外国不法行为，并采取措施追究外国国家责任，以国家名义行使。外交保护的前提是要求被保护人持续具有保护国的实际国籍或经常居住在该国，而且被保护人需用尽当地救济即要求受害人用尽当地救济后仍未实现其合法权利，才能进行外交保护。如果中国公民在老挝无辜受到逮捕或拘留，无法通过司法程序获得救济或发生财产遭到非法没收等情况，用尽当地救济时可以进行外交保护。但是，根据中国与东盟之间的协议，中国在投资领域放弃了外交保护。

六、中国公民利用当地华人自治组织维权

2015年老挝中华总商会成立，作为老挝第一个全国性华侨华人社团，老挝中华总商会的定位是由定居、生活在老挝，经营商业的华侨华人所组成的民间商业团体，是联系各地侨社的纽带。老挝中华总商会以促进老中两国企业和民间商业之间的合作、交流与发展为宗旨。老挝相继成立了老挝湖南商会、四川商会、粤商会，这些商会利用自身优势，为在老挝的中国公民维权发声，扩大社会影响力，积极与当地政府沟通，以促使其出台更有利于中国公民权益保护的政策和规定。

中国公民在老挝实用信息

单位名称或事项	地址	电话	备注
外交部全球领事保护与服务应急热线	—	+86 – 10 – 12308 +86 – 10 – 65612308	
中国驻老挝大使馆	老挝万象省西沙达纳县瓦特纳路	领事证件咨询电话： +856 – 21 – 315100 领事保护与协助紧急求助： +856 – 21 – 315105	领事部对外开放时间： 周一至周五 8:30—11:30(接件) 15:00—17:00(取件) 领事证件咨询： 工作日 8:30—11:30 15:00—17:00 领事保护与协助紧急求助： 工作日 8:30—11:30 15:00—17:00
中国驻琅勃拉邦总领馆	老挝琅勃拉邦省琅勃拉邦市邦康村	+856 – 20 – 55571303 领事保护协助： +856 – 71 – 212989 +856 – 71 – 252440 领事证件咨询： +856 – 71 – 252439 +856 – 20 – 55571306(手机) 礼宾事务： +856 – 71 – 252437 +856 – 20 – 55517304(手机) 值班室： +856 – 71 – 252442(夜间)	办公时间： 周一至周五 08:30—12:30 14:00—18:00 领事证件咨询： 工作日 8:30—12:30 14:00—18:00
匪警	—	1191	
火警	—	1190	
急救	—	1195	
交通事故	—	1623	
华助中心求助	—	1628	

第六章
在泰国的中国公民权益保护

泰王国（The Kingdom of Thailand），简称泰国，君主立宪国家。国土面积约为51.3万平方公里，人口为6900万（截至2021年3月），全国分中部、南部、东部、北部和东北部五个地区，共有77个府，府下设县、区、村。首都为曼谷，官方语言为泰语，货币为泰铢。泰国作为"一带一路"沿线国、东盟创始国，在亚洲地区有着十分重要的区域影响。① 2017年中泰签订《共同推进"一带一路"建设谅解备忘录》。统计表明，2017年中国赴泰人数为980.5万人次，2018年赴泰人数首次突破了千万大关达到了1053.6万人次。② 2019年中国赴泰国游客人数约为1098万人次，同比增长4.2%。③ 另外，中国是泰国最大贸易伙伴，泰国是中国在东盟国家中第三大贸易伙伴。2020年，双边贸易额986.3亿美元，同比增长7.5%，其中中国出口505.3亿美元，同比增长10.8%，进口481亿美元，同比增长4.2%。④ 数据的逐年稳步上涨表明泰国已成为中国公民旅游投资青睐之地。因此中国公民有因旅游而入境泰国，也有因外商政策诱人而前往泰国经商的，还有前往泰国留学的，或者因婚姻关系选择在泰国定居，或者因优厚的工作待遇前往泰国工作等。

泰国关于外国人权益保护的法律制度对在泰国的中国公民权益保护起到举足轻重的作用。泰国有关外国人权益保护的法律机制可作如下分类：

---

① 参见郑琳倩：《泰国居民对中国的旅游形象感知与旅华意愿研究》，中央民族大学2019年硕士学位论文，第3页。

② 《2017年赴泰旅游外国游客总数超过3500万人次》，http；//www.199it.com、archives/676896.html，访问时间：2021年6月27日。

③ 《2019年中国赴泰游客人数约1098万人次 同比增长4.2%》，https：//cq.qq.com/a/20200109/042403.html，访问时间：2021年6月27日。

④ 《对外投资合作国别（地区）指南——泰国（2020年版）》，http：//fec.mofcom.gov.cn/article/gbdqzn/index.shtml#，访问时间：2021年6月27日。

一、外国人法律地位规定

泰国加入了《世界人权宣言》《公民权利和政治权利国际公约》《经济、社会和文化权利国际公约》，同时是 WTO 的成员国。根据泰国缔结的公约之规定，外国人在经济文化民事权利方面享有国民待遇，与泰国公民的各项权利基本一致。在投资领域，中国投资者根据泰国《投资促进法》，在科技绿色保护方面进行投资将享受优惠待遇，而《外籍人经商法》中规定了禁止、限制外国投资的行业，《外籍人工作法》规定了外国人在泰国鼓励就业、允许就业和禁止就业的领域。

二、外国人权益保护的实体法律规定

泰国目前尚无专门的外国人权益保护法，对外国人保护体现在《民法典》中外国人享有与泰国公民相同的民事权利，如人身权、财产权、婚姻家庭继承权等；泰国的《冲突法》是解决涉外民商事纠纷的法律适用法，从内外法律平等进行选择方面对外国人权益进行了客观公正的保护；泰国的刑事法律对刑事案件中外籍受害人和本国受害人未有区别对待，统一进行保护。

三、外国人权益保护的程序法律规定

根据泰国《民事诉讼法》《刑事诉讼法》，外籍人享有与泰国人同样的诉讼权利。因为中泰之间签订了《引渡条约》《民商事司法协助和仲裁合作协定》《刑事司法协助条约》，中国公民在泰国遭受不法侵害，不仅可以通过泰国司法途径解决，而且在诉讼过程中享有优惠待遇，例如诉讼费用的减免。

第一节　事先预防

事先预防可以在一定程度上避免或减少中国公民权益在泰被侵犯事件，保护我国在泰国的公民权益，降低事故发生的可能性。良好且完善的事先预防能够帮助即将奔赴或者已在泰国的中国公民通过自我管理避免权益被侵犯。为此，本节通过梳理泰国大象踩踏事件的来龙去脉，对我国在泰国的中国公民权益保护的事先预防环节进行法理分析，提出法律对策和相关建议。

一、大象踩踏致人伤亡案件

2017年12月21日，在泰国著名海景度假胜地芭堤雅，一头被两名中国游客骑乘的大象突然发狂失控，冲撞人群，将身处园中的一名重庆女游客撞倒。带队的中国籍导游为保护该游客，将该游客拖至安全地带，自己却被大象的鼻子卷起重重地摔在地上踩踏而死。这次事件中除导游身亡外，在发狂大象身上的两名中国游客也不同程度受伤，其中一名在大象背上的乘客由于没有系安全带，在大象发狂失控时被摔落在地上导致重伤。事件发生后，中国驻泰国大使馆第一时间通知泰方妥善保管死者遗体，全力救治受伤中国游客。当地旅游警察、游客协助中心派人赴医院探望并照料伤者。文化和旅游部第一时间要求中国驻曼谷旅游办事处了解情况，慰问已赴泰的领队家属，探视受伤游客，并协助做好此事件处置相关工作，责成重庆市旅游发展委员会及时妥善处置。经过泰国警方调查和目击者的证词，大象发狂的主要原因在于该大象在游览的过程中停住不走，驯象师为了驯服该头大象前进，拿着象钩狠狠砸向了大象脑袋中间的位置，之后没多久该大象便发狂失控，朝着人群冲撞，酿成了这一起令人心痛的事故。① 另外，该旅游景点并没有修建保护栏将大象与游客隔离开来也是该事故的主要原因。② 事件发生后，立即引起了社会和舆论的广泛关注。大量游客涌入，泰国旅游业迅速发展，这些深受游客喜爱的动物表演和骑乘活动热度也居高不下。事实上，在此次事件发生前，同样也发生过几起类似揪心的案件。一些当地商家为了谋取利润，开展各式各样不顾及游客安全的活动吸引游客，诸如"与动物进行亲密接触""与动物拍照""给动物投喂"等。同时，为了驯化野生动物听从人类的支配，他们做出不可谓不残忍的行为，如用象钩打击大象的耳朵，用绳索勒大象脖子，拔掉大象牙齿……这些残忍的行为不仅对动物造成了伤害，也会造成动物的逆反，在安保措施不完善的情况下给游客带来了巨大的安全隐患。

二、法理分析

大象踩踏造成旅泰中国公民伤亡的悲剧如果事先预防到位本是可以避免的，事先预防既体现在国籍国对海外公民的保护中，又体现在所在国对外国公民的

---

① 《应急救援 泰国大象踩踏事故致中国游客一死两伤》，https://mp.weixin.qq.com/s/a4Fv5-6ghUR4jajykQgYEw，访问时间：2021年6月27日。

② 《中国导游在泰国被大象踩踏致死到底发生了什么？》，https://mp.weixin.qq.com/s/88_PEhkXN07Fo8kka_9S8Q，访问时间：2021年6月27日。

保护。

（一）国籍国和所在国对海外公民保护的法理依据

中国对在泰国的本国公民权益进行保护主要涉及中国与中国公民的属人管辖法律关系、中国公民与泰国形成的属地管辖法律关系以及中国与泰国形成的国家间法律关系这三类法律关系。具体来说，其一，当中国公民入境泰国，身处泰国的领土管辖之下，应当尊重泰国的法律法规，当身处泰国的中国公民遭受当地私人的侵害或者违反泰国的法律法规时，根据属地管辖原则，泰国有关部门有权根据属地管辖原则按照泰国的法律法规对其进行处理。这种法律关系为泰国与中国公民所形成的属地管辖法律关系。其二，当本国公民遭受到了泰国有关机关的侵害，当地有关部门不进行救济或对侵害行为进行纵容，在用尽了当地救济的情况下，我国作为中国公民的国籍国，负有保护在泰国的中国公民权益的义务，给予其外交保护，涉及国家责任，这个时候的法律关系便由泰国与中国公民的属地法律关系转化成中国对身处泰国的中国公民进行保护而发生的中国与泰国之间国家间法律关系。其三，从国内法来看，以是否拥有本国国籍作为中国可否保护在泰华人的法律依据。具有中国国籍的人便是中国公民，与中国形成法律上的权利义务关系，公民依中国的法律享有权利同时承担相关义务；而国家也负有义务保障公民权利的顺利实施，当其身处泰国权益被侵犯时给予救济，属人管辖是世界各国所普遍承认的一项习惯规则，也是我国对在泰国公民进行保护的依据。①

在本案中，由于事故发生地在泰国，在尊重泰国国家主权以及属地管辖原则的前提下，应当首先由泰国相关部门根据属地管辖原则对事故进行处理，采取救援措施，查清事故责任，对受害者进行事后赔偿。但同时，被泰国大象踩踏致死的导游以及受到伤害的游客拥有中国国籍，根据属人管辖原则以及国家对海外公民保护的义务，领馆应当及时提供领事保护，督促泰国有关部门及时采取救助措施，保护中国公民的相关权益。中国与泰国签订了《引渡条约》《民商事司法协助和仲裁合作协定》《刑事司法协助条约》等司法合作条约，中泰两国在司法程序上互相合作，更有利于对在泰国的中国公民权益保护。

（二）案件中法律关系的梳理

在大象踩踏致人伤亡的案件中，与死亡的领队以及受伤的游客相关的法律关系至少包括四大层次：

第一层次为旅行社或是领队与被救助游客之间的法律关系。对于领队救助游

---

① 孔小霞：《海外中国国民权益保护的国际法思考》，载《兰州大学学报（社会科学版）》2008 年第 6 期。

客的行为是定性为见义勇为还是职务行为，在当时引起了大家的讨论。所谓的职务行为，是指行为人依照公司的指令而实施执行工作任务的行为，是职务授权行为，而非出于自由意志的表达。领队带团出境旅游，与旅行社形成劳动关系或者是劳务合同关系，接受旅行社的指令，按照旅行社的要求为出境旅游的游客提供旅游服务，履行工作职责，领队按照旅行社的指示为游客提供服务的行为应当被认定为职务行为。我国关于见义勇为行为的规定则散落在《民法典》以及各个具体规章条例之中，我国《民法典》对见义勇为者因为救助他人而受到伤害的情况下如何对见义勇为者进行赔偿以及因救助他人而造成他人损害的情况下是否需要承担责任的问题作出了一般性的规定，但对于如何认定见义勇为的行为，《民法典》缺乏具体细化的规定。《重庆市鼓励公民见义勇为条例》第3条规定见义勇为是指不负有特定职责的公民，为了维护国家利益、社会公共利益或是他人的利益，置个人的安危于不顾，挺身而出，与违法犯罪行为作斗争的行为。① 从该规定可以看出，对于见义勇为者的认定，强调的是不负有特定职责的公民。如此，本案领队的救助行为是见义勇为行为还是履行特定职责的行为呢？换句话来说，领队是否负有救助的义务呢？根据法律规定，旅行社应当保障游客的安全，负有保障游客出行、游玩、返程途中人身和财产安全的义务。这些义务一般在合同中予以明确规定。当然，即便合同没有作出约定，这项义务作为一种默认义务由旅行社自觉履行。换言之，在旅游途中，旅行社倘若没有尽到安全保障义务，使游客遭受到了他人的侵害，旅行社应当向游客就其不作为导致的本可以避免的损害承担相应的赔偿责任。在具体的实践中，旅行社如何履行安全保障义务才能避免出现游客权益损害时免于承担赔偿责任？这也就是弄清旅行社承担的安全保障义务的界限范围问题。有很多类似于旅行社充分尽到了提醒注意防范义务，但游客却自陷风险的事件，比如频频发生的中国游客私自下海溺水事件，在这种情况下倘若将游客自陷风险的行为归咎于旅行社未尽到安全保障义务，进而要求旅行社承担相应的赔偿责任，乃属于加重了旅行社的义务。这对旅行社来说是不公平的。因而，安全保障义务必须限制在合理的范围之内，是与领队的职责密不可分的。如法律规定旅行社负担保障游客安全的义务，领队按照旅行社的指示负有救助游客的职责，但是，这并不意味着领队必须具备与专业的医疗人员一样的救助能力，只要在职责范围内尽到了该尽的救助义务，履行了救助程序上的义务，例如在事故发生前对危险的可能发生履行了充分的通知注意和警示义务，事故发生时对其进行

---

① 参见《重庆市鼓励公民见义勇为条例》，重庆市人大常委会第135号，2002年5月25日。

了救助，游客受伤后及时地将其送到医院治疗，便尽到了自己对游客负有的保护义务。在这样的情况下，旅客即便遭受到了损害，旅行社也无需向游客承担过错赔偿责任。本案中领队救助游客的行为从法理上而言应属于职务行为。

第二层次为游客、领队与象园形成的涉外合同法律关系。游客通过领队或者地陪购买象园门票或者直接支付了骑大象费用，便可进入象园参观游览或者骑大象，游客、领队和象园之间就形成了合同关系。因涉及中国人在泰国的旅游行为，所以，该合同关系属于涉外合同法律关系。

第三层次为象园对领队和游客的涉外侵权法律关系。保护游客的安全，是象园的义务，该义务既是法律的规定也是合同的约定。依据合同的约定，象园负有保障园内游客的人身和财产安全的义务，保障范围为对游客所开放的区域。由于大象本身存在一定的攻击性，此攻击性一旦被激发，对游客所造成的伤害无法预料。因而，象园应根据大象本身的危险性采取相应的防范措施，控制大象危险涉及的范围，比如划定专门的区域限制大象活动的范围、修筑防护栏隔离游客、对骑在大象身上的游客督促其穿上防摔服以及使用安全系数更高的安全带等。从事故的后续调查来看，大象突然发怒的主要原因是大象在游览的过程中停住不走，驯象师为了驯服该头大象前进，拿象钩狠狠地砸向大象脑袋，致使大象失控，再加上象园并未修筑防护栏将游客与大象隔离开来，大象冲向人群，造成了领队在救助被袭击的游客时而死亡，同时大象还使两名游客不同程度地受伤。由此可见，一方面，象园在安全措施的采取上存在一定的漏洞，未隔离人群，在发生大象失控的情况下加大了人群被袭击的危险。另一方面，象园驯兽师击打大象与大象发怒导致领队死亡具有一定的因果关系，象园对于领队的死亡以及游客的受伤具有过错，象园应当就大象的袭击所导致的领队死亡和游客的受伤承担侵权责任。

第四层次为领队与旅行社之间的法律关系。由于领队救助游客的行为属于职务行为，因而对旅行社而言，领队在执行工作任务中死亡在法律意义上应属于工伤，旅行社应当按照相关程序为领队申请工伤保险赔偿。

（三）中国公民前往泰国旅游风险预防措施欠全面

本案中，领队的死亡，不仅是一个生命的悲剧，更折射出我国对海外公民权益保护的不足。事实上，大象踩踏致人伤亡事件每年都会发生。在频繁发生悲惨事故的背景下，应当反思的是事故的预防措施是否健全。在此次踩踏事件的背后，至少反映了三个问题：

一是泰国旅游业未对游客尽到保护义务。泰国旅游业发展迅速，但是保护措施以及信息资源传递严重滞后，这在此次的踩踏事件中尤为明显。大象在被拉出来进行游览前并未对其是否安全进行检查，观游地与大象活动范围并未区别开来，提醒游客注意安全的标志只有一小块牌子，未确认大象身上游客的安全带有无系上，以上种种因素导致大象在突然失控给大象附近的游客带来了猝不及防的危险。

二是泰国缺乏成熟的应急救助机制。发生事故的象园内未配备专业的医疗人员，并没有形成一套成熟的事后救助措施。泰国作为一个旅游大国，每年都有不计其数的游客前来旅游，给泰国带来了巨大的经济收益，但旅游业的迅速发展却没有带来服务质量的提高。相关新闻报道，在大象踩踏领队之后，长达近半个小时没有医护人员前来救助，虽然无法得知领队的死亡究竟是大象踩踏导致，还是由于救助的不及时失血过多，但是可以明确的是，不论哪种情况皆反映了事后救助方面存在的缺陷。

三是中国使领馆及境外旅游相关部门安全警示缺失。这主要有两个方面的原因，其一，游客自身安全保护意识差，并没有将自身安全放在重要的位置，缺乏对生命的敬畏之情，拒绝听取安全提醒意见，执意冒风险实施一些对自己人身和财产存在危险的行为，即所谓的自陷风险。其二，信息传递不对称，游客没有接收到任何的安全提醒信息或提示注意事项，导致游客对其作出的行为根本没有意识到其危险性，处于不知道、不知情的状态。这种问题的主要成因在于我国对安全提醒信息或注意事项发布的范围有限或是平台并没有覆盖到所有游客，一些游客根本接收不到提醒信息。2017 年底泰国大象踩踏事件就是一个非常典型的案例。在此次事件发生前，泰国发生过多起动物踩踏事件，但是我国相关部门与游客并没有对此提起关注，对大象的危险性没有事先预估，对入境泰国的游客未及时发布相关警示提醒信息。一些游客在"大象是友好的、温顺的"等传统观念和盲目跟随潮流的惯性思维支配下，投喂、抚摸大象，这些行为从本身来看是没有攻击性的，但由于人类无法预料动物的性情，难免会出现意外状况。因而，良好完善的事前预防措施，不仅在控制危险与降低危险发生的可能性等方面有着重要作用，而且在保护游客的人身财产权益方面也凸显其重要性。

本案中年轻领队不幸身亡，是舍己救人的英雄的悲剧，是在危难时刻将游客安危放在第一位，在危难关头谱写了人性的光辉。为了避免悲剧的发生，不仅需要更多中国游客珍惜自己和他人的生命，提高风险防范和自我保护意识，更需要中国有关部门加大力度完善对在泰的公民权益保护的事前预防措施。

三、对策建议

"凡事预则立，不预则废。"随着入境泰国的中国公民人数的逐年增加，在泰国的中国公民的安全问题将作为一个不可回避且长期的问题伴随着中国游客从泰国入境到出境的整个过程。任何地方都不是绝对的安全地带，没有完善的事先预防措施，很难防患于未然。一个良好且完善的事先预防措施，能够在很大限度上帮助即将奔赴或者已在泰国的中国公民在提前接受危险信息提示或未雨绸缪的情况下，通过个人自我管理，尽可能避免一些可能使权益遭遇到侵犯的危险。为此，本书专门针对在泰国的海外中国公民合法权益维护的事先预防提出一些具体建议。

（一）签订旅游合同，谨慎选择合同相对人

我国大多数公民前往泰国会选择跟团模式，由旅行社安排行程，这样会省去很多在路线规划以及人生地不熟而造成的麻烦。现在国内旅行社的数量多而杂，旅行社的市场门槛低，旅行服务质量良莠不齐。游客在选择旅行社时，为了获得高质且安全的旅游体验，在选择旅行社时需要注意：（1）旅行社是否具有旅游部门颁发的《旅行社业务经营许可证》和市场监督管理部门颁发的《营业执照》。如今有很多不良商家，在只具有《营业执照》而不具有《旅行社业务经营许可证》的情况下，伪装成具有经营旅行业务的资格，通过一些欺骗手段渲染并引诱游客。这些不具备从事旅行业务的商家所提供的旅游服务质量往往是达不到相关标准的。倘若游客在选择旅行社时没有擦亮自己的双眼，很容易发生自身权益被侵犯的危险。（2）对拟选择的旅行社进行全面客观的考评。通过查询以往游客对该旅行社的真实评价，认真考察该旅行社的真实服务质量，形成一个基本的印象。（3）查询旅行社的经营年限、经营情况及是否曾发生过侵犯消费者权益的情况。对经营年限、经营情况的查询可以通过当地的市场监督管理局或者"天眼"App进行查询，而旅行社侵犯消费者权益的情况通过登录中国裁判文书网进行查询。总之，在选择旅行社时要擦亮自己的眼睛，勿听风就是雨，在做过相关调查后结合自身情况谨慎选择。

泰国作为一个旅游大国，每年都有数以万计的游客前来旅游，给泰国带来了巨大的经济效益，但与此同时，泰国的旅游设施和旅游服务并没有跟上其旅游行业快速发展的步伐。游客在选择旅行社时要着重了解旅行社相应服务资质，选择口碑品质较好的旅行社，切勿因为价格低而在不考虑质量的情况下盲目选择。当然，游客也应当培养自己的法律意识，在签订旅游合同时认真阅读合同的条款，对免责条款要仔细阅读，有疑惑的地方应及时与旅行社进行沟通，就可能发生的纠纷条款尽可能仔细推敲，以便获得法律的有效保护，特别需要注意保存相关的证据。

（二）做好出境登记，了解使领馆信息

确定了旅行社后，游客应当在中华人民共和国外交部领事司的网站上进行登记，以便出现紧急情况时，我国使领馆能了解情况并进行救助。同时了解中国驻泰国大使馆、领事馆的基本情况，查看使领馆发布的安全警示，根据警示调整行程，防止发生危险时不知如何联系使领馆。目前，我国在泰国设有一个大使馆（中华人民共和国驻泰王国大使馆），代表国家利益和全面负责两国之间的政治、经济、文化、教育、科技等方面的关系；三个总领馆（中国驻孔敬总领馆、中国驻宋卡总领馆、中国驻清迈总领馆）和一个领事办公室（中国驻普吉领事办公室，隶属宋卡总领馆），负责管理当地本国侨民，维护本国公民和法人的合法权益，办理本国公民证件业务以及其他领事事务。提前做好出境前的登记和领事保护或外交保护的查询工作，可以更好地做好预防工作，在风险发生时及时求助。

（三）在泰国做好自我安全保护

中国公民前往泰国，要充分认识到生命宝贵且脆弱，小疏忽都可能发生与亲人阴阳两相隔的局面。因而，在海外的中国公民要增强自身安全保护意识，学习基本自救方法，不去危险系数较高的地方，养成接收、查看警示信息的习惯，与使领馆、亲戚朋友保持密切联系。发现有危险或是意外情况时及时与领事馆或是当地有关部门联系，无需过度紧张，也勿盲目采取冲动之行为。具体来说，主要有以下几点需要重点关注：

其一，公民要树立危险意识，树立对生命的敬畏之心是对亲朋好友更是对自己负责的态度。世界并没有绝对安全的地方，任何看似安全的地方都存在看不见的隐患。出境旅游之前，可以购买商业保险分摊风险或者采取其他措施防患于未然。

其二，从自身做起，勿将保护自己的责任加诸他人或国家和社会，国家、社会与他人的保护也不是放纵自己行为的原因。避免前往危险系数高的地方，不实施对自己、他人有危害的行为。

其三，完善自我救助机制。增强自身的安全意识，学习基本的安全保护以及自救措施，遇事不慌不忙不急也不乱，先尝试自救，再想办法取得与领事馆或有关部门的联系。

其四，保持联系方式的顺畅，养成接收、查看警示信息的习惯，密切与使领馆、亲友保持联系，避免孤身一人外出，三思而后行。

第二节 事件应对

一、普吉岛沉船人员伤亡事件

2018 年 7 月 5 日 17 点 45 左右，两艘载有 127 名中国游客的船只返回普吉岛途中，突遇特大暴风雨，分别在珊瑚岛和梅通岛发生倾覆。2018 年 7 月 6 日，泰方共出动 10 余艘大船、5 架直升机和 70 多名海军士兵参与救援，泰国空军也安排多名飞行员待命。7 月 8 日中午，中国驻泰国大使表示，泰国警方及有关部门已经对普吉游船翻沉事故正式立案调查，中方也将参与相关调查。

2018 年 7 月 11 日 18 时，该沉船事故所造成的中国游客遇难人数定格在 47 人。此次普吉岛沉船事发后，泰方人员开展了积极的救援，普吉府尹奔赴现场指挥救援，协调海军、水警和旅游警察等相关部门，派出数艘救援船只和直升机持续进行海上联合搜救，海事局、防震减灾中心、游客协助中心及各大医院均前往码头参与救援工作。

2018 年 11 月 17 日，普吉府民联厅通报，导致 47 名中国游客遇难的普吉海难遗留沉船"凤凰号"于 15 时 25 分被成功打捞上岸，船体残骸将拖入船坞，并开始调查取证工作。11 月 21 日，泰国警方公布最新调查进展：船尾部发现 100 多条水泥柱，重约 3 吨，用于平衡船体，专家称这应该是沉船原因之一。船只使用卡车发动机来代替原有的发动机。另外，船上应有 4 扇排水门，但实际上只有 1 扇。12 月 17 日晚间，泰国警方公布了对沉船"凤凰号"的最新调查结果。结果显示，"凤凰号"船体在设计、建造等多方面"不合格"。

二、法理分析

泰国一直是国人所热衷的旅游地，泰国作为我国的邻国，物价水平仅相当于国内的四五线城市消费水平，一般跟团游的费用也就在两三千左右，所以，赴泰国旅游因价格不高，中国大部分游客基本上能做到说走就走。另外，泰国地理位置优越，常年温暖，临海风景优美，各种特色建筑和独特文化等都吸引了众多游客。

然而，随着到泰国旅游的外国人数量猛增，安全问题也凸显。我国作为泰国游客数量最多的国家，游客伤亡数量也是最高的。相关数据显示，中国游客 2018

年 7 月 10 日在泰国的事故高发地就是普吉岛，而溺水是较常见的死因。由于泰国旅游业的管理并不完善，私人游艇得以在当地海域随意出入，使得很多无资质的商家和私船黑导无序揽客。在一些不正规的海岛"一日游"里，由于缺乏严格的把关和出行检查，不考虑车船本身的载重等都使出游风险大为升高，使得快艇游船相撞甚至爆炸的事故屡见不鲜。此外，进入雨季，气候变化无常，正如 2018 年普吉岛的翻船惨案所遭遇的特大暴风雨一样，暴雨等恶劣天气以及安全措施不到位等也是沉船的主要原因。在泰国，当危及中国公民生命财产事件突发时，应依据相关法理采取必要措施避免人员伤亡和减免财产损失。

在沉船事故突发时，中国公民可以依据属地管辖向事故发生地国家要求紧急救助，也可以通过属人管辖国籍国得到救助，同时也可以自我救助或者依靠社会民间力量获得救助。

（一）事故发生国救助法理依据

沉船事件中，泰国政府对事故中的中国公民有紧急救助的义务。首先，泰国法律承认外国人在泰国享有国民待遇原则，当泰国公民陷入危急情况时，政府有救助的义务，故外国公民出现危急事项同样享有救助权益。其次，依据国际习惯法，一国公民在另一国遭受意外事故，所在国应该向外国公民提供人道援助。再次，中国政府与泰国政府之间签订了《中泰旅游协定》，泰方对中国游客的人身财产安全应履行保护义务。同时，围绕中国公民和泰国船方存在多种性质的法律关系：船方存在人为故意对船只的损毁，造成人员的严重伤亡，根据泰国的刑事法律规定，应当追究船方的刑事责任；泰国船方的行为是对中国公民人身和财产的损害，应承担侵权责任；中国公民和泰国船方之间亦是合同关系，泰国船方未尽到合同约定的基本义务，也应承担违约责任。

（二）国籍国保护法理依据

中国公民在泰国突发权益受损事件时，国籍国保护的方式主要是领事保护和外交保护。领事保护是指我国的外交领事机关或领事官员，在国际法允许的范围内，在泰国保护本国的国家利益、本国公民和法人的合法权益的行为。当中国公民、法人的合法权益在驻在国受到不法侵害时，中国驻外使领馆依据公认的国际法原则、有关国际公约、双边条约或协定以及中国和驻在国的有关法律，反映有关要求，敦促驻在国当局依法公正、友好、妥善地处理，还包括我国驻外使领馆向中国公民或法人提供帮助或协助的行为，如提供国际旅行安全方面的信息、协助聘请律师和翻译、探视被羁押人员、协助撤离危险地区等。①

---

① 《什么是领事保护》，http：//cs. mfa. gov. cn/gyls/lscs/t830953. shtml，访问时间：2021 年 6 月 30 日。

2018 年 7 月 5 日，也就是普吉岛沉船事发当日，外交部第一时间启动应急机制，协调泰方全力开展搜救工作。6 日，驻泰国大使和外交部领事司副司长率领联合工作组飞抵普吉，抵达后立即同泰相关负责人举行联席会议，就妥善处理普吉岛沉船事故进行磋商，要求泰方全力搜救失踪人员，妥善安置伤员及家属，查明事故原因，并由泰方成立家属接待中心，处理好善后事宜。7 日，驻泰国大使同外交部领事司副司长，驻宋卡总领事前往普吉行政机构医院，看望普吉岛沉船事故受伤的中国同胞及家属。随后，一行人到访普吉岛沉船事故救援指挥部，同负责前线指挥的普吉府尹、泰国海军总司令上将及相关负责人会面，并一同乘船前往到搜救现场，了解救援工作进展情况。①

三、对策建议

一场意外让原本欢乐的海外游变成灾难，也让十几个家庭蒙上悲痛的阴影。当沉船事件发生时，中国公民可以通过以下方式来进行应对，保证生命财产安全或者是减少损失。

（一）向泰方当地求助

常言道："不怕一万就怕万一。""普吉岛沉船"不幸事件的发生，就是"万一"的意外。这在一定程度上会引起当地政府的进一步关注，恰恰也是泰国政府的高度重视，使得我方合法权益得到较好维护。

出现意外发生的征兆时，应当学会向外界求助，因此应了解当地的常用电话号码和报警号码。在报警后，事故仍在进行时，游客应当充分利用手边的信息工具，进行事故现场的证据保存。比如，用手机录像发送给亲友或者在岸负责人员；或许当时事故发生较突然且无法迅速作出反应或拍摄视频，但是，只要有瞬间的机会利用手机录摄或有其他呼救记录行为，均可能成为被救援之后的索赔或者督促当局要妥善处理事故并依法赔偿的依据。同时，也便于群众了解真相，进一步利用舆论的压力来促成事故的圆满解决，避免当事人在经历事故的伤痛之后，再不断地复述事件经过，甚或心力交瘁地寻求经济赔偿或者精神损害赔偿。

（二）请求国内公力救济

中国公民在泰国突遇事故，可以向中国驻泰国使领馆寻求保护。为了促进领事保护工作的发展，以更有效地保护海外中国公民的利益，外交部采取了各种措

---

① 《外交部继续全力开展泰国普吉游船倾覆事故处置工作》，http：//cs.mfa.gov.cn/gyls/lsgz/lsxw/t1574773.shtml，访问时间：2021 年 6 月 30 日。

施加强领保机制的建设。境外旅游遇到人身安全受侵害等紧急情况可拨打外交部全球领事保护与服务应急呼叫中心热线"＋86－10－12308"，如求助人在国外，拨通号码后可以按"0"再按"9"直接转人工服务。

（三）事故过程中的自我保护

邮轮行驶途中遇到台风的概率是很低的，像2018年"普吉岛沉船事件"也属于小概率事件。一般情况下，邮轮开航前邮轮公司都会有气象分析，遇到台风会推迟开航日期或者绕道航行。即使不幸在途中遇到刚生成的或者异常转向的台风，也不必惊慌失措，应及时采取自救措施。

邮轮一般具有较高的稳定性和安全系数，一般的轮船满足的是两舱不沉制，但少数邮轮满足三舱不沉制或者更高，也就是说邮轮即使三个或者更多船舱进水也不会沉没。邮轮拥有轮船中最好的设备。因此，乘坐游轮发现船摇时要保持镇定，注意听船上的广播，不要慌张，更不要试图擅自跳海逃生，因为那不是逃生，那是在自杀。在风暴中，一般越大的船越安全。唯有在船长宣布弃船命令后才可以弃船逃生，但不是简单的跳海，要听从船员指挥有序地撤离到就近的救生艇，按顺序登上救生艇后会有船员将救生艇放到海面然后驶离大船。因此，尽可能按大海求生法则行事，才有更大的机会在海难中逃生。

（四）请求国内民间社会团体救济

海外旅游一旦遇险，立刻向非政府组织的专业救援机构求助，是众多国际旅游者的旅行经验。例如，北京绿舟应急救援促进中心（以下简称"绿舟应急"）是民办非企业单位，是绿舟应急救援联盟的发起单位，日常主要开展防减灾知识普及、公益救援和应急保障工作。2018年普吉岛沉船事故中，绿舟应急队两名队员刚刚结束在清莱府的洞穴救援，前往普吉岛进行潜水救援训练，驻清迈总领馆第一时间联系绿舟队员询问安危。2018年7月6日18：40，绿舟队员协助组织的由皮皮岛潜水店教练组成的2支搜救小组，在计划搜救海域找到了一些游船上散落的物品，回传信息后，通过对已救人员位置及散落海面物体漂流情况判断，在皮皮岛东南部到兰塔之间区域可能有被困或遇险人员，绿舟前方队员也将搜救小组研判信息通过当地旅游警察高层报送至相关部门负责人，为救助普吉岛游船颠覆事故的失踪人员发挥了重要作用。可见，在面对类似危难情况的时候，也可向国际社会公益救援组织进行求助。

第三节　事后处理

一、四面佛爆炸袭击案件

泰国是一个宗教文化繁荣的国家。据官方数据统计，现如今约 95% 的泰国老百姓都信奉佛教。随着全球经济日益增进的联动化发展以及网络通信技术的突飞猛进，各国民族习俗、宗教文化通过网络相互渗透，世界各地的旅游市场也被高度开发。与此同时，越来越多的游客认识泰国，愿意走进泰国、了解并接触暹罗习俗和文化。在泰国既有著名的佛教寺庙，也有许多印度教寺庙。但最受我国赴泰游客追捧的便是四面佛神庙。许多中国游客去泰国旅游，一落地曼谷就被亲朋好友或当地导游介绍去拜一拜四面佛，求得富贵平安。久而久之，四面佛神庙被来往的游客与信奉者描述得越发神秘灵验，宗教气氛的烘托使得四面佛在建成后的短时间就内成为网红旅游打卡景点。四面佛神庙是泰国最热门的宗教旅游景点之一，四面佛是泰国人民心中庄严而不可亵渎的祈福场所，也是海外游客的赴泰旅游的必去景点之一。每年都有数以万计的佛教徒及印度教徒到此参拜。四面佛全年香火旺盛，当地人及游客络绎不绝地来往于此。

北京时间 2015 年 8 月 17 日 20 点（泰国当地时间 19 点）左右，一声震耳欲聋的爆炸声从四面佛神庙附近的拉差巴颂路口传来。[①] 神庙周围的护栏被炸毁，爆炸导致附近百货商场的玻璃橱窗破碎，大大小小的玻璃碎片零星散落在人行道上。案发现场顿时火光冲天，行人和游客慌乱逃散。四面佛神庙附近一片狼藉，部分受伤者狼狈不堪地蹲坐在街头等待救援，也有血肉模糊的伤亡人员躺在马路中央。拉差巴颂路口主干道路也被炸开，形成了一个直径两米的巨坑，附近散落着伤者的残肢断臂，40 多辆路边停靠的大小车辆也被爆炸引发的大火殃及。

事发后，泰国警方立刻封锁了四面佛神庙及周边道路，组织疏散游客群众。《曼谷邮报》报道，多数伤者被送往曼谷的警察总医院和朱拉隆功纪念医院。同时，这两家医院都在寻找精通汉语的志愿者。

---

① 参见新华网：《曼谷市中心爆炸现场见闻》，http：//www.xinhuanet.com//world/2015 - 08/18/c_128138320.htm，访问时间：2021 年 6 月 28 日。

爆炸案当晚，泰国应急中心第一时间发布实时数据，初步确认了这场爆炸所涉及的伤亡人数与经济损失。截至2015年8月17日23：50，四面佛爆炸案导致18人死亡、117人受伤。随后中国驻泰国大使馆也向中国民众公布了当晚的伤亡情况，有2名中国籍游客在爆炸中不幸身亡，另有15名中国籍游客受伤，其中大部分伤势严重的游客已被送往医院治疗。[①]

截至2015年8月19日，中国驻泰国大使馆更新统计了中国籍游客在此次爆炸事件中的最新伤亡数据：伤亡人数共计26人，其中死亡人数7人，分别来自江苏、上海、江西、福建、香港。[②]

爆炸案发生之后，泰国政府对中国籍伤亡人员开展了积极有效的救援措施。案发时爆炸现场及附近的游客、行人也及时被安排疏散，消防车和救护车陆续赶至现场进行善后工作。泰国警察封锁现场道路，并加强了安保。现场的中国籍伤者也及时被送往了医院救治。爆炸案当晚，四面佛附近的朱拉隆功医院收治了25名中国籍伤员。该医院和泰国警察总医院通过网络渠道发布求助信息，寻找精通中文的志愿者到医院来为中国籍伤者提供翻译服务，并在网络上呼吁关注此案件的志愿者来医院献血。截至2015年8月18日晚，总计有不到30名中国籍游客住院治疗，并有10余名伤势较轻的游客已经做了包扎处理提前出院。

这场性质恶劣、死伤惨重的重大爆炸案件被视为泰国近些年来发生的最严重的爆炸案。泰国警方在爆炸后的第一时间展开了现场勘查工作，初步判断炸弹是由安装在摩托车上的烈性TNT炸药引爆所致。[③] 在爆炸点附近，泰国警方还成功拆除了另外两个引爆装置。通过连夜调取案发现场的监控录像，警方锁定了监控录像画面当中的一名身穿黄色上衣、有少许宗教特征与少数民族特征的男性嫌疑人。2015年9月1日，泰国警方宣布成功逮捕了监控录像中的黄衣嫌犯。2015年9月28日，泰国警察总署宣布"8·17"曼谷爆炸案告破，犯罪分子来自人口走私集团，爆炸案是对泰政府打击人口走私后实施的报复行为。[④] 官方公布了17名嫌疑人，已逮捕2人。2017年抓获另1名嫌疑人，仍有14名嫌犯在逃。

近年泰国政局不稳，首都曼谷城区内也出于各种政治原因，发生过多起恐怖

---

① 参见新华网：《曼谷市中心爆炸现场见闻》，http：//www.xinhuanet.com//world/2015 – 08/18/c_128138320.htm，访问时间：2021年6月28日。

② 参见观察者网：《曼谷市中心爆炸：两名疑似嫌犯排除嫌疑 一人为中国游客》，https：//www.guancha.cn/neighbors/2015_ 08_ 21_ 331461.shtml，访问时间：2021年6月28日。

③ 腾讯大闽网：《曼谷市中心发生爆炸袭击，厦门在泰旅游137人安全》，https：//fj.qq.com/a/20150818/026673.htm，访问时间：2021年6月28日。

④ 德阳网：《重大进展：曼谷爆炸案告破，嫌犯来自偷渡集团》，http：//dywang.cn/news/shizheng/2015 – 09 – 29/79153.html，访问时间：2021年6月28日。

性质的爆炸袭击事件。四面佛所在的位置也是泰国政治的是非之地。由于身处最繁华的商业街区拉差巴颂路口，2010 年红衫军在此集会，泰国政府驱散红衫军的暴力清场行动共导致超过 80 人死亡和近 200 人受伤，四面佛旁边的世贸商场也遭受大火浩劫。2013 年，泰国反政府组织又在此集会，集会最终导致英拉政府下台。① 2015 年 8 月 17 日发生的四面佛爆炸案打破了泰国政治局势短暂的风平浪静，给泰国社会造成了极大的恐慌，当地百姓和外来游客人心惶惶。案件发生后，网络媒体上谣言四起，许多此前准备来泰国务工或旅游的外国人取消了他们的行程。当晚曼谷市长宣布，曼谷 438 所中小学将停课。② 四面佛神庙是我国赴泰旅游游客的必到之地，在四面佛策划恐怖爆炸案，必定会牵扯到许多中国游客的生命安危。这次爆炸案件重创中泰旅游业国际合作，在中国人心中植入恐慌，尤其是给赴泰旅游中国游客的行程增添许多不安因素。③ 泰国旅游和体育部向受伤外籍公民一次性补偿不超过 10 万泰铢，对遇难外籍公民一次性补偿不超过 30 万泰铢（约合人民币 53940 元）。④

二、法理分析

泰国作为四面佛突发性爆炸事故的发生地国，泰方政府理应承担起事后救援、赔偿、展开刑事调查等责任。我国受害者在爆炸袭击后可以通过哪些方式来维护自身权益，寻求事后救济？结合泰国政府、我国政府对此次爆炸案件的事后处理工作，本书着重阐述相关的法律依据并进行具体的法理分析。

（一）国际法依据

从人权保护的角度出发，1945 年订立的《联合国宪章》在其序言里强调了全体人类的基本人权、人格尊严等价值。1948 年颁布的《世界人权宣言》认定人的基本权利包括生命权、人身自由权、安全权、财产权等权利，人权保护理论已然成为现代国际法的基础性理论。泰国是《公民权利和政治权利国际公约》《经济、社会和文化权利国际公约》的缔约国。在人权的国际保护中，各个主权国家是实现与保护本国公民人权的首要力量，同时也应为在本国的其他国家公民给予最基

---

① 《曼谷四面佛的欢喜与悲哀》，http：//m. haiwainet. cn/middle/3541138/2015/0820/content_ 29082420_ 1. html，访问时间：2021 年 6 月 28 日。

② 《泰国曼谷爆炸 14 小时：至少 20 死 123 伤，4 名中国人遇难》，http：//www. tuyoujp. com/knowdetail_ 2594. html，访问时间：2021 年 6 月 28 日。

③ 《曼谷四面佛爆炸案 27 死 78 伤 中国游客 2 死 15 伤》，http：//shenzhen. sina. com. cn/news/f/2015 - 08 - 18/detail-ifxfxray5625997. shtml，访问时间：2021 年 6 月 28 日。

④ 《泰国曼谷爆炸案：中国遇难者 6 人 死者赔 1. 8 万》，http：//www. xilu. com/20150819/1000010000864008. html，访问时间：2021 年 6 月 28 日。

本的人权保障。泰国作为旅游目的地国，在发生恐怖袭击与政治暴乱事件时，泰国政府有义务给予在该国旅游的外国公民基本的保护与救助。

（二）事故发生地的当地救济法律依据

当地救济是指在一国的外国人依照属地管辖，根据所在国的法律，向所在国行政机关和司法机关寻求救济，维护自身权益，当地救济是法律属地效力的重要体现。当中国公民在外国权益受损时，通过当地的司法行政途径获得救济赔偿，是其权益保护的有效途径。在泰国爆炸案发生后，中国公民对遭受的人身财产损失，既可要求泰国司法机关追究犯罪嫌疑人刑事责任，还可同时要求犯罪嫌疑人承担侵权民事赔偿责任。

（三）国籍国保护的法律依据

国籍国对海外本国公民保护既有公民出国事前预防预警、又有突发事件中的应急处理，还包括损害发生后的事后处理。虽然我国目前尚未出台专门的海外公民权益保护法，但是《中华人民共和国宪法》以及其他相关法律都明确规定了对海外公民权益的保护。国籍国保护是法律效力属人主义的重要体现。

三、对策建议

泰国"8·17"爆炸震惊了世人，就连四面佛神庙也没能幸免于难，佛像的面部从嘴角到下巴处遭受了损伤。四面佛爆炸案发生后，泰国民众陷入了愤怒和哀伤，没人能够预料到带有恐怖性质的爆炸案会发生在神圣的四面佛神庙附近，更没有人预料到在曼谷最繁华、最热闹市中心居然暗藏着如此危险、巨大的爆炸危机。对于旅途中毫无防备的中国游客而言，意外的爆炸事件，不仅打破了旅途原有的欢声笑语，甚至还夺走了部分游客鲜活的生命。虽然无法挽救已经逝去的生命，但应以此为鉴，吸取经验教训，预防类似的突发事件。为了更好地让中国公民在泰国面对意外事件时有效地保护自己人身及财产权益，以下救济途径与方式是不容忽视的。

（一）用尽泰国当地救济方式

在这次爆炸案中遭受人身财产损失的中国公民可以通过泰国的法律途径获得赔偿。

其一，中国公民可向泰国旅游体育部门申请泰国政府的赔偿。泰国作为事故发生地，根据泰国政府对外国游客的赔付政策应作出相应的赔偿。随着泰国旅游业的不断发展，外国游客的不断增加，为促进旅游观光，泰国政府为保护外国游客权益而设立游客意外索赔保险。如确系旅游意外造成游客死亡，泰国政府最高可赔付 30 万泰铢（约合人民币 53940 元）。如果游客受伤，泰国政府最高可赔付 10 万泰铢（约合人民币 17980 元）。但此赔付将计入医疗费用中，而非以现金方式支付。游客如发生意外，可直接向泰国旅游和体育部申请此赔付。泰国爆炸案后，泰方政府旅游和体育部向受伤外籍公民一次性补偿不超过 10 万泰铢，对遇难外籍公民一次性补偿不超过 30 万泰铢。司法部对外籍遇难者子女一次性补偿 4 万泰铢（约合人民币 7192 元），对外籍受伤者的赔付标准是，治疗费 10 万泰铢（约合人民币 17980 元），精神损失费 2 万泰铢（约合人民币 3596 元），误工费（一天 200 泰铢，约合人民币 35.96 元，最高一年），其他损失费 3 万泰铢（约合人民币 5394 元）。治疗费部分，如果超过 10 万泰铢，则由卫生部负责剩余部分费用。按照泰国公布赔偿标准，外籍遇难公民在泰国共计可获得 34 万泰铢赔偿，约合人民币 6.1 万元。①

其二，中国公民可以通过民事救济途径，提起侵权或者违约的民事诉讼，要求相关当事人进行赔偿，如向犯罪嫌疑人提起侵权损害赔偿诉讼，向泰国当地旅行社提起违约诉讼等。根据中国与泰国签订的《关于民商事司法协助和仲裁合作的协定》的规定，中国公民在泰国提起民事诉讼时可以减免诉讼费用。依据泰国《民事诉讼法》，泰国作为侵权事故发生地，对此类案件有管辖权，同时泰国的《冲突法》对涉外合同和涉外侵权的法律适用都有较为完善的规定，如在涉外合同案件中采用意思自治优先，因此中国公民在泰国提起旅游合同的违约诉讼，可以双方约定所适用的法律。

（二）中国国籍国保护方式

国籍国保护主要是指领事保护和外交保护两种方式。中国公民在境外发生意外事故后，国籍国的领事保护起到至关重要的作用。领事保护是指派遣国的外交领事机关和相关工作人员，根据派遣国本国的国家利益和对外政策，在获得国际法许可、接受国同意的前提下，保护派遣国及其国民的权利与利益的行为。在行使领事保护时，必须依据主权平等和友好合作原则行动，同时也不得干涉别国内政。随着国际社会的深入交流以及国与国之间的人口流动，领事保护越来越成为国家保护海外公民权益的主要手段，其内涵和外延也日渐发展与完善。2015 年 8 月 18 日，中国驻泰国大使馆的领事、参赞带领相关工作人员以及遇难者家属到收治伤员的主要 8 家医院探视，并联系了中资机构、汉语教育的志愿者到医院提供翻

---

① 《泰国公布曼谷爆炸赔偿标准：外籍遇难者最高 6.1 万元》，https：//www.guancha.cn/neighbors/2015_ 08_ 19_ 331158. shtml，访问时间：2021 年 6 月 28 日。

译与其他协助工作。当遇难者和受伤人员家属陆续抵达曼谷时，中使馆领事保护部门的工作人员及时提供了当地 24 小时领事保护电话和咨询服务。① 同时，中国驻泰大使馆提醒了其他在泰旅游、工作的中国公民增强安全防范意识。

外交保护是指本国国民受到另一国违反国际法的行为的侵害，并且通过该国行政和司法救济仍然得不到解决时，则该国民所属的国家可以采取外交行动来解决争端的行为。如果两国对穷尽当地救济原则这一问题通过条约做出约定，则可以依照条约，无须等到穷尽当地救济，就可以直接采取外交保护手段。通常来说，动用外交保护的事件更具有影响力，有可能会上升到国家层面从而影响两国外交关系。在对于是否使用外交保护的问题上，国家具有完全的裁量权，不为受害人的意志所左右。外交保护的发出者是本国的外交机构，而不再是简单的领事机构。外交保护一般是在本国公民无法获得当地救济的情况下才启动。因此，如果中国公民在泰国无法得到泰国政府的合理赔偿，或者无法通过法律途径获得侵权损害赔偿的情况下，中国政府可以启动外交保护维护本国公民权益。

另外，还可以通过在中国提起民事诉讼来维护我国公民的利益，我国《民事诉讼法》对中国公民在泰国遭受到的侵权违约事件具有管辖权，而且我国的《涉外民事关系法律适用法》对此类案件的法律适用有较具体的规定。

（三）事发后及时联系使领馆和相关救助机构

若游客不幸在突发的意外事件中受伤，逃至安全区域后一定要及时联系当地医院和救助机构寻求救助，切勿原地滞留或一动不动地独自悲伤。既可利用常见的中国官方网址获取救助信息，也可直接联系当地的救助机构。

本章小结

泰国拥有 700 年迷人历史文化、舒适宜人的热带季风气候、浓厚的佛教文化氛围以及随处可见的富丽堂皇的佛教建筑、物美价廉的消费水平、美丽俊秀的自然风光，当地居民善良好客，中泰两国关系友好，每年吸引了大量的中国公民前往旅游。随着我国"一带一路"倡议的推行，两国之间在政治、经济、文化、社会

---

① 《中国遇难者升至 6 人 国际社会纷纷谴责卑鄙罪行》，http：//m. haiwainet. cn/middle/232591/2015/0819/content_ 29073407_ 1. html，访问时间：2021 年 6 月 28 日。

上合作日趋深入，泰国为吸引中国游客对中国公民推行的免签证或是落地签政策，使得"去泰国游玩就是一场说走就走的旅行"口号深入人心。① 可以说，我国公民入境泰国旅游的数量会越来越多，投资与合作会越来越频繁，保护在泰国的本国公民正当权益的任务也日趋繁重。

一、在泰国中国公民的权益内容和特征

（一）在泰国中国公民的权益内容

狭义的海外利益仅指中国机构和公民在海外的生命、财产和活动安全，广义的概念还包括境外所有与中国政府、法人和公民发生利益关系的有效协议和合约，在境外所有中国官方和民间所应公平获得的尊严、名誉和形象。② 据此，中国公民在泰国享有的权益主要包括五类：

一是人身安全。在泰国的中国人享有的一项基本权益的就是人身安全。近年，泰国政局处于不稳定的状态，频繁的政权更迭导致社会的极度不稳定，恐怖活动、示威游行等活动频繁不断，如 2015 年发生的泰国曼谷爆炸事件、2018 年泰国普吉岛沉船事件以及最近的机场殴打事件，对中国公民造成的人身伤害和财产的损失是让人痛心疾首的。官方统计数据表明，仅 2015 年，我国驻泰国使领馆处理的案件就多达 12307 起，占亚洲领事保护与协助案件总数的 13.9%，同比增加 49.3%。③ 可见，在泰国的中国公民权益被侵犯的发案率处于一个较高的水平，中国公民处在一个并不安全的国度中，如此之高的发案率同时也反映了我国对在泰国的中国公民权益的保护仍然存在着一系列问题。

二是财产安全。在泰国的中国公民的财产安全既包括从事经营活动积累的财富的安全，也包括前往泰国旅游的中国公民随身携带的财物安全。中国公民的财产安全是一项重要的权益。该权益不仅包括在泰国的中国公民财产不受他人暴力非法占有，而且也不得随意将中国公民的财产征收、国有化。

三是活动安全。在泰国的中国公民还享有人身自由即活动安全。中国公民在泰国以遵守泰国的法律和社会公共利益为前提，工作、学习、生活时享有人身自由、活动安全。

---

① 2024 年 1 月 28 日，中国与泰国签署互免签证协定，该协定于 2024 年 3 月 1 日起生效。

② 陈伟恕：《中国海外利益研究的总体视野———一种以实践为主的研究纲要》，载《国际观察》2009 年第 2 期。

③ 数据来源于外交部领事司，http://cs.fmprc.gov.cn/gyls/lsgz/ztzl/ajztqk2014/t1360879.shtml，访问时间：2021 年 6 月 28 日。

四是投资权益。根据泰国的法律制度和投资政策，中国投资者根据泰国《投资促进法》，在科技绿色保护方面进行投资将享受优惠待遇，而《外籍人经商法》中规定了禁止、限制外国投资进行投资的行业。《外籍人工作法》规定了外国人在泰国鼓励就业、允许就业和禁止就业的领域。

五是交易权益。泰国加入了《世界人权宣言》《公民权利和政治权利国际公约》《经济、社会和文化权利国际公约》，而且是 WTO 的成员国。因此，根据有关公约的规定，外国人在经济文化民事权利方面享有国民待遇，与泰国公民的各项权利基本一致。中国公民在泰国从事经济交往，享有平等主体地位，交易中允许当事人意思自治并保护当事人的交易权益。

（二）在泰国中国公民的权益特征

其一，权益形式的多样性。中国公民在泰国享有的权益内容较多，以人身财产安全为基础，同时又涉及财产权益、交易权益、投资权益等权益。这些权益都是中国公民在泰国旅游、生活、学习和工作必不可少的，应受到全面保护。

其二，权益内容的对等性。泰国是旅游大国，每年的旅游收入直接拉动国家经济的发展。因而为了吸引更多的外国人前往泰国，泰国赋予外国人权益对等保护，努力彰显国民待遇原则。在《外国人权益保护法》中，体现为外国人享有与泰国公民相同的民事权利，如人身权、财产权、婚姻家庭继承权等。

其三，权益范围的国际性。中国公民在泰国享有的各种权益，既是泰国本国法律范围对外国人权益保护的体现，又是中国和泰国签订的各种双边条约的约定，例如《引渡条约》《民商事司法协助和仲裁合作协定》《刑事司法协助条约》。同时，也是中国和泰国加入了《世界人权宣言》《公民权利和政治权利国际公约》《经济、社会和文化权利国际公约》所必须履行的国际义务。由此可见，在泰国的中国公民享有的权益是综合的国际性的权益。

二、中国公民在泰国权益受损风险预警

（一）人身财产风险

中国公民在泰国应全面注意保护自身的人身财产安全。泰国目前治安状况一般，泰国政局频繁的政权更迭导致社会极度不稳定，恐怖活动、示威游行等活动频繁不断，再加上泰国经济社会发展较为落后，当地政府在人身财产保护方面投入的人力、物力、财力较少，导致在泰国的中国公民权益被侵犯的发案率处于一个较高的水平。因而，中国公民在泰国应想方设法保护自身的人身财产安全。

（二）投资风险

自 2010 年建立中国—东盟自由贸易区以来，我国在泰国的投资稳步增长。但泰国政局不稳定，安全存在隐患，同时泰国的市场竞争较为激烈等，对我国企业、投资者的入泰形成很大的挑战。

（三）劳动风险

《外籍人工作法》是泰国政府管理外籍人在泰工作的基本法律。中国公民在泰国雇用劳动力，或者是中国公民通过泰国劳务输入赴泰工作，都存在相当程度的风险。比如在《外籍人工作法》中就外籍人在泰就业申请工作许可基本持积极态度，鼓励在泰外国人通过合法程序申请工作许可，但同时对于一般性劳务到泰国工作持消极态度，并且限制外籍人涉足农、林、牧、渔业（农产管理人员除外）等 39 类工种。截至目前，泰国与中国两国政府尚未签订任何双边劳务合作协定，驻泰中资企业只允许从国内引入部分管理和技术人员，普通劳工禁止到泰国工作。由于在泰劳务的诸多限制，近些年产生了许多通过非法渠道欺骗国内劳工前往泰国工作的事件，引发了许多的纠纷。

三、中国公民在泰权益的领事保护

外交部领事司、驻外使领馆是我国领事保护的主要机构。领事保护工作的主要宗旨在于保护中国国家利益和海外中国公民合法权益。中国外交部发布了 2023 年版《中国领事保护与协助指南》，该指南详细介绍了中国公民赴境外旅行、探亲、工作、出差应注意的事项。在泰的中国公民当权益受到损害时，可以向中国驻泰使领馆求助，中国驻泰大使馆领事部可以提供力所能及的帮助。帮助内容包括：提供咨询和必要的协助，推荐律师、翻译及医生，如遇特别情况协助向国内亲属通报情况，协助寻亲，补/换/发旅行证件，签发回国证件，依法办理公证、认证、婚姻登记，与国内亲属联系并解决所需费用，应请求进行探视。中国公民前往泰之前可以通过中国领事服务网"出国及海外中国公民自愿登记"系统（http：//ocnr. mfa. gov. cn/expa）进行公民自愿登记，如果在泰出现突发情况，使领馆能够及时通过该系统上登记的信息联系到中国公民，保护中国公民的权益。

四、中国公民在泰权益的外交保护

外交保护，是指一国针对其国民因另一国的国际不法行为而受到损害，以国家名义为该国民采取的外交行动或其他和平解决手段。一般来说，外交保护泛指一国通过外交途径对在国外的本国国民的合法权益进行的保护。外交保护针对的是外国不法行为，并采取措施追究外国国家责任，以国家名义行使。外交保护的前提是要求被保护人持续具有保护国的实际国籍或经常居住在该国，而且被保护人需用尽当地救济即要求受害人用尽当地救济后仍未实现其合法权利，才能进行外交保护。如果中国公民在泰无辜受到逮捕或拘留、司法程序中被拒绝、财产遭到非法没收等，用尽当地救济后仍无法维权才可以求助外交保护。不过，根据中国与东盟之间的协议，中国在投资领域放弃了外交保护。

中国公民在泰国实用信息

单位名称或事项	地址	电话	备注
外交部全球领事保护与服务应急热线	—	+86 – 10 – 12308 +86 – 10 – 65612308	
中国驻泰王国大使馆	泰国曼谷拉差达披色路 57 号	+66 – 2 – 2450088 领事保护协助： +66 – 2 – 2457010	
中国驻孔敬总领馆	泰国孔敬府直辖县环湖路 2 组 142/44 号	+66 – 43 – 226873 领事保护协助：+66 – 0809366070	
中国驻宋卡总领馆	泰国宋卡府沙岛路 9 号	+66 – 74 – 322034 领事保护协助：+66 – 0817665560	
中国驻清迈总领馆	泰国清迈昌罗路 111 号	+66 – 53 – 280380 领事保护协助： +66 – 81 – 8823283 经贸商务工作： +66 – 53 – 276457 中国公民办理护照、旅行证、公证： +66 – 53 – 280380	中国公民办理护照、旅行证、公证时间： 周一到周五 9：00—12：00 （不包括节假日）
中国驻宋卡总领事馆驻普吉领事办公室	泰国普吉府加图镇 By Pass 路 Royal Place 小区 96/69 栋楼	+66 – 76 – 304180 领事保护协助：+66 – 945956158	
匪警	—	191	
火警	—	199	
急救	—	1669、1691、1554、1555	
泰国旅游投诉电话	—	1155	

第七章
在日本的中国公民权益保护

日本国（Japan），古称东瀛或扶桑，简称"日本"。陆地面积约 37.8 万平方公里，包括北海道、本州、四国、九州四个大岛和其他 6800 多个小岛屿。日本实行立法、司法、行政三权分立，最高行政机关为内阁，属于君主立宪制国家。人口约 1 亿 2339 万人（截至 2024 年 4 月），主要民族为大和族，通用语言为日语，官方货币为日元，首都为京都。全国分为 1 都（东京都：Tokyo）、1 道（北海道：Hokkaido）、2 府（大阪府：Osaka、京都府：Kyoto）和 43 个县（省），下设市、町、村。日本的都、道、府、县是平行的一级行政区，直属中央政府，但各都、道、府、县都拥有自治权。①

中日是重要近邻，日本作为中国"周边外交"与"大国外交"的交汇点，是中国推进"一带一路"倡议过程中的重要影响因素。日本对待"一带一路"倡议的态度经历了从抵制、观望到积极参与的重大转变。② 2017 年 5 月 16 日，国家主席习近平会见率团来华出席"一带一路"国际合作高峰论坛的自民党干事长二阶俊博。2019 年 4 月 24 日，国家主席习近平会见率团来华出席第二届"一带一路"国际合作高峰论坛的日本首相特使、自民党干事长二阶俊博。2019 年中日双边人员往来 1279.5 万人次。其中我国赴日本公民 1011.9 万人次，日本来华人员 267.6 万人次。两国目前共缔结友好城市 263 对。③ 数据的增长体现了两国之间交流的进一步加深，日本成为近年来中国国民进行旅游、学习、定居的主要选择地点之一，

---

① 中华人民共和国外交部：《日本国家概况》，https：//www.fmprc.gov.cn/web/gjhdq_676201/gj_676203/yz_676205/1206_676836/1206x0_676838/，访问时间：2021 年 7 月 3 日。

② 中华人民共和国外交部：《日本国家概况》，https：//www.fmprc.gov.cn/web/gjhdq_676201/gj_676203/yz_676205/1206_676836/1206x0_676838，访问时间：2021 年 7 月 3 日。

③ 中华人民共和国外交部：《中国同日本的关系》，https：//www.fmprc.gov.cn/web/gjhdq_676201/gj_676203/yz_676205/1206_676836/sbgx_676840/，访问时间：2024 年 6 月 30 日。

中国公民在日本对自身权益的保护亦成为引人注目的问题。

日本有关外国人权益保护的法律法规对于在日本的中国公民权益保护有着举足轻重的意义。日本有关外国人权益保护的法律机制如下：

一、外国人法律地位的规定

日本是 WTO 和联合国的成员国，签署并批准了《世界人权宣言》《经济、社会和文化权利国际公约》《公民权利和政治权利国际公约》等重要的国际人权公约。根据这些国际组织以及国际公约的要求，外国人在日本的经济文化民事权利方面与日本公民的各项权利基本一致。《日本国宪法》对于日本的国民权利有十分细致的规定，根据《日本国宪法》中对于"国民"的限制，可以得知某些权利外国人并不拥有，如投票权和被选举权等参政权。日本关于外国人的专门法主要为《外国人登录法》，该法目的是通过对居住在日本的外国人进行登记来弄清外国人的住所和身份，科学合理地管理外国人并为其提供公正公平待遇。

二、外国人权益保护的实体法律

日本没有专门的外国人权益保护法，有关外国人权益保护的相关内容分散于各个法典之中。日本《民法典》第 3 条第 2 款规定："除非法律或条约禁止，否则外国人享有其私人权利。"《国籍法》规定了外国人入籍日本的条件等，《户籍法》作为有关户籍登记的法规，专门设置了外国人的户籍登记相关条款。关于外国游客赴日旅游的相关规定，日本制定了《通过为外国游客提供便利等促进国际旅游的法律》。关于外国人赴日本务工方面，日本也制定了一些法律法规，如《关于适当实施对外国人的技术培训和保护技术实习生的法律的临时版本》《关于正确实施外国人技术培训和保护技术实习生的执法法规的临时版本》《企业主关于适当改善外籍工人就业管理的准则》等。日本的刑事法律对刑事案件中的本国国民与外国人统一进行保护，未对外国人作出特殊规定。可见，日本关于外国人权益保护的法律法规，除专门性的立法外，大多数散见于各个部门法的法典之中。

三、外国人权益保护的程序法律

日本《民事诉讼法》特别规定了外国人诉讼能力，日本《行政诉讼法》排除了关于外国人的出入境、难民的承认和入籍的处理以及行政指导的规定，而是将其规定在日本的《移民控制和难民承认法》之中。除此之外，在日本的外国人，无论是民事诉讼程序、刑事诉讼程序或行政诉讼程序，都享有与日本国国民同等的诉讼权利和义务。

第一节　事先预防

近年来，日本也曾发生不少社会性重大事件，引起了世界范围的关注，也引发了诸多身处日本的中国公民关注在异国他乡如何保护自己的合法权益。例如2011 年日本因地震与海啸引发的福岛核泄漏事件，2016 年中国留学生在日本被残忍杀害一案，以及 2019 年日本知名动画公司纵火案等。这些事件的发生不免也让计划赴日本活动的中国公民心有戚戚，担心自身的人身、财产安全问题。应对意外事件，若预防得当则可以减少许多不必要的损失。在出行之前，做好万全的预防工作，对于保护自身的合法权益或是正确应对突发事件都有重要的意义。为此，特选择中国游客在日遭遇重大灾害案进行深入的法理分析，着重探讨事先预防的方式和手段。

一、中国游客在日遭遇重大灾害案

人间三月天，正是春光明媚的好时节。这样的春色里，盈盈却十分难过，这全是因为盈盈的男朋友近日和她提出分手。因为分手一事，盈盈连着三天以泪洗面，难受得不行。盈盈的闺蜜小欢见盈盈这么难受，便对盈盈说：“你为了一个不再喜欢你的人这么伤心憔悴，又有什么意思？反正也快毕业了，你也别整天在学校自怨自艾了，不如出去旅旅游，散散心。”盈盈也觉得自己不能再如此消沉，于是听取了闺蜜的建议，当天晚上就收拾了行李，买了机票就飞往日本。

正是春天日本樱花盛开的季节，盈盈在飞机上想着，原本她是计划和男朋友一起去日本毕业旅行的，签证也早早准备好了，谁知道最后却只有她一个人前往陌生的国度。想着想着盈盈又开始难过，连带着看见手中的护照也十分不顺眼，心烦意乱之下盈盈随手便将护照塞进了随身的背包之中。

飞机穿过云层，降落在日本境内。这一次，盈盈的目的地是日本福岛县，那是一个位于日本东北部的城市，被阿武隈高地和奥羽山脉夹在其中，有复杂的地貌，起伏变化的山地、复杂的火山地形和大大小小的湖沼群，自然风光旖旎。盈盈此次来日本属于躲避失恋之旅，也不想和别的游客一样去那些有名的景点，只想找个安静美丽的地方暗自抚慰心情。她匆匆出行，既未做过具体的旅行计划，也没来得及联系旅行团，但在盈盈看来，来一场说走就走的旅行而不必受他人拘束也是十分开心的，她也不再纠结于那些琐事，权且走走看看，走到哪里便是哪里。

盈盈走走停停，一路来到了福岛县的花见山，虽然还未到最佳观赏樱花的季节，但三月里也有少许樱花悄然盛开。盈盈沉浸在花见山美丽的景色里，闭上眼睛静静感受风从面颊吹过，福岛靠海，连风里都似乎带上了海的气息。然而当盈盈睁开眼睛想要将这美景拍摄下来时，却发现自己放在身边的背包不翼而飞。盈盈瞬间慌了神，她的手机、签证以及银行卡都在背包里。盈盈原本的旅行路线也只是随到随查，不曾了解所到之地的周边环境，也不怎么会日语，平时都是用手机翻译好了给他人说明的，猛然丢失了所有的随身物品，盈盈一时间六神无主，偏偏身边连个可以商量的朋友都没有，想联系国内也不知道该怎么联系。在原地踌躇许久，盈盈终于跌跌撞撞找到一位商店老板，用不甚流利的英语和对方交流，好半天才让对方明白了她的意思，商店老板带着盈盈来到当地的警察本部报了警。才刚刚向日本警察说明情况，盈盈突然感受到一阵天旋地转，警局里的物品猛然震动，仿佛有什么史前巨兽要从地底苏醒一般。警察们反应迅速，知道是发生了大地震，开始疏散人员准备救灾。盈盈在混乱的人群中无所适从，只得跟着人流移动。然而地震只是一个开始，这一场巨大的天灾，从地震开始，引发了特大海啸，而巨大的海啸冲毁了福岛，也破坏了福岛的那座核电站。海啸带来了更可怕的后果——核泄漏事故。一时间整个日本人心惶惶，而盈盈人生地不熟，又失去了自己的手机和相关证件，只能慢慢等待救援，等到中国驻日本使领馆的撤侨人员，才终于回到熟悉的祖国。

一场旅行，不说散心，还遇上了这样的天灾人祸，盈盈也产生了人生无常的感叹。然而在这一场旅行中，若是盈盈能在最开始便做好准备工作，对可能遇到的问题有预备对策，也不会落得如此狼狈。

二、法理分析

盈盈遇到的问题既涉及了刑法方面的问题，又涉及了民事赔偿问题，同时也需要考虑有关重大天灾和核泄漏等意外事件的处理。若想妥善解决本案中盈盈所遭遇的问题，则需要从日本的法律出发，进行法理分析。

（一）日本刑事法律相关规定

日本现行刑法典于 1907 年颁布，1908 年 10 月 1 日起施行。与效仿 1810 年法国刑法典的旧刑法典不同，现行刑法典是以 1870 年德国刑法典为样板制定的，其最大特色是犯罪类型的概括性与法定刑的宽泛性。第一编总则，共 18 章，是关于刑法用范围、刑种、缓刑、未遂罪、共犯等一般原则的规定；第二编罪，共 40 章，列述 40 多种罪及其应处的刑罚。1947 年作过较大修改，确认了"罪刑法定主义"、"法律不溯既往"、禁止酷刑和类推适用等原则，取消了对天皇、皇室的"不敬罪"等特别规定。《日本刑法典》第 235 条规定了"窃取他人财物"[①] 的盗窃罪的处理措施，案例中盈盈所遇到的财物失窃问题需要借助日本警方解决，追究犯罪嫌疑人盗窃罪及相应处罪必须由当地法院的判决确认。若盈盈需要以司法程序保护自己的合法权益，追究犯罪嫌疑人的法律责任，则需要一个漫长的过程。

（二）日本民事侵权法律相关规定

《日本民法典》是当今世界十分重要的民法典之一，编纂参考了《德国民法典》的内容，规定相当完备，对于整个亚洲的民法典制定有重要影响。

案例中，盈盈遇到的财物失窃问题，相关刑事附带的民事赔偿问题在《日本刑法典》中已有规定，但对于其所有物的所有权问题却需要以《日本民法典》为依据。《日本民法典》第 709 条规定："因故意或过失侵害他人权利时，负因此而产生损害的赔偿责任。"同时，《日本民法典》第 193 条规定："占有物系盗赃或遗失物时，受害人或遗失人自被盗或遗失之日起二年间，可以向占有人请求返还其物。"该法典第 194 条还规定："盗赃、遗失物，如占有人由拍卖处、公共市场或出卖同类物的商人处善意买受时，受害人或遗失人除非向占有人清偿其支付的价金，不得请求返还其物。"因此，盈盈所遇到的情况，可以依据日本民法向侵害她权益的当事人请求侵权损害赔偿，也可以要求返还原物。

（三）日本核泄漏处理规定

1969 年，日本政府颁布了《原子能损害赔偿法》。该法对于核事故损害赔偿的责任归属问题做出了规定，发生事故的核电站或者核设施所属的营业者将承担全部责任。从这点来看，体现了《原子能损害赔偿法》中的第一个目的，即对受害者的保护。但是，这个条款并不适用于一切核事故。该法第 3 条规定：由非常

---

① 李强：《财产犯罪法律规定的比较分析——以日本、德国、中国刑法为对象》，载《法学评论》2019 年第 6 期。

重大的自然灾害、社会动乱引起的核事故，相关营业者将免去一切责任，即由日本政府承担所有责任。这点体现了《原子能损害赔偿法》中的第二个目的，有助于核电事业的健康发展。即该法律既不会为了过度保护受害者而增加赔偿金，也不会过度重视核电事业的健康发展。但如何掌握这两个目标的平衡，是一个很重要的问题。不仅如此，日本政府1969年还颁布了《原子能损害赔偿补偿契约法》。

从法律规定来看，日本有关原子能造成的损失的处理制度形成较早，但具体落实并非易事。本案当事人盈盈遭遇到的由地震和海啸引发的福岛核泄漏事故影响巨大，至今也未曾完全妥善处理，受到该事件影响的日本国民及外国公民均可以依据日本现有法律来寻求赔偿。

三、对策建议

"未雨绸缪"和"防患于未然"是中国自古流传下来的忠告。若盈盈在前往日本以前准备充分一点，做好事先预防工作，则可在一定程度上避免所遭遇的困境。

（一）人身安全保护

对海外中国公民来说，出门在外人身安全是最需要注意的地方。人身安全保护的预先防范措施可以从自身条件以及外部求援两个方面来着手。

首先，从自身条件来说，一是要做好事先的信息查询工作。无论是出国留学还是旅游，或者定居，都需要了解自己即将前去的地方的相关信息，包括但不限于地理环境、周边建筑情况、最近的警局等相关信息资料。二是遇事保持冷静。无论遇到怎样的困境，慌乱都是不可取的，只有冷静的头脑才能想出解决问题的办法。

其次，从外部求援准备来说，第一，记好所去地点的报警电话，存入手机的快捷设置。另外，警察可能不能及时救援，所以也要设置好紧急联系人，以关系亲密的亲戚朋友为佳。第二，记好我国驻日本使领馆求助电话。出门在外，国家便是我们最坚实的后盾，使领馆是我们可以求助的力量。与我国有外交关系的国家都会有我国驻外使领馆的存在，在遇到难以解决的困难时，可以向其求助。第三，若出去旅游，则听从旅行社的安排，不任性妄为，跟好导游或领队。第四，在国外时，国内的手机卡或网络可能不够流畅，故可以准备好无线网卡，以备不时之需。第五，对于身体素质较弱的人来说，例如女性、幼童或老年人，可以随身携带防狼喷雾等相关小巧且实用的防身道具。

（二）财产安全保护

金钱是现代社会生存必不可少的物品，身处他国时更是保证生活质量的重要因素，保护好财产有助于自身更好地在异国生存。

第一，出国必不可少的证件保护。当今世界国与国之间的交流日益加深，而出国则不可避免地会涉及各类重要证件，如护照、签证等身份证明，保护好自己的各类证件至关重要。那么出国之时，可以将证件单独放置，放在贴身且安全的位置，可以第一时间获取，又不容易丢失。同时，也要准备好证件的备份，将重要证件扫描存入电子备份，并准备纸质复印件，万一证件丢失，则可以使用复印件或备份来证实身份。此外，信息安全保护也是重要的方面。在保护好证件的同时要具有警惕心，不要随意泄露自身信息，以免不法分子利用信息来做违法之事。

第二，金钱财物的保护。对于在国外的金钱财物的保护来说，首先需要预判自己可能用到的金钱数量，获取合适的外币储备，不要过多，以免造成不必要的负累，当然也不能过少导致在国外的生活出现问题。其次，最重要的是不要将所有的财物放在同一个位置。现金若是放置在同一位置，一旦丢失则可能损失重大，分开放在不同位置，也有利于预防可能的财产损失问题。

（三）其他

常言道："天有不测风云，人有旦夕祸福。"你永远不知道明天和意外哪一个先到来。除开生活中将要面对的各种各样的人身安全问题和财产安全问题，当我们身处异国他乡之时也极有可能遇到未曾想象过的天灾。自然灾害我们可能难以抗拒，但做好预先防范工作，也许可以避免。例如查询好天气情况，则可以避免暴雨、飓风一类的恶劣天气；查询好地质、地形，则可以避免泥石流、山体滑坡等自然灾害。

身处大数据时代，信息流通比之以往更加频繁，也更易于查询到各类信息。中国外交部领事司编著的 2023 年版《中国领事保护与协助指南》就有不少出国注意事项，中国驻日本国大使馆官方网站也有不少关于日本的信息介绍，这些信息在出国之前均可以利用网络等手段查询到。总而言之，利用好手中可以掌握的资源，做好事先的准备预防工作，做到未雨绸缪，在遇到突发事件时便可以从容应对，减少不必要的损失。

第二节　事件应对

据日本国家旅游局发布的数据，2023 年访问日本的外国游客约为 2233 万人次，时隔 3 年再度突破 2000 万人，中国游客约占一成。[①] 但日本政府"观光立国"政策从长远看不会改变。我国在日旅游的群体是十分庞大的。这么庞大的群体在海外旅行生活期间，即便做好各方面的预防措施，也难免百密一疏，出现各种问题。更何况大多数情况下海外中国公民事前的防御措施可能做得并不那么完备。如此，意外事件发生时的应急处理就十分重要了。

一、游客"吃相"不雅被赶案

在五一劳动假期，小贾与好友相约前往日本旅行，为了此次旅行，二人早早办好护照等各类必需的证件。小贾和好友二人提前一个半小时到达机场，进入候机室候机。在候机期间，二人不放心又通过手机进入中国驻日大使馆的网站查看了一下赴日须知事项，之后又进入中国海关的官网和日本税关官网确认携带的行李中不存在两国海关规定的禁止出入境的物品，确保两人能够顺利出入境，避免因为海关和税关的检查而浪费本就紧凑的旅行时间。

小贾及其好友经过几个小时的飞行后顺利抵达日本，并因为前期准备比较充分，在入境和机场都没有浪费过多时间，顺利到达住处后稍作休整便开启了日本美食与美景之旅。

整个旅途十分令人愉悦，亲身游历那些动漫中的美景更加让人流连忘返，美食也是别有一番风味。然而，在游玩的第三天遇到了一件令两人十分尴尬且终生难忘的事情。二人经朋友推荐前往当地一家特色自助餐厅吃自助烤肉，约定了 90 分钟的用餐时间。享用美食本是一件十分令人高兴的事，在二人刚开始用餐时有说有笑，十分愉快，食物的味道也没有让人失望。传说日本服务行业是十分令人舒心的，但这一次用餐却让小贾及其好友不敢苟同这一观点。日本服务员对待小贾这一桌和对待日本当地人那桌的态度截然不同，这让小贾非常郁闷。虽然服务

---

① 《2023 年时隔 3 年访日外国人突破 2000 万人！明年起日本将对这 6 个国家加强入境措施》，https://news. sohu. com/a/746839174_ 121124646，访问时间：2024 年 6 月 30 日。

员态度不够友好且大煞风景，但小贾及其好友当下还是没有发作。在用餐结束后，小贾在结账时要求见一见店长，问一问这边是否对外国人提供的服务另有标准。与此同时，好友拿着手机在旁边拍摄视频。这时店员看到这幕十分生气，便说："这种肮脏的吃法，我真的没有见过，乱七八糟，不用付钱了，请离开。"这番话也是将几乎所有的店员都吸引了过来，小贾及好友听到这一番话也是十分生气，将现金放在前台便扬长而去。在小贾与好友走到楼下，店长追下来将现金返还给小贾及其好友，为此双方又经历了一番拉锯，店长最后仍是坚持将钱还给了小贾。用餐后小贾与好友回到住处休息时发现自己的护照丢失了，这使小贾有些慌乱，虽然小贾根据中国驻日本使馆官网说明的在护照内留有紧急联系方式以及住宿地址，但如果护照没有被人拾得，联系方式也将失去其作用，于是小贾决定先拨打报警电话，小贾通过 104 电话号码查询台查到报警电话与中国一样为 110，之后便拨打了报警电话。报警后，小贾又准备利用休息时间出去找找，看看是否能够自行寻回护照，若未能寻回则前往就近的警察署出具遗失证明，再向我国驻日使馆申领回国用的旅行证件。好在护照被路人拾得，路人通过护照内的联系方式将护照送还给了小贾。

　　小贾用餐被赶事件一经曝光，在国内社交网络引起巨大反响，部分网友对此表示愤怒，也有部分网友认为这只是事件的部分展现，不能发表评论。很快这一事件也传播到日本，日本媒体对这一事件也给予了高度关注，也对涉事商家进行了采访，经采访查清，商家是由于客人吃东西的时候，食物残渣掉到了很多地方，甚至掉到了地上，所以才导致服务员服务态度不够友好。而且该自助餐厅规定的用餐时间为 2 小时，而小贾以及其好友的用餐时间已经比规定时间超过了 15 分钟。除此之外，小贾及其好友在推搡之间一直用手机拍摄店长，这才导致店员无法忍受，将顾客驱赶出店。[①]

二、法理分析

　　在这一案例中，一方面涉及餐厅方的工作人员行为是否合法，另一方面主要涉及的是小贾及其好友作为消费者的权益保护问题。对这些问题，本部分将从法理角度进行具体分析。

（一）维权的法律依据

　　本案例涉及的日本的法律规定主要包括两个部分，一是《日本民法典》的规

---

① 《中国女生在日本吃饭遭驱赶真相令人指》，http://www.sohu.com/a/234677725_100159946，访问时间：2021 年 7 月 3 日。

定，二是《日本消费者基本法》的规定。

其一，《日本民法典》的规定。《日本民法典》第 44 条规定了法人的侵权行为，具体规定为：法人对于其理事或其他代理人在执行职务时加于他人的损害，负损害赔偿责任；因法人的目的范围外的行为，有损害于他人时，于表决该事项时表示赞成的社员，理事及实施该行为的理事或代理人，负连带责任。这一条文指明了，餐厅作为法人，在他的理事或其他代理人做出损害消费者权益的行为时所要承担的责任。在上述案例中，服务员在服务顾客时使消费者的权利有所侵害，是属于执行职务时对他人造成损害的。根据日本法上述条文的规定，法人是要承担损害赔偿的责任的。《日本民法典》第 715 条规定，因某事业雇佣他人者，对受雇人因执行职务而造成的第三人损害，负损害赔偿责任。但是，雇佣人对受雇人的选任及事业的监督已尽相关相当注意时，或即使尽相当注意损失仍会产生时，不在此限。可见，服务员作为受雇人在执行职务时损害了消费者的权益，自助餐厅作为雇佣人没有满足免责条件也应该负损害赔偿责任。

其二，《日本消费者基本法》的规定。《日本消费者基本法》第 2 条规定："有关消费者利益之保护及增进的综合性实施政策（以下称消费者政策的推进）须满足国民消费生活中的基本需要，确保其健康的生活环境必须确保消费者的安全，确保消费者对商品及服务的自主且合理选择的机会，对消费者提供必要的信息及教育的机会，使消费者的意见能反映在消费者政策上，并尊重消费者在受到了损害时能得到恰当、迅速的救济之权利，为使消费者为保护和增进自己的利益能进行自主且合理行动，必须以支援消费者的自立为基本。"可见，该规定赋予了消费者多重权利，其中十分重要的就是消费者在权利受损时获得救济的权利。因此，小贾及其好友作为消费者在其权利受到侵犯时，享有获得救济的权利。该法第 5 条规定："经营者基于第二条的尊重消费者权利、支援消费者自立及其他的相关基本理念，对其供给的商品及服务有下列责任与义务确保消费者的安全及与消费者进行交易时的公正。对消费者提供必要、明确且易懂的情报、信息。在与消费者进行交易时，应考虑消费者的知识、经验及财产状况等。为了恰当迅速处理与消费者之间产生的投诉，应在必要的体制设置等方面进行努力，并恰当处理该投诉。协助国家或地方公共团体实施消费者政策。"该规定明确要求经营者要考虑到消费者的知识、经验的状况。在本案中，自助餐厅也应该考虑到小贾及其好友作为外国消费者的经验水平。因此，小贾及其好友为维护自身权益是可以在日本法中找到相关依据的。

（二）案件中法律关系的梳理

首先是就餐时间争议所关涉的法律关系。在中国驻日本大使馆的官网的赴日须知中也提到在享用自助餐时要特别注意用餐时限的问题。小贾以及其好友与餐厅在用餐前已经约定用餐时间为90分钟，那么用餐时间90分钟就是小贾及其好友的合法权益。这一争议所关涉的法律关系可以从合同和侵权两个角度来分析，从合同角度分析，小贾及其好友跟自助餐厅之间存在消费合同关系，合同约定了消费时间为90分钟，如果在90分钟内驱赶小贾及其好友，那么自助餐厅就是违反了合同约定，要承担违约责任。从侵权角度分析，小贾及其好友作为消费者进入该餐厅进行消费是享有消费者基本权益的，如果90分钟内驱赶小贾及其好友，那么就是侵犯了小贾及其好友作为一个消费者的基本的合法权益的。在超过90分钟不超过120分钟的时间内，从合同角度来看，自助餐厅可以要求小贾及其好友结束用餐并离开餐厅，这时不存在违约责任。如果小贾及其好友及时采取措施，延长用餐时间，这就表明双方对合同进行了变更，合同不存在无效事由，仍然是有效的。那么，餐厅也是不能驱赶小贾及其好友的。可见，小贾及其好友还是在餐厅规定的120分钟的用餐时限内用餐，仍然享有作为消费者的基本权利，如果这时候要求小贾及其好友结束用餐并离开餐厅仍然是侵犯了二人的合法权益的。在超过120分钟的用餐时间后，根据餐厅本身对于用餐时间的规定，不论是从合同还是侵权角度来看，餐厅都是可以要求顾客结束用餐并离开餐厅的。

其次是用手机拍摄视频所涉及的法律关系。我国公民在感觉自身权益受到侵害时，下意识通过手机拍摄留存证据这一习惯是好的，但是也需要考察这一行为在所在地是否恰当。在日本，国民对于肖像权和隐私权是极其注重的，肖像权侵犯仅有5个阻却事由，即犯罪的搜查、犯罪的预防、报道自由、学术和艺术自由、公众人物。本案显然是不存在阻却事由的，那么小贾及其好友用手机拍摄的行为就不排除侵犯店员肖像权的可能。此外，日本的手机快门声是不可以关闭的。所以在日本，随意用手机对他人进行拍摄是极其不礼貌的，也会引起他人的反感。在这一问题上，我国公民出国前一定要做好攻略，在非必要的情况下，不要随意违反当地风俗习惯，以免招致麻烦。情况危急必须取证也可以告知对方将通过拍摄取证并保证隐去案情无关的信息。

最后是涉及公序良俗的问题。小贾及其好友在用餐期间将食物残渣随意放置，甚至掉落地上，这一行为更多的是违反了当地的卫生习惯和用餐习俗。在这类问题上，中国公民出国时的确需要有所注意，在出行前做好攻略，做足准备，尊重各国文化传统，避免不必要的纠纷。但正如前文关于消费者权益保护的法条中提到的，自助餐厅作为经营者是否尽到了考虑消费者的知识、经验等因素的义务这一问题也是值得探究的。

三、对策建议

海外中国公民遇到案例中的类似情况时，需要采取适当的措施来维权或进行救济，避免更多的权益受到侵害。权利救济的途径可以分为自力救济和公力救济两种，二者可以择一也可以并举，这取决于权利受侵害的程度。

（一）自力救济

一方面，小贾及其好友认为服务员在提供服务时态度恶劣，可以直接向服务员本人提出此疑问，要求对方尊重自己作为顾客享受服务的权益，如果服务员没有改变则可以向经理进行投诉并要求更换服务员。在情况属实的情况下，经理一般都会及时更换甚至可能亲自服务，这样就可以解决问题，将冲突扼杀在摇篮里。在用餐时间到达约定时间后，店员多次催促的情况并且出现不耐烦，甚至出现言语侮辱时，作为顾客可以拒绝与店员过多无效沟通，避免正面冲突，选择与经理或者其他的店面负责人进行沟通，协商一致后就可以更好地解决冲突，避免矛盾激化。另一方面即使当时没有直接进行交涉，在前往柜台结账时，可以直接提出有问题并与经理交涉，但在交涉时要注意方式方法。小贾及其好友在开始交涉时就使用手机拍摄视频的方式是不可取的。这种情况下的拍摄不在日本关于肖像权侵犯的阻却事由范围内，会侵犯到经理的肖像权，也会引起经理的不满，从而影响到沟通的有效性。拍摄应该在沟通无效的情况下公开进行，这时就可能属于犯罪预防这一阻却事由的范围内，而不会是侵犯他人肖像权的行为。

无论是在国内还是海外，在发生冲突的第一时间，自力救济往往是最及时、最有效而且可能是最大限度行使救济权利的途径，因此，在面对冲突时要善用自力救济，努力捍卫自身的合法权益。

（二）公力救济

在感受到自己的合法权益受到侵害或者即将受到侵害且局面已经趋于不可控的情况下，不要直接正面发生过大的冲突，在异国他乡外国人更可能是处于一个弱势地位，直接正面的冲突只会激化矛盾导致自身权益遭受进一步侵害。在这种情况下，自力救济无法达到救济效果时，就可以采取公力救济了。公力救济最简单直接的方式就是通过110报警电话报警，在拨打报警电话时要注意说明自己的身份、报警事由以及自己的所在地，避免无效报警，影响纠纷的解决进程。如果在所在地有消费者协会的举报电话，也可以通过拨打消费者协会的举报电话来举报相关单位的侵权行为与事实。举报时也要注意说明店铺的基本信息，确保举报有效，避免做无用功。在拨打报警电话或举报电话后就不要再与当事人继续就纠纷问题进行不必要的沟通了，因为这时的沟通基本为无效沟通，还有可能激化矛盾造成不必要的后果，静静等待警察或相关人员来处理纠纷是最为妥善的方式。

除了自由行游客不时与日本当地的当事方发生冲突的情况外，还有可能跟团旅游时游客与导游或接待方发生冲突，这时也可以通过自力救济和公力救济两种方式来进行救济。若遇紧急情况或纠纷，应依靠导游或接待方解决。若得不到有效帮助，亦可向中华人民共和国文化和旅游部驻日本办事处或相关旅行社及其在日本的分公司反映，亦可回国后向旅游主管部门或消费者协会投诉，当然这种方式仅限于旅行团为国内旅行社组织的旅游情况下适用。如果旅行团是日本当地的旅行团，则尽可能在日本通过协商、举报以及报警等方式进行救济，切勿采取极端行为，以免耽误行程或引发更多不必要的纠纷。

第三节　事后处理

日本学生支援机构（JASSO）的调查显示，截至 2021 年 3 月 1 日，日本的大学和语言学校的在籍外国留学生人数总人数已达到约 27.96 万人，中国留学生数量达到 12 万人，占全体比例的 43.6%，高居榜首。[①] 这一数据表明，日本是我国留学生的一个重要留学国，留学生权益保护也是一个极大的问题。中国公民在海外可能遇见各种合法权益受到侵害的事件，但由于人生地不熟，冲突发生时可能不能直接有效维护自己的合法权益，也有可能不敢直接与加害人进行正面冲突，只能在事后进行妥善的事后处理。虽然一般情况下，遇上刑事案件的可能性比民事案件要小很多，但是一旦遇上刑事案件，其危害性却比民事案件要大很多，对合法权益造成的损害很有可能是无法挽回的。因此，海外中国公民在日本一旦遇到刑事案件，务必沉着冷静，依法依规并按程序做好事后处理工作，尽可能降低损失，维护正当权益。

---

① 《（JASSO）公布了最新的外国人留学生在籍状况调查结果　中国内地学生成为日本国际学生最大生源》https://cj.sina.com.cn/articles/view/7544878744/1c1b5b69800100xm1r，访问时间：2021 年 7 月 21 日。

一、中国女留学生在日被杀案

2016 年 11 月份，日本已经进入了冬天，日常的温度已经达零摄氏度以下。小江来到日本留学已经有两年的时间了，这两年她经历了很多事，也让她在短短的两年里迅速成长。

当初小江刚来日本读书的时候，中介公司声称 3 个月的培训只需要 3 万块钱，这样诱人的价格，小江没有多做任何思考就选择了这一机构参加培训。可是，参加培训后，才发现中介公司原来的承诺变更颇多，单人间酒店变成了拥挤的 6 人宿舍，饮食也是从专门食堂变成了简单到食不果腹的盒饭等。小江落差十分大，于是，便在国内某网站上发帖揭发了这一中介机构的不良行为，这一帖子被中介机构看到并通过技术手段找到了她，不仅要求小江道歉并写检讨书，还强制小江回国并试图断掉其签证。小江无奈只能照做，小江在强制回国的飞机起飞前下了飞机，独自一人流落日本街头。她认为自己的权益受到了侵害，于是开始寻求途径进行自救。小江先是找了日本的学士科，因为小江所在的学校是属于私立学校，教育委员会是只管公立学校的，所以小江找到了学士科，但学士科并没能帮助她解决问题。接着小江又去找了律师，但律师也只是给了一些建议，也没能帮小江解决问题。再后来小江去找了报社，报社则觉得这件事情影响并不够大，不足以引起广泛讨论，也没能帮到小江。最后，小江的家人来到了日本，带着她前往大使馆才勉强将事情解决。小江得以继续在日本留学，家人也回到中国。

最近，小江又遇到了一个稍显难缠的事件，小江与小刘同为在日本留学的学生，因同住且作为老乡相识。但在二人同住一段时间后，小刘认识了她的男朋友小陈，二人在一起一段时间后，小刘就搬去与男友小陈同住。但不久后，小刘与小陈感情破裂，搬离小陈住处，搬往打工的店长家居住。小江知道该情况后，便邀请小刘回来同住。在二人同住期间，小陈一直不断纠缠小刘，有时候电话骚扰，有时候跟踪尾随，小陈的行为严重影响到了小江与小刘正常的生活。2016 年 11 月 2 日下午，小陈再次到小刘和小江的居所找小刘交涉。小刘因害怕，将小江叫回。小江很是无奈，但还是回到住处陪伴小刘。不久后，小陈的情绪渐渐变得激动起来，时而激动得发抖，时而面红耳赤地大声嚷嚷，这让小江心生忌惮，急忙把小刘拉到一旁并建议报警，但小刘拒绝了。好在小江把小刘拉开这一举动也算让小陈稍微冷静了一些，交涉又一次以失败告终。

当天晚上小陈再一次尾随小刘，于是小刘通过社交软件给小江发信息，称自己被小陈尾随，很害怕，让小江来接。这时原本距家仅 10 分钟路程的小江又返回车站接小刘，并在咖啡店等待近 1 个小时，在 23 点 08 分接到小刘并一同返回家中，在二人返回家中后，小陈也尾随而至，并且在大约 20 分钟后开始敲门，小江通过门上的猫眼看到了门外的小陈，便去找小刘。此时，小刘躲在房间不敢出门，并声称自己生理期弄脏了裤子，正在进行更换，不方便出门。

于是小江只好出门交涉，门外的小陈情绪激动，怒目对着小江。小江告诉小陈，小刘现在不舒服，不能出来相见，同时指出时间已经很晚了并建议小陈先回去，第二天再来。可是，小陈听到这话后情绪突然失控，一把将小江抓起来往墙上撞，小江拼命挣扎。大约 0 点 16 分，小刘听到外面的声音十分害怕立马拨打了 110 报警电话。门外小江与小陈还在搏斗着，约 0 点 20 分，失去理智的小陈将小江残忍杀害。约 0 点 22 分，小刘感觉外面的打斗停止了，便再次报警。直到警察赶到之后，小刘才离开房间，此时 24 岁的中国留学生小江已在寓所外被残忍杀害，身中数刀，刀口最长达 10 厘米。①

二、法理分析

本案涉及诸多法律问题，对其进行分析不可忽视两个方面的事实，一是小江刚到日本留学被中介机构欺骗，最后甚至差点被强制回国的事实；一是小江在寓所外被杀害的事实。

（一）民事方面的法理分析

对于小江刚到日本留学的经历，先是面临中介机构虚假宣传的问题。由于这一中介机构是我国的中介机构，其虚假宣传问题需要通过我国的法律予以解决。我国《反不正当竞争法》第 8 条规定，经营者不得对其商品的性能、功能、质量、销售状况、用户评价、曾获荣誉等作虚假或者引人误解的商业宣传，欺骗、误导消费者。经营者不得通过组织虚假交易等方式，帮助其他经营者进行虚假或者引人误解的商业宣传。在本案中，中介机构作为经营者，宣传的是 3 个月 3 万块钱的培训，住的是单人间酒店，饮食有专门的食堂负责，小江抵达日本后住的却是拥挤的六人间宿舍，全靠盒饭度日。中介机构对提供的服务质量进行虚假宣传的事实是客观存在的。除此以外，还涉及中介机构在知道小江在中国网站发布揭露中介机构虚假宣传的帖子后，联合学校强制要求小江回国的问题。日本相关法律规定，无正当理由强制要求外国留学生回国是违法的。虽然最终小江从回国的飞机

---

① 《他看了江歌被害案的卷案，真相可能比你想象的残酷！》，https：//www.sohu.com/a/204379171_166259，访问时间：2021 年 7 月 2 日。

上下来了，日本学校还是采取了强制要求回国的措施，这样的措施是违反日本本国法律的。但也不排除中介机构在向日本学校故意传递错误信息的可能，导致日本学校以为小江对日本学校进行了诋毁，造成了其名誉权的损害，从而强制要求小江回国。

在案例中，小江是幸运的，最终通过大使馆的交涉使其回归正常的留学生活，但这一案例也提醒我们，在准备留学事宜的时候，一定要擦亮眼睛，识别黑中介，避免浪费宝贵的学习时间。

（二）刑事方面的法理分析

本案中，小江、小刘以及小陈都是中国留学生，而案件却发生在日本。刑事案件一般是采用属地管辖的原则，如果属地原则不能适用，也可以采用属人管辖原则。本案原则上是由日本管辖的，如果日本拒绝对这一案件行使管辖权，那么中国也可依属人管辖原则进行管辖。

小刘与小陈的感情纠纷本与受害人小江不存在任何直接关系。在小陈因为感情纠纷跟踪小刘时，更多的是侵犯小刘的法益，而对受害人小江不存在法益侵犯的威胁。我国目前暂时还没有将跟踪纳入刑法的范围内，但实践中不同案件中应该区别处理，比如跟踪骚扰的动机通常有愤怒、嫉妒、复仇、爱慕等，不同的动机表明的主观恶性不同，其处罚自然也不相同。此外，还需综合考量加害人的目的、手段、结果、是否再犯等情节。虽然跟踪行为并没有纳入刑法范围，但小陈这种多次且较长时间的跟踪，已经有非常明显的法益侵犯威胁了，作为这一法律关系中的被侵害人的小刘完全可以采取报警等方式或采取其他方式维护自己的合法权益。小陈尾随二人到达公寓并开始敲门，这时，小陈的行为侵犯的是小江与小刘两人的合法权益，因为小陈的敲门声是会影响到小江以及小刘二人的正常生活的，而且小陈在下午已与小江和小刘二人进行过一番交涉，最终不欢而散，晚上又进行了第二次的跟踪，这时候已经有法益侵犯的紧迫性了。在小江开门与小陈面对面交流后，小陈的行为才是针对小江一个人的法益侵犯，在小陈将小江按在墙上的时候，这时候已经造成了对小江的法益侵犯即便是小陈就此停止接下来的杀人行为，小陈的行为也可能构成故意伤害。此后小陈的杀害行为是对小江生命权的侵犯，小江在此过程中所做的任何反抗都可以视为正当防卫，即便在反抗的过程中误杀了小陈，也可以以正当防卫为由进行辩护。

三、对策建议

这一案件的事后处理可以从两个方面着手，一方面是受害者家属对受害者人身权益受到侵害的事后处理；另一方面是我国对于海外公民权益保护完善之处。

（一）受害者家属的事后处理建议

对于案件的事后处理包括诉讼和非诉讼两种方式，在一般的刑事案件中，虽然也有通过一方当事人的申请来达成和解协议的解决方式，但刑事案件大多侵犯的不仅是个人的重大法益，而且在相当程度上破坏了国家法律秩序与社会公义。因此，刑事案件大多会通过公诉的方式进行。本案几乎不存在以非诉讼方式解决争议的可能性，只能通过诉讼途径解决刑事案件。

本案，受害人小江受到侵害的是作为一个人最基本的生命权。小江及小刘没能阻止悲剧的发生，小江最终被残忍杀害。那么，作为涉事人之一的小刘应在第一时间报警，警察到后就会对现场进行保护，并将犯罪嫌疑人及有关证人带回警察署进行调查取证。小刘作为目击证人也需要跟随警察前往警察署做笔录，陈述完整的案发过程。作为案件的受害人的小江已经死亡，她就不能提起诉讼了，只能由其家人参与诉讼。不过小江的家人也不是像民事案件一样直接去法院提起诉讼，而是通过公诉机关提起公诉，从而达到惩罚犯罪嫌疑人的目的。小江的家人在配合日本公诉机关起诉的过程中，如果需要寻找律师时，可以先自行寻找，如果自己因为语言等无法找到比较可靠的律师，可以寻求中国驻日本使领馆的帮助。小陈对小江生命权的侵犯属于伤害致死，根据 2004 年修改后的《日本刑法》的规定，伤害致死罪要判处 3 年以上有期惩役。① 日本实行的是三审终审，三审终审就是指一审案件当事人认为二审法院对其上诉案件作出的改判系错误判决，可在一定期限内通过二审法院请求再上一级法院对该案进行第三审的一种特别的审级制度。如果小江的家人在经过一审和二审后还是不认可对被告人的刑罚的判定，那么还可以向最高法院提起三审。

（二）在日本的中国公民权益保护对策的完善之处

不可否认，自新中国成立以来，我国就在建立和健全海外公民的权益保护机制。但由于我国是人口大国，随着改革开放的不断深入，我国与世界各国的经济、文化交流都变得十分密切，海外中国公民权益的保护越来越受人关注。首先，我国需要加强对海外中国公民的资料库的建设，保证对海外中国公民基本信息的掌握。其次，还需要形成更为庞大的议题网络，吸引更多的人加入海外中国公民权益保护的议题中。最后，很多时候信息不对等的问题十分严重，所以，还要加大海外安全和国外相关法律法规的宣传力度，强化公民的海外安全意识和守法意识。

---

① 张明楷：《日本刑法的发展及其启示》，载《当代法学》2006 年第 1 期。

本章小结

中日两国在 20 世纪中期虽然有过较长一段时间不愉快的关系，但自从第二次世界大战结束并经过漫长的时间，冷战局面逐渐破解。1972 年 9 月 29 日，双方签署发表《中华人民共和国政府和日本国政府联合声明》，实现邦交正常化。中日关系总体不断发展，各领域友好交流和务实合作日益深化，给两国政府和人民带来实实在在的利益，也有利于维护地区乃至世界的和平、稳定与繁荣。中日两国高层一直交流不断，一直以一种积极的态度推进经贸交流，科技交流与合作也在不断加深，文化交流与合作也稳步推进，军事交流与合作也日渐频繁。① 日本作为世界大国，且为中国的重要近邻之一，对于中国开展"一带一路"倡议有着重要的影响。中日交流的加深，体现了中日关系的和谐稳定发展。中国公民在日本的合法权益如何更好保护，亦是广受关注的问题。

一、中国公民在日本的权益内容和特征

（一）中国公民在日本的权益内容

海外权益可解释为包括国家（政府）、企业、社会组织、公民等多种行为体在政治、经济、安全等领域的境外权益。② 而对于中国公民而言，主要的海外权益便是人身安全与财产安全权益，以及与此相关而延伸出来的其他权益。

其一，人身安全。人身安全是中国公民在日本所享有的基本权益之一，是其他一切权利的基础。日本属于发达国家，法治建设较为完善，国民受教育程度较高，加之日本民风较为淳朴，中国公民在日本的人身安全比较有保障。近年来，虽然发生过如留学生江某在日本遇害的事件，但日本警方与司法机关已迅速处理，同时，不断加强对其他在日本的中国公民的人身安全的保护。

其二，财产安全。在日本的中国人，无论是旅游、留学、工作或经商投资，财产安全都是十分重要的权益。这一权益受到日本诸多法律的保护，外国人在日

---

① 中华人民共和国外交部：《中国同日本的关系》，https://www.fmprc.gov.cn/web/gjhdq_676201/gj_676203/yz_676205/1206_676836/sbgx_676840/，访问时间：2023 年 7 月 3 日。

② 王玫黎、李煜婕：《总体国家安全观下中国海外权益保障国际法治构建的理论析探》，载《广西社会科学》2019 年第 8 期。

本的合法财产权益不受非法侵害。

其三，劳动权益。前往日本的中国人之中，有很大一部分是劳务派遣或个人打工，因而劳动权益对于在日本的中国人来说也是十分重要的权益之一。2018 年日本通过了新的劳动法案，放宽了外籍劳工的准入制度，对于外国务工者在日本的劳动权益保护有相当的促进作用。此外，日本《出入境管理及难民认定法》修正案的通过，也将更好地保护在日本的外国人的劳动权益。

其四，知识产权权益。知识产权权益是一种特殊的权益，兼具人身权益与财产权益。在日本，《著作权法》与《商标法》都规定了关于外国人知识产权权益保护的相关内容。

（二）中国公民在日本的权益特征

其一，权益内容具有多样性。中国公民在日本享有的合法权益，以人身权和财产权为基础，涵盖了劳动权、知识产权、金融投资权等以及与这些权益相关的其他权益。日本涉及外国人权益保护的法律亦是数量不少，这些权益的良好保护是中国公民在日本正常生产生活的必要条件之一。

其二，权益具有多重性质。中国公民在日本的权益，兼具了经济、政治、文化、外交和法律的性质，同时也具有国际性。中国公民在日本的权益保护，并不仅仅与公民个人有关，更与两国之间的关系息息相关，体现了国际交往的诸多元素特征。

二、中国公民在日本权益受损风险

（一）人身权益受侵害风险

人身安全是每个公民最基本的权益，也是最根本的权益。在中国驻日本使领领馆的公布的信息中，几乎每年都会有一两个中国公民遇害或失踪的信息，这仅仅只是领事馆公布的案件，而未曾公布的案件却少为人知。人身权益的保护，首先要做好预防措施，获取足够的信息，未雨绸缪，在日常生活中保持警惕心，尽量不要一个人深夜外出，也不要深夜随意开门让陌生人或者情绪不稳定的人进入家中，尽力在犯罪行为发生的萌芽阶段就将其扼杀。在人身侵害行为发生时要尽可能地及时止损，尽最大的能力呼救、进行反抗，尽可能地自行中断法益侵犯行为，想方设法报警求助。在人身权益遭到侵犯后，应注意保留证据并寻求司法救济，积极协助警方调查。

（二）财产权益侵害

中国公民在日本务工、投资、旅游和留学的数量十分庞大，其在日本的财产权益的保护问题是一个十分突出的问题。经济纠纷是中国公民在海外最常遇见的纠纷之一，工作时的劳动纠纷、进行金融投资活动时的民商事纠纷、旅游及留学活动时会遇到的其他损害财产权益等情况也时有发生，在日本的华人同胞过去都不同程度地遭遇过。为保护好海外华人的合法财产权益，一是在财产权益受到侵害前就要做好预防的措施；二是在财产权益受到侵害时要及时做出反应，最大限度阻止侵害并保存好自身的财产。例如，一旦发生财物被盗案件，则要及时报警，依靠警察来追回财物，挽回损失。

（三）劳动权益受侵害的风险

日本境内的外籍人数，在 2008 年经济危机和 2011 年日本大地震期间有小幅波动外，整体呈上涨趋势。据日本厚生劳动省统计，截至 2020 年 10 月底，在日外国劳动者达 172 万人。从国籍来看，中国为 42 万人，占日本外国劳动人口的 24.3%，仅次于越南。[①] 劳动权益对于在日本的中国人的重要性不言而喻。而日本的外籍"实习技能生"与研修生制度在劳动时间、薪资方面产生了诸多纠纷。除此之外，在日务工还可能遭遇工伤、雇佣纠纷、职场纠纷等一系列问题，对于中国公民在日本的劳动权益的保护也是值得关注的一个问题。

（四）知识产权权益受侵害的风险

在经济活动中，知识产权是极为重要的权益之一。对于在日本活动的中国公民而言，知识产权的重要性同样十分突出。在知识产权领域，由于中日两国制度差异，无论是著作权、商标权或是专利权，都可能遭遇侵权事件，因此中国公民在日本活动，其知识产权可能遭遇侵害的风险同样不容忽视。

三、中国公民在日本权益受损的本地救济途径

（一）警务救济途径

对于在日本合法权益受到侵害的中国公民，最先能寻求的救济方式便是向警察求助。日本警察的管辖范围包括了警务、交通、警备、警戒、公安、刑事、防范等诸多内容，在日本的中国公民遇到无论是财产权益还是人身权益受到侵害，都可以率先寻求警察的帮助。

（二）司法救济途径

在日本的司法系统中，司法权属于最高法院及下属各级法院，采取"四级三审制"。作为大陆法系国家，日本的法典较为全面，其民事诉讼法、行政诉讼法、

---

① 《日本社会外籍劳动者现状》，http：//k. sina. com. cn/article_ 5814158408_ 15a8d0448020016c4p. html，访问时间：2023 年 7 月 3 日。

刑事诉讼法规定了有关日本民事、行政、刑事诉讼的程序。在日本的中国公民的权益受到侵害时，采取司法救济措施亦是保护自身合法权益的有效途径。

（三）调解或仲裁救济途径

日本专门制定了《民事调解法》和《仲裁法》来处理民商事纠纷。《民事调解法》中特别规定了有关住宅土地、农业、商业、采矿污染、交通以及污染公害的调解。日本《仲裁法》则规定除其他法律另有规定外，在日本进行仲裁和在日本法院执行仲裁裁决的程序都受该法律管辖。在日本的中国公民遇到民商事纠纷时，也可以采取调解或仲裁来解决纠纷，维护自己的合法权益。

四、中国公民在日本的合法权益的领事保护

中国公民在海外保护其合法权益的权利，属于宪法规定的基本权利范畴。中国公民海外权益保护权是指当中国公民在海外的生命或财产等合法权益受到现实的严重威胁时，依法所享有的请求国家救助的一种宪法基本权利，国家有责任和义务通过领事保护和外交保护的途径对他们实施保护。[①] 领事保护是中国公民在海外的主要保护途径之一，中华人民共和国驻日本国大使馆的官方网站中对领事保护有详细的说明，中国公民前往日本或在日本遇到困难时都可以向使领事馆寻求帮助。

五、中国公民在日本的合法权益的外交保护

领事保护以外还存在着外交保护。外交保护主要针对的是对国际不法行为所遭受的侵害，国家以外交途径来保护国民合法权益的方式。外交保护是国家的权利，是国家基于属人管辖，将国民的权利视为国家权益的组成部分，故对其在国外的国民有保护的权利。当中国公民在日本受到日本的国际不法行为影响而受到侵害或损失时，在用尽当地救济无效的情况下可以向中国驻日本国大使馆寻求外交保护。

六、在日本的中国公民可利用当地组织维权

在日本的中国公民权益受到侵害时，除了可以采取上述的救济措施以外，还可以寻求日本当地华人组织的帮助，以维护自身的合法权益。由于中日人员往来频繁，在日本的华人组织也不少，如会员超过 9 万人的"华人时代"、2003 年成立的"日本新华侨华人会"、全日本华侨华人社团联合会、日本华侨华人学会、日本中华总商会、中国留日同学会，等等。

---

① 周继祥、马青腾：《论中国公民海外权益保护权——以利比亚撤侨为视角》，载《贵州警察职业学院学报》2012 年第 2 期。

中国公民在日本实用信息

单位名称或事项	地址	电话	备注
外交部全球领事保护与服务应急热线	—	+86 – 10 – 12308 +86 – 10 – 65612308	
中国驻日本大使馆	大使馆： 日本东京都港区元麻布3 – 4 – 33 领事部： 日本东京都品川区东五反田4 – 6 – 6 教育处： 日本东京都江东区平野2 – 2 – 9 经济商务处： 日本东京都港区南麻布5 – 8 – 16	+81 – 3 – 3403 – 3388 护照、旅行证、公证、婚姻登记咨询电话： +81 – 3 – 6450 – 2196 领事协助、侨务咨询电话： +81 – 3 – 6450 – 2195 经济商务处： +81 – 3 – 3440 – 2011 教育处： +81 – 3 – 3643 – 0305	
中国驻大阪总领事馆	日本大阪府大阪市西区靭本町3 – 9 – 2	+81 – 6 – 6445 – 9481 +81 – 6 – 6445 – 9482 政治处： +81 – 6 – 6445 – 9481/2 转708 教育处： +81 – 6 – 6445 – 9481/2 转413 办公室： +81 – 6 – 6445 – 9481/2 转410 应急电话： +81 – 90 – 6673 – 6659（仅限事件、事故、伤亡等紧急情况） 经济商务处： +81 – 6 – 6445 – 9481/2 转403 领事证件咨询： +81 – 6 – 6445 – 9486 领事保护协助： +81 – 6 – 6445 – 9427	领事证件咨询： 工作日 9:00—12:30 14:00—18:30
中国驻札幌总领事馆	日本札幌市中央区南13条西23 – 5 – 1	领侨处： +81 – 11 – 563 – 6191 领事保护协助： +81 – 11 – 513 – 5335 领事证件咨询： +81 – 11 – 563 – 5563 教育事务： +81 – 11 – 563 – 8991 经商事务： +81 – 11 – 563 – 9997 办公室： +81 – 11 – 563 – 5547	办证时间： 周一至周五 9:30—12:00 （除中国和日本节假日） 领事证件咨询时间： 14:00—18:00

（续表）

单位名称或事项	地址	电话	备注
中国驻福冈总领事馆	日本福冈市中央区地行浜 1 - 3 - 3	+81 - 92 - 713 - 1121 领事保护协助： +81 - 92 - 753 - 6483 领事侨务： +81 - 92 - 752 - 0200 +81 - 92 - 752 - 0211 教育事务： +81 - 92 - 771 - 5635 政治处： +81 - 92 - 781 - 8870 +81 - 92 - 715 - 4435 办公室： +81 - 92 - 781 - 2233 经济商务： +81 - 92 - 713 - 7532 科技事务： +81 - 92 - 713 - 1124	**证件业务受理时间：** 周一至周五 9:00—12:00 （中国及日本节假日休息） **办公时间：** 周一至周五 9:00—12:00 14:00—18:00 （中国及日本节假日休息） **证件接听时间：** 13:30—17:30 （非接听时段可通过邮箱咨询）
中国驻长崎总领事馆	日本长崎市桥口町 10 - 35	+81 - 95 - 849 - 3311	**领事业务对外办公时间：** 每周一、三、五 9:00—12:00 （中国及日本法定节假日不对外办公） **领事业务服务接听时间：** 周一至周五 14:00—17:30 （除中国、日本法定节假日）
中国驻新潟总领事馆	日本新潟市中央区西大畑町 5220 - 18	+81 - 25 - 228 - 8888 办公室： +81 - 25 - 228 - 8900 双边处： +81 - 25 - 228 - 8885 **领侨处** 护照、签证、公证、认证： +81 - 25 - 228 - 8899 侨务、领事保护： +81 - 25 - 228 - 8888 留学、教育交流： +81 - 25 - 228 - 8878	**办公时间：** 周一至周五 9:00—12:00 14:00—18:00 **证件业务受理：** 周一至周五 9:00—12:00 14:00—16:00 （节假日休息请关注通知）

（续表）

单位名称或事项	地址	电话	备注
匪警	—	110	
火警	—	119	
急救	—	119	
外语应答急救	—	#9110	
电话号码查询台	—	104	

第八章

在土耳其的中国公民权益保护

　　土耳其共和国（Republic of Turkey），简称土耳其，建国后长期实行议会制，2018 年正式实行总统制新政体（第 66 届政府），政府共有 16 个部门。土耳其行政区划等级为省、县、乡、村，全国共 81 个省。面积约 78.36 万平方公里，其中 97% 位于亚洲，3% 位于欧洲；土耳其约有人口 8537 万（截至 2024 年 7 月），其中 99% 的居民信奉伊斯兰教。官方语言为土耳其语。货币为土耳其里拉。

　　土耳其是与中国共建"丝绸之路经济带"和"21 世纪海上丝绸之路"的重要合作伙伴。与"一带一路"倡议相呼应，土耳其发起了"中间走廊"倡议。2015 年 10 月，中国政府与土耳其政府签署了关于将"一带一路"倡议与"中间走廊"倡议相衔接的谅解备忘录，为双方相关合作提供了指南。① 土耳其是我国在西亚北非地区设立孔子学院最多的国家。2024 年上半年我国赴土耳其的游客达 18.7 万人次。② 土耳其有关外国人保护的法律机制可作如下分类：

一、外国人法律地位规定

　　土耳其有专门针对外国公民保护的《外国人和国际保护法》于 2014 年 4 月 11 日生效，废除了原来的《居住权和居住权法》，此是外国人法律地位的国内法规定。土耳其是 WTO 和联合国的成员国，签署并批准了《世界人权宣言》《经济、社会和文化权利国际公约》《公民权利和政治权利国际公约》等重要的国际人权公约。根据这些国际组织以及国际公约的要求，外国人在土耳其的经济文化民事权利方面与土耳其公民的各项权利基本一致。

---

　　① 参见《中国 | 土耳其："一带一路"倡议牵手"中间走廊"计划》，http：//bfsu.fdi.gov.cn/1800000618_ 3_ 11659_ 0_ 7.html，访问时间：2021 年 6 月 28 日。

　　② 参见澎湃新闻：《上半年中国赴土耳其游客数量同比增长 111%》，https：//baijiahao.baidu.com/s？id=1806786327460874521&wfr=spider&for=pc，访问时间：2024 年 6 月 30 日。

二、外国人权益保护的实体法律规定

外国人入境土耳其、签证要求、国际保护范围和适用的原则和程序等,受土耳其《移民法》管辖。土耳其严格保护本国人就业,外国劳工受《移民法》《劳动法》《外国人工作许可法》等法律的管辖。土耳其的外国投资立法主要包括《鼓励投资和就业法》《外国直接投资法》《外国直接投资管理条例法》等法律。

三、外国人权益保护的程序法律规定

在土耳其发生民商事纠纷可以通过调解、仲裁和诉讼等途径解决。土耳其有关调解的法律包括《民事争议调解法》、《关于〈民事争议调解法〉的实施条例》以及《劳工法院法》等法律法规。在仲裁方面,土耳其是既是《承认及执行外国仲裁裁决公约》(《纽约公约》)的缔约国,又颁布了国内法,如2001年的《土耳其国际商事仲裁法》。中国和土耳其签订了《中华人民共和国和土耳其共和国关于民事、商事和刑事司法协助的协定》(以下简称《关于民事、商事和刑事司法协助的协定》),旨在相互尊重主权和平等互利的基础上,促进两国在司法领域的合作。土耳其1927年制定《民事诉讼法典》,1982年颁布《国际私法和国际诉讼程序法》,2007年11月进行了修订后于同年12月12日生效实施。① 该法适用于具有涉外因素的行为和私法关系,对冲突规则、法院管辖权、判决承认与执行等内容进行了较具体的规定。

第一节　事先预防

事先预防可以在一定程度上减少中国公民权益被侵犯事件的发生,降低事故发生的可能性。为此,本节着重梳理中国商人被骗案的来龙去脉,深入进行法理分析,专门针对我国内地企业在与土耳其公司进行商贸交易活动过程中的权益保护的事先预防环节,提出些许完善建议与法律对策。

---

① 参见蒋新苗:《国际私法本体论》(第2版),法律出版社2021年版,第199页。

一、中国商人遭受土耳其空头公司诈骗

我国浙江商人李先生成立外贸公司（以下简称 A 公司），主要经营与土耳其的商贸业务。2018 年初，A 公司与土耳其某公司（简称 B 公司）签订买卖合同，约定采用付款交单（D/P）方式交易，由 A 公司出口一批货品至土耳其海关，再由 B 公司收货付款。其实 B 公司只是一个注册在土耳其的空头公司。当货物到达土耳其海关后，B 公司以暂时没时间收货或者其他借口一直拖延收货。A 公司为减少损失，预备将货物拉回，但却被土耳其海关告知：货物到港后，如未收到收货人的正式"拒绝收货通知"，不允许出口商拉回或转运。A 公司此时已经处于十分被动的地位，在货物放置海关 1 个多月且无人申请延期的情况下，土耳其海关将该批货物作为无货主处理，进入拍卖程序。在拍卖时，B 公司作为原进口商被列为第一购买人。最后，B 公司通过拍卖，低价买进该批货物，又用高昂的价格卖出，从中赚取差价。根据规定，在船只到达土耳其港口前，货运代理人需要将货物登记在收货人 B 名下，这一不利于出口商的规定，让 A 公司的追偿维权显得更加困难。

像 A 公司的遭遇在土耳其并非孤例，据统计，曾多次出现信誉不佳的土耳其商人利用中国企业不了解当地法规的弱点，设陷行骗。除了本案的诈骗方法之外，还有几种常见骗术：骗子通过伪装成知名买方的代理人，大量收货，混淆买方与中间商，让中国销售方无法分辨；勾结货运代理方，无单放货，货运代理人又未在中国营业注册，无法追偿；利用金融管理落后国家的银行，不按国际规则操作，未经允许就私自放单；等等。甚至还有组团诈骗的情况，例如，在卖方付款时，会编造一定的理由，用并非合同中约定的账户付款且金额高出货值多倍。当货物安全到港后，有人称自己是付款账户的所有者，并报案称自己受骗，所以才把钱打到了出口商的账户。此时接收货物的公司早就已经跑路，由于付款金额和货值差距较大，且取证困难，中国公司只能把钱全数退回，不然将面临海外法律的制裁。① 随着中国和土耳其经贸往来的增多，交易数量越来越多，交易形式日益复杂，中国投资者、外贸企业交易安全面临着巨大的挑战。

二、法理分析

上述案件中，土耳其 B 公司利用法律漏洞，故意拖延不收货，导致货物进入

---

① 《外贸企业要注意！教你破解臭名昭著的"土耳其骗局"！》，https://finance.sina.com.cn/stock/relnews/cn/2019 - 08 - 14/doc - ihytcern0718290.shtml，访问时间：2021 年 6 月 28 日。

海关拍卖程序，再通过低买高卖的行为将骗取的货物分赃。企业如果不了解相关法律规定和增强风险意识就很容易被骗。土耳其海关程序的特殊规定："进口货物到港后45天，如进口商不提货且出口商没有申请延期，货物即被海关没收，被没收的货物将进入拍卖程序；如无进口商同意，海关不可应出口商申请同意将货物运回始发港。"① 面对这种骗局，跨国追赃是相当困难的，所以，关键在于做好事先预防工作。

（一）国籍国和所在国对中国公民保护的法理依据

土耳其的贸易法规体系主要分为三个方面，包括关税法、进出口管理法和贸易救济法。现行有效的法律法规主要有《对外贸易法》《海关法》《配额及关税配额行政法》《进口不公平竞争保护法》等。本案中所涉的案件内容主要与土耳其《海关法》有关。土耳其《海关法》第46条规定，凡属需要申报的海运货物，自提交简要声明之日起45天（非海上运输的货物，自提交简要声明之日起20日内），须办理海关批准的处理或使用手续。如情况需要，海关总署可规定缩短或延长期限。但是，这种延期应根据具体情况合理确定，一般最多可延长30天。该法第177条规定，货物在满足例如未在规定的期限内办理海关批准的处理或者使用手续、已登记申报但未按时办理手续或存放期限届满等12种条件下，按照《海关法》第178条规定处理。采用的方式主要有：拍卖与销售以及向特别法设立的公共机构、基金会和协会出售和毁灭，具体处理办法和原则，由财政部会同海关总署制定。至于被拍卖的货物，提货人是否有权作为第一购买方，《海关法》中没有明确的规定，只是规定被拍卖货物的提货人在宣布拍卖日期前，可在承担了上述货物的全部进口税、罚款和仓储等费用后向海关申请要求为上述货物通关；如要求得到认可，应在30天内办完清关手续。如申请方在上述期限内未履行其职责的话，货物将予以没收，提货方无权再次提出同样的要求。在实践中，考虑到合同的履行和相关情况下，相对于其他的竞拍人，提货人通常会作为第一购买方。因此，在与土耳其商人交易中，一要注意掌握转卖或退运的时间，二要了解好当地法律规定，三是尽量使用信用证付款。

我国为了扩大对外开放，发展对外贸易，维护对外贸易秩序，保护对外贸易经营者的合法权益，促进社会主义市场经济的健康发展，制定《中华人民共和国对外贸易法》，经过三次修改，最新版本为2016年版。中国与土耳其签订了《中

---

① 参见土耳其经商处：《土耳其外贸法规及政策》，http://tr.mofcom.gov.cn/article/ddfg/201003/20100306826411.shtml，访问时间：2021年6月28日。

华人民共和国政府与土耳其共和国政府关于海关事务的合作互助协定》《中华人民共和国和土耳其共和国关于民事、商事和刑事司法协助的协定》等合作条约，中土两国互相合作，更有利于中国公民权益保护。

（二）案件的解决路径与方法

土耳其《国际私法和国际诉讼程序法》第24条规定，即合同之债适用合同当事人共同明示选择的法律，没有明示选择的，适用合同履行地法律。所以，本案可以诉诸土耳其法院进行审理。但需要考虑现实困难，一是B公司远在土耳其，A公司出庭应诉不方便；二是费时费力，一个商业官司一般需2～3年；三是费用很高，即使赢了官司，能否得到很好的执行，追回多少钱都未知。有时甚至出现官司未打完或未打赢，又与当地律师产生纠纷的现象。另外一种维权途径就是A公司在中国国内得到法院胜诉判决或仲裁裁决后，申请在土耳其执行。土耳其《国际私法与国际诉讼程序法》第二章国际诉讼程序中规定了外国法院判决与仲裁裁决的承认与执行的内容。该法第34条规定，外国法院所作出的已经生效的民事判决，只在当土耳其法院签发执行令时，才能够在土耳其得到执行。如果土耳其法院认为符合以下条件可以发给执行令：其一，土耳其与作出判决的外国之间存在国际公约、双边条约，或存在互惠；其二，判决未违反土耳其专属管辖；其三，判决未违反土耳其公共秩序；其四，不存在未通知被告出庭参加诉讼和判决违反该外国立法的情况；其五，作为被告的土耳其人，在确定当事人诉讼地位时，对根据土耳其冲突规则所援引的准据法没有提出异议。中国与土耳其签订的《关于民事、商事和刑事司法协助的协定》第21条对于裁决的相互承认的适用范围有规定：第一，法院在民事案件中作出的裁决；第二，法院在刑事案件中就损害赔偿作出的裁决；第三，仲裁机构的裁决。由此可见，符合某些条件下，在中国所做出的民事裁决和刑事案件中的损害赔偿裁决，可以得到土耳其法院的承认与执行。

《关于民事、商事和刑事司法协助的协定》第26条承认了仲裁机构执行裁决的三个基本条件：首先，该项仲裁裁决属于对契约性或非契约性商事争议作出的仲裁裁决；其次，仲裁裁决是基于书面仲裁协议作出的，且在规定的权限范围内；最后，管辖的协议有效。加上中国与土耳其都是《纽约公约》的缔约国，在中国所做出的仲裁裁决亦可以被土耳其所承认。但这一切的前提是，进行仲裁的双方必须签署仲裁协议，或在主合同中订有仲裁条款。[①] 如果没有仲裁条款，而且双方亦未另订仲裁协议，就无法通过仲裁途径予以解决。

---

① 参见蔡晓煦：《从案例看土耳其法律追账》，载《进出口经理人》2006年第8期。

（三）案件凸显的问题

该案件主要凸显了以下三个问题：首先，中国外贸公司的企业内部管理存在漏洞，如财务管理与风险控制不完善，随意选用了付款交单（D/P）方式。因为该付款方式强调出口商根据合同的约定，交货之后，把合同规定的所有单据备齐，交给本地的银行（托收行），委托银行向进口商当地的银行（代收行）寄单，并指示代收行在收到单据后，向进口商提示单据已到，要求进口商付款赎单。D/P付款方式存在一定的风险，因为其能否得到履行完全依赖客户的商业信誉，即如果客户信誉好，就会去代收行做付款赎单；而如果客户信誉不好，不付款赎单，则出口商就有可能面临收不到货款的风险。可见A公司风险意识较弱。

其次，外贸流程复杂，骗子利用特殊政策布下陷阱。由于我国企业对土耳其相关法律规定不熟悉，在外贸流程里存在纰漏，在对外贸易中就容易处于被动地位。例如，土耳其海关发现发票和发货单中有未注明的货物，将根据反走私法予以罚没。如果货物品种、性质或数量、重量等方面单货不符，按报关单计算的关税与实际应交关税差额超过5%，除补齐关税外，还将处以差额3倍的罚款。除了对货物质量、数量和标注要求外，在清关手续、运输保险和海关关税结算等方面也有很多需要注意的地方。

最后，在权益保护和承认执行方面也存在一些问题。如果直接在土耳其采取诉讼或仲裁，虽然会更加直接和有效，但身处异国，对法律、语言及审判程序的不熟悉会面临一系列难以突破的困境。可采用另一种救济方法，在国内获得胜诉判决和裁决申请土耳其法院执行。但申请执行也并非易事，A公司向土耳其法院申请执行中国国内判决，则需在土耳其法院申请特别立案及执行，经土耳其法院依照土耳其《国际私法和国际诉讼程序法》第45条完成程序性审查之后，认为符合基本要求，方能得到执行。

三、对策建议

（一）外贸企业提高警惕，加强风险意识

第一，在交易时应选择信用较好的买家，有必要对交易公司进行背景调查，了解它的信誉、公司实力，防止在交易中"踩坑"。具体而言，可以通过以下途径进行查询：其一，通过国内银行的海外分支机构或往来银行了解交易客户的财务状况和经营模式。各大银行的官网一般会公布相关联系方式，当事人可发送邮件寻求帮助，通常涉及查询理由、事项，推荐银行和保密承诺等。其二，通过专门的资信机构和查资信的网站进行查询，如中国出口信用保险公司、国际上最著名

的企业资信调查公司邓白氏等。这些公司能查到交易方总体经营状况、信誉度、企业注册资金、销售渠道、在当地和国际上的贸易关系、营业额、是否有延期支付债务等信息。其三，利用海关数据查证资信状况与公司实力。可利用的免费查询网站如 https：//www. tradesns. com/business_ info. php，帮助当事人完成一定的查询任务，即在搜索框中输入"产品关键词或 HS 编码"，可以查看"对该产品有需求的"国外采购商；点击采购商企业名称可看到进出口数据、采购联系人、贸易伙伴、公司背景调查等信息。其四，委托当地的客户或朋友进行深入调查。其五，登录中华人民共和国驻土耳其大使馆经济商务处官网（http：//tr. mofcom. gov. cn/），查看有关土耳其的经贸新闻、贸易救济、商情发布、中土合作和出口风险提示等专栏信息，及时掌握相关动态。如官网发布了深圳某公司投诉土耳其 D 公司拖延付款的案子，并列出该公司的名称和地址等基本信息，提醒国内企业注意与该公司的出口风险。

第二，根据土耳其商人资信情况，选择较为保险的收汇方式。为收汇安全，可参考以下几种方式：其一，采用信用证（L/C）付款方式。交易双方以各自开立账户的银行作为交易担保，进行贸易行为，如果交易双方有一方违约，可以找对方银行履行付款义务。虽然相对于 D/P 付款方式来说，信用证的成本更高，手续和细节也较为烦琐，但因为有银行信用作为担保，风险比 D/P 要低很多。其二，采用预付＋电汇（T/T）的付款方式，现在用得最多的是 30% 预付和 70% 即期。以外汇现金方式结算，由一方将款项汇至另一方公司指定的外汇银行账号内。T/T 也属于商业信用，付款的最终决定权在于付款方。其三，预付＋托收方式。如：预付 10%，其余采用银行托收方式，提单打空白提单（提单的收货人栏写的是：凭指示，需要发货人背书）。出口商可在国内保险公司投保收汇险以转移对方拒收风险。除此之外，银行保兑的汇票和银行保兑的商业支票也是较安全的。①

（二）了解外贸流程和熟悉相关法律规定

首先，报关单的认证问题。土耳其政府为减少进口商的低值报关、错报产品等偷税漏税现象，规定对自远东国家（包括中国）进口货物，在进口商向海关申报时，均要求销售合同和出口报关单经土耳其驻中国使领馆认证。中国企业在保证好出口商品质量的同时，也要做到单单相符、单证相符，因为任何不符点都有可能被当作拒收、拒付的理由。应在出口前办好报关单认证手续，以便顺利结汇

---

① 参见外贸指南：《致所有与土耳其人做生意的外贸人》，https：//www. b2bers. com/200805/08166. html，访问时间：2021 年 6 月 28 日。

和清关。

其次,如果遇到不良商家拖欠货款,不要抱有侥幸心理,应积极沟通,及时催付。在发现对方如本案例中的诈骗企业一样利用海关政策恶意拖延收货后,应立刻做好退运或转卖的准备。土耳其海关在退货方面的规定和流程如下:第一步,出口商向海关提交书面声明,解释退货理由及原因,并要求将货物退回。第二步,进口商出具同意退货的声明。第三步,出口商支付清关费、海运费、码头操作费、装货费等各项费用(实务操作中由没有收货的进口方承担上述费用的可能性很小)。① 土耳其码头费用昂贵,滞期费用高。货物到港后,如原进口商拒收,应积极采取行动,及时减少损失。

再次,掌握土耳其海关的相关规定及其可能对出口收汇带来的风险,并采取措施及时预防。土耳其《海关法》明文规定,"货物到港后 45 天无人认领,海关有权拍卖该批货物充抵仓储费和相关费用","未收到收货人的正式拒绝收货通知,海关不允许货物退运回出口港或转售"。针对上述规定,可以考虑在合同中加入买方无正当理由拖延收货的责任条款,给对方增加违约负担;约定好争议解决的方式,加入仲裁条款;及时沟通存在的问题并积极主动解决争议;等等。

(三)事件发生后积极应对

首先在 45 天到期后,通过货运代理或委托人申请延期。其次,通过进口商所属的商会给进口商施加压力,敦促友好妥善解决,在交易前要审核好对方所属商会的证明。最后,委托土耳其律师发律师函,直至起诉对方。

发现情况有异,可以立即向我国驻土耳其使馆经商处(安卡拉)、驻伊斯坦布尔总领馆经商室(伊斯坦布尔)报告情况,不要拖延和耽误时间。填写好《中国公司贸易纠纷投诉登记表》,传真到土耳其经商处(0090 - 312 - 4466762),并发送电邮至 tr@ mofcom. gov. cn。如需委托律师,在电邮登记表同时,将案情以英文描述发到土耳其经商处,以便协助商请律师。②

在土耳其,对于逾期账款的追索主要有两种法律途径:第一种被称为"haciz"(意为缺席审判),债权人向法院申请支付令,若支付令送达后债务人在一定期限内不表示反对,则债权人将推动清算债务人资产的程序以清偿债务。如果债务人对支付令提出反对意见,则债权人必须将案件提交法庭,通过诉讼解决,在取得

---

① 《警惕外贸骗局!臭名昭著的"土耳其骗局"又来了!》,http://www.lionfreight.com.cn/en/843.html,访问时间:2021 年 6 月 28 日。

② 参见土耳其经商处:《出口风险提示及贸易纠纷投诉处理办法》,http://tr.mofcom.gov.cn/article/tzwl/201008/20100807077845.shtml,访问时间:2021 年 6 月 28 日。

法庭胜诉判决后，方可继续清算债务人资产以清偿债务。第二种方法被称为"iflas"（意为破产），债权人申请破产支付令，送达债务人后，不管其对该支付令的反应如何，债权人都必须将该案提交法庭，由法庭决定债务人的破产。一旦法庭宣布债务人破产，由全体债权人共同决定债务人的未来。如果债务人的全部资产无法清偿所有债务，债权人就只能按比例受偿。债权人可以此作为威胁手段，以可能的破产来给债务人施加最大压力。但这两种方法通常耗时较长，花费较大。在本案中，B公司本来就是空头公司，所以实施的可能性更小。

综上所述，与土耳其公司进行交易时，首先要谨慎审核对方资信状况，注意交易安全，选择安全度高的收汇方式；其次，了解土耳其相关的法律法规，熟悉交易流程；最后，如已经被骗，要积极主动维权，通过诉讼、仲裁、寻找我国驻土耳其使领馆经商处的帮助。总之，事前预防工作做好比事后打官司要节省时间成本、人力成本和经济成本。

第二节 事件应对

一、中国公民在土耳其非法务工案

小白初中毕业后因对厨师行业感兴趣进入某烹饪技术学校学习，2018年毕业后（已满18周岁），离开老家前往大城市找工作。因为文化程度不高，加上没有什么工作经验，很难找到理想的就业单位。某日小白在招工微信群里认识李某，微信上聊了几天之后，李某邀请小白线下见面。看着李经理学历比自己还低，但年纪轻轻就有所成就，小白迫切地想向其取经，让对方给自己指点迷津。李某称自己前两年在国外务工时赚了一大笔钱，国外工资高，每个月有几千美元，加上自己年轻肯干，受到当地雇主的赏识。回国后因为有海外的务工经验，被现在的公司直接聘为经理。随后李某告诉小白，最近土耳其某些景区酒店为满足中国游客的胃口，想高价聘请中国国内的厨师，如果小白有兴趣可以去试试，自己正好有熟人在那边，可以给小白推荐。小白表示自己想去但不知如何办理相关手续，李某称这个不用担心，可以先办个旅游签证，到了土耳其之后再由工作单位协助办理工作签证。

到土耳其后，小白的确被安排在某酒店餐厅工作，但是由于没有正规的务工手续和工作许可，小白常常被克扣工资，要求不合理的加班且吃住条件极差。小白想要办理工作签证等正规手续，却因语言不通和不熟悉当地流程迟迟无法办理，其他同事也因为时间较久忘记了具体的办理方法，找酒店帮忙则被告知需自行解决相关问题，找李某诉苦对方也称工作较忙叫小白好好和酒店协商。眼看自己旅游签证即将到期，可能被驱逐出境。作为非法务工人员，相关权益也无法得到保障。小白感到十分苦恼，难道大费周章跑来土耳其务工，又要竹篮打水一场空，灰溜溜地回国吗？

不仅是小白，很多海外务工人员的居住环境极差，十几个人挤在十多平方米的小屋里。如果是非法务工就只能晚上偷摸找小超市买点吃的，再躲起来。被克扣和拖延支付工资更是常见的事。中国公民持旅游签证在土耳其务工，若不幸发生伤亡事故，则因属于非法务工难以获得赔偿。土耳其《每日新闻》曾报道，2011 年土耳其境内非法外国务工人员达 20 万，这些非法务工人员的平均工资为 250 美元/月，多数集中于家政和医护行业。2012 年 2 月 1 日起，土耳其实施新规定，对国外赴土耳其务工人员入境限制力度进一步加大。① 随着"一带一路"倡议的推进，中土经贸合作将更加广阔和深入，海外务工也有更大的市场。如何避免成为非法务工人员，同时利用土耳其法律保护自身权益，积极寻求使领馆的帮助，是目前海外务工人员急需解决的问题。

二、法理分析

本案中，小白持旅游签证前往土耳其务工，本身就是违反土耳其《外国人工作许可法》的。该法规定，外国人在土耳其工作必须取得工作许可。因土耳其国家利益或不可抗力等特殊原因，外国人可在取得工作许可前在土工作，但时间不能超过 1 个月。另一方面，即使小白暂未取得工作许可，但是，酒店的克扣工资和要求加班的行为也是不合法的。

（一）国籍国及所在国对海外务工人员的规定

土耳其在控制外来劳务方面实行相对较严的政策。根据土耳其《外国人工作许可法》的相关规定，外国人在土工作必须取得工作许可；外国人申请工作许可，必须事前取得工作签证和居住许可。外国人工作许可分为有确定期限和无确定期限 2 种。前者有效期最长为 1 年，1 年后继续在原工作场所或公司从事同一工作

---

① 参见伊斯坦布尔总领馆经商室：《2011 年土耳其境内非法外国务工人员达 20 万》，http://shangwutousu. mofcom. gov. cn/article/ddgk/zwjingji/av/201206/20120608201287. shtml，访问时间：2021 年 6 月 28 日。

的，工作许可可延长至 3 年；3 年后，外国人继续从事同一职业，且雇主有需求并给予安排的情况下，工作许可可以延长至 6 年。无确定期限的工作许可是指在土耳其不间断地合法居住至少 8 年或合法工作达到 6 年的外国人，可以取得无确定期限的工作许可，且不再限制该外国人的单位、职业、工作地点等（取得无确定期限的工作许可之前，外国人禁止从事公共卫生、律师、审计等方面的工作）。

土耳其 2016 年《劳动法》规定了引进外籍劳务的流程，主要包括工作许可、工作签证的申请以及居留许可的申请，还有有关解聘程序、工资支付、法定工作时长和社保待遇的规定。土耳其《外国人和国际保护法》废除了《居住权和居住权法》，于 2014 年 4 月 11 日生效，由移民局总局代替之前的警察局，接管外国人的居留许可申请。为方便外国人居留申请，该法第 21 条规定，允许从国外向位于申请人本国或申请人合法居住国的土耳其领事馆申请居留许可，所以，无需为了申请签证而专程前往土耳其。该法第 30 条规定，居留证类型按照外国人的访问目的分为短期、家庭、学生和无限期居留证四种。外国人入境土耳其时，应保证所持护照或其他旅行证件在土签证、居留证有效期或免签入境停留期到期后仍有 60 天以上的有效期，否则将被拒绝入境。

就我国而言，《中华人民共和国宪法》强调了"国家尊重和保护人权"，这一规定适用于海外务工人员合法权益的保护，是相关立法工作的重要依据。《中华人民共和国涉外民事关系法律适用法》在涉外民事关系纠纷的解决中展现出了重要价值，这也决定了这一法律能够在我国海外务工人员法律保护中具有重要意义。为了规范对外劳务合作，保障劳务人员的合法权益，我国 2012 年 8 月 1 日起实施《对外劳务合作管理条例》，这是我国对外劳务合作以及海外务工人员合法权益保护的主要依据。根据该条例，所有从事对外劳务合作的企业须经商务部许可，并在取得《中华人民共和国对外劳务合作经营资格证书》和人力资源和社会保障部的《境外就业经营许可证》后，方可开展对外劳务合作经营活动。海外务工人员应当注意审核劳务派遣公司是否有这两种证书，避免上当受骗。本案的小白不应盲目听信李某的意见，外出务工，应谨慎选择一家正规且合适的劳务派遣公司，方能尽最大限度保障权益。

我国和土耳其都是国际劳工组织（ILO）的成员国，ILO 于 1997 年通过《私营就业机构公约》明确规定："私营就业机构不能对劳动者的权益造成不合理的损害。"同时，对派遣劳动者的保护措施也有诸多规定，首先，该公约第 11 条规定了对派遣劳动者的劳动权保护；其次，禁止因劳动者的种族、肤色、性别、宗教、政治观点、民族血统、社会出身，或者国内法或惯例所禁止的其他因素而受到歧视对待；再次，劳动者隐私权的保护，只能要求劳动者提供那些与就业资格、专业经验及其他与就业直接相关的信息；最后，确定及分配劳务派遣企业与实际用工企业各自在最低工资、工作时间和其他工作条件、法定社会保险待遇、培训机会、职业安全与卫生、生育保护和待遇、在发生工伤事故或职业病情况下的赔偿、在发生清算时的赔偿以及对劳动债权的保护等环节应承担的责任。根据《维也纳领事关系公约》的有关规定，使领馆依据本国的国家利益和对外政策，在一定的限度内，保护派遣国在接受国国内的国民（个人及法人）的权益。

我国和土耳其没有签订专门的有关劳工的协定，但 1995 年签订了《中华人民共和国和土耳其共和国关于对所得避免双重征税和防止偷漏税的协定》，对财产收益和个人劳务的征税有详细的规定。

（二）案件中反映的问题

本案中，小白持有旅游签证前往土耳其务工，本身属于违法行为。其应该办理合法的工作许可和签证，并到相关管理机构办理居留证。因非法务工的身份遭到土耳其用工单位的不公对待，权益受到侵害，通过法律手段进行维权可能性不大，尽量通过与单位积极协商来维护自身权利，待成为一名合法务工人员后，如果再遭到不公正待遇则可以拿起法律武器保护自身权益。本案可以反映出我国海外务工存在的几个问题。

首先，自身安全保护和法律意识不强。我国的劳务输出主要包括三种形式。第一种，国内用人单位外派，即国内用人单位将与其建立劳动关系的劳动者派遣至海外履行合同义务。在这种派遣关系下，劳动者因与国内用人单位建立了劳动法律关系，受我国劳动法保护。第二种是国内劳务合作机构派遣。国内对外劳务合作机构将劳动者派遣至与该机构有劳务合作关系的国（境）外机构工作。劳务合作机构没有实体业务，其主要业务就是为国（境）外企业或者机构提供派遣服务。第三种是国内中介机构介绍就业。即劳动者通过境内中介机构介绍，与境外雇主签订劳动合同，在境外提供劳动并获取劳动报酬的就业。派遣者与境内中介机构签订的是《境外就业中介服务协议书》，二者间建立的是民事法律关系，发生纠纷时适用《合同法》，不受劳动法保护。[①] 李某作为一名刚认识不久的"朋友"给小白推荐工作，属个人行为，不属于上述任何一种劳务输出方式。在没有任何有效证件、安全保障和签订相关合同的情况下，小白只身前往土耳其务工，且不

---

① 参见李雪莲、庄晶萍、洪必景：《在"一带一路"建设和公共法律服务视野下构建我国海外务工人员权益保护机制》，载《中国司法》2019 年第 9 期。

论持有旅游签证前往土务工的不合法性，单从小白在未考察对方身份、家庭和工作状况的情况下就贸然听信对方承诺，可以看出其安全保护和法律意识很差，很容易受到欺骗。

其次，不了解当地法律规范。小白前往土耳其后应在酒店的帮助下办理相关证件，但由于语言不通等，迟迟未办理。根据土耳其的规定，无证就业将会被遣返，凡超过所持签证停留期、免签停留期或已有的居留许可期限而未申请办理居留许可或居留延期的将被依法处以罚款、不可再次入境。

最后，土耳其用工单位也有错误。本案中小白虽然未办理工作许可，但在小白请求协助办理证件时用工单位应积极配合。根据土耳其劳工部数据，2009—2013年间，有约 10 万名外国人申请土工作许可，其中 64279 人申请成功。土耳其严格保护本国人就业，依《劳动法》，雇用 1 个外籍劳工，须同时雇用 5 个当地劳工，这种情况加大了取得工作许可和工作签证的难度。[①] 任何一名海外务工的劳动者，都有权利维护自己的利益并得到相应的保障。然而在现实中，维权的难度较大，即使已经取得合法工作许可的在土务工者也有遭受不公正待遇的，这不排除许多土耳其用工单位是故意利用外国人不懂当地法律，无法合理维权的缺陷，压榨劳动力和克扣工资。因此，中国海外务工人员应拿起法律的武器积极并努力维护自身权益。

三、对策建议

（一）依照土耳其法律办理相关证件

本案的小白已经在土耳其境内，所以可考虑先办理居留许可证，在办理完之后前往土耳其劳动和社会保障局递交包括外籍人员申请表、经公证的且已翻译为土耳其语的护照副本、由雇主机构发出的关于申请工作许可证的书面申请等相关资料，申请办理工作许可和工作签证。[②] 但小白作为一名未持证务工人员，其申请极有可能无法获批，还有可能面临处罚。非法务工发生争议时尽量通过协商解决纠纷，也可向雇主或中介公司国内注册地或户籍所在地相关商务主管部门、工程承包商会、公安部门或工商行政管理部门投诉。小白赴土务工的案例也提醒我们一定要完成相关手续后再进行务工，签证必须是工作签证，不能是旅游、商务、留学签证，否则会有被罚款、遣返或者被迫打黑工的危险。虽然前期手续复杂一

---

① 参见驻土耳其经商参处：《土耳其拟修订工作许可和工作签证制度》，访问时间：2021 年 6 月 29 日。

② 参见中华人民共和国商务部：《对外投资合作国别（地区）指南——土耳其（2020 年版）》，http: // fec. mofcom. gov. cn/article/gbdqzn/index. shtml#，访问时间：2021 年 6 月 28 日。

点，但合法务工不仅能避免后续花费大量时间精力，最重要的是在国外务工时相关权益能获得法律的保障。

在土境内的外国务工人员应重点关注申请工作许可和签证的步骤。根据相关规定，工作许可申请和工作签证申请应同步进行，并同时有结果。第一步，向土耳其驻华大使馆递交申请文件。包括护照及复印件、身份证复印件、工作签证申请表、1 张 2 寸照片、1 份劳动合同副本。第二步，递交工作签证申请后 10 个工作日内，土耳其的雇佣公司应该向"土耳其劳动和社会保障部"提交土耳其有关《外国人工作许可法》中所要求的表格和文件（可以从劳动和社会保障部官网上下载）。第三步，劳动和社会保障部签发工作许可证和批准工作签证申请后，按时领取签证。与申请工作许可所需文件相关的信息和表格可查询土耳其劳动和社会保障部网站（www.csgb.gov.tr）。

持工作签证和工作许可证的人在抵达土耳其之后 30 天内申请居留许可证。居留许可证的申请材料包括护照以及有效的签证复印件、存款资金证明（到土耳其任一银行开户，并开具相关的存款证明）、免冠照片、2 份居留证申请表格、经过公证的租房合同、在土耳其当地购买的保险。具体办理步骤如下：如果已在土耳其境内，首先在居住证办理网站在线提交申请，申请成功后会出现预约日期及时间。根据居住的城市就近选择移民局，按预约日前往办理。居住证将会在三个月内寄到所留下的地址。① 或者如前文所述，土耳其为了方便外国人办理，允许从国外向位于申请人本国或居住国的土耳其领事馆申请居留许可，所以无需为了申请签证而专程前往土耳其。一旦取得居留许可证，就可以在有效期内多次进入土耳其，无需再次申请土耳其的入境签证。如果需要延期应该在到期前及时办理延期手续。有关信息可登录土耳其投资环境和投资办公室的官方网站进行了解。

（二）提高安全防范和法律意识

如上文所述，我国劳务输出方式主要包括三种类型，国内用人单位外派通常是国内用人单位在国外承接项目，派遣本单位员工到海外履行合同义务，这种方式是比较安全的。目前我国向国外派遣劳务的主要形式是通过国内劳务合作机构派遣，而国内中介机构介绍就业此类模式对海外务工人员的保护力度较弱，主要受劳动合同履行地所在国的法律约束。所以务必先查清企业资质，可以要求经营公司出示《对外劳务合作经营资格证书》复印件，也可以自行到当地政府商务厅

---

① 参见《ikamet | 土耳其居住证办理指南》，https://www.sohu.com/a/139560463_725940，访问时间：2021 年 6 月 28 日。

（对外贸易经济合作厅局）的外经处或商务部网站查看工商营业执照，核实是否有外派劳务经营资格，正规公司必须要在商务部门注册备案。选择正规合适的劳务外派公司，能提升务工的安全度，在权益受侵害时，也能同时获得国内和土耳其法律的保护。

遇到不需要面试、没有培训、不签合同、只是口头承诺高薪、收取中介费的情况，不要轻易相信。这往往是骗局，或者难以得到期望的工资。办理合法出国务工，需要缴纳如下费用：一是中介费。因为正规的劳务公司会帮忙办理出国事宜，面对出国后的突发性事件，劳务公司有责任和义务进行处理。收取的中介费用，根据工作的地点、项目、工资待遇、国家等情况有所不同。二是办理签证费用。国家不同，费用也有差别，土耳其工作签证费用大约在 2500 元。三是体检费。出国打工需要到国家规定的医院进行出入境体检，私自去其他医院体检不一定得到认可。曾有出国务工前交了 9000 元中介费，在国内医院体检未查出相关问题，但在土耳其再次体检时因心脏和视力有问题被遣返回国的案例。[①] 有些公司会要求交履约保证金，这个是合法的。在履行完劳务合同回国后，企业雇主会凭收据将保证金和本息如数返还。[②]

在前往务工地之前，务必了解清楚当地的风土人情、宗教信仰和法律法规等情形。务工人员可以借助中国法律服务网、"12348"公共法律服务热线、中国对外承包工程商会外派劳务人员投诉机构等平台，进行法律咨询，了解海外务工国家的劳务用工法规及法律援助信息。不仅如此，还应对务工单位做相关调查，包括外国雇主的名称、工作内容、工作期限、试用期问题、每周或每月工作天数、每天工作时间、报酬待遇（基本工资、超时和节假日加班费、工资和加班费发放方法）等。同时还必须了解并清楚公司章程，避免被用工方以各种理由辞退。考虑到相关证件办理的问题，尽量在合同条款中明确规定由土耳其用工单位负责协助办理签证和居住等事项。

（三）遇到侵权利用多种途径积极维护自身权益

海外务工人员主要面临工作职责、待遇和福利保障与合同约定不一致；被无故被拖欠、克扣工资；劳动条件特别恶劣，长期被要求超负荷加班；人身自由受到限制，被体罚，无故被强制遣返回国；无法参加工会组织，无法享受东道国社

---

① 参见《男子想出国打工，交 9000 块中介费后傻了，男子：刚到就被遣送回来》，https://dy.163.com/article/DQ36F9CA054516YN.html，访问时间：2021 年 6 月 28 日。

② 国际在线：《想出国务工挣大钱吗？你需要先看看这篇防骗秘籍》，http://news.cri.cn/uc-eco/20170420/9ae75ca6-d1bc-5d2a-b934-b43f377dbe1.html，访问时间：2021 年 6 月 28 日。

会保障等纠纷。① 务工人员要尽量避免采用消极怠工、罢工、游行、对抗等方式进行维权。

如果被侵权，应与用工单位进行理性协商。土耳其《劳动法》对海外务工人员权益保护有明确的规定，如果用工单位无法解决纠纷，则可以积极寻求国内派遣机构、劳动援助机构、民间华人组织、当地警方的帮助。中国驻土耳其的使领馆，根据当地的形势变化举办各类安全讲座和培训班，为当地中国公民和企业进行领保知识的普及和宣传活动，以增强中国公民的领事保护意识。如驻伊斯坦布尔总领馆举办土耳其新商法讲座，使中资企业做到合法经营，避免不必要的损失。土耳其使馆开通"脸书"（Facebook）公共账号，第一时间更新权威资讯。② 随着工会作用的逐步增强，工会的救助也是外派劳务人员维权的途径之一，甚至在一些个案里工会救助起到了决定性的作用，比如"全国首例成功调解的境外工亡纠纷案"就是工会通过越洋视频"谈判"，成功为当事人追讨 54.2 万赔偿金。③ 有关国内法、国际公约、条约等赋予了海外务工人员依法维护自身合法权益的权利。海外务工人员可以选择调解、仲裁和诉讼的方式进行维权。但诉讼维权不仅要考虑好案件的法律冲突和资金准备的问题，还要做好长期应诉的准备，许多涉外诉讼需要 2 至 3 年才终结。

如果在海外遇到工伤事故，应及时就医，可要求雇主及时通知亲友、国内派出单位或中国驻当地使领馆。关于工伤治疗及赔偿（补偿）问题，可按合同约定处理或与雇主协商解决。如有保险，还可联系保险公司进行理赔。对事后处理结果不满意可通过派出单位或中介公司同用工单位再次协商，协商不成应循法律途径解决。中国驻土耳其使领馆可应要求提供律师名单，有关费用自理。④

我国是一个人口大国，劳动力资源丰富。对外劳务输出工作妥善处理，不仅可以解决我国失业问题，还可以增加国家外汇收入和公民个人收入。为此，必须保护好我国海外务工人员的正当权益，这既是我国政府应尽的责任，也是促进我国劳动输出的必要举措。

① 参见李雪莲、庄晶萍、洪必景：《在"一带一路"建设和公共法律服务视野下构建我国海外务工人员权益保护机制》，载《中国司法》2019 年第 9 期。

② 参见张丹丹、孙德刚：《中国在中东的领事保护：理念、实践与机制创新》，载《西亚非洲》2019 年第 4 期。

③ 参见沈斌倜：《劳动争议案例分析——涉外劳务纠纷》，http：//www. chinavalue. net/Finance/Blog/2012 - 2 - 14/879580. aspx，访问时间：2021 年 6 月 25 日。

④ 中华人民共和国外交部：《中国领事保护和协助指南（2023 版）》，http：//cs. mfa. gov. cn/zggmzhw/lsbh/lbsc_ 660514/202311/P020231114392262052796. pdf，访问时间：2024 年 6 月 30 日。

第三节　事后处理

一、热气球坠落致中国游客人身损害案

"我想要带你去浪漫的土耳其，然后一起去东京和巴黎"是歌曲《带你去旅行》中的一句歌词，东京和巴黎早已是中国人民普遍熟知的旅游胜地，土耳其也日益吸引中国游客前往。2024 年上半年，访问土耳其的中国游客人数达到了 18.7 万人，同比增长了 111%。① 土耳其特色旅游项目之一就是卡帕多奇亚的热气球，乘坐热气球慢慢地升上天空，俯瞰城市慢慢苏醒，遍览卡帕多奇亚神奇的地貌，让人震撼无比。

小丽今年大学毕业，打算将土耳其作为自己的毕业旅行地。小丽与 B 旅行社（以下简称 B）签订旅游合同，约定由 B 提供旅游服务，但实际游玩中由 A 旅行社（以下简称 A）负责机票、酒店的预订和安排行程与地接。在旅行过程中，A 反复推荐土耳其经典旅游项目——乘坐热气球，并称来土耳其不坐热气球就相当于去北京不登长城。随后旅行社对热气球安全性的问题也做了保证。于是小丽购买了乘坐热气球的自费项目。根据当天的线路，吃完早饭后一部分旅客先飞，小丽作为二飞的游客稍加等待。由于导游与不会英语和汉语的热气球驾驶员没有沟通好，并未及时给予小丽等游客相关安全提示、危险警告和注意事项提示，加上乘坐热气球时天气不太好，热气球升空后坠落，小丽在此次事故中摔成九级伤残。事故发生后，小丽及其他乘坐热气球的游客被立即送往当地医院救治。中国驻土耳其大使馆立即启动领事保护应急机制，协调事发地的领保联络员第一时间赶往医院探望受伤的中国游客，并提供翻译协助。领事馆官员在了解具体情况后也积极协调旅行社、热气球公司和医院优化处置方案。

经当地有关机构认定，该事故是驾驶员观察不到位造成的，属于驾驶员责任事故，热气球公司将会支付伤者在土耳其期间的医疗费用等，同时，如果有伤者决定回到国内继续治疗，可以凭借在国内医院的相关票据，获得土耳其热气球公

---

① 《上半年中国赴土耳其游客数量同比增长 111%》，https：//baijiahao.baidu.com/s？id＝1806786327460874521&wfr＝spider&for＝pc，访问时间：2024 年 6 月 30 日。

司的报销。而后续的一些维权赔偿事宜，则需要通过协商或诉讼的方式来解决，会花费一定的时间。回国后小丽找 A 协商，对方称自己不是合同当事人，小丽乘坐的热气球属于自愿自费项目，且保险公司已经支付保险金，土耳其热气球公司已经支付当地的医疗费用，所以自己没有任何责任。而与 B 协商时，对方称自己只负责组团，具体事宜由 A 负责，与自己无任何关系，也不应承担责任。

二、法理分析

（一）本案中法律关系的梳理

在本案中，小丽与 B 签订旅游合同，双方已形成旅游合同关系。B 擅自将相关业务（如机票、酒店、行程安排等）转让给 A，A 作为实际提供旅游服务的旅游经营者也应承担连带责任。土耳其热气球公司作为旅游服务提供者，由于驾驶员原因造成安全事故，需要承担侵权或违约责任。

首先，小丽与 B 的旅游合同关系。《中国公民出国旅游管理办法》第 14 条规定，组团社应当按照旅游合同约定的条件提供服务，对可能危及旅游者人身安全的情况，应当向旅游者作出真实说明和明确警示，并采取有效措施，防止危害的发生。该办法第 24 条还规定因组团社或者其委托的境外接待社违约，使旅游者合法权益受到损害的，组团社应当依法对旅游者承担赔偿责任。所以 B 有义务保障小丽的人身、财产安全，不能以自己只是组团社而非行程的安排方为由推卸责任。

其次，B 与 A 的关系。A 虽然不是旅游合同的相对人，但作为全部旅游服务的提供方，在 A 和 B 不能举证二者存在其他法律关系的情况下，可以认定 B 将旅游业务擅自转让给 A 经营。根据《最高人民法院关于审理旅游纠纷案件适用法律若干问题的规定》："旅游经营者擅自将其旅游业务转让给其他旅游经营者，旅游者在旅游过程中遭受损害，请求与其签订旅游合同的旅游经营者和实际提供旅游服务的旅游经营者承担连带责任的，人民法院应予支持。"本案中，小丽在旅游过程中乘坐的热气球坠落导致其受到了人身损害，所以 A 与 B 对此应承担连带责任。

再次，小丽与 A 的关系。A 称小丽乘坐的热气球属于自愿自费项目，由土耳其热气球公司直接负责接送和安排，责任应该只由热气球公司承担。这一说法是不成立的，因为虽然热气球系自费项目，但该项目由旅行社推荐且统一组织前往，A 未能提供安全、健康的旅游服务，且并未履行恰当的风险告知和警示义务。《中华人民共和国旅游法》第 70 条第 3 款规定，在旅游者自行安排活动期间，旅行社未尽到安全提示、救助义务的，应当对旅游者的人身损害、财产损失承担相应责任。所以，A 不能以自愿自费项目作为抗辩理由。针对小丽已获保险公司赔偿和土耳其公司已经支付了在当地医院治疗的医药费的问题，可从两方面把握：一方面意外伤害、意外医疗保险，是针对游客自身安全保障的险种，非旅行社责任险，该保险赔偿不能免除旅行社的责任；另一方面土耳其公司付的仅仅是当地医院治疗的费用，但后续回国的治疗费用以及误工费、伤残赔偿金等都未予以支付，小丽并未在土耳其当地法院提起诉讼，也未获得相应赔偿，因而并不存在重复受偿的问题。

最后，小丽与土耳其热气球公司的法律关系。因小丽与热气球公司签订了相关协议，所以存在涉外合同关系。驾驶员的失误使小丽人身和财产受损，二者也还存在涉外侵权法律关系。如果后续与土耳其热气球公司还存在相关维权赔偿的问题，需要通过诉讼解决，可以选择违约或侵权之诉。

（二）国籍国和所在国对游客权益保护的法律依据

土耳其颁布《旅游产业促进法》《旅游激励框架法令》《旅游激励法》，向各种外国投资者开放旅游业，为其提供信用、税收等方面的激励。土耳其政府在基础设施、健康与安全、残疾人游客便利等方面与欧盟接轨，做好加强旅行社管理、提升残疾人旅游服务水平、维护消费者权利及可持续旅游等方面的工作。[1] 土耳其政府在著名景点设立了"旅游医疗服务中心"，以便及时向游客提供紧急救助和卫生保健服务。我国与土耳其也签订了有关旅游的双边条约。1991 年中土在北京签订《中华人民共和国政府和土耳其共和国政府旅游合作协定》，全文共 6 条，主要包括鼓励旅游合作，规定双方旅游局为执行机构，约定举行不定期会晤等内容。2001 双方又在土耳其伊斯坦布尔签订《中华人民共和国国家旅游局和土耳其共和国旅游部关于中国公民组团赴土耳其旅游实施方案的谅解备忘录》，约定双方旅游主管部门应当要求和监督各自旅行社保护游客的合法权益。对损害旅游者合法权益的旅行社，应当依照各自国家的法规查处。

我国不断强化对旅游者的法律保护具体规定，包括 2018 年修正的《中华人民共和国旅游法》、2017 年修订的《旅行社条例》《最高人民法院关于审理旅游纠纷案件适用法律若干问题的规定》、2010 年实施的《旅行社责任保险管理办法》等。其中 2017 年修订的《中国公民出国旅游管理办法》明确规定了旅行社经营出国旅游业务应具备的条件，组团社对旅游者有作出真实说明和警示的义务以及遇到困难和安全问题时的救助义务，损害旅游者合法权益承担赔偿责任，取消经营资格

---

[1] 宋瑞、王明康：《各国旅游政策与发展战略系列连载（六）：土耳其》，https：//www.sohu.com/a/2530 48756_126204/，访问时间：2021 年 6 月 29 日。

的条件，等等。相关法律法规的出台，目的在于约束经营者，保障出国旅游者合法权益。《中华人民共和国领事保护与协助工作条例》第21条规定：有关中国公民、法人、非法人组织应当积极关注安全提醒，根据安全提醒要求，在当地做好安全防范、避免前往及驻留高风险国家或者地区。经营出国旅游业务的旅行社应当关注国外安全提醒和旅游目的地安全风险提示，通过出行前告知等方式，就目的地国家或者地区存在的安全风险，向旅游者作出真实说明和明确提示；通过网络平台销售的，应当在显著位置标明有关风险。

（三）案件中反映的问题

首先，旅行社擅自转让业务使旅游者的权益处于一定的危险之中。旅游消费者选择旅行社，大都是因为相信该旅行社业已建立的商业信誉，存在信赖利益。未经旅游者同意，旅行社不得转让旅游业务。如果旅游者不同意转让，可以请求解除旅游合同、追究旅游经营者违约责任。本案中，小丽在知道由A负责接待等具体业务时，就应该提出异议或者与对方事先协商好发生事故后法律责任的问题。就是因为小丽没有相关意识，导致事故发生后，A与B相互推卸责任，加大了维权的难度。

其次，对乘玩的旅游项目未进行安全调查。热气球属于高风险项目，中国游客在土耳其遭遇此类安全事故也不少。例如，2014年12月17日，由于降落时风向突然变化，热气球发生碰撞并坠落造成中国游客1死4伤；2017年3月14日，3只热气球降落时因强风撞向地面，致49名游客受伤，其中包括15名中国游客；2017年4月9日清晨发生热气球坠落事故，造成至少1人死亡、20人受伤。可见，乘坐热气球冒险的安全隐患诸多，务必了解有关安全事项和救助措施，尽力避免意外事故的发生。

最后，事故发生后并未全面把握合理解决纠纷办法。本案中，小丽在面对A与B互相推卸责任时显得束手无策，事实上，小丽作为无过错方，可选择的维权途径较多，如协商、调解、仲裁或者诉讼等。此外，还也可以寻求使领馆的帮助。而依据当地法律对土耳其热气球公司提起诉讼，也不失为一种行之有效的救济途径和方法。

三、对策建议

（一）谨慎选择合格的旅行社

旅行社经营出国旅游业务，应当取得国际旅行社资格满1年，且经营期间无重大违法行为和重大服务质量问题。旅游者在选择旅行社时要审核其是否具有组织出境游的资质，并上网搜索是否存在重大违法或损害消费者利益的行为，尽量选择资信状况和口碑评价良好的旅行社。在旅行中如发现有违法转让业务的行为，要及时提出异议或与合同签订方协商好事故发生后责任分配的问题，并保留相关证据。对于接受转让业务的旅行社也要审核其是否有相关资质，以保证旅游合同中约定的服务水准。

（二）了解热气球乘坐的安全与注意事项

第一，选择安全性良好的公司。卡帕多奇亚目前一共有 25 家热气球公司，具体可以进行上网查询口碑，但原则上一定要选择大的、专业的、有营业执照的公司。尽量避免网络订票，因为常常会出现"挂羊头卖狗肉"的虚假网站，不熟悉当地语言的消费者很容易被骗。应当通过可信的渠道（比如酒店或者旅行社）预订，不要随意听信陌生人的意见。确定好心仪的热气球公司后，可以了解公司是否做到了定期检查、更换设备和遵照相关规定运营。确保热气球公司提供相应的保险以及合理的保险额度，购票后及时索要保险单据。

第二，选择拥有私人飞行员执照和商业飞行员执照的热气球飞行员，并确保其有按期续签执照，因为有些飞行员确实曾经拥有相关执照，但后续未按期续签，导致执照已经过期。全面考察该飞行员是否经验丰富且熟悉该地区，对于不满意的飞行员可以请公司尽量调配。尤其需要注意的是，出发前应确保和飞行员沟通顺畅。本案中，因为飞行员不熟悉英语和中文，导致无法讲解安全提示和注意事项，事故发生时未能提供安全指引。因此，乘坐热气球要确保与飞行员在口头或肢体上能有效沟通，至少能听清或明白飞行员关于着陆姿势和热气球安全着陆方法的讲解与指令。

第三，确认起飞地点、天气等信息。首先选择热气球安全飞行的班次。通常来说热气球只有清晨才有班次，只有在风力、气温、能见度都允许的情况才会有下午场。某些公司早晨会有两飞，但较晚的一班可能因风向已经不那么适合飞行而受影响，所以，尽量选择清晨的首飞。其次选择安全的飞行地点，热气球是没有固定的地点起落的，根据风向、天气不同，起飞地点也会有变化。再次是综合考虑风力、气象和温度等，这些都是决定热气球能否安全飞行的因素。游客应尽可能通过比较专业的网站和软件查询相关信息。尽管飞行员的判断更为专业和准确，但毕竟他们的立场与消费者不同，如果旅行者对于天气条件存有顾虑，可以选择取消行程。最后，确保热气球不超载，不仅包括每个热气球上的人数，也包括天空中同时飞行的热气球数量不能超过 100 个。

（三）事故发生后合法维权

首先，如果事故发生后还有意识，应主动拨打土耳其急救电话112，争取把握最佳获救与就医时间。其次，如果行程由旅行社安排，建议直接联系领队或组团社，与热气球公司协商解决。若协商未果或旅行社不作为，可与中国驻土耳其使领馆联系，反映有关情况，使领馆会在工作职责范围内进行领事保护，根据具体情况给出建议、提供律师和翻译人员名单。但需要强调的是，使领馆没有行政和执法权，所以不能帮助中国公民仲裁、代理索赔和退款退货等。中国公民可以根据使领馆给出的建议，向土耳其主管部门投诉或委托律师在当地调解、仲裁和起诉。① 回国后，可以向保险公司索赔。针对旅行社的责任或不作为行为，双方进行协商解决，协商不成则向法院起诉。本案中，小丽可以作为原告，起诉A与B，要求二者就后续的治疗费、误工费和伤残鉴定费、残疾赔偿金等费用承担连带赔偿责任。

本章小结

一、在土耳其的中国公民的权益内容和特征

（一）在土耳其的中国公民的权益内容

其一，人身安全是其他一切存在的前提和基础，中国公民在土耳其首先就是要保护好自身安全。土耳其居民虽可合法持有枪支，但总体上社会稳定，治安较好。土耳其绝大多数居民信仰伊斯兰教，与其他西亚地区伊斯兰国家不同，土耳其宗教氛围相对宽松，在男女握手、饮酒等方面没有特殊禁忌，但禁食猪肉。如中国公民需进入清真寺做礼拜，需要洁净身体、脱鞋，男性须着长衣、长裤或长袍，女性须系头巾、着长袍，男女分开礼拜，忌大声喧哗。②

其二，财产安全。随着"一带一路"倡议的深化，越来越多的中国公司与土耳其公司开展贸易往来，或前往土耳其进行投资。中国公民和企业在土耳其依法

---

① 中华人民共和国外交部：《中国领事保护和协助指南（2023版）》，http：//cs. mfa. gov. cn/zggmzhw/lsbh/lbsc_ 660514/202311/P020231114392262052796. pdf，访问时间：2024年6月30日。

② 中华人民共和国商务部：《对外投资合作国别（地区）指南——土耳其（2020年版）》，http：//fec. mofcom. gov. cn/article/gbdqzn/index. shtml#，访问时间：2021年6月29日。

行事并按时缴税，凡事多留心，财产安全是可以得到保障的。

其三，交通安全。土耳其交通系统发达，设备先进。在土耳其，中国驾照可以使用，如需租车可以选择全球中文租车平台，平台会提供中文预订、中文 GPS、额外车辆及人身保险等服务。自驾首先要熟知当地交通法规，了解车辆具体操作。土耳其的十字路口、交通要塞、高速公路和公共区域都设有电子眼，任何违章行为都会被拍下，且交通警察不会接受任何理由闯红灯的申诉。避免超速、不系安全带、非法赛车、酒后驾驶等违规行为。出发前可向租车公司多了解交通注意事项，确保出行的交通安全。

其四，投资权益。土耳其政治局势稳定，经济发展迅速，投资环境日益改善，越来越受到国外投资者的关注，是继中国、俄罗斯等"金砖国家"之后又一蓬勃发展的经济体，在国际上享有"新钻国家"的美誉。土耳其对外国投资一直采取积极鼓励的态度，制定了《鼓励投资和就业法》《外国直接投资法》《外国直接投资管理条例法》等法律规章。外商投资公司与当地公司享有相同的权利和负有同样的义务。在土投资的外国商业公司购买地产没有限制，在自由贸易区内从事商业活动能享有豁免和奖励。土耳其还向外资提供了增值税免征等优惠政策；有针对中小企业的激励措施，如免征关税、信贷担保支持等；还有落后地区的优惠待遇。

其五，经贸合作。2015 年 11 月中土两国签署《关于"一带一路"倡议和"中间走廊"倡议相对接的谅解备忘录》，为双方推进各领域合作提供重要政策支持。土耳其拥有透明和开放的贸易制度，依据《进口不公平竞争保护法》实施反倾销和反补贴措施，《进口保护措施法规》和《进口保护措施实施条例》对实施保障措施调查进行了规定。除法律、法规及国际协议禁止之外，所有产品都可在出口制度条例框架下自由出口。土耳其贸易法律法规主要有《对外贸易法》《海关法》《配额及关税配额行政法》《出口机制法规》等。我国华为公司的 GSM-R 应用到土耳其高铁系统之中极大地提高了铁道效率。中国工商银行收购土耳其纺织银行78％的股份，是迄今为止中国企业在金融领域规模最大的一笔收购。中土经贸合作的成功案例提高了两国企业合作的深度与信心。

其六，劳动权益。土耳其年轻人口比重大，劳动力供应充足且素质较好，当地严格保护本国人就业。劳动就业主要受《劳动法》保护，外国人在当地务工也需遵守《外国人和国际保护法》和《外国人工作许可法》的规定。劳动者社会保险主要由《社会保险法》和《失业保险法》加以规范。劳动与社会保障部负责就业、社会保障、批准外国人工作准证等工作。根据土耳其法律，工人可自由组织工会或经批准成立非政府组织，经批准可以进行集会、游行、罢工等维权行为。

（二）在土耳其中国公民的权益特征

一是权益内容的多样性。中国公民在土耳其享有的权益内容较多，以人身财产安全为基础，同时又涉及投资、贸易、承包工程、劳动保障等权益。这些权益都是中国公民在土耳其生活、学习和工作的必要保障。

二是外国投资可完全享受国民待遇。土耳其投资立法符合国际标准，所有向民资开放的行业都向外资开放，没有限制，在投资行业上外资与本土企业享受同等待遇。负责审批外资的机构具有日常性，并无歧视。自 20 世纪 80 年代中期以来，土耳其政府对相关法律进行修改，以简化外资政策和行政手续，积极吸引外资。

三是权益内容的国际性。中国公民在土耳其的合法权益受法律保护，首先是土耳其本国法律，如《土耳其国际私法和国际诉讼程序法》《外国人和国际保护法》。其次是中国和土耳其签订了各种双边条约，如《中华人民共和国和土耳其共和国关于相互促进和保护投资协定》等。最后中国和土耳其也加入了对外国人权益保护的公约和组织，如国际劳工组织及其制定的相关公约等。由此可见，在土耳其的中国公民享有的权益是综合的国际性的权益。

二、中国公民在土耳其权益受损风险预警

其一，人身财产风险。2015 年，受"东突"势力煽动以及当地媒体炒作等因素影响，土耳其多次发生反华活动，威胁到华人华侨的安全，增加了中国企业投资合作的风险。[①] 土耳其境内主要有三股恐怖势力，首都安卡拉、伊斯坦布尔等地区都曾经发生过多起炸弹袭击和军事政变。近年来，由于邻国叙利亚、伊拉克发生战乱，大量难民涌入土耳其，主要城市流动人口激增，成分复杂，治安风险增大。

其二，投资风险。首先，土耳其有一些行业限制外国投资者的进入，限制行业主要有广播、石油、航空、海运、房地产等。其次，通货膨胀率不断攀升，也影响资产安全。2017 年，土耳其通胀率为 11.14%，远高于政府制定的 5% 的中期通胀目标。土耳其长期依赖低成本外国资本，用以填补缺口，而流入的外国资本中大部分是投机性短期投资，增加了市场的波动性和脆弱性。最后，还可能面临汇率

① 中华人民共和国商务部：《对外投资合作国别（地区）指南——土耳其（2020 年版）》，http：//fec. mofcom. gov. cn/article/gbdqzn/index. shtml#，访问时间：2021 年 6 月 28 日。

风险。近些年里拉汇率总体下跌，土耳其央行为恢复市场对里拉的信心大幅加息，虽然在短期内有一定帮助，但过高的利率又会对土耳其经济增长产生不利影响。

其三，交易风险。受双边贸易不平衡等因素影响，土耳其对中国产品采取了多项包括反倾销、保障措施和特保在内的贸易救济措施，如陶瓷餐具保障措施案、无缝钢管双反案等。由于反倾销调查程序透明度不高，调查机关通知不及时或信息披露不充分等，涉案企业无法及时、准确地获得信息，这些都会对中国部分产品向土耳其出口时造成影响。虽然中国政府多次交涉，但土耳其调查机关未给予任何中国应诉企业完全市场经济地位。另外，在交易时还要警惕某些土耳其商人利用法律特殊规定对中国企业进行欺诈。

其四，劳动风险。土耳其人口出生率较高，年轻人口多，就业压力较大，政府和民间对外国劳工的进入持警惕、排斥态度，因而设置了相关障碍。首先，外国人获得工作许可、工作签证和居留许可的难度很大。其次，依照相关规定，无论是当地还是外国企业，雇用 1 个外籍劳工，须同时雇用 5 个当地劳工，增加了外籍劳工入职的难度。最后，中国劳务人员面临在中国和土耳其双重缴纳社会保险金的问题。

其五，自然灾害。土耳其位于欧亚板块与非洲板块之间，属于地震多发地区。1999 年、2002 年、2003 年、2006 年和 2010 年连续发生 6.0 级以上地震。发生自然灾害时，可就近向安卡拉、伊斯坦布尔、伊兹密尔、安塔利亚、梅尔辛集中，并关注中国驻土耳其大使馆网站有关信息，中国驻土耳其使领馆将组织必要援助、撤离活动。①

三、中国公民在土耳其权益受损的本地救济途径

土耳其民商事纠纷解决途径规定得较为全面，可以通过调解、仲裁和诉讼等途径解决。

（一）调解制度

受欧盟成员国调解立法的影响，土耳其进行了多次有关调解制度的立法活动，颁布了《民事争议调解法》、《关于〈民事争议调解法〉的实施条例》以及《劳工法院法》等法律法规。② 各方当事人可以自愿在诉讼前或诉讼中进入调解程序，也可自由决定退出该程序。调解文件在之后的诉讼或仲裁中不能作为证据提交。因

---

① 中华人民共和国商务部：《对外投资合作国别（地区）指南——土耳其（2020 年版）》，http：//fec. mofcom. gov. cn/article/gbdqzn/index. shtml#，访问时间：2021 年 6 月 28 日。

② 齐树洁：《土耳其调解制度》，载《人民调解》2020 年第 1 期。

个人或集体劳动合同产生的雇佣纠纷及雇员要求复职的案件（因工伤事故或因职业疾病而引起的纠纷除外），提起诉讼前必须申请调解。

（二）仲裁制度

土耳其国际商事仲裁制度的法律依据，既有其缔结的国际公约，又有国内立法。土耳其于 1992 年 7 月 2 日加入《纽约公约》。2001 年颁布的《土耳其国际商事仲裁法》是土耳其第一部关于商事仲裁的专门立法。在《土耳其国际商事仲裁法》出台之前，国际商事仲裁是依据土耳其《民事诉讼法典》来进行。《土耳其国际商事仲裁法》明确了案件适用范围、适用条件（包括具有涉外因素和争议的可仲裁性），规定了具体操作流程和不服裁决的追诉权。为了适应土耳其战略发展的需要，2015 年伊斯坦布尔国际商事仲裁中心成立，采用广为接受的仲裁规则，并以低成本和高效率吸引目标客户，进一步带动土耳其的经济发展。[1]

（三）诉讼制度

中国和土耳其签订了《中华人民共和国和土耳其共和国关于民事、商事和刑事司法协助的协定》，旨在相互尊重主权和平等互利的基础上，促进两国在司法领域的合作，缔结相关民事、商事和刑事司法协助的协定。土耳其 1927 年制定的《民事诉讼法典》和 1982 年 5 月 20 日颁布的《国际私法和国际诉讼程序法》专门处理具有涉外因素的民商事纠纷的主要法律依据。

四、中国公民在土耳其权益的领事保护与外交保护

外交部领事司、驻外使领馆是我国领事保护的主要机构。领事保护工作的主要宗旨是保护中国国家利益和海外中国公民合法权益。在土耳其的中国公民当权益受到损害时，可以向中国驻土耳其大使馆、中国驻伊斯坦布尔总领事馆、中国驻伊兹密尔总领馆求助。使领馆会定期发布旅游、安全、签证等信息的通知，在职责范围内给予领事保护和协助：提供律师、医生、翻译的名单，补/换/发旅行证件，签发回国证件，办理声明书、委托书、婚姻状况、国籍、文书签名属实等事项的公证，对拟送往中国使用的公证书或者其他证明文书等办理领事认证；在驻在国承认和接受的前提条件下，可以根据我国《婚姻法》《婚姻登记条例》的有关规定为中国公民办理结婚登记和离婚登记；[2] 提供常用的表格下载（如签证申请表、护照申请表、委托书等）。中国公民在土耳其因该国的不法行为而受到损害，

---

① 周园：《土耳其商事仲裁的国际化进程》，载《仲裁研究》2014 年第 2 期。

② 参见《办理公证、领事认证和婚姻登记须知》，https://www.fmprc.gov.cn/ce/cetur/chn/lsfw/lsgzrzhhydj/t1396886.htm，访问时间：2021 年 6 月 30 日。

在被保护人用尽当地救济仍未实现其合法权利后，中国使领馆可以通过外交途径对在国外的本国国民的合法权益进行的保护。

五、中国公民利用当地华人自治组织维权

土耳其华商会 2000 年在土耳其境内成立，是经过土耳其共和国伊斯坦布尔省政府批准、行业协会注册、中国驻伊斯坦布尔总领事馆备案的华人商会组织。其宗旨是"联络及维护土耳其华人商业利益，促进华商精英强强联合，共同发展，为振兴中华做贡献"。2016 年伊斯坦布尔中资企业协会成立，商会宗旨是服务于企业走出去，为企业发展搭建有力的战略平台。此外，还包括土耳其中资企业商会、安卡拉华人华侨协会、土耳其中国和平统一促进会、伊兹密尔华人华侨协会等华人组织，如果遇到相关问题可以请求上述华人自治组织的帮助。

中国公民在土耳其实用信息

单位名称或事项	地址	电话	备注
外交部全球领事保护与服务应急热线	—	+86 - 10 - 12308 +86 - 10 - 65612308	
中国驻土耳其大使馆	土耳其安卡拉奥兰区费里特·雷贾伊·厄尔图古尔大街 18 号	+90 - 312 - 4900660 领事保护协助：+90 - 538 - 8215530 领事证件咨询：+90 - 312 - 4900870	**领事证件咨询时间：** 周一至周五 9:00—12:00 15:00—18:00 （节假日除外） **领事保护协助接听时间：** 周一至周五 8:30—12:30 14:30—18:30 （节假日除外）
中国驻伊斯坦布尔总领馆	土耳其伊斯坦布尔萨勒耶尔区塔拉比亚阿希·杰雷比街乔班·切什梅小巷 4 号	+90 - 212 - 2992634 +90 - 212 - 2622721 领事保护协助：+90 - 531 - 3389459 领事证件业务：+90 - 212 - 2992855	**领事证件咨询时间：** 周一至周五 10:00—12:00 14:30—16:30 （节假日除外）
匪警	—	155	
火警	—	110	
急救	—	112	

第九章
在德国的中国公民权益保护

德意志联邦共和国（The Federal Republic of Germany），简称德国，是议会民主制下的总理负责制国家。国土面积约为35.7万平方公里，人口约8470万（截至2024年4月），首都为柏林，官方语言是德语，官方货币是欧元。

德国北接丹麦，西连荷兰、比利时、卢森堡和法国，南邻瑞士、奥地利，东与波兰、捷克接壤，其突出的中心地理位置构成了通向中欧及东欧各国的桥梁。德国重要的河流有莱茵河、埃姆斯河、威悉河、易北河这四大水系，它们平行贯穿德国的大部分地区，航运繁忙，自南向北流入北海。除此之外，多瑙河作为欧洲第二大河，是德国境内唯一的东西向河流，对德国南部城市的经济发展影响深远。德国是一个高度发达的工业国家，出口对德国经济有着重大影响。德国贸易出口额高居世界前列，被誉为"出口冠军"。德国作为世界贸易大国，同世界上230多个国家和地区保持贸易关系，全国近1/3的就业人员从事的工作与出口有关，主要贸易对象是西方工业国，其中进出口一半以上来自或销往欧盟国家。①

作为"一带一路"西端最重要的国家之一，德国与中国在"一带一路"框架下的合作成效显著。据统计，2023年双边贸易额为2067.8亿美元，同比下降8.7%，其中中国对德国出口额为1005.7亿美元，同比下降13%，进口额为1062.1亿美元，同比下降4.2%，我方对德贸易逆差56.4亿美元。2023年，中国连续第八年成为德国全球最大贸易伙伴。② 德国联邦外贸与投资署总经理贝诺·彭瑟指出，"一带一路"带动共建国家的基础设施项目建设，为德中两国企业在环境科技、机械与设备制造、建筑、能源、交通等领域提供广阔商机，共建国家旅游

---

① 中华人民共和国外交部：《德国国家概况》，https：//www.fmprc.gov.cn/web/gjhdq_676201/gj_676203/oz_678770/1206_679086/1206x0_679088，访问时间：2021年6月29日。

② 中华人民共和国外交部：《中国同德国的关系》，https：//www.mfa.gov.cn/web/gjhdq_676201/gj_676203/oz_678770/1206_679086/sbgx_679090/，访问时间：2024年6月30日。

业亦将从中获益。彭瑟强调，在"一带一路"建设背景下，德国将继续扮演中国企业在欧洲理想的立足点。每年赴德国旅游、务工、移民定居等的中国人数以万计。可见，中德两国在经贸、政治、文化等领域密切交往。

德国关于外国人权益保护的法律制度对在德国的中国公民权益保护起到举足轻重的作用。德国有关外国人权益保护的法律机制可作如下分类：

一、外国人法律地位

在外国人法律地位层面的规定较为明确：德国在 1995 年加入 WTO，同时还是《世界人权宣言》《公民权利和政治权利国际公约》《经济、社会和文化权利国际公约》等公约的缔约方。根据有关公约的规定，基本人权是每个人都享有或者应该享有的基本权利，外国人在经济文化民事权利方面与德国公民享有的各项权利基本一致。此外，在解决国籍和住所冲突领域，德国还加入了《关于国籍法冲突的若干问题的公约》。

二、外国人权益保护的实体法规定

在德国，外国人权益保护的实体法律规定相当具体：德国内政部在 1990 年对 1965 年颁布的《外国人法》进行了调整与修改，将之并入《外国人权利法》。该法包含《外国人入境和居留法》《联邦哺育金法的修正》等共十五章内容，从居留许可、拘留终止、入籍等方面对外国人在德国的具体民事权利义务进行规定。2005 年 1 月 1 日，德国第一部《移民法》(《关于控制限制移民和规定欧盟公民、外国人居留与融合事宜之法》) 正式生效。这部《移民法》的一项最重要的成果是：对于像科学家和计算机专业人士这样的高端人才，德国的劳动力市场将比原来"绿卡"的规定更加开放。自 2020 年 3 月 1 日起，德国的新《移民法》正式实施。根据德国《刑法典》《民法典》的规定，外国公民在德国享有与本国公民相同的权利，都受德国法律的保护。另外，德国的法律分类十分细致，对于外国人在德国工作等事项都有专门法律进行规定。

三、外国人权益保护的程序法规定

与实体法的规定一样，德国的国内法，如《民事诉讼法》《刑事诉讼法》均规定了外国人享有与德国人同样的诉讼权利。从国际法层面看，德国是《承认及执行外国仲裁裁决公约》(《纽约公约》) 和《关于解决国家和他国国民之间投资争端公约》(《华盛顿公约》)的缔约国,外国人在德国的商事纠纷和投资纠纷还可以通过仲裁解决。

第一节 事先预防

初到德国的中国公民内心充满忐忑,面对不同的国情、法律、生活习惯和风俗等,如何预防意外和危险的出现并努力维护自身权益,应值得高度关注。在此,专门就在德留学生遭遇的电信诈骗案进行细致梳理和深入的法理分析,探寻事前预防性的对策。

一、"贼喊捉贼"电信诈骗案

甲某,是一名在德国某大学的中国留学生。2018年4月3日,她接到一通自称是大使馆工作人员的电话,对方告诉她,有一份由中国深圳警方寄来的紧急回国通知,深圳警方怀疑甲某涉嫌一宗诈骗洗钱案,具体案情可由大使馆代为转接深圳市公安局查询。但在转接的过程中,因信号不好,电话断线。

没过几分钟,一名自称是"深圳市A区公安局李警官"的人打电话给甲某,告诉她登录"深圳市公安局A区"官方网站,核实其官方公布的电话是否与她现在打来的一致。甲某一看,果然一致,内心便开始有点慌乱了。之后,"李警官"告诉她,最近深圳市A区公安局破获了一宗特大跨国网络诈骗交易案,查获了500多张用于犯罪的银行卡,其中就有甲某的。根据犯罪嫌疑人交代,部分银行卡由中国留学生主动提供。为了防止甲某潜逃,"李警官"让她随时与"警方"保持联系,每天通过QQ将自己的行程安排汇报给他,并且要求甲某不能将案件泄露,否则将会立即逮捕她。挂掉电话后,甲某加了"李警官"提供的官方QQ号,并收到了"李警官"发来的警官证等证件照片。

随后的一周里,甲某按照要求每天报备自己的行程与出入场所,并在与"李警官"的交谈中,向其透露了自己的经济能力、家庭条件等个人信息。在这个过程中,"李警官"也向甲某通报所谓的"案情进展",并适时安慰、稳定甲某的情绪。2018年4月12日,"李警官"突然打电话告诉甲某,深圳市人民检察院对甲某签发了逮捕令,并要求甲某立刻回国接受调查。幸运的是,主办此案的"方检察官"是"李警官"的熟人，他可以帮忙向"方检察官"求情。随后，电话转接给了"方检察官"。

"方检察官"让甲某下载一个 App，将"逮捕令复印件"通过该软件传给甲某。至此，甲某已经对这场精心导演的骗局深信不疑。"方检察官"告诉甲某，由于她涉及的是特大跨国案件，牵涉人数众多，处理的时间会比较长，所以预计甲某被逮捕后羁押的时间会延长，大概为 3 年，如果甲某想缩短羁押时间的话，只能通过"财力担保"来获得"优先调查权"。甲某这时候慌了神，她马上说自己有一张存了 20 万元人民币的银行卡，可以先用这笔钱担保。"方检察官"告诉甲某，如果她能签署一份不潜逃的保证书，就愿意帮她申请"优先调查权"。

之后，"方检察官"给甲某发来一个 IP 地址，告诉她这是"中华人民共和国最高人民检察院"的网址，要她立刻上网对个人进行"资产清查"。甲某打开后，看见网页显示的确实是"中华人民共和国最高人民检察院"。于是，甲某按照"方检察官"提供的步骤，在该网站上点击"资产清查"，随后根据网站提示输入了她的银行账号、账号密码和动态密码。很快，甲某的账户就一共被转走了 99998 元人民币。"方检察官"还给甲某发来一张"北京市国家信德公证处"的"资金提存"公证书。

在钱被转走之后，甲某才意识到自己可能被骗了，马上打电话报警。警方紧接着展开调查，在 2018 年 10 月 14 日，这宗"贼喊捉贼"电信诈骗案的两名德国籍犯罪嫌疑人 A 某、B 某以及一名中国籍犯罪嫌疑人钱某尽数落网。

二、法理分析

据德国《经济新闻报》报道，10 年前，通过发信息、打电话或电子邮件进行诈骗的案例在德国极少见，但现在越来越普遍，骗术也日趋专业化，"几乎近九成德国人收到过花样百出的诈骗信息"。[1] 中国在德国的留学生大多缺乏社会经验，风险防范意识较弱，往往成为一些电信诈骗犯罪分子的目标。

（一）有关案件管辖的法律分析

本案究竟由哪个国家审理？该问题主要涉及两个方面：一是中国与海外中国公民的属人管辖权；二是中国公民处于德国境内且犯罪事实发生在德国的属地管辖权。本案的犯罪行为地、犯罪结果发生地都位于德国境内，其中两名主犯是德

---

[1] 《电信诈骗，其他国家怎么防？》，http://world.huanqiu.com/exclusive/2016-09/9410115.html，访问时间：2021 年 6 月 29 日。

国国籍，虽然钱某具有中国国籍，但他是在德国实施的犯罪行为，所以，本案在德国按照当地法律进行审理。

（二）德国对个人信息安全保护的法律依据

德国十分重视对公民个人信息的保护，在这方面的立法，德国走在世界的前列。早在 1970 年，德国黑森州就出台了《数据保护法》，这是世界上最早的隐私保护法。1977 年，德国联邦政府正式颁布《联邦数据保护法》，旨在防止因个人信息泄露导致的侵犯隐私行为。现行的《联邦数据保护法》要求设立"联邦数据保护与信息自由专员"，监督政府机构在保护个人数据方面的行为。除此之外，德国1997 年通过的《信息和通讯服务规范法》第二章明确提出加强电信服务数据保护，以保护电信服务中的个人数据；2007 年颁布的德国《电信媒体法》第四章专门对个人信息保护进行规定；而《防止个人资料处理滥用法》和《州数据保护法》也特别注重保护个人信息资料。

德国虽然建立了严密的个人信息法律保护体系，但仍无法杜绝犯罪分子利用盗取的公民个人信息而进行电信诈骗的案件。在上述案例中，受害人甲某的个人信息可能在其准备前往德国留学、在德国租房、兼职或短期旅行等学习生活的过程中无意泄露，从而让犯罪分子有机可乘。

（三）《德国刑法典》对计算机诈骗的规定

《德国刑法典》第二十二章涉及"诈骗和背信"的规定，该章节对诈骗进行了较细的分类，具体分为普通诈骗、计算机诈骗、补助金诈骗、投资诈骗、保险的滥用、骗取给付、信贷诈骗等。其中，该法典第 263 条 a 款规定："意图使自己或第三人获得不法财产利益，以对他人的计算机程序作不正确的调整，通过使用不正确的或不完全的数据、非法使用数据，或其他手段对他人的计算机程序作非法影响，致他人的财产因此遭受损失的，处 5 年以下自由刑或罚金刑。"[1]

在上述电信诈骗案例中，德国籍犯罪嫌疑人 A 某、B 某以及中国籍犯罪嫌疑人钱某都触犯《德国刑法典》关于计算机诈骗的规定，由德国法官对其定罪量刑。

（四）中国对受骗公民权益的保护

首先，根据《中华人民共和国刑法》第 8 条关于保护管辖权的规定，德国籍犯罪嫌疑人 A 某、B 某的犯罪行为若按中国刑法规定的最低刑为 3 年以上有期徒刑，则法官可以对他们追究刑事责任。[2] 根据《中华人民共和国刑法》第 7 条关于

---

① 徐久生、庄敬华译：《德国刑法典》，中国方正出版社 2004 年版，第 129 页。

② 《中华人民共和国刑法》第 8 条规定："外国人在中华人民共和国领域外对中华人民共和国国家或者公民犯罪，而按本法规定的最低刑为三年以上有期徒刑的，可以适用本法，但是按照犯罪地的法律不受处罚的除外。"

属人管辖权的规定，中国籍犯罪嫌疑人钱某的犯罪行为若按中国刑法规定的最低刑为 3 年以下有期徒刑，则可以对他不予追究。① 然而，如果他们都在德国已经受过刑事处罚，则可以免除或减轻处罚。②

其次，中国与德国未签订双边引渡条约，也没有签订有关刑事司法协助的任何协定。所以，即使中国希望这宗诈骗案的中国籍犯罪嫌疑人钱某能在中国得到审判，也只能根据《中华人民共和国刑法》第 7 条与第 10 条，在德国审判并执行后再依据中国法律对钱某进行审判。但是，德国也很可能会以与中国无引渡条约而拒绝中方的引渡请求。

此外，中国与德国都是《维也纳领事关系公约》的成员国，所以一旦我国公民的合法权益在德国受到侵害，中国驻德使馆就有权在国际法和当地法律允许的范围内维护中国公民的合法权益。

三、对策建议

面对信息化高速发展的时代，在德国留学、旅行、务工、做生意的中国公民可以采取哪些措施来防范花样百变的电信诈骗呢？为此，本书着重从事前预防的角度给在海外的中国公民提一些可供参考对策建议。

第一，所谓"知己知彼，百战不殆"，在去德国之前，应事先了解关于诈骗的常见套路，如冒充身份类、有奖诱惑类、网络链接类等。事实上，在了解诈骗的常见套路后，尽管诈骗的方法手段层出不穷，但万变不离其宗的是，其目的是骗钱财。所以，无论对方的身份或者借口多么真实，一定要谨记不要轻易转账或贪图优惠便宜随意点击陌生人发来的链接。即使事情是真的，多方核实和冷静思考是必不可少的，而且也耽误不了多少时间。时刻警醒自己：世界上不会有那么多巧合，更不会有那么多"天上掉的馅饼"。

第二，在去德国之前，登录中国领事服务网（http：//cs. mfa. gov. cn/），了解中国驻德国大使馆并牢记应急电话，如记录外交部全球领事保护与服务应急呼叫中心热线号码以备紧急求助时使用，或关注领事直通车微信（微信号：LS12308）、"领事之声"微博及"外交部 12308"微信小程序，了解信息、进行热线互动咨

---

① 《中华人民共和国刑法》第 7 条规定："中华人民共和国公民在中华人民共和国领域外犯本法规定之罪的，适用本法，但是按本法规定的最高刑为三年以下有期徒刑的，可以不予追究。中华人民共和国国家工作人员和军人在中华人民共和国领域外犯本法规定之罪的，适用本法。"

② 《中华人民共和国刑法》第 10 条规定："凡在中华人民共和国领域外犯罪，依照本法应当负刑事责任的，虽然经过外国审判，仍然可以依照本法追究，但是在外国已经受过刑罚处罚的，可以免除或者减轻处罚。"

询。值得一提的是，中国外交部领事司在 2023 年发布了《中国领事保护与协助指南》最新版，分为"领事保护与协助""海外出行建议""海外安全风险自我防范"这三大部分，其中也重点提到遇到电信诈骗该怎么办。① 该指南有电子版本，可以下载到手机、电脑里随时查看，对于即将出国的中国公民非常实用。

第三，很多时候，犯罪分子会巧妙利用国内亲朋好友关切、担心的心理对他们进行诈骗，所以在出国前，很有必要与家人、朋友们一起学习、了解常见的诈骗方式，提示他们提高警惕。并且，也要将你在德国的学校信息、导师电话、亲近朋友的电话、备用的紧急联系方式提前留给家人保存，当遇到诈骗时，提示家人朋友不要轻信，要进行多方核实，或直接拨打 110 报警。

第四，我们可以提前给手机安装主流的安全软件。目前，有些主流的安全软件有电话识别功能，这在一定程度上提高安全性。同时，我们在用电脑或手机下载当地国家的软件时，最好进官方的软件商店下载。除此之外，如果有租房等需要，则要事先联系可靠的中介，不要通过对方提供的图片、视频等就轻易相信租房信息，而且也不要提供给中介太多关于自身的个人信息。

在提了这么多预防建议之后，事实上最重要的就是应当明白一切以转账为目的看似正常的事情可能就是一场精心的骗局。做好充足准备，遇骗不慌乱，保持冷静多思考，时刻提醒自己不要成为诈骗犯眼中"待宰的羔羊"。

第二节 事件应对

两德统一后，失业率持续攀升，德国政府对外籍普通劳工的进入从严控制。最近几年德国失业率有所下降，但遭遇全球性金融、经济危机影响，德国经济出现大幅衰退，工业企业和服务业都出现大规模裁员潮，德国进一步收紧外劳进入政策。②

但由于德国完备的法律体系、积极的就业促进政策、较高的工资和令人羡慕

---

① 中华人民共和国外交部：《中国领事保护与协助指南（2023 版）》，http：//cs. mfa. gov. cn/zggmzhw/lsbh/lbsc_ 660514/202311/P020231114392262052796. pdf，访问时间：2024 年 6 月 30 日。

② 中华人民共和国商务部中国驻德国大使馆经济商务处：《德国劳务合作相关法律法规和政策措施及我对德劳务情况》，http：//de. mofcom. gov. cn/article/ztdy/200905/20090506262663. shtml，访问时间：2021 年 6 月 29 日。

的社会福利，数以万计的中国公民怀揣发财美梦选择赴德国务工。然而，对于文化水平不高，在德国没有生活经验的中国公民来说，在这里工作充满了艰辛。当这些来德务工的中国公民遇到无良的中介、黑心的老板、无法得到生活保障的待遇等层出不穷的问题时，他们应该怎样维护自己的权益呢？

为此，本节特别选择"德国中餐厅压榨中国员工的案例"进行较深入的法律分析，着重针对在德工作的中国公民遇到各种问题如何维权提出对策建议。

一、德国中餐厅压榨中国员工事件

2017 年 5 月，中国广东省的乙某刚满 32 岁，已在中国做了 7 年的厨师。乙某从农村一路奋斗到大城市，家庭经济条件中等。他和妻子都是家中独生子女，所以要赡养四个老人。加之，刚满 3 岁的女儿到 9 月份开学时就要进入幼儿园了。无形的经济压力压得他喘不过气，他希望找一个工资高点的酒店去做主厨。某一次，他听见餐厅其他厨师们在闲聊时说到德国中餐厅对厨师的需求特别大，而且工资待遇很高，奋斗个几年就能回来买房买车了。乙某听了后很心动，于是他去咨询了中介并下定决心前往德国工作。在准备好一系列证明文件后，他拿到工作签证前往德国。

然而，事情并不如乙某想象得那么美好。乙某在生病请假时，德国中餐厅的老板 C 某对他吼道："你病得下不了床才能休息！""你装病不就是想偷懒吗？快点给我工作！"不只如此，在这家中餐厅里，他一个人要做三四个人的事，每天连轴转要做 10 个小时的饭，还要洗盘子、擦地和清洗油烟机的吸烟罩。他一个月最多挣 1200 欧元，比之前承诺的薪水要少得多。而且，老板 C 某还经常找借口克扣乙某的工资，甚至已经有两个月的工资未支付给乙某。压死乙某的最后一根稻草是节假日来光顾这家餐厅的客人太多，乙某忙得团团转，在炒菜时火突然飘出来灼伤了乙某的手臂。尽管及时送去治疗且不是特别严重，但是老板 C 某既没有一句安慰的话，也没有给任何医疗费用。乙某想要回自己的工资并得到应有的补偿，同时希望老板 C 某能痛快地放他离开餐厅，却被 C 某多次拒绝。乙某的文化程度较低，且不知晓德国法律，所以他在维护自己的权益的过程中感到无限困惑。

二、法理分析

为了解决案例中乙某在德务工时所遭遇的问题，一方面要对德国的相关法律规范进行梳理，另一方面还需要进行深入的法理分析，以便帮助中国公民赴德务工时了解维权方式方法。

（一）案件中法律关系的梳理

本案涉及的法律关系为乙某与老板 C 某之间的劳动合同法律关系。乙某由中介介绍来到中餐厅工作，与餐厅老板 C 某订立了劳动合同，建立雇主与被雇佣者的劳动关系。根据德国劳动保护法以及对外国人劳务的法律规定，中餐厅老板与乙某订立的劳动合同存在无效之处，且老板 C 某有关员工工作时长、休假天数以及对工伤的索赔等方面的做法也是不合法的，而且也侵犯了乙某等员工的合法权益。但由于乙某自身的文化水平有限，在订立合同时不能对劳动条件、工作时间、带薪假期天数等合同内容仔细审查，也不知道工伤的索赔途径，才让自己陷入困境。

（二）中国公民进入德国工作的前提

德国依照有关法律允许外国人进入德国就业市场，德国劳工局事先根据"优先权审查"原则调查某职位是否存在外国就业申请者之外应优先考虑的对象。中国公民进入德国工作，要向德国驻中国使领馆申办签证，附上职业资格证书和劳务合同，签证上直接注明就业类别，首个签证有效期一般为 3 个月，到期后可再次提交延期申请。以就业为目的的居留许可的获得必须征得雇主所在地劳工局的同意，并且该居留许可是有期限的，但一定条件下可申请延期，5 年之后才可能获得长期居留权。

（三）对工资数额和工作时间的规定

联邦德国《关于规制一般性最低工资的法律》（简称《最低工资法》）于 2014 年 8 月 11 日生效，其中规定"2015 年 1 月 1 日起最低工资标准为每小时税前 8.5 欧元，2017 年起法定最低工资标准提高至 8.84 欧元/小时"。① 但是，最低工资不适用于青少年、职业培训生、义工、长期失业者和实习生。

"在德国，雇员每天的工作时间一般不超过 8 小时，如果时间达到 10 个小时就必须给予相应休息时间补偿；工作时间在 6～9 小时之间的，雇员可要求 30 分钟休息时间；原则上周日和节假日不工作，但在餐饮行业则允许例外；法定每年最低假期为 24 个工作日，如果雇员生病，则可在出示医生证明后，向雇主要求 6 周的带薪病假。"②

结合案例来看，乙某每个月最多 1200 欧元平均下来每天的工资连德国的最低

---

① 中华人民共和国商务部：《对外投资合作国别（地区）指南——德国（2020 年版）》，http：//www.mofcom.gov.cn/dl/gbdqzn/upload/deguo.pdf，访问时间：2021 年 6 月 30 日。

② 中华人民共和国商务部：《对外投资合作国别（地区）指南——德国（2020 年版）》，http：//www.mofcom.gov.cn/dl/gbdqzn/upload/deguo.pdf，访问时间：2021 年 6 月 30 日。

工资数额都无法达到。并且根据对工作时间的规定，乙某每天工作 10 小时已经违反了德国法律。除此之外，乙某生病、在工作时受伤都应该得到法律规定的休养时间，却都被 C 某剥夺了。

（四）对外国人在德国工作的规定

总的来说，德国对外来务工人员制定的专门法规和条例较为完备，主要包括：《就业促进法》《外籍劳工工作许可发放条例》《停止招募外籍劳工条例》以及德劳工部制定的《停止招募外籍劳工的例外安排条例》。

1969 年颁布的《就业促进法》对输入外籍劳工的原则有明确规定，即"确保德国人及与德国人有同等就业权利的外国人有优先就业机会，防止输入劳工对劳动力市场，特别是就业结构、区域及行业产生不良影响；雇主须优先聘用德国人及具有同等就业权利的外国人；如果德国人或法律上与德国人具有同等就业权利的外国人不能从事该工作，且雇主在一定期限内确实未能在本国聘到合适人员，可输入外籍劳工；对经过劳工局提供培训后，德国人及与其有同等就业权利的外国人可从事的工作，则应将该工作岗位提供给上述人等；严禁黑工"。① 实际上，这些原则是为了保证德国的就业率不继续走低。针对非欧盟成员国，《就业促进法》和《外籍劳工工作许可发放条例》还规定外国人只有持有德国劳工局工作许可，才能在德国工作。

根据具体规定，雇主需到劳工局登记有关人员需求："输入的外籍劳工薪金待遇不得低于德国同等职业或职位薪金数；输入劳工只准按照雇佣合约直接受雇于雇主，不得随意更换雇主，该合约需受德国有关劳动法律法规监督；完成雇佣合约后，输入劳工一般须返回原居留地；雇主如被发现违反劳动法及劳工政策会被提起检控，受到制裁，并将被取消其输入劳工的资格。"②

《就业条例》第 25 条规定，具有三年以上专业从业经验者被称为熟练工，诸如来自克罗地亚的护理工（《就业条例》第 30 条）、风味厨师（《就业条例》第 26 条）等，均可获得劳工局同意入德就业。③ 结合上述案例来说，这是乙某能赴德劳务的法律依据。

---

① 中华人民共和国商务部：《对外投资合作国别（地区）指南——德国（2020 年版）》，http：//www.mofcom.gov.cn/dl/gbdqzn/upload/deguo.pdf，访问时间：2021 年 6 月 30 日。

② 中华人民共和国商务部：《对外投资合作国别（地区）指南——德国（2020 年版）》，http：//www.mofcom.gov.cn/dl/gbdqzn/upload/deguo.pdf，访问时间：2021 年 6 月 30 日。

③ 中华人民共和国商务部：《德国劳务合作相关法律法规和政策措施及我对德劳务情况》，http：//de.mofcom.gov.cn/article/ztdy/200905/20090506262663.shtml，访问时间：2021 年 6 月 30 日。

三、对策建议

越来越多中国公民赴德国从事家政服务、饭店和餐饮服务、电力维护等工作，在面对老板的剥削时，他们的人身财产权益将如何维护？下面从公民自身需注意事项和外部解决途径两个角度提出一些应对策略。

（一）公民自身需注意事项

一是细审合同，选择正规中介机构。中国公民在国内最好多方打听，结合自身情况选择正规的境外就业中介机构，或者是对外劳务合作企业，不能轻信中介机构工作人员吹得天花乱坠的薪酬福利，要自己上商务部网站或者其他官方网站查验该机构的资质证明，再办理相关手续，在这些机构的服务和帮助下获得前往德国的工作签证，合法赴德国务工，勿打黑工。

二是中国公民在与德国雇主之间签订劳务合同时，要仔细确认合同上是否明确、详细地规定了：工作范围及工作任务的具体表述；合同生效日期；每天或每周工作时间；试用期限，如果是有时间限制的合同则必须标注合同有效期；薪酬；假期；解除契约期限的规定；保密义务的结束；在某种情况下禁止竞业，即员工在辞职或被辞退后两年内不得为该公司的竞争对手工作；允许从事的附加工作这些主要内容。除此之外，要对雇主的情况进行了解。

三是遇事不慌，保留证据。当面临不公正甚至侵犯权益的状况时，要保留证据，以便与雇主谈判破裂后寻求公力救济时发挥作用。在签订合同后还要把合同收好；可以准备录音笔将雇主平时对你的谩骂记录下来；在遭受工伤后及时去医院做工伤鉴定，受伤严重的要做劳动能力鉴定；等等。

在案例中，乙某经常被老板 C 某辱骂和威胁，乙某可以将 C 某的这些言语录下来并在随后协商的时候作为保护自身权益的有力证据。并且，乙某在受到工伤后要及时进行鉴定，也作为证据保存。

四是通过协商、投诉等方式应对不同纠纷。面对劳资纠纷，对于合法务工并签订劳务合同的务工人员应按合同自行协商解决争议，或通过国内派出单位或中介协商解决争议。如无法协商一致，可循法律途径解决。对于在当地非法务工，或未与雇佣方签订劳务合同的，建议尽量通过协商解决纠纷，也可向雇主或中介公司国内注册地或户籍所在地相关商务主管部门、工程承包商会、公安部门或市场监督管理部门投诉。在上述案例中，乙某可就老板 C 某未能履行劳动合同为由与 C 某协商解决办法，如果 C 某仍然恶语相向，再寻求其他途径。另外，遭遇拖欠工资或被雇主无故辞退等劳务纠纷时，如果是由国内有资质的外派企业或劳务公司派出，应向派出部门报告有关情况，由派出部门与公司出面协商解决。如果是通过非正规途径出国务工，应尽量根据有关合同及劳动法规与雇主协商解决。此外，根据我国《护照法》及一般国际惯例，任何组织或个人不得非法扣押他人护照，如护照被雇主或其他人员扣押，可据此协商索回。若对方还是不予交还，那么可以向中国驻德国使领馆反映有关情况。

总而言之，无论情形多么恶劣，无法多么难以忍受，都要保持冷静和理性，千万不要采取过激的手段，否则，不仅难以有效维权，甚至还有可能使自己陷入更加危困的境地。

（二）外部解决途径

1. 诉诸法律

中国公民在海外务工，遭遇雇主的不合理不合法待遇时，可以寻求法律保护。既可以在德国向德国劳动法院提起诉讼来维护自身权益，可以通过国际私法规则在中国提起相关劳动权利保护诉讼，只是中国法院的民事判决还需要向德国法院申请执行。前面已经对外国人在德国务工的法律规定进行了简单梳理。在这里，再梳理一下中国法律对海外劳务人员权益保护的有关规定。2012 年 5 月 16 日，中国通过的《对外劳务合作管理条例》主要对从事对外劳务合作的企业与劳务人员、与对外劳务合作有关的合同、政府的服务和管理、法律责任等方面问题进行规定。此外，中国的《对外贸易法》《劳动法》《公民出境入境管理法》《境外就业中介管理规定》等都有专门保护海外劳务人员权益的内容。例如，《境外就业中介管理规定》第 9 条、第 10 条分别规范了中介机构应当从事的业务：中介机构为中国农民提供境外的咨询，在收取佣金之后，应履行其相应的义务，必须要负责检查境外雇主的合法开业证明、资信证明、是否具有支付能力等等，并协助指导境内的工作人员同境外的雇主签订劳动合同，并且对劳动合同中的内容进行确认。[①] 中国《涉外民事关系法律适用法》第 43 条规定："劳动合同，适用劳动者工作地方法律；难以确定劳动者工作地的，适用用人单位主营业地法律。劳务派遣，可以适用劳务派出地法律。"最高人民法院关于适用《中华人民共和国涉外民事关系法律适用法》若干问题的解释（一）第 10 条规定："涉及中华人民共和国社会公共利益、当事人不能通过约定排除适用、无需通过冲突规范指引而直接适用于涉外民事关系的法律、行政法规的规定，人民法院应当认定为涉外民事关系法律适用法

---

① 中国广播网站：《境外打工应如何维护自身权益》，http://zgxczs.cnr.cn/xcth/201211/t20121103_511293219.shtml，访问时间：2024 年 6 月 30 日。

第4条规定的强制性规定：（一）涉及劳动者权益保护的；（二）涉及食品或公共卫生安全的；（三）涉及环境安全的；（四）涉及外汇管制等金融安全的；（五）涉及反垄断、反倾销的；（六）应当认定为强制性规定的其他情形。"

2. 求助当地政府与中国驻德国使领馆

在发生外国雇主暴力伤害中国公民的案件时，最好的方法就是及时报警。在某地区开始工作后，应了解和知道该地区的警方电话以及地址。在协商无法解决问题时，还可以求助中国驻德国使领馆。使领馆可向你介绍所在国一般性法律知识和有关合法维权途径，或根据你的要求提供当地律师和翻译名单。在合理的范围内，使领馆一般都会竭尽所能帮助本国公民。

第三节　事后处理

如前所述，2022年中国留德学生数量约4.01万名，成为历史高峰。德国是我国留学生理想中的留学地，为此我们应重视在德中国留学生的权益保护问题。中国留学生在海外的权益可能会受到各种不同程度的侵害，刑事案件危害性极大，司法程序极其复杂，当事人受到的损害是无法挽回的。本节以德国萨安州中国女留学生小冰遇害案为例，着重分析在德中国留学生在受到侵害后的救济途径以及后续事宜的处理。

一、中国留学生被害案

2018年6月1日晚，德国小城萨安州一如既往地安静，从未夜不归宿的小冰在外出跑步后却彻夜未归。隔日下午，小冰的朋友在寻找小冰未果后，立即报警。两日后，德国当地警方在小冰家附近一灌木丛中发现尸体。报道称，女尸被发现时全身赤裸，身上有明显遭受暴力袭击的痕迹。6月13日，经警方确认，女尸就是失踪的中国女留学生小冰。据法医鉴定，小冰生前曾被殴打，并遭受过性侵，死亡时间为6月2日凌晨3点17分。

6月3日，德国警方在案发地附近发现服装店装有监控摄像机，服装店前楼正是一名有着犯罪前科的德国籍男子Fred的住宅，6月8日提取了服装店监控录像，6月13日对Fred进行了调查。根据监控显示，晚上9点27分，小冰夜跑后正准备回家，被一名年纪相仿的德国女性Anna叫住，一分钟后，小冰跟随Anna走进

Fred 的住宅楼。6 月 13 日，Fred 去警察局自首，Fred 称，6 月 1 日晚上，小冰自愿来到自己家过夜，后独自离开。随后德国检察院将此份表述公布于媒体。为吸引民众眼球，一些媒体在报道此案时，取的标题不堪入目，给小冰父母带来了极大的伤害。据法院查明，在小冰跟随 Anna 进门之后，她就被躲在门后的德国男性 Fred 控制住。对方体形魁梧，小冰无法挣脱。随后 Fred 开始施暴，但遭到了小冰的激烈反抗，在 Fred 的指使下，Anna 帮助 Fred 控制住了小冰。Anna 称，在此之后她就上楼洗澡了，当时小冰只是被控制住了，没有受到严重伤害。但当她下楼时，Fred 说小冰已经死亡，随后让她帮忙处理了尸体。案件发生后，中国驻德使领馆在第一时间介入了此案，要求德国有关部门公正、客观、迅速调查、审理该案。据媒体报道，男性嫌犯父亲兼具警察局局长、市议员、党派领袖三个职位。这是否会影响案件的公平进行，引起了在德华人及遍布世界的中国留学生群体的广泛关注。社会各界人士也纷纷致信德国相关部门要求公正调查及审理。后德国相关部门表示，鉴于男性嫌犯的家庭背景，已将该案交由另一警察局负责。同年 10 月，德国检方以虐待、强奸和谋杀罪正式起诉两名嫌犯。检方指控，案发当日 Anna 谎称需要人帮忙搬箱子，将小冰诱骗至其住宅中，且两嫌犯可能对受害人实施过多次残暴的行为。

在该案的前两次庭审中，因一名陪审员未依法进行宣誓，导致全部庭审必须重新进行。经多次开庭审理，最终在 2019 年 8 月 24 日，法庭认定 Fred 犯有强奸、谋杀两项罪名，且情节特别严重，一审判决终身监禁、不得假释；认定 Anna 犯有强制猥亵罪，判处五年零六个月有期徒刑。除此之外，法院还判决两名被告向受害者家属赔偿精神损失费 8 万欧元。2019 年 9 月 23 日，德国联邦最高法院维持了原判，驳回了主犯 Fred 对其一审判决的上诉。

二、法理分析

本案在经过长达十六个月后才得到了一个较为公正的裁判。深入分析该案，有助于我国公民在海外遭到侵害后，选择合理合法的方式来维护自身权益。

（一）相关的法律规定

由于本案在德国进行审理，且两名被告皆为德国公民，法院对本案适用的是德国法律。《德国刑法典》第 211 条规定"谋杀者处终身自由刑"，且谋杀者是包括"出于性欲的满足，以残暴方法杀人的人"。[①] 该条款规定了谋杀罪的构成条件。

[①] 徐久生、庄敬华译：《德国刑法典》，中国方正出版社 2004 年版，第 108 页。

《德国刑法典》还规定："以暴力方式强迫他人忍受行为人或第三人的性行为，或让其与行为人或第三人性行为的，处一年以上自由刑。"① 该条款规定了强奸罪或强制猥亵罪的构成条件。《德国少年法院法》第 106 条规定了德国刑法对未成年青年的从宽适用："未成年人因犯罪行为必须适用普通刑法的，如其刑罚为终身自由刑，法官可判处其 10 ~ 15 年有期自由刑。"②

此外，我国与德国皆为《维也纳领事关系公约》的缔约国，《维也纳领事关系公约》第 5 条规定："领事职务包括：（一）于国际法许可之限度内，在接受国内保护派遣国及其国民——个人与法人——之利益。"即我国领事可于国际法允许的限度内在德国国内保护我国公民的利益。

（二）调查审理及量罪定刑

1. 被告 Fred 构成强奸、谋杀罪

在本案中，Fred 在对小冰实施暴力性侵之后，以暴力方法将小冰迫害致死。根据德国刑法，法庭认定被告 Fred 犯有强奸、谋杀两项罪名，但因 Fred 在案发时未满 21 岁，需要法庭根据被告作案时心理成熟程度来考虑是否对其适用《德国少年法院法》。《德国少年法院法》适用于已满 14 岁不满 18 岁的少年和已满 18 岁不满 21 岁的未成年青年，旨在教化和以较轻的刑罚处罚青少年。根据该法，谋杀罪所判刑罚为 10 ~ 15 年的有期自由刑。而根据德国成年刑法，谋杀罪最高可判终身监禁。若法庭对 Fred 适用了《德国少年法院法》，对其从宽处罚，那此种判决结果可能会因其是否公正而遭到社会质疑，更有可能的是引发社会民众特别是中国公众的强烈不满。

所幸的是，德国犯罪心理学家提交的精神鉴定结果报告显示，被告 Fred 在作案前就有严重心理问题，但这些心理问题不是教化和改造能轻易转变的，其建议是应对被告 Fred 适用德国成年刑法。除此之外，还有一名女性证人在法庭上指控 Fred 在 2013 年曾两次对她实施强奸，但因其父母皆为警界要员，此事后来也就不了了之。最后法庭综合了案件所有情况，认定 Fred 的心智已达到成年人标准，对 Fred 适用了《德国刑法典》，判处终身监禁且不得假释。

据此可以看出，德国法官在认定未成年青年行为人的年龄时，不仅仅是考虑行为人的生理年龄，也会综合考虑行为人的心理年龄，所以犯罪心理学家的精神鉴定结果就显得尤其重要，该结果或多或少决定着被告人能否适用《德国少年法院法》。

---

① 徐久生、庄敬华译：《德国刑法典》，中国方正出版社 2004 年版，第 93 页。
② 徐久生、庄敬华译：《德国刑法典》，中国方正出版社 2004 年版，第 215 页。

2. 被告 Anna 构成强制猥亵罪

本案中，Anna 诱骗小冰进入 Fred 的住宅，协助 Fred 对小冰实施暴力，并任由 Fred 对小冰实施性侵。根据德国刑法，Anna 的行为构成强制猥亵罪，可判处一年以上有期自由刑。① 但同 Fred 一样，Anna 在案发时也未满 21 岁，根据犯罪心理学家提交的精神鉴定结果显示，其心智还未成熟，属《德国少年法院法》的适用对象，法庭也采纳了这一看法。

Anna 只获得了五年零六个月有期自由刑，除因为她属于德国刑法所规定的未成年青年外，还有其他原因。首先 Anna 和 Fred 的恋人关系并不是平等的恋人关系，Anna 长期处于 Fred 的性暴力控制下。在案发当晚，Anna 的许多行为都是在 Fred 的指示下实施的，相对于 Fred 来说，她在整个犯罪活动中仅起次要作用，系从犯。并且在案件难以侦破之时，Anna 打破了僵局，在法庭上承认自己将小冰诱骗至了 Fred 家中，并透露了许多犯罪细节，使得整个案件趋于明朗。不容置疑，Anna 的这份供述影响了法庭对她的定罪量刑。

综上，法庭认定，Anna 属于《德国少年法院法》的适用对象，在本案中系从犯。并且 Anna 在案件调查中起到了重要作用，法院最终对 Anna 只判处了五年零六个月有期自由刑。

3. 调查审理程序中存在的问题

在本案中，德国相关部门的许多做法是非常令人不满的。

首先，德国警方办事效率并不高。其在 6 月 3 日已发现服装店装有监控摄像机，直到 6 月 8 日才来查看 7 天前的录像，监控录像很有可能会因未及时调取而丢失数据。并且警察虽然在 6 月 3 日就发现前楼住的是有过前科的 Fred，但警察却在 6 月 13 日 Fred 自首后才开始对其进行调查。

其次，德方检察院不应将嫌犯的一面之词即"小冰自愿来到自己家过夜"作为证言向记者公开，这违背司法原则。不仅如此，媒体的误导性报道和社会公众的舆论也对受害者的名誉及受害者亲人的精神造成了难以计量的损害。

最后，德方法院行为失之偏颇。前两次庭审因当庭的一名陪审员事先没有进行宣誓，存在程序错误，根据德国严格的程序法，此前所有的审理全部无效。这意味着所有庭审必须推倒重来，拖延了整个审理期限，既费时又耗力。

（三）维护受害中国公民权益

1. 领事保护

根据《维也纳领事关系公约》，一旦我国公民的合法权益在德受到侵害，中国

---

① 参见徐久生、庄敬华译：《德国刑法典》，中国方正出版社 2004 年版，第 93 页。

驻德使馆就有权在国际法允许的范围内维护中国公民的合法权益。如在本案中，中国驻德使馆可在必要时联系德国警方，要求德方迅速破案，并采取相应措施保护中国公民的人身安全。除此之外，我国驻德使领馆的领事保护还包括"向中国公民或法人提供帮助或协助的行为，如提供国际旅行安全方面的信息、协助聘请律师和翻译、探视被羁押人员、协助撤离危险地区等"。①

2. 引渡罪犯

我方能否将该案罪犯引渡至我国进行审判也是大家关注的热点。首先，我国与德国并没有签订双边引渡条约，也没有签订有关刑事司法协助的协定。德方极有可能会以我国与其并无引渡条约而拒绝我方的引渡请求。其次，由于本案罪犯Fred 和 Anna 皆为德国本国公民，德方也会以本国国民不引渡原则为理由拒绝我国的引渡请求。再者，本案发生在德国，涉及取证调查等各方面，由德国法院进行审理更为方便。

三、对策建议

（一）在德出行注意事项

在大多数中国人的眼中，德国是一个社会治安较好的国家，于是在德留学或旅行的大多数中国人或多或少会放松警惕。但其实早在 2016 年 7 月，中国驻德大使就向中国公众提醒在德留学或旅行需注意安全，"德国治安情况也大不如前了"。② 例如在本案中，和小冰住同一栋楼的中国留学生都认为她们住的地方十分安全，她们也时常出去跑步。但危险往往会在你放松警惕时突然找上门来，谁都不会想到和平时一样出门跑步的小冰会在回家路上突然遭到歹徒的袭击。鉴于此，在德华侨华人、留学生及临时赴德人员应时时提高警惕，密切关注德国治安和安全形势，加强自身安全防范。总结中国驻德大使馆网站公布的《中国驻德使领馆安全提示》，在德中国公民可从以下几个方面保护好自身的人身及财产安全：

其一，应尽量避免前往偏僻地方或夜晚独自外出，谨防陌生人。若遇到可疑人员的搭讪纠缠，要尽快想办法脱身或者向其他行人求助或报警。

其二，在夜晚回家路上要确定是否有人跟踪，回家后锁好门窗，尽量不要为陌生人开门。

---

① 中华人民共和国外交部：《中国领事保护与协助指南（2023 版）》，http：//cs. mfa. gov. cn/zggmzhw/lsbh/lbsc_ 660514/202311/P020231114392262052796. pdf，访问时间：2024 年 6 月 30 日。

② 中华人民共和国驻德意志联邦共和国大使馆网站：《史明德大使提醒中国公民在德注意安全》，http：//de. china-embassy. org/chn/lsfw/lsbh/t1382764. htm，访问时间：2021 年 6 月 29 日。

其三，夜晚行车，如遇陌生人敲打车门、车窗，勿随意打开门窗，尽快驶离。

其四，在公共场所要留意重大异常现象，远离成群结队、情绪反常的危险人群，如遇搭讪或挑衅，不予理睬，立即前往人多的地方或酒店、商场；如出现着装或神情反常、携带疑似枪支、爆炸物的人员，可疑的声、光信号或冲向人群的可疑车辆时，应及时躲避、撤离。

其五，在机场、车站、景点、商场、餐厅、公共交通工具等人员密集场所，务必妥善保管证件、现金等贵重物品，不要离开自己视线，勿将贵重物品存放在酒店房间和房间的保险箱内，护照、签证应准备复印件并与原件、现金等分开存放。

其六，租车自驾游，务必向租车公司了解清楚车辆保险、车况、油品、应急电话等信息，遵守交通规则，切勿超速行驶、疲劳驾驶。如遇路面结冰，应缓慢通行；如遇车祸，应及时报警并与租车公司联系。

其七，如遇声称是警察的人要求检查，请其出示证件，验明身份后配合其检查。如需检查钱包或随身行李，可拒绝并提出前往附近警察局或拨打当地报警电话等待警察到来，再接受检查。

其八，在德留学人员务必保持手机、微信畅通，常与家人和朋友联系。

本案中，因为小冰在晚上独自一人出门夜跑，而被正在寻找目标的 Anna 盯上，后被诱骗至 Fred 家中惨遭杀害。所以，公民在外出行时不要轻易相信陌生人的各种信息，提高警惕，防患于未然。

（二）寻求救济

当中国公民在德受到不法分子侵害时，应立即向德国当地警方报告，并索要一份警察报告复印件；立即与律师联系，若无法联系到律师，可以向领事官员寻求帮助；若需就医，应及时与医生联系，保存好就医记录。[①] 此外，中国驻德领事官员可以向在德中国公民提供以下帮助："安排适当人员（如有性别要求）听取受害者的受害情况并承诺保护公民的个人隐私；敦促警方尽快破案；了解案件进展情况；向公民提供律师和翻译的名单；推荐合适的医院；补发丢失或受损的旅行证件；协助被害人与家人、朋友或雇主联系；寻求德国当地社会救助。但是，领事官员不能调查案件，不能代替公民出庭，不能充当翻译，也不能替公民支付律

---

① 中华人民共和国外交部：《中国领事保护和协助指南（2023 版）》，http：//cs. mfa. gov. cn/zggmzhw/lsbh/ lbsc_ 660514/202311/P020231114392262052796. pdf，访问时间：2024 年 6 月 30 日。

师费、医疗费或其他相关费用。"①

在小冰遇害后，小冰父母迅速赶往德国参与案件调查，根据《德国刑事诉讼法典》，小冰父母可作为该案的附加诉讼人参加公诉，② 并且可以在刑事程序中对被指控人主张由犯罪行为产生的财产上的请求权。③ 如果小冰父母需要聘请律师，可以自行联系，也可以请求领事官员帮助其联系律师。但需要小冰父母注意的是，在案件进行过程中不要违反德国有关程序法的规定，因为德国是一个严格遵守司法程序的国家。例如在本案中，因一名陪审员未依法进行宣誓而导致整个审判程序不得不重新进行，耗费了许多时间。

因案件调查审理时间过长，小冰父母可能会无力承担诉讼费、律师费及各种支出。在此时，小冰父母可以向国内家人寻求帮助，也可先与中国驻德使、领馆联系，让家人通过使领馆汇钱，或通过外交部转交。再者，小冰父母也可以通过互联网等方式进行众筹或求助当地华人协会。

（三）后续事宜的处理

在小冰遇害后，小冰父母应如何处理后续事宜？《中国领事保护与协助指南（2023 年版）》给出了以下解答:④

第一，小冰父母可通过领事官员或在德亲友了解家人死亡原因和遗物（遗嘱）情况，并从德方有关部门获得死亡证明书等证明文件。中国驻德使领馆可应小冰父母的请求对上述证明文件办理认证。领事官员不能调查死亡原因。若小冰父母对死因有疑问，可聘请德国律师向德方司法部门提出，请其作出合理解释或重新进行调查；亦可请领事官员协助向德方政府有关部门转交书面意见，请其予以关注或将之转达给德方司法机关。

第二，如死亡涉及刑事案件并已在德国提起诉讼，小冰父母应聘请律师，密切跟踪庭审情况，同时可请领事官员协助关注案件，并在法律许可的情况下旁听庭审。如小冰父母对庭审情况或判决结果不满，可请律师协助上诉，同时也可通过领事官员协助向德国当地有关部门转达意见。但是，领事官员不能调查案件，也不能代替小冰父母出庭。

---

① 中华人民共和国外交部:《中国领事保护和协助指南（2023 版）》，http://cs.mfa.gov.cn/zggmzhw/lsbh/lbsc_660514/202311/P020231114392262052796.pdf，访问时间：2024 年 6 月 30 日。
② 参见宗玉琨编译:《德国刑事诉讼法典》，知识产权出版社 2013 年版，第 266 页。
③ 参见宗玉琨编译:《德国刑事诉讼法典》，知识产权出版社 2013 年版，第 272 页。
④ 中华人民共和国外交部:《中国领事保护与协助指南（2023 版）》，http://cs.mfa.gov.cn/zggmzhw/lsbh/lbsc_660514/202311/P020231114392262052796.pdf，访问时间：2024 年 6 月 30 日。

第三，小冰父母可要求前往德国当地处理有关善后事宜，但一切费用（含国际旅费、食宿及市内交通费）须自理；赴有关国家的签证、宾馆预订、接送等手续须自行办理，亦可请有资质的旅行社协助；在国外如需翻译，使领馆可推荐，费用须自理。

第四，如果小冰父母因故（如被拒签、无足够旅费等）不能前往德国处理后事，可委托在德国的亲友代办遗体火化、骨灰和遗物送回等事宜；如德国主管部门要求，小冰父母应提供经国内公证机关公证并经外交部（或其授权的地方外办）以及有关国家驻华使领馆认证的授权委托书。如德国法律法规允许，亦可委托领事官员代为处理上述事宜（费用需自理），但小冰父母应事先提供经国内公证机关公证并经外交部或其授权的地方外办认证的授权委托书。

第五，如果小冰父母希望将遗体运回国，中国驻德使、领馆可向小冰父母提供办理运送遗体事务的公司名单。运送遗体的费用很高，需要小冰父母自行筹集。

第六，由于国外法律环境不同，如家属长期不处理遗体，不仅无助于问题解决，德国有关部门还可能根据德国法律规定，在一定期限内将遗体进行埋葬或火化。

第七，死亡案件的处理时间可能很长，在这种情况下，小冰父母应聘请德国当地律师跟踪处理。中国驻外德使领馆只能在职权范围内向小冰父母转告德方主管部门所提供的案件处理情况。

本章小结

德国一直是中国在欧洲最大贸易伙伴。经中方统计，2023 年双边贸易额为 2067.8 亿美元，同比下降 8.7%，中国连续 8 年成为德国全球最大贸易伙伴。其中我国对德国出口额为 1005.7 亿美元，同比下降 13%，进口额为 1062.1 亿美元，同比下降 4.2%。① 截至 2022 年，中国留德学生数量达 4.01 万名。中国公民想要在德国进行生活、留学、旅游等活动，就必须了解德国对外国人的有关法律政策。

---

① 中华人民共和国外交部：《中国同德国的关系》，https：//www.mfa.gov.cn/web/gjhdq_ 676201/gj_ 676203/oz_ 678770/1206_ 679086/sbgx_ 679090/，访问时间：2024 年 6 月 30 日。

一、德国的外国人政策

据统计，在德国的外籍人口 1091.54 万，占人口总数的 12.2%，[①] 德国的外国人法律制度较为全面。

德国是欧盟成员国，对于在德国的外国人，也适用欧盟关于外国人所设立的某些法律政策，包括规定（regulation）、命令（directive）、计划（programme）、协议（agreement）等。最开始，关于调整外国人法律政策的规则是由德国、法国、卢森堡、比利时、荷兰五国在 1985 年共同签署的《申根协定》，其目的是取消签署国之间的边境管制。该协定规定，其成员国对短期逗留者颁发统一格式的签证，即申根签证，申请人一旦获得某个国家的签证，便可在签证有效期和停留期内在所有申根成员国内自由旅行，但从第二国开始，需在 3 天内到当地有关部门申报。后《申根协定》被纳入了欧盟 15 个成员国在 1997 年签署的《阿姆斯特丹条约》（*The Amsterdam Treaty*）中，目前该协定已有 26 个成员国。这就意味着，人们在欧盟数个国家之间穿梭时，无需接受烦琐的边境检查。如果中国人想在短期内去欧洲多个国家旅游，则申请申根签证更为方便。

除国际法外，德国还有其国内法上的外国人政策。德国国内关于调整外国人权利义务的相关法律政策其实是随着其国内政治、经济及国际政治经济情况的变化而变化，也随着外来人员在德人数的变化而变化的。[②] 若中国公民想了解有关外国人进出德国、在德居住的条件以及在德外国人的义务与权利的规定，可以查询德国《基本法》中的有关条款以及其对外国人的专门立法——《外国人法》以及与之相关的《外国人法实施法规》。《外国人法》的主要内容包括签发和延长居留许可和护照、居留终止、出入境、方便入籍、处罚等。除此之外，德国关于此方面的立法还有《护照法》《避难程序法》《社会保障法典》《劳动促进法》《联邦哺育金法》等。[③]

二、中国公民在德国的人身财产安全问题

德国是发达国家，在经济化全球的背景下，中国与德国的贸易往来日益增加，不少中国公民也相继来到德国生活、旅游或者学习。据统计，旅德华人华侨约 15

---

① 中华人民共和国外交部：《中国同德国的关系》，https：//www.mfa.gov.cn/web/gjhdq_676201/gj_676203/oz_678770/1206_679086/sbgx_679090/，访问时间：2024 年 6 月 30 日。

② 参见池正杰：《欧盟与德国的外国人政策——现状、异同及变化趋势》，载《德国研究》1997 年第 4 期。

③ 参见池正杰：《欧盟与德国的外国人政策——现状、异同及变化趋势》，载《德国研究》1997 年第 4 期。

万人（截至 2020 年 12 月），主要分布在柏林、汉堡、法兰克福等大城市。[①] 可以看出，在中国公民眼中，德国是一个非常受欢迎的国家。随着旅德人数的日益增多，在德中国公民的人身财产安全问题是必须重视的一个问题。

（一）人身安全

人身安全是中国公民在德国进行各类活动的首要保障。在德国，中国公民享有的一大基本权益就是人身安全。首先，德国人崇尚思辨理性，所以德国人在人与人之间的交往中是十分谦逊有礼的。因此在德的一般社会交往中，中国公民的人身安全是比较安全的。其次，德国是发达国家，其治安状况是良好的，在德中国公民的人身安全基本上是可以得到保障的。再者，德国的外国人政策相对于其他国家来说是比较完善的。总体来说，中国公民在德国的人身安全可以得到相应的保障。但中国驻德大使馆网站公布的信息显示，德国治安状况其实大不如前了。所以在德中国公民需时时提高警惕，不要轻易相信任何可疑人物，加强自身安全防范。

（二）财产安全

随着越来越多的中国人来到德国，中国公民的财产安全问题也成为中国公民关注最多的问题。在德中国公民的财产安全问题主要包括以下几个方面：

1. 投资权益

根据德国《对外经济法》，外国投资者基本享受国民待遇。德国鼓励外国政府、外国企业、外国人对德国的各行各业进行投资。德国《对外经济法》第 1 条规定："对外经济交往……原则上是自由的。"可以看出，德国并没有限制外国资本进入其国内市场，外国资本投资者与德国本国投资者享有同等的待遇。

中国公民在德国进行投资活动，不但享受国民待遇，而且根据中德《关于促进和相互保护投资的协定》享受最惠国待遇，即德国给予中国投资者的待遇，不会低于德国给予其他任何第三国投资者的投资及与投资有关活动的待遇。[②] 并且根据 2012 年中德两方在北京签署的《中华人民共和国商务部与德意志联邦共和国联邦经济和技术部关于进一步促进双向投资的联合声明》，中国企业可根据自身需求自由选择投资目的地，并且德方投资咨询联络处会给中国投资者提供相关便利。

2. 个人财产安全

中国公民在德旅游、留学的人数与日俱增，个人财产安全保障至关重要。在

---

① 中华人民共和国商务部：《对外投资国别（地区）合作指南——德国（2020 年版）》，http://www.mofcom.gov.cn/dl/gbdqzn/upload/deguo.pdf，访问时间：2021 年 6 月 29 日。

② 参见《中华人民共和国和德意志联邦共和国关于促进和相互保护投资的协定》第 3 条。

德中国公民的个人财产安全指的是其合法财产不应受到非法占有,财产权益不应受到不法侵害。

三、中国公民在德国权益受损风险预防

(一)人身安全风险防范

1. 在德留学生人身安全风险防范

德国是中国的"留学大国",每年来到德国留学的青年人数不胜数。为此,中国驻德大使馆特别提醒在德留学生要经常与家人联系:"要时刻保持手机处于开机状态,如果正在上课或在图书馆读书,也应把手机调至静音而不是关机;若留学生每周或每月定期与家人联系,应务必遵守与家人的约定,若有急事,应事前通过短信或微信跟家人联系;若需要到通信信号不好的地方出行,应在出发之前告诉家人其具体行程,旅游归来及时向家人通报;若碰到当地发生重大公共事件,应在第一时间跟家人报平安;也可以将朋友的联系方式留给家人,以便家人可以在无法联络到该留学生时,通过其朋友联系。"①

在德的中国留学生需注意自身人身安全,特别是女性,单独外出容易成为犯罪分子的犯罪目标。欧洲各国警力不足已是常态,德国也不无例外。所以,在德中国留学生应尽量结伴外出,更不要在夜晚时分单独去偏僻地方。此外,在德留学生在日常生活中应注意遵守德国有关习俗及礼仪,不要触犯当地社会的公共秩序。

2. 在德旅游人身安全风险防范

来德旅游的中国人数与日俱增,为此,在德旅行中国公民应从以下几个方面注意出行安全:②

"夜晚乘车旅行,不要待在人少的车厢,并注意观察,若发现携带斧头、刀具等利器的人员,尽量远离;随团旅游,须了解行程,记住导游电话号码,遵守约定集合时间,不擅自离团单独行动;若参加水上、滑雪、跳伞等运动,注意评估安全风险,做好防护措施;在机场、车站、景点、商场、餐厅、公共交通工具等人员密集场所,务必妥善保管证件、现金等贵重物品,不要离开自己视线,勿将贵重物品存放在酒店房间和房间的保险箱内。护照、签证应准备复印件并与原件、现金等分开存放;租车自驾游,务必向租车公司了解清楚车辆保险、车况、油品、

---

① 中国驻德国大使馆:《当家人想你的时候……》,http://de.china-embassy.org/chn/lsfw/lsbh/t1358234.htm,2021年6月29日。

② 中国驻德国大使馆:《旅游高峰到来,中国驻德使馆提醒我公民加强安全防范,注意旅行安全》,http://de.china-embassy.org/chn/lsfw/lsbh/t1383098.htm,访问时间:2020年6月29日。

应急电话等信息，遵守交通规则，切勿超速行驶、疲劳驾驶，如遇路面结冰，应缓慢通行，如遇车祸，应及时报警并与租车公司联系；如遇声称是警察的人要求检查，请其出示证件，验明身份后配合其检查。如需检查钱包或随身行李，可拒绝并提出前往附近警察局或拨打当地报警电话等待警察到来，再接受检查。"

3. 其他风险防范

德国是一个崇尚自由民主的国家，在许多特殊时刻，德国各地民众会举行规模不等的各种游行集会活动。游行集会活动一般特点都是参与人数众多，人员身份复杂，集会中可能会掺有一些激进分子，亦可能会对未参与游行的人或者财物进行攻击损害。在德中国公民可以及时了解所在地城市的集会情况，出行时尽量选择避开集会游行地的场所。近年来，欧洲多地发生各类恐怖分子袭击民众的案件，在德中国公民需注意保护好自身人身安全，加强自我防范。

（二）财产安全风险防范

在财产安全方面，在德中国公民及其国内家属应提高防范意识，谨防上当受骗。中国驻德大使馆网站公布的信息显示，近年来，经常有不法分子通过非法渠道获取在德中国公民的境外电话、银行卡等个人信息后，冒充中国使领馆或国内公检法机关工作人员，对在德中国公民或其国内家属进行电信诈骗，诱导受害人或在德中国公民的家属将钱款转入其指定的银行账户内。

在交易安全方面，中国投资者应注意货物运输安全问题。近年来中德贸易额稳步上升，国际货物运输量也随之上升。目前中国西安与德国汉堡及诺伊斯之间的快捷铁路货运服务将运输时长由原线路的 17 天缩短至 10 至 12 天。但是由于中国距离德国较远，货物运输跨越两个大洲，中德货物贸易双方应注意货物运输的安全问题，做好风险防范措施，提前分配好风险承担问题。

四、中国公民权益受损在德国本地的救济途径

（一）和解协商

在德国，纠纷可用和解协商的方式解决。当事人在发生纠纷后，可以自行协商和解。此外，德国的和解协商制度也可以由法官主导。根据德国法律，在双方当事人将纠纷诉至法院后，该案件的法官在审判过程中可以劝说当事人和平解决纠纷。① 根据《德国民事诉讼法》，争议双方当事人也可在仲裁程序中达成和解，

---

① 参见李叶丹：《德国法官是如何调解的——对柏林地区中级法院的走访》，https://www.chinacourt.org/article/detail/2017/12/id/3134595.shtml，访问时间：2019 年 12 月 13 日。

和解协议达成，仲裁程序终止。①

（二）调解

在德国，有关民商事纠纷可用调解的方式解决。2008 年，欧盟颁布了《欧洲议会及欧盟理事会关于民商事调解若干问题的 2008/52/EC 指令》。德国属欧盟成员国，为转化欧盟这一指令，提高司法效率，其于 2012 年颁布了《促进调解及其他诉讼外冲突解决程序法》（以下简称《德国调解法》）。

调解的条件：争议双方当事人的自愿选择。

调解的程序：调解由争议双方当事人自主选择调解员，调解员可以是律师、司法人员或社会心理专家成员。《德国调解法》直接排除审判法官主持的调解，而由庭外中立的第三方在协议的基础上进行调解；若在诉讼中调解，则由其他未审理该案的法官对案件进行调解，实行调审分离。调解员需在明确双方当事人都已了解调解的程序之后才能开始调解，在调解过程中调解员做到中立，并为争议双方当事人尽到保密义务。②

调解程序的终结：调解程序可由三种方式终结，一是争议双方达成调解协议，二是当事人一方或者多方主动提出终结调解程序，三是调解员主动终结调解程序。

（三）仲裁

在德中国公民也可通过仲裁的方式来维护自身的合法权益。德国有关仲裁的法律规定包含在《德国民事诉讼法》第十编中。

可仲裁事项：任何涉及经济利益的请求，但关于德国境内住宅租赁合同关系是否存在的争议是不可仲裁的，其他法律另有规定的，适用其他法律。

仲裁的条件：争议双方当事人自愿进行；未起诉或者法院未作出最终判决；不违反德国的国家利益和公共秩序。

仲裁的程序：当事人按约定将仲裁申请书提交争议解决机构；当事人可以自由决定仲裁员的人数，若无法达成协议，仲裁员应为三人；当事人也可自行约定指任仲裁员的程序，若无法达成协议，可按照《德国民事诉讼法》有关规定进行指任。

仲裁裁决的效力：德国仲裁裁决的效力等同于终审的、具有约束力的法院判决。裁决宣告后即具有强制执行力。

最后，德国还是《承认及执行外国仲裁裁决公约》的缔约国。中国公民在该公约非德国缔约国得到的仲裁裁决，可依该公约在德国获得承认与执行。

---

① 参见 ［德］罗森贝克、施瓦布、戈特瓦尔德著，李大雪译：《德国民事诉讼法》，中国法制出版社 2007 年版，第 1145 页。

② 参见张艳红、陈宇晴：《德国调解法的介绍及启示》，载《怀化学院学报》2014 年第 10 期。

（四）诉讼

德国《民事诉讼法典》的历史发展长达 140 余年，最新一次修改是在 2002 年。德国民事诉讼制度是非常完善的，德国《民事诉讼法典》的主要内容包括：普通争讼民事审判、判决程序、一审程序、上诉程序、判决的效力。

德国法院的管辖。德国法院确定管辖的因素包括地域管辖、事务管辖、职能管辖。德国的初级法院为一审民事法院，州法院可作为一审、二审的诉讼法院，州高等法院、巴伐利亚最高法院和联邦最高法院只能是上诉法院。在德国，凡是超过 5000 欧的金钱或金钱价值的请求权都由州法院管辖，而不是由初级法院管辖。

德国法院的收费。德国法院的诉讼费用是根据诉讼标的的价值确定的。除诉讼费外，德国法院还会根据德国《法院费用法》收取制作和寄送文书的费用、鉴定费用、翻译人员费用、差旅费等。

诉讼程序。德国民事诉讼程序包括起诉、一审程序、上诉程序、督促程序、判决等。对裁判不服，当事人可提出上诉。德国上诉制度包括控诉、上告、及时抗告和法律抗告。一审程序结束后，法院可作出终局判决，若当事人对终局判决不服，可以控诉和上告两种方式声明。若法院不允许当事人对缺席判决提出异议，当事人可以对其提起控诉或上告。[①]

德国法院的国际管辖权。根据德国《民事诉讼法典》，德国法院根据地域管辖原则对涉外案件享有国际管辖权。除此之外，涉外案件的当事人可以通过约定将其纠纷提交给德国法院进行管辖。不仅如此，涉外财产请求权纠纷案件的当事人可以通过约定排除德国法院的管辖，但属德国法院专属管辖的除外。

五、领事保护

当中国公民的合法权益在德国受到不法侵害时，中国驻德使领馆可依据公认的国际法原则、有关国际公约、与德国的双边条约或协定，要求德方依法公正妥善地处理。在德中国公民还可以向中国驻德使领馆寻求帮助，如寻求国际旅行安全方面的信息、寻求协助聘请律师和翻译、探视被羁押人员、撤离危险地区等。中国驻德大使馆网站会公布领事服务有关信息，在德中国公民可以在需要时及时查询。根据中国驻德大使馆在网站上公布的信息，中国公民在德国遭到歹徒迫害或其他紧急事件时，可以立即拨打德国报警电话 110，必要时也可拨打中国驻德各

---

① 参见［德］罗森贝克、施瓦布、戈特瓦尔德著，李大雪译：《德国民事诉讼法》，中国法制出版社 2007 年版，第 1020 页。

使领馆电话进行求助。

中国公民在德国实用信息

单位名称或事项	地址	电话	备注
外交部全球领事保护与服务应急热线	—	+86 – 10 – 12308 +86 – 10 – 65612308	
中国驻德国大使馆	德国柏林马克岸街54号 **领事侨务处:** 德国柏林布吕肯大街10号	+49 – 30 – 275880 领事保护协助:+49 – 30 – 27588551 领事证件咨询:+49 – 30 – 27588572 教育处:+49 – 30 – 27588478 政治处:+49 – 30 – 27588203 科技处:+49 – 30 – 27588237 文化处:+49 – 30 – 27588556 武官处:+49 – 30 – 27588245 办公室:+49 – 30 – 27588117 经济商务处:+49 – 30 – 27588449 新闻和公共外交处: +49 – 30 – 27588388	**大使馆办公时间:** 周一至周五 8:30—12:30 13:30—17:30 **领事证件大厅对外办公时间:** 周一至周五 9:00—12:00 (节假日除外)
中国驻汉堡总领事馆	德国汉堡易北大道268号	**领事侨务处** 领事保护协助:+49 – 40 – 81976030 领事业务咨询:+49 – 40 – 82276018 政治处:+49 – 40 – 82276013 办公室:+49 – 40 – 82276019 经济商务处:+49 – 40 – 82276016 教育、科技与文化领事: +49 – 40 – 82276053	**办公时间:** 周一至周五 8:30—12:30 14:00—17:00 **领事侨务处对外办证时间:** 周一至周五 9:00—12:00 **领事业务咨询时间:** 周二、周四 14:00—17:00
中国驻慕尼黑总领事馆	德国慕尼黑霍夫曼街57号	领事保护协助: +49 – 89 – 724498146 领侨事务:+49 – 89 – 724498141 双边事务:+49 – 89 – 724498129 教育事务:+49 – 89 – 724498135 文化事务:+49 – 89 – 724498128 经商事务:+49 – 89 – 724498130	**办公时间:** 周一至周五 8:30—12:30 13:30—17:00 **领侨事务电话咨询时间:** 周一、周三 15:00—17:00 **教育事务留学生咨询时间:** 周一、周三 15:00—17:00

（续表）

单位名称或事项	地址	电话	备注
中国驻法兰克福总领事馆	德国法兰克福施特雷斯曼大道19至23号	领事保护协助：+49－69－69538633 **领事侨务处** 护照事务：+49－69－75085548 公证事务：+49－69－75085549 政治新闻处：+49－69－75085531 教育文化处：+49－69－75085522 经济商务处：+49－69－75085553 礼宾事务：+49－69－75085521 办公室：+49－69－75085561	**领侨处对外办公时间：** 周一至周五 9:00—12:00 **中国公民证件服务咨询时间：** 工作日 14:30—16:30 （周末和节假日休息）
中国驻杜塞尔多夫总领事馆	德国杜塞尔多夫香城街131号	领事保护协助： +49－211－55080446 领事业务咨询： +49－211－90996394	**领事大厅对外开放时间：** 周一至周五 9:00—11:00 （节假日除外） **电话咨询时间：** 周二、周四 15:30—17:30 （节假日除外）
匪警	—	110	
火警	—	112	
急救	—	112（适用于危及生命的特殊紧急情况） 116117（适用于紧急但不危及生命的情况）	

第十章
在英国的中国公民权益保护

大不列颠及北爱尔兰联合王国（The United Kingdom of Great Britain and Northern Ireland），简称英国，君主立宪制国家。国土面积 24.41 万平方公里（包括内陆水域），由大不列颠岛（包括英格兰、苏格兰、威尔士）、爱尔兰岛东北部和一些小岛组成，首都伦敦（London），人口 6702.6 万（截至 2021 年 12 月）。官方语言为英语，货币为英镑。

2022 年，中英双边贸易额 1033 亿美元。2023 年，中英双边贸易额 979 亿美元。① 英国是与我开展教育合作交流较早的欧洲国家之一。两国签署了《教育合作框架协议》和《关于相互承认高等教育学位证书的协议》。2023 年我国赴英各类留学人员达 15.8 万人。② 此外，中英在卫生、奥运、气候变化、可持续发展以及人员交往等领域合作势头良好。

"一带一路"给中英两国带来巨大合作机遇，英国工商界不断深化与中方合作，契合英国脱欧后"全球化英国"战略。英方愿意同中方加强"一带一路"合作，发挥在金融、法律、管理等方面的优势，满怀热情、建设性参与"一带一路"建设，共同应对人口快速增长、经济发展不平等、难移民、气候变化等全球性挑战。

英国关于外国人权益保护的法律制度对在英国的中国公民权益保护起到举足轻重的作用。英国有关外国人权益保护的法律机制如下：

一、外国人法律地位规定

英国加入了《世界人权宣言》《公民权利和政治权利国际公约》《经济、社会

---

① 中华人民共和国外交部：《中国同英国的关系》，https://www.mfa.gov.cn/web/gjhdq_676201/gj_676203/oz_678770/1206_679906/sbgx_679910/，访问时间：2024 年 6 月 30 日。

② 全球化智库 CCG：《中国留学发展报告蓝皮书（2023—2024）》，https://baijiahao.baidu.com/s? id=1792204542007125399&wfr=spider&for=pc，访问时间：2024 年 6 月 30 日。

和文化权利国际公约》，根据这些公约的规定，外国人和无国籍人在英国境内享有同本国公民同样的权利和自由。英国早在 19 世纪后期就取消了对于外国人土地权利的各种限制，这使其成为少有的在世贸组织《服务贸易总协定》房地产购置方面承诺全面国民待遇、没有保留任何限制措施的国家。2019 年欧盟政策报告将中国同时定位为合作伙伴、经济竞争者和制度对手三重身份。2021 年 1 月 31 日，英国正式退出欧洲联盟。其在对华问题上也抱有类似的自相矛盾的心态。英国在脱欧之前，欧盟成员国的国民在英国享有与英国公民相同的就业权益，但是脱欧之后，英国的外国人就业管理以 1971 年的移民法为基础，加上一些起补充完善作用的法律，构成了比较完备的外国人移民就业管理法律体系。

二、外国人权益保护的实体法律规定

对外国人保护体现在民事法律中外国人享有与英国公民相同的民事权利，如人身权、财产权、婚姻家庭继承权等；英国的国际私法制度无论是在理论还是实践上一直居于普通法系的领导地位，既有传统的判例法渊源又有涉及国际私法问题的成文法规约束，还有冲突法的学理与国际条约，在英国的外国人可充分利用英国国际私法规则来维护自身权益；英国的刑事法律对刑事案件中外籍受害人和本国受害人未有区别对待，统一进行保护。

三、外国人权益保护的程序法律规定

根据英国的诉讼法律制度，外籍人享有与本国人同样的诉讼权利。中英之间签订了《刑事司法协助条约》，在诉讼过程中，中英两国根据条约互有协助义务。英国加入了《承认及执行外国仲裁裁决公约》，中英两国的仲裁裁决具有流通性。

第一节　事先预防

一、中国留学生权益保护典型案例

我国某重点院校毕业的一名学生王小梅，其本科就读专业为金融管理，离开校园之后她也陆陆续续参加了几次单位招聘，最后被临市的一家银行录取，主要负责资金结算。起初，小梅觉得自己工作压力过大是因为刚刚离开校园迈入社会，

尚未适应新环境，后来在工作交流中她渐渐发觉，其业务不熟练的原因除了同行间较大的竞争压力，还有很大一部分因素是自身学识有限，对外面的世界知之甚少，无法将国内外相同领域的管理方法等进行比较，科学灵活地借鉴国外经验。经过一段时间的思考，小梅决定继续深造，去外国学习相关知识。在和家人商量过后，她毅然向单位递交了辞呈，并为去英国某大学留学做准备。与几位有留学经验的朋友沟通后，小梅发现，出国之前，较为重要的几件事无非是通过雅思考试、及时申请意向学校和办理签证。语言考试每个月都有几次，她以往英语基础不差，只要平时再多加练习，在规定的时间以内达到学校要求的分数应该不难，并且在这一过程中还可以同时兼顾对意向学校的申请，完成这两件事后静待录取通知到达即可。

几周以后，小梅收到了邮寄的雅思成绩单，总分6.5，基本达到了要求，但由于其口语成绩稍微低一些，需要在正式开学前参加一段时间语言班的学习。此时万事俱备只差签证，然而，她既没有事先寻找专门的中介，又不太熟悉申请签证的具体流程，加之每个国家的签证制度各不相同，尽管小梅在网上查阅了各种相关信息，但看着并不怎么富余的截止期限仍然心有余悸，生怕一不小心就错过了签证办理时间，那么她应该如何处理才能够如期出国学习呢？

假使小梅顺利完成了签证的办理事务和语言班的学习，到达英国以后，她就要开启在异国他乡的全新之旅了，初来乍到，想必有许多事项都需要提前办妥，否则可能会影响国外学习的进度，那么她应留意哪些重要信息呢？

小梅的好友莉莉已经在英国开始学习了，她告诉小梅自己在英国遭遇的一些尴尬事，希望小梅去英国前充分了解英国社会风俗，避免重蹈覆辙。据莉莉说，有一次她和朋友去学校附近的餐厅就餐，这家餐厅环境幽雅，还有悦耳的音乐声环绕，主打的炭烤猪排也相当美味，但当莉莉按结账单的金额付款后，服务员睁大充满期待的眼睛看着她，莉莉有些不明所以，不知所措，这时服务员指了指账单下方的字样，定睛一看才发现写着"Service charge not included"，她思索了一下，后知后觉明白过来，之前要求结账的账单价格并不包含小费，需要自己按照一定比例另行支付，小梅问莉莉，如果来英国读书后去餐厅用餐给多少小费合适呢？在英国餐厅用餐能不能不给小费呢？这些都需要提前了解，避免社交场合的尴尬。

二、法理分析

（一）出入境相关法律规定

既然小梅决定去英国留学，那么无论是签证的办理还是身体检查，均应遵守我国相关法律的规定。根据 2013 年 7 月开始施行的《中华人民共和国出境入境管理法》第 9 条、第 11 条之规定，中国政府尚未与英国政府签订互免签证协议，因此中国公民去英国留学，除了应当依法办理护照外，还需要取得英国签证。此外，我国公民出境入境时，还应向出入境边防检查机关交验本人的护照或者其他旅行证件等出境入境证件，履行规定的手续，经查验准许，方可出境入境。

《中华人民共和国国境卫生检疫法实施细则》于 1989 年 3 月发布，其第 4 条、第 12 条均强调，应对出境入境的人员和物品进行卫生检疫，关于中国公民出国留学的，有专门条款对申请人的健康状况作出规定。该细则第 102 条要求申请出境居住 1 年以上和在境外居住 1 年以上的中国籍人员，出境时须持有卫生检疫机关签发的健康证明，入境时应申报健康状况、在规定时间内进行健康检查，出入境管理机关根据卫生检疫机关签发的健康证明办理相关手续。

相对而言，办理欧洲各国签证所递交的材料大同小异，在办理流程上各有特色，如在瑞典留学超过 3 个月的，须申请居留许可，一般在线申请即可，无需面谈，通过核准后，可直接到使领馆采指纹，领取居留许可。又如，去法国留学的，要通过法国签证中心网页或致电呼叫中心预约、查询进度，办理签证过程中会有 1~2 次审核面试，必须本人去，做好充分准备即可。再如，根据德国法律规定，领事馆只有发放入境签证的权利，然而倘若涉及超过 3 个月的居留许可，则须经当地外国人管理局同意，才可发放入境签证等。

（二）"小费"法律性质之分析

小费，指服务行业中消费者在结账时支付一定数额金钱，以感谢服务人员的热情招待，因此也称为"服务费"，其本质是酬劳的一种，起源于 18 世纪英国伦敦。当时，酒店的饭桌中间摆着写有"to insure prompt service"（保证服务迅速）的碗，待顾客将零钱放入碗中后，便会得到工作人员迅速而周到的服务；不难发现，把上面几个英文单词的首字母连起来就是"tips"，被译为"小费"。后来为了表达对服务的满意及对工作人员的认可，顾客在接受服务后会支付小费。尽管这一行为并不具有强制性，但在英国给小费仍然成为一种约定俗成的习惯，也形成了服务行业的一种文化。

在英国，除了去咖啡馆、快餐店无须给小费外，入住酒店、乘坐出租车、在餐馆就餐等通常会涉及小费的支付，而对于不太了解当地习俗的外国游客和留学生而言，如何判断其享受的服务是否包含小费，最简单有效的方式就是仔细查看账单。通过观察，你会发现，有些餐厅的服务费会直接写在账单里，一般点餐时会在菜单下方看到征收的比例，一般是账单金额的 12.5%，写着"service charge"

的类似字样，性质相当于小费。有时账单会加上"optional"字样，表明并不强制支付，然而实际上，除非餐厅提供的菜品质量不佳，或者侍应生态度恶劣，大多数情况下消费者还是愿意支付这笔"服务费"的。当然，这意味着消费者也可决定不给小费，在拿到账单付款时直接告知服务员，他们会重新出具一份不包含服务费的账单。如果账单上写着"Service charge not included"，就表明当下的价格不包含小费在内，此时需要顾客自行决定支付小费的金额，然后在账单上写明愿意支付的服务费比例，通常为 10% ~ 15%。还有可能是在刷卡结账时，刷卡机上先出现一个"Gratuity"字样，这就需要顾客自行输入小费金额，一般根据对服务的满意程度来决定。如果认为餐厅的服务质量实在难以恭维，也可跳过该选项，转而径自支付用餐的实际金额。

三、对策建议

（一）签证的办理

有不少准备出国的中国公民为了将准备工作化繁为简，在出国之前就早早和专门的中介机构签订了合同，因此他们许多材料的填写和签证申请都是由中介代理的，而现场递签必须由本人办理。目前，英国在中国的北京、沈阳、济南、上海、杭州、南京、广州、武汉、深圳、福州、重庆和成都均设有签证申请中心，中国公民申请赴英签证时，应到相应城市的英国签证中心申请。[①]

首先，应该关注的就是签证办理时间，根据个人情况，如果是去英国留学，由于雅思成绩达不到高校要求，需要读语言班的，要在开课前三个月开始办理；而对于正常九月份入学的同学，可在六月份开始办理。值得注意的是，递签时间要提前在网上预约。

其次，递签时需要携带的资料是重中之重，稍不注意就白跑一趟，浪费时间和精力。接下来便要梳理一下去签证申请中心现场应当准备的材料，主要分为以下几类：一、英国签证中心要收取的材料——护照及复印件（护照后面会和签证一起寄回来）、CAS（录取确认函——Confirmation Acceptance of Studies，即电子录取通知书，是申请赴英留学签证的必要材料之一，其上有申请者的个人信息、学习背景以及英国大学的相关电子编码等，签证官在获取 CAS 号码后可以联网查询

---

① 中国领事服务网，http://cs.mfa.gov.cn/zggmcg/cgqz/sbcgqz/sqysqz_660469/oz_660471/t1088781.shtml，访问时间：2021 年 6 月 29 日。

相关信息；拿到 offer 不代表确定被录取，只有完成学费缴纳换取了 CAS 后才称得上真正被录取）、document checklist（是填写完在线申请后需要下载的 PDF 文件，下载后最好不要在上面乱写乱画，因为一些打钩、签字等事项，工作人员要当面处理）。二、接受现场检查的材料——肺结核证明，如果申请签证的时间超过六个月，那么就需要在申请签证以前完成肺结核检查，因为该项证明要在递签时同时提交。此外，肺结核检查并不是随便哪一家医院都可以，必须在英国 Home Office 指定的机构进行，国内指定的有武汉、广州、济南等城市的几家医院，体检前要提前预约，检查当天须空腹，携带几张两寸证件照和有效身份证件——身份证或者护照，填写包含个人姓名、申请签证的学校信息和国内联系地址等信息的表格，另需缴纳一定费用。此处需要注意的是，如果第一家医院体检不合格就要抓紧换另一家医院再做，前提是确保自己真的身体健康，那么换一家医院是不会有问题的，这样做主要是节省时间，因为若痰检不合格，须进行为期三个月的后续痰培养（痰培养，系指痰液培养出致病菌后，进行菌种鉴定，可得出相应的病原菌，用于诊断呼吸道感染的病因），很有可能耽搁原本的出国计划。诊断结果出来后，医院会将其上传至大使馆备案。三、可能被通知检查的材料——存款证明（简单来说就是把一定数额的钱放在银行里存满 28 天，之后开一个证明来表示申请者有足够的经济能力去国外学习生活，一般需要上语言班的要存 15 万~20 万，直接上正课的则需要存 40 万，中国银行是申请者存款的最好选择，至于存款期限，最稳妥的方法是定期存 3 个月，如果到时候收到补缴通知，可直接去开证明，等到签证下来就可以把钱取出来）、正课录取通知或者语言成绩之类的材料，这些应该是有的，如果后期被通知，补递交即可。

最后，工作人员审核完资料后，会在另一个房间再次核对信息，没有必要准备照片，因为会现场拍摄。此外，办理签证会有一些加钱的服务如短信通知费、快递费、复印费等，并且现场只支持现金支付，所以要提前准备现金，以备不时之需。特别注意，对于申请 6 个月以上签证的，还须支付 300 英镑的医疗附加费，语言班后期续签的时候也要支付。递签流程到此结束。一般当晚会收到英国签证局的确认邮件，大概在 15 个工作日内出签；在签证没有下来之前，最好不要提前订机票和酒店，以免产生麻烦，拿到签证之后再预订也不迟。

（二）新生报到

身处他国，由于文化差异，有不少注意事项值得关注。为了圆满完成学业，现主要从警察局注册、银行开户和国际汇款三方面入手，来提醒包括小梅在内的中国留学新生注意。

小梅在抵达英国后的7天之内必须去当地警察局注册，一般班级群里也会发布相应通知。此外，如果小梅入住学生公寓后一段时间后，感觉不适应想要换个地方生活，也要去警察局及时更改地址信息，否则其须自行承担相应的法律后果，情况严重的话还会面临罚款。

为了能够在英国进行更加便捷的消费，小梅有必要选择一家当地银行申请银行账户，账户开通后，还可进一步开通网银服务，线上购物唾手可得。与此同时，可以使用各银行提供的手机应用软件进行财务管理，让自己的资金使用情况看上去更为井然有序。虽然小梅已经办理了英国银行账户，但人民币与英镑如何进行汇兑也是一个问题。在国内换外汇的话可直接去中国银行，那么来到英国以后该去哪里换钱呢？实际上，英国的每家银行都提供免费换汇服务，只不过它们的汇率有所不同罢了，这就需要小梅自行比较，看哪家银行的汇率对自己来说更为划算，然后直接前往这家银行换汇即可。此处需要注意的是，请务必要遵守相关法规，合理换汇，切勿为了一时之利而被犯罪团伙利用，在不明真相的情况下被卷入跨国洗钱犯罪的漩涡之中，违规操作过于频繁除了可能要承担刑事责任以外，还会导致银行账户被冻结、学业不保、资金短缺，无论哪种结果都影响在英国的正常生活。

（三）小费问题

中国公民尊重英国的法律规范是必须的，同时入乡随俗也很有必要。英国的小费文化历史悠久，且并不强制消费者支付。小梅可根据其接受的服务质量和自身经济状况，自行决定是否向服务人员支付小费，并按照账单的10%～15%给付，尽量避免正面冲突或打肿脸充胖子等情况。

总之，在出国留学之前，除了应努力提升语言成绩、及时申请优秀学府以外，还应做好其他方面的准备工作，例如通过查阅大量相关资料，大概了解其中的具体流程，与周围有留学背景的朋友多沟通交流等，当然这一切都建立在遵纪守法的前提之下。到达英国以后，要加强自身防范意识，保管好自身财物，注意人身安全；为了更好地适应新环境，更要积极了解当地文化，入乡随俗，尊重相关法律和判例，学习借鉴有益经验，尽快适应海外生活并融入英国的社会。

第二节 事件应对

一、中国公民偷渡英国案

与中国相邻的 E 国"蛇头"约翰逊已组织非法移民多年,他们拟定了几条偷渡路线,大部分目的地位于欧洲和美洲,英国是不少偷渡客的落脚地。他们采用的偷渡方式一般根据经济能力或等级划分为"头等舱"和"经济舱",前者主要为贪官、其他违法犯罪者或有钱人服务,可通过伪造的证件过签,然后直接乘坐飞机到达目的地,后者则多数适用于东亚和非洲公民,为了避免被搜查,往往以一个或多个国家为中转,进入英国境内后,会有提前联系好的当地蛇头进行接应,负责将被贩卖的妇女、儿童和偷渡者们装入货柜箱转移,货柜车注册登记地一般为第三国。偷渡客在运输过程中死亡屡见不鲜;但受发达国家就业机会的诱惑,仍有不少人铤而走险。

约翰逊的新生意是负责接应来自中国内陆、越南和缅甸的 20 名非法移民至英国,其中有 6 名怀揣英国发财梦的中国人。在这批偷渡客乘车到达与 E 国相邻的中国东北 H 市后,约翰逊决定抄近路,带领他们跨越山林,以尽快到达 E 国。行进途中,约翰逊发现当地有一名 10 岁男童林一在独自玩耍,私心想着把他卖到英国做童工也不错,乘船坐车也不需要花钱买票,还可以获得一笔额外的报酬,于是连哄带骗,将林一带走。在徒步穿越人迹罕至的深山老林时,有几名偷渡客身体孱弱跟不上进度,约翰逊不予理睬,走不动的就任其自生自灭。到达 E 国机场后,只剩下 17 人,他们收到了事先准备的廉价护照飞往 F 国。约翰逊声称这些护照是真的,是通过贿赂 F 国使馆职员获得的,护照上的名字是原持有人的,只有照片是偷渡者的近照。

在 F 国 J 港口,有事先联系好的蛇头接应,由一名英国籍司机史密斯负责将这些偷渡客装入货车车厢,准备搭乘渡轮前往英国,他们很幸运地通过了安检。即将到达英国港口时,天色尚黑,史密斯告诉偷渡客,因海岸警卫队检查较为严格,被抓的话后果很严重,要求他们无论水性如何都必须离开渡轮下水游到对岸。17个人为了"更好"的明天,不得不拼尽全力游到彼岸。然而,经过连续多日的奔波,有些人已经精疲力竭,很难有体力支撑到对岸,只能面临被淹死的悲惨结局。

到岸后，史密斯用卡车载着活下来的12人去英国某创业园，为其安排体力劳动。此时只剩3名中国人——被拐卖的男孩林一、中年人陈勇和一名妇女张莉。林一由于游泳时耗费太多体力奄奄一息，张莉虽为南方人、水性不错，现在也饥肠辘辘，打算到达目的地后先去附近的商店买些吃食，陈勇则眼神带着戾气紧盯着坐他对面的一名越南人，这名越南人在穿越海峡游泳时曾使劲按着他的脑袋，要不是他身强体壮拼命挣扎，肯定就做了淹死鬼。几人各怀心思终于到达了创业园。下车之后，司机史密斯告诫偷渡客们就在附近超市休息，不要乱跑，自己则带着男孩林一进了创业园，询问贩卖童工的价格。休息中，陈勇和越南人发生争执并扭打在一起，陈勇处于下风，余光瞥到旁边一把水果刀，便随手抓起，毫无章法地刺入越南人体内，如此反复多次，越南人终于停止了呼吸。英国的警察突然出现，将陈勇控制住，并从创业园内抓捕了史密斯，之前偷渡成功的人员也未能幸免。原来这一带是非法移民的聚居地，在货车到达时，超市工作人员就有所警觉，为了防止这些外来人口抢占本国公民的就业机会，积极响应英国政府严厉打击非法移民的号召，工作人员立马悄悄报了警。史密斯被捕后对其违法犯罪行为供认不讳。在本案中被贩卖的儿童林一、杀害越南人的陈勇和偷渡妇女张莉应如何维护自己的合法权益？

二、法理分析

非法移民指未经入境国允许而私自进出该国国（边）境或在该国逾期居留的人。它是一种跨国人口非法流动现象，主要表现为非法入境、非法居留和非法就业。[①] 而"非法入境"也称为"偷渡"。本案涉及中国公民偷渡去英国的相关法律问题，那么"偷渡"者是否存在权益保护的问题？要解决好这类问题，需要从科学的角度进行深入的法理分析。

（一）非法入境中未成年人权益的特殊保护

联合国《儿童权利公约》要求各国向未成年人提供特别的照顾和保护，包括不受酷刑或其他形式的残忍、不人道或有辱人格的待遇或处罚；所有被剥夺自由的儿童应受到人道待遇，其人格固有尊严应受尊重，并应考虑到他们这个年龄的人的需要的方式加以对待。联合国《关于预防禁止和惩治贩运人口特别是妇女和儿童行为的补充议定书》对非法移民、人口贩运中未成年的被害人如何保护进行了规定，该议定书第6条第4款要求各缔约国在执行规定时应考虑到人口贩运活动

---

① 陈俊梅：《我国非法移民问题研究》，贵州大学2007年硕士学位论文，第3页。

被害人的年龄性别和特殊需要，特别是儿童的特殊需要，其中包括适当的住房、教育和照料等。本案中被拐卖的儿童林一是这起案件的受害者，尽管他是非法进入英国国境，但因其不具有正确判断犯罪行为的能力，也没有违反国边境管理制度的故意，因此他的行为不构成犯罪。英国是《儿童权利公约》和《关于预防禁止和惩治贩运人口特别是妇女和儿童行为的补充议定书》的缔约国，因此英国应保证林一的基本权益。

英国是《欧洲人权公约》的缔约国，因此当偷渡前往英国的未成年权益受到损害，且用尽当地救济都无法得到维护时，可以向欧洲人权法院起诉。依照《欧洲人权公约第 11 议定书》第 34 条，欧洲人权法院可接受任何个人声称缔约国侵犯了他依《欧洲人权公约》及其议定书所保障的权利而进行的申诉，而且缔约国对此不得以任何方式来阻止当事人有效行使该权利。①

（二）中国公民在英国违法犯罪行为的法律分析

陈勇在该案中杀害越南人，已构成犯罪。陈勇是中国国籍，杀害越南人这一犯罪事实又发生在英国国内，该案的管辖权应该如何确定？根据属人管辖原则，陈勇为中国籍公民，则中国拥有管辖权；根据属地管辖原则，犯罪行为地在英国，则英国具有管辖权；而该案的被害人是越南人，根据保护性管辖原则，越南具有管辖权。中国公民在国外犯罪，被外国法院管辖，我国可根据其犯罪程度和判处的刑罚来决定是否启动引渡程序。那么，本案是否可以启动引渡程序呢？由于中英之间无引渡条约，也没有加入共同的引渡公约，所以中国无法启动引渡程序。中国领事馆给予在境外犯罪的中国公民基本的权益保护，例如不被虐待、不被刑讯逼供，帮助其聘请律师，但无义务"过度保护"，更无义务帮助他们减轻甚至逃避驻在国法律惩处。

（三）英国针对非法移民的相关规定

英国是《联合国打击跨国有组织犯罪公约关于打击陆、海、空偷运移民的补充议定书》的缔约国，根据该议定书第 5 条，"移民不得因其为本议定书第 6 条所列行为的对象（偷运移民、为了偷运而制作持有假证件等）而受到根据本议定书提起的刑事起诉"。因此，在英国非法移民均不会因偷渡行为而受到刑事起诉，一般是被拘留短暂的一段时间。

但是英国对非法移民的态度一向非常强硬，尤其是在 2000 年 6 月的"多佛尔"偷渡惨案以后，为了控制偷渡、打击非法移民，英国技术人员为移民局开发

---

① 包运成：《海外公民权益的国际人权机制保护》，载《社会科学家》2014 年第 6 期。

了一种新的高科技卡车扫描仪，名为"潘多拉"，可以侦测出隐藏在卡车货柜中的非法偷渡客。卡车在正常速度下通过检查关口时，扫描仪显示器上将出现与机场 X 光扫描器类似的黑白图像，如果图像可疑，检查人员将立即通知警方。① 尽管如此，仍有不少人钻空子，成功偷渡的不在少数。为此，卡梅伦表示，英国将通过相关立法来确保非法移民拿不到驾照、租不到房子、在银行开不了账户；此外，他还宣布了一项法案，规定英国警方有权没收非法移民劳工的收入。而对于发现的非法移民，英国一般会将其遣返出境，并通知偷渡客的国籍国按照相关规定予以接收。

三、对策建议

（一）本案中对非法移民中未成年人权益保护建议

英国作为《关于预防禁止和惩治贩运人口特别是妇女和儿童行为的补充议定书》的缔约国，以惩治贩运者和保护被害人措施并举，保障被害人国际公认人权。对被贩运的林一采取以下综合性的保护措施：根据法律保护林一的身份信息和人身安全，向其提供有关法院程序和行政程序的服务，帮助林一提起诉讼，提供适当的物质、心理帮助与就业教育、培训等；本着人道主义精神，适当情况下允许林一在本国境内临时或永久居住，并在其自愿回国的情况下，依照法律规定将其遣返出境，注意对其人身安全的保护，同时提请中国予以接收。此外，中国已于2009 年 12 月加入该议定书，并于次年 2 月正式批准，近年来也制定了《中国反对拐卖人口行动计划（2013—2020 年)》，积极开展双边合作，共同打击人口贩卖，并注重加强对本国受害者利益的保护。因此，中国应协调相关部门，积极接收林一，将其安全送回家，对其宣传基础教育、进行心理辅助等。

（二）本案中对非法移民权益保护建议

海外非法移民有回国的权利和需求，而国籍又是其享有回国权的基础，所在国需要遣返非法移民，并要求非法移民国籍国接收非法移民，签署接收非法移民协定，以维护本国利益。② 因此，为了维护自身权益，张莉可向英国申请回国，且其国籍国即中国有义务进行接收。海外非法移民返回中国时，应持出入境证件并履行规定的手续，只要符合 2007 年《护照法》、2003 年《居民身份证法》（2011年修正）、1980 年《国籍法》和 1958 年《户口登记条例》等法律的规定，拥有中

---

① 陈大为：《简述国外对偷渡犯罪的侦查与防范对策》，载《法制与社会》2010 年第 23 期。
② 郝鲁怡：《非法移民及其遣返法律制度研究》，载《河北法学》2013 年第 11 期。

国国籍，就享有回国权。① 对于遣返回国的中国公民，政府和相关部门可限制其在一段时间内不得出境，也算是一种较为平和的惩处方式。

（三）本案中对在英国犯罪的中国公民合法权益保护建议

本案中，陈勇涉及故意杀人罪，情节严重，若由英国管辖，被英国法院判处刑罚，陈勇在英国服刑期间的基本人权也应得到保障，诸如满足其饮食、休息、医疗健康等需求，不得对其刑讯逼供、疲劳审讯等。

综上，为了严厉打击非法移民问题，英国应加大巡查范围，在不影响人员自由流动的情况下，加强必要的边界管制，以预防和侦查偷运移民活动，并对违反者予以制裁。此外，还要重视证件的合法性和有效性审查，进一步细化相关的法律规范，不给偷渡者以可乘之机。除了强化部门之间的技术培训外，与国际之间多进行交流合作也同样重要，我国也要加大对偷越国境行为的惩处力度，严格规制出入境证件的核查程序，以维护国家安全，保障公民合法权益。

第三节　事后处理

一、中国公民在英国遭遇性骚扰案

英国全国学生联合会（NUS）公布对 2156 名大学生进行的调查结果，称忽视学业、不尊重女性的情况仍频繁出现在大学校园，最明显的表现便是轻视、无视甚至容忍强奸和性侵犯的态度和行为。英国《泰晤士高等教育报》报道，调查发现，37% 的女生和 12% 的男生说，他们曾面对不受欢迎的性挑逗或被触摸；36% 的女生和 16% 的男生曾经被肆无忌惮的言语骚扰；2/3 的受访者曾目睹其他人忍受不必要的性评价；讲关于强奸的笑话在大学是件司空见惯的事，2/3 的学生曾亲身经历。②

在英国，中国人受到性骚扰也是一个普遍现象，在校园中受到性骚扰的情况并不少见。英国《电讯报》做了 1000 个本科生的调查，结果表明三个女大学生中就有一个人受到过性骚扰，然而 97% 的女学生在受到性骚扰后是不会告诉学校的，

---

① 刘国福：《试论海外非法移民返回（遣返）制度》，载《河南财经政法大学学报》2016 年第 6 期。

② 参见《英国大学里性骚扰盛行，中国留学生用行为艺术传攻略》，https://www.51offer.com/article/detail_20610.html，访问时间：2021 年 6 月 29 日。

其中 44% 是因为觉得告诉了学校也没有用。还有 35% 的女学生非常担心受到来自异性的性骚扰。学生向大学举报性骚扰，学校也并不重视。工作场所的性骚扰问题也比较突出。英国卫报报道，每 6 个女性中就有 1 人在公司遇到过某种程度上的性骚扰，每 8 个女性中就有 1 人因为性骚扰而不得不辞职换工作，而且在职场上，不仅仅是女性受到性骚扰，男性也同样面临着这一问题。① 某机构在网上调查职场性骚扰后曾收到超过一万多个性骚扰经历的分享。

夏夏是一名在英国的中国留学生，2018 年 7 月到达英国。当时所住的学生公寓，除了她跟另外一个男生以外其余三人都是外国人，大家友好相处偶尔聊天。十月份的一天晚上，她正在自己房间里写论文，突然就从门缝里面塞进来一张纸条，内容很奇怪，是非常蹩脚的汉语拼音。最开始时夏夏并没能看懂纸条的意思，在认真读了好几遍后才大体明白了纸条表达的性暗示。夏夏心里当时就在想谁这么无聊，觉得那其他三个室友都是外国人不可能会写汉语拼音，中国舍友身为同胞也不太像做这种事的人，就没有太放在心上，继续埋头学习。十几分钟后，又一张纸条塞了进来，这一次夏夏意识到这不是恶作剧了，因为这次纸条的意思已经很明显了，并且还留了电话。正当夏夏思考的时候，突然有人敲门，在一番犹豫后她打开了房门，来人是住她对面的中东同学黑哥，他问夏夏有没有收到纸条，夏夏表示并没有，他却硬要闯进房门，夏夏吓得赶紧把门大力关上然后锁了起来，一晚上都觉得不安全。夏夏猜想，黑哥当时得知 1 号房的意大利同学回国了，2 号房的保加利亚女孩准备出去喝酒，5 号房的中国男生不在，宿舍只剩下夏夏跟他两个人才敢公然性骚扰的。愤怒与惊恐交加的夏夏第二天拿着黑哥塞给她的性骚扰纸条去了公寓管理处找到公寓负责人，公寓负责人得知后表示一定会严肃处理，并决定让黑哥搬走。因为学校管理处承诺处理，夏夏也就没有报告学校，更没有报警，以为该人搬走即可。然而，事实却是黑哥一直居住在公寓根本没有搬走并且骚扰行为变本加厉，事情根本没有得到解决。夏夏在朋友的陪伴下再一次来到学校的公寓管理处，表达了她的不满。公寓负责人认为夏夏不该把这件事情告诉别人，这是对他人名誉的诋毁。夏夏认为公寓方面想当和事佬所以放任骚扰行为。夏夏只能警告黑哥如果再出言不逊她就报告学校。之后黑哥虽然不会主动搭话，但只要知道夏夏在厨房就会尾随而来，在厨房里晃，或者在夏夏面前刷存在感，不是大力摔门就是半夜搞动静。因为事情无法解决，夏夏只能躲着黑哥，和她的

---

① 参见《留学生真实案例：在英国遇到性骚扰该怎么办》，http://m.haiwainet.cn/middle/3541121/2015/0824/content_ 29092595_ 1.html，访问时间：2021 年 6 月 29 日。

中国舍友商量好有中东同学在的情况下提前微信告诉她，她就尽量不露面。

二、法理分析

性骚扰的法律概念最早出现于 20 世纪 70 年代的美国。随着女权运动的兴起和 1964 年美国民权法案的颁布，法学教授凯瑟琳·麦金农（Catharine A. MacKinnon）首次提出性骚扰的概念，即性骚扰是一种建立在性别基础上的歧视，受害者正是由于性别而受到歧视。① 它的表现形式不定，可以是言语上的，也可以是动作和行为上的。在一般人的概念里，性骚扰最直接的表现形式就是触摸受害者的身体敏感部位，除此之外，有些带性暗示的言语动作也是其表现形式。构成性骚扰行为的要素包括：行为具有性本质；行为具有不受欢迎性；行为具有冒犯性和不合理性。从性骚扰的概念和构成要素来看，夏夏的室友黑哥明显对夏夏进行了言语上的性骚扰，其行为具有明显的不受欢迎性。但是，为什么在英国会存在这样普遍的性骚扰行为呢？深入分析，具体原因可概述如下：

其一，英国对于高校中存在的性骚扰法律规定并不完善。英国 1975 年颁布的《性别歧视法》明确规定，在任何情况下，与对待男子相比，如果由于性别原因而差别对待妇女，就构成对妇女的歧视。1986 年，英国特拉斯克莱德地区委员会的一起案例，认为可以把性骚扰视为性别歧视，按照 1975 年《性别歧视法》进行规制，通过判例的形式确定了性骚扰在特定情况下的法律性质。② 通过检索相关资料，英国在职场中的性骚扰规定相对较多，但关于校园生活中的性骚扰的法律规定却并不完善。剑桥大学社会学讲师蒂法尼·佩（Tiffany Perry）就曾表示英国对于校园性骚扰现象的保护力度并不够，需要制定相关的政策和规定。基于此，英国校园性骚扰现象普遍存在，夏夏在英国求学过程中受到这样的困扰且求助无门也是英国常见的现象。

其二，校园保护学生权益的缺位。在夏夏的案例中，夏夏向学生公寓管理处的公寓负责人反映后，公寓负责人并不作为，这也是对夏夏进行性骚扰的黑哥有恃无恐的原因。在英国，三分之一的大学缺乏关于这类行为的具体规制和严格处罚机制，仅规定可以向学生管理处和学校举报，而处理效果并不明显，不作为的情况时有发生，且未建立一条清晰透明的举报不当行为的通道，这导致很多中国留学生在受到这类权利侵犯时求助无门，最后不了了之。

---

① 靳文静：《性骚扰的法律要素和认定标准》，载《中国司法》2009 年第 5 期。
② 刘春华：《反性骚扰立法研究》，苏州大学 2017 年硕士学位论文。

三、对策建议

自从英国爆出伦敦金融城的女银行家控诉老板性骚扰后，首相布莱尔的顾问建议对骚扰者在业务上进行制裁，即包括政府在内的公共服务部门和机构不与该类人进行任何业务上的合作。英国政府和慈善机构还出资打公关战，在电视、广播、报纸和网络等媒体上做宣传，鼓励人们拿起法律武器保护自己的权益。针对日益严重的性骚扰问题，英国从政府到社会，都采取了不少措施来打击这类社会丑恶现象。官方层面，英国设有专门机构处理性骚扰投诉。社会层面，英国媒体经常向公众宣讲防范知识，如英国广播公司有专门网页，介绍在遇到骚扰时应采取的措施，比如要明确表示拒绝，并记录下骚扰发生的时间、地点、次数和证人的名字；如果健康受到影响，要及时告诉医生；在性骚扰已构成犯罪的情况下，还要及时报警等。[①] 所有这些，都是为了教育公众如何正确对待性骚扰，说明直言的勇气和健全的法律是防止骚扰的最佳武器。基于此，中国公民在英国如果遭遇到性骚扰，可以采取以下措施：

其一，联系学校防骚扰组织。在英国的大多数高校中都存在防骚扰组织这样的协会，这也是为了维护学生的合法权利而存在的组织，组织的老师有丰富的处理性骚扰案件的经验。所以，当在英国留学时发生了性骚扰事件，学生可以主动联系该组织。组织里的老师会给学生提供解决的方案，老师也会代替受害者出面给予行为实施人警告，这也是相对能发挥一定作用的救济措施。

其二，正式向学校投诉。不过该程序相对比较复杂，会涉及比较多的文件，学校会进行调查，重现当时场景。以牛津和剑桥大学为例，受骚扰的学生需要咨询相关工作人员，准备书面举报信，书面举报信包括性骚扰的事实、该行为的影响、可能的解决方法或补偿、可能的证人及其他实物证据。随后联系相关部门主管，由专业人员出面调解，此时进入非正式程序阶段，非正式程序成功，找到了解除该行为的方案，恢复正常关系。若非正式程序失败，则进入正式程序。接下来需要受害人提交书面申请给相关负责人，学校会指派有关调查员进行调查，一般情况下，案件会在 20 个工作日内结束调查。调查员确认书面申请的细节，分别与受害人、被举报人及双方证人见面，收集有关证据。在调查完毕后，调查员会总结出报告，递交给负责人，负责人作出最终裁决（或举办听证会后作出裁决）。

---

① 《看看世界各国对妇女保护的法律规定》，http://china.findlaw.cn/jingjifa/fuyoubaohufa/bhdt/1126210.html，访问时间：2021 年 6 月 29 日。

其三，寻求当地警方帮助。在性骚扰构成犯罪的情形，受害人还可以采取报警的方式寻求公力救济。受害人可以去警察局请求立案，还可以向英国独立的慈善机构——制止犯罪协会（Crime Stoppers）——举报，他们的网站是：crimestoppers-uk. org。

此外，在受害人处于十分紧急的情况下，或者面临重大的人身财产损失风险，受害人可以拨打英国官方紧急报警电话999，寻求紧急救助。在警局立案后，此时案件将进入正式调查程序，将会按照英国程序法的规定进行调查。若确实构成犯罪，则会保障受害人的合法权利，并予以赔偿。

本章小结

中国海外公民权益保护是指公民在海外的人身安全、财产安全、行动自由、旅行便利以及其他方面的各项权益的保护。目前各国都通过国际法规和国内法律规定了对其他国家公民在本国境内的合法权益要进行保护，这是各国公民能够进行正常的国际往来、定居和生活的必要前提。[1] 在英国，无论是旅游、求学，抑或是定居，都需要充分了解英国的国情和公民权利的保护政策，遵守英国的法律制度和风俗。

权益受损者本身力量有限，单纯依靠自力救济有时难以达到维护自己权益的目的。身处英国的我国公民，常常对所处的环境不熟悉，难以充分有效地利用自己的力量来维权，而且单个人的力量是有限的，如果不借助其他力量维权也难以成功。因此，在权利受到侵犯时，中国公民应结合自力救济和公力救济，保障自身的合法权利。

一、合法入境是中国公民在英国权益保护的核心

中国公民赴英前，应当向英国驻华使领馆或使领馆开设的签证受理中心申请办理签证。中国公民赴英入境时，要随身携带护照、机票、入学通知书邀请函电、资金证明和在英联系人住址、联系办法等重要资料，不要把它们放在托运行李中。

中国公民在办理入境手续时，如遇英国移民局官员询问，应当如实回答：如不懂英文或不能正确理解移民官提出的问题，可以请求对方指派中文译员；如受到不公正对待，应当向英移民官当面表达态度，同时可以要求对方提供与中国驻

---

① 唐昊：《关于中国海外利益保护的战略思考》，载《现代国际关系》2011 年第 6 期。

英国使领馆取得联系的便利。①

英国入境口岸设有 3 种通道：英国公民通道，欧盟国家公民通道和其他国家公民通道。中国公民应当选择"其他国家公民通道"办理入境手续。②

如果是赴英学习的留学生或学者，应根据英国有关规定在入境后的 7 天内持护照、签证、入学通知书、就读学校证明等必需的文件到指定或附近的警署办理登记备案手续。在英国延留期间，特别注意签证或居留许可证上的准许停留期。有效停留期间过期前，应当及时向英国内政部移民局申办延签手续，逾期在英国停留或居留属违法行为，极可能会被英移民当局遣送出境，并承担一些不利的法律后果。③

对于非法进入英国境内的情形，中国公民有回国的权利和需求，而国籍又是其享有回国权的基础，所在国需要遣返非法移民，并要求非法移民国籍国接收非法移民，签署接收非法移民协定，以维护本国利益。

二、充分利用本地救济是中国公民在英国权益保护的关键

英国社会治安总体良好，拥有素质较高的警察队伍，尽管如此，各种犯罪案件仍时常发生，且英国还是恐怖组织袭击的主要目标之一。英政府一般会及时就重大社会安全问题向公众发出警告。中国公民在英停留期间，应树立安全意识，采取必要的防范和自我保护措施。

在英国遇到紧急情况，人身、财产受到侵犯时，可以先拨打 999，情况包括：当街被抢；正在目击犯罪过程；感觉自己正在被小偷跟踪；感觉自己的安全正在受到威胁；家里着火了；身边有需要急救的病人……当遇到的情况不是那么十万火急，拨打 101，情况包括：出门发现车被盗窃；进家门发现家里东西被损毁；看见邻居在贩卖毒品；看见路上交通大瘫痪；向警方提供一些犯罪分子的线索（如小偷）；向警方询问一些安全信息等。

在权利受到侵害需要寻求英国法院系统的救济时，中国公民可以依据不同情形选择法院提起诉讼。英国的地方法院即基层法院按照受理案件的性质设立为郡法院（审理民事案件）和治安法院（审理刑事案件），对郡法院的判决不服，可上诉至上诉法院民事上诉庭。刑事法院，受理不服治安法院判决的上诉案件，也是可诉罪的初审法院，对刑事法院的判决不服，可上诉至上诉法院刑事上诉庭。最高法院下设王座庭、大法官庭、家事庭 3 庭。王座庭主要任务为初审重大的民事案

---

① 《中国公民旅英注意事项》，载《出国与就业》2005 年第 15 期。
② 《中国公民旅英注意事项》，载《出国与就业》2005 年第 15 期。
③ 《中国公民旅英注意事项》，载《出国与就业》2005 年第 15 期。

件，组织海事合议庭和商事合议庭等专门法庭审理各该类案件，以及受理以报核方式上诉到院的刑事案件；此外，王座庭还负责核发人身保护状和各种特权令，进行审判监督。大法官庭，负责审理有关房地产、委托、遗嘱、合伙和破产等民事纠纷。家事庭，主要审理有关家庭、监护、婚姻等重大纠纷及其上诉案件。高等法院各庭由高等法院法官和记录法官开庭审判。对高等法院的判决不服，可以上诉至上议院。上诉法院，分两个上诉庭，即民事上诉庭和刑事上诉庭，民事上诉庭受理不服郡法院判决的上诉案件，刑事上诉庭审理不服刑事法院判决的上诉案件，对上诉法院的判决不服，还可再上诉至上议院。上议院，为最高审级，只审理内容涉及有普遍意义的重大法律问题的上诉案件。

在遇到纠纷需要仲裁时，可以寻求帮助的机构包括：英国伦敦国际仲裁院，其职能是为解决国际商事争议提供服务，它可以受理当事人依据仲裁协议提交的任何性质的国际争议；英国中央仲裁委员会，是英国一个拥有法定权力的独立机构，它通过法律来和平解决在英格兰、苏格兰和威尔士的集体争议。①

英国的调解制度也是相对比较完善的纠纷处理机制，其程序规范、适用广泛。所以当权利需要救济时，通过调解程序保护自身权益也很重要。在英国的调解体系中，有三个比较重要的调解组织，即家庭纠纷调解组织、英国调解中心和英国有效争议解决中心。②

三、寻求领事保护、外交保护是中国公民在英国权益保护的保障

当在英国权利受到侵犯时，按照国际法、中英两国间有关领事协议以及双方国内法有关规定，中国公民有权与中国驻英国使领馆寻求帮助。中国在英国设有四个外交机构，分别是中国驻英国大使馆、中国驻曼彻斯特总领馆、中国驻爱丁堡总领馆、中国驻贝尔法斯特总领馆。

海外中国公民所遇到的各种安全事件，例如人身伤害、财产损失及其他权益受侵害等，除了发生在国际公共区域（即不属于任何国家管辖范围的区域）之外，实际上大多发生在中国公民所处的国家境内，涉及民事、刑事及行政关系。从性质上来讲，该类事件属于一个国家的内部事务，理应由属地国家按照其法律法规进行处理；但海外中国公民在当地的身份是外国人，这也涉及国籍国的保护和属人管辖问题，即中国作为国籍国有权对海外中国人的合法权益进行维护。③　因此，

---

① 参见《英国中央仲裁委员会》，http：//www. kguowai. com/html/7284. html，访问时间：2021 年 6 月 29 日。
② 齐树洁：《英国调解制度》，载《人民调解》2018 年第 12 期。
③ 万霞：《海外中国公民安全问题与国籍国的保护》，载《外交评论》2006 年第 9 期。

中国公民在英国，遵守当地法律秩序很重要，同时当权利受到侵犯时，也要鼓起勇气、毫不畏惧地利用多种保护途径维护自身权利，在穷尽英国境内的救济方式权利无法得到保障时，还可以寻求外交保护，从而达到保护自身权利不受侵犯的目的。

中国公民在英国实用信息

单位名称或事项	地址	电话	备注
外交部全球领事保护与服务应急热线	—	+86 – 10 – 12308 +86 – 10 – 65612308	
中国驻英国大使馆	英国伦敦波特兰广场 49 号 **领事侨务及中国公民证件：** 英国伦敦波特兰广场 31 号	+44 – 20 – 72994049 领事保护协助：+44 – 07536174940 证件服务咨询：+44 – 20 – 72994020	大使馆办公时间： 周一至周五 9：00—12：00 14：00—17：00 （中英节假日除外） **领事侨务及中国公民证件办公时间：** 工作日 9：00—12：00 （周六、周日及节假日休息） **领事保护协助时间：** 工作日 9：00—12：00 14：00—17：00 **证件服务咨询时间：** 工作日 9：00—12：00 14：00—17：00
中国驻英国贝尔法斯特总领事馆	北爱尔兰贝尔法斯特马隆路 75 – 77 号	+44 – 28 – 90682499 礼宾事务： 分机 8011 经商事务： 分机 8008 教育事务： 分机 8030 文化、旅游事务： 分机 8016 领事保护协助：+44 – 7895306461 领事证件咨询：+44 – 7745881538	领事证件咨询时间： 工作日 9：30—12：00 14：30—17：00

（续表）

单位名称或事项	地址	电话	备注
中国驻英国爱丁堡总领事馆	英国爱丁堡科斯托芬妮路55号	证件咨询：+44－131－3373220 领事保护协助：+44－131－3374449	**总领事馆办公时间：** 周一至周五 9：00—12：00 下午不对外办公 （中英节假日除外） **证件咨询时间：** 工作日 9：30—12：30 13：30—15：30
中国驻英国曼彻斯特总领事馆	英国曼彻斯特拉什奥尔丹尼森路71号丹尼森大厦 **领事证件业务：** 英国曼彻斯特舒斯特路38A号	领事证件业务：+44－161－2248672 领事保护协助：+44－161－2248986	**领事证件业务办公时间：** 周一至周五 9：00—12：00 （下午不对外办公，英国和中国节假日除外） **领事保护协助电话接听时间：** 工作日 9：00—12：00 14：00—17：00
匪警	—	999	
火警	—	999	
急救	—	999	

第十一章
在法国的中国公民权益保护

法兰西共和国（The French Republic，La République française），简称法国，是半总统半议会制国家。国土面积 55 万平方公里，人口约 6837 万（截至 2024 年 1 月），首都为巴黎，官方语言是法语，官方货币是欧元。

法国是西欧最大的国家，占近 1/5 欧盟面积，坐标欧洲西部，海域面积广阔，是中国在欧盟国家中第三大贸易伙伴、第三大实际投资来源国、第二大技术引进国。相应地，中国是法国在亚洲第一大、全球第七大的贸易伙伴。① 另外，法国作为欧共体主要发起国和成员国，各个领域都高度发展，其中，核能、电力、航空事业、汽车等领域位居世界前列，尤其是香料行业更是享誉世界。法国是世界上金融业最发达的国家之一。在重要的经济部门，法国都占有一席之地：在农业上，法国是世界第三，欧洲第一大出口国；在工业上，法国位于世界第四，欧洲第二；在渔业上，法国的捕捞量是欧洲第四。作为"一带一路"中线的法国在欧洲具有极为重要的区域影响。为此，法国出席了我国举办的"一带一路"国际合作高峰论坛，在 2019 年第三届"一带一路"巴黎论坛中来自中法两国政府、商界、智库等多名代表围绕中法和中欧在"一带一路"倡议框架下的双边和多边合作展开交流讨论。"一带一路"倡议的启动无疑会促进我国公民赴法国留学、务工、旅游等活动。据统计，仅 2019 年一年，法国接待的中国游客就达 240 万人次，中国游客在法国共消费 40 亿欧元。② 2023 年法国接待的中国游客预计恢复到 2019 年的 50%。③

---

① 中华人民共和国外交部：《中国同法国的关系》，https：//www.mfa.gov.cn/web/gjhdq_676201/gj_676203/oz_678770/1206_679134/sbgx_679138/，访问时间：2024 年 6 月 30 日。

② 中华人民共和国商务部：《国别投资指南——法国（2020 年版）》，http：//www.mofcom.gov.cn/dl/gbdqzn/upload/faguo.pdf，访问时间：2021 年 7 月 5 日。

③ 新京报：《法国旅游发展署邓佳琳：中法文化旅游年 + 巴黎奥运会带来另类旅程》，https：//www.bjnews.com.cn/detail/1711020212169948.html，访问时间：2024 年 6 月 30 日。

因此，法国关于外国人权益保护的法律制度对在法国的中国公民权益保护起到举足轻重的作用。法国有关外国人权益保护的法律机制可作如下分类：

一、外国人法律地位规定

法国加入了《世界人权宣言》《欧洲人权公约》且是 WTO 的成员国。依据相关公约，外国人在经济文化民事方面享有的各项权利与法国公民基本一致，享有国民待遇。在法国，想要顺利就业，必须申请获得《居住证》或标有"私家生活"的《临时居留证》。从事与《临时居留证》上登记的相关职业，如"科技人员"或"商人"等，也可以直接就业。而持有效护照以及临时居留许可或短期居留签证，需要去申请就业许可证。《劳动法典》和《外国人入境、居留和避难权法典》中有在法的外国人法律地位相关规定。①

二、外国人权益保护的实体法规定

法国对外国人保护体现在《法国民法典》规定，外国人享有与法国公民同等的民事权利，如人身权、财产权、婚姻家庭继承权等；根据法国民法典国际私法法规的规定，外国人在法国享受和法国人同样的民商事法律地位；《法国刑法典》对刑事案件中外籍受害人同等进行保护。

三、外国人权益保护的程序法规定

现《法国民事诉讼法典》《法国刑事诉讼法典》对外籍人享有与本国人同样的诉讼权利进行了较为明确的规定。中法之间签订了《中华人民共和国和法兰西共和国引渡条约》《中华人民共和国和法兰西共和国民事、商事司法协助协定》《中华人民共和国和法兰西共和国刑事司法协助协定》，这些双边条约可进一步保障中国公民在法国程序法上的权利。

第一节　事前预防

事前预防能够降低中国公民在法被侵犯事件的发生率，保护我国在法公民的权益。对于即将奔赴或者已在法国的中国公民来说，了解事件发生起因及其全过

---

① 陶俊：《中法两国外国人管理制度比较研究》，载《法国研究》2007 年第 3 期。

程，能够在很大程度上帮助其通过自我管理避免权益被侵犯。为此，本节通过梳理我国公民在法遭受暴力抢劫伤亡事件的来龙去脉，对案件进行法理分析，探寻原因，提供对策建议。

一、暴力抢劫致中国公民伤亡案

2017 年 6 月 28 日下午，外贸商人李某与朋友周某从巴黎南郊上塞纳省出发前往王子公园体育场观看巴黎圣日耳曼的足球比赛。本是一个轻松愉快的周末，不料途中遭到 3 名南非裔青年拦截，手机钱包等随身物品被抢走后，3 名凶手还暴力袭击了李某和周某。李某头部、胸部、腹部被狠踹，周某见状进行反抗，被另一名凶手拿刀刺伤了胸部和腹部，周某立即倒地不起。路过的华人见状报警，二人被送入医院救治，李某肋骨骨折，周某伤及重要脏器且失血过多。次日，周某因伤势恶化救治无效身亡。

驻法国使馆获悉此案后，高度重视，立即派人前往二人所在医院了解情况。领事馆立即联系巴黎市警察局相关负责人，表示中方会高度关注此案，要求巴黎警局立即展开调查，尽快将嫌犯绳之以法。法警局表示会重视此案，目前已安排重案大队展开调查，并承诺会尽全力抓捕嫌犯。2017 年 7 月 15 日，警方通过案发现场的摄像头锁定 3 名嫌犯，将 3 名嫌犯抓捕归案。作案的 3 名嫌疑犯为 1 名成年人和 2 名未成年人，并且都劣迹斑斑。其中，18 岁的嫌犯 H 之前因入室盗窃和暴力抢劫在警方留有案底。案发后 2 天，3 名嫌犯曾回到案发现场破坏摄像头，随后逃离到其他省躲避风头。

2018 年 4 月，3 名罪犯以"暴力抢劫致死"罪名，并因"情节严重的种族主义犯罪"论处，并获得了相应的处罚。

其实这并不是中国公民在法所遭受的偶然侵害，近几年巴黎针对华人的团伙犯罪层出不穷，如法国一个由 11 位青少年组成的犯罪团伙专门盯梢华侨华人，在不足两个月的时间内，实施了 13 起暴力抢劫。据悉，这 11 名嫌犯年龄为 17 至 19 岁，均有犯罪前科。他们曾在奥贝维利耶作案，专门在华人从公司回家的途中踩点、望风、偷偷尾随伺机抢劫。在奥贝维利耶，华人最大的批发市场所在地，是大量华人聚集的地方，华人遭遇的暴力犯罪也频频发生于此。

二、法理分析

近些年，中国公民赴法人数不断增长，同时在法国工作学习生活的中国人数量也不少。一片繁华的背后也存在着一些不能忽视的问题。中国公民赴法国之前，应了解各种风险，做好预防，保护自身权益。针对上述案件，分析事实和法理，提出对策意见，以期有助于风险预防。

（一）案件典型性分析

中国公民周某在法受暴力抢劫致死案有几点特殊之处值得重点关注。首先，受害人被抢的时间与地点的公开性明显。从时间上看，案发时为白天，受害人在光天化日之下被抢劫殴打，但公权力救济没有及时出现。虽然法国的治安情况总体良好，但是这里也需要提醒前往法国旅游或是工作的中国公民在遭到侵害时如无人援救，一定以保护生命安全为首位，必要时舍弃财产利益。从地点上看，受害人被抢时所处地为法国 92 省拉加雷讷科隆布的大街上，而并非僻静街道或者偏远的郊区乡村，从这里也可以看到中国公民出国后无论身处市区还是郊区，都应当警惕可能发生的不法侵害。

其次，这一案件的特殊性还在于作案是专门针对中国公民。目前，在法国乃至整个欧洲种族主义似乎愈演愈烈，种族主义犯罪在增加，种族歧视在蔓延。正如本案所显示的，中国公民在法国受到的侵害并非个案。通过相关新闻和驻法使馆发布的信息可以发现，受种族主义影响的除了施暴者外，还包括法国政府的有关部门。在参与反对暴力活动的华人游行中，一名 35 岁的居住在法国的华人对记者表示，华人遭受暴力的情况在法国警察那里没有得到重视。他说，在一些警察局的接待处，当亚裔人前去报案时，警察们根本就不当回事。年轻的华人还可以讲法文，而年老的华人讲法文就不可能了，警察就说，和一个会讲法文的一起来再说。否则，警察就会说：我们也没有任何办法。① 法国青年华人协会主席王某在接受记者采访时说："在法国，受害的首先是妇女，现在，受害的不仅仅是妇女们，有很多人是首先被打后，再被抢劫……受害者是先被制服、无法反抗之后，再被抢劫。"种族主义重返欧洲，基于多种复杂原因，如难民的大量涌入，侨民对于当地就业市场的抢占等。在法的中国公民都应当重视这一问题，做好自我保护，尽可能避免受到人身和财产侵害。

最后，本案的另一个特殊性在于犯罪分子中有未成年人。从法学理论的角度而言，未成年人由于其思想不成熟，因此在法律领域受到更多的保护和维护，《法国刑法典》也对未成年犯罪者以定罪和量刑上的轻处、轻判。也正是这个原因，在犯罪成本远小于犯罪处罚的情况下，未成年人犯罪案件频频发生。这是当前法国立法和司法实践中无法解决的难题，中国公民应对自己前往的城市作具体的了解，如塞纳—圣但尼省奥贝维利耶市就是青少年犯罪较为集中的区域，出行时尽

---

① 《法国数千华人愤怒示威再次要求政府保护》，http：//www.hkcna.hk/content/2016/0823/489944.shtml，访问时间：2021 年 6 月 30 日。

量多人同行，或者避免前往这样的城市。

（二）犯罪行为探析

2019年3月，法院对华人周某遇害案进行宣判。抢劫并致死周某凶手H被判10年有期徒刑；同谋H被判5年有期徒刑；涉案的第三名凶手L当时只有15岁，经过调查，他并没有对李某和周某进行殴打，不过他抢走了周某、李某的随身物品，被判5年有期徒刑3年缓刑，并禁止在上塞纳省活动。根据法院的判决，犯罪分子三者的行为定性均为暴力抢劫致死，情节属于严重的种族主义犯罪。

从刑法理论上看，抢劫这一行为一般被归入侵犯财产类的犯罪，且属于严重的侵犯财产犯罪，因为抢劫罪同时对他人的财产权利和人身权利造成侵害，行为人为在短时间内强取他人财产，往往会不择手段对被抢者实施人身严重侵害，相比起来，作为侵财犯罪之首，抢劫罪更具有严重的社会危害性。抢劫罪，也称强盗罪，是指以暴力、胁迫等手段，强取他人财物或财产获得不法利益的行为。关于抢劫罪的概念，不同法系的刑法均认为抢劫罪的本质是强行取得他人财物的行为。其中，大陆法系国家刑法强调必须采用暴力或胁迫方法强取。[①] 法国在其刑法典中也将其定义为以暴力手段实施的盗窃他人财物的行为。

关于抢劫行为的加重情节，法院在判决中提到了“严重的种族主义犯罪”。这里可以对其作简单理解，认定是犯罪者有选择性针对外国人所实施的犯罪行为。作案者承认一般会选择外国人尤其亚裔作为主要目标，在本案中，H等人的所选择的侵害对象就是中国公民张某和周某。但从证据规则和刑法明文的规定来看，犯罪者的行为尚未构成独立的种族主义犯罪，故而法院只是将其作为一种加重情节，从刑罚角度加重惩处。

三、对策建议

（一）深入了解案发原因是预防中国公民海外权利受损的前提

随着我国改革开放的不断深入和经济全球化的迅猛发展，前往海外进行留学、务工、旅游、商务贸易等活动的中国公民络绎不绝。经济全球化会加速发展，同时也会激发矛盾，比如国际之间的经济利益矛盾、种族主义矛盾，特别是一些国家经济、政治、社会环境复杂恶劣，想要在此地安身立命并非易事。其中近些年海外华人华侨在欧洲国家尤其是法国人身和财产权益更是屡遭侵犯，究其原因主要有以下几点：首先，未成年人犯罪成本低，惩罚力度小，往往容易获得丰厚的犯罪所得。其次，欧洲种族主义的重新复苏，从而对外国人产生歧视和痛恨。再

---

① 沈志民：《抢劫罪研究》，吉林大学2004年博士学位论文。

者，法国治安与司法警察的人员数量有限也是影响因素之一。法国在 2012 年对警察和宪兵数量进行了削减，巴黎地区拥有 1000 多万人口却仅有 3 万多名警察，相当于 300 多人中才有 1 名警察。2015 年以来，法国的恐怖袭击次数频频增加，法国警察顶着巨大的防恐压力，同时还需要兼顾网络信息监控和繁重的行政工作，已经让警方分身无术。而后难民大量涌入，难民营发生的斗殴暴乱事件，以及 2018 年 11 月发生的"黄马甲"运动，甚至危害到了政权，可谓是屋漏偏逢连夜雨，船迟又遇打头风，坏事全赶到一块，这更是让警方忙得晕头转向，无暇顾及更多。同时警方受财政影响，大量警车面临报废无法及时更换，办公设备有部分机器因老旧甚至无法正常使用。因此，警方对于小偷小摸行为，确实分身乏术。最后，袭击主要针对中国公民也有原因的，如有些中国公民有携带或存放大量现金的习惯，这很容易使他们成为犯罪团伙的"目标"；而且个别中国公民高调炫富，个人防范意识不强，防范措施不到位，易被犯罪团伙盯梢。

（二）牢记出国注意事项是预防中国公民海外权利受损的关键

中国驻法国使馆提醒中国游客赴法旅游时注意事项，国人常常忽略，但事故和损失往往就发生于这些不在意的细节上。因此牢记这些注意事项，就是对人身和财产的最大保障。

第一，时刻关注中国驻法国使馆网站、中国领事服务网等发布的新闻、安全提醒、注意事项等。了解机场以及海关的相关规定。跟团旅游，一定要选择值得信赖的旅行社，提前与旅行社沟通，充分了解入住酒店的情况，降低出行风险。

第二，通常中国公民办理签证和即将前往法国旅游时，需要了解法国的习俗和法律，除了了解法律规定之外，对于国人在外受到的不法侵害，法院判决也需多了解。了解当地的主要犯罪形式、犯罪人群以及主要针对的对象，对于保护在法国的中国公民自身安全和利益也是至关重要的。了解途径主要是我国驻法国大使馆的一些治安提示和基于此类案件的新闻报道。

第三，时刻关注法国社会治安动态，增强安全防范意识，时刻留意随身的财物、证件。对于护照、签证这样的重要证件，最好留有复印件，以备不时之需。

第四，法国大巴黎地区及尼斯、戛纳和阿维尼翁等城市部分街区针对华侨华人、中国游客、留学生等群体的抢劫、盗窃案件频繁发生，案件多发于旅游景点、购物中心、公共交通工具和酒店等地。应当避免随身携带大量现金，不要露财，避免成为犯罪分子的目标。在与他人进行交流时，随时注意自己的物品和钱财，保持警惕，留意身边的可疑人物。

第五，选择自驾游的旅客，要警惕在行车时出现的"好心人"给予的提醒、关怀，离开车时，将财物妥善放好，不要将财物放在车内显眼的地方，以免引来不法分子。在公共场合也要警惕前来搭讪的陌生人，俗话说"害人之心不可有，防人之心不可无"。

第六，遇到危险，要及时报警并与使领馆取得联系，以便取得中国驻法国使馆的帮助。

第二节　事件应对

一、中国公民赴法务工权益保护应对案

陈师傅，是一名植物印染非遗传承人，从十四岁拜师学艺至今已有三十几年了。合成染料占据着绝对的市场优势，加之植物染色的局限性，使陈师傅一身功夫毫无用武之地。但是，近年来，随着大众环保意识的提高，越来越多的人追求绿色、健康、环保。来找陈师傅做工的人络绎不绝，陈师傅也变得越来越忙，名声也越来越大。如今走到哪都被人尊称一句老师傅的陈师傅，觉得自己尽心尽力对待每一份生意单，满足顾客的要求，也不枉毕生所学，虽然日子一天天地过，毫无波澜，平平淡淡，但也充实自在。

乔的到来就像入侵澳大利亚的兔子一样打破了陈师傅平静的生活。乔是一位服装设计师同时也是陈师傅的老乡。乔小时候见了陈师傅染色后，对美术产生浓厚的兴趣，陈师傅是他的艺术领路人。如今乔在法国一家知名服装公司上班，公司将要推出的新产品环保自然理念让他顿时想起来家乡的这位老师傅。他想邀请这位老师傅去他们公司，与他共创辉煌。

乔的到来令陈师傅激动不已，法国巴黎是多少艺术人的梦想之都，把中国文化传向世界更是非遗文化传承人的梦想！但妻子的担忧如一盆冷水泼在陈师傅的心头。妻子的话让他想起，曾经有一位同乡的装修师傅同样是受朋友之邀去了法国务工，去法国前，这位装修师傅也是壮志凌云，想去法国好好赚一笔，但是在法国打了大半年的工，最后竟然被警察抓了，交了罚款，遣送回国。这位同乡说自己是被朋友所骗在法国打黑工。想到这，陈师傅犹豫起来，一堆的疑问涌上心头：这个乔能不能相信？怎样才能合法地去法国务工？在国内要怎么办手续？在法国又要怎么办？……

二、法理分析

改革开放以来国家大力推行"走出去"战略，随着全球化程度的不断加深以及"一带一路"倡议的全面落实，人员跨境流动越来越便利，出国务工的中国公民也越来越多。劳动者，往往是弱势的一方；出国劳务者，更是弱势中的弱势，人身权利很容易受到侵害。因此，本部分结合陈师傅赴法务工的困惑，深入进行法理分析，着重梳理出国务工的相关注意事项，让前往法国务工的劳动者充分了解相关法律规定，以便其在遵纪守法的前提下更好地保护自己的权利。

（一）国际法依据

《世界人权宣言》是联合国通过的一份旨在维护人类基本权利的文献。虽然《世界人权宣言》中没有直接规定关于劳工权利保护的内容，但其意在捍卫人权。其中，《世界人权宣言》第23条规定：（一）人人有权工作、自由选择职业、享受公正和合适的工作条件并享受免于失业的保障。（二）人人有同工同酬的权利，不受任何歧视。（三）每一个工作的人，有权享受公正和合适的报酬，保证使他本人和家属有一个符合人的尊严的生活条件，必要时并辅以其他方式的社会保障。（四）人人有为维护其利益而组织和参加工会的权利。[①]《世界人权宣言》的国际法地位被世界认可，在实践中广泛地被联合国各个机构反复重申和运用，对保护劳工权利法律规定具有重大的参考意义。除此之外，作为国际人权条约之一的《保护所有迁徙工人及其家庭成员权利国际公约》也规定了保障迁徙工人（即为了报酬而在他国即将或正在从事劳动的人）的权利。《消除对妇女一切形式歧视公约》注意到性别的差异，该公约意在消除和减少妇女歧视问题在政治、经济、社会等各个领域存在的现象。

国际劳工组织成立于1919年，是联合国的一个专门机构，由政府、雇主和劳工代表组成的三方组织，其宗旨是维护国际公认的人权和劳工权益，促进社会公平正义。它以公约和建议书的形式制定国际劳工标准，确定基本劳工权益的最低标准，其涵盖结社自由、组织权利、集体谈判、废除强迫劳动、机会和待遇平等以及其他规范整个工作领域工作条件的标准。同时该组织还在下列领域提供技术援助：职业培训和职业康复；就业政策；劳动行政管理；劳动法和产业关系；工作条件；管理发展；合作社；社会保障；劳动统计和职业安全卫生；等等。

（二）事故发生地的当地救济法律依据

中国公民在国外务工，与外国雇主之间的关系受当地劳动法律规定的调整，

[①] 《世界人权宣言》第23条。

所以有必要了解法国的相关法律法规。

法国作为欧盟的一员，自然受欧盟法的制约。欧盟主要有以下两部关于海外劳动者权益保护的规定：1.《欧洲人权公约》又称《保护人权与基本自由公约》，这部公约虽没有直接规定海外劳动者的法律地位，但该公约适用其成员国领域内的人，在法工作的外来劳动者自然受其保护，权利受到侵害的劳动者可以以自己的名义向法院提起诉讼，法院判决会得到相关国家的承认。2.《欧洲社会宪章》，该宪章涉及个别劳动法和集体劳动法的规则。宪章规定，缔约国必须保障劳动的权利和职业教育的权利得以有效实施，并致力于公正、安全和健康的劳动条件以及公正的工资报酬。

法国劳动力市场遵循自由竞争法则，同时强调政府干预。目前外籍入法务工的形势比较严峻，法国对工作签证和长期居留证都有严格规定，一般情况下外籍劳务很难进入法国市场务工，但法国欢迎高新技术人才，像本案例中陈师傅这样的非遗传承人会是受欢迎的人才。

法国法律规定外来工作者除了出国工作前必须要办理相关行政手续外，根据劳动工作者的国籍以及派遣的形式（短期或长期），还要办理相关的工作许可证和居留签证。没有办理工作签证的人，不会被法国承认为劳动者，是不能受到法国劳动法保护的。①

法国现行的《劳动法》旨在保护员工权益，劳动关系亦受法国《劳动法》以及行业签订的协议约束。法国《劳动法》明确规定了罢工权、35 小时工作制、带薪休假、最低工资等制度。由此可见法国法对劳动者的保护是比较完善的。

法国国家经济统计局（INSEE）的最新数据显示，截至 2016 年底，法国月平均工资为 2988 欧元，月平均净收入为 2238 欧元。2019 年 1 月 1 日起，法国最低工资标准为每月 1521.22 欧元，日最低保障工资为 70.21 欧元，时最低保障工资为 10.03 欧元。

法国《劳动法》规定，法国企业员工法定工作时间每周不超过 35 小时。最长工作时间为每天 10 小时和每周 48 小时。法定工作时间以外的工作时间为加班时间。法定每年最长加班时间为每年 47 周，每周 39 小时，即 220 小时。劳动者和雇主可协议再延长工作时间。法国员工每年可享受 5 周带薪假期。

法国的社会保障主要包含包括医疗保险（疾病、生育、残疾和死亡）、养老保险、家庭补助、工伤赔偿 4 种。员工和企业共同承担社会保障金。

---

① 中华人民共和国商务部：《对外投资合作国别（地区）指南——法国（2023 年版）》，http://fec.mofcom.gov.cn/article/gbdqzn/index.shtml#，访问时间：2021 年 6 月 30 日。

关于法国企业辞退员工问题，与员工商谈是企业辞退个人员工的前置程序。对于集体性质的裁员，雇主需要与员工委员协商。个人裁员或集体裁员 2 ~ 9 名员工只能在协商后 7 天进行，如果要裁减管理人员，必须在 15 天后进行。

（三）国籍国保护法理依据

我国在 2012 年起颁布施行的《对外劳务合作管理条例》，其目的是规范对外劳务合同，没有专门规定海外劳动者的权利保护。目前我国还没有专门保护海外劳动者权益的法律，只单设了一条冲突规范，即《中华人民共和国涉外民事关系法律适用法》第 43 条规定的，"劳动合同，适用劳动者工作地法律；难以确定劳动者工作地的，适用用人单位主营业地法律。劳务派遣，可适用劳务派出地法律"。

三、对策建议

中国公民远离祖国赴法工作，在境外的工作和生活中往往得不到国内同等的安全保护。根据以上案例介绍和法理分析，笔者着重针对赴法国务工的注意事项提出相关应对策略与建议，以便中国公民前往法国时能处理各种事项从而防止或减少劳务纠纷发生最终达到保护自身合法权益的目的。

（一）海外务工的法律性质

海外务工是国际服务贸易的一种方式，随着经济的快速发展，各国之间不仅贸易往来频繁加深，更多的是人员的流动。《服务贸易总协定》中规定，自然人流动是一成员方服务提供者到另一成员方境内提供服务的一种服务贸易方式。劳务服务指劳动者以劳动为对象提供服务。而超出国与国之间疆界的劳务被称为国际劳务的输出与输入。[①]

（二）中国公民外出务工的相关规定

中国公民外出务工需要了解中国对公民外出务工的相关规定。首先出国劳务必选择正规的、具有相关资质和许可的机构办理出国务工手续。与相关机构取得联系后，在有工作机会的情况下，经营公司会通知符合条件的劳动者来面试。面试成功者将进行公司或基地服务中心的出国前培训，再参加省商务厅的考试，获得《外派劳务人员培训考试合格证》；办理好护照，获取外国政府颁布的工作许可证和入境签证等出国手续后，劳动者就可以外出务工了。[②] 公民一定要选择具有相关资质的机构，利用多渠道查证并依赖合法经营公司。目前，查询公司具体情况

---

① 张硕硕：《"一带一路"建设中出国务工人员权益保护法律问题研究》，载《法制与经济》2018 年第 4 期。

② 王景龙：《出国打工须知》，载《农村百事通》2014 年第 12 期。

的主要渠道有三种：一是可直接要求企业出示证书，二可询问当地商务局，三是直接查询商务部网站（www. mofcom. gov. cn）。

（三）出国务工途径的选择

我国劳务输出的形式主要有以下几种：

一是外派劳务，即国内获行政部门批准的涉外劳务公司与外国公司签订劳务合作协议，出国务工的劳动者通过劳务公司与国外雇主签订劳动合同，依合同规定履行义务，并从外方获得相应报酬；二是境外就业，即获得资质的中国公民直接与外国雇主签订劳动合同，依据签订的劳动合同履行相关义务，并自行承担责任的行为。

以上两种是出国务工的合法途径。在现实生活中，有许多人因为不懂法而选择了不合法的方式出国务工，不仅违反两国的出入境法律法规，而且还会使自己正当的权益难以受到保护，甚至会危害人身安全。因此要拒绝以下几种违法的出国务工途径：一是由没有获得涉外劳务资格的公司或个人（俗称"黑中介"）介绍出国务工；二是个人持旅游或探亲签证出国务工；三是未获得境外务工所在国的相关许可证件。①

陈师傅如果决定接受乔的邀请，前往法国公司务工，应该选择有资质的国内劳务公司办理出国务工相关手续，或者首先与法国公司协商，确定签订劳务合同，再在中国办理签证相关手续，切不可持旅游或其他签证前往法国务工。

（四）外出务工手续办理步骤建议

赴法国务工的外国人主要类型有经理、长期雇员与劳务派遣的短期员工。

不同工种申请证件的步骤有所区别，所以在办理相关手续前要认定自己的身份，以按照正确程序与要求来办理。

1. 一般情况下相关手续的办理

（1）雇主必须至少提前2个月将法文招工申请提交到地方用工办公室（DDTEFP）。

（2）地方用工办公室审核招工申请，决定是否签发工作许可证。

（3）雇主需在外国员工到达法国之前通知法国移民接待局（ANAEM），以确定健康体检日期。

（4）外国员工进入法国后，参加法国移民接待局健康体检，然后到居住地省政府出示健康证明、地方用工办公室认证过的劳动合同复印件、护照和签证。

（5）以1年为界，对1年以内劳动合同"临时工人"和1年以上劳动合同

---

① 王景龙：《出国打工须知》，载《农村百事通》2014年第12期。

"雇员"，分别发放临时居留证或居留证。

（6）对国际集团"带薪员工"因工作调动发放居留证。

2. 管理人员相关手续的办理

此种手续一般只需要 1 个月的时间，适用于在法外国企业的高层管理人员和高级经理人。有关申请只要提交地方移民局，由地方移民局负责，并与相关行政管理部门沟通即可。具体程序为：

（1）雇主向所在地移民局地方代表处提交该员工工作调动申请。

（2）移民局在 10 天内，将申请转到地方用工办公室，由其根据劳动法规决定是否发放工作许可。

（3）地方用工办公室将认证过的劳动合同以国际快递方式寄送到领事馆和省政府。

（4）领事馆收到劳动合同后，立即通知管理人员申办签证手续。

（5）管理人员确定来法日期后，移民局即通知法国省政府准备居留证，移民局也可自行发放居留证

（6）到法国后，管理人员需去移民局做健康体检。①

陈师傅前往法国务工，属于有特殊技术的人才，因此拟雇佣陈师傅的法国公司先要向地方用工办公室确认该职位可否招聘外国人，再向陈师傅发出工作许可，而陈师傅可持工作许可前往法国驻中国的使领馆办理工作签证。陈师傅到达法国后，参加法国移民接待局健康体检，签订劳动合同，再办理居留证。

（五）合同签订建议

一般来说，外出务工的劳动者需要签订两份合同：一份是与国内劳务司签订的《外派劳务合同》或《境外就业中介服务合同》，合同主要内容要涵盖出国务工的工种、合同期、工资待遇、工作时间、加班费计算、带薪假期、医疗保险、食宿及交通、解聘条件、违约责任、纠纷处理等；另一份合同是与国外雇主签订的《雇佣合同》，合同内容要包括职位、合同期、工资待遇、医疗保险、假期、合同中止条款、违约条款、解决合同纠纷条款等。② 签订合同时一定要仔细阅读合同条约，发现有不对或遗漏的地方，要及时与合约方进行沟通。合同是劳动者的法律保障，务必谨慎对待。

在法国，劳动合同主要有两种形式：一种称为 CDI，即长期的劳动合同，通常不明确标明起始期限。另一种称为 CDD，即短期的劳动合同，通常明确标明起止

---

① 中华人民共和国商务部：《对外投资合作国别（地区）指南——法国（2020 年版）》，http://fec. mofcom. gov. cn/article/gbdqzn/index. shtm，访问时间：2021 年 6 月 30 日。

② 《出国务工注意事项》，载《乡村科技》2016 年第 22 期。

期限。法国大多劳动合同都采用 CDI 的方式，以确保劳动合同的延续。另外，法国劳动法严格规定了订立 CDD 合同的三种情形：一是代替病假、产假的员工时；二是因季节等临时增加的工作岗位时；三是某些带有救助性意义的劳动合同时。定期合同的总期限不能超过一年半，当雇员为企业工作了一年半以上时，就必须签订无期限的 CDI 合同。[①]

陈师傅如果是通过劳务公司外派前往法国，则需与国内经营公司签订《外派劳务合同》，与外国公司签订《劳务合同》，如果未通过劳务公司则可直接与外国公司签订《劳务合同》，签订合同时一定要注意合同内容，如果是法文合同，可要求法国公司提供中文，或者聘请翻译，了解清楚合同中所注明的权利义务。

（六）劳务纠纷的解决建议

1. 采用当地救济方法

在异国他乡，当权益遭遇损害时，大部分人的第一反应是去找大使馆，但法律途径才是最有力、最有效的保护。中国驻外大使馆的工作人员曾坦言："劳务纠纷问题，使馆在国内主管部门的指导下，积极开展工作维护企业与劳务人员的合法权益，根本解决还要走法律途径……大使馆不是万能的。"[②] 发生劳务纠纷时，一定要通过法律来维护自己的正当权益。法国法制健全，但法律体系复杂。向专业人士，比如律师，寻求帮助是最好的解决办法。

此外，作为欧洲联盟（布鲁塞尔）和欧洲理事会（斯特拉斯堡）成员国，法国还受到欧洲两个超国家司法体系管辖。不论法国还是他国企业或公民、无国籍者，将自身要求诉诸有管辖权的法国法院系统之后，如果认为自己的权利没有得到维护，还可根据欧盟条约和欧洲人权公约向欧洲法院和欧洲人权法院寻求司法救济。[③]

2. 取得中国驻当地使（领）馆的保护

中国公民在赴法国启程前，一定要仔细阅读中国驻法国使馆网站、中国领事服务网等发布的各类消息，在权益遭到侵害后，及时联系使领馆，中国驻法国使领馆将在职责范围内为中国公民提供必要领事协助。

3. 其他应对措施

劳动者还可以与当地的社会团体取得联系，如当地法国中国工商会、中国贸

---

① 田丹宇：《法国劳动法对劳动者权益的保护》，载《法制与社会》2007 年第 1 期。

② 吴斌、刘佳等：《出境人数持续飙升 中国权力保护公民海外安全》，载《南方都市报》2014 年 4 月 19 日。

③ 中华人民共和国商务部：《对外投资合作国别（地区）指南——法国（2020 年版）》，http：//fec. mofcom. gov. cn/article/gbdqzn/index. shtm，访问时间：2021 年 6 月 30 日。

促会分支机构、当地行业协会、侨团等社会团体。

中国海外劳工的权益保护，需要各方的努力，中国政府要做好信息供给的准确性和信息传递的有效性，在劳务派遣机构和人员出境安排方面要做好与劳工一同外派的商务、法务组织配套，同时，有意愿去海外务工的劳动者，更要了解目标国家的国家政策、文化经济环境、风俗人情，并了解相关法律，加强自身的法律意识，这样才能更好地维护自己的权益。

第三节　事后处理

对于已被侵犯的权益如何在最大程度上得到弥补，这涉及事后处理的问题。本节着重选择刘某在家被法国警察射杀致死案进行分析，揭示中法执法过程的差异，探寻海外中国公民正确应对外国警察执法的策略，对在法的中国公民面对此类侵犯后如何进行有效及时的救济提供建议和对策。

一、中国公民不当应对执法致人身伤亡案

（一）案件经过

法国当地时间 2017 年 3 月 26 日晚 8 点，一名中国男子在家中被法国警察开枪打死。事情发生在巴黎的一间公寓里。死者为 57 岁中国浙江青田籍刘姓华侨，刘某的妻子、4 个女儿和 1 个儿子都在案发现场。该事件发生后，迅速在国内引发争议。

案件发生后，中国外交部和驻法国使馆高度重视，立即启动领保应急机制。3月 27 日，外交部立即约谈了法国驻华大使馆馆长并发表了评论。3 月 28 日，法国驻华大使馆外交部长与法国外交部长正式交涉，中方要求法方尽快查明真相，并要求对方采取切实有效的行动，保护在法中国公民的安全和合法权益，妥善处理在法华侨华人对此事的反应。法国当局密切关注此案，并启动程序进行内部和司法调查。法方承诺尽快结束调查，尽快报告事件真相，并呼吁旅法侨界当局保持冷静。

事件发生后，法国大使馆一直与巴黎警方保持密切联系，警方表示，有关调查已经展开并准备就绪，愿意与旅法侨界代表会面沟通。中国外交部和中国驻法国大使馆将密切关注活动的进展，与死者家属和外国当局及时沟通，并继续提供协助。此外，领事馆已派人探访死者家属并对死者表示慰问。

（二）案件争议

法国国家警察局监察总局（IGPN）分别在 2017 年 3 月 30 日和 3 月 31 日分别对巴黎枪杀案死者家人和三名涉案警察进行了调查询问。

警方和家人的陈述相互矛盾，家属表示警察一进来就向他们的父亲开枪，并按照法国法律规定的那样对他们作出警告。但是，警方表示警方是在刘某拿剪刀伤到警方后，警方才开枪防卫。但是因为是便衣，所以没有执法记录仪器。

（三）法院判决

2017 年 4 月 5 日，刘某死因调查进入司法程序。巴黎检察院当天以涉嫌"警务执法人员故意施加暴力、导致过失杀人"罪名立案，对涉案警察展开司法侦讯。

2019 年 7 月 11 日，巴黎高等法院上诉法庭做出判决，刘某家属控告开枪导致刘某当场毙命的警察甲滥用武力一案理由不足，控告被驳回。7 月 15 日下午，刘某家属通过律师对此判决提出上诉，继续控告当事警察滥用武力致刘某亡。刘某的长女刘某园表示不能接受法院做出对涉案警察不予起诉的判决。

（四）案件后续

经过两年多焦灼的等候，结果却是法官对于警察枪杀父亲事件不予立案的决定。看到判决书后，刘某的两个女儿对法国的司法是否能够做到公平公正，产生极度的怀疑。

刘某的长女刘某园表示："已经两年多了，我们一直没有放弃诉讼，我希望有更多的法国人都知道真相，我们要发出自己的声音，维护自己的权利。这个案子还没有结束，我们将继续揭露这件事的真相。"[1]

"两年多了，这件事一直是孩子们的噩梦，五个孩子一直无法摆脱这个事件给他们带来的阴影。"刘某的胞弟刘某海回忆道，"晚上回家后，我们仍然睡不着，他是我们的亲人，他在家里无缘无故被警察枪杀，法院不起诉的决定与事实相矛盾。我们的律师团队将在未来继续提起诉讼。"[2]

二、法理分析

从上述案件的描述我们中可以看出本案涉及以下法律问题：

（一）正当防卫与滥用职权

正当防卫：根据法国法律，警察在面临直接的人身威胁时有权使用必要的武

---

[1] 《法国华侨刘少尧遭警察枪杀案新进展　结果家属难接受》，http://www.chinaqw.com/hqhr/2019/08-27/229903.shtml，访问时间：2021 年 6 月 30 日。

[2] 《法国华侨刘少尧遭警察枪杀案新进展　结果家属难接受》，http://www.chinaqw.com/hqhr/2019/08-27/229903.shtml，访问时间：2021 年 6 月 30 日。

力进行防卫。然而，防卫行为必须适度，不能超出必要的限度。如果警方确实是在刘某持剪刀威胁到其生命安全时开枪，且该行为在合理限度内，那么可视为正当防卫。但此点需有充分证据支持。

滥用职权：若警方在没有面临直接且紧迫的人身威胁时开枪，或者开枪行为明显超出必要限度，则构成滥用职权。在此案中，由于证据缺失，尤其是缺乏执法记录仪的视频证据，使得判断警方行为是否合法变得困难。

（二）证据规则与程序正义

证据规则：在刑事诉讼中，证据是关键。本案缺乏直接证据（如执法记录仪视频）使得案件事实难以查清。警察出警应配备执法记录仪，因此已有证据可以显示警方存在过错。

程序正义：案件调查过程中应确保程序正义，包括及时、公正、公开的调查，以及保障涉案人员及其家属的合法权益。在此案中，中国外交部和驻法国使馆的积极介入，体现了对程序正义的维护。

（三）国家责任与赔偿

国家责任：如果法院最终认定警察的行为构成滥用职权或过失杀人，那么法国政府应承担相应的国家责任，包括向受害者家属支付赔偿金。在此案中，虽然初期刑事判决对涉案警察不予起诉，但民事赔偿诉讼仍有可能成功。

民事赔偿：遇害者家属可以通过民事途径获得赔偿诉，民事举证责任小于刑事举证责任，只要证明法国警方存在"严重过失"就能获得赔偿金。

（四）结论与展望

本案反映了跨国司法合作与程序正义的复杂性。在缺乏直接证据的情况下，如何公正、客观地判断警察行为的合法性成为难题。中国外交部和驻法国使馆的积极介入，以及法国当局的司法调查，为案件真相的查明提供了有力支持。未来，在类似案件中，应进一步加强证据收集与保全工作，确保程序正义得到充分保障。同时，加强国际合作与交流，共同维护海外中国公民的安全与合法权益。

三、对策建议

近些年，随着中国海外公民人数的逐年上升，遭到当地警察暴力执法的案件也在不断增多。本案的中国公民刘某在法国遭警察暴力执法并非个案。2019年2月，一名中国公民起诉法国警察在其拘留期间使用暴力殴打他。这名42岁的中国籍男子在巴黎第四区驾驶卡车的时候，因为警察怀疑他的驾照是伪造的而拘捕他，但随后证实驾照是真的。该男子要求警方开证明，说明他被拘留的时间。但是警方拒绝此要求之后还使用暴力驱赶这名男子，其间他的脸和手臂被打伤。此外以

"华人华侨遭受暴力执法"为内容进行搜索，就可以发现华人在法国遭受暴力执法侵害的新闻也是屡见不鲜。当中国公民由于暴力执法或者其他的不法行为遭受人身和财产侵害时，建议作如下应对：

（一）面对警察或者相关管理机构执法时的建议

首先，保持镇静，配合执法，避免发生争执或采取过激或导致对方误解的行为。其次可要求对方出示证件确认其身份，当其要求检查您的现金数量时，应高度警惕。可拒绝签署自己看不懂的文件，有权要求联系律师，通过法律手段维护合法权益。最后，如其在执法过程中有违法违规行为，可视情况提出抗议，尽量避免直接冲突。如未果，应以稳妥方式保留相关证据，以便日后向当地相关部门投诉。

（二）在法国遭遇当地警察、海关、移民当局人员暴力执法的应对建议

面对当地警察、海关、移民当局人员扣押护照或进行勒索等情况，可要求对方出示证件和相关法律文书，记录其姓名、证件号、法律文书名称、编号等，并注意收集和保存其违法违规证据，以便向驻在国主管部门投诉。此外，也可以同中国驻当地使领馆联系并提供证据，使领馆会根据情况向驻在国有关部门核实并表达关切。

（三）在法国遭遇人身或财产侵害时利用本地救济的建议

海外公民在其人身或财产受到侵害时，应当采取正当维权途径，如向当地相关部门投诉、提起诉讼，积极配合当地警局、相关执法部门的行为，不要采取暴力抗法或者贿赂等违法手段。

面对已经发生的不法侵害，首先应积极寻求当地法律救助。目前法国的法律救助机制相对较为完善，一般分为司法援助和非政府类法律援助。其中司法援助主要有被害人补偿援助机构、犯罪行为被害人国家补偿委员会、司法部门等提供的法律援助、被害人援助国家委员会等。非政府类的一般包括"司法之家"提供的司法援助与被害人援助办公室提供的司法援助等。同时，法国加入了《欧洲人权公约》，根据该公约，受害人可以向欧洲人权法院寻求司法救济。

（四）在法国遭遇人身或财产侵害时的母国保护

在法国遭遇人身或财产侵害时的母国保护一般指的是外交保护和领事保护。在中国公民刘某被法国警察射杀案中，如果采用法国的法律制度进行救济无法维护当事人合法权益时，我国政府可以启动外交保护来维护中国公民在法国的权益，也就是通过外交途径来维护当事人权益。中国公民在法国，可以向中国驻法国大使馆请求领事保护，同时也可以向中国驻里昂、马赛、帕比堤、圣但尼、斯特拉斯堡这些地方的总领事馆请求领事保护。在中国公民刘某被法国警察射杀案中，中国驻法国大使馆第一时间启动领事保护，给刘某的家人以帮助，积极维护中国公民的权益。

本章小结

法国总体治安状况良好，重大刑事犯罪和暴力伤害案较少。但危及中国公民及企业安全的事件也时有发生，因此，有必要明确中国公民在法国有可能遭遇风险类型探讨应对方案并指导其掌握一些自救的实用信息。

一、风险类型

通过上述分析并结合实际情况整理后，可以看到在法国危害中国公民及企业合法权益的事件根据风险种类的不同大致可以分为以下五种：

（一）社会治安带来的安全风险

治安问题所致的风险对我国在法人员及企业的权益侵犯可以划分为侵犯人身型与侵犯财产型两种。侵犯人身权益的风险一般包括带有种族歧视和排华性质的民事伤害案件、针对我国公民的绑架和故意伤害等刑事犯罪。而财产侵犯型案件则通常是伴随着民事伤害和绑架等行为存在，对于企业而言则更多地表现在抢劫、打砸抢烧等性质的犯罪。在法国特别是旅游城市诸如巴黎、马赛、尼斯和戛纳等，针对个人特别是华侨华人、中国游客、留学生等的抢劫、盗窃案件发生较为频繁。常见的犯罪手段有驾驶摩托车抢夺、砸碎车窗抢夺乘客手提包等。陌生人主动搭讪、假装求助，或故意靠近、碰撞以分散游客注意力后同伙伺机抢劫。在旅游景点和地铁里，多人聚集通过包围游客的方式，抢夺其背包或包中的贵重物品和现金，然后迅速逃离现场。更有甚者假冒警察或便衣，以检查游客的证件和钱包为名，借此机会盗窃财物。

（二）恐怖袭击带来的安全风险

虽然中国一直奉行和平友好的外交政策，且自20世纪60年代以来一直与法国保持友好关系，中国公民一般不会成为国际恐怖主义集中袭击的目标。然而，"9·11"事件后，随着全球恐怖组织和世界各地极端组织的联合，国际恐怖主义的魔爪也延伸到了法国，并蔓延到了一些在法国的中国公民。

（三）出入境风险

现实中存在不少中国公民在入境法国时，因入境材料不齐而被拒绝。此外，还有一些中国公民未依照法国海关的规定出示相关物品，而受到罚款。

（四）商务矛盾和劳务纠纷

此种风险的出现通常是由于缺乏足够的法律意识以及自身行为。20 世纪 90 年代以来，我国企业陆续走出国门迈向国际，外商投资企业数量也在逐年增长。同时，大量的中国企业开始将企业战略延伸至法国多个城市，并在法国设厂。随着中国公民与企业的大量涌入，商务矛盾与劳务纠纷也逐渐增多。

（五）自然灾害带来的安全风险

自然灾害带来的安全风险包括强降雨带来的次生灾害风险和滞留风险等。这类灾害在法国比较常见，对中国公民及企业的危害往往是间接的，因而容易被忽视。

二、应对方案

（一）寻求法律保护

法国有健全的法制，但其法律体系较为复杂。在法国，咨询职业律师将有助于避免在解决纠纷和维护合法权益的过程中出现许多程序上的麻烦。在法中国公民的合法权益受到损害或违法时，一定要主动寻求法律的保护。一般而言，这一过程离不开两方即律师和法院。此外，法国也是欧洲联盟和欧洲理事会的会员，同时还受欧洲两个超国家司法系统的管辖。无论是企业还是中国公民，在将纠纷提交法国所在法院审理后，如果认为自己的权利没有依法得到保障，还可向欧洲法院和欧洲人权法院另寻救济。

（二）寻求当地政府帮助

赴法投资的中国股东或投资人，在法国开展商务活动的初期，中国企业最常见的首要事项是在法设立代表机构或子公司，还要派驻中方人员，涉及一系列法律问题。法国政府招商部门设立相应机构，为外商投资法国创造更好准入服务，主要有法国各级工商会、法国商务投资署等。尽管有这些政府机构，但由于该类机构人员配置有限，不可能为中国企业提供具体的、有针对性的全面服务。因此，企业初来法国，有必要配备一个熟谙中法投资、经商过程、法务管理的国际律师。[①] 来法工作、旅游、各类出行活动的中国公民，遇到自己无法处理的紧急情况时，也可寻求法国当地政府部门的帮助。

（三）取得中国驻当地使（领）馆的保护

中国公民在法国遇到紧急情况后，无法靠当地或自力救济解决时，应及时与

---

① 中华人民共和国商务部：《境外投资环境——法国（2020 年版）》，http：//www.fdi.gov.cn/1800000121_10000483_ 8.html，访问时间：2021 年 6 月 30 日。

中国驻当地使领馆取得联系，并求助。驻法国（本土）使领馆联系方式、驻斯特拉斯堡、马赛和里昂总领馆的联系方式参考下文实用信息部分。

（四）个人方面

其一，赴法前准备好材料和证件。依照法国出入境管理法律规定，进入法国的外籍人员除出示有效护照和签证外，还必须出示邀请函、机票凭证、海外旅游保险、预付款和全额现金的酒店预订以及申请签证时提交的其他材料的复印件。出国前，需要提前检查护照和签证的有效性，以免妨碍出入境。应保存相关证件和材料的复印件，其中一份应随身携带，另一份应留在家中或交由国内亲属保管，以备不时之需。

其二，提前了解法国当地有关信息。及时了解并遵守法国对入境外籍人员的最新规定及提醒注意，特别是海关对于携带物品数量和种类的规定，注意不要超过允许范围。以上信息均可通过驻法大使馆网站、法国驻华使领馆网站、中国领事服务网、所在旅行社等获取。

其三，如果前往法国旅游，应当避免携带大量现金、穿着名牌服装、携带名牌包、金银珠宝和名牌手表，尽量用卡消费、使用带密码的银行卡，贵重物品及钱财切勿显露。

其四，遵守法国法律，尊重当地习俗。旅游时举止文明，公共场所不喧哗，参观博物馆、购物时遵守公共秩序，与当地人民友好相处，维护祖国和个人形象。

其五，提高个人安全意识，加强风险防范。在机场、火车站和地铁站等公共场所，巴黎圣母院、埃菲尔铁塔、卢浮宫等旅游景点，以及从巴黎地铁和机场到市区的郊区快车，请加倍警惕，采取预防措施，尽量避免与陌生人交谈，不要站得离地铁门太近，要时刻注意自己的物品。避免晚上独自外出，尽量在人流多的街道上行走，不去环境混乱的酒吧、俱乐部和其他娱乐场所。乘坐地铁和火车时，时刻留意行李和背包的位置。购物和付款时，注意周围是否有可疑人员。乘坐公交车时，最好将手提包等物品放在行李箱或脚下，不要放在座位或腿上，以免成为飞行罪犯抢劫的目标。如果发生盗窃和抢劫，请向最近的警察局报告或拨打法国国家报警电话。如果不会法语，可以要求警察提供翻译。如果丢失了信用卡或银行卡，应在第一时间拨打客服电话挂失。如果是遗失了证件，报警时一并领取报告表，然后尽快联系大使馆或领事馆补办。

其六，在出国之前，应该为家人或朋友留下一份旅行计划和时间表，提供抵达后的联系方式。护照上应详细写明家庭成员或朋友的地址和电话号码，以便相关部门在紧急情况下及时与他们联系。旅途中及时与亲友保持联系，避免亲人担忧。

中国公民在法国实用信息

单位名称或事项	地址	电话	备注
外交部全球领事保护与服务应急热线	—	+86 – 10 – 12308 +86 – 10 – 65612308	
中国驻法国大使馆	法国巴黎第七区木樨街 20 号 **领事侨务处：** 法国巴黎第八区乔治五世大街 11 号	+33 – 1 – 49521950 领事侨务处：+33 – 1 – 53758840 签证业务：+33 – 1 – 40700401 领事保护协助：+33 – 1 – 53758840 护照、旅行证、公证、认证业务： +33 – 1 – 53758831	**大使馆办公时间：** 周一至周五 9：00—12：00 14：30—18：00 **领事侨务处办公时间：** 周一至周五 9：30—12：00 （节假日除外）
中国驻马赛总领事馆	法国马赛卡玛诺尔大道 20 号	+33 – 4 – 91320267 签证、认证咨询：+33 – 4 – 86879879 公证、护照咨询：+33 – 4 – 91320267 领事保护协助：+33 – 4 – 91320019	**公证、护照咨询时间：** 10：00—12：00 15：00—17：00
中国驻斯特拉斯堡总领事馆	法国斯特拉斯堡博坦街 35 号 **领事办证：** 法国斯特拉斯堡欧仁卡里耶尔街 4 号	+33 – 3 – 88453232 领事业务：+33 – 3 – 88391284 领事保护协助：+33 – 6 – 09994464	**领事业务办理时间：** 周三 9：00—12：00
中国驻里昂总领事馆	法国里昂市第六区迪凯纳街 69 号	+33 – 4 – 37248307 领事保护协助：+33 – 7 – 85620931 证件业务咨询：+33 – 4 – 37248305	**电话咨询时间：** 周二和周四 10：00—11：30 周一至周五 15：00—17：30 （节假日除外）
匪警	—	17	
火警	—	18	
急救	—	15	
华人急救热线	—	+33 – 6 – 28943562	华人热线志愿者的工作时间为 8 时至 18 时

下 篇

21世纪海上丝绸之路共建国的中国公民权益保护

第十二章
在韩国的中国公民权益保护

大韩民国（Republic of Korea），简称韩国，于 1948 年 8 月 15 日成立。1950 年，朝鲜战争爆发，南北分裂，北方国家为朝鲜，南方国家为韩国。韩国国土面积为 10.329 万平方公里，人口约 5100 万（截至 2024 年 4 月）。韩国的行政首都是世宗，总统府和国会目前仍然在首尔，韩国成为拥有两个首都的国家。官方语言为韩语，官方货币为韩元。

自 20 世纪 60 年代以来，韩国政府一直奉行"出口导向"的经济发展战略，创造了举世闻名的"汉江奇迹"。它是一个发达的经合组织国家，是亚洲"四小龙"之一，拥有完善的市场经济。它也是"未来 11 国"集团中唯一的发达国家。韩国的信息技术产业多年来一直很强大，并形成了一个制造和技术产业。韩国不仅因其高速互联网服务而闻名于世，而且在存储器、平板显示器（如 LCD 和等离子屏幕）和手机方面也处于世界领先地位。

中国和韩国是世界上重要的两个经济体，两国都是彼此的重要经济伙伴。中国是韩国最大的贸易伙伴和第二大外国投资接受国，而韩国是中国的第三大贸易伙伴和第三大外国投资来源国。建交 20 多年来，两国在政治、经济和文化等各个领域开展了广泛而深入的合作。2015 年 10 月 31 日，双方签署了《关于合作建设丝绸之路经济带和 21 世纪海上丝绸之路及欧亚倡议的谅解备忘录》。[①] 2017 年韩国决定向亚投行的项目准备特别基金捐款 800 万美元（约合人民币 5445 万元）。[②] 2018 年，韩方积极推进"一带一路"与韩国"新南北方政策"合作对接。2019 年 12 月 23 日，习近平主席会见时任韩国总统文在寅，提出推进"一带一路"同韩方

---

① 中华人民共和国国家发展和改革委员会：《"一带一路"倡议和韩国"欧亚倡议"有机对接双方签署合作谅解备忘录》，http：//www. chinadevelopment. com. cn/，访问时间：2021 年 6 月 30 日。

② 《韩国将向亚投行特别基金捐款 800 万美元》，https：//www. huanqiu. com/，访问时间：2021 年 6 月 30 日。

发展战略规划对接。① 2022 年韩国与中国双边货物进出口额为 3622.9 亿美元,同比增长 0.1%。②

中韩两国在加快推进"一带一路"的合作过程中,在政治、经济、文化等领域开展了广泛而深入的合作。更多的韩国企业、个人在中国或中国企业个人在韩国进行投资,两国之间的旅游、留学往来也更加密切。韩国关于外国个人、企业在韩的权益保护制度不断更新、完善,为在韩工作、学习、旅游、投资的外国个人、企业创造了良好的法治环境,其保护机制可作如下分类:

一、外国人法律地位规定

韩国作为 WTO 成员国,《世界人权宣言》《公民权利和政治权利国际公约》《经济、社会和文化权利国际公约》等公约的缔约国,外国人在韩国与韩国公民的各项权利基本一致,享有国民待遇。《大韩民国宪法》第 6 条第 2 款规定,外国人的地位应按照国际法和条约的规定得到保障。另外韩国还颁布了《居住在大韩民国的外国人待遇框架法》,该法的目的在于帮助在韩国居住的外国人适应韩国社会,充分发挥自己的能力,营造韩国国民和在韩外国人相互理解和尊重的社会环境。其第三章专门规定了外国人在韩国享有的待遇,显示了国民待遇原则,非歧视原则等。为了执行《居住在大韩民国的外国人待遇框架法》,韩国还颁布了《韩国执行法令外国人待遇法》。

二、外国人权益保护的实体法规定

关于外国人民事权益的保护,韩国没有一部专门的实体法法律规范,除了《民法典》《刑法典》外,其他权益保护分散在各个部门法、行政法规之中。针对外籍劳工合法权益的保护,韩国出台了《外国工人就业法》《外国工人就业法的执行法令》及其他就业行动规定;针对外国公职人员的权益保护,韩国还颁布了《外国服务人员法》。在商事领域,韩国颁布了《对外贸易法》促进对外贸易、建立公平贸易制度、维持国际收支平衡和扩大商业;《外国投资和外国资本诱导法》来吸引和保护外国资本;《外国投资促进法》为外国投资者在韩国投资提供必要的支持和利益;《外汇交易法》《外汇管制法》促进对外贸易、维持国际收支平衡;《对外经济合作基金法》用以促进韩国与其他国家之间的经济合作或交流。针对外

---

① 孙奕:《习近平会见韩国总统文在寅》,http://www.xinhuanet.com/,访问时间:2021 年 6 月 30 日。
② 中华人民共和国外交部:《中国同韩国的关系》,https://www.mfa.gov.cn/web/gjhdq_ 676201/gj_ 676203/yz_ 676205/1206_ 676524/sbgx_ 676528/,访问时间:2024 年 6 月 30 日。

国游客，韩国颁布了《外国游客增值税、个人消费税等特殊情况的规定》。在法律适用方面，为在韩国的外国人及在国外的韩国人的涉外生活关系确定应适用的法律，韩国制定了《韩国国际私法》，对有关民商事案件的法律适用做了明确的规定。

三、外国人权益保护的程序法规定

韩国关于程序法的规定相对完善，在民商事领域主要有《民事诉讼法》《民事诉讼处理法》《民事执行法》《民事诉讼费用法》《韩国仲裁法》《韩国商事仲裁院商事仲裁规则》《韩国劳资争议调解法》等，对法院的管辖权、证据制度、当事人的诉讼能力、诉讼费用、诉讼程序等均作了详细规定；在刑事领域主要有《刑事诉讼法》《刑事诉讼成本法》《刑事赔偿法》《刑事管理法》《公民参与刑事审判法》等法律法规。在韩国的外国人待遇相关法规中，强调保障人权，所以不论是外国人还是韩国公民，均可以依照其国内法享有诉权。在国际合作方面韩国还出台了《民事案件国际司法互助法案》，用以为民事案件提供程序，委托外国进行司法合作，解决受外国委托进行的司法合作；《刑事事项国际司法互助法案》[①] 通过规定范围、程序等来促进在制止和预防犯罪方面的国际合作。中韩之间签订了《中华人民共和国和大韩民国引渡条约》《中华人民共和国和大韩民国关于民事和商事司法协助协定》《中华人民共和国和大韩民国刑事司法协助协定》，这些双边条约可进一步保障中国公民在韩国程序法上的权利。

第一节　事先预防

一、中国留学生租房被骗案

小丽和小红两人都是高中毕业生，虽然两人从来没碰过面，但是从小受韩流的影响，喜欢看韩剧，听韩文歌曲，最重要的是两人有同一个喜爱的偶像，于是，两人在微博上互加好友，并交换了微信号、电话号码等通信方式，顺理成章地成

---

① 国家法令信息中心：《刑事事项国际司法互助法案》，https：//www.law.go.kr/，访问时间：2021 年 7 月 2 日。

为亲密的好友。两人萌生了一个想法，想去韩国留学，去学习韩国文化。于是，两人便分别和家人商量。在取得家人的同意后，为了能成功留学，实现自己的愿望，两人学习韩语，联系学校，参加相关考试。经过一番努力后，两人终于考上心仪的学校，小丽成功地被 A 校录取，小红被 B 校录取。在高兴之余，两人必须得为在韩国的衣食住行做充足准备，首先在住的方面，虽然韩国大学的住宿条件不错，大多是两人间，小而温馨，设施一般看起来都很新，还有很多共用的免费设施，价格相比租房子便宜一些。但是，宿舍床位都非常紧张，有很多要求且最多住半年就必须搬出去。尤其是一到寒暑假，就要求学生把行李搬空，到了开学才可以重新入住，也会产生诸多不便。于是两人商量后打算在离学校近的地方租房住，这样上课也比较方便。如此，小丽与小红二人各自开启复杂、漫长的找房之旅。

小红，在经过对韩国的租房制度的研究、对比后，发现全租的保证金太多，所以她选择担保月租的方式租房。小红在网上查询韩国的相关租房信息，通过韩国房地产中介公司 C 公司，小红在 B 校附近找到一处满意的房产，便爽快签订好合同。按照合同约定，小红应当支付手续费以及预付押金，待小红到韩国时交付钥匙。到了临近开学的时间，小红满面春风、兴高采烈地来到韩国，对她未来四年的大学生活期待不已。但是，接下来发生的事给了小红致命的打击，她所联系的中介公司被称为"小巷中介"或者"马路中介"，是一种不正规的中介公司，这种中介公司的办公地方通常只有一张临时办公桌，其一般在同一时间段反复将事先短期租借好或租期即将届满的房子出租给多个人。C 公司出租给小红的房产是其承租两年的房屋，且即将到期。小红到韩国后按照网站上的地址找到中介公司，发现门店紧闭，问了旁边的商店老板，老板说这家店已经一个月没开门了。顿时，小红心灰意冷，意识到自己被骗，中介公司也已经逃之夭夭。小红立即向当地警察局报案。

相反，小丽则通过全租的方式租赁四年，直到大学毕业。小丽的父母担心小丽上当受骗，便一同前往韩国实地看房产，通过中介，同房主见面，查看其房屋登记簿，仔细检查了房屋的暖气、水压、下水道是否通风漏水等问题。小丽的父母在全面勘查无误后才让小丽签订房屋租赁合同。合同里包含的事项有：房东和租户的个人信息，房地产的信息、合同生效日期、房租金额及支付方式、入住时间、权利转移等内容。其中在特约事项中，房东注明"合同到期后需要找到下一个承租人才退保证金""合同到期前一个月要提前与房东联系，否则视为自动续约"这两条特别条款。小丽由于韩语学得不够透彻，疏漏了"合同到期后需要找到下一个承租人才退保证金"这一条款。小丽在签订合同和交付保证金时并未对合同的特别条款提出异议。

在韩国的租房学习生活中，小丽生活得比较舒心、顺畅。只是中间有一次家用锅炉出现故障，自己叫修理中心来修理并支付费用20万韩元。到合同到期前45天，小丽便通过社交软件联系房东并告知租期快满的事实。相隔20天左右房东没回复，小丽又用短信通知房东，这次房东回复了小丽。在合同到期前20天房东来到出租屋，告诉小丽由于没有找到下一个租户所以不退还保证金，并且由于没有提前一个月通知房东本人租期将满的事实，所以视为小丽自动续租。小丽感到十分委屈、痛苦。为解决此事，小丽联系了韩国的律师咨询有关情况。

二、法理分析

目前无论是出于对某一国国家的文化的喜爱，还是海外高校学习的向往，中国在海外的留学生这一特殊群体逐渐壮大。然而留学生大多刚刚高中毕业，是还未涉足社会的年轻人，在陌生的国家、环境中学习、生活通常会有孤独、彷徨失措的时候，特别是在权利受到侵害时更加突出。所以，对于留学生个人来说，在留学前为留学生活了解相关事项，做好充分准备是十分关键的；在国家层面，为避免我国海外公民的权益在所在国遭受侵害，对海外公民的权利保护也十分重要。

（一）海外中国公民权益保护的理论基础

一是国家利益理论。保障国家利益不可缺少的是维护海外公民的合法利益。一个主权完整的国家，其国家利益应得到最大化的保障。国籍作为一个国家保护其公民合法利益的依据，对于身处于中国境外的公民，我国应全力维护境外公民的合法权益，这也是作为一个主权国家维护国家利益的体现。国籍代表的是个人与国家间的关系，对于域外公民的权益保护也是对于国家主权的承认。

二是属人管辖理论。属人管辖是指国家对具有本国国籍的公民享有管辖权，无论该国民身处于一国境内还是境外，均对其具有管辖权。在属人管辖下，生活在海外的中国公民，由于其具有中国国籍，与中国始终存在某种法律关系，中国有义务对具有本国国籍的公民的合法权益进行保护。

三是属地管辖理论。属地管辖是指某外国公民进入另一国生活或是从事民商事交易活动，受所在地国家管辖。一国对于发生在该国的任何法律事件及行为均有管辖权。管辖权的基础是被告在法院地国境内设有住所或惯常居所，或属于所在地，或者法律事件和行为发生在该国领域内。

四是外国人待遇理论。外国人待遇是指不具有该国国籍的自然人在该国境内所享有的权利和应当承担的义务。外国人待遇类型主要有国民待遇、最惠国待遇、互惠待遇和差别待遇。其中，国民待遇理论与最惠国待遇理论强调国籍国对本国公民在海外的人身权益、财产权益遭受损害的法律保护依据；互惠待遇理论与差别待遇理论关注所在地国对外国公民采取法律保护措施的依据。一般来说，根据主权原则和司法实践，大多数国家给予外国人上述四种待遇，但是在国家间的综合实力或者政治上的矛盾等因素影响下，不同国家的国民可能享有不同的待遇。总体来说大多数外国人享有与其国民同等的权利义务，不得违反其本国法而歧视外国人。

（二）韩国的住房租赁体制与法律依据

韩国的住房租赁市场非常独特，与其他国家有较大区别。在租房的方式方面，主要有全租、月租、担保月租三种租房方式，大部分房源对三种租房方式都适用，可以满足不同租户的住房需求。全租房制度也称为"传贳租房制度"，是指承租人需要向出租人支付相当于住房价值总额 60%~80% 的保证金给出租人，当房屋租赁合同到期时房东再将保证金全额返还给承租人，也就是说最后承租人无需支付房租。韩国的担保月租房，承租人需要向出租人交付押金，押金的数额双方约定，其最大特征是押金越多，每月的房租租金就越少，并且可以调整押金和月租的金额分配，与全租房一样，在租房合同到期时全额返还，万一出现支付不起月租的情况，将会从押金里扣除相应的金额。没有押金时叫作月租房，房租很贵。无论是韩国国民，还是外国人，选择全租、担保月租方式的占多数。

中韩两国有关房屋租赁的立法有所不同。中国合同法中规定了"买卖不破租赁"制度，出租人和承租人合法订立房屋租赁合同有直接影响第三人权利的效果。在韩国，传贳制度是调整房屋租赁关系的传统做法，也是韩国法上的一种特有制度。韩国法为了有效保护承租人的利益，将传贳权①规定为一种物权，并在此基础上规定了登记租赁权，其内容主要体现在《韩国民法典》中第 6 章，以及特别法《房屋租赁保护法》中。② 此外，韩国还有专门的《全租房租户保护法》。这些法律一方面保障出租人的合法权益，比如承租人在租赁期间对房屋的损毁或者不支付租金等承担风险；另一方面着重保护了承租人的合法权益，即在租赁期届满后，出租人应当归还保证金，如果逾期归还，承租人可以保留充分使用或控制财产直

---

① 传贳权是指支付传贳金占有他人的不动产并按照其用途使用、收益，一旦传贳权消灭，返还该不动产并收回传贳金的权利。

② 李忠勋：《中韩房屋租赁制度之比较——以韩国〈住宅租赁保护法〉为中心》，载《政法学刊》2019 年第 1 期。

至房主归还。①

（三）案件中主要法律关系梳理

1. 小红租房遇假中介一案

该案主要有三层法律关系：第一层是房东与假中介之间的法律关系。二者之间是一个简单的韩国国内短期房屋租赁合同关系，不具有涉外的因素，且合同是有效的，该假中介也就是承租人。第二层是小红与假中介之间的法律关系。二者是具有涉外因素的房屋租赁合同关系，C 公司负责人利用其"房屋中介"的身份为小红找到房源，实则是"二房东"，相当于 C 公司负责人作为传贳权人，将标的物出租给小红。《韩国民法典》第 306 条规定，传贳权人可将标的物转传贳或租赁给他人，也可提供担保。但是不得超过其租赁期限。② 在案件中，C 公司将即将到期的房屋出租给小红，明显违反该条的规定。第三层则是小红与房东之间的法律关系。转传贳约定期间超过原传贳权的存续期间的，其超过部分的期间无效。由于小红与 C 公司签订的房屋租赁合同超过了原存续期间。所以小红与房东之间并未构成真正的房屋租赁合同关系。

2. 小丽与房东房屋租赁合同纠纷案

该案的法律关系较简单，仅只有一层法律关系，即小丽与房东之间的房屋租赁合同关系。该案涉及两个争议焦点，即保证金的退还以及房屋续租问题。在《韩国民法典》中，没有关于保证金的规定，因此，保证金的交纳金额、退还等相关问题一般体现在当事人双方的房屋租赁合同中。本案中，小丽及其家人对韩语不够熟悉，在签订合同时忽视了"未找到下一个租户不退还保证金"这一条款，但是对于合同中的重要事项，房东并未有事先说明情况。小丽可以向房东提起保证金返还请求诉讼并要求其返还保证金。再是房屋续租问题。《韩国民法典》对传贳权的法定延长条件作了规定，即在传贳权期满前 6 个月到前 1 个月间，若传贳权人未作出表示，视为再设定传贳权。③ 本案的租赁合同中也对延续时间作了约定。但是小丽按照约定，提前一个月告知了房东，租期将满不再续租的情况。房东违反了合同规定。

该案中，还存在一个潜在的争议，即房屋修缮的费用由谁承担。《韩国民法

———————

① 彭云：《小议韩国全租房制度在深圳的适用》，载《住宅与房地产》2016 年第 35 期。

② 《韩国民法典》第 306 条规定：传贳权人可将传贳权让与或向他人提供担保，于其存续期间内可将其标的物转传贳或租赁于他人。但设定行为禁止时，不在此限。

③ 《韩国民法典》第 312 条第 4 项。

典》规定了房东在租赁合同存续期间确保承租人能够使用房屋。① 因此，对于锅炉这种正常生活所必需的物品，出现故障时，房东应当承担修理费用。由于小丽不了解韩国的法律，自行支付了20万韩元。但是，小丽可以向房东追偿。②

三、对策建议

中国公民在海外，身处陌生的环境，对当地的经济、政治、文化制度，法律制度，风俗习惯等方面不够熟悉，经常会因为疏忽大意或者在当地遇人不淑，而被人坑蒙拐骗，使自己的人身、财产权益受到损害。韩国与中国隔海相望，同属于东亚地区，在地理位置上较近，出行便利。特别是21世纪以来中国与韩国的交流密切，中国公民深受韩流文化的影响，选择在韩国学习、工作、旅游的人次相比于其他国家更多。为了使身处于韩国的中国公民更好地维护自身的权益，下面根据以上案例，对公民如何做好事先预防提出建议：

（一）提前查询、了解韩国相关的制度

查询韩国信息及有关制度的途径多样：首先，可以在相关官方网站如中国驻大韩民国大使馆官网查询有关韩国的基本历史文化、政治经济制度，地理环境、气候条件和需要准备的相关证件等基本信息。釜山、光州、济州这三个地区还设有领事馆，若去往这三个地方的中国公民还可以通过领馆发布的信息查询，特别关注"领事注意与提醒"专栏，一般会发布在韩国近期的或是时常发生的事件的注意事项。关于留学生群体，还设有"韩国留学生服务网"，关于留学所要了解的学校学制、房租居住、交通出行等相关信息均可找到。其次，也可以利用相关网站查询有关信息但网站上的信息真假不一，在参考时须谨慎斟酌。再次，可以通过身边的友人了解。身边的友人在韩国有真实的生活经验，其所传达的信息更加贴切生活实际。

关于查询、了解的相关信息内容，除了韩国的一般社会经济文化信息与制度外，至关重要的是韩国的法律制度。法律牵扯到生活的方方面面，比如关于在韩国租房的法律规定。韩国法律与我国有较大的差异。提前了解相关法律规定，有利于预防租房过程中出现的种种问题，当我们的财产利益被侵犯时，比如不合理额外费用的支出、不退还保证金等情况，均可运用法律武器来维权。

（二）谨慎选择房地产中介

对于外国人需要特别小心那种打着个人交易旗号，声称可以节省中介费的各

---

① 《韩国民法典》第623条。
② 《韩国民法典》第626条第1项。

种直销网站，因为往往上当受骗的人通常就是在这些直销网站上从事交易活动的。他们抬高楼盘价格并通过个人交易诓骗交易经验不足的人，以牟取利益。并且这些直销网站没有担保制度，因此即使签约人的权益受到损害，也无法得到相应赔偿。所以一定要确认所访问的房产中介是否拥有房产中介资格证，同时资格证书和注册证书是否一致。如果没有中介资格证或者证书不一致，则是不正规房地产中介。在韩国，房地产中介必须采用"某某房地产中介"或"某某认证中介事务所"的法定名称。如果发现房产中介的名称为"某某投资咨询"或者"某某综合开发"等类似公司，尽可能避而远之。另外，法律规定，房产中介合同必须加入担保保险条款，签约人在遭受损失时，可通过此担保保险获得赔偿。

（三）实地考察，查询房产、房东相关信息

在签约房屋租赁合同时，亲自前往韩国确认房屋位置及状况、房东的信用信息等也是非常重要的。如果不实地考察，在签订合同时，就会发生各种问题。必须检查房屋内部的基础设施运行情况，比如下水道、水压、水槽是不是完好无损，墙壁、天花板是否有裂缝情形，有关电视、锅炉、空调等电器设施的使用情况是否正常，对于发生故障产生的维修费用的承担必须在合同中约定。为了便利生活，对于房屋周边的环境也可进行相应考察，比如是否处于喧嚣的闹市中，小区的安全管理是否到位，附近交通是否方便等。除支付租金外，房屋本身支出的管理费及其他附加税应当查明。对于房东，所需要确认的信息有：其是否为房产的实际所有人，产权证是否失效，被扣押以及其债务情况等。

（四）仔细阅读房屋租赁合同

在签订合同时，某些房东可能会利用对方为外国人，不精通韩语的劣势，在合同中制定某些不利于出租人的条款。应尽量由韩国人陪同前往，对合同里不理解的条款及时提出异议。合同的内容包括房东和租户的个人信息，房地产的信息、合同生效日期、房租金额及支付方式、入住时间、权利转移等。特殊事项，是许多人会忽视或遗漏的事项。由于特殊事项具有法律效力，签约时不予以注意就有可能处于被动地位或损害个人利益。对于入住后可能发生的重大问题，在特殊事项中明确标示出责任人是谁、到何时为止解决问题，否则，难以在事前避免纷争。①

---

① 《在韩租房注意事项》，http：//korea.lxgz.org.cn/publish/portal109/tab5087/info134476.htm，访问时间：2021年6月30日。

<h1 style="text-align:center;">第二节　事件应对</h1>

一、在韩国务工人员权益受损案

案例一：2013 年 7 月 15 日，韩国首尔附近汉江南段水管铺设作业过程中发生事故，7 名工人被江水淹没，其中 1 名韩国人死亡，6 名工人失踪，包括 3 名中国籍工人。韩国媒体报道称，由于汉江附近的排水管老化，施工单位挖掘出一条直径 2.2 米，深 48 米的隧道重新安装排水管。该隧道与汉江相连，虽然在汉江旁设有 24 米的储水池，但是当时韩国中部一直大雨不断，导致汉江的水位急剧上升，并且溢出蓄水池从而淹没了施工现场。韩国消防当局相关人士表示，地下工程现场既没有逃避的地方又缺乏通往外部的通道。① 负责工程监管的工作人员也表示，当时的施工不符合安全管理的规定。②

案例二：韩漂建筑工人金某，出生于辽宁省丹东市，朝鲜族人。2015 年左右，国内建筑行业用工量饱和，在国内工作机会难得的背景下，金某听朋友说韩国有机遇而且薪资相当可观，再加上他本人也会一点朝鲜语，随便找了家旅行社办好签证赴韩打工。金某在韩国接了不少小活，收入也相当可观，几乎可以获得比国内做架子工翻倍的月薪。金某每月都定期向家里汇钱，在国内的家人也颇感欣慰。2016 年，金某又找到一份在建筑工地打工的工作。韩国的监工监管十分严格，基本不会让他们休息，还经常呵斥工人。但是金某为了赚钱，一直忍气吞声，坚持了下来。但韩国建筑方一直拖欠工资不发，令金某的生活又陷入了困境。

二、法理分析

中韩两国于 1992 年建交，并且在这之后，韩国实行了产业研修生制度，开始正式引进外国劳动力。为了完善引进外国劳动力制度，有效保障在韩国的外籍劳工的合法权益，从 2004 年，韩国相继出台了《外国人劳动者雇佣许可法》等法律

---

① 《3 名在韩中国工人铺设管道时因水淹隧道失踪》，http://www.bjnews.com.cn/，访问时间：2021 年 6 月 30 日。

② 《韩国汉城一施工隧道被淹　3 名中国工人失踪》，https://www.guancha.cn/society/2013_07_17_158944.shtml，访问时间：2021 年 10 月 27 日。

法规，中国许多县市出台了不少有关出国出境劳务输出的地方法规，对韩劳务输出的人数不断增长。

目前，中国成为对韩国劳动输出的大国，既有历史原因又有经济原因。其一，在中国的劳动输出群体中，朝鲜族为主要群体。中国朝鲜族与韩国朝鲜族同宗同祖，其语言、文字、文化、习俗等相似，他们能够很好地理解、适应韩国的生活习惯，这也成为他们前往经济发达的韩国务工的关键因素。其二，韩国从 20 世纪七八十年代开始大力发展经济，国内经济水平得到了极大的提升，实现了"汉江奇迹"，被称为"亚洲四小龙"之一，经济实力接近于发达国家。[1] 21 世纪初的中国正处于快速发展的阶段，生活水平与韩国相比较低，尤其是国内二三线的农村地区，有大量剩余劳动力，成为赴韩务工的生力军。

在韩国的中国籍劳动者，大部分是农民、下岗工人，受教育程度较低，大多从事建筑行业、道路建设行业或者餐饮行业，技术含量低，收入不高。特别是一些通过非法渠道在韩国就业的劳动者，其生活环境更为艰难，大部分从事的行业为"3D"行业。[2] 然而，拥有高学历并就职于高新技术行业的中国籍劳动者数量甚微。

下面分析以上两个案件的责任承担和救济的法理依据。

（一）责任承担

1. 案例一可以从以下几个方面分析责任承担

雇主责任：根据韩国的劳动安全法规，雇主有责任提供安全的工作环境给雇员。在此案中，施工单位未能确保工程现场的安全，既没有提供逃避的地方，也缺乏通往外部的通道，明显违反了安全管理规定。

疏忽责任：施工单位可能因疏忽而导致事故，特别是在知道汉江水位可能上升的情况下，未采取适当的预防措施。

雇主和施工单位可能需要对受害者的死亡和失踪承担民事赔偿责任，包括赔偿受害者家属的经济损失和精神损害。如果调查结果显示，施工单位或相关人员的行为构成犯罪（如过失致死），他们可能会面临刑事指控。鉴于事故涉及外国工人，韩国的劳动法律和国际劳动法原则（如国际劳工组织的标准）也应适用，确保外国工人的权益得到保护。

---

① 赵志朋：《中国在韩国劳务输出人员的合法权益劳动保障问题研究》，东北财经大学 2014 年硕士学位论文。

② 在韩国，"脏（dirty）、难（difficult）、危险（danger）"的工作被称为 3D 工作。

2. 案例二可以从以下几个方面分析责任的承担

劳动权益保护：根据韩国的劳动法律，所有工人，无论国籍，都应享有基本的劳动权益，包括合理的工作条件、休息时间和工资支付。金某遭遇的监管严格、工作条件恶劣以及工资拖欠都违反了这些基本权益。

工资支付：雇主有义务按时支付工资。拖欠工资是违法行为，金某有权要求支付拖欠的工资，并可能获得法律支持。

金某可以向韩国的劳动监察部门投诉，寻求帮助和保护。劳动监察部门有责任调查并处理此类投诉。作为外国工人，金某还受到国际人权法的保护，包括禁止歧视、保护劳动者权益等。韩国作为国际社会的成员，有责任遵守这些国际法律原则。

（二）事故发生地国履行救助义务的法理依据

根据国际习惯法上的国民待遇原则，即外国公民、企业在一国从事民商事活动时，享有与该国国民、企业同等的民事权利，民事义务。在国际社会中，《经济、社会和文化权利国际公约》《国际人权公约》、联合国国际劳工组织制定的相关条约等都对保护国际劳工的基本权利作了相关规定。中国劳工在韩国从事相关劳务工作，与韩国公民享有同等待遇。韩国的雇佣劳动制赋予了外籍劳工"劳动者"的身份。外籍劳工同韩国劳动者一样享受《劳动安全保健法》《最低工资法》《男女雇佣平等法》《工伤事故赔偿保险法》《工会与劳动关系调整法》《职业稳定法》等赋予的法律权利。[①] 中韩两国签订的《输韩劳务的谅解备忘录》第13条规定："韩国劳动部和人力公团将根据韩国有关法律保护劳务人员权益，并负责劳动人员雇佣和在韩期间的管理。"可见，我国赴韩劳工人员在韩期间的管理与权益维护，主要由韩国劳动部和人力公团负责。

当中国籍劳动者遭遇韩国老板的辱骂、歧视等侵犯其人格尊严的行为或者拖欠工资、扣留退职金等行为时，韩国有关机构或者政府部门应积极维护其合法权益，为其提供法律救济或者法律途径以外的救助方法，如协商、调解、劳动仲裁等。当中国籍劳动者在劳动作业中遇到突发事故，韩国政府应当全力营救被困人员。对于受伤的人员，应及时送往医院救治，并且协助受害人员或者其家属获得相应的赔偿。

（三）国籍国履行救助义务的法理基础

中国海外劳工权益是指我国海外劳工的合法劳动权利和利益。中国籍劳动者

---

① 尹虎：《韩国"外国人雇佣许可制"劳工权益问题探析》，载《延边大学学报（社会科学版）》2016年第2期。

在韩国的合法权益受到侵害时，我国的保护、救助义务主要体现在领事保护与外交保护上，此外还可以通过中国的国内法的域外适用、我国加入的国际公约的权利保护以及与韩国签订的互助协定进行维权。2007 年我国与韩国签订的《输韩劳务的谅解备忘录》规定："经济合作局将在韩国设立机构，接受中国驻韩国外交机构的指导，协助劳务人员雇佣和在韩管理工作，例如提供咨询服务以鼓励劳务人员遵守韩国法律法规，协助保护劳务人员权利。"[①] 我国有关部门应协助韩方对在韩的劳务人员进行权益保护。2012 年 5 月 16 日，我国通过了首部对外劳务合作领域的专门立法《对外劳务合作管理条例》，进一步加强对海外中国劳工权益的保护。

在韩国首尔汉江南段水管铺设施工事故中，3 名中国籍工人失踪。中国外交部门应全力配合韩国对失踪人员的搜救，妥善安抚失踪者家属，查明事故原因，处理好善后事宜。在金某与韩国雇主的劳动纠纷案中，还可以利用我国外交部设立的法律援助中心进行法律咨询、法律援助，为受害者维权。

三、对策建议

（一）公民的自力救济

我国公民在韩国从事劳务工作时，应注意与雇主之间的关系，遵守劳动合同，服从劳动安排，避免发生纠纷。如果遭到不公平待遇、拖延工资的情况，应及时与雇主沟通，合理表达诉求。面对劳务纠纷，尽量通过协商的方式解决。无论是国内劳动争议纠纷还是跨国劳动争议纠纷，一般而言首先应当注重雇员与雇主之间的自主解决，即通过协商的方式解决，这种方式能更好地了解到双方之间的争议焦点，并且耗费的时间、金钱也比较少。[②] 在实践中，大多数劳动争议都是通过协商的方式解决，这也是最有成效、成本最小的方法。协商之前可到法律事务所或者法律中心了解相关的法律规定，争取自己的利益最大化。若在工作环境恶劣的地方劳动作业时遇到突发事件，自我保护意识十分重要，遇险人员应当按照逃生路线逃往安全地带。

（二）向韩方请求救济

为解决劳资纠纷，韩国政府成立了雇佣安定中心，当雇员与雇主协商不成，外籍劳务人员与当地的劳务人员享有同等的权利，即可以向当地雇佣安定中心投

---

① 参见《输韩劳务的谅解备忘录》第 13 条。
② 朱秋爽：《论韩国雇佣许可制下中韩劳务合作争议的预防与解决》，山东大学 2017 年硕士学位论文。

诉，若雇主违反相关法律法规，雇佣安定中心将会对雇主做出相关处理。此外，在韩国的外籍劳工还可向专门解决外国人劳务纠纷的"外国人综合支援中心"寻求帮助；若纠纷还未解决，雇员还可以采用调解的方式解决争议，包括私人调解和法定调解，大多是请求第三方的加入。私人调解是指由民间的调解机构来主持调解。法定调解是指向地方的劳动关系委员会申请调解，需要在争议产生后三个月内提起，如果对调解结果不服，可以向国家劳动关系委员会提起复议。如果员工在进行劳务工作期间遭到殴打、辱骂等，或者发生意外事故，尽快向当地警方报案，以便得到及时的帮助、救援。

在韩国采取协商或调解方式未解决纠纷时，还可以运用仲裁和诉讼的方式处理劳务纠纷，但是需谨慎选择。相较于协商和调解，这两种方式存在耗时长、费用高、程序复杂等弊端。与我国不同的是，在发生劳动纠纷后，韩国法律没有劳动仲裁前置的规定，因此，劳动者既可以在仲裁程序之后向法院提起诉讼，也可以直接向法院提起诉讼。另外，依韩国现行法律的规定，若外籍劳务人员通过仲裁或者诉讼解决劳动纠纷，需要提供劳动权益遭受侵害的证据。然而，在劳动合同的关系下，劳务人员处于弱势地位，若要搜集证据则相对比较困难。

（三）请求中方的救济

中方劳务人员遭遇劳动纠纷且协商不成时，可以向我国商务部促进事务局在韩国的办公司寻求帮助，请求他们协助解决纠纷。如遇到重大紧急情况，可以向驻韩使领馆请求帮助，比如遇到突发意外事故，可以联系当地使领馆。

在韩国遇到涉及重大人身损害的纠纷，也可请求外交保护（前提是用尽当地的一切救济手段）和领事保护。除了请求外交保护或领事保护之外，根据属人管辖原则，我国法院对具有我国国籍的海外务工人员具有管辖权，因此，赴韩务工的劳务人员在权益受损时还可以向国内法院提起诉讼。

第三节　事后处理

一、中国女孩赴韩整容失败案

30 岁的张雨（化名）在上海一家外贸公司担任业务经理，平时对韩流十分喜欢，喜欢看韩剧，品韩国美食，欣赏韩国的明星等，在一次偶然的机会张雨看了一档韩国美容节目《Let 美人》，她看到一个外表十分平凡的女生经过整容后变得很漂亮，便动心了。她联系了一家整容外科医院，该医院在中国国内做了很大的广告，广告上说"零失败、零投诉、零风险"，张雨本人也在网上查询了医院的相关资料，更加坚定了整容的想法。开始，她只想做双眼皮手术和下巴奥美定取出术，花费 1100 万韩元（约合人民币 6 万元）。但美容顾问反复建议，并称"颧骨过高，容易克夫"。张雨结合自己刚跟男朋友分手的经历，便同意进行颧骨修小的手术。医院方称该手术由他们医院的院长执刀，费用为 600 万韩元（约合人民币 3 万多元）。直到上了手术台，医院才将合同给张雨看，让她签字，并且内容用韩语书写。张雨不懂韩文，便懵懵懂懂地签了字。被麻醉后，手术一共持续了 7 个多小时，张雨全程不知道发生了什么。结果这场颧骨缩小手术导致张雨的嘴巴畸形。经过多家医院诊断，她的面部神经已经损伤，可能一辈子无法复原。

张雨曾两次去往首尔协商维权。第一次与医疗机构协商时遭到五男一女的殴打。随后医院报了警，警察把她带到警察局录了口供，在此期间，张雨一直在警察局，直到她给中国驻韩大使馆打电话，在大使馆工作人员的协调下才离开警察局。第二次去维权时，医院代表和翻译张某表示，嘴巴歪的问题需要大约两年的恢复期，如果不好就再来治疗，同时医院拿出一份补偿 900 万韩元（约合人民币51700 元）的协议书。而张雨想到她这一年来，光手术费就花了 10 多万元，医院想用 5 万元就把她打发了，她当场将协议撕碎。医院随即以恐吓、威胁和妨碍营业罪报警。于是第二次送往看守所。① 张雨的两次维权都未成功。

在整形路上遭遇重创的中国女性不仅张雨一人。在深圳做韩国服装外贸生意的 33 岁中国女性陈怡丽，也是受害人之一。为了生意方便，陈怡丽聘请了一名翻译帮助打理生意。这名翻译同时也是一位整容中介，多次劝说陈怡丽去韩国整容。开始陈怡丽不愿意整容，觉得有风险。但是，这位翻译为了打消陈怡丽的顾虑，特意拿出几张关于中国知名演员和运动员的整形例子。经过反复权衡，陈怡丽决定亲赴韩国进行整形。在韩国整容医院的医生反复建议下，进行了鼻综合和隆下颌手术。令人想不到的是，本来清秀的脸在整形后变得非常不协调，看上去特别显老。于是，陈怡丽进行维权，医院决定退还 3.5 万元人民币。陈怡丽不同意这个金额，但是医院却告诉她中介获取了高额提成。陈怡丽便开始联系当时劝说自己整容的翻译。结果这位翻译换了联系方式，陈怡丽再也找不到了。

---

① 《女子赴韩失败遭毁容：我这辈子都完了》，https://www.sohu.com/a/285427933_ 120078003，访问时间：2021 年 6 月 30 日。

与陈怡丽的整容经历类似的还有靳魏坤，她从 23 岁时开始经历了三场大型整容手术，以为能变美，结果在拆纱布的时候发现自己的整容手术十分失败，完全是一张扭曲的脸，最后走上维权之路。这也让很多爱美的女孩认识到整容带来的风险。

还有一个中国女孩小王，在她青春期时期就对自己外貌不自信，一直想去韩国整形。特别是在她 20 岁时，整容的想法更加强烈，她不想在青春最美好的年纪里顶着一副"丑脸"。于是自己攒钱去韩国整形，顺便在韩国观光旅游。通过网上的信息以及广告，她选择了首尔江南的一家正规医疗机构，并签订了合同。但是在签合同时，小王并未仔细审查合同条款，该医疗机构对小王整形手术的收费相比其国内消费者高出了 10 倍左右。

二、法理分析

中国公民赴韩整容的人数、次数逐年增加，但赴韩整形的各个环节都存在巨大风险，不少赴韩国整形的中国公民最终都走上了维权之路。跨国维权之路的过程也相当艰辛。在实践中，我国受害者可以通过哪些方式途径寻求救济？韩方的相关部门、民间机构应该承担哪些责任？结合上述赴韩整容纠纷案，笔者从维护中国公民在海外的合法权益角度全面阐释相关的法律依据，并进行深入的法理分析。

（一）国籍国保护

国籍是国家对个人具有属人管辖权的依据。个人具有某国国籍，该国就对其有属人管辖权，不论其在该国境内还是境外。国家也因此有保护其在外国的国民之合法权利的义务。国籍国对中国公民的海外权益保护主要体现在外交保护和领事保护。领事保护是一国海外公民在境外接受本国政府行政服务和行政管理的主要方式，同时也是维护本国公民在海外的合法权益的一种保护方式。海外公民的人身安全、财产权、劳动就业权等权利均可纳入领事保护的范围，所以，当我国公民在海外的合法权益遭受到侵害时可以向领事馆请求领事保护。若领事保护不能奏效或无法解决纠纷，可通过外交保护将纠纷上升到国家层面来补救。外交保护和领事保护两者在保护海外公民权益方面相互补充，缺一不可。①

针对上述的整容纠纷案，当事人还可以通过国内的司法制度来寻求保护。目前，有关涉外整容纠纷我国没有专门的法规。我国《民法典》与《涉外民事关

---

① 王秀梅：《国际法人本化趋向下海外公民保护的性质演进及进路选择》，载《现代法学》2010 年第 4 期。

系法律适用法》虽然在一定程度上可成为整容受害人维权的武器，但是其受地域限制，难以完全发挥域外救济功能。

（二）所在地国的保护

居留在国外的中国公民，置身于所在国的权利框架之下，必须服从所在国的管辖，根据属地管辖权，每个国家对其境内的一切人，发生的一切事具有管辖权。外国人一旦进入该国，就必须服从所在地国的立法、行政和司法等措施，并就他们在该国所做的一切行为对该国负责。① 除此之外，外国人在所在地国应享有基本的尊重、基本的人权。所在地国亦负有保护外国人的生命和人身安全、财产安全责任。当权利受到侵犯时，所在地国法院、法庭和所有司法机关、行政机关应赋予外国人同等的诉讼权利和待遇，允许外国人拥有与本国领事馆或使馆保持联系的权利。

在韩国有一种新兴的旅游方式，即"医疗旅游"，国际上这种旅游方式没有统一的定义，有些学者将其定义为以接受医疗、健康管理等目的，在海外长时间停留期间享受除医疗以外的休养、度假以及文化体验等活动。目前，韩国在规范医疗旅游方面制定并完善了诸多法律法规，比如《韩国民法》《韩国医疗法》《韩国保健医疗基本法》《韩国旅游振兴法》及其相关的施行令等。为了吸引外国患者，《韩国医疗法》第 27 条第 3 款第 2 项规定："允许为了招揽在本国就医的外国患者，除长期定居在韩国的外国人，以营利为目的招揽外国患者的医疗机构或者医疗人员的行为成为称引行为。"该法还对相关医疗机构以及中介机构的合法地位作了相关规定。

（三）跨国整容医疗纠纷的司法管辖权与法律适用

当整容医疗纠纷走到诉讼这一步时，为了有效保护涉外消费者的合法权益，使涉外消费者的诉权能够充分发挥，在向法院提起诉讼前，必须明确哪些法院对案件具有管辖权，以及在哪个法院提起诉讼更能有效保护消费者的合法权益，保障诉讼程序的有效推进。各国国际私法认为，当事人可以在合同中约定受管辖的法院。如果没有约定，根据国际私法法理，一般管辖原则是属地管辖原则与属人管辖原则。属地管辖权属于侵权行为地韩国，属人管辖则属于受害人的国籍国中国，因此，中国和韩国均有管辖权。若在中国起诉，由于主要证据在韩国，涉及案件调查取证程序复杂且相对困难。加之，中韩之间没有相关的司法互助协议，有关取证的程序是十分复杂的，只能根据《海牙取证公约》制作请求书、转递函，

① 邵津主编：《国际法》（第五版），北京大学出版社 2014 年版。

由专门的国际司法协助部门的工作人员进行审查,委托中国翻译机构翻译并经公证机关公证,最后还必须由中国驻韩使馆认证。① 因此,在韩国起诉相对便利,也有利于判决的承认与执行。

当事人若在韩国提起诉讼,应弄清案件法律适用的关键问题。其一,从侵权纠纷的角度分析,《韩国国际私法》第13条第1款规定:"因不法行为而产生的侵权成立及效力,依其原因事实发生地法。"该规定与我国《涉外民事关系法律适用法》的规定不同,我国法律规定,当事人可以选择适用侵权行为地或者侵权结果发生地的法律,而韩国的私法规定只能适用侵权行为地的法律。这是与中国法允许当事人可以协议选择法律适用的规定的不同之处。其二,从合同的角度分析,中国消费者赴韩整容,与韩方医疗机构签订的合同属于涉外合同,若一方违约,则构成违约责任。《韩国国际私法》对合同的法律适用包括了当事人的意思自治原则、最密切联系地原则、强制性法律适用原则。三者的关系是,先看有无强制性规则,再看当事人之间有无协议约定,若都无,则根据最密切联系地选择法律适用。

三、对策建议

受到"韩流"文化的影响,有众多爱美的中国女孩选择去韩国整形,开启一段医疗观光之旅,然而并不是一切都如广告那般美好。在赴韩整容的中国女性中,被中介骗、收取高价、整容失败的案例不在少数,她们中的大多数走向了艰难的跨国维权之路。为了维护自身权益,这些中国女性可以通过诉讼以及非诉讼途径解决与医疗机构、中介之间的纠纷。

(一)韩国非诉讼纠纷解决方式

在"赴韩整容之旅"有关纠纷的处理过程中,协商和解是当事人解决纠纷最便捷、最直接的途径和方法。但是案例中的整容受害者在与医院的多次沟通下,并没有达成合理的协议。可见在实践中通过协商和解往往不能有效维护受害者的合法权益。为此,我国受害者可以通过调解来维护合法权益,在韩国发生医疗纠纷案件,一般向韩国消费者院或者韩国医疗纠纷调解仲裁院提起申请。2012年,韩国根据《医疗纠纷调解法》设立了韩国医疗纠纷调解仲裁院。该调解仲裁院专门受理在韩国发生的医疗纠纷案件,进一步完善了医疗纠纷解决机制。该调解仲裁院也解决涉外纠纷,若我国公民在韩国发生了医疗纠纷事故也可以请求该调解仲裁院进行调解。相较于其他调解机构而言,医疗纠纷仲裁院的优势在于费用相

---

① 陈源圆:《中国消费者赴韩整形纠纷的法律救济》,暨南大学2015年硕士学位论文。

对低，花费时间少，并且具有专业的医疗保健等医学方面的人才。韩国医疗纠纷调解仲裁院规定调解、仲裁的时间须在 90 天内完成，消费者可以通过打电话、发传真、邮件，或者在官网上查询案件的进展。

此外，中国消费者在赴韩接受整容手术时，可以选择购买《医疗旅游安心护理保险》，该保险是韩国旅游发展局和韩国医疗纠纷调解仲裁院合作推出的，并且是能够保障韩国医疗纠纷调解仲裁院受理医疗纠纷案件的一种官方保险。因此，若中国消费者在韩国发生整容医疗纠纷，可以向韩国医疗纠纷调解仲裁院申请调解，并提交保险合同等其他相关证明材料，以及权利遭受损害的证据材料。提交其他各项资料后，调解仲裁机构须在 90 天内完成结案。

韩国消费者院自 1999 年开始处理医疗纠纷案件，为受害者提供救济途径。在实践中，韩国消费者院对于处理争议金额较小的医疗纠纷案件调解成功率较高，[①]所以中国消费者发生的金额较少的医疗纠纷案件可以向韩国消费者院申请调解。并且相较于医疗纠纷调解仲裁院，消费者院调解只要消费者申请即可，无须征得侵权医疗机构的同意，也就是说韩国消费者院进行的是强制性调解。中国消费者可以通过外国消费者专门热线、电子邮件、官方网站等途径就相关整形损害事宜向韩国消费者院进行咨询，提供相关证据材料后，消费者院就会启动调查。[②]

（二）韩国诉讼纠纷解决方式

在通过调解、仲裁程序后，双方当事人仍未达成协议时，大多数当事人则会选择诉讼方式解决纠纷。诉讼纠纷解决机制对解决不平等医患关系的裁判结果具有强制性效力，其能够有效化解当事人纠纷，保障当事人权益。韩国自 1990 年在首尔中央地方法院设立医疗案件审判庭，至今已有 3 个高等法院和 14 个地方法院设置了医疗案件审判庭，这些审判庭专门审理医疗案件，能够有效提高医疗纠纷解决的效率。[③]

（三）向我国有关机构或者驻外使领馆请求领事保护

领事保护是专门针对我国海外公民、法人的合法权益的一项特殊保护方式，一旦我国公民赴韩医疗整形者发生医疗整形事故纠纷依靠私力处理不了时，或者用尽了当地的一切救济方式仍未解决时，或者找不到其他的途径解决纠纷时，均可以向我国驻外领事馆寻求保护。根据 2014 年中韩两国签订并于 2015 年 4 月生效的《中华人民共和国和大韩民国领事协定》的规定，接受国提供案件具体信息、

① 申铉昊：《韩国人如何处理医疗纠纷》，载《当代医学》2004 年第 8 期。
② 陈源圆：《中国消费者赴韩整形纠纷的法律救济》，暨南大学 2016 年硕士学位论文。
③ 朱萍：《赴韩医疗旅游纠纷解决机制研究》，深圳大学 2017 年硕士学位论文。

通知时限、无条件领事通知，由接受国为案件当事人提供合乎需要的翻译。我国驻韩使领馆通过这一协定，不仅能够及时了解我国公民是否处于监禁或者羁押状态，而且在必要时可以及时提供帮助，努力减少由于语言障碍等而导致的我国公民赴韩医疗整形合法权益受到损害。

本章小结

自 1992 年 8 月建交以来，中韩关系在各个领域取得飞速发展，并于 2008 年提升为战略合作伙伴关系。2016 年 7 月，韩国政府决定部署萨德，两国关系陷入僵局。2017 年 5 月，文在寅任总统后，两国关系得到恢复。2017 年 12 月，文在寅总统对中国进行国事访问，两国就恢复和发展交流与合作达成共识，两国关系重回正轨。中韩两国始终致力于两国关系发展，此不仅增进两国人民福祉，而且能为东北亚和平稳定做出贡献。

韩国加入"一带一路"建设以来，双方在经贸往来上的合作交流越来越密切。中国与韩国是密切的贸易伙伴关系，并且韩国是中国第三大贸易伙伴国。据中方统计，2022 年韩国与中国双边货物进出口额为 3622.9 亿美元，同比增长 0.1%。其中，我方进口额 1996.7 亿美元，同比减少 6.5%；出口额 1626.2 亿美元，同比增长 9.5%。累计截至 2022 年 6 月底，韩对华实际投资累计 930.8 亿美元，中国对韩国实际投资累计 66 亿美元。① 韩国是中国第二大外资来源国，中国是韩国第二大投资对象国。2016 年 6 月，人民币对韩元直接交易在中国正式启动。2017 年 10 月，中国人民银行和韩国银行续签本币互换协议，协议延长 3 年，规模为 3600 亿元人民币。2020 年 10 月，中国人民银行和韩国银行续签本币互换协议，协议有效期延长至 5 年，规模扩大至 4000 亿元人民币。② 韩国加入"一带一路"建设以来，两国之间的旅游业、文化交流等方面的合作更加密切。在观光旅游业的基础上产生的医疗旅游、代购等产业也得到了极大发展。中国公民前往韩国的群体逐渐年轻化和多样化，20 世纪末主要以我国朝鲜族公民赴韩务工或者探亲为主，而今则出现各种原因、各种目的和各种身份赴韩的中国人。在文化交流方面，除了双方

---

① 中华人民共和国外交部：《中国同韩国的关系》，https://www.mfa.gov.cn/web/gjhdq_676201/gj_676203/yz_676205/1206_676524/sbgx_676528/，访问时间：2024 年 6 月 30 日。

② 中华人民共和国外交部：《中韩双边关系》，https://www.fmprc.gov.cn/web/gjhdq_676201/gj_676203/yz_676205/1206_676524/sbgx_676528/，访问时间：2021 年 6 月 30 日。

政府间频繁的官方文化交流活动，民间的文化交流活动同样密切。另外，在韩的中国留学生群体也逐渐壮大，留学生不仅仅面临在韩国境内学习的问题，同时还涉及租房、兼职等日常生活方面的问题。

一、在韩国的中国公民权益内容和特征

根据中国领事服务网的提醒，影响海外公民安全的主要风险包括政治因素、战争、社会治安、流行疾病、自然灾害等问题，同时也有中国公民自身的违法犯罪行为。① 韩国是一个政局相对稳定、地震海啸飓风等自然灾害低发的国家。因此，在韩国的中国公民的海外安全多体现在民事领域以及自身违法违规行为引发的安全风险，主要有以下几方面：

一是自身违法违规行为导致人身权益受损。在韩国的中国公民权益受到侵害或遭遇安全风险中，其中不乏中方人员自身的不当行为引起的，大致包括：在公共场所大声喧哗、不守秩序、乱扔垃圾等行为；法律意识淡薄，不遵守韩国的法律法规，逾期滞留、非法打工，被当地执法部门拘禁或驱逐；一些沿海地区渔民频繁赴韩国国家管理海域捕鱼，遭到有关国家执法人员驱赶或抓扣，造成人员伤亡，有些还上升为外交事件。

二是他人的违法违规行为导致人身、财产权益受损。这里的"他人"既包括韩国国籍公民，也包括其他外国公民。在实践中，常见的主要是受中介或韩国不法公民、企业的违法违规行为的侵害。中国公民赴韩学习、旅游、租房、工作，大多都会通过中介公司，而韩国中介公司良莠不齐，一不小心就会遭到不法中介的侵害。此外，在韩国旅游时被盗被抢等现象时有发生。

三是不当消费导致消费权益受损。韩国是一个旅游业强国，其韩流文化吸引了不少中国游客。中国游客不仅仅是观光旅游，同时伴随的有购物、美容、整形等活动。但是中国游客语言不通，通常会遇到被高价消费的情况，导致财产权益受损。在医疗美容方面，还可能遭遇不正规机构的非法行医行为，致使人身健康受损，导致无法挽回的后果。

四是各种因素之下的劳动权益受损。中国在韩国务工的人数多，大多数中国公民在韩国留学的过程中便打算在该国生活、工作。从工种上的变化来看，中国公民大多从事环境艰苦、待遇差、工资低的工作，更有甚者遭到老板的辱骂殴打、拖欠工资等。一些中国工人患上职业病，另一些工人财产受损。劳动者处于相对弱势的地位，维权难度较大。

---

① 夏莉萍：《海外中国公民安全风险与保护》，载《国际政治研究》，2013 年第 2 期。

五是政策环境变化导致投资权益受损。韩国投资环境总体良好，具有较强吸引力，近年来经济发展态势总体较好。韩国政府积极鼓励利用外资，并出台了一系列有利于外商投资的政策与措施。政府对新产业涉及前置审批的外资采取负面清单的形式管理，为融合型新产品的上市提供快捷服务，对创新、就业拉动效果较大的外资企业给予现金返还等一系列优惠，提供"一条龙"服务，设立了各具特色、遍布全国、行政管理较为宽松的特殊经济区，扩大对于知识服务等领域、技术类等非营利法人的投资支持。

中韩关系保持了较好的改善发展势头，中韩两国高层互动频繁，对下一步两国关系发展作出了顶层规划，两国经贸主管部门加强沟通和协作，积极推动两国发展战略对接和"一带一路"合作等，推动两国企业在第三国开展互利合作；中韩经济保持稳定发展，改革红利将为两国经贸合作提供更广阔的发展空间；两国经济互补性强，两国企业产业内全方位合作潜力大；积极推进自贸协定投资和服务贸易谈判，有望推动双边经贸关系提质增效；两国人文交流不断深化，开展经贸合作的友好民意基础更加牢固。中国企业对韩国投资也面临一些制约因素，如半岛局势和大国博弈的不确定性影响两国企业的投资信心、韩国工会较为强势、韩国法律对于核心技术转移控制严格、韩国税务部门对大型外资企业的合理避税行为管制严苛等。①

二、中国公民在韩国权益受损风险预警

为防止中国公民在韩国人身、财产权益遭受侵犯，首先中国公民须时刻关注中国驻韩国大使馆、领事馆官网，关注中国公民在韩国可能遭受的侵害以及案例发布在官网上的动态情况。比如，中国公民在韩国租房时，签订房屋租赁合同应注意的事项、条款；对房屋、房东的信息查询；对房地产中介的选择；以及因打工、兼职等被卷入电信诈骗等信息。

在韩国务工人员，必须注意以下事项：

其一，合法出境。首先办理好护照、签证等出境手续，作为务工人员还必须办理相关资格证件，比如商务部颁发的《对外劳务合作经营资格证书》或原劳动和社会保障部颁发的《境外就业中介经营许可证》。

其二，签订劳动合同。劳动者必须仔细阅读合同中有关工资、休假制度、福利等、合同期限等内容，并且要求对方将口头承诺的条件一并写进合同，防止日

---

① 中华人民共和国商务部：《对外投资合作国别（地区）指南——韩国（2020 年版）》，http：//www. mofcom. gov. cn/dl/gbdqzn/upload/hanguo. pdf，访问时间：2021 年 7 月 3 日。

后出现纠纷。

其三，入乡随俗。在海外工作的中国公民不仅要遵守中国法律，还必须严格遵守当地法律，同时尊重当地的文化信仰、饮食习惯、生活习惯等，尊重当地人民。

其四，依法维权。在海外工作的中国公民应遵守公司的规章制度，遵守当地的法律法规，如果发生雇主侵害劳动者合法权益的情况，应及时向经办相关手续的机构反映，或向当地政府劳工事务部门投诉，也可向中国驻当地使领馆求助。在求助的同时要注意保留好相关的证据，比如劳动合同。最重要的是，遇事要冷静，不要通过武力方式解决，更不要采取其他非法的方式，以免激化矛盾，最终损害自身合法权益。①

中资企业到韩国投资合作需要注意下列事项：

第一，中资企业要整合优势资源，做两国战略伙伴关系的建设者和管理者。第二，要深入研究韩国市场，了解当地法律和投资环境，做好风险评估、风险豁免和管理，切实维护自身利益。第三，要尊重韩国当地的法律和习俗，并守法经营，履行企业社会责任，保持可持续发展，加强正面宣传，增信释疑，努力获得韩国当地社会的认可和信任。

三、中国公民在韩国权益受损的本地救济途径

中国公民在韩国旅游、学习、工作、生活时权益受到侵害，可通过协商、调解、仲裁、诉讼等途径救济，同时也可以向中国请求领事保护以及司法救济。

在异国他乡权益受到侵害时，需要通过合法合理的方式维护自身权益，切勿使用偏激的行为。在同侵权一方协商时，提前咨询相关法律信息，提出合理的要求。比如，当发生雇主拖欠工资或其他劳资纠纷时，应及时向经办相关手续的机构反映，或向当地政府劳工事务部门投诉，或向当地仲裁机构提出劳动仲裁。同样，在医疗美容方面，中国消费者也可以请求韩国消费者院、医疗纠纷调解仲裁院调解、仲裁。在投资贸易等跨境经贸领域产生纠纷时，中国公民或企业可根据《韩国仲裁法》《韩国商事仲裁院商事仲裁规则》进行商事仲裁。现代社会公民的法律意识加强，通过诉讼解决跨中韩纠纷的方式逐渐增多。韩国《民事诉讼法》对管辖权、诉讼程序、审判权有相关规定，《韩国国际私法》则对所涉事项的法律适用作出了相关规定。

无论是在事前、事中还是在事后，国籍国的领事保护都起着至关重要的作用。

---

① 中国驻韩国大使馆：《国外务工有风险，出境人员要守法》，http：//kr.china-embassy.org/chn/lsqz/ls_bh/t418757.htm，访问时间：2021年6月30日。

领事保护不仅是一项国家权利，也是一项个人权利。基于主权的属人管辖权是领事保护的基础，但是其推动力却是人权。领事保护的内容也是非常广泛的，从《维也纳领事关系公约》以及一些相关的国际人权公约来看，领事保护主要涉及海外公民的人身安全、居留权、财产权、劳动就业权、社会福利、人道主义待遇、领事通知以及与派遣国使领馆保持正常联系等内容。因此，领事保护直接关系到一国海外公民的切身利益。许多国家都以国内宪法或法律规章等赋予本国国民请求领事保护的权利，如美国法律规定，只要确证美国国籍的公民受到了不公平的待遇，领事应予以保护；巴西法律规定，给予在国外的巴西公民以向本国领事请求保护的权利；《荷兰宪法》规定，荷兰人享有领事保护的权利；① 《中华人民共和国宪法》也规定"中华人民共和国保护华侨的正当的权利和利益"等，2023 年 7 月，我国公布了《中华人民共和国领事保护与协助条例》。

中国公民在韩国实用信息

单位名称或事项	地址	电话	备注
外交部全球领事保护与服务应急热线	—	+86 – 10 – 12308 +86 – 10 – 65612308	
中国驻韩国大使馆	韩国首尔特别市中区明洞 2 街 27 号	领事保护与协助电话： +82 – 02 – 7550535 +82 – 02 – 7550536 +82 – 02 – 7550572 政治和新闻处：+82 – 822 – 7719020 经济商务处：+82 – 822 – 22537521 教育处：+82 – 822 – 7301038 文化处：+82 – 822 – 7382348 武官处：+82 – 822 – 7381040 领事证件： +82 – 02 – 7550568 +82 – 02 – 7550473	对外办公时间： 工作日 9:00—12:00 13:30—17:00
中国驻釜山总领事馆	韩国釜山广域市海云台区海云台路 394 番街 25（釜山广域市海云台区佑 2 洞 1418 番地）	领事保护与协助电话： +82 – 010 – 85198748 证件业务咨询电话： +82 – 051 – 7437990	对外办公时间： 工作日周一至周五 9:00—11:30

---

① 黎海波：《国外学者的领事保护研究：一种人权视角的审视与批判》，载《法律文献信息与研究》2010 年第 2 期。

（续表）

单位名称或事项	地址	电话	备注
中国驻光州总领事馆	韩国光州广域市南区台南大路413	领事保护与协助电话： +82 – 062 – 3618880 证件咨询电话： +82 – 062 – 3518857 +82 – 062 – 3628878	对外办公时间： 工作日周一至周五 9:00—11:30
中国驻济州总领事馆	韩国济州特别自治道济州市厅舍路1条10号（济州市道南洞568 – 1番地）	领事保护与协助电话： +82 – 064 – 7228802 领事证件业务咨询： +82 – 064 – 9008830/8840 商务、中资机构： +82 – 064 – 9008895 侨务、留学生： +82 – 064 – 7498810 总领事秘书、新闻、友好交流： +82 – 064 – 7498880	对外办公时间： 周一至周五 9:00—11:30 13:30—15:30
匪警	—	112	
火警	—	119	
急救	—	119	
紧急求助电话	—	+82 – 064 – 7228802	
济州雇佣劳动部门咨询	—	+82 – 064 – 7286100	
出入境外国人综合服务中心	—	1345	

第十三章
在菲律宾的中国公民权益保护

菲律宾共和国（Republic of the Philippines），简称菲律宾，位于亚洲东南部，总面积 29.97 万平方公里，共有大小岛屿 7000 多个，其中吕宋岛、棉兰老岛、萨马岛等 11 个主要岛屿占全国总面积的 96%。全国划分为吕宋、维萨亚和棉兰老三大部分，首都大马尼拉市，人口为 1.1 亿（截至 2022 年 12 月）。

中国和菲律宾于 1975 年 6 月 9 日建交，但两国关系在总统阿基诺三世执政期间一度陷入低谷。直到 2016 年 10 月 18—21 日，时任菲律宾总统杜特尔特对中国进行国事访问，中菲关系才实现转机。随后受菲律宾共和国总统罗德里戈·罗亚·杜特尔特邀请，中华人民共和国主席习近平于 2018 年 11 月 20 日至 21 日对菲律宾进行国事访问，并签署了《中华人民共和国与菲律宾共和国联合声明》，包括《中华人民共和国政府与菲律宾共和国政府关于共同推进"一带一路"建设的谅解备忘录》。

随着菲律宾加入"一带一路"朋友圈，中国与菲律宾联系越发紧密，而中国公民赴菲人数逐年增长，到 2019 年，赴菲律宾中国游客共计 174 万人。① 因此，菲律宾本国对于外国公民的权益保护机制对赴菲的中国公民来说举足轻重。菲律宾有关外国人权益保护的法律机制可作如下分类：

一、外国人法律地位规定

菲律宾不仅加入了《世界人权宣言》，而且也于 1998 年加入了 WTO，根据相关公约的规定，外国人在经济文化民事权利方面享有国民待遇，与菲律宾公民的各项权利基本一致。不过，菲律宾政府在投资领域对外国人进行了限制，将所有

---

① 参见中华网：《2019 年赴菲律宾中国游客同比增长近四成》，https：//news. china. com/internationalgd/10000166/20200217/37810421. html，访问时间：2021 年 6 月 30 日。

投资领域分为三类，即优先投资领域、限制投资领域和禁止投资领域。中国投资者可以根据菲律宾政府每年发布的《投资优先计划》选择适宜的投资领域，同时该计划还明确了各项优惠政策。菲律宾对外籍人员在该国就业限制不多，但为了保护本国人就业，劳工部出具工作许可前需证明没有菲律宾本国人有能力且愿意从事该工作。

二、外国人权益保护的实体法规定

菲律宾目前并未制定专门的外国人权益保护法，但对外国人保护在民法典和其他法律中均有所体现，如外国人与菲律宾公民享有相同的权利、履行相同的义务等。菲律宾的刑事法律对刑事案件中外籍受害人和本国受害人未有区别对待。但菲律宾在土地所有权的取得上，对外籍人员进行了严格的限制，不具有本国国籍的公民禁止取得土地所有权，可以购买高层住宅，但不能购买别墅。菲律宾全面保护外籍人员的知识产权，这在1997年的菲律宾《知识产权法典》以及其加入的《伯尔尼保护文学和艺术作品公约》（1948年布鲁塞尔版本）、《保护工业产权巴黎公约（里斯本修正案）》《保护表演者、录音制品制作者和广播组织罗马公约》等公约中有明确规定。①

三、外国人权益保护的程序法规定

同时，依据菲律宾的《民事诉讼法》《刑事诉讼法》，外国公民享有与本国公民相同的诉讼权利。中菲之间签订了《中华人民共和国和菲律宾共和国引渡条约》《中华人民共和国和菲律宾共和国刑事司法协助协定》，这些双边条约可进一步保障中国公民在菲律宾程序法上的权利。

第一节 事先预防

近年来，菲律宾逐渐成为中国公民旅游和劳动的一个热门目的地，然而，由于菲律宾的政治、经济、法律等方面与中国存在差异，加之菲律宾较为糟糕的治

---

① 参见中华人民共和国商务部：《对外投资合作国别（地区）指南——菲律宾（2020年版）》，https：//www.yidaiyilu.gov.cn/wcm.files/upload/CMSydylgw/201901/201901311055014.pdf，访问时间：2021年6月30日。

安环境，如何保护在菲中国公民的合法权益成为一个重要问题。事先预防，可以有效降低事故发生的可能性，避免权益遭受侵害的危险。因此，着重梳理两个中国人在菲律宾从事劳务活动的案件，深入分析其中的法律问题，揭示风险预防相应措施。

一、菲律宾劳务诈骗案件

李天和王磊是同一个镇上的好朋友，一年前，王磊告诉李天自己通过一家中介公司，在菲律宾找到了一份工作，待遇很不错。之后王磊经常在朋友圈发布自己的日常生活照片，李天看到之后非常羡慕，也萌生了前往菲律宾的想法，恰巧此时，王磊之前的中介公司又发布了菲律宾招工的广告，李天立刻前往中介公司了解情况。中介公司告诉李天，这次的招工条件非常优厚，是菲律宾一个知名公司的招聘，职位是网络客服，主要面向中国人进行服务，不用担心语言问题。同时，公司承诺：负责这些前往菲律宾人员的签证办理；公司包吃包住，每个月还有通信、交通费用的补贴；每个月基本工资为8500元，提成与员工个人的业绩挂钩，表现优异者每个月的平均收入可达15000元。李天看后非常动心，便急不可耐地要求中介公司帮他进行推荐。这时候，中介公司拿出另一份文件，要求李天签字。这份文件是一份中介合同书，内容如下：外派菲律宾员工从事网络客服的信息介绍费用为一万五千元，要求在前往菲律宾前一次付清；因个人原因违反公司制度或触犯当地法律遭到辞退的，中介公司不退还任何费用；赴菲后工作前需接受7天的培训课程，如未通过课程考核，公司报销往返机票费用，中介费用全数退还；试用期为3个月，如在试用期内不合格被公司辞退，退还一半的中介费用；试用期内主动辞职的，不退还任何费用。较高的中介费用让李天产生了犹豫，中介工作人员看到李天神情，就和李天说道："这中介费看着贵，要是去了菲律宾还不是一个月的工资就挣回来了。"紧接着又掏出自己的手机，给他翻看已经前往菲律宾人员的朋友圈和微信聊天记录，李天相信了工作人员的说辞。于是，就在中介合同上签字和按了指印，并付清了中介费用。

中介公司收到李天的钱款后，很快帮李天联系了用工公司，开始着手办理签证手续，并通知李天按时前往菲律宾。一个月后，李天坐在飞机上看着窗外雪色的云海，心情十分激动，与他同行的人员中有一位同乡，叫张云，两个人在飞机上就开始畅想自己未来的生活。下了飞机，李天一行人坐着公司派来的面包车前往工作地点，公司并不如李天想象的那样，不是位于市区繁华地段高耸的摩天楼中，反而是在郊区的一栋普通居民楼上，宿舍就在办公室楼下。第二天，公司就通知李天一行人开始为期一周的培训，培训内容主要是如何引导客户游戏，同时解决客户针对网络游戏提出的一些问题，李天等人顺利通过了岗前考核。工作前，公司主管召开了一个准备会议，会议上要求众人上交护照，并说明必须严格遵守公司的门禁时间，只有周六周天可以外出。李天等人提出了异议，主管表示，门禁是为了保护他们的人身安全，附近郊区的治安非常不好，曾发生过多起抢劫案，而上交护照，是为了测试他们对于公司的忠诚，当然，试用期过后会将护照还给他们，如果有人试用期期间想要辞职，公司也会交还护照。李天等人听后，不再有异议并上交了护照。

正式开始工作后，李天发现，这根本不是网络游戏客服工作，而是网络博彩客服工作，而服务对象都是远在中国大陆的同胞。这个网站上的博彩项目五花八门，也没有下注金额的上限。他们每天都有业绩要求，少的几万，多的几十万。看到许多人几十万这样下注，最后输得血本无归，他心里充满了愧疚和害怕。他还经常接到这些"客户"的电话，在电话中咒骂他们是"骗子""吸血鬼"，要求他们返还自己被骗的钱。李天就在这种担惊受怕的日子里度过了一个月，眼看越来越多的人被骗到这个博彩网站上输得一干二净，李天实在害怕自己最后落得被送进监狱的下场。他心中起了退缩之意，于是找到主管，解释自己接到通知，远在国内的母亲住了院，检查结果令人担忧，家里就自己一个儿子，想要回国去照顾母亲。主管表示，李天可以离职回国，但是需要缴纳 8000 元的违约金，李天十分震惊，当时并没有听说离职还需要支付违约金。主管解释，公司为了他们一行人能够顺利入职，在机票、食宿以及培训课程的安排上花费了大量的金钱与时间，如果他们不能为公司创造一定的经济利益，公司当然需要他们来进行赔偿。李天身上只有上一个月的基本工资 8500 元，如果支付了违约金，哪里还有返程的路费，他只能默默应下，表示自己回去考虑一下，就返回了宿舍。李天晚上躺在床上辗转反侧，思考自己到底应该怎么办，他悄悄问张云有什么想法。张云表示，自己觉得这里挺好，收入和生活方面和原来在小镇时天差地别，李天问张云难道不担心自己会承担责任？张云表示这又不是在中国大陆，再说菲律宾从事博彩业务的中国人那么多，都没有出事。李天看张云想法和自己完全不同，也就静了声。第二天，李天打听到主管将护照交给了他人进行保管，趁着午休，他偷偷找到保管人，商量怎样可以把护照还给他，保管人提出要李天付钱，两人说好交接的时间。晚上下班之后，李天在大家都去吃饭时，偷偷找保管人拿回了自己的护照。趁着周末，东西都没有收拾，带着证件和手机，就匆忙登上了回国的飞机。

回国后，李天找到当时介绍自己工作的中介公司，表示自己受到了欺骗，要求立刻退还当时的介绍费，中介公司此时态度非常恶劣，花言巧语表示，网络博彩就是网络游戏，而且博彩业在菲律宾属于合法行业，并没有欺骗李天，不可能退还中介费。而没过多久，张云也被菲律宾政府逮捕后驱逐回国，这时李天才知道，公司根本就没有按照菲律宾法律要求办理合法的工作签证，李天最终长叹一口气，觉得还是在国内才踏实。

二、法理分析

李天的遭遇事实上只是众多被骗往菲律宾从事网络博彩工作的中国公民的缩影，本案中，李天由于自己的良心和小机智安全"上岸"，但同行的朋友却没有这么幸运了。具体而言，李天在该案中涉及了四层法律关系，下面按时间顺序进行梳理，并阐明其中的争议焦点。

首先是发生在国内的法律关系，即李天与中介公司之间的法律关系。从性质上看，李天与中介公司之间成立中介合同关系。《民法典》第962条规定，中介合同是指中介人向委托人报告订立合同的机会或者提供订立合同的媒介服务，委托人支付报酬的合同。本案中，中介公司促成了李天与菲律宾某公司之间订立劳动合同，李天向其支付了15000元的中介费，符合中介合同法律关系的特征。李天和中介公司的争议焦点在于中介公司是否如实向李天说明了关于本次劳务的具体内容。如实报告义务是在中国《民法典》中明确规定的中介人的义务，《民法典》第962条规定："中介人应当就有关订立合同的事项向委托人如实报告。中介人故意隐瞒与订立合同有关的重要事实或者提供虚假情况，损害委托人利益的，不得请求支付报酬并应当承担赔偿责任。"中介人不仅要如实报告订约机会，还要将其所知的对于订立合同有影响的一般事项也如实告知委托人。尽管中介公司将网络博彩与网络游戏混为一谈，但从性质上看，网络博彩属于赌博，在我国属于非法行为，虽然在菲律宾博彩业属于合法行业，但这会影响李天对于是否与博彩公司签订劳动合同的决定，中介公司还错误地引导李天认为该公司是菲律宾的大型公司，这使得李天潜意识地肯定了这个劳务机会，这已经超越了不如实告知的程度，可能构成欺诈。此外，中介公司以介绍劳务为营业，应当对所介绍的订约机会及其相关情况负有一定程度积极调查的义务。[①] 本案中，中介公司应当详细了解、查明菲律宾公司的真实情况，并在提供中介服务时协助李天防范劳务中可能产生的风险。然而，中介公司在履行中介事务的过程中，对于公司的详细情形、经营行业、

[①] 曾庆俊：《居间合同研究》，山东大学2007年硕士学位论文，第26页。

违约金等重要内容均没有进行调查核实。中介公司隐瞒有关赴菲劳务的重要事实，这种情况下，中介合同的效力也受到了影响。《民法典》第 148 条规定："一方以欺诈手段，使对方在违背真实意思的情况下实施的民事法律行为，受欺诈方有权请求人民法院或者仲裁机构予以撤销。"中介公司隐瞒关于本次劳务的重要事实，使得李天基于错误认识而做出了肯定的意思表示，根据法律规定，对于这一份中介合同，李天可以申请法院或者仲裁机构予以撤销，中介公司应当全数返还李天中介费用，如果李天还遭受了其他损失，中介公司还应当予以赔偿。[①]

其次是李天与菲律宾公司之间的法律关系。李天就职于菲律宾公司，但本案中，菲律宾公司并没有与李天签订劳动合同，那么李天是否与菲律宾公司之间存在劳动关系。在菲律宾，《劳工法》是调整劳动关系的主要依据，依据该法的规定，菲律宾存在五种劳动合同类型：一是正式雇佣，又可以称作永久雇佣，是指员工从事雇主通常的业务或行业中必要的活动，员工享有《菲律宾宪法》所赋予的工作权保障，除法律规定的特殊原因外，只有在经过劳动法规范下的正当程序后才能终止劳动关系；二是定期雇用，是指员工为公司提供有期限的劳务，并且在该期限到期后必须终止劳动合同，定期雇用受到法律的严格限制；三是项目工，顾名思义，就是为特定项目雇佣员工，雇佣的期限和工作内容受到项目期限和内容的影响；四是季节雇佣，是指在特定时间，特定行业某一类型的劳动需求大量产生；五是临时雇佣，这类雇佣员工从事的工作往往与雇主的业务或行业无关。上述五种劳动合同的类型，后四种均可以通过一定的条件转化为正式或者永久雇佣。[②] 本案中，尽管李天与公司并未签订劳动合同，但从工作内容上看，李天从事的是公司通常且必要的业务，并非与雇主的业务或行业无关，因此，李天不属于临时雇佣。同时，公司并未与李天商定工作期限，而且也不是为某一特定项目而雇佣李天，更不符合季节性雇佣的条件，李天与菲律宾公司也不成立定期雇佣、项目工以及季节性雇佣的劳动关系。综上，李天与菲律宾公司应当成立的是正式雇佣的劳动关系。依据双方之间存在正式雇佣的劳动关系，菲律宾公司应当保障李天在劳动过程中的合法权利，扣押护照、限制人身自由等，侵犯了该国《劳工法》《民法典》《宪法》中规定的公民的合法权利，包括本国公民与外国公民。

再次是李天与国籍国之间的法律关系。李天在菲律宾的领土上工作，是否如

---

① 郭泽喆：《居间人损害赔偿责任的司法认定——兼论民法典编撰中对〈合同法〉第 425 条规范漏洞的填补》，载《时代法学》2019 年第 3 期。

② 驻菲律宾经商处：《菲律宾劳动就业有关规定》，http://ph. mofcom. gov. cn/article/law/200507/20050700205212. shtml，访问时间：2021 年 6 月 30 日。

同张云所说，中国已经不能对李天他们行使管辖权了呢？这是错误的认识。李天作为中国公民，拥有中国国籍，与祖国有着不可割裂的纽带联系，依据世界各国所普遍承认的一项习惯规则——属人原则，无论李天身处何地，只要是中国公民，国家都可以行使管辖权。这种权力，不仅体现在对个人的责任追究上，更多的是提供了一种强大的国家保护，这也是中国公民远赴他国时最有力的后盾。

最后是李天与就业地所在国政府之间的法律关系，这对于正确处理涉外合同纠纷尤为重要。属地管辖原则是菲律宾政府能够对李天等在菲的中国公民进行管理的依据，因此，李天等人前往菲律宾务工，应当尊重该国的法律法规。特别是在劳务输入方面，外籍人在菲工作需获得劳工部颁发的外侨就业许可和移民局的合法签证。不同于其他国家实行完全开放的政策，菲律宾在用工岗位方面对外国公民实行了限制，劳工部出具工作许可前需证明没有菲律宾本国人有能力且愿意从事该工作。① 劳工部用以评估申请者的主要标准是申请者能否在菲胜任其申请工作的要求并愿意从事该工作。在获得许可后，非经劳工部批准，外籍人不得更换工作或雇主。因此，李天等人应该按照菲律宾法律规定，取得相应的许可和工作签证，否则菲律宾政府有权力以涉嫌非法就业为由实施逮捕。

需要注意的是，本案中，李天和张云等人在国外实施了《中华人民共和国刑法》所禁止的行为，我国法律是否会追究其刑事责任？《中华人民共和国刑法》第6条规定："凡在中华人民共和国领域内犯罪的，除法律有特别规定的以外，都适用本法。凡在中华人民共和国船舶或者航空器内犯罪的，也适用本法。犯罪的行为或者结果有一项发生在中华人民共和国领域内的，就认为是在中华人民共和国领域内犯罪。"李天和张云尽管身处菲律宾，但其组织赌博的对象是远在中国大陆的同胞，依据我国刑事法律的规定，是可以认定其实施了犯罪行为，并追究相应的刑事责任的。同时，我国与菲律宾已签署了《中华人民共和国政府和菲律宾共和国政府关于打击跨国犯罪的合作谅解备忘录》《中华人民共和国和菲律宾共和国引渡条约》，犯罪分子不具有逃脱的可能。因此，中国公民切勿因为在异国他乡，就认为不必遵守中国的相应法律法规。这种错误的认识不仅误导了张云，而且令其结局悲惨。

三、对策建议

菲律宾加入"一带一路"朋友圈以来，同中国的友好往来不断加深。然而，

---

① 中华人民共和国商务部：《对外投资合作国别（地区）指南——菲律宾（2020年版）》，https://www.yidaiyilu.gov.cn/wcm.files/upload/CMSydylgw/201901/201901311055014.pdf，访问时间：2021年6月30日。

近年来菲律宾当地网络博彩公司泛滥，大量非法雇佣中国公民赴菲从事相关工作，由此引发的劳务纠纷、护照被扣等情况频发。中国公民前往菲律宾无论是旅游还是就业，都需要从以下几个方面做好防范措施：

第一，菲律宾的治安环境较差，曾多次发生针对中国公民的抢劫案件，例如著名的"8·23"菲律宾劫持香港游客事件，这件事也引起了国家领导人的高度重视。因此，前往菲律宾前，一定要关注中国外交部发布的关于菲律宾的提示信息，如中国外交领事网 2017 年 6 月发布的《提醒在菲律宾中国公民注意安全》的公告信息。① 类似于本案的情况，菲律宾在 2019 年曾以涉嫌非法就业为由逮捕了 300 名在菲从事网络博彩工作的中国公民，中国外交部前发言人在 2019 年 9 月 18 日的例行记者会上对此事予以证实，之后中国驻菲律宾大使馆特别发布公告提示中国公民切勿前往菲律宾从事网络博彩工作。② 如果真实社会中的许多"李天"能够认真阅读外交部发布的相关公告，想必可以避免陷入如此窘境。

第二，前往菲律宾的中国公民，一定要遵守菲律宾关于出入境和逗留的规定，办理好相应的签证。菲律宾针对不同入境需求的外国公民，制定了不同类型的签证，不同类型之间不能轻易转换。因此，入境前，先要了解清楚菲律宾政府办理签证的相关要求，按照需求办理合适的签证；入境后，不能从事与签证类型不符的事务，例如旅游签证的持有者不可以在菲律宾就业，持有工作签证的人员，也必须从事签证上注明的行业而不能随意变更，否则菲律宾政府可以逮捕相关人员或直接驱逐出境。

第三，赴菲务工的人员，如果是通过中介公司了解就业信息，一定要选择可以信任的中介公司，还可以通过中国驻菲律宾大使馆相关渠道核实雇主公司的信息。在菲律宾，网络博彩和"电信服务"（通俗地讲就是电信诈骗）非常泛滥，而且雇佣对象往往都是中国公民，因为欺诈对象也是中国公民居多。这些公司通常并不会协助办理符合工作要求的相关签证，在入职后还会通过扣押护照、限制人身自由等方式逼迫受骗者工作。因此，赴菲务工的人员一定要特别注意公司信息，不要轻信中介公司或他人的介绍，要全方面了解就业信息后再做出决定。

第四，全面了解和熟悉菲律宾健全的劳动法律法规体系。1974 年菲律宾《劳工法》是其中的关键，该法对于员工的最低薪资、劳动时间、社会保障和福利等

① 中国领事网：《提醒在菲律宾中国公民注意安全》，http：//cs. mfa. gov. cn/gyls/lsgz/lsyj/zyaq/t1467348. shtml，访问时间：2021 年 6 月 30 日。

② 中国搜索：《涉嫌在菲律宾网络赌博公司非法就业，300 多名中国公民被抓！》，https：//baijiahao. baidu. com/s？id = 1645077166908871036&wfr = spider&for = pc，访问时间：2021 年 6 月 30 日。

进行了非常详细的规定。菲律宾《劳工法》平等保护本国公民和外国公民劳动中的合法权利，意欲前往菲律宾工作的中国员工，应熟悉《劳工法》的具体内容，这是防范自身权益受损的最好措施。针对劳动纠纷，《劳工法》设立了争议解决的强制机制和自愿机制：强制机制指的是由国家劳工关系委员会所提供的强制仲裁，其管辖事项有严格的限定；而自愿机制，包括自愿仲裁和调解，其针对的纠纷事项和解决手段则更为自由。[①] 一旦发生劳动纠纷，中国公民可以根据实际需要自行选择解决机制。

第二节 事件应对

一、中国公民在菲律宾涉外离婚案

菲律宾的岛国风光让人流连忘返，椰子树包围的宫殿充满神秘又古老的宗教气息，以瀑布闻名的百胜滩让人赏心悦目，要是再坐上徐徐行驶的木筏，会让人感觉慢节奏的生活都甜到了心里。"世界七大美丽沙滩"之一的长滩岛是菲律宾极具魅力的地方，其白色细软如面粉般的沙子，给人感觉会轻柔地摩挲着每个游客，热带海洋气候的阳光、沙滩、海浪、仙人掌，更是别有一番风味。除了海天一色的秀美风景外，菲律宾物产丰富，新鲜的水果、美味的海鲜，再配上相对便宜的价格，更是让成千上万的游客眷恋于此。旅游业是菲律宾的支柱产业之一，每年菲律宾都会迎来大量的外国游客，前来旅游度假、拍摄唯美的婚纱照或者举办婚礼等，其中就包括大量的中国游客。在这些中国游客中，除了一些中国普通的老百姓之外，还包括一些明星，比如2006年，香港娱乐明星谢某某就曾包下菲律宾的半个小岛，向明星张某某求婚，随后他们在菲律宾注册结婚。[②]

中国福建人王力自大学毕业后，来菲律宾游学，学习英语。受历史原因影响，菲律宾曾经为美国的殖民地，当时美国要求大力普及英语。后来菲律宾人养成了英语学习的习惯，菲律宾的官方语言是他加禄语和英语。由于菲律宾的本地语言多达70多种，"十里不同音"的现象非常突出，这又客观上促成菲律宾人用英语

---

① 蔡德仿：《菲律宾劳动争议处理法律制度探究》，载《南宁职业技术学院学报》2011年第2期。
② 《谢霆锋张柏芝离婚难 注册地菲律宾禁止离婚》，http://news.sohu.com/20110530/n308898066.shtml，访问时间：2021年6月30日。

进行相互的交流。在王力到菲律宾游学的半年中，他逐渐喜欢上了菲律宾这块神奇的土地，也喜欢上了一位热情活泼的菲律宾姑娘小美。小美带着王力游遍了菲律宾的很多著名景点，爱妮岛鲜嫩可口的龙虾、巧克力山神奇变色的景象、圣婴教堂里虔诚膜拜的圣徒等，这一切无比美妙并让人流连忘返。于是王力决定和小美结婚，小美也是十分兴奋。菲律宾的经济整体上不如中国，加之菲律宾男子可以娶4个妻子，因此同样受过高等教育的小美知道，中国是一夫一妻制，她为能嫁给帅气多金的中国小伙王力而开心不已。这段跨国的恋情，很快得到了小美父母的祝福，他们给王力戴上美丽的茉莉花串，催促王力尽早和小美结婚。而王力的父母在得知独生儿子要远赴菲律宾定居，并将娶一位菲律宾人做儿媳时，却极力反对，在他们看来，菲律宾的社会治安不稳定，新闻报道时常有恐怖主义的活动。王力的父母不懂英语，对菲律宾语更是从未接触，与小美之间言语不通，今后怎么沟通是一个大问题。可是中国小伙王力非常坚持，非小美不娶。王力告诉父母，菲律宾没有新闻报道中那样混乱不堪，相反是个美丽而神圣的地方，菲律宾的结婚手续繁多，但由于禁止离婚而显得更加长久。面对碧海蓝天宣誓成为夫妻，而且禁止离婚，这是件多么幸福的事情。王力觉得自己和小美在灵魂上同步，何来要离婚之说？再说不是还有很多明星也来菲律宾结婚吗？最终王力成功地做通了父母的思想工作，与小美在菲律宾注册结婚，并在迷人的长滩岛举行了最浪漫的婚礼。

婚后的生活慢慢地归于平淡，小美家原来是在菲律宾南部的棉兰老地区，后来因为当地的反政府武装暴动而多次搬家，最终来到了首都马尼拉定居。风风火火的王力加盟了当地的一家华人餐饮连锁店，生意慢慢做大起来，也越来越忙，陪伴小美的时间明显少了。小美是土生土长的菲律宾本地人，平常没有太多存钱的习惯，高兴起来就喜欢去酒吧玩乐，加上当地慢半拍的生活习惯和节奏，好几次王力带小美去与当地华侨谈生意，由于小美的拖拉怠慢，加上马尼拉街头的拥堵，造成会谈时间延误多时，最终不欢而散。久而久之，曾经山盟海誓的王力和小美，也走到了婚姻的尽头。王力知道在菲律宾是不能离婚的，他提出要回到中国与小美离婚。小美是坚决不同意离婚的，她是一位虔诚的天主教徒，宁死也不肯离婚；小美告诉王力，他可以另外娶妻子，按照菲律宾法律，1个男子可以娶4个妻子。小美甚至感谢王力，让她成为两个孩子的妈妈。在菲律宾娶几个妻子是很普遍的事情。王力则表示，他虽然在菲律宾结婚和立业，但他还是中国国籍，他也不能认同一个家庭里面有好几个妻子的做法，这在中国是属于重婚罪，触犯刑法并要负刑事责任的。王力与小美还在争吵着，他们的离婚申请也没有结果，甚至分居也是小美所不愿意的。小美的父母由于文化程度低，家境贫寒，对王力并没有太多的抱怨，在菲律宾离婚的艰难，他们是了解的，现任总统也只是宣告婚姻无效而并不能离婚。倒是王力的父母此时站在了小美的一边，他们提出，中国人讲究"家和万事兴"，既然是一家人，小美在家相夫教子，没有过错，孙子、孙女两人都很小，都很可爱，不能说离婚就要离婚，更不能接受自己的这1个儿子要有4个妻子，那家里不是乱套了吗？经过了几年的磨合，王力不再与小美争吵，也不再和小美分居，他对菲律宾法律，尤其是《菲律宾民法典》有了更深入了解，再次感受到要在菲律宾离婚的困难，与其花时间要求离婚，不如解决实际问题，和小美好好过日子。在父母的劝说下，王力慢慢地体会到小美的难处，打消了离婚的念头，与小美的感情正在慢慢修复之中。

二、法理分析

自菲律宾独立以来，其先后颁布3部宪法，第3部宪法是1987年2月生效的，宪法明确规定保障人权。《菲律宾民法典》是调整菲律宾人婚姻中人身、财产权利的基础性法律，中国人只有理解菲律宾法律的相关规定，才不至于在当地贸然地结婚，事后想要离婚又异常艰难。具体而言，有如下几点：

一是关于外国人在菲律宾结婚的法律规定，涉及外国人在菲律宾的民事权益保护。作为要在菲律宾结婚的中国人，要了解菲律宾的民法和中国的民法在结婚方面规定的异同。1949年《菲律宾民法典》规定了"婚姻"，包括婚姻的要件、特殊情况下的结婚、无效婚姻和可撤销的婚姻、主持婚姻仪式的授权这4章。该法典第52条首先界定了婚姻的概念，肯定婚姻是一种社会组织："婚姻不仅仅是合同，而且是不可侵犯的社会组织。"[①]《中华人民共和国民法典》没有就婚姻进行下定义，而是在婚姻家庭的一般规定后，再分节规定了结婚、家庭关系、离婚和收养。菲律宾民法将婚姻看成合同，不仅在其第52条中有明确规定，而且贯穿《菲律宾民法典》婚姻方面的条款，使用"缔约当事人"这样的条款。这与中国民事法律界定合同的定义不同，《中华人民共和国民法典》没有规定债法总则，而是用合同通则的提法替代，其第464条规定："合同是民事主体之间设立、变更、终止民事法律关系的协议。婚姻、收养、监护等有关身份关系的协议，适用有关该身份关系的法律规定；没有规定的，可以根据其性质参照适用本编规定。"因此，中国所讲的合同不包括婚姻这类身份关系订立的协议。与世界上其他国家民法典

---

① 蒋军洲译：《菲律宾民法典》，厦门大学出版社2011年版，第11－15页。

不同，《中华人民共和国民法典》"一般规定"这节专门列举了我国婚姻家庭法的基本原则，比如婚姻自由、一夫一妻、男女平等、保护妇女、未成年人、老年人、残疾人的合法权益，并删除了我国原 2001 年修正的《婚姻法》规定的计划生育原则；着重规定了婚姻家庭领域的行为准则，法律上禁止包办、买卖和其他干涉婚姻自由的行为、禁止重婚、有配偶者与他人同居、家庭暴力、虐待和遗弃家庭成员；专门规定了家庭建设的伦理道德要求，作为引导和指引优良家风、夫妻忠实、敬老爱幼等文明婚姻家庭关系；特别规定了收养子女的原则，并新增了对亲属、近亲属、家庭成员的范围界定以及亲属种类的规定。

菲律宾民法规定男子年满 16 周岁、女子年满 14 周岁可以结婚，这早于中国的法定结婚年龄（男子年满 22 周岁、女子年满 20 周岁）。在结婚的有效要件上，《中华人民共和国民法典》第 1046 条规定男女双方完全自愿的合意原则。而《菲律宾民法典》则更为详细，其第 53 条规定了缔约当事人的权利能力；缔约当事人自由作出的同意；婚姻主持人被授予的权力；婚姻证书与特殊情况下的结婚例外（菲律宾总统签署的第 3613 号法令即发布婚姻法的命令）。菲律宾有 80% 多的人信奉天主教，菲律宾对教皇仪式的讲究也体现在其 1949 年《菲律宾民法典》之中。菲律宾在法律中规定了相当多的仪式，也正是这些让在菲律宾结婚的当事人感觉到既烦琐又神圣。例如，该法典第 55 条规定了缔结婚姻的当事人要在婚礼主持人和证人面前进行宣誓相互接受对方为丈夫和妻子，再签名或画押并进行证明的形式要求。该法典第 56 条列举了能够担任婚礼主持人的 7 种人，他们具有一定司法、行政职务或者担任一定神职，这与中国人结婚，在请客喝喜酒时的热闹喜庆气氛的婚礼主持人是完全不同的。该法典第 57 条规定的是婚姻仪式举办的地点，除一些例外情形外，"根据具体情况，婚姻仪式在公开法庭的法官的或市长的办公室，或者在教堂、小礼拜堂或神庙，而不在别处举行"。该案的当事人中国公民王力虽然在菲律宾工作，但是其并没有申请加入菲律宾国籍。虽然菲律宾承认双重国籍，但是由于中国不承认双重国籍，一旦取得外国国籍则会自动丧失中国国籍，因此中国人王力作为菲律宾的外国人，要与菲律宾的本国人小美结婚，除了要按照 1949 年《菲律宾民法典》准备各类申请材料之外，还要按照该法典第 66 条规定，"婚姻缔结人的一方或双方是外国的公民或主体的，必须在能够获得婚姻证书之前，提供由其各自的外交或领事官员发放的有关其缔结婚姻的权利能力的证书"。菲律宾法律承认在其他国家缔约的有效婚姻在菲律宾的法律效力，但根据菲律宾法律认为是重婚、多配偶婚姻或者乱伦婚姻的除外。菲律宾承认同居的法律效力，该法典第 76 条规定，在没有法定婚姻障碍情况下，"一个男人和女人已达到成年人年龄，未婚但作为丈夫和妻子共同生活了至少5年，期望相互结婚的，不必有任何婚姻证书"。中国最高人民法院颁布的《关于人民法院审理未办结婚登记而以夫妻名义同居生活案件的若干意见》规定，1994年10月1日之前未办理结婚登记的，符合条件可以认定为事实婚姻，在这之后就按照非法同居处理。不过这条意见后来被废除了。《中华人民共和国民法典》第1049条规定，结婚要办理结婚登记，对于未办理结婚登记手续的，不能界定为事实婚姻、同居或者非法同居，而是规定"未办理结婚登记的，应当补办登记"。而在菲律宾，由丈夫确定夫妻的居所，夫妻中丈夫为外国人的，夫妻财产的处理按该法典第124条规定的优先适用原则处理，"如果丈夫是外国人，妻子是菲律宾公民，丈夫所属国的法律应予遵守，但这不影响本法典有关不动产的规定"。此外，《中华人民共和国民法典》没有规定涉外民事关系特别是涉及婚姻关系的法律适用问题，只能依2012年的《涉外民事关系法律适用法》来确定结婚与离婚的准据法。可见，无论依菲律宾法律规定还是依中国法律规定，中国人王力与菲律宾人小美在菲律宾缔结的婚姻都是合法有效的。

二是关于申请在菲律宾离婚的问题，中国人王力能否在菲律宾申请离婚，同样要考察菲律宾现有法律的规定。目前，菲律宾是世界上仅剩的两个不允许离婚的国家之一：一个是梵蒂冈，另一个是菲律宾。1949年《菲律宾民法典》没有离婚的任何规定，法律上是禁止离婚的。法律的这种规定有宗教上的渊源，由于菲律宾是天主教国家，国民中高达80%多的人信奉天主教，他们会按照教义虔诚地进行禁食、祈祷、宣读圣经等活动。在天主教的教义中，《圣经·创世记》反对避孕和任何人工的生育控制，以及堕胎这种反生命的行为。《菲律宾民法典》规定了分居和婚姻无效的制度，来应对民众要求离婚的问题。在其第一编的第四题专门规定了"法定别居"，从该法典第97条至第108条有相关的规定。该法典第97条规定了可以诉请法定别居的条件，具体是"1. 根据《刑法典》的规定，妻子通奸或丈夫非法同居的；或者2. 配偶一方企图攻击他方的性命的"。而有关提出别居请求主体的规定在第100条之中，即"如果通奸或者非法同居没有得到宽恕或同意，法定别居仅可以由无辜方配偶请求。配偶双方都是加害人的，任一方均不能请求法定别居。当事人共谋取得法定别居的，应导致诉请之驳回"。此外，也提及了对于未成年子女的照管和夫妻之间财产的一些安排。《菲律宾民法典》的"法定别居"与中国《民法典》的离婚制度相比，保护力度明显不够，尤其对于妇女权益的保护更是显著缺失。菲律宾既没有像中国《民法典》第1090条那样规定离婚时对生活困难一方的适当帮扶义务，也没有对于无过错方的补偿制度，更没有过错方在分割财产时相应的少分或者不分的惩罚规定。在提起法定别居时列举的条件也远少于中国《民法典》第 1091 条的规定，即"有下列情形之一，导致离婚的，无过错方有权请求损害赔偿：（一）重婚；（二）与他人同居；（三）实施家庭暴力；（四）虐待、遗弃家庭成员；（五）有其他重大过错"。对比而言，菲律宾法律将家庭暴力、虐待、遗弃等重大过错行为都没有包括在法定别居之内，这对于婚姻关系中的弱者妻子一方，是一种伤害。菲律宾将女性与他人同居定为通奸罪而判处刑罚，对男性则用非法同居来处理，这更是加剧了社会中男女地位的不平等。该案的中国人王力与菲律宾人小美的婚姻，没有出现法定别居的两种情形，因此不能通过诉请法院而要求法定别居。由于菲律宾不准离婚，也不能堕胎，这让更多的年轻人对婚姻心生恐惧，甚至菲律宾的前总统也倡导独身主义。据报道，在菲律宾只有在获得合法分居后，才能再婚。在 1 亿多人口的菲律宾，每年仅有 8000 对分居的夫妻通过法院来解除婚约。这不仅需要耗费巨额的金钱，还需要耗费巨大的时间成本，有的甚至可能耗费长达 10 年的时间。《菲律宾刑法典》也禁止女性堕胎，女性为了名誉等堕胎，会面临甚至长达 6 年的监禁。① 在宗教教义和法律的双重压力下，菲律宾的单身妈妈数量猛增。菲律宾的结婚率低，但其出生率却较高。

此外，1949 年《菲律宾民法典》规定了婚姻无效的条件，这在菲律宾法律中，除了"法定别居"之外，属于特有的解除婚姻的办法。该法典第 83 条规定："除非存在下列情形，由任何人在其前配偶生存期间，与除此等前配偶之外任一人后续缔结的婚姻是非法的，并自举行时起无效：1. 前婚姻被宣告无效或解除。或者 2. 在后续婚姻缔结时，前配偶已连续 7 年不在，并且现配偶没有不在人生存的消息；或不在人即使不在少于 7 年，但一般被视为已死亡，并被现配偶在缔结此等后续婚姻时认为如此；或根据第 390 条和第 391 条不在人被推定死亡。除非由有管辖权的法院宣告无效，在此三种情形中任一情形，如此缔结的婚姻应有效。"此外，该法典第 80 条至 85 条规定了婚姻自始无效和被宣告无效的情形。与《中华人民共和国民法典》不同，《菲律宾民法典》在无效婚姻中，对未达到法定婚龄、有禁止结婚的亲等关系、重婚等，都有比《中华人民共和国民法典》更为详细的规定，其还规定了乱伦婚姻、多配偶婚姻等，如对旁系血亲禁止结婚是四代之内，而中国规定的是三代之内。对于继父母子女之间、养父母子女之间也有明确的禁止性

---

① 搜狐：《菲律宾游学——为何菲律宾的女性宁愿单身？》，https：//www.sohu.com/a/358879496_ 561049，访问时间：2021 年 6 月 30 日。

规定。《中华人民共和国民法典》第 1053 条规定，当事人患有重大疾病未告知的，作为可撤销婚姻处理。而《菲律宾民法典》则用"精神不健全"来表述，这也是菲律宾人申请婚姻无效运用得较多的条款。花费上万美元，加上长达近 10 年的时间来求得婚姻无效，显然遥不可及。菲律宾前总统曾冒着被教会开除的危险，希望通过包括菲律宾离婚法在内的相关法律，虽然离婚法草案没有通过，但经过努力，在 2012 年 12 月，菲律宾通过曾经被搁置 13 年之久的《生育健康法案》，"其主要内容包括：明确夫妻有权选择生育子女的数量；允许政府向民众提供免费避孕药品和避孕工具；在学校开设性教育课程等"。① 该法案的通过，对于降低菲律宾的人口出生率，尤其是减少未婚妈妈现象有一定的积极效果。尽管菲律宾现任总统，猛烈抨击教会制度，但其本人还是反对在菲律宾法律中设立离婚制度，甚至现任总统本人也是通过申请婚姻无效的方式，来结束其长达 25 年的婚姻。2010 年参加菲律宾副总统竞选的菲律宾著名的女性参议员，虽然早已与丈夫分开，却也因为不能离婚而饱受婚姻的困扰。② 值得庆幸的是，2016 年菲律宾上诉法院裁决，菲律宾人与外国配偶之间达成的"离婚协议"有效，前提是该离婚的方式在配偶所在国得到承认。③ 这其实既赋予了菲律宾人一项实质性的解除婚姻权并获得再婚权，也赋予了法院可以将外国离婚法令的效力扩大至菲律宾人。因此，菲律宾上诉法院认为《菲律宾家庭法》第 26 条应该加上相关规定，即"如果菲律宾公民与外国人结婚并且其外国配偶之后在国外与其办理离婚，那么其外国配偶有权再婚，菲律宾人也有权根据菲律宾法律再婚"。

三、对策建议

中国人在菲律宾成家立业的家庭既有纯粹的华人家庭，也有华菲通婚的家庭。"华菲通婚的现象始于西班牙统治时代。早期的华菲通婚，是因为当时的菲华社会几乎是清一色的男性，男女之间比例极为悬殊，流落海外的华人男性不得不娶当地菲律宾妇女为妻。"④ 菲律宾也曾有过排斥中国人的时期，"在排华的背景下，菲律宾自从 20 世纪 50 年代末起，就已经通过众多针对华人的法案，《零售商菲化法

---

① 中国新闻网：《菲律宾总统签署生育健康法案》，http：//www.chinanews.com/gj/2012/12 - 29/4447570.shtml，访问时间：2021 年 6 月 30 日。

② 法律快车：《法律解读菲律宾"不可离婚"》，https：//www.lawtime.cn/info/hunyin/lihunjiufen/20110531134085.html，访问时间：2021 年 6 月 30 日。

③ 菲信网：《菲律宾婚姻新规》，http：//www.feixinph.com/local/18483.html，访问时间：2021 年 6 月 30 日。

④ 曹云华：《菲律宾华人的婚姻与家庭》，载《社会》1999 年第 8 期。

案》便是其中之一。该法案规定，华人在菲律宾不能从事零售活动，只能从事批发经营，开店铺从事零售活动则存在被抓的风险"①。按照菲律宾强行推行上述的菲化法案，中国人如果与菲律宾人结婚，则可以以菲律宾籍的配偶的名义来申请公司登记，从而获得在菲律宾合法经营的权利。同时子女也可以相应地享有菲律宾的国籍。因此，当时在菲律宾的中国人，首选是寻找具有菲律宾国籍的华人结婚，其次就是选择与菲律宾本地人结婚。随着社会的进步，尤其是第三代、第四代华人很多都是从小就在菲律宾长大的，他们与菲律宾当地人拥有比父辈更多的交流与沟通机会，菲律宾本地人与华人之间通婚的更多。随着"一带一路"建设的深入推进，中国人走出国门前往菲律宾投资创业、旅游留学的也增多，菲律宾人尤其是大量菲籍家政服务人员进入中国，这些都客观上促进了两国人民之间的交流，也产生大量涉外婚姻。为此，要保护好中国公民与菲律宾人通婚以及婚姻家庭生活中的合法权益，应特别注意如下两点：

一是在结婚习俗方面，中国人要去菲律宾结婚，尤其是要和菲律宾人结婚，需要提前了解当地的风俗礼仪。因为，中国《民法典》与 1949 年《菲律宾民法典》在结婚条件、程序、效力、无效婚姻等方面的规定差异较大。实际上，跨国婚姻不仅要考虑法律的规定的差异性，还要注意民族传统、风俗习惯的不同。菲律宾是一个新旧社会交替、东西文化融合的国家，在结婚方面，菲律宾人喜欢在教堂举办婚礼，除了周日教堂要做礼拜之外，其余时间可以提前预约，包下整个教堂来举办盛大的婚礼。菲律宾人喜欢在 5 月份丰收节举办婚礼，也预示着婚姻生活的甜蜜和美好。如果当地人选择举办婚礼的时间集中，婚车会将道路堵得水泄不通，缓缓行进的彩车被包围在掌声、欢呼声以及相遇婚车的喇叭声、祝贺声中，显得热闹非凡。菲律宾倡导自由恋爱，在广大农村，常有男青年边弹吉他边唱歌向所喜欢的姑娘求爱。在恋爱中，男方经常会送给女方一些化妆品、水果、花束等，花的颜色最好是白色、桃色，因茶色和红色在菲律宾属于禁忌的颜色。菲律宾有各种婚俗，伊戈罗特人允许试婚，巴交人允许多偶婚。菲律宾和中国婚礼习俗中穿戴大红色喜庆不同，"在菲律宾参加婚礼的人们的服装不是黑色就是白色。原本传统的教堂婚礼上新娘应该身穿白色婚纱，新郎则身着别致的菲律宾传统男士礼服，这种礼服是一种透明的系扣男式衬衣，通常用来参加特殊聚会或重大场

---

① 张焕：《菲律宾扣抓 26 名中国公民　中国公民何以频繁在菲被抓》，http://finance.sina.com.cn/roll/20140213/012018191879.shtml，访问时间：2021 年 6 月 30 日。

合"①。现在菲律宾的新婚夫妇常身着五颜六色的极具民族特色的礼服，显得非常亮眼。

二是遵守菲律宾和中国法律中有关结婚、分居、离婚等的规定，这是切实保护夫妻双方的措施。"为吸引中国公民来菲律宾投资，菲律宾移民局 2008 年决定给中国公民颁发永久居民签证。通过办理投资移民、退休移民或与菲律宾人结婚可获得永久居留签证（每年名额限 50 人）。"② 中国立法严格规定一夫一妻制，菲律宾的法律并没有明确规定一夫多妻制，但是，由于菲律宾信仰宗教，有些菲律宾的部落，比如巴交人就采取一夫多妻制，又被称为多偶制，这种婚姻形式允许一个男子同时与几个女子结婚。另外，信奉伊斯兰教的菲律宾人，也可以根据教义实行一夫多妻制。《古兰经》规定，伊斯兰教的民族或者国家，1 个男子可以娶 4 个妻子。如前所述案例，菲律宾人小美并信仰伊斯兰，中国人王力也不是伊斯兰教的教徒，菲律宾法律中没有明文规定多偶制，因此小美当时为了不离婚，提出让中国人王力娶 4 个妻子的做法是不对的。在菲律宾目前仍然不能离婚，但是已经有案例显示，菲律宾人与外国人结婚后，可以在国外与外国人办理离婚，只要办理离婚的国家认可，则菲律宾法院也相应认可离婚的效力，菲律宾人则可以再婚。这是对菲律宾现有法律中不能离婚的一种扩张性解释。如前述案件，中国人王力可以与菲律宾人小美在中国离婚。当然，更多的菲律宾人还在为是否应在法律中规定允许离婚而激烈争论着，这也再次提醒与菲律宾人结婚、离婚均应谨慎，切莫当成儿戏。

第三节 事后处理

一、中国香港游客在菲律宾被劫持案

菲律宾实行总统制，是多党制国家，全国有超过 200 个政党。自杜特尔特任总统以来，菲律宾加大了对包括贩毒在内的犯罪打击力度，反对腐败，参与全球反

---

① 应届毕业生网：《菲律宾婚礼习俗》，https：//www.yjbys.com/edu/hunqing/49263.html，访问时间：2021年6月30日。

② 中国领事服务网：《菲律宾居留入籍》，http：//cs.mfa.gov.cn/zggmcg/ljmdd/yz_645708/flb_646330/，访问时间：2021年6月30日。

恐行动，取得了一定效果，菲律宾国内的政治局势相对稳定。菲律宾商报网站报道，仅 2016 年 7 月 1 日到 2017 年 10 月 10 日，菲律宾警察进行了 71578 次缉毒行动，拘捕了 112086 人，以及在交火期间击毙了 3993 人。卡斯科兰（菲国警行动处长）说，已有 126 万名涉毒者自首，其中 49994 人是未成年人。① 然而，在菲律宾劫持人质事件还是时有发生，保护中国人在菲律宾的合法权益，尽量避免劫持人质之类的恶性犯罪发生，这也是中国政府对海外华人的人身和财产安全进行保护的义务和职责所在。虽然菲律宾的前警督甲某（化名）在首都马尼拉劫持香港游客事件已经过去多年，但是至今仍令人心有余悸，菲律宾政府与劫匪对质时、处理善后时的一些做法仍值得世人警醒。甲某给包括香港同胞在内的中国人所造成的心理创伤也还需要时间来修补。

2010 年 8 月 23 日，在菲律宾马尼拉市中心，菲律宾前警督甲某劫持了一辆香港康辉旅行社的旅游车，车上有 25 名乘客，其中香港游客 22 名。经过多方营救，6 名香港游客获释。之后，由于甲某当时要求复职高级警督没有被接受，加上其弟被扣押交枪，甲某认为被菲律宾政府的谈判人员欺骗而大开杀戒。虽然在此次事件中，甲某在菲律宾警方的突击解救行动中被当场击毙，然而这次的劫持人质事件造成中国香港游客 8 名死亡、6 名受伤的恶果。事件发生 2 年后，菲律宾政府仍拒绝道歉，而直指香港人民不懂原谅。此事件一度造成中菲外交关系紧张。后在中国中央政府的多次斡旋下，直到 2014 年 4 月，菲律宾政府才通过与中国香港特别行政区政府发表联合公告的形式，向劫持事件中的遇难者及其家属正式道歉。2018 年 4 月，菲律宾总统在香港会见菲律宾劳工，就上述劫持人质事件道歉。从甲某要求与其下属所犯的营私舞弊案件划清界线，恢复其原职及退休待遇，起初劫持人质时所做的保证不伤害人质的承诺，发展到其得不到复职结果的暴躁，继而在甲某看来是愿意用绑架罪洗刷他认为错误的指控，而这起悲剧原本可以避免。这起劫持事件涉及多个争议焦点，比如菲律宾政府在应急处置过程中，谈判战术是否存在过错？菲律宾特警是否误杀人质？菲律宾政府是否应当承担国家赔偿责任？甲某曾是菲律宾高级督察，曾是菲律宾的"十大杰出警察"，该案件中是否存在如甲某女儿所言制度腐败的诱因？② 中国香港特区政府在案件处置中有何权限？

---

① 参见搜狐：《自政府开始扫毒以来 警方：126 万涉毒者自首》，https：//www. sohu. com/a/211210599_206880，访问时间：2021 年 6 月 30 日。

② 参见新浪：《菲劫持人质凶犯女儿称制度腐败间接致事件发生》，https：//news. sina. com. cn/w/sd/2010 - 09 - 09/110721070286. shtml，访问时间：2021 年 6 月 30 日。

中国政府是否可以对在菲律宾的华人提供外交保护？如果菲律宾政府不能采取更强有力的措施，那么在其境内发生的枪杀、劫持等恶性事件就难以根本性遏制。

二、法理分析

中国政府历来重视保护海外中国公民合法的人身权和财产权，对于中国人，由其国籍国提供领事保护或者外交保护，国籍国作为保护的主体也是国际上通行的做法。在前述菲律宾劫持人质案件中，涉及中国对本国公民的海外权益保护，至少有如下几个问题需要进一步探讨。

（一）保护的主体和对象

中国中央政府以及中央政府授权的中国香港特区政府有权给予劫持案件中的香港游客以保护。中国政府具有保护本国公民海外安全的义务，这也是国家主权的一种体现。1986年《菲律宾共和国宪法》第4条规定："政府的主要职责是为人民服务和保护人民。"该法第5条规定："维持治安，保护生命、自由和财产，增进普遍福利，是全体人民享有民主幸福的基本条件。"同理，1982年《中华人民共和国宪法》第50条规定："中华人民共和国保护华侨的正当的权利和利益，保护归侨和侨眷的合法的权利和利益。"又据2000年修正的《中华人民共和国归侨侨眷权益保护法》第2条："归侨是指回国定居的华侨。华侨是指定居在国外的中国公民。侨眷是指华侨、归侨在国内的眷属。本法所称侨眷包括：华侨、归侨的配偶，父母，子女及其配偶，兄弟姐妹，祖父母、外祖父母，孙子女、外孙子女，以及同华侨、归侨有长期扶养关系的其他亲属。"可见，中国公民即便定居国外，同样可以根据属人原则而受中国法律的保护。然而仔细分析，华侨是定居国外的中国公民，不包括去国外旅游、求学、短暂就业等情况的中国公民。而在当今国际经济联系日益密切的全球化发展时代，在海外非定居的中国公民的数量日益增多，因此对这部分群体的保护，其实需要通过修改相关法律来完善保护措施。如相关法律中"华侨"二字后补充规定"在海外的中国公民"，如可表述为"中华人民共和国保护华侨和在海外的中国公民的正当的权利和利益，保护归侨和侨眷的合法的权利和利益"。不仅国内法规定对本国公民保护的条款，而且国际法也规定了对在外国的本国公民保护的条款。各国驻他国的大使馆、领事馆会履行国籍国对本国公民相应的保护职责。根据1961年《维也纳外交关系公约》，使馆在接受国有权代表派遣国，在国际法所许可的限度之内，在接受国保护派遣国及其国民的利益等。依据1963年《维也纳领事关系公约》，领事享有诸如保护派遣国及其国民（个人与法人）的利益，促进派遣国与接受国的友好关系等职责。在菲律宾的劫持人质案件中，警务联络官发挥了积极的作用，据了解，"警务联络官起源于20世纪70年代的欧洲，指一国警察机构派驻到另一个国家或者双方进行固定联系的警官，目的是收集犯罪情报、寻求合作途径，当时主要是为了同毒品犯罪展开有效的斗争"①。在上述劫持事件中，中国中央政府多次与菲律宾政府进行交涉，要求解救人质，维护中国公民在菲律宾的合法权益。中国香港特别行政区行政长官也多次要求和菲律宾当时的总统协调此事，然而被菲律宾政府拒绝。菲律宾总统认为中国香港特区政府没有对外事务处理权。那么究竟中国香港特区政府有无此权限？1990年通过并于1997年7月1日起施行的《中华人民共和国香港特别行政区基本法》第13条规定："中央人民政府负责管理与香港特别行政区有关的外交事务。中华人民共和国外交部在香港设立机构处理外交事务。中央人民政府授权香港特别行政区依照本法自行处理有关的对外事务。"另该基本法第43条规定："香港特别行政区行政长官是香港特别行政区的首长，代表香港特别行政区。香港特别行政区行政长官依照本法的规定对中央人民政府和香港特别行政区负责。"该法第48条进一步规定了中国香港特区政府行政长官的职权，其中就包括"代表香港特别行政区政府处理中央授权的对外事务和其他事务"。根据中国政府的相关授权，当时中国香港特区政府行政长官与菲律宾政府交涉是完全有理有据的，可以看作中国中央政府对中国香港特区政府在处理香港游客在菲律宾被劫持事件的对外事务授权，而非越权处理外交事务。

在保护的对象方面，中国外交保护和领事保护都是保护本国公民。按照《中华人民共和国国籍法》的规定，中国不承认双重国籍，国籍采用双血统主义为主、出生地为辅的原则。具有中国国籍的人就属于我国外交和领事保护的对象。1997年7月1日，香港回归祖国，成为中国的一个特别行政区，而之前香港居民可能持有英国的护照，对此1996年5月通过的《全国人民代表大会常务委员会关于〈中华人民共和国国籍法〉在香港特别行政区实施的几个问题的解释》规定了香港特别行政区国籍取得方式，坚持了我国国籍认定的原则。同时该解释第2条规定："所有香港中国同胞，不论其是否持有'英国属土公民护照'或者'英国国民（海外）护照'，都是中国公民。自1997年7月1日起，上述中国公民可继续使用

---

① 熊安邦：《中国公民海外安全保护的法律问题——以菲律宾劫持人质事件为例》，载《江苏警官学院学报》2011年第2期。

英国政府签发的有效旅行证件去其他国家或地区旅行,但在香港特别行政区和中华人民共和国其他地区不得因持有上述英国旅行证件而享有英国的领事保护的权利。"按照上述规定,应该由中国政府而非英国政府给予香港游客以领事保护。又中国《国籍法》第9条规定:"定居外国的中国公民,自愿加入或取得外国国籍的,即自动丧失中国国籍。"对于那些出国时只有中国护照,而后来取得居住国国籍的人,由于中国不承认双重国籍,即在取得或者自愿加入外国国籍时,就会自动丧失中国国籍,加之我国领事保护、外交保护针对的都是具有中国国籍的本国公民,因此这就不难理解中国《领事保护和协助指南》所规定的,"定居外国的中国公民,凡自愿加入或取得外国国籍者,即自动丧失中国国籍,因而不再享有中国驻外使、领馆的领事保护"。然而在领事保护的实践中,常常对于同次事件中的当事人,如果其中有中国国籍人,会给予同等保护。因此在前述菲律宾劫持的香港游客中,尽管有些香港游客拥有的是加拿大国籍,持有的是加拿大护照,然而由于作为同一个中国香港旅游团而遭遇的劫持事件,其中有中国国籍的香港人,因此中国政府没有区别对待外国国籍者,而统一给上述在菲律宾遇劫持的香港游客以领事保护。

(二) 保护的方式和措施

一个国家的政府保护本国公民的海外合法权益,主要以外交保护和领事保护两种方式进行。2008年联合国国际法委员会制定的《外交保护条款草案》第1条规定:"外交保护是指一国对于另一国国际不法行为给属于本国国民的自然人或法人造成损害,通过外交行动或其他和平手段援引另一国的责任,以期使该国责任得到履行。"[①] 首先,外交保护强调的是一种国家责任,这种国家责任来自一个国家对另一个国家的国民采取了不法的侵害,造成了另一国的国民受到损失。该不法侵害可以是直接的侵害,也可以是所在国家政府放纵不法侵害所造成的。其次,外交保护保护的对象是本国国民,要求该国民在合法权益受到侵害之日起,到外交保护结束为止,持续地拥有提供外交保护的保护国国籍。尽管中国不承认双重或者多重国籍的法律效力,然而国际上还是有些国家是承认、有条件承认、默许双重或多重国籍的,比如菲律宾、英国、法国等。此外,关于无国籍人或者难民,由于他们实际上与经常居住国联系最密切,因此可以按照最密切联系地原则,由经常居住地国政府给予外交保护。此时由于无国籍人或者难民没有持续获得国籍,

---

① 《联合国大会第六十二届会议大会决议外交保护》,https://max.book118.com/html/2018/1223/7132130006001166.shtm,访问时间:2021年6月30日。

因此只是要求在受损害之日和正式提出赔偿之日，具有保护国的经常居住地或者惯常居所。再次，外交保护的前提在于用尽当地救济，受害人只有在用尽所在国的当地法律所允许的一切手段，仍然不能获得合理救济的情况下，才能申请国籍国采取外交保护的手段，再来谈有关救济、赔偿、补偿等措施。而之所以要用尽当地救济，也是尊重当地法律规定，是属地主义原则的体现。外交保护属于国家基于属人管辖而延伸到该国的本土之外的保护，国民的权利成为国家的权益的重要组成部分，这就意味着，国家有权决定是否行使对外求偿权等自由裁量权，而不必取得该国公民的同意。

正是由于外交保护的条件严苛，在社会实践中很少采用，大多数情况下会选择领事保护的方式。与《维也纳外交关系公约》未分章的做法不同，1963年《维也纳领事关系公约》规定了一般领事关系，关于领馆职业领事官员及其他领馆人员之便利、特权与豁免，对于名誉领事官员及以此等官员为馆长之领馆所适用之办法，一般条款这4章的内容，共计79条。该公约在第1条中规定了一些概念的定义，并对领事官员、领馆人员做了分类和界定，虽然在这些定义之中，并没有关于领事保护的定义，然而在其第5条中，对领事职务进行了多达13项的列举规定，紧随其后的第6至第8条则对执行领事职务的区域范围和代表国家做出进一步规定。通过《维也纳领事关系公约》可以看到，领事职务包括帮助派遣国国民、执行派遣国责成领馆办理而不为接受国法律规章所禁止或不为接受国所反对，或派遣国与接受国间现行国际协定所订明之其他职务等内容。该公约第73条规定是协调公约与其他国际协定之间的关系，该领事关系公约不影响当事国现行有效的其他国际协定，也不禁止各国之间另行制定国际协定，从而确认、补充、推广或者引申公约的各项规定。中国是1979年7月加入《维也纳领事关系公约》的，该国际公约规定，领事有在国际法许可之限度内，在接受国内保护派遣国及其国民（个人与法人）的利益，帮助及协助派遣国国民等职权。2023年《中国领事保护与协助指南》以图文并茂的形式详细列举了中国领事官员可以为在海外的中国人（个人和法人）所能做的，诸如：如所在国发生重大突发事件危及本国国民人身安全时，可以根据情况，敦促所在国主管部门及时妥善处置，联系、协调有关组织或机构提供救助；进行领事探视、协助联系亲属、提供备选翻译名单、签发旅行证件，必要时旁听庭审等。当然也规定了中国领事不可以介入纠纷、干预司法、参与刑事或治安案件调查、提供担保、申报当地工作或居住证、承担费用等禁止性事项。① 针对领事公约没有规定领事保护的问题，在 2013 年纪念公约签订 50 周年的大会上就曾有专家提出修改意见，因为在当今全球化时代，各国都面临领事保护扩张问题，都面临要保护在海外的公民合法权益的问题。为此，有学者提出："中国应致力于从拟定双边领事条约范本、构建区域性领事保护合作机制、推进领事保护立法、开启司法救济及完善海外突发事件中的领事保护机制等方面予以回应。"②

在保护的措施方面，在菲律宾劫持人质事件发生后，中国外交部及驻菲律宾大使馆就此事多次与菲律宾政府进行了外交交涉。中国政府要求菲律宾政府在确保人质安全的情况下，全力开展营救行动，中国驻菲大使馆一直保持与菲律宾政府的沟通。③ 在外交交涉过程中，可以采取外交谈判、协商、抗议、照会等各种措施。至于能否采用国际刑事司法协助的措施，则需要进一步分析。2018 年《中华人民共和国国际刑事司法协助法》第 2 条规定："国际刑事司法协助，是指中华人民共和国和外国在刑事案件调查、侦查、起诉、审判和执行等活动中相互提供协助，包括送达文书，调查取证，安排证人作证或者协助调查，查封、扣押、冻结涉案财物，没收、返还违法所得及其他涉案财物，移管被判刑人以及其他协助。"其中的调查取证权由于需要到他国的领土上完成，因此涉及一国的主权，根据国际法上的一般原理，一国的司法人员在未得到他国政府同意的情况下，是不能在他国领域内进行调查取证的。至于他国的同意方式则可以通过双方协商谈判或者用双边条约固定下来。中国曾于 2000 年与菲律宾签订《中华人民共和国和菲律宾共和国关于刑事司法协助的条约》，2001 年与菲律宾签订《打击跨国犯罪合作备忘录》《打击贩毒合作协议》《引渡条约》，规定了跨国调查取证的具体权限，比如"在不违背本国法律的前提下，被请求方应当同意请求中指明的人员在执行请求时到场，并应当允许这些人员通过被请求方司法人员向被调取证据的人员提问。为此目的，被请求方应当及时将执行请求的时间和地点通知请求方"。由此可见，中国中央政府在菲律宾警方调查取证时，可以在不违背菲律宾法律的前提下，在执行请求时到场，并可以通过菲律宾的司法人员向被调取证据的人员发问。同理，菲律宾政府享有对等的权利。又由于香港特区是中国的特别行政区，根据 1997 年

---

① 中华人民共和国外交部：《中国领事保护与协助指南（2023 版）》，http：//cs. mfa. gov. cn/zggmzhw/lsbh/lbsc_ 660514/202311/P020231114392262052796. pdf，访问时间：2024 年 6 月 30 日。

② 丁丽柏：《〈维也纳领事关系公约〉的革新与中国的应对——以海外国民领事保护为视角》，载《政法论坛》2019 年第 3 期。

③ 《外交部发言人就香港游客在菲遭劫持事件发表谈话》，http：//www. gov. cn/govweb/gzdt/2010 - 08/24/content_ 1686726. htm，访问时间：2021 年 6 月 30 日。

生效的《中华人民共和国香港特别行政区基本法》第 96 条，"在中央人民政府协助或授权下，香港特别行政区政府可与外国就司法互助关系作出适当安排"。在处理菲律宾绑匪劫持香港游客事件中，香港特区政府事实上也是据此与菲律宾政府交涉的。按照对等原则，菲律宾政府的调查人员也相应享有调查取证权。由于此次人质事件中，有部分幸存者已经回到香港，因此菲律宾政府在取得中国中央政府和香港特区政府同意的情况下，可以到香港就查明事实真相进行调查取证。

此外，针对当时菲律宾警方的不专业做法，有人提出由香港警方派出飞虎队这种特种部队前往菲律宾解救人质。用武力来保护香港同胞，涉及菲律宾的国家主权问题，因为遵照《联合国宪章》精神，要维护国际和平与安全，要用和平而非武力来解决国际争端。该宪章第 2 条有关"基本原则"的规定明确指出："各会员国应以和平方法解决其国际争端，俾免危及国际和平、安全及正义。各会员国在其国际关系上不得使用威胁或武力，或以与联合国宗旨不符之任何其他方法，侵害任何会员国或国家之领土完整或政治独立。"为了保护本国国民的人身和财产安全，并不能成为在他国领土上使用武力的理由，也不能适用《联合国宪章》第51 条所规定的行使国家自卫权。事实上，菲律宾发生的劫持人质事件也不同于打击恐怖主义、打击海盗这种各国具有普遍管辖权的案件。因此动用香港特种部队前往菲律宾解救人质是不合法、不合理的，事实上当时也没有采用武力的方式来解决。中国已经于 1984 年加入国际刑警组织，成立了中国国家中心局，香港地区也有国际刑警组织设立的中心局，而菲律宾也是国际刑警组织的成员国，因此通过劫持香港游客案件可见，当时成立的"事故检讨委员会"中，香港警方参与其中就是经过菲律宾政府同意后通过国际刑警组织进行的。

（三）菲律宾的国家责任

政府在劫持人质这种突发应急事件中行动滞后、处理手段及效果不尽如人意的方面，是否构成菲律宾政府的过错，是否需要承担国家责任的问题，需要进一步讨论。首先，菲律宾政府在上述劫持人质事件中，处置存在重大的过错，符合承担国家责任的条件。据报道，警方在解救人质过程中，存在多项失误，比如：甲某多次要求复职，其原本劫持香港旅游车也是想恢复其警督的身份，但一直没有得到回复，后在劫持现场得到的却是以信件方式拒绝其工作要求，甲某唯一的想法被拒绝后，其又再次警告没有得到实质性谈判结果，随后对无辜的香港游客痛下杀手。警方在劫匪甲某情绪相对平静时，在现场逮捕甲某的弟弟，而其弟弟不但没有劝阻哥哥的行为，反而告知被警察扣押枪支未还，与警方之前告知甲某的不一致，彻底激怒甲某。有专家表示，菲律宾国内的腐败问题在国际上是有名的，从菲律宾警方处理这起事情的方式，很难让人不怀疑其中是否另有隐情，[①] 谈判专家不通过现场连线，反而是信件传递的方式，不安抚杀手的情绪，不顾及人质的安全，这些做法令人费解。在长达 11 个小时的对峙过程中，警方轻信司机所言人质全部死亡的说法，没有抓住甲某起初只是利用人质作为工具，而并不想伤害人质的心理变化过程与时机，没有进行有效谈判与布控。在甲某多次露面且毫无防备的情况下，狙击手没有把握机会，现场救援的部分警察甚至连防弹背心都没穿。而现场救援的警察与谈判专家最终决定采用武力强攻的方式，却只准备了一柄 20 磅的铁锤，根本不能闪电破门而入，最终用铁锤敲击旅游巴士窗户强攻，破窗长达一个多小时。试想如果甲某再凶猛些，现场受轻伤者会更少，死亡人数甚至会更多。更令人难以置信的是，在危机谈判时，谈判专家拨打枪手甲某电话一直占线，只因甲某在连线电视台采访记者，最终成为一场死亡直播。"在现代传播生活中，'全程追踪'、'深度解秘'式的报道无疑是符合新闻专业主义内在逻辑的，但步步紧逼的过度追逐，又在很大程度上对事件的发展起到了推波助澜的负面作用。"[②] 由于全员出动进行过度报道，未经核实且把关不严，这直接造成菲律宾劫持人质事件中新闻报道的"信息污染"，甚至当地有媒体记者在事后移送遗体时，不顾劝阻进行开棺拍照。有学者评论指出："菲律宾当地媒体报道造成的信息污染激化了事态，干扰了决策，误导了民众，在突发事件报道中留下了深刻教训。"[③] 其次，联合国大会 2001 年通过的《国家对国际不法行为的责任条款草案》在其第 1 条中界定了国家对其国际不法行为的责任定义为："一国的每一国际不法行为引起该国的国际责任。"按照要素分析，包括作为或者不作为行为构成，依照国际法而非某一国的国内法，要归责于该国，且该国的国家行为构成违背国际义务。同时，该草案第 4 条规定："1. 任何国家机关，不论行使立法、行政、司法职能，还是任何其他职能，不论在国家组织中具有何种地位，也不论作为该国中央政府机关或一领土单位机关而具有何种特性，其行为应视为国际法所指的国家行为。2. 机关包括依该国国内法具有此种地位的任何个人或实体。"该草案第 12 条

---

① 《专家：谈判破裂或有腐败隐情》，http：//www.hinews.cn/news/system/2010/08/24/011011886.shtml，访问时间：2021 年 6 月 30 日。

② 汤天甜：《突发危机事件中媒体传播的专业逻辑与身份边界——以菲律宾人质劫持事件中的"死亡直播"为例》，载《新闻记者》2010 年第 11 期。

③ 许海、才婉茹：《突发事件报道中的"信息污染"与"媒介责任"——对菲律宾人质劫持事件报道的思考》，载《新闻记者》2010 年第 11 期。

规定了违背国际义务行为的发生条件，即"一国的行为如不符合国际义务对它的要求，即为违背国际义务，而不论该义务的起源或特性为何"。根据上述有关国家不法行为承担责任条款的草案，菲律宾政府在处理被劫持香港游客事件中，没有履行好保护外国人合法权益的义务，其危机管理程序不到位，危机管理委员会没有及时启动且存在中途离场就餐、现场营救无组织、医疗救助无安排等混乱局面，需要承担相应的国际责任。此外，按照之前所论述的外交保护的三个条件要求，只有在"用尽当地救济"之后，中国政府才能行使外交保护，而最终是否实施外交保护还要综合考虑中国与菲律宾的外交关系等各方面的情况。当然在国家不法责任方面，该草案只抽象出客观的条件，而没有区分主观方面的故意或者过失，这不利于国家归责，可能会造成部分国家因非故意而主张逃避国家责任。为此，有学者指出："不论国际不法行为是在故意或过失的主观条件下发生，该行为归责的国家必须承担相应国家责任。"[1]

三、对策建议

回顾在菲律宾所发生的甲某劫持香港游客案件，唯有汲取教训，才是对逝者最好的缅怀。菲律宾的劫持人质事件屡屡造成恶劣的社会影响。2009 年 11 月 23 日，在菲律宾南部的棉兰老岛上的马京达瑙省，发生武装分子暴力劫持人质事件，在被劫持的 51 名人质中，还包括 34 名记者，此次事件除 3 名记者侥幸逃过一劫外，其余人质被屠杀，且大多被砍头致死，手段极为残忍。2014 年 5 月，一对中国籍母女在菲律宾南部巴西兰省伊莎贝拉市被 10 名全副武装者劫持，疑似"阿布沙耶夫"恐怖组织成员所为，并索要大量赎金。[2] 2014 年 9 月，两名菲律宾警察扮演绑匪，劫持一名中国人。同月，一名中国百货店经理在菲律宾被疑似"阿布沙耶夫"组织劫持。据报道，仅 2014 年，菲律宾就发生 33 宗劫持事件，超过一半的受害人为华人华侨，甚至有民间组织称菲律宾为"亚洲劫持中心"。[3] 2020 年 3 月，菲律宾圣胡安市 Greenhills 地区的一家购物中心 V-mall 发生人质劫持事件，所幸经过现场专家谈判，绑匪释放了被劫持的 30 名商场的工作人员和顾客，并向警

---

① 张乃根：《试析〈国家责任条款〉的"国际不法行为"》，载《法学家》2007 年第 3 期。
② 《中国母女在菲律宾遭绑架　疑似当地恐怖组织所为》，http://china.cnr.cn/xwwgf/201405/t20140524_515577637.shtml，访问时间：2021 年 6 月 30 日。
③ 马晓：《菲律宾成"亚洲绑架中心"　赴菲旅行莫装"土豪"》，https://world.huanqiu.com/article/9CaKrnJFzPP，访问时间：2021 年 6 月 30 日。

方投降。① 2024 年 6 月两名中国企业管理层人员在菲律宾遭遇绑架并不幸遇害。据"中国领事服务网"的官方报道，"菲律宾社会整体治安状况较差，主要呈现以下突出问题：治安刑事案件多发，枪支泛滥，劫持及恐怖袭击多发，涉赌非法拘禁十分严重，马尼拉湾一带'迷魂党盗窃财物'案频发。近年来，菲地方势力争斗激烈，社会贫困化加剧，绑架、凶杀、盗抢等案件呈快速上升趋势，涉及华侨华人的恶性案件也居高不下"②。

首先，中国人如需前往菲律宾，要先了解菲律宾当地的风土人情，尤其要密切关注菲律宾的总体社会治安状况。由于菲律宾政党众多，派系林立，虽然自 2016 年以来，菲律宾社会治安治理加强，严厉打击各类恐怖活动和违法犯罪活动，国家政局基本稳定。然而菲律宾的局部地区，尤其是马尼拉地区人员流动密集，人员成分复杂，涉及色情、赌博、贩毒等犯罪多发，具有较高的恐怖威胁和安全的风险。另外，虽然对于南部棉兰老地区，菲律宾政府自 2017 年底就实行军事管制，并延长到 2018 年底，但是该地区的治安形势严峻，多个反政府武装比如"阿布沙耶夫""人民军""摩伊解"等聚集在此，恐怖袭击和暴力性犯罪不时发生。就南部地区是否需要军管，菲律宾正反两派争论激烈。现任总统认为恐怖分子在招兵买马，坚持主张用军管来打击恐怖主义。"这些活动引发频繁的暴乱和公开的武装暴动事件，企图为在菲律宾乃至东南亚建立全球性的伊斯兰哈里发政府的行动推波助澜。"③ 中国领事服务网官网提示，建议中国公民不要前往菲律宾南部存在最高恐怖威胁等风险的棉兰老地区，如果确实已经在该地区，建议尽早采取安全保障措施并尽早离开。

其次，在菲律宾的中国人，无论是旅游、经商、工作还是其他目的，都需要切实加强安全防范意识，做好安全防护工作。菲律宾的首都是马尼拉，是当地人口最多的城市，但即便是首都，仍然存在较高的恐怖危险，在该地区要避免前往黑暗、偏僻的地方以及城市边缘地带或者人多复杂的地点。在菲律宾，要避免晚上外出，以免成为犯罪者的目标。菲律宾的贫富差距巨大，家庭收入是他们划分社会经济地位的标准，菲律宾分为富人阶级、中产阶级和穷人。菲律宾统计局

---

① 《菲律宾一商场发生人质劫持事件》，http：//m.news.cctv.com/2020/03/02/ARTIC1vPQRYw98wMPLK ODHjx200302.shtml，访问时间：2021 年 6 月 30 日。

② 《菲律宾社会治安》，http：//cs.mfa.gov.cn/zggmcg/ljmdd/yz_ 645708/flb_ 646330/，访问时间：2021 年 6 月 30 日。

③ 《菲律宾南岛军事管制是否延续　正反双方各持己见》，https：//www.sohu.com/a/209990872_ 402008，访问时间：2021 年 6 月 30 日。

（PSA）的数据显示，平均每个家庭的收入等级为：高收入每月是 5 万比索以上（折合人民币 6250 元/月），中产阶级收入每月从 11915 比索到 49526 比索（折合人民币 1500~6200 元/月），低收入则是每月低于 11914.5 比索（折合人民币 1500 元/月）。菲律宾每 20 个家庭中，只有 3 个属于中产阶级。因此，在菲律宾要切忌炫富，不要随身携带大额的现金，不要佩戴过于贵重的珠宝首饰。菲律宾的银行业发达，菲律宾支付以信用卡为主，中国银联卡已经开通使用。

　　再次，针对菲律宾的绑架劫持事件，中国人到菲律宾要提前准备一些应急防范的知识，尽可能地避免和减少有关人身、财产方面的损失。一是要掌握一些在紧急情况下自救互救的常识，包括医疗急救的常识，比如紧急止血、心肺复苏、烧伤急救等。要了解菲律宾当地的医院电话，菲律宾的公立医院一般条件较差、收费便宜，主要满足低收入群体就医。私立医院条件较好，但费用昂贵，主要面向高收入群体。主要药店为 MECURRY DRUG 连锁店。二是如意外遇到抢劫、绑架等恶性事件，要保持镇定，只有沉着冷静才能头脑清醒地尽量寻找脱身之道，同时也要保存体力，多进食、进水，保持良好的心态；不要去激怒劫匪，不要做大吵大闹的无谓抗争，可以适当满足劫匪的要求，寻找合适的机会向外传递求救的信号；尽量去记住劫匪的外貌、声音等特征，如有机会和亲友通话，要巧妙地传递信息和拖延时间，但千万不能当面说穿，以免当场惹来杀身之祸；在恐怖分子怀疑人质之中有可疑人员时，更是需要保持冷静，以免上当受骗，更不要随意出卖自己的同胞；在被劫持之后，尽量不要去与劫匪发生正面的冲突，以免被劫匪选为首先开枪的对象，如果被劫匪开枪，则需要尽量寻找身边的物体进行遮挡，甚至可以采取趴倒、装死等办法来迷惑匪徒；如能有机会脱逃或者获救，要及时报警请求救援。总之，遇事务必冷静，将所了解到的情况尽可能准确地传递给救援人员，给其他需要救援的人员更多的获救机会。

本章小结

　　菲律宾是一个多民族的国家，曾是西班牙、美国的殖民地，也曾被日本占领，直至 1946 年获得独立。菲律宾融合了东方和西方的文化与习俗，极具异国风情。菲律宾位于亚洲东南部，拥有 7000 多个岛屿，享有"千岛之国"的美誉，境内风光旖旎，有现代化的马尼拉市、风景如画的薄荷岛、被称作"南方皇后"的宿雾、"现代伊甸园"的巴拉望等。菲律宾于 1975 年 6 月 9 日与中国建交。"根据人类学家所作的这项研究，在菲律宾民族中，华人血统约占百分之二十。"① 菲律宾的国父黎刹是华裔。中国人在菲律宾涉足零售业、烟草业、餐饮业、房地产业、银行业、石油业、新闻业等各个领域，既有最底层的建筑工人，也有菲律宾的政坛、商务、娱乐等各行各业的先驱。中国人逐渐融入菲律宾当地社会，并为菲律宾的发展和中菲友谊贡献力量。据报道，2019 年福布斯菲律宾富豪榜的首富为华人，而前 10 位富豪中，除 3 位以外，"其余均为海外华人且皆来自福建，且为闽南籍乡亲，其中以泉州人居多"②。自 2016 年开始，菲律宾加强了与中国的互访活动，其现任总统连续 4 年访问中国，加强双方经贸领域的合作与交流。2020 年 6 月 30 日，以"共建'一带一路'，共促经济民生"为主题，中国共产党同菲律宾主要政党成立中菲"一带一路"政党共商机制并以视频会议方式举行第一次会议，就高质量合作，推动中菲关系新进展，维护地区和全球的发展稳定达成共识。保护在菲律宾的中国人的合法权益已经成为中菲两国发展的共识。

一、在菲律宾中国公民的权益内容和特征

"海外公民权益的保护在新的全球化的历史背景下，它不仅是国家的一项权利，更是一项义务和责任。"③ 保护在菲律宾的中国人合法权益，就要保护其在菲律宾学习、工作和生活时所享有的人身权和财产权的安全，维护其在当地投资经商、旅游娱乐、求学交友、劳动就业等各个方面的合法权益。保护在菲律宾的中国公民的权益类型具有复杂性、国际性、多样性特征。菲律宾有 1 亿多人口，占全菲律宾人口 85% 以上为马来族，其他还有他加禄人、伊洛人、邦邦牙人、维萨亚人、比科尔人以及华人、阿拉伯人、印度人、西班牙人和美国人的后裔，另外还有少量原住民。菲律宾以他加禄语为基础的菲律宾语作为国语，但由于其国内有 70 多种语言，用本地语言交流反而困难，因此其官方语言为英语。国民约 85% 信奉天主教，4.9% 信奉伊斯兰教，少数人信奉独立教和基督教新教，华人多信奉佛

---

① 中国新闻网：《菲律宾华人概况》，http：//www. chinanews. com/2001 - 04 - 28/26/88832. html，访问时间：2021 年 6 月 30 日。

② 搜狐：《中国福建泉州人，霸屏 2019 菲律宾富豪榜，最富有的是施家子女》，https：//www. sohu. com/a/344515988_ 618578，访问时间：2021 年 6 月 30 日。

③ 王秀梅、张超汉：《国际法人本化趋向下海外中国公民保护的性质演进及进路选择》，载《时代法学》2010 年第 2 期。

教，原住民多信奉原始宗教。① 虽然菲律宾目前政局稳定，但由于其党派众多，大小政党多达 100 多个，反政府武装势力强大，尤其是南部棉兰老地区恐怖活动多发。加之，菲律宾曾被当时的一些发达资本主义国家所奴役，当地虽然物资丰富，但经济基础并不好，社会贫富差距巨大。据报道，菲律宾有世界上最大的贫民窟，约有 400 万人生活在垃圾、污水和犯罪之中。② 由于菲律宾人信仰的天主教义主张不能限制人的自然出生，不能堕胎和离婚，菲律宾街头的年轻人非常多，未婚妈妈也非常多，这加剧了"越穷越生"的怪相。

经过长期发展，菲律宾本地的华人及后裔有些逐渐成为菲律宾富甲一方的权贵。中国人尤其是福建人，在菲律宾打下了良好的商业基础，也让当代的中国年轻人愿意前往菲律宾从事劳务。中国人凭着勤劳和吃苦耐劳精神，立足菲律宾从事商贸活动，促进了菲律宾当地经济的发展，给菲律宾人带来了就业的岗位。但也有些亲美的菲律宾人对中国人并不友好。因地缘关系和历史问题，菲律宾挑战中国在南海问题上的主权，不同程度地影响中菲两国的外交关系，进而对两国的商贸往来等民间交往带来不利因素，给中国人在菲律宾的合法权益保护增加了复杂性和难度。世界不是孤立的地球村，菲律宾近年来致力于打击贩毒、打击恐怖组织的活动，并广泛开展与包括中国在内的国际合作，积极参与中国倡导的"一带一路"建设。2020 年 7 月 3 日，菲律宾签署《2020 年反恐怖主义法》，加大对恐怖主义的打击力度。据报道，仅 2017 年阿布沙耶夫武装和穆特组织占领菲律宾南部地区，劫持人质并与军警交火，长达 5 个多月，造成数十万人的流离失所。③ 除了打击国际性犯罪，体现出保护海外中国公民合法权益的国际性特点外，在有些中菲两国法律规定不一致的地方，加强国际合作也尤其必要。菲律宾认可博彩业，其网络博彩在办理一定手续后是合法的，然而大量中国人前往菲律宾从事劳务，却有超过 7 成比例的中国人在从事博彩业，而且大多以同胞为欺骗或"猎杀"对象。④ 因此，保护海内外中国人的合法权益不可忽视权益保护的国际性。

---

① 中国领事服务网：《菲律宾国家概况》，http：//cs. mfa. gov. cn/zggmcg/ljmdd/yz_ 645708/flb_ 646330/，访问时间：2021 年 6 月 30 日。

② 《菲律宾世界最大贫民窟，400 万人生活于垃圾、污水、犯罪中》，https：//new. qq. com/omn/20190614/20190614A03QMC. html#p＝1，访问时间：2021 年 6 月 30 日。

③ 《菲律宾总统签署新反恐法强化打击恐怖主义力度》，https：//www. 360kuai. com/pc/96b92fd397a9563a8? cota＝3&kuai_ so＝1&sign＝360_ 57c3bbd1&refer_ scene＝so_ 1，访问时间：2021 年 6 月 30 日。

④ 新浪财经：《赴菲律宾务工中国人增至 3 倍，超 7 成从事博彩业》，https：//finance. sina. com. cn/roll/2019－03－25/doc-ihtxyzsm0262555. shtml，访问时间：2021 年 6 月 30 日。

二、中国公民在菲律宾权益受损的风险预警机制与救济途径

在菲律宾，中国公民的人身权益、财产权益面临投资经商、劳务用工、旅游研学、分家析产等各方面风险，确立合理的权益保护机制，进行风险预警与权利救济，具有现实的意义。"人群共处，各有需求，涉及不同的利益，不免发生冲突，为定分止争，法律乃在一定要件之下，就其认为合理正当的，赋予个人某种力量，以享受其利益。"[①] 中国人在菲律宾生活、工作和学习期间，不要随意炫富、露富，要遵守当地法律法规和风俗习惯，要采取正当、合法的途径来维权，避免与他人发生直接的矛盾冲突。中国公民到菲律宾的人数逐渐增多，了解当地法律才能更安全、更有效地进行投资置业、旅游休闲、学习交流等。比如，菲律宾为促进其本国产业的发展，对外国的投资既有优惠政策，又有一定限制措施，表现在一般限制性措施、程序限制措施、对不同工业部门和行业的限制措施。菲律宾对于雇佣的外籍人员比例有一定限制，并且一般 5 年之内会要求更换。如想在菲律宾经商则要了解其 1987 年《综合投资法》以及菲律宾投资署每年公布的《优先投资计划》。在菲律宾从事贸易投资的中资公司、企业要加强安保措施，完善安全保护方面的预案，加强防范暴力袭击、绑架、劫持人质等恶性事件的发生，可以雇佣菲律宾当地有实力的、有合法资质的保安公司，来确保企业的正常运行以及人员和财产的安全。

在救济途径方面，可以采用自力救济、当地救济、外交保护、领事保护、解决投资争端国际中心（ICSID 机制）等各种措施。也有学者提出利用联合国国际人权机制，保障中国公民的海外合法权益。"现有的人权保护监督制度主要有：个人申诉制度、缔约国间的指控制度、缔约国报告制度、调查制度等。我国海外公民当其权益受到损害时，就可以利用这些制度来维权。国家也可以充分利用有关规则维护海外公民的权益。"[②] 还可以利用菲律宾华人组织。目前，海外中国公民申请领事保护增多，我国领事保护政策也从单纯保护华侨扩大至保护在海外的中国公民。推动中国领事政策调整的是出于对外开放的政策和外交战略的转型。[③] 菲律宾是一个自然灾害较多的国家，中国公民要增强灾害防范意识，以防灾减灾、保证生命财产安全作为首要条件，在海外的中国公民，可以登录中国领事服务网（http：//cs. mfa. gov. cn/），根据网站上的风险等级提示，合理安排出行计划。

---

① 王泽鉴著：《民法概要》，中国政法大学出版社 2003 年版，第 37 页。
② 包运成：《海外公民权益的国际人权机制保护》，载《社会科学家》2014 年第 6 期。
③ 参见钟龙彪：《当代中国保护境外公民权益政策演进述论》，载《当代中国史研究》2013 年第 1 期。

中国公民在菲律宾实用信息

单位名称或事项	地址	电话	备注
外交部全球领事保护与服务应急热线	—	+86 – 10 – 12308 +86 – 10 – 65612308	
中国驻菲律宾大使馆	菲律宾马尼拉大都会马卡蒂达斯马里尼亚斯村阿卡西亚街1235号（前门）；帕赛路（安东尼奥·阿尔奈兹大道）4896号（后门）	领事保护与协助电话： +63 – 2 – 82311033 政治处：+63 – 2 – 86885358 经商处：+63 – 2 – 88184553 文化处：+63 – 2 – 88184553 武官处：+63 – 2 – 82807459 领侨处：+63 – 2 – 88482462	对外办公时间： 周一至周五 9:00—11:00
中国驻宿务总领事馆	菲律宾宿务市文华广场酒店25楼雷耶斯大主教大道与埃斯卡里奥街交叉口	领事保护与协助电话： +63 – 32 – 3430008 经贸事务电话： +63 – 32 – 2563433 证件咨询电话： +63 – 32 – 5051035	对外办公时间： 工作日 9:00—11:00 （节假日除外）
中国驻达沃总领事馆	达沃市马蒂纳朱纳住宅区阿卡西亚街	领事保护与协助电话： +63 – 82 – 2989942 领事证件咨询电话： +63 – 82 – 2987471	
中国驻拉瓦格领事馆	菲律宾北伊罗戈省圣尼古拉斯县三藩镇一区国道216号	领事保护与协助电话： +63 – 77 – 7721874	
匪警	—	911	
火警	—	911	
急救	—	911	
道路救援	—	320	

第十四章
在新加坡的中国公民权益保护

新加坡共和国（Republic of Singapore），简称新加坡，古称淡马锡，旧称新嘉坡、星洲或星岛，别称狮城，首都为新加坡，货币为新加坡元（SGD）。新加坡总人口约为 592 万（截至 2023 年 12 月），有华人（占 75% 左右）、印度人、马来人和欧亚混血人四大族群；官方语言为英语、马来语、华语、泰米尔语，其中英语为行政用语，马来语为国语；主要宗教有佛教、伊斯兰教、道教、基督教和印度教。新加坡位于马来半岛南端，马六甲海峡出入口，国土面积约为 722.5 平方公里，作为城邦国家，没有省市之分，将全国划分为五个社区（行政区）：东北、东南、西北、西南和中区社区，由相应社区发展理事会管理。[①] 新加坡国土面积虽小，却是著名的观光胜地，有着"狮城之国""花园城市"的美称，鱼尾狮雕像是新加坡的标志，拥有世界上首个夜间动物园，南部圣淘沙更是世界知名的度假胜地。

新加坡地处亚洲和大洋洲、太平洋和印度洋交界处，扼守着"十字路口"的交通咽喉，地理位置十分优越。2017 年，中国与新加坡签署"一带一路"谅解备忘录，新加坡成为中国对"一带一路"沿线国家投资的重要枢纽，中国对"一带一路"沿线国家的投资当中有近 1/3 先流到新加坡，新加坡对中国投资也占到"一带一路"沿线国家对华投资总额的 85%。[②] 新加坡作为城邦国家，高度依赖外劳，外劳成为新加坡经济发展的重要支柱力量，据"客工亦重"提供的数据："新加坡有超过一百万的人口是来自不同国家的低收入客工，包括菲律宾、印度、印

[①] 中国一带一路网：《新加坡》，https://www.yidaiyilu.gov.cn/gbjg/gbgk/10005.htm，访问时间：2024 年 6 月 30 日。

[②] 《新加坡：联接沿线国家全力支持"一带一路"》，http://ydyl.china.com.cn/2018-09/17/content_63524927.htm，访问时间：2021 年 6 月 30 日。

尼、孟加拉、缅甸及中国。"①

新加坡华人占总人口的75%左右，在语言、文化等多方面都与中国有很多相似之处，因此，中国公民更愿意去新加坡务工、经商、留学、移民。但每个国家都有自身的鲜明特点，新加坡也不例外，在法律制度、教育体系、思维方式、生活习惯等方面和中国有很大不同。因此，了解新加坡关于外国人权益保护的法律制度对于中国公民赴新权益保护起到着重要作用。

一、外国人法律地位规定

新加坡作为WTO成员国，《世界人权宣言》《公民权利和政治权利国际公约》《经济、社会和文化权利国际公约》等公约的参与国，外国人在新加坡与新加坡公民的各项权利基本一致，享有国民待遇。在维护外劳权益方面，新加坡不分国籍保护基本所有类型的雇员，通过《雇佣法》《雇佣外国劳动力法》《外籍招聘法》《工伤赔偿法》《劳动场所安全与健康法》等法律规范保障外国工人管理、职业安全与健康等问题。在外商投资领域，由《公司法》《经济扩展激励（所得税减免）法案》《合伙法》《竞争法》等法律法规相互配合共同对外商投资领域进行调整。在对外贸易方面，主要由《进出口商品管理法》《海关法》《反补贴和反倾销法》《自由贸易区法》等法律规范商品交易，管理货物进出口。

二、外国人权益保护的实体法规定

新加坡目前还没有专门实体法保护外国人权益，对外国人民事权益的保护主要体现在《民法》《继承法》《合同法》等法律之中。商事法律主要通过《公司法》《竞争法》《新加坡金融管理局法》《外汇法》《金融公司法》等解决涉外商事纠纷。任何人在新加坡境内违反刑法规定，实施犯罪行为都受到刑罚处罚，同时也不分国籍对刑事受害人进行统一保护。

三、外国人权益保护的程序法规定

新加坡与诉讼程序相关的法律主要有《最高法院司法制度法》《地方法院司法制度法》《法庭规则》《刑事诉讼法》以及相应的附属法规，内容涵盖了诉讼程序、证据规则、法院系统、律师制度等。新加坡强调法律的公众性以及法律面前

---

① 张明亮：《新加坡的中国劳工权益问题与解决之道》，载《河南师范大学学报（哲学社会科学版）》，2013年第4期。

人人平等，不论是外国人还是新加坡公民，都受到法院依法庭程序的平等审理，同样享有诉讼及辩护权利，任何刑事被告面对法律的制裁，不能也无法用金钱买通受害人达到庭外和解。① 新加坡针对国际商事争议，在高等法院下设立了新加坡国际商事法庭（SICC）处理国际商事纠纷。② 中国和新加坡在 1997 年签订了《中华人民共和国和新加坡共和国关于民事和商事司法协助的条约》，约定双方司法协助的内容包括送达司法文书、调查取证、承认与执行仲裁裁决等。③

第一节　事先预防

自 1985 年始，中国在承包工程带动之下开始对新加坡进行劳务输出，经过几十年发展，中国劳工遍布新加坡的服务、制造、建筑、海事等行业，新加坡已然成为中国第二大海外劳务市场，中新两国劳务合作总体发展顺利。但是，由于两国劳务制度的差异、市场不规范、劳工本身劳动素质等问题，中国劳工在新时常会陷入劳务纠纷、受骗、遭遇意外。因此，中国劳工如果在赴新之前详细了解在新务工流程、当地法律，提高自我风险防范意识，便可以在一定程度上避免权益被侵犯，即便遭受到权益侵犯也能及时维权，减少权益受损。

一、SMRT 中国籍司机罢工案

2012 年 11 月底，SMRT 公司 102 名中国籍司机罢工，以抗议 SMRT 公司对中国籍司机的不公平待遇。此次中国籍司机罢工的导火索为 SMRT 公司的马来西亚籍司机获得了 275 新元加薪以及相当于一个月薪资的红利，但中国籍司机却只有 75 新元加薪且没有任何奖金，引起了何军令、高悦强、刘翔英和王献杰 4 名中国籍劳工不满，认为自己遭受到了不公平待遇，便在 11 月 24 日和 25 日教唆其他 SMRT 中国籍司机一起在 11 月 26 日和 27 日这两天全体请病假，希望用停止工作的方式向 SMRT 要求公平待遇。何军令还在当地时间 25 日上午 10 点至中午 12 点，在中

---

① 米良编著：《东盟国家宪政制度研究》，云南大学出版社 2006 年版，第 229 页。
② 王贵国、李鋈麟、梁美芬主编：《"一带一路"沿线国法律精要：柬埔寨，马来西亚，新加坡卷（英文版）》，浙江大学出版社 2017 年版，第 264 页。
③ 《一带一路沿线国家法律风险防范指引》系列丛书编委会编：《一带一路沿线国家法律风险防范指引（新加坡）》，经济科学出版社 2017 年版，第 306 - 307 页。

国百度贴吧上发表题为"新加坡司机（SMRT）所要承受的屈辱（中国籍车长的尊严何在）"长达 3000 多字的公开信，煽动中国籍司机罢工，并提出了 SMRT 所提供的薪资和住宿条件要求改善等六大诉求。11 月 26 日，罢工事件发生后，SMRT 代表和人力部人员与多名司机开会，劝其复工，且指出该非法罢工行为可能触犯到了新加坡法律，但遭到了包括被告包锋善在内的众司机的拒绝。最终，参与到非法罢工行动的 5 名中国籍司机被控上法庭，29 名 SMRT 中国籍司机被遣送回国。①

二、法理分析

（一）所在国和国籍国对外籍劳工权益保护的法理依据

对于所在国来说，根据属地管辖原则，中国劳工在新加坡的行为受新加坡当地法律的保护和约束，中国公民赴新加坡务工便处在新加坡领土管辖之下，应当遵守当地的法律法规。新加坡相关法律规定，在新加坡进行的罢工行动必须获得批准，依照一定程序进行，没有按程序进行的属于非法罢工，如果触犯《刑法（暂行条款）》第 10（a）条的非法罢工罪，将会面临每人最高 1 年的徒刑及新元 2000 元的罚款。SMRT 中国籍司机的罢工行为明显非法，超出新加坡法律底线，破坏了公共交通服务，影响新加坡公民的正常生活，新加坡有关部门有权按照新加坡当地的法律法定"非法罢工罪"对其进行处理。

新加坡劳工法律制度健全，《雇佣法》作为新加坡的主要劳工法令，不分国籍保护除管理行政职位、海员及家庭佣工外的所有类型的雇员，《工会法》《雇佣外国劳动力法》《工伤赔偿法》《劳动场所安全与健康法》等一系列法律规范劳资关系、管理外国工人、保障工作场所安全卫生、保护雇员的权利。因此，中国劳工在新权益受损时，寻求当地救济应是劳工权益保护的有效途径。SMRT 中国籍司机在遭受到不公平待遇时，完全可以通过新加坡行政、司法途径维护自身权益、获得救济赔偿；而通过"非法罢工"等极端手段维权，反而因小失大，给自身带来麻烦。同时，新加坡本土工会在福利、工作条件、遇到雇主违约或不合理解雇等方面协助劳工维权有着重要作用。像 SMRT 中国籍司机因福利、工作条件等权益受到雇主侵害，完全符合工会帮助条件，可以寻求工会帮助。再者，新加坡本土公益组织如"客工亦重""情谊之家"等在协助外籍劳工维权方面也取得了积极的实

---

① 环球网：《102 名中国籍司机罢工抗议在新加坡遭不公平待遇》，https://world.huanqiu.com/article/9CaKrnJxUj0，访问时间：2021 年 6 月 30 日。

效。用集体"请病假""以死相逼"等过激方式维权十分不理智，也是最没有效果的。新加坡等发达国家法律制度健全，社会公益组织较多，如果能善用当地救济不仅可以减少劳工维权成本，降低劳工损失，还会强化劳工维权的效果。

中国作为中国在新劳工的母国，应对受到权益侵害的中国籍务工人员进行保护，在外务工、生活的中国公民权益受到侵害时向中国驻当地使馆求助应是常理。中国驻新加坡使馆会在力所能及的范围内为中国劳工提供援助，如介绍律师、呼吁新加坡政府正视劳工的合理诉求等。中国与新加坡于 2008 年签订了《中华人民共和国政府和新加坡共和国政府关于双边劳务合作的谅解备忘录》，旨在维护持有"工作许可证"的中国劳工的权益，研究解决双方劳务合作中所出现的问题，探讨加强双方劳务合作的措施。

（二）中国劳工缺乏对新加坡相关法律知识的了解

中国劳工受国内"以死相逼""威胁罢工""静坐示威"等中国式维权方式的影响，很少会想通过正规途径进行维权，然而"中国式维权"在新加坡不仅完全行不通，甚至违法。《对外劳务合作管理条例》第 12 条第 1 款规定：对外劳务合作企业应当安排劳务人员接受赴国外工作所需的职业技能、安全防范知识、外语以及用工项目所在国家或者地区相关法律、宗教信仰、风俗习惯等知识的培训；未安排劳务人员接受培训的，不得组织劳务人员赴国外工作。然而，在实践中，大多对外劳务合作企业把培训的重点放在了劳务人员工作所需的职业技能和安全防范知识方面，很少会深入介绍当地的法律情况，更不要说当自身权利受到侵害后劳工该如何利用法律维权。因此，大多中国劳工不了解新加坡有关劳动法，也不清楚其应当享有的劳动权利，更不明白如何维权，这便导致劳工碰到劳资纠纷，基本上只会向管工、雇主投诉，一旦走投无路便会采取激烈、偏激方式来"讨回公道"。在外务工，尤其需要事先了解当地相关劳动法律法规规定，遇事冷静面对，合理表达诉求，依法理性维权，才能避免因维权方式不当造成损失和麻烦。

三、对策建议

（一）明确在新务工流程

中国劳工赴新务工大多通过中介机构，在新加坡只有获得资格认证的代理机构、企业才能从中国招收工人。如今海外务工信息真假难辨，中国劳工在寻找代理机构时，一定要仔细审查其代理资格，不要相信非法中介、网友、工友或其他个人介绍，否则可能面临中介费无法追回、虚假承诺、工资福利待遇无法保障等诸多风险。特别需要重视的是要签订正规劳动合同，合同中要详细注明代理机构名称、新方雇主名称、在外工作具体内容、薪资、工作期限、中介费以及出现问题后如何退还中介费等条款，不要等到了目的国才追悔莫及。同时，外籍工人来新务工必须通过雇主向新加坡人力部申请工作准证，如果工作准证丢失，需报警并及时到人力部申请补办新工作准证。

（二）尊重当地法律，善用领事保护

新加坡法律严明、执法严格，对各种违法行为都有明确、严厉处罚，中国劳工在遇到劳资纠纷时应通过合法合理的方式和途径解决，切不可采取过激行为。新加坡关于外籍员工的法律规定严格，外籍员工只能为工作准证上注明的雇主工作，从事职业必须符合工作准证上的工种，禁止外籍员工做"自由工"，否则会受到法律严惩。

作为劳工母国，中国劳工在当地的合法权益受到侵害时，中国驻新使领馆可根据国际法和当地法律予以交涉和保护，在职责范围内为中国劳工提供援助，积极维护中国公民正当合法权益。中国劳工在新权益受损得不到救助时应及时向中国驻当地使领馆求助，处理问题要服从使馆的指导和协调，切不可过激行事。

（三）提高自我风险防范意识

在新加坡务工的外籍劳工可能会因企业倒闭或开工不足而被提前遣送回家，新加坡主管当局以及雇主也有权随时取消外籍工人的工作准证，从工作准证取消之日起七天内外籍工人必须离开新加坡，否则会受到新加坡《移民法令》的惩罚。因此，中国到新务工人员必须事先增强防范风险意识。首先，如果通过国内中介来新务工，要查验其对外劳务合作经营的资质，书面签订劳务派遣合同。查验的主要途径为中国商务部官方网站（http://www.mofcom.gov.cn/）。并且，在出国前与代理机构签约规定中介费用的退还条件以及比例。其次，收到新加坡人力部"原则批准信"后，应认真核对个人身份信息、工作单位、工作内容、薪资等内容与中介承诺是否一致，避免入境受阻或产生纠纷。最后，在新加坡工作期间与雇主签订书面合同，妥善保存相关书面合同以及薪资明细单。当个人合法权益受到侵害应通过合理合法途径维权，不可采取过激手段，如果已经离职，可以向新加坡人力部申请延长停留期。新加坡人力部负责工资、解雇、休假等劳资纠纷以及工伤索赔咨询；工作准证的签发、更新和取消等投诉咨询。新加坡外籍劳工中心协助劳工负责处理雇主拖欠工资、住宿和医疗条件不足及工作环境恶劣等方面的投诉。

<h1 style="text-align:center">第二节　事件应对</h1>

一、道路施工致中国工人伤亡案

2017 年 7 月 14 日，新加坡樟宜东路上段到泛岛快速公路入口处，正在施工中的高架桥部分结构坍塌，造成 1 名中国工人死亡，多人受伤（含中国工人 3 名）。调查结果显示，事故原因是施工架中一处部位的移位导致高架桥坍塌。这项工程是由一家名为胡金标建筑私人有限公司承包，于 2016 年第一季度展开，这项工程主要是两条单向车道，分别从 TPE 往樟宜机场方向到 PIE 和樟宜上段东路，以缓解这一带的交通拥堵情况。据悉，该公司在施工过程中已不是第一次酿成死伤事故。

事故发生后，中国驻新加坡使馆立即启动应急机制，第一时间向新方了解核实情况，要求全力救治伤员，尽快查明事故原因，保障中国公民合法权益。同时，与当事人所在公司和家属取得联系，派员到医院看望慰问伤者，为其提供必要协助并请医院全力救治。①

二、法理分析

新加坡作为道路施工致中国公民伤亡案的发生地国，新方政府理应承担起事后救援、赔偿、展开刑事调查等责任。而我国公民在遭遇到道路施工坍塌时可以采取什么样的手段来防止自身权益受损？结合新加坡政府与我国政府对上述道路施工致中国公民伤亡案所采取的应对机制，全面梳理事故处理的相关法律依据并展开法理分析。

（一）事故发生国救助法理依据

在上述道路施工致中国公民伤亡案中，新加坡政府对事故中的中国公民有紧急救助的义务。首先，事故发生地在新加坡，根据属地管辖原则，事故发生时，新加坡政府有救助的义务。其次，依据国际习惯法，一国公民在另一国遭受意外事故，所在国应该向外国公民提供人道援助。再次，虽然新加坡目前还没有专门

---

① 《中国使领馆协调处理"新加坡高速公路施工致中国公民伤亡案"》，https：//www.thepaper.cn/newsDetail_ forward_ 1733876，访问时间：2021 年 6 月 30 日。

实体法保护外国人权益，对外国人民事权益的保护主要体现在《民法》《继承法》《合同法》等法律之中，但是新加坡强调法律的公众性以及法律面前人人平等，不论是外国人还是新加坡公民，都受到法律的同等约束和保护。对此，新加坡对在新的中国公民的人身财产安全应履行保护义务。在上述案件中，围绕中国公民和新方事故过错方存在多种性质的法律关系。如果是自然灾害导致的道路坍塌，根据新方的相关法律规定，新方应当给予受害人一定的经济补偿；如果是新方相关部门管理不当所致，如管理、维护不当，则新方的相关部门应承担赔偿责任；倘若是第三人造成的道路坍塌，如设计缺陷、道路施工质量不符合安全标准等，则相应的责任人应与道路管理部门一同承担责任。同时，倘若此案件相关人员涉及犯罪的，根据新加坡《刑法》的规定，任何人在新加坡境内违反刑法规定，实施犯罪行为都得受到刑罚处罚，同时也不区分国籍对刑事受害人进行统一保护。

（二）国籍国保护法理依据

中国公民在新加坡发生权益受损事件时，国籍国保护的方式主要是领事保护和外交保护。由于外交保护的条件较为严格，因而大多数情况下主要是采用领事保护方式解决海外中国公民的困境。领事保护是指我国的外交领事机关或领事官员，在国际法允许的范围内，在新加坡保护本国的国家利益、本国公民和法人的合法权益的行为。当中国公民、法人的合法权益在驻在国受到不法侵害时，中国驻外使领馆依据公认的国际法原则、有关国际公约、双边条约或协定以及中国和驻在国的有关法律，反映有关要求，敦促驻在国当局依法公正、友好、妥善地处理，还包括我驻外使领馆向中国公民或法人提供帮助或协助的行为，如提供国际旅行安全方面的信息、协助聘请律师和翻译、探视被羁押人员、协助撤离危险地区等。①

2017 年 7 月 14 日，也就是道路施工致中国公民伤亡案事发当日，中国驻新加坡使馆高度重视，立即启动应急机制，第一时间向新方了解核实情况，并协调、督促新方有关部门尽快查明事故原因，全力救治伤员，保障中国公民合法权益，同时与伤亡国民的近亲属取得联系，为其联系新方有关部门、了解案件情况、采取措施维护权益并提供便利。7 月 16 日，使馆领事参赞前往探望受伤国民，向其转达关心与慰问，同时，要求新方有关部门继续加快查清事故原因，查明责任人，协助伤亡家属来新处理善后、赔偿事宜，采取必要的措施确保中国在新公民的人身安全。

---

① 《什么是领事保护》，http://cs.mfa.gov.cn/gyls/lscs/t830953.shtml，访问时间：2021 年 6 月 30 日。

三、对策建议

（一）向新方当地求助

常言道"不怕一万就怕万一"，一旦遭遇不幸事件，诸如"道路施工致中国公民伤亡案"类似事件，一定要冷静沉着，积极寻求救助。实际上，意外事故的发生，在一定程度上会引起当地政府的注意，而当地政府的重视，能使得我们争取到更多的权益，或者说被更加重视。

在出现意外发生的征兆时，应当学会向外界求助，海外中国公民身处异国他乡、孤立无援，往往一个微不足道的电话就能带来一线生机。赴新的中国公民应当熟知新加坡当地有关救援电话，如急救电话、报警电话、查号台电话等。

在报警后，事故仍在进行时，应当充分利用手边的信息工具，进行事故现场的证据保存，比如用手机录像发送给亲友或者当地负责人员。或许，当时事故情况不容乐观，无法迅速反应并拍摄视频，但是只要有瞬间的利用手机或其他呼救记录行为，这一行为就可能为被救援之后的索赔或者督促当局重视此事件的有力武器。在事后，这些保存的证据既便于群众了解真相，进一步利用舆论的压力来促使事故的圆满解决，又有助于当事人在经历事故的悲痛之后，避免在心力交瘁并努力弥补伤痛的过程中还要为争取经济赔偿或者精神损失赔偿不断复述惨痛的经历。

（二）请求国籍国救济

中国公民在新加坡突遇事故，可以向中国驻新加坡使领馆求助。为了促进领事保护工作的发展，以更有效地保护海外中国公民的利益，中国外交部采取了各种措施加强领保机制的建设。境外如遇到人身安全受侵害等紧急情况，便可拨打外交部全球领事保护与服务应急呼叫中心 24 小时热线。

（三）事故过程中的自我保护

中国公民前往新加坡，要充分认识到自己生命高贵且脆弱，任何小疏忽都有可能导致与亲人阴阳两相隔。因而公民要提高自身安全保护意识，学习基本自救方法。具体来说，主要有以下几点需要注意：

其一，公民要树立危险意识，对生命保持敬畏之心，是对亲朋好友更是对自己负责的态度。世界并没有绝对安全的地方，任何看似安全的地方都存在看不见的隐患。出境前，可以购买商业保险，防患于未然。

其二，保护首先从自身做起，勿将保护自己的责任加诸国家、社会或是他人，国家、社会与他人的保护也不是放纵自己行为的原因。自己对自己上心，不去危险系数高的地方，不实施对自己、他人有危害的行为。

其三，提高自身的安全意识，学习基本的安全保护以及自救措施，遇事不慌不急也不乱，先尝试自救，再想办法与领事馆或有关部门取得联系。

其四，保持联系方式的顺畅，养成接收、查看警示信息的习惯，与使领馆、亲朋好友保持密切联系。不孤身一人，凡事三思而后行。

第三节　事后处理

一、交通事故致人伤亡案

2010 年 6 月 22 日，在新加坡泛岛高速路上一辆载有 17 名中国劳务人员的卡车在新加坡发生交通事故，造成 3 人死亡、14 人受伤。驻新加坡使馆获悉后，第一时间派领事参赞等 3 名官员赴医院探望、慰问伤者，询问伤情，嘱其安心养伤。同时，领事官员分别与当地警方、雇主和有关律师，详细了解案情经过和进展。使馆表示将与院方及其他部门配合，积极为受伤劳务人员及死者家属提供领事协助。6 月 25 日，魏苇大使率领事官员赴劳务人员宿舍看望伤员，并赠送慰问品。魏大使表示，中国政府关心每一位海外中国公民人身安全，大使馆将与新加坡有关部门、雇方公司和其他部门配合，协助尽快完成调查取证等程序，尽最大努力维护中国公民的合法权益。雇主向大使馆承诺，公司会妥善处理此次事故，将对伤者给予积极医疗救治、生活照顾，并积极协助死者家属处理后事并依法理赔。①

二、法理分析

新加坡作为交通事故致人伤亡案的发生地国，新方政府理应承担起事后救援、赔偿、展开刑事调查等责任。那么我国公民在遭遇到交通事故后究竟可以采取什么样的方式来维护自身权益？为此，本节特结合新加坡政府与我国政府对此交通事故致人伤亡案所采取的应对机制，全面梳理事故处理的相关法律依据并展开法理分析。

（一）事故发生国救助法理依据

交通事故致人伤亡案中，新加坡政府对事故中的中国公民有紧急救助的义务。

---

① 搜狐新闻：《17 名中国劳务人员新加坡遭遇车祸，使馆积极协助》，http://news.sohu.com/20100629/n273153440.shtml，访问时间：2021 年 7 月 2 日。

首先，该交通事故发生地在新加坡，根据属地管辖原则新加坡政府有救助的义务。其次，依据国际习惯法，外国公民在新加坡遭受交通意外事故，新加坡应该提供人道援助。再次，新加坡法律赋予外国人国民待遇，因此不论是外国人还是新加坡公民，在遇到交通事故意外事件后都受到法律保护。对此，新加坡应对在新加坡遭遇车祸的我国公民进行救助。

（二）国籍国保护法理依据

中国公民在新加坡发生权益受损事件时，国籍国保护的方式主要是领事保护和外交保护。交通事故发生后，可以请求中国使领馆进行领事保护，即中国的领事官员在国际法允许的范围内，在新加坡保护我国的国家利益、中国公民和法人的合法权益。在本次交通事故中，中国公民、法人的合法权益在新加坡受到不法侵害时，中国驻外使领馆依据公认的国际法原则、有关国际公约、双边条约或协定以及中国和驻在国的有关法律，反映交通事故受损方的要求，敦促驻在国当局依法公正、友好、妥善地处理该交通事故，向中国公民或法人提供交通事故后续处理的帮助行为，如协助聘请律师和翻译妥善处理交通事故纠纷，维护在新加坡的中国公民合法权益。

三、对策建议

（一）用尽新方当地救济方式

在这次交通事故中，遭受人身财产损失的中国公民可以通过新加坡的多种法律途径获得赔偿。

其一，请求新方有关部门调查事故原因。新加坡作为事故发生地，根据属地管辖原则，当事故发生时，新加坡政府有救助的义务。这里的救助义务体现在及时送医、事故原因的调查、权利责任的告知等。且依据国际习惯法，一国公民在另一国遭受意外事故，所在国应该向外国公民提供人道援助。对此，新加坡对在新的中国公民的遭受到的人身财产损害应履行保护义务。

其二，中国公民可以通过民事救济途径，提起侵权或者违约的民事诉讼，要求相关当事人进行赔偿。如向事故的过错方提起侵权损害赔偿诉讼。新加坡与诉讼程序相关的法律主要有《最高法院司法制度法》《地方法院司法制度法》《法庭规则》《刑事诉讼法》以及相应的附属法规，内容涵盖了诉讼程序、证据规则、法院系统、律师制度等。新加坡强调法律面前人人平等，不论是外国人还是新加坡公民，都受到法院依法庭程序的平等审理，同样享有诉讼及辩护权利，任何刑事被告面对法律的制裁，不能也无法用金钱买通受害人达到庭外和解。

（二）中国国籍国保护方式

国籍国保护主要是指的领事保护和外交保护两种方式。中国公民在境外发生意外事故后，国籍国的领事保护起到至关重要的作用。随着国际社会的深入交流以及国与国之间的人口流动，领事保护越来越成为国家保护海外公民权益的主要手段，其内涵和外延也在日渐发展与完善。2010 年 6 月 23 日，事故发生后，驻新加坡使馆在获悉后的第一时间派 3 名官员赴医院探望、慰问伤者。同时，领事官员分别与当地警方、雇主和有关律师，详细了解案情经过和进展。使馆表示将与院方及其他部门配合，积极为受伤劳务人员及死者家属提供领事协助。6 月 25 日，魏苇大使率领事官员赴劳务人员宿舍看望伤员，赠送慰问品，并表示将配合、协助尽快完成调查取证，尽最大努力维护中国公民合法权益。同时，中国驻新大使馆提醒了其他在新旅游、工作的中国公民提高安全防范意识。

外交保护一般是在本国公民无法获得当地救济的情况下才启动。因此，如果中国公民在新无法通过法律途径获得侵权损害赔偿的情况下，中国政府可以启动外交保护维护本国公民权益。

另外，还可以通过在中国提起民事诉讼解决途径来维护我国公民的利益。我国《民事诉讼法》对中国公民在新加坡遭受到侵权违约事件具有管辖权，而且我国的《涉外民事关系法律适用法》对此类案件规定了法律适用的准则。

（三）事发后及时联系使领馆和相关救助机构

若中国公民不幸在突发的意外事件中受伤，逃至安全区域后一定要及时向当地医院和救助机构寻求救助，及时联系使领馆，切勿原地呆滞或一动不动地独自悲伤。

本章小结

一、在新加坡中国公民的权益内容

（一）人身权益

《世界人权宣言》第 3 条规定：“人人有权享有生命、自由和人身安全。”生命健康权是至高无上的权利，是海外公民获取其他权益的基础，公民在海外所享有的生命健康权，与其国籍、所在地均无关系。新加坡作为联合国的会员国之一，其人权保障法律制度建设将本土资源与人权理念融为一体，具有世界先进水平。新加坡是一个以华人为主、拥有多元种族的城市国家，各民族虽然风俗习惯各异，但相互间友好相处、团结和睦，中国公民在新加坡的人身权益能够得到较为完整的保护。

（二）投资交易权益

新加坡具有健全的商业法律体系，外商在新加坡投资享有国民待遇，和本土企业一起享受新加坡政府推出的各项优惠政策。同时，在"区域和国际总部计划"以及"环球贸易商计划"的安排下，外商在新投资风险和税收负担有效降低，中国企业可根据自身条件、发展情况等，选择适当的投资方式，以争取最大的优惠政策。新加坡作为"不结盟运动"的成员国，奉行和平、中立、不结盟的外交政策，主张在独立自主、和平互利和互不干涉内政的基础上，同所有不同制度的国家发展友好合作关系，与众多国家签订了双边投资贸易协定，消除商贸障碍，货品、服务和资金流动更加畅通无阻，有利于驻新的中国企业向世界各地经商投资。

（三）劳动权益

新加坡劳工法律制度健全，不分国籍保护雇员。如若中国劳工在新权益受损或与雇主、中介发生劳资纠纷，可以向新加坡人力部求助。在纠纷处理期间，中国劳工遇到生活和经济困难可以向新加坡外籍劳工中心求助。根据新加坡《工伤索赔法令》，雇主必须为员工投工伤赔偿保险，工伤意外发生后，员工可以通过新加坡政府人力部根据《工伤索赔法令》索赔，也可以委托律师根据民事法律索赔。在发生工伤意外后，雇主必须安排员工去医院检查治疗，以及在规定期限内将意外通知人力部或保险公司，如若雇主不按规定及时将意外报告人力部或保险公司，工人可以向新加坡人力部反映。

二、在新加坡中国公民可能遭受的权益风险

（一）人身财产风险

新加坡是一个多元种族的城市国家，各民族风俗习惯各异。马来人不吃猪肉，不喝含酒精饮料，待人接物多用右手，小孩的头除长辈父母外，他人不可触摸；印度族视牛为神，不吃牛肉。因此，赴新之前需要事先了解不同民族的禁忌，可有效防止文化、风俗差异导致的人身、财产损害。并且，由于在新务工、旅游的中国公民较多，时常发生中国公民在新租房、务工惨遭诈骗的案件，尽量选择可靠、有资质的中介机构，可以避免财产损失。对于当地警察、移民部门的执法行为，不要暴力抗拒或试图贿赂，应依法理性维权。

（二）投资交易风险

新加坡各项法律制度完善，当地公民法律意识强，高度重视并严格按照合同办事，中国企业如果要和新加坡企业合作应提升对合同的重视程度，严格细致商定合同条款，明确各项权利、义务及救济措施，切忌弄虚作假、谎报材料，更要杜绝贿赂等违法犯罪行为。并且，中国企业对外投资时，易用国内商业经验、思维习惯判断对外投资风险，忽视不同国家间的法律体系、商业习惯和文化差异，从而影响对投资交易风险的准确判断。虽然新加坡法律制度相对健全，中新也建立了良好的贸易合作关系，但这不能成为企业投资风险评估中的普遍依据，企业对新加坡的外资政策、法律制度、劳动法律、环境保护等要做好调查工作，避免盲目投资。

（三）劳动风险

高昂的中介费是中国劳工在新务工的一大难题。新加坡《雇佣中介法》规定：新加坡劳务中介公司收取 1 年的中介费用不能超过 1 个月的工资，即便雇佣合同的有效期超过 2 年，中介费用也不能超过 2 个月的工资，如果雇主在 6 个月内提前解除雇佣合同，新方中介必须退还劳务人员 50% 的中介费。但中国国内的中介费用不在新加坡法律保护的范围之内，中国劳工只能与中国国内中介沟通，或按照中国国内有关法律法规追索中介费。

三、中国公民权益受损在新加坡本地的救济途径

（一）调解

2012 年，新加坡地区法院引入"替代性争议解决前置"制度，规定除非当事人明确拒绝，所有民事案件会被自动转入调解或其他形式的争议解决方式，如果当事人没有合理理由拒绝使用替代性争议解决，将可能导致费用处罚。并且，为更好推动调解制度发展，新加坡还设置了争议解决中心，家事法庭内部还设有家事争议解决委员会和儿童争议解决中心。此外，新加坡还有行政机关或行业主管部门管理的调解机构，如新加坡消费者协会、社区调解中心、父母扶养委员会等。在新加坡，大部分的民商事案件都在新加坡调解中心或新加坡国际调解中心进行调解。新加坡调解中心可以提供包括调解、评估、仲裁前调解等服务。新加坡国际调解中心主要负责国际争议调解，采用"仲裁—调解—仲裁"模式，即争议双方可以在仲裁开始前或在仲裁程序中接受新加坡国际调解中心调解，为此新加坡国际调解中心还与新加坡国际仲裁中心签订了"仲裁—调解—仲裁"协议。根据该协议，对于当事人同意采取"仲裁—调解—仲裁"模式的正在进行中的仲裁案

件，新加坡国际仲裁中心的主簿会向新加坡国际调解中心发送案件材料，新加坡国际调解中心在收到材料后会向会新加坡国际仲裁中心主簿发出调解启动通知，仲裁程序即暂停。

（二）仲裁

新加坡实行双轨制仲裁法律制度，针对国内仲裁和国际仲裁分别制定《仲裁法》和《国际仲裁法》，双轨制的目的在于减少司法对国际仲裁的干预。根据新加坡《仲裁法》第 49 条和第 50 条的规定，在新加坡国内的仲裁，当事人可以在满足法定条件的情形下就实体问题向法院提出上诉，但该上诉制度仅针对国内仲裁，国际仲裁仍遵循"一裁终局原则"，并且外国裁决需要通过法院程序性审查方可予以承认并执行。

（三）诉讼

新加坡国内诉讼程序规则不适用于国际商事法庭的诉讼程序。新加坡国际商事法庭参照《英国海事和商业法院指南》等国际实践，形成了自身的一套综合规则和实践指引，不受新加坡证据规则的约束，除非新加坡国际商事法庭根据《法庭规则》决定适用该规则，当事人也可以约定适用新加坡以外的证据规则或根据争议情况创设、修改规则，这些规则将提交给新加坡国际商事法庭，并经新加坡国际商事法庭最终确认。

四、中国公民在新加坡权益的领事保护

《维也纳领事关系公约》规定，领事机构应当对其海外公民进行必要的帮助。近年来我国进一步完善了领事保护制度，加大了领事保护力度。对中国公民安全与合法权益受到侵害的，或遭遇困难和危险的，中国驻新使领馆会在职责范围内协助中国公民维权，为其提供新加坡的一般性法律知识和有关合法维权途径。但中国驻新使领馆并非万能，无法干预驻新有关部门的行政、司法行为，只能在职责范围内提供协助。

五、中国公民在新加坡权益的外交保护

《维也纳外交关系公约》规定，在国际法的允许范围之内，使领馆可在其所在国国内保护其国家及公民的权益。但该公约对于各国实施外交保护的具体方法以及保护范围，没有做出更细致的规定。一般外交保护，仅以海外公民的人身权益，特别是生命健康权作为核心保护内容。

六、中国公民利用当地华人自治组织维权

新加坡中华总商会是新加坡历史悠久的商业团体，不但是本地华商的最高领导机构，在国际商业舞台上享有良好的信誉，同时也是世界华商大会的创办机构，在推动国内外商贸、教育、文化与社区发展各个方面，扮演着积极和重要的角色。① 在新加坡的中国公民主要通过参与商会活动、利用商会提供的资源和平台反映问题、寻求法律咨询和经济援助等方式来维护自己的权益。商会作为华人社团的重要组织，致力于维护华人利益，是连接政府与华人社会的重要桥梁，因此，中国公民可以通过积极与商会互动来保障自身权益。

中国公民在新加坡实用信息

单位名称或事项	地址	电话	备注
外交部全球领事保护与服务应急热线	—	+86 – 10 – 12308 +86 – 10 – 65612308	
中国驻新加坡大使馆	新加坡东陵路 150 号	领事保护与协助电话： +65 – 64 – 750165 领事证件咨询电话： +65 – 64 – 712117 +65 – 62 – 581795 办公室： +65 – 64 – 180252 经济商务处： +65 – 64 – 121900 文化科技处： +65 – 64 – 180115 教育处： +65 – 64 – 180464 武官处： +65 – 64 – 180106	**领事服务大厅对外开放时间：** 周一至周五 09:00—12:00 （节假日除外）
匪警	—	999	
火警	—	999	
急救	—	995	
新加坡移民局咨询电话	—	+65 – 63 – 916100	
新加坡交通事故报告	—	+65 – 65 – 476242 +65 – 65 – 476243	

---

① 中国国际贸易促进委员会重庆市委员会：《新加坡中华总商会》，https://www.ccpitcq.org/html/content/18/09/2447.shtml，访问时间：2021 年 6 月 30 日。

第十五章
在印度的中国公民权益保护

　　印度共和国（Republic of India），简称印度，位于 10°N～30°N 之间，印度面积位列世界第七，印度首都新德里。印度人口众多，位列世界第二，人口数为 14.4 亿（截至 2023 年 12 月），人口增长速度大于中国人口增长速度。印度是亚洲领土面积第二大国也是南亚最大的国家，声称领土面积 328.73 万平方公里，实际管辖面积 316.64 万平方公里，无争议领土面积 298 万平方公里。印度拥有丰富的文化遗产和旅游资源。印度是当今金砖国家之一，也是世界上发展最快的国家之一，已成为全球软件、金融等服务业重要出口国。但同时也是社会财富分配极度不平衡的发展中国家，种姓制度问题较为尖锐。

　　印度与中国于 1950 年 4 月 1 日建交。自 2014 年 2 月中国邀请印度参与"一带一路"建设以来，印度的立场经历了一个从积极到消极、从模糊到明确的变化过程。其间，印度在申请加入核供应国集团以及要求将某组织列入联合国制裁名单等具体议题上受挫，而中国在致力于构建人类命运共同体的"一带一路"倡议上遭遇印度的疑虑与抵制，中印两国互动中明显的"非相向而行"进一步损害了两国原本脆弱的战略互信。2017 年洞朗对峙后两国关系进入了新一轮调适期，中国致力于邀印度加入"一带一路"的内外环境已发生微妙变化，中国不再强调印度的"加入"，而是摆出明确的对接发展战略的积极姿态，但印度是否回应以及如何回应，仍存在不确定因素。① 泛印度洋地区是中国"海上丝绸之路"倡议实施的必经之路，"一带一路"倡议符合印度国家利益，"一带一路"将有助于印度发展经济，尤其是增加投资，在生态环境改善和港口、公路、高速公路、电信和电力等基础设施建设方面发挥重要作用，印度经济界一直呼吁印度政府与中国政府就"一带一路"倡议展开认真对话，莫错过发展机会。一方面，印度作为新兴的国际

---

① 吴兆礼：《印度对"一带一路"倡议的立场演化与未来趋势》，载《南亚研究》2018 年第 2 期。

市场存在巨大的潜在利润；另一方面，印度政府对中国投资持谨慎态度，这需要我们更加重视中国公民在印度权益保护问题，做好风险防患，避免损失。

一、外国人法律地位规定

印度作为 WTO 成员国，《世界人权宣言》《公民权利和政治权利国际公约》《经济、社会和文化权利国际公约》等公约的缔约国，外国人在印度与印度公民的各项权利基本一致，享有国民待遇。在维护外国劳动者权益方面，在印度的雇主与雇员之间签订的任何条款都必须符合印度劳动法规，具体内容根据行业的属性、企业的规模、工作地点和雇主的法律实体地位有所不同。印度重要的雇佣法律法规有《学徒法》《雇佣交换法》《合同工法》《童工法》《最低工资法》《工资支付法》《同工同酬法》《奖金支付法案》《支付报酬法案》《工厂法》《商店及商业机构法》《工业雇佣法（常规法）》《生育津贴法》《雇员公积金及其他项规定法》《雇员国家保险法》《工人补偿法》《工业争端法》《雇主责任法》《工会、集体谈判法》。在外商投资领域，由《新公司法》《破产清算法》等法律法规相互配合共同对外商投资领域进行调整。在对外贸易方面，主要由《海关法》《海关关税法》《外贸（发展与管理）法》《外贸（管理）规则》《外贸政策》等法律规范商品交易，管理货物进出口。

二、外国人权益保护的实体法规定

印度目前还没有专门实体法保护外国人权益，对外国人民事权益的保护主要体现在《印度宪法》《公民法》《继承法》《证据法》《印度教婚姻法》等法律之中。商事法律主要通过《合同法》《买卖法》《财产转让法》《合伙法》以及《票据法》等解决涉外商事纠纷。刑法规定任何人在印度境内违反刑法规定，实施犯罪行为都将受到刑罚处罚，同时也不分国籍对刑事受害人进行统一保护。此外，作为联邦制的国家，印度各个地方邦一直以来就对地方事务具有充分的立法权，各地方邦先后出台了《孟加拉法典》（Bengal Code）、《马德拉斯法典》（Madras Code）、《孟买法典》（Bombay Code）和《西北邦法典》（North-West Provinces Code）等。其中，立法技术最高和影响力最大的当数旁遮普邦的一系列立法。这些立法整合了伊斯兰教和印度教的教法，针对继承、财产转让和领养等事宜建立了新的规则，并在 1854 年编纂了《旁遮普民法典》（Panjab Civil Code）。

三、外国人权益保护的程序法规定

印度与诉讼程序相关的法律主要有《民事诉讼法》《刑事诉讼法》《1996 年仲裁与调解法》《新德里国际仲裁中心法》以及相应的附属法规，内容涵盖了诉讼程序、证据规则、法院系统、律师制度等。国际投资争端解决中心（ICSID）官网发布的数据显示，印度并未签署《解决国家与他国国民间投资争议公约》（ICSID 公约），但印度与中国同属 1958 年《纽约公约》（《承认及执行外国仲裁裁决公约》）缔约国，这为承认和执行外国仲裁裁决提供了通道和便利。1994 年，中印两国签署了《避免双重征税协定和两国银行合作谅解备忘录》。2006 年 11 月，中印两国签署了《中华人民共和国政府和印度共和国政府关于鼓励和相互保护投资协定》。

第一节　事先预防

印度，是世界上最古老的文明之一，在印度旅行会体验到丰富多彩的文化。印度的历史遗产相当丰富，拥有数不胜数的名胜古迹。无数辉煌的景象令人内心充满惊叹。印度古雅和令人叹为观止的反差为生活赋予了独特的活力、特征和诗意。因此，印度成了世界上最受欢迎的旅游目的地之一。

一、"沙图什"披肩走私案

小美和小丽在考虑休年假去哪里玩一玩，在她们脑子里第一个蹦出来的国家就是印度。此时正值 1 月，是去印度旅游的好时机，天空晴朗，天气也要比前几个月凉爽。于是，她们开启了一趟愉快的印度游，在这之前她们做足了吃喝玩乐购的攻略，了解到藏羚羊底绒制成的披肩称为"沙图什"，是世界公认的精美柔软的披肩，就有意带几条沙图什披肩回去，而周边的朋友也拜托她们帮忙代购沙图什披肩。她们在印度旅行时正好在看到有家店卖沙图什（Shahtoosh）披肩，价格也合她们意，于是就购买了 15 条沙图什披肩。但在离开印度即将登上从德里飞往上海的航班时，小美和小丽却被拦住。因为印度海关官员从她们的托运行李中搜出了 15 条沙图什披肩，随后二人被逮捕，原因是涉嫌"走私"沙图什披肩。

二、法理分析

2002 年，中国国家旅游局与印度旅游部就中国公民组团赴印度旅游签署了《谅解备忘录》，这标志着印度已经成为中国公民自费出境旅游的目的地。遵照有关深化两国战略合作伙伴关系的"十项战略"和执行计划，2007 年 8 月，中国国家旅游局在新德里设立了旅游办事处。与其他传统出境旅游目的地国相比，印度仍是中国公民出境旅游的"新兴"目的地，未来增长潜力巨大。

印度政府重视旅游业发展，希望不断扩大入境客源，逐步提升其在全球旅游市场上的占有份额。1982 年，印度就出台了第一部《国家旅游政策》，1992 年又推出了《旅游业全国行动计划》，2002 年修订颁布的《国家旅游政策》则是指导现今印度旅游业规划发展的纲领性文件，其核心目标是把印度旅游业建设成国民经济支柱产业，并通过可持续发展的方式，在增加就业、消除贫困、助力国家实现包容性增长方面发挥更大的作用。印度人热情好客，非常欢迎世界各地的游客。但是，在印度旅游也有诸多注意事项，如上案例所述，被捕当事人以为自己只是正常购物并携带自己所有的物品回国。殊不知，她们购买的沙图什披肩由藏羚羊等毛发制成，被严格禁止进行国际交易。这已经触犯了印度《野生动植物保护法》等相关法规。

藏羚羊被《濒危野生动植物种国际贸易公约》列为严格禁止贸易的重点保护物种，受到印度《野生动植物保护法》的重点保护，在印度购买、运输、携带藏羚羊及其羊毛制品入出境均属违法。

印度《野生动植物保护法》等相关法规，禁止购买、运输、携带藏羚羊、老虎、狮子、犀牛、野驴、狼、鹿、豹、熊、野水牛、沙漠狐、海龟、鲨鱼、海豚等近百种野生动物及其制品，并禁止购买、运输、携带小叶紫檀、檀香等珍稀植物原木或经粗加工的木料。违者将被罚款、拘留甚至判刑，违禁品将被没收。印度《森林法》《生物多样性法》《外国人管理法》等也有类似规定，稀有木材原木（包括紫檀、檀香等）属严禁出境物品，凡未取得印度环保部门、森林警察许可证私自采伐、购买、携带、储藏或邮寄、托运出境者，都将面临最低 10 万卢比的罚款并处 6 个月以上、1 年以下监禁的处罚。涉案数额巨大，情节严重的，最高罚金100 万卢比并处 7 年监禁。

若因故在印度被拘留、监禁、关押或者逮捕，当事人有权会见中国使领馆官员，向其反映情况。若在被羁押、监禁或者诉讼期间受到不公正的对待，中国使领馆官员亦可协助向当事人亲属通报当事人情况，并应当事人要求推荐律师、翻译，以帮助进行诉讼。

三、对策建议

出游放松固然是一件极为喜悦的事情，但在兴奋之余，还是得做好万全的攻略，以及充分了解该国的文化和相关政策。

（一）中国公民赴印旅游前准备

中国公民在出行前务必选择国内有资质的出境游组社团，出发前详细了解旅游合同的内容，并掌握好我国《旅游法》有关游客权益的相关规定，充分了解投诉渠道和纠纷处理办法，切实维护好自身的合法权益。

中国公民自行前往印度旅游，要做好旅游攻略，不仅要有吃喝玩乐购，也要了解印度的基本禁忌以及相关法律禁止的事情。了解此类信息，可以通过中国驻印度使馆的官网（https：//www.fmprc.gov.cn/ce/cein/chn/）检索，也可以通过向去过印度的人进行询问，或者在相关旅游公众号中进行查询。

中国公民自驾前往印度的，在入境印度地区应当提前向该地外国人管理部门咨询，并按照要求提前办理有关进入许可证后方可前往。此外，在印度边境地区旅行时，切勿拍摄印度边防设施、车辆等；在中印等第三国交界的非印度地区时，切勿进入印度境内，以免承担不必要的法律后果。

（二）在印度中国公民切勿购买违禁品

中国公民在印度新德里、孟买、班加罗尔、海得拉巴、加尔各答等地因为非法携带紫檀、檀香原木出境，被印度机场海关查扣和处罚的事件数不胜数。印度的相关法律规定，珍稀动物和稀有木材原木（包括紫檀、檀香等）属于严禁出境物品，上述涉案的沙图什披肩，正是由珍稀动物藏羚羊的皮毛加工成的昂贵产品，没有取得印度环保部门、森林警察许可证私自采伐、购买、携带、储藏或邮寄、托运出境者，都将面临罚款和监禁。中国公民在印度旅游应当严格遵守当地有关动植物的法律法规，不要购买、携带紫檀、檀香、沙图什披肩等违禁品出境。

（三）遵守印度海关规定

根据印度财政部及海关最新通告，印度《海关行李申报（修订版）细则》自2014年3月1日起开始实施，印度将启用新版海关申报单，抵印外国游客须增加申报其所携带的超过1万卢比（约合1000元人民币）的印度货币现金数量、所携带的行李件数（含手提行李）、违禁物品、超过许可数量的金饰、金条，以及访客过去六天内访问过的国家和个人护照号码等项目。如遇紧急情况，请联系中国驻印度使领馆寻求协助。

第二节　事件应对

一、中国科技公司 App 在印度被禁事件

老王是中国一家电子科技公司的老总，在他的公司初具规模的时候公司董事会召开了一场拓展印度市场的会议。印度拥有 13 亿人口，是社交媒体平台的重要战场，而老王的公司主要的一个产品就是短视频社交软件。随着低价位智能手机和廉价手机上网套餐化的日益普及，印度也成为全球最大的移动数据消费市场之一，全球互联网公司正竞相追逐这一机会。

在经过一系列详细的战略部署之后，老王公司的一款短视频软件在印度面世，并以"病毒流行"的趋势攻占了印度的社交媒体市场，在印度年轻人中备受追捧。老王公司为了在印度赢得更大的市场，在资金和技术上投入巨大。2019 年底，老王公司在印度的员工人数已达到 1000 人。

但在老王公司发展如日中天时，印度颁布了新的外商投资政策，将所有未来中国在印度的直接投资由原先的自动准入一键升级为政府审批；2020 年 6 月中旬，印度海关对来自中国的货物进行非常态的 100% 的实体检查；6 月 29 日，印度电子与技术部发表声明称，为保护印度主权完整、国防安全与社会秩序，将封禁类似老王公司这样的应用软件。2020 年 6 月 30 日，老王公司的软件已经被从印度的安卓和苹果商店移除，无法下载使用。印度政府的新政及相关举措给老王公司带来巨大的损失。

二、法理分析

印度作为南亚大国，"金砖国家"之一，吸引着来自中国的互联网企业。在印度的很多互联网企业短时间内取得了傲人的成绩，它们想服务好这个国家的民众，用中国的技术和理念与印度人民在互联网领域共同成长。如果印度政府受某些别有用心的国家干扰，那么很有可能使这些中国互联网企业对在印度的发展丧失信心，这对两国政府间关系以及两国的企业都将产生严重负面影响。

印度长期以来都重度依赖中国资本，如果仅仅是依靠目前表象上的"删除"、实际上的"恫吓"是换不来印度真正想要的东西。中国作为世界第一大经济体，

其自身的技术、资本和发展潜力是毋庸置疑的。印度自断臂膀恐怕对其本身的发展以及目前印度大力推动的"印度制造"都不会产生积极影响。

首先，印度政府以冠冕堂皇的理由下架中国 App 完全违背 WTO 国际规则。印度政府公然排挤来自中国的 App，在无任何证据和正当理由的情况下给中国开发的 App 直接扣上"危害国家安全"的帽子，严重违背了非歧视性原则。印度在吸引外资上，本应当秉持着公平原则以及必要性原则，但却区别对待并专门单独指名道姓封禁来自中国的 App。上了黑名单被封禁的中国 App 属于日常的民用工具，根本不涉及国家安全方面。因此，印度此举不仅完全没有必要，而且纯粹是一种挑衅和"大秀肌肉"的行为。

其次，中资企业投标印度项目、App 等在投资和进入印度时都是严格遵守印度法律的，当时也并没有任何印度法律对此进行限制，基于法不溯及既往的原则，法律应当让被规范者可预见，因此不能以后面颁布的法律来规范之前的行为。印度若要禁止中国投资，基于此原则，只能对未来的投资加以限制或者禁止，而不是制裁以往已被批准的投资。

再次，印度此举违背了《印度宪法》第 14 条确立的"权利平等原则（Right to Equality）"，即"国家不得否认任何人在印度领土内享有的法律面前的平等权或法律的平等保护"。该法第 14 条所述的平等权适用于所有外国人。加尔各答高等法院在埃尔比斯工程有限公司诉西孟加拉邦案中指出："人"一词包括"任何公司"。因此，"人"的定义范围很广，足以涵盖被印度政府允许在该国开展业务的外国公司。在解释这一点时，法院援引《通用条款法案》（General Clauses Act，1897）第 367 条对"人"的定义（包含公司）及宪法立法者的本意——宪法不仅是赋予"公民"某些基本权利，同时也赋予了"人"特定的权利。因此，在印度投资的中国企业有权受《印度宪法》第 14 条的保护，可基于《印度宪法》第 32 条起诉印度政府的不平等对待的行为，以维护自身权益。

最后，如果印度坚持称这是主权和国家安全问题，在印度本土任何外商投资都要一视同仁且溯及既往，而不是仅仅针对中国投资。①

三、对策建议

对于中国的涉事互联网企业来说，此次的突发事件将是沉重的打击，可能只

---

① 黄雪杉：《印度封杀中资企业的集团诉讼征集启事》，https://mp.weixin.qq.com/s/VZLqS3RA5iyrwf4pmxm7uQ，访问时间：2021 年 7 月 1 日。

有能力、资本、产品都特别优秀的公司才有可能经受这一严峻的挑战，才有可能立于不败之地，但公司的重创也难以避免。倘若往积极的方面想，此次的突发事件也是一次行业的洗牌，对于能力弱者，也许在禁令还未解除之时就已经倒下，而强者可能借此机会补充短板，从而在恢复之后占据更有利的地位。

无论如何，相关的中国企业要做好充足的应对准备。

（一）寻求中国驻印度使（领）馆保护

中国公民在其他国家境内的行为主要受国际法及驻在国当地的法律约束。若有中国公民的合法权益在外受到侵害，中国驻外使（领）馆有责任在国际法及当地法律允许的范围内实施保护。

2019 年 6 月 30 日，印度信息技术部发布公告，以所谓的"从事的活动有损印度主权和完整、印度国防、国家安全和公共秩序"为由，决定阻止部分中国手机应用程序在印使用的行为。中方对此表示强烈关注，坚决反对。

中国驻印度使馆发表声明，认为印方措施选择性地特定针对部分中国应用程序，歧视性地采取限制，理由模糊牵强，程序有违公正公开，滥用国家安全例外，涉嫌违反世贸组织相关规则，与国际贸易和电子商务发展大趋势背道而驰，更无益于印度消费者利益和促进市场竞争。

相关应用程序在印度拥有广大用户，一直以来严格依照印度法律法规运营，为印度消费者、创作者、创业者提供高效迅捷服务。印方的禁止措施，不仅影响为这些应用提供支持的本地印度员工就业，更影响印度用户利益和众多创作者、创业者的就业和生计。

（二）在印度寻求法律帮助

印度实行"三权分立"的政治制度，司法权独立于立法权和行政权。印度法务部汇编的《印度法典》收入了 1836 年以来的全部中央立法，中国企业可以通过检索相关法律作为起诉维权依据。2006 年两国政府签订了《中印促进和保护投资的协定》，根据 2006 年至 2018 年生效的《中印促进和保护投资的协定》，如果这些被禁的 App 是在 2017 年之前进入印度市场的话，那么都可以在投资之日起 15 年内寻求公司权益和投资权利保护。

除起诉以外，中国企业也可以通过仲裁解决纠纷。印度根据联合国贸易法委员会仲裁规则制定的 1996 年《仲裁和调解法》，对国内仲裁、国际商事仲裁以及执行外国仲裁裁决等做出了详细规定。

由于法律制度和语言存在差异，中国企业应当聘请通晓印度语言的律师处理法律问题。中国驻印度大使馆经商参处网站上载有部分信誉良好的印度律师事务所的联系方式，企业可以登录查询。

（三）企业自身应对机制

中国企业在印度投资应当建立各种突发情况的应对机制，在危机出现的第一时间建立应急小组，将损失降到最低，并迅速出台应急方案，以稳定公司的后续发展。在遇到大批中资企业遭印抵制的情况下，已受损和预期将会受损的中资企业应当联合起来应对此类不良市场环境。

此外，成立于 2006 年且至今运作良好的印度中资企业商会，就是为适应日益发展的中印经贸交流而成立的商业团体。它致力于推动中国驻印度企业间以及中印间企业的相互联系和资讯交流；维护中印企业在经贸往来中的合法权益，推动解决重大经贸问题；为扩大中印经贸而进行相关行业政策法规的调研和呼吁，在促进中印间商业、贸易、教育、文化与社区发展等方面都扮演着重要的角色。

如中资企业在当地经营遇到困难或者语言不通等情况，可向商会求助。可到商会网址查询商会地址、邮箱及联系电话。

第三节　事后处理

一、中国公民在印度遭遇强奸案件

2013 年 2 月 7 日印度当地报纸报道说，一名中国女性公民在新德里被强奸。[①] 实施强奸的男子塔里克谢赫，28 岁，是一名管理学毕业生，在新德里从事高档宴会筹办业务。当地警方称，被害人和该男子半年前在一场派对上认识。2013 年 2 月 4 日晚，两人在新德里共同参加一场聚会，聚会结束后，塔里克谢赫声称要送她回家，却把车开到朋友的住处。在那里，他邀请被害人饮下大量酒后，趁她喝醉实施了强奸。事后该女子还被警告说，如果报警将会有 "可怕的后果"。2013 年 2 月 5 日下午，受害者在 "中国驻印度大使馆女性官员的陪同下" 前往警察局报案，称自己遭到强奸。随后，该女子接受了医护检查并将进行进一步检测。中国驻印使馆获悉后，立即启动领事保护应急处置机制。

---

① 参见吴强：《中国女性公民在印度被强奸中方表示震惊愤慨》，https：//www. chinacourt. org/article/detail/2013/02/id/894094. shtml，访问时间：2024 年 8 月 20 日。

在印度遭遇强奸案件一直是高发案件。印度国家犯罪记录局的数据显示，2022年警方记录的强奸案件共 31516 件，平均每天发生 90 件。① 2022 年印度针对外国人犯罪登记在案的案件数量为 192 件，与 2021 年的 150 件相比，增加了 28.0%，其中涉及强奸的案件总共为 28 件（涉外国游客的 13 件，涉其他外国人的 15件）。② 近年来，外国人在印度遭受性侵案件不断发生。2016 年，一名美国女性在新德里一家五星级酒店遭人下药强奸；2018 年，一名俄罗斯游客称自己在印度南部一处旅游胜地被下药轮奸；2019 年，一名加拿大游客在印度被假导游强奸；2022 年，一名荷兰游客在酒店遭强奸；2024 年西班牙网红旅游博主在旅游过程中被轮奸……值得注意的是，上述数据仅仅是记录在案案件，真实数字可能要高得多。

二、法理分析

鉴于印度强奸案件高发的现状，深入分析上述案件，有助于我国公民在印度遭到侵害后，选择合理合法的方式来维护自身权益。

（一）案件受理法院

关于本案应当由哪个法院受理，《印度刑法典》第 2 条规定，对在印度境内犯下的罪行都应根据本法典受到惩罚。上述强奸犯罪行为地、犯罪结果发生地均在印度，并且犯罪嫌疑人塔里克谢赫拥有印度国籍，因此上述案件应当按照印度相关法律进行审理，寻求事后救济。

（二）所在国相关法律规定

《印度刑法典》第 375 条和 376 条对强奸犯罪作了规定。其中，第 375 条规定"强奸罪是指违反以下六种情形，一个男子强行和其他妇女发生性关系：（1）违背他人意愿；（2）未经他人同意；（3）在面临死亡或伤害的威胁下所表示的同意；（4）男子明知自己不是合法丈夫，而该名妇女却相信或轻信他们之间存有合法结婚所表示的同意；（5）妇女在无法理解'同意'的性质或后果如醉酒、神志不清、身患重病或被他人投毒等状态下作出的同意；（6）未满 16 周岁，无论其同意与否"。同时，第 375 条规定了强奸的认定标准和除外规定。其中，强奸的认定标准采取"插入说"，即插入足以构成强奸罪所必需的发生性关系。除此之外，还规定

① 参见印度国家犯罪记录局网站，https://www.ncrb.gov.in/statistical-branch.html，访问时间：2024 年 8 月 20 日。

② 参见印度国家犯罪记录局网站，https://www.ncrb.gov.in/statistical-branch.html，访问时间：2024 年 8 月 20 日。

为"男子与自己的妻子发生性关系，如果他的妻子不属于 16 岁以下的幼女，则不构成强奸"。

在对强奸罪的处罚方面，《印度刑法典》第 376 条第（1）项规定，凡犯有强奸罪的，处十年以上的监禁或终身监禁，可以并处罚金。但被强奸的妇女是他自己的妻子，且未满 12 岁，处两年以下监禁或罚金，或两者并处。而第（2）项则规定在十三种特殊情况①下，强奸犯应处以十年以上或终身监禁，并可处以罚款。同时，第（3）项规定对不满十六岁的妇女实施强奸的，处二十年以上或终身监禁，并可处罚款。

根据《印度刑法典》的有关规定，可以归纳出构成强奸罪的基本要素：其一，加害人是具有刑事责任能力的男性②；其二，双方之间发生性关系；其三，违背妇女意愿，未经妇女"同意"（"同意"的情形包含：在失去感知的状态下作出的同意；被害人身体、精神上基于暴力或暴力相威胁而被迫作出的同意；面对不可避免的强迫而选择无助地放弃或被动参与的同意；误认的同意）。

（三）对加害人的定罪

结合上述强奸案件，首先，犯罪嫌疑人塔里克谢赫年满 28 岁，具有刑事责任能力；其次，其已经与被害人发生性关系；最后，双方发生性关系是在被害人大量饮酒处于醉酒状态下实施的强奸行为，属于"妇女在无法理解'同意'的性质或后果如醉酒、神志不清、身患重病或被他人投毒等状态下作出的同意"的情形。因此，根据《印度刑法典》第 375 条的有关规定，本案中的犯罪嫌疑人塔里克谢赫构成强奸罪。

（四）被害人的权利

印度对于强奸罪的处罚主要采取惩罚性的措施，包括有期限的监禁和罚金这两种惩罚措施。同时，值得注意的是，在印度 2018 年颁布的刑法修正案中规定，一人或多人对 12 岁以下女性实施强奸，每个人都会被视为犯有强奸罪，被判处不低于二十年的有期徒刑，最高可至死刑。在如此严厉的刑罚之下，印度的强奸罪

---

① 十三种特殊情况为：（1）警察犯有强奸罪；（2）公职人员，利用职务之便，强奸其或由其下属监护的妇女；（3）是中央或州政府部署在某个地区的武装部队成员，在该地区犯有强奸罪；（4）监狱、拘留所或其他拘留场所的管理人员或工作人员，或在妇女或儿童机构的管理人或工作人员，利用其公职实施强奸；（5）在医院的管理人员或工作人员，利用其公职实施强奸；（6）作为该妇女的亲属、监护人或教师，或对该妇女具有信任或权威地位的人，对该妇女实施强奸；（7）在社区或宗派暴力期间实施强奸的；（8）强奸孕妇；（9）对无能力表示同意的妇女实施强奸；（10）对妇女处于控制或支配地位，即对该妇女实施强奸；（11）强奸患有精神或身体残疾的妇女；（12）强奸造成严重身体伤害或致残或毁容或危及妇女生命；（13）对同一名妇女多次实施强奸。

② 《印度刑法典》第 82 条规定，不满 7 岁的儿童所实施的行为，不是犯罪。第 83 条规定，7 岁以上不满 12 周岁的儿童，在不具有判断所实施的行为的性质和后果的能力情况下实施的行为，不构成犯罪。

犯罪率依旧高居不下。现在的法律制度除了惩罚犯罪，还需要考虑如何有效地保护强奸案中被害人的权利。司法的目的不能仅仅停留在惩罚犯罪，还应当关注被害人是否可以得到合理、公正的赔偿，以及是否可以健康、有尊严地生活。

1. 被害人享有获得赔偿的权利

强奸罪中被害人往往遭受了身体和精神上的双重伤害，而获得赔偿不仅可以使被害人有能力接受良好的治疗，恢复健康的身体，也是对被害人精神上受到伤害的抚慰。首先，关于印度刑事案件赔偿制度。印度《刑事诉讼法典》第 357 条对法院责令支付赔偿金做出专门规定。根据第 357 条的规定，当法院作出"罚金"的判决时，可以用全部或者部分的"罚金"作为对被告人的赔偿。同时，第 357A 条规定了"受害人赔偿计划"，即每个邦政府应与中央政府协调，制定一项计划，为因犯罪而遭受损失或伤害并需要康复的受害者或其家属提供资金，以便进行赔偿，但"受害人赔偿计划"仅适用于"被告被宣告无罪或被释放的情况，或被告人没有支付能力的情况，或无法确定或找到被告人的情况"。其次，关于强奸罪的"罚金"。在 2018 年颁布的刑法修正案中，对强奸罪的几个特殊情况下的罚金做出特别规定①，即"罚金须公正及合理，并足以支付被害人的医疗费用及康复费用，同时在这几种特殊情况下罚金须支付给被害人"。可见，在特殊情况之下，被害人是可以要求加害人向被害人支付罚金。但这里有关罚金的规定很明显并不适用于一般强奸案件。因此，根据印度现行法律规定，外国人在印度想要及时获得加害人的赔偿十分困难。但外国人在印度被强奸可能可以获得印度政府的赔偿，印度政府还可为其提供"安全屋"，以确保被害人的安全。除此之外，强奸案件被害人还可以通过提起民事诉讼的方式获得补偿。

2. 被害人获得免费检查和治疗的权利

强奸案件的被害人在反抗过程中，身体可能诸多部位会遭受伤害，其本身也表明犯罪人采取了强迫手段。同时，被害人的心理可能也存在严重的创伤。因此，在强奸案件发生后被害人得到及时的医疗救治，既可以保障被害人的身体、心理健康，也可以及时固定强奸案件的犯罪证据。2014 年，印度卫生和家庭福利部颁布《关于性暴力被害人医疗——法律照护的指导原则》中提到"印度范围内的每家政府医院都有义务免费治疗强奸受害者，治疗后也必须免费提供治疗"。同时，该指导原则也指出医学检验不仅是为了治疗被害人，而且有助于收集鉴别证据。因此，在印度强奸案件中被害人有权接受免费的检查和治疗。

---

① 特殊情形为一人或者多人强奸不满 16 岁的妇女。

3. 被害人享有有尊严地生活的权利

对强奸案件的被害人而言，除了需要承受身体和心理上的创伤外，还需要承受来自社会的压力，比如社会评价的降低、隐私的泄露等。因此，妇女平等地享有人格尊严、隐私保护等人格权利，是实现性平等的关键。《印度宪法》第 21 条规定 "除非按照法律规定的程序，否则不得剥夺任何人的生命或人身自由"，该条被视为是印度人格尊严的源头。在具有里程碑意义的 Maneka Gandhi 诉印度联邦案（1978 年）中，印度最高法院认为，第 21 条的生命权应做扩大解释，还包括有尊严地生活的权利。① 同时，印度《刑事诉讼法典》第 327 条第 （2） 项规定 "对强奸或第 376 条所述罪行的调查和审判应不公开进行"，这也是对强奸案件被害人隐私保护的体现，以确保强奸案件被害人有尊严地生活。

综上，在上述强奸案件中。首先，该中国女性可以通过印度政府或者提起民事诉讼获得赔偿；其次，其作为强奸案件被害人有权接受免费检查和后续治疗；最后，因为案件性质为强奸案件，因此在案件调查和审理过程中应当不公开进行，以保护我国公民的人格尊严和隐私。

三、对策建议

在海外的中国公民，不管是在旅行旅游过程中，还是在学习、生活中，都可能遇到权益遭受损害的情况。无论何种情形的权益受损，都需要想办法挽回损失或寻求救济。以上述强奸案件为例，可以从以下几个角度出发，着重探讨在侵害中国公民权益行为发生后保护海外中国公民的对策。

（一）用尽印度当地救济方式

当中国公民在印度遭受强奸等被侵害自身权益的行为后，可以通过印度的多种法律途径维护自身权益并获得赔偿。

其一，刑事途径。被害人应当及时报警并留存证据。印度作为强奸案件的发生地，根据属地管辖原则，印度相关部门对案件有管辖权。作为被害人的中国女性公民应当及时报警，联系印度警方。而印度警察局、法院等相关部门有义务对相关案件进行调查、取证、提起诉讼、进行赔偿。在调查取证阶段，印度《刑事诉讼法典》对强奸案件的调查取证进行了较为详细的规定②，包括对强奸受害者的医学检查时医护人员资格、检查时需要记录的信息、地点、确保该妇女不与被告

---

① Article 21 in Constitution of India, Indiankanoon（Aug. 22, 2024），https：//indiankanoon. org/doc/1199182/.
② 印度《刑事诉讼法典》第 157 条、第 164A 条、第 273 条、第 327 条。

对质、不公开调查和审理等。同时，印度也发布相关文件，要求政府医院都有义务免费治疗强奸受害者，治疗后也必须免费提供治疗，同时要做好证据保存记录工作。同样的，面对其他刑事案件，当事人也应当及时报警、留存证据。印度与刑事案件相关的法律主要有《印度刑法典》《刑事诉讼法典》《保护儿童免受性犯罪法》以及其他的特别立法、附属法规，内容涵盖了各类刑事犯罪及其处罚、诉讼程序、证据规则、法院系统、律师制度等。

其二，民事途径。在强奸案件中，被害人的人身权益遭受严重侵害，除了通过刑事途径追究加害人的刑事责任外，中国公民还可以通过民事救济途径，提起侵权的民事诉讼，要求相关当事人进行赔偿。印度与其他普通法系国家一样，印度的侵权法主要由司法判例进行确立，并辅以损害赔偿、民事诉讼和编纂普通法侵权行为的法规。在上述强奸案件中，提起民事诉讼主要援引《印度宪法》第21条，虽然没有明确规定健康权，但印度最高法院在一些判例中，通过该条以及国际人权法的规定对健康权作了解释。[1] 同样，在其他侵权案件中，在印度的中国公民也可以通过提起民事诉讼，来维护自身的合法权益。

（二）事发后及时联系使领馆和相关救助机构

中国驻印度大使馆官网特别提醒，如遇护照被盗或其他紧急情况，请及时与就近的大使馆或总领馆联系。

在上述强奸案件中，被强奸的中国女性公民可以及时联系中国驻印度使领馆。使领馆会应中国公民要求，提供当地法律服务机构、翻译机构和医疗机构等名单、联系方式；会敦促印方依法公正妥善处理相关案件，开展紧急救助和医疗救治。如中国公民涉及有关法律诉讼，可以在必要时旁听庭审。

（三）中国国籍国保护方式

国籍国保护主要是指领事保护和外交保护两种方式。根据《中华人民共和国领事保护与协助条例》的有关规定，领事保护与协助，是指在国外的中国公民、法人、非法人组织正当权益被侵犯或者需要帮助时，驻外外交机构依法维护其正当权益及提供协助的行为。驻外外交机构在获知在国外的中国公民因治安刑事案件、自然灾害、意外事故等受伤后，驻外外交机构应当根据相关情形向驻在国有关部门了解核实情况，敦促开展紧急救助和医疗救治，要求依法公正妥善处理。同时，条例要求驻外外交机构应当了解驻在国当地法律服务、翻译、医疗、殡葬

---

[1] 参见焦洪昌：《论作为基本权利的健康权》，载《中国政法大学学报》2010年第1期，第12–19+158页。

等机构的信息，在中国公民、法人、非法人组织需要时提供这类信息。上述强奸案件中，中国驻印使馆获悉后，立即启动领事保护应急处置机制，紧急向印警方核实情况；并立即分别向印警方和外交部正式提出交涉，指出中国使馆对此案高度重视，中国公民人身安全不容侵犯，要求印方认真严肃对待，保证受害人的安全、合法权益和隐私，尽快妥善处理。

当中国公民穷尽印度当地救济方法后，合法权益被侵害的问题仍然得不到解决时，可以寻求外交保护。根据 2008 年联合国国际法委员会制定的《外交保护条款草案》的相关规定，外交保护是指本国国民受到另一国违反国际法的行为的侵害，在穷尽当地救济方式后仍然无法得到救济后，通过外交行动或其他和平解决手段援引另一国的责任，以期使该国责任得到履行。寻求外交保护需要满足以下条件：其一，外交保护要求被保护的国民在合法权益受到侵害之日起，到外交保护结束为止，持续地拥有提供外交保护的保护国国籍；其二，已经用尽当地救济。外交保护因其开展的要求严格，同时有可能会上升到国家层面，因此在实践过程中，多运用领事保护的方式保护海外公民的权益。

本章小结

印度不是一个单一民族和文化的国家，有许多民族和种族。印度斯坦族约占印度总人口的一半，是印度最大的民族。印度的所有民族都有自己的语言。仅宪法就承认 22 种官方语言，其中印地语和英语是印度共和国内联邦的官方语言，法院裁定印度没有国家语言。作为一种通用语言，英语在印度非常流行，特别是南印，地位甚至比印地语还要高。此外，印度也是一个多宗教、多信仰的国家。在世界四大宗教中，佛教和印度教都来自古印度。大多数印度人信印度教。伊斯兰教在印度也有大量的信徒，是印度第二大宗教，是随着阿拉伯帝国的扩张（公元 8世纪）蔓延到印度的。10 世纪后，北印王朝的大多数统治者都相信伊斯兰教，尤其是在莫卧儿王朝。印度教教徒和穆斯林分别占总人口的 80.5% 和 13.4%（截至2021 年 2 月）。印度也是许多正式和非正式的多边国际组织的成员，包括世界贸易组织、英联邦、金砖五国、南亚区域合作联盟和不结盟运动等。

一些以农业、城市手工业、服务业及其配套产业为主的产业取得了一定进展。除了丰富的民族文化和北方地形使印度旅游业大受欢迎外，由于时差的关系，大量会说英语的人才也投资于外包行业（即外国企业将客户咨询、电话应答等服务转移到印度）。另外，宝莱坞电影的文化输出在英国乃至世界的影响力不亚于世界主流电影。与此同时，印度也是许多专利药物的生产地，以低廉的价格提供可靠的医疗服务。近年来，印度政府还大力投资国内高等教育，以促进科学与国际标准的融合，如独立空间研究、南亚半岛生态研究等。印度最重要的贸易伙伴是美国、欧盟、日本、中国和阿拉伯联合酋长国。

中国和印度作为全球两个最大的发展中国家，也是当今世界上最突出的两个新兴经济大国。中国和印度的规模和国际影响力决定了中印关系的重要性超越了双边关系，具有区域和全球影响。中印关系持续健康稳定向前发展，事关两国利益，也牵连到亚洲乃至世界和平、稳定与发展繁荣。[①] 近年来，中国领导人审时度势，以人类命运共同体思想为指引，将"不冲突、不对抗、相互尊重、合作共赢"的新型大国关系确立为中国外交战略核心理念，用以指导中国与世界各主要大国间的互动实践。

通过双方的共同努力，中印两国建立了和平与繁荣的战略伙伴关系，并正在努力建立更紧密的发展伙伴关系。两国在各领域的交流与合作不断深化，在重大国际和地区问题上的协调也得到加强。目前，中印关系正处在一个新的起点上，新的机遇正在出现。建交 70 多年来，中印两国之间政治、经济和人文等领域联系日益加强并取得了实质性发展。作为主要的新兴经济体，中国和印度之间保持良好关系符合两国的共同利益，对地区和世界的和平与繁荣至关重要。中印两国应加强合作，相互声援，共同扩大和深化成为更紧密的发展伙伴关系，共同应对世界面临的挑战。

自中国 2013 年提出"一带一路"倡议后，印度作为"一带一路"的沿线国，自然而然对"一带一路"产生了浓厚的兴趣，虽然在"一带一路"倡议后，印度对此的态度一直在转变，经历了态度模糊、积极响应和抵制三个阶段。但是在2014 年下半年到 2016 年下半年中印两国元首互访的积极推动下，印度对"一带一路"倡议持正面态度，并以实际行动给予了中国正面回应。中印两国在经贸、文化、教育和科技等方面的往来较为频繁，中印两国人民的交流愈来愈多，中国公民赴印度旅游、学习、经商等的活动人员数量庞大，活动次数也更加频繁。例如，中国公民赴印度经商方面，老一代华人华侨在印度主要从事制革、制鞋、餐饮、美容、镶牙业。目前印度的中资机构人员主要从事经贸、IT 业、水电工程、建筑

---

① 李景田：《积极建设中美新型大国关系》，载《学习时报》2013 年第 624 期。

项目等。

一、在印度中国公民的权益内容和特征

其一，人身安全。人身安全利益是中国公民在国外最核心的利益，必须确保他们的生命健康和个人自由得到保护，不受非法干扰。人身安全不受非法侵害的权利主要是指公民个人的生命和健康等人身权益不受非法伤害的权利，这是公民个人安全的基本要求。生命权和健康权被统称为"生命和健康权"，是所有人权中最基本的权利。生命权是指一个人不被非法伤害或剥夺生命的权利。健康权是指个人保护其器官和功能的健康和完整性的权利。生命和健康权是所有其他权利的基础，是公民个人能够享有其他所有权利的根本，倘若公民的生命健康权不能够得到有效的保护，那么，公民个人的其他所有权利也就无法实现或者很难实现。在印度的中国人也当然地享有人身安全，印度是一个不同族群聚合的国家，多民族多宗教既是印度的一大特色，也是印度的一个不稳定因素。同时，印度又是一个宪政的世俗国家，法律上规定人人平等，在受教育的群体里，日常交往礼仪也是这样，但多数也仅限于礼貌，文化上的实际性交融并没有生根。近年来，也发生过中国人在印度遭侵犯、中国人在印度工厂遭遇爆炸事故等侵害人身安全的事件。因此，强化在印度的中国公民人身安全方面的权益保护是不容忽视的。

其二，财产安全。与人身安全不同，财产安全亦指财产权，是指具有直接财产内容并且可以转让的民事权利。财产权主要包括继承权、物权和债权等权利。公民的财产权是指公民对其私人财产的权利。它一方面包括公民对其私人财产所拥有的生存和生产资料的权利，另一方面包括公民对其私人财产的所有权以及在合法获得公共财产时的使用权。在这种情况下，公民拥有财产的权利是一种消极的权利，意味着公民不需要采取积极的行动来实现这一权利。如果一个公民拥有财产的合法权利受到非法侵犯，侵权行为人将承受负面的法律后果。相比之下，公民使用自己财产的权利是一种积极的权利，意味着公民必须积极努力才能得以实现自己的权利，法律依法保护公民的财产使用权。[①] 在印度的中国公民数量庞大，中资企业或者中国投资的印度企业数量也不在少数，印度市场的巨大空间，是现在很多的投资者、创业者聚焦印度的根本原因。但印度和其他市场一样也有其自身独特的问题，因此，在印度中国公民的财产安全是很值得重视的一个重大问题。

---

① 刘琳琳：《论对外经济交往中我国公民权益的保护——以外国排华事件为视角》，云南财经大学 2016 年硕士学位论文。

二、在印度的中国公民安全风险成因与影响

在印度的中国公民和中资企业安全风险的成因是多方面的，包括复杂的安全环境、对安全风险的防范意识不足以及相关预防工作不到位等因素。

第一，世界经济论坛发布的《2019 年全球竞争力报告》显示，在全球最具竞争力的 141 个国家和地区中，印度排第 68 位。在世界银行发布的 2020 年《营商环境报告》中，印度在 190 个国家/地区中排名第 63 位。印度连续三年跻身发展最快的 10 个经济体之列。虽然全球经济增长不确定性增加，但印度的经济基础逐步得到巩固，宏观经济基本面健全，未来经济能够在较长时间内保持稳定且快速的增长。据国际货币基金组织（IMF）预测，到 2025 年，印度在全球经济中的份额将达到 7.1%。国际评级机构穆迪将印度本币和外币发行人信用评级提高了一个等级，从 Baa3 调升至 Baa2。一些中国企业正是看到了印度市场的这一潜力，纷纷赴印度投资。中国商务部统计，截至 2019 年末，中国在印度的直接投资存量为 36.1 亿美元。

中国对印度的主要投资涵盖电信、电力设备、家用电器、钢铁、机械设备、工程机械等领域。不过从总体上来看，中国对印度的投资规模还比较小，缺乏集约式投资，投资的方式和领域都较为单一，与两国的经济规模和经贸合作水平不相匹配，还有很大的提升空间。目前，中国已经在印度投资了华为公司、比亚迪公司、特变电工、上海日立电器、中兴通讯、三一重工、广西柳工机械公司、海尔集团等较大企业。

第二，在印度的中国公民数量较多，他们分散在印度各地，其安全受到诸如社会治安、政治变动和气候变化等因素的影响。客观地说，社会治安方面，电信诈骗、走私犯罪活动猖獗，强奸、抢劫、盗窃等犯罪活动层出不穷。印度犯罪分子利用通信技术和互联网进行电信诈骗的手段不断升级，且电信诈骗犯罪分子无需与受害者进行直接接触，警方对此也难以侦破，由此可见电信诈骗犯罪活动成本低、风险低、回报高。同时，中国驻印度大使馆也发布了这方面的安全提醒。

第三，在印度的中国公民和中国企业其自身原因也存在安全隐患。部分在印度的中国公民安全风险防范意识薄弱，有些甚至无视有关方面发布的安全提醒。关于旅游项目风险，关于携带沙图什披肩、黄金等违禁品出境的严重后果，虽然大使馆、官方媒体多有提醒，但仍有公民以身试法。这些举动很有可能给当事人带来牢狱之灾和性命之忧。

第四，在印度的安全风险预防宣传方面存在不足。虽然部分在印度的中国公民存在知法犯法的侥幸心理，但是也并不排除某些当事人确实是因为不知道才触及了印度的法律底线。

三、在印度中国公民的安全风险防范

第一，印度市场虽大，但中国企业在决定赴印度投资前，务必充分了解投资成本与风险，切实根据本企业的发展战略和计划，分析国内、国际以及印度的经济环境、具体行业的发展趋势，仔细思考在印度投资如何优化自身的资源配置能力，并把加强企业的核心竞争力作为投资决策的出发点和支撑点。企业应全面系统地评估赴印度投资的可行性，整合公司内部和外部的专业资源，做好项目选址、投资、税务、法律等前期各类调研，保证风险评估到位和预案准备周全，确定科学的可行性报告，避免盲目和冲动地做出投资决策。此外，要注重培养、储备本公司跨国经营人才，做好企业跨境合规。避免赴印度投资后，才发现投资成本过高、项目不可行等情况，造成不可挽回的损失。

第二，在印度的中国公民应该牢固树立风险防范意识。首先，正确认识各类安全风险的严重性，从自然灾害到人为事故等都不应当忽视。其次，对不同地区的安全风险程度要有理性认知。最后，要重视相关部门发布的安全提醒，不要以身试法。

第三，明确海外安全提醒的法律效力，追究无视该提醒的人的责任。目前，外交部按风险程度将安全提醒划分为"注意安全""谨慎前往""暂勿前往"三个级别，在最高级别"暂勿前往"的提醒中提及，"如在本提醒发布后仍坚持前往，有可能导致当事人面临极高安全风险，影响其获得协助的时效，因协助产生的费用由个人承担"①。2023年7月公布的《中华人民共和国领事保护与协助条例》包含了相关内容。

第四，在印度的中国公民的违法违规和不当行为应当依法依规进行追究，在加强宣传教育的同时，明确相关行为的违法行为以及需要承担的法律责任。

第五，中国公民在海外存在的安全风险，有关部门在安全防范和处置方面须国内国际联动，积极开展中外合作，积极进行风险防范和处理。

---

① 中国驻土耳其使馆：《再次提醒：近期暂勿前往土耳其东南部地区》，2019年2月1日（本提醒有效期至2019年3月31日），http://cs.mfa.gov.cn/gyls/lsgz/ztzl/2018ndlsgzcfh/t1628183.shtml，访问时间：2021年7月1日。

中国公民在印度实用信息

单位名称或事项	地址	电话	备注
外交部全球领事保护与服务应急热线	—	+86 – 10 – 12308 +86 – 10 – 65612308	
中国驻印度大使馆	印度新德里查纳亚普里尚纳吉普里街 50 – D	领事保护与协助电话: +91 – 11 – 26112343 政治处: +91 – 24 – 679299 办公室: +91 – 24 – 121484	对外办公时间: 周一至周五 9:00—12:30 15:00—17:30 (节假日除外)
中国驻孟买总领事馆	印度孟买纳里曼角纳里曼大楼 11 楼	领事保护与协助电话: +91 – 97 – 69581336 证件咨询电话: +91 – 22 – 66324305 转 12(工作时间)	工作时间: 10:00—13:00 15:00—18:00 (节假日休息)
中国驻加尔各答总领事馆	印度加尔各答盐湖第一区 EC – 72	领事保护与协助电话: +91 – 91 – 63390711 签证申请服务中心: +91 – 33 – 40010210	咨询时间: 工作日 10:00—12:00 16:00—17:00
匪警	—	100	
火警	—	100	
急救	—	112	
孟买警察局	—	+91 – 22 – 22620826	
孟买机场移民局	—	+91 – 22 – 26828098	
班加罗尔警察局	—	+91 – 80 – 22262595	
班加罗尔外国人管理处	—	+91 – 80 – 22218195 +91 – 80 – 22218183 +91 – 80 – 22218110	
加尔各答警察局	—	+91 – 033 – 22145060	

第十六章
在巴基斯坦的中国公民权益保护

巴基斯坦伊斯兰共和国（The Islamic Republic of Pakistan），简称巴基斯坦，位于南亚次大陆西北部，是一个多民族的伊斯兰国家。巴基斯坦全国领土面积为88.03万平方公里（包括巴控克什米尔地区），全国划分为四个省、两个地区。巴基斯坦总人口为2.4亿（截至2024年4月），其中大部分国民信仰伊斯兰教。巴基斯坦首都为伊斯兰堡，国语为乌尔都语。

作为"一带一路"倡议重要共建国，巴基斯坦是中国传统友好国家。中国与巴基斯坦自1951年5月21日正式建交以来，长期保持密切友好的合作关系。巴基斯坦不仅率先响应"一带一路"倡议，两国合作建设的"中巴经济走廊"亦成为"一带一路"倡议的标志性项目。伴随中国与巴基斯坦在政治、经济、文化等领域的合作程度不断加深，中国公民赴巴基斯坦旅游、学习、工作等活动日益频繁，巴基斯坦国民对中国公民的态度也普遍较为友好。然而，受印巴冲突、巴基斯坦国内民族宗教矛盾较为突出和犯罪率较高等因素的影响，中国公民在巴基斯坦合法权益遭受侵害的事件亦有发生。

巴基斯坦的法律体系以英美法系为基础，关于外国人权益保护的法律制度相对较为健全，为在巴基斯坦的中国公民权益保护提供了坚实的基础。现就巴基斯坦有关外国人权益保护的法律机制概述如下：

一、外国人法律地位规定

巴基斯坦明确外国投资者与巴基斯坦本国投资者享有相同待遇，制定了《外国私人投资促进与保护法案》（1976）、《经济改革促进和保护法案》（1992）、《巴基斯坦投资政策2013》等法律、法规或规范性文件，对外国投资者的相关优惠措施和权益保护进行了系统规定，允许外国投资者对其出资的经营实体享有100%的股权。同时，中国与巴基斯坦签署的诸多双边或多边的协定，也是保护在巴基斯坦中国投资者合法权益的重要依据，例如《双边投资保护协定》（1989）、《自由贸易协定》（2006）等。

二、外国人权益保护的实体法规定

在实体法领域，巴基斯坦并未就外国人权益保护设置特别规定。巴基斯坦对涉外民事案件以属地管辖为原则，外国人民事权益的保护主要通过《合同法》《公司法》《专利法》《商标法》《设计法》《侵权行为法》等国内法律实现。在外国劳动务工人员法律保护方面，巴基斯坦劳动就业法律制度亦较为完善，未对企业雇佣外国劳动务工人员进行限制。巴基斯坦国内企业如需雇佣外国劳动者务工人员，应向巴基斯坦投资行政机构（BOI）申请许可。外国人到巴基斯坦工作无须另行申请工作许可，但应持有有效的工作签证。除经过特别批准的工作签证外，持有工作签证的外国人在巴基斯坦的停留时间不能超过1年。值得注意的是，巴基斯坦对中国公民免收签证费用。

三、外国人权益保护的程序法规定

巴基斯坦的诉讼制度较为完善，主要法律包括《证据法令》（1984年）、《刑事诉讼法典》（1989年）、《民事诉讼法典》（1908年）等。值得注意的是，巴基斯坦民事诉讼程序繁杂，且未明确案件审理期限，难以保证案件高效处理。作为《承认及执行外国仲裁裁决公约》（1958年）的缔约国，巴基斯坦制定了《承认与执行（仲裁协议和外国仲裁裁决）法》［2011年第F-9（3）号立法］，并将商事仲裁作为争议解决的重要机制之一。根据巴基斯坦《仲裁法》（1940年）的规定，巴基斯坦的主要仲裁方式有三种：（1）未经法庭干预的仲裁；（2）虽然未经诉讼，但通过法庭受理的仲裁；（3）由诉讼程序转换而形成的仲裁。中巴之间签订了《中华人民共和国和巴基斯坦伊斯兰共和国引渡条约》《中华人民共和国和巴基斯坦伊斯兰共和国关于司法协助协定》，这些双边条约，可进一步保障中国公民在外国程序法上的权利。

第一节　事先预防

事先预防是指在巴基斯坦的中国公民合法权益遭受侵害之前，在对现有资料或信息进行准确分析的基础之上，对事故或损失发生的可能性进行有效预判，积极主动寻找预防事故或损失发生的事前应对措施。采取行之有效的事先预防措施，能够有效降低事故发生概率或减少实际损失，以避免人身或财产权利的现实侵害，对于保护在巴基斯坦的中国公民合法权益具有极为重要的意义。本书将以侵害中国公民生命健康权益的典型案例进行剖析，就在巴基斯坦的中国公民权益保护的事先预防法律机制进行探讨，并提出法律对策和完善建议。

一、侵害中国公民生命健康权益典型案

张忠、韩丽萍夫妇是中国山东省济南市人，应朋友萨拉（中国山东省某高校巴基斯坦籍留学生）的邀请到巴基斯坦俾路支省（Baluchistan）观光旅行。张忠、韩丽萍通过旅游签证于2018年12月3日进入巴基斯坦国境，并于当日抵达首都伊斯兰堡。张忠素有睡前饮酒的习惯，遂在抵达酒店后到附近店面购买啤酒十余罐，并在公路边座椅上休息时独自饮用。当地时间19时20分许，巴基斯坦青年奥马尔看到张忠在公路边饮酒，遂出言劝阻；因两人语言不通，双方发生轻微肢体冲突，均未受伤。下午19时35分，张忠在返回酒店的路上，遭到奥尔马和数名巴基斯坦青年的阻截（部分人手持木棒）。奥尔马等人要求张忠为自己的行为道歉，但因语言沟通不畅，在未得到任何回应（语言原因）的情况下，奥尔马等人对张忠进行了殴打，造成了张忠身体多处瘀伤。遭到殴打后，张忠通过移动电话联系了韩丽萍和萨拉，准备向警方报案。萨拉向张忠说明了关于公共场合不能饮酒的伊斯兰教习俗和相关禁忌。张忠了解到相关情况后，担心自己遭受处罚，又考虑到事发地并无监控录像设施，遂放弃了报警的想法。

在伊斯兰堡继续游览两天左右，张忠、韩丽萍在萨拉的陪同下，驾车于2018年12月6日抵达俾路支省进行游览。当张忠等人所乘车辆途经俾路支省西南部城市瓜达尔（Gwadar）北郊地区时，突然遭受到十余名身着民族宗教服饰的不明身份人员的阻截。不明身份人员首领持枪要求张忠、韩丽萍等人离开车辆，并交出全部个人物品。韩丽萍试图反抗，被不明身份人员持枪打伤左腿，并被采取强制控制措施。不明身份人员挟持张忠等人向阿富汗边境地带撤离。巴基斯坦一公民全程目睹此事，并在15分钟之后报警。不明身份人员在撤离途中伪装成警察，以逃避巴基斯坦政府军队的追踪。

经调查，挟持张忠等人的是活跃在巴基斯坦和阿富汗交界处的某恐怖组织成员，张忠的朋友萨拉是该恐怖组织成员头目之一。萨拉故意引诱张忠等人到俾路支省旅行，并向恐怖组织报告了张忠等人的行进路线。事件发生后，中国驻巴基斯坦使馆及卡拉奇领馆启动突发事件应急响应，督促巴基斯坦俾路支省采取必要

措施保障中国公民的人身安全。巴基斯坦俾路支省警察总长亲自部署警力，终于在恐怖分子进入阿富汗国境前将其拦截，双方发生短暂交火。张忠、韩丽萍两人被俾路支省警察部队成功解救，其中韩丽萍在被挟持时左腿受伤，张忠在双方交火过程中左臂受伤。萨拉和其他恐怖组织成员被警方逮捕。

二、法理分析

通过中国外交机构的及时干预和巴基斯坦俾路支省警方的成功救援，中国公民张忠、韩丽萍的人身安全得到了有效的保障。然而，从事先防范的角度进行分析，本次事件是完全有可能避免的。现就相关法理问题加以探讨：

（一）外交机构安全提醒信息发布制度

中国外交部和中国驻外使领馆公开发布的安全提醒信息既是探查有关海外中国公民和中资企业安全风险的有效途径，[①] 也是中国公民提前获知海外安全风险的重要方法。中国公民或中资企业赴巴前，应尽可能获取海外安全提醒信息，妥善安排外出行程，选择合理的出行路线和出行时机，提前做好必要防范措施，从而在一定程度上避免自身权益受到损害，以降低损害发生的概率或程度。

2017 年 5 月 24 日，巴基斯坦俾路支省首府圭达的真纳镇地区已经发生了一起两名中国公民被恐怖组织绑架并被杀害的事件。考虑到巴基斯坦俾路支省民族宗教矛盾非常尖锐，安全形势较为严峻，且已经发生多起人身伤亡事件，存在较高的安全风险等，中国外交部和中国驻卡拉奇总领馆于 2018 年 7 月 26 日公开发布安全提醒信息，建议中国公民近期暂勿前往巴基斯坦俾路支省，在信德、俾路支两省的中国公民和机构应提高警惕，采取必要的安全防范措施（尤其是外出时的安保措施）和应急准备等。前述安全提醒信息的有效期至 2019 年 1 月 16 日。考虑到巴基斯坦俾路支省安全形势尚未缓解，中国外交部和中国驻卡拉奇总领馆又再次发布安全提醒信息，将有效期延长至 2023 年 1 月 15 日。[②]

事实上，中国外交部门发布的安全提醒信息已经山东省济南市人民政府转载。在上述案例中，张忠、韩丽萍夫妇前往巴基斯坦俾路支省的时间是 2018 年 12 月 6 日，在中国外交部门发布的安全提醒有效期内。张忠、韩丽萍夫妇过于相信"朋友"萨拉，而没有关注前述安全提醒信息，对巴基斯坦俾路支省的相关情况缺乏

[①] 夏莉萍：《海外中国公民和中资企业的安全风险——基于中国驻外使馆安全提醒之分析》，载《国际安全研究》2019 年第 6 期。

[②] 中华人民共和国外交部：《提醒中国公民近期暂勿前往巴基斯坦俾路支省、开普省，谨慎前往巴基斯坦其他地区》，https://www.mct.gov.cn/zxbs/cxts/202207/t20220715_934712.htm，访问时间：2024 年 6 月 30 日。

明确认知，是本次安全事件发生的重要原因之一。如果张忠、韩丽萍夫妇在前往巴基斯坦之前，能够主动查询、及时获取前述安全提醒信息，对巴基斯坦俾路支省的安全形势进行有效评估，完全可以避免本次安全事件的发生。

因为语言、信息（情报）获取能力、个人素质等客观因素的制约，仅依靠中国公民或非官方机构的力量，难以在世界范围内就区域性安全形势进行准确评估。中国外交部门通过派驻在世界各地的使馆、领馆，能够相对及时地获取区域性安全信息，并通过专业人员进行较为客观的安全评估形成的建议性结论具有较高的参考价值。因此，中国外交部门发布安全提醒信息举措的常态化、制度化，对于维护海外中国公民合法权益具有举足轻重的作用。

虽然发布相关预警信息是中国外交部门的主要职责，但从法律行为性质的角度分析，中国外交部门发布针对不特定的中国公民的安全提醒信息，不属于具体行政行为。如果中国外交部门未及时发布安全提醒信息，或发布的安全提醒信息存在错误，相关利害关系人不能根据《中华人民共和国行政复议法》《中华人民共和国行政诉讼法》在中国境内提起行政复议或行政诉讼，也不能依据《中华人民共和国国家赔偿法》主张国家赔偿或提起行政赔偿诉讼。

与此相对应，前述安全提醒信息对利害关系人也不产生具有强制性的行政拘束力，仅是建议性、参考性的意见。中国公民可以不受到外交部门安全提醒的约束，自主安排外出行程，已经在高风险地区的中国公民亦没有返回境内的相关义务，相关法律、行政法规亦未设置约束性、惩罚性的条款。如果中国公民未采纳外交部门安全提醒信息的建议，仍执意前往高风险地区，也不视为其放弃任何接受救助和保护的权利。如果发生突发事件，中国外交部门仍然需要履行必要的协调和救助义务，保护海外中国公民和机构的合法权益。如果中国公民未采纳外交部门安全提醒信息的建议，而前往高风险地区，发生突发事件需要进行救助或协助的，由此产生的救助、协助或开支费用，应由其个人负担。

（二）反恐怖主义相关法律机制的构建

上述案例并非偶发性的刑事犯罪，而是盘踞在巴基斯坦俾路支省的极端势力为达到特定的政治目的，而实施的有预谋、有组织恐怖主义行为。虽然策划实施绑架的恐怖组织头目萨拉和参与袭击的其他恐怖组织成员均被巴基斯坦警方逮捕，但个别救援行动的成功，并不能从根本上解决在巴基斯坦中国公民合法权益保护问题。如果不能从根本上遏制或消灭巴基斯坦俾路支省的恐怖主义势力，类似的恐怖袭击事件仍有再次发生的可能性。

巴基斯坦恐怖主义问题由来已久。在"9·11"事件之后，巴基斯坦历届政府虽然已经采取积极措施遏制恐怖主义势力的发展，但受到国内外多方因素的掣肘，巴基斯坦国内反恐行动所取得的成效并不显著。频繁发生的恐怖主义袭击事件，不仅严重妨碍了"中巴经济走廊"等国际合作项目的正常建设，更成为威胁在巴基斯坦中国公民合法权益的毒瘤。受到俾路支分离主义的影响和外部势力的干预，在巴基斯坦俾路支省长期活跃的俾路支解放军（BLA）、俾路支共和军（BRA）等极端势力或组织，频繁在巴基斯坦境内制造各种恐怖袭击或犯罪活动，恐怖袭击的对象既包括巴基斯坦本国公民或机构，也包括在巴基斯坦的外国公民或机构，严重危害在巴基斯坦的中国公民的生命健康和财产安全，因此有必要探索通过法律途径遏制或干预恐怖主义蔓延的相关机制。巴基斯坦俾路支省为恐怖主义、极端主义势力长期活跃地区，在上述案例中，张忠、韩丽萍夫妇在前往巴基斯坦俾路支省旅行之前，没有任何风险防范意识，未采取任何必要的安保措施，未制定相应的应急预案，是本次安全事故发生的重要原因之一。

巴基斯坦反恐相关法律机制，既包括巴基斯坦国内相关反恐法律或政策性文件，也包括巴基斯坦加入的相关反恐的国际公约、多边或双边条约等。巴基斯坦将恐怖主义犯罪作为区别于一般刑事犯罪的特别罪行，建立了区别于常规刑事司法制度的特别法律措施。巴基斯坦制定了相关反恐法律或政策性文件，包括《镇压恐怖主义活动（特别法庭）条例》《反恐怖法案》《国家打击极端主义法案》等。巴基斯坦政府自2013年以来发动了"利剑行动"等一系列反恐怖国家行动或措施，也起到了一定的成效。

中国和巴基斯坦两国长期共同探索建立联合反恐机制。中巴两国于2018年11月4日联合发布《中华人民共和国和巴基斯坦伊斯兰共和国关于加强中巴全天候战略合作伙伴关系、打造新时代更紧密中巴命运共同体的联合声明》。根据该声明第7条，中巴两国同意进一步加强打击极端主义、恐怖主义和分裂主义"三股势力"合作。双方将继续通过战略对话和反恐与安全磋商等现有机制，加强在相关领域的沟通与合作。①

（三）伊斯兰教法

巴基斯坦是英美法系国家之一，其在历史上长期受到英国的殖民统治（原系英属印度的组成部分），法律体系深受英国普通法原则的影响。在1947年巴基斯坦独立以后，其法律体系呈现一种混合特性，既包括普通法的相关规范，也受到

---

① 中华人民共和国中央人民政府：《中华人民共和国和巴基斯坦伊斯兰共和国关于加强中巴全天候战略合作伙伴关系、打造新时代更紧密中巴命运共同体的联合声明（全文）》，http：//www.gov.cn/xinwen/2018–11/04/content_5337407.htm，访问时间：2021年7月1日。

伊斯兰教法的影响。巴基斯坦 95% 以上的居民均系伊斯兰教徒，且巴基斯坦宪法明确规定伊斯兰教为国教。巴基斯坦宪法（1973 年）包含了诸多保证法律和公民权与《古兰经》《逊奈》等相一致的条款，其明确规定："整个宇宙的最高权力只能属于全能的真主，巴基斯坦人民在真主所规定的范围内行使权力是一种神圣的职责。"①

伊斯兰教是巴基斯坦的立国之本，其对巴基斯坦政治体制、法律制度、生活习俗等诸多方面均产生了深远的影响，任何违背伊斯兰教戒律或触犯伊斯兰教禁忌的行为均可能被认定为亵渎犯罪，而被追究刑事责任。《古兰经》将饮酒与赌博、求签等并称为秽行，均属恶魔的行为，要求伊斯兰教徒不得饮酒。由此，饮酒是伊斯兰教的重要禁忌之一，伊斯兰国家普遍规定全面禁酒，无论是本国人还是外国人在伊斯兰国家均应遵照奉行。虽然巴基斯坦并不要求非伊斯兰教徒（包括印度教徒、基督教徒或无宗教信仰的民众）强制禁酒，但非伊斯兰教徒也不能实施在公共场所饮酒等非法行为。

在上述案例中，张忠在赴巴基斯坦首都伊斯兰堡旅行之前，不清楚伊斯兰教禁酒的宗教习俗和当地禁酒的相关法令，在公共场合饮酒，且因语言不通而未及时道歉，从而引发了与当地群众之间的肢体冲突。张忠的上述行为不仅违反了当地的禁酒法令，也冒犯和亵渎了当地伊斯兰教居民，存在显著的过错。实际上，中国驻拉尔合总领事馆于 2018 年 11 月 6 日即在其官方网站上发布《关于严格遵守巴基斯坦酒类管理有关规定的提醒》，告知巴基斯坦属于伊斯兰国家，全国严格禁酒，公共场合不能饮酒的事项。如果张忠能够在出境之前充分了解巴基斯坦的宗教习俗和民族传统，并以此来规范自己的言行，那么，2018 年 12 月 3 日傍晚发生的冲突是完全可以避免的。

三、对策建议

虽然上述事件中的恐怖袭击并未造成被绑架人员死亡的严重后果，但结合事件发生背景、原因和救援过程所反映出来的相关问题却值得认真反思。随着"一带一路"倡议的逐步推行，中国和巴基斯坦两国公民往来日益密切，探寻保护在巴基斯坦中国公民合法权益的相关法律机制已经成为值得关注的研究课题。从中国公民自身的角度来分析，到巴基斯坦工作、旅行、学习之前也应做好相关事先预防措施，避免自身合法权益遭到非法侵害。现就在巴基斯坦中国公民合法权益

---

① 杨翠柏：《伊斯兰教与巴基斯坦的政治发展》，载《南亚研究季刊》1996 年第 4 期。

维护的事先预防措施提出下述建议:

(一) 关注外交部门发布的安全提醒信息

中国外交部和中国派驻巴基斯坦的使馆、领馆不定期发布的安全提醒信息,对于中国公民准确掌握所在区域的安全形势具有较高的参考价值。中国公民在赴巴基斯坦工作、旅行、学习之前,应登录中国驻巴基斯坦相关使馆、领馆的官方网站或其他官方信息发布平台,检索、查询出行目的地相关安全警示或提醒的信息。中国公民也可以直接向中国驻巴基斯坦使馆、领馆进行电子邮件或电话咨询,以获取相关信息。如果外交部门已经就出行目的地发布安全提醒信息,建议中国公民暂勿前往,原则上应遵循外交部门的意见,妥善安排相关行程。如果确有紧急事务需要前往存在安全风险的地区,应制定应急方案,并提前做好充分的防范措施。

(二) 尊重巴基斯坦的民族、宗教习俗

因部分中国公民未能在出境前充分熟悉和尊重当地的民族和宗教习俗,引发海外矛盾纠纷、遭受处罚等事件时有发生,甚至在个别地区形成对中国游客的负面国际形象。伊斯兰国家风俗相对保守,禁忌事项相对较多,中国公民到伊斯兰国家更应尊重本地风俗习惯。

中国公民在赴巴基斯坦工作、旅行、学习之前,应通过各种渠道了解和熟悉巴基斯坦的相关民族、宗教习俗。除公共场所不能饮酒外,中国公民在巴基斯坦还需要注意其他伊斯兰习俗和禁忌,诸如男女不要在公共场所拥抱或接吻,在未征得同意时不要对本地居民拍照或摄影(特别是女性居民),拍打他人肩背,公开食用猪肉等。中国公民可以将巴基斯坦相关风俗习惯整理成册,在出境时随身携带备查。

(三) 做好安全防范措施

考虑到在巴基斯坦针对外国人的恐怖袭击事件和恶性刑事案件时有发生,巴基斯坦政府为推进"中巴经济走廊"项目建设,成立了外国人安全中心(Foreigners Security Cel,简称FSC),但巴基斯坦境内总体安全环境仍然令人担忧。在巴基斯坦的中国公民出行时必须做好必要的安全防范措施。在巴基斯坦的中国公民应熟知本地报警电话和中国使馆、领馆的联系方式,外出时保证通信畅通。在巴基斯坦长期停留(超过30日),应提前到中国驻巴基斯坦使领馆登记备案。

在巴基斯坦中国公民原则上应避免进入安全风险较高的区域。如果确有必要进入安全风险较高的区域,应做好安全防范和应急预案;在风险较高的区域尽量不要单独外出。为避免出现无法识别路径或语言沟通障碍等问题,可以考虑聘请本地居民作为向导或翻译。如果经费允许,可聘请私人安保机构和人员陪同前往。

第二节 事件应对

事件应对是指在巴基斯坦的中国公民合法权益正在遭受非法侵害时，通过充分沟通、主动报警、寻求中国使领馆或第三方机构协调等途径，消除误会或矛盾，从而避免损害结果的发生、降低损失数额或减轻事件不良影响的一系列措施。采取切实可行的事件应对措施，有助于在损害结果发生或损失扩大前，解决争议的主要矛盾，对于维护在巴基斯坦中国公民的合法权益亦具有重要的作用。

一、处理投资纠纷典型案

王钰升是中国吉林省公主岭市人，与张峰、黄勇、赵立本三人共同出资设立吉林省莞康投资开发有限公司（注册地：中国吉林省长春市；注册资本：1500万元；以下简称莞康公司），王钰升认缴出资300万元，并担任公司执行董事兼法定代表人。莞康公司为进一步扩大公司业务，拟投资巴基斯坦旁遮普省（Punjab）拉合尔市（Lahore）某矿业项目。

2019年9月10日，莞康公司派出王钰升、黄勇和项目经理赵高奇三人组成谈判代表团，赴巴基斯坦与拉合尔市迪迦矿业联合公司谈判合作开采事宜。2019年9月12日，迪迦矿业联合公司国际事务部副经理艾哈迈德和经理助理马克拉接待了王钰升一行。在宴会上，艾哈迈德建议由双方采取共同在巴基斯坦设立项目公司的合作形式。助理经理马克拉称，虽然莞康公司投资金额已经达到总投资额的80%，但巴基斯坦旁遮普省地方政策不允许外国投资者在本国矿业开采企业持股超过50%，在公司登记的过程中，应由迪迦矿业联合公司持股51%，莞康公司持股49%，但迪迦矿业联合公司在内部承认莞康公司的大股东地位。王钰升等人经过讨论，同意了迪迦矿业联合公司提出的意见，但双方并未就此签署书面协议。

2019年12月3日，莞康公司和迪迦矿业联合公司共同在巴基斯坦旁遮普省设立和信矿业开发有限公司，莞康公司指派王钰升兼任和信公司董事会主席，并指派赵高奇常驻巴基斯坦（兼任和信公司资产管理部经理）。莞康公司于2019年12月5日将首期投资款2500万元汇入和信矿业开发有限公司的指定账号。2020年1月3日，迪迦矿业联合公司国际事务部经理助理马克拉打电话给王钰升，称为规避相关税费的缴纳，须将第二期投资款1500万元汇入马克拉的个人银行账号。王钰升向赵高奇进行电话核实，但电话一直没有接通。马克拉向莞康公司传真了加盖迪迦公司和和信公司银行印章的《授权委托书》。王钰升遂安排莞康公司财务人员将款项汇入马克拉的个人银行账户。

2020 年 1 月 21 日，迪迦矿业联合公司委托巴基斯坦某律师事务所向莞康公司发送《律师函》，要求莞康公司履行投入第二期资金 1500 万元的义务，并以大股东的名义要求更换和信公司的董事会主席。莞康公司委托湖南瑞英律师事务所赴巴基斯坦调查此事。经过调查，迪迦矿业联合公司拒绝承认曾与莞康公司达成内部股权的口头协议。迪迦矿业联合公司国际事务部经理助理马克拉（兼任和信公司资产管理部副经理）已经于 2019 年 12 月 20 日离职，她在离职前在空白授权委托书上加盖了和信公司和迪迦矿业联合公司公章，并在 1 月 3 日设计灌醉了资产管理部经理赵高奇，使其无法与莞康公司取得有效联络。经过湖南瑞英律师事务所涉外法律服务团队的调查取证和斡旋工作，迪迦矿业联合公司最终与莞康公司达成了和解协议，成功化解危机并解决了纠纷。

二、法理分析

虽然在第三方机构的干预下，莞康公司的商务危机最终得到了有效化解，但莞康公司在整个事件应对过程中存在诸多问题，值得认真检讨和反思。现结合本案例中存在的法律问题进行具体分析：

（一）法律尽职调查在跨国商务合作中的重要性分析

巴基斯坦对外国投资者一直采取较为宽松的政策，允许外国投资者在巴基斯坦设立公司并持有全部股权，并未在矿业开采行业对外国投资者进行特别限制。在上述案例中，迪迦矿业联合公司国际事务部经理助理马克拉虚构巴基斯坦旁遮普省的地方投资政策，属于典型的商业欺诈行为。然而，莞康公司派出的谈判代表团在谈判过程中未进行充分调研，也未向第三方机构进行咨询或委托第三方开展尽职调查，轻信迪迦矿业联合公司国际事务部经理助理马克拉的个人言行，以及片面地解读巴基斯坦的投资政策，是本次纠纷的重要原因之一。

巴基斯坦跨国商务合作中的法律尽职调查，是指中国公民或机构在巴基斯坦进行商务投资或商务合作过程中，委托律师事务所或其他第三方机构（如提供跨国法律咨询服务的公司）就拟投资项目的真实性、合法性进行审查，就相关法律风险进行评估并提出法律建议的法律专业性工作。中国公民或机构在商务投资或商务合作过程中，委托专业机构开展法律尽职调查工作，至少具有下述重要意义：

一是，对海外项目的真实性、合法性进行审查。由于海外商务信息不对称，跨国商务合作的外国投资方存在显著的信息劣势。海外项目的真实存在和符合当地法律规定是中国公民或机构进行海外投资的前提条件，委托专业机构开展法律尽职调查的首要目的在于全面了解海外项目的各项基本情况，核实项目是否真实存在，核实海外项目的相关数据与合作方反馈的是否存在明显差异，并根据项目所在地的法律和地方性政策就项目的合法性进行评估。

二是，就海外交易相对方的相关资信情况进行核查。充分了解海外交易相对方的各项信息，有助于正确选择交易合作对象、准确掌握投资时机，是避免受到跨国商业欺诈的有效途径之一。律师事务所或其他法律咨询机构能够利用其专业优势和地缘优势，就在巴基斯坦的交易相对方的背景资料和资信情况进行有效核查。核查的范围包括但不限于：海外交易相对方的背景资料、注册登记信息、注册资本（包括认缴资本和实缴资本）、股权结构、实际控制人、关联企业、业界声誉、各项资质（资格）的真实性、既往信用信息、涉及诉讼或商事仲裁情况等。

三是，评估海外项目的法律和政策风险，并提出法律建议。海外项目即使符合巴基斯坦的法律和政策性规定，但仍可能存在导致投资目的不能实现或增加交易成本的其他法律和政策风险。律师事务所或其他法律咨询机构通过法律尽职调查能够就各项法律或政策风险进行有效评估，并就相关法律问题进行专题论证。由律师事务所或其他法律咨询机构出具的《法律尽职调查报告》通常会就规避或降低法律风险问题提出具体的建议（通常既包括理论上的意见，也包括具体的实施措施）或方案，这些将成为中国公民或机构在巴基斯坦进行投资的重要法律参考。

（二）和信公司股权结构分析

根据巴基斯坦的公司法律制度，有限责任公司具有独立的法人资格，股东对公司控制需要通过行使股东权利和公司内部治理机制来实现。由此，合理的股权结构和良好的内部治理机制是现代有限责任公司进行有效内部控制和管理的必然选择，是公司正常稳定运行的有力保障，在一定程度上实现了股东权益保护和公司人格独立两者之间的平衡。

在上述案例中，在不考虑商业欺诈因素的情况下，莞康公司决策将和信公司51%的股权交由迪迦矿业联合公司持有，而自身仅持有49%的股权，在客观上已经丧失对和信公司的实际控制权，存在较高的法律风险。虽然莞康公司的实际出资金额高于迪迦矿业联合公司且公司董事会主席由莞康公司法定代表人王钰升兼任，但是在未订立任何书面文件且对方否认的情况下，莞康公司和迪迦矿业联合公司的内部约定无法在诉讼或仲裁程序中得到有效证实，不能对抗和信公司的公司章程记载的内容。如果在巴基斯坦进入司法程序，莞康公司投入和信公司的部分款项可能不会认定为股东出资，存在作为借贷关系处理的可能性；莞康公司只能要求和信公司返还相应款项，而不能行使股东权利。迪迦矿业联合公司作为和信公司公司章程载明的控股股东，可以凭借自己的意志形成和信公司股东会决议，在公司章程未做特别制度设计的情况下，莞康公司缺乏制衡控股股东的有效途径。

如果迪迦矿业联合公司持有和信公司51%的股权，将取得和信公司的控股股东地位，从而有权重新选任和信公司董事会主席。值得注意的是，迪迦矿业联合公司应通过召开股东会议的法定程序选任和信公司董事会主席。在上述案例中，迪迦矿业联合公司在未提议召开股东会议的情况下，仅通过委托律师事务所发送律师函的方式更换和信公司的董事会主席，不符合公司管理职位的法定选任程序，不产生公司管理职位变更的法律效果。

（三）表见代理规则的法理分析

在上述案例中，马克拉已经于2019年12月20日正式离职，在未获得有效授权的情况下，在客观上已经无权代表和信公司继续和迪迦矿业联合公司从事交易。然而，在案件的实际审理过程中，法官需要同时考量下述因素：（1）马克拉作为迪迦矿业联合公司国际事务部的经理助理，长期负责与莞康公司的对外联系工作，莞康公司对马克拉已经产生了合理信赖。（2）迪迦矿业联合公司、和信公司在马克拉离职后，并未通过合法形式通知莞康公司，致使莞康公司对马克拉的合理信赖处于持续状态。（3）莞康公司在转账之前已经查阅了马克拉传真的《授权委托书》，该《授权委托书》上加盖了迪迦矿业联合公司、和信公司的公章，且公章均是真实的。

为保护交易相对方的信赖利益，维护交易安全，无论是大陆法系国家还是英美法系国家，均承认表见代理规则。所谓表见代理，是指本属于无权代理，但因被代理人与无权代理人之间的关系，具有授予代理权的外观（即所谓外表授权），致使交易相对方相信无权代理人具有代理权而与之达成交易，这种交易将产生与有权代理相同的法律效果，即最终法律后果由被代理人承担。①

综合考虑上述案例的基本事实，马克拉实施的付款指示行为虽因未取得迪迦矿业联合公司、和信公司的正式授权而被认定为无权代理，但其长期形成的稳定交易身份和盖有公司真实印章的《授权委托书》已经形成了较为明确的权利外观（外表授权）。根据表见代理的一般规则，应认定马克拉所实施的行为对被代理人迪迦矿业联合公司、和信公司均发生法律效力，即代理后果由被代理人迪迦矿业联合公司、和信公司共同承担。

---

① 梁慧星：《民法总论》，法律出版社2007年版，第232页。

表见代理法律效果的产生通常由被代理人的过错行为导致，迪迦矿业联合公司、和信公司存在的主要过错包括：（1）未及时通知莞康公司马克拉离职的相关信息；（2）在空白的《授权委托书》上加盖了公司公章。然而，莞康公司对损害结果的发生亦存在一定的过错，具体体现在以下方面：（1）莞康公司法定代表人王钰升兼任和信公司董事会主席，但未在巴基斯坦实际履职，导致双方信息不对称；（2）莞康公司委派的常驻巴基斯坦的资产管理部经理赵高奇未能恪尽职守，未能及时将相关信息反馈给莞康公司决策层；（3）在出现巴基斯坦合作伙伴背离正常交易习惯，突然要求将款项支付至个人银行账号的特殊情况，莞康公司在与常驻巴基斯坦人员赵高奇取得联系之前，即决定支付大额款项。如果上述案件在巴基斯坦进入司法程序，考虑到莞康公司存在的前述过错和案件的实际情况，法庭可能会酌情减轻和信公司或迪迦矿业联合公司的部分责任。

三、对策建议

（一）寻求第三方法律专业机构的协助和支持

如中国公民或机构拟赴巴基斯坦进行商业投资或商业合作，在进行商事谈判的过程中，应聘请专业的律师事务所进行法律尽职调查或聘请律师担任法律顾问，充分了解巴基斯坦法律、地方投资政策、商业习惯和交易相对方的背景资料，以期在商事谈判过程中处于有利地位，避免因不熟悉相关情况而遭到欺诈。在双方纠纷已经发生，但尚未诉诸法律途径之前，应向熟悉巴基斯坦法律和本地政策的律师事务所进行法律咨询，并聘请律师团队开展调查取证工作，及时收集和固定证据。除确有必要通过诉讼、仲裁途径解决纠纷的情况外，中国公民或机构应在认真研判案件情况和分析各方主要诉求的基础上，通过与对方协调、谈判等非诉讼途径解决纠纷，切实维护自身的合法权益。

伴随中国和巴基斯坦两国之间的合作日益密切，能够在巴基斯坦提供优质涉外法律服务的中国律师事务所和执业律师均逐年增加。中国公民或机构可以根据律师事务所的规模、执业律师人数和资历、历史业绩、执业信誉、行业评价（是否曾受到行政处罚或行业惩戒）或其他参考因素来选择合适的第三方法律服务机构。中国公民或机构应与律师事务所或其他法律咨询机构订立书面的委托合同，就法律服务的各项内容和双方的主要权利义务进行明确约定，如果中国公民或机构选择法律服务机构较为困难，可以向中国驻巴基斯坦的使领馆咨询。

（二）合理设定项目公司的股权结构

按照巴基斯坦现行外国人投资政策，中国公民或机构在巴基斯坦投资设立项目公司或者经营实体，可以由中国公民或机构单独出资设立，并持有项目公司或经营实体的全部股权。如果中国公民或机构拟与巴基斯坦境内个人或机构共同投资的，应合理设定项目公司的股权结构，并完善公司内部治理机制和监督机制，以期减少纠纷和争议发生的可能性。在上述案例中，由于和信公司的股权结构设置不合理，导致出资较多的莞康公司未取得控股股东地位，这是后期纠纷的原因之一。同时，王钰升作为和信公司董事会主席未能常驻巴基斯坦，而派驻在巴基斯坦的公司高级管理人员赵高奇缺乏足够的决策权限，和信公司内部治理结构亦存在显著瑕疵。

如果项目公司的股权结构不合理或公司内部治理结构存在瑕疵，将可能导致公司决策效率低下、高级管理人员缺乏有效监督、较易形成内部纠纷，乃至形成公司僵局等不良后果。例如，在仅有中国公民和巴基斯坦交易相对方两方投资设立项目公司的情况下，双方各持有项目公司50%的股权，即为不合理的公司股权结构。如果双方之间发生纠纷或矛盾，由于双方的持股比例相等，项目公司将无法形成任何有效的股东会决议，公司日常运营将难以维持，无法形成合理的缓冲空间。即使双方后期通过谈判等途径达成和解，也难以避免产生高额的无谓损失。

（三）认真起草、修改和审查合同文本

除双方权利义务关系较为简单且金额较低并能即时结清的交易活动外，中国公民或机构应与巴基斯坦交易相对方订立书面合同，对合同目的、履行方式和期限、合同各方主要权利和义务、违约责任、争议解决方式等事项进行明确约定。中国公民或机构应避免因碍于情面或其他因素而同意以非书面方式订立合同。

如果由巴基斯坦交易相对方提供合同文本，中国公民或机构应在对巴基斯坦法律和相关政策进行充分研究的基础上，自行或委托法律服务机构对合同文本进行认真审查和修改。发现合同存在法律漏洞或法律风险，应及时与巴基斯坦交易相对方进行充分沟通。

第三节 事后处理

事后处理是指在巴基斯坦的中国公民合法权益已经遭到不法侵害，为避免损失进一步扩大或获得有效救助，向巴基斯坦警方、政府机构、中国驻巴基斯坦使领馆等请求获得协助，并通过诉讼、仲裁、协商谈判等方式最终化解纠纷矛盾的一系列措施。合理的事后处理措施，能够使中国公民在侵权事件发生后获得相关机构的支持和协助，防止损失数额不断扩大和二次伤害的发生，减少中国公民的维权成本，是维护中国公民或机构在巴基斯坦合法权益的重要途径。本节将通过对中国留学生合法权益遭受侵害典型案例进行分析，探讨事后处理所涉及的主要法律问题和解决方案。

一、中国留学生合法权益遭受侵害案

张文华是中国浙江省杭州市人，本科毕业于黑龙江省哈尔滨市某高校，于2019年6月进入巴基斯坦奎德阿萨姆大学英语专业攻读硕士学位。2019年9月12日，张文华入校报到后被分配到9号男生宿舍（六人间），同宿舍的还有日本籍留学生松下次郎，其余舍友均系巴基斯坦籍学生。张文华与松下次郎关系较好，经常讨论中国武术，与其他巴基斯坦籍舍友则较少交流。2019年9月22日傍晚，张文华收到家中寄来的包裹，包括其母寄来的猪肉火腿肠数根。趁其他舍友不在宿舍的时候，张文华遂将其中部分火腿肠与松下次郎分享。松下次郎因嫉妒张文华英文口语水平较高，且共同追求女留学生柳子慧（澳大利亚籍华人），遂暗地向其余巴基斯坦籍学生告密，宿舍内部关系遂愈加紧张。2019年9月25日下午，因张文华在宿舍内食用火腿肠且其他生活习惯差异问题，巴基斯坦籍学生艾哈迈德与张文华发生了激烈口角争执。当日傍晚，松下次郎暗中在张文华饮用水中投放泻药，导致张文华患急性肠胃炎而在医院住院就诊三日。经松下次郎挑拨，张文华误以为是巴基斯坦籍学生艾哈迈德所为，双方遂再次发生口角争执并演化为互殴。双方受轻微擦伤，但均未向值班老师进行报告。

因共同追求女留学生柳子慧，张文华与松下次郎多次共同翻墙进入女生宿舍。2019年9月26日，张文华再次邀请松下次郎前往女生宿舍，但被松下次郎以身体不舒服为理由拒绝，张文华遂于当日傍晚独自翻墙进入女生宿舍。松下次郎深知柳子慧已经与同宿舍的巴基斯坦籍学生艾哈迈德确定恋爱关系，遂分别向柳子慧和艾哈迈德告密。艾哈迈德带领二十余名巴基斯坦籍学生到女生宿舍围堵并殴打张文华，致使张文华身体多处受伤，引发女生宿舍数十名学生围观。艾哈迈德、柳子慧等人强迫张文华跪于柳子慧宿舍门口，向其头上泼生活污水和其他不明液体，并当众宣读张文华写给柳子慧的情书。柳子慧当众对张文华进行辱骂、踢打，极尽羞辱之能事，张文华全程保持沉默。柳子慧的舍友韩国籍学生金宝美暗恋张文华，不忍其继续遭受殴打，遂暗中向值班老师报告并向巴基斯坦警方报案。

当日凌晨2时，巴基斯坦警方赶到事发现场，将张文华解救并送医治疗，并将艾哈迈德等人逮捕。经医院诊断，张文华右腿腿部粉碎性骨折，后经协商，艾哈迈德自愿赔偿张文华部分经济损失。奎德阿萨姆大学分别给予张文华、艾哈迈德、柳子慧等人相应纪律处分。

二、法理分析

（一）侵犯张文华人格权益具体类型解析

在上述案例中，张文华的健康权、身体权、名誉权、隐私权、人身自由权、一般人格权等人格权益均遭受到侵犯，现分述如下：

健康权是指自然人以自己的机体生理和心理正常运作与功能完善发挥，以维护身心健康，维持人体生命活动利益的具体人格权。[①] 在上述案例中，张文华遭到艾哈迈德等人的身体殴打，致使身体多处受伤，且右腿腿骨骨折，妨害了张文华身体组织机能的正常运转，已经构成对其健康利益的侵犯。同时，因日本籍留学生松下次郎的投毒行为，造成张文华患急性肠胃炎，亦侵犯了张文华的健康权。

身体权是自然人维护其身体完整，并支配其肢体、器官和其他组织的具体人格权。[②] 在前述案例中，张文华的身体完全性虽然没有遭到实质性侵害，但艾哈迈德等人在其头上浇生活污水和其他不明液体，已经构成对其身体权益的冒犯，亦为侵犯身体权的典型情形之一。

名誉权是指自然人和法人、非法人组织就其品德、声望、才能等自身属性和价值所获得的社会评价，享有保有和维护权能的具体人格权。[③] 在上述案例中，澳大利亚籍留学生柳子慧对张文华当众辱骂，使用贬损性、侮辱性的词语对张文华进行评价，在客观上对张文华的社会评价造成了负面影响，已经构成对张文华名誉权的侵犯。

隐私权是自然人享有的对其与公共利益无关的个人生活安宁和私密空间、秘密活动和私密信息及其利益自主进行支配和控制，他人不得以刺探、侵扰、泄露、公开等方式侵害的具体人格权。[④] 艾哈迈德、柳子慧等人当众宣读张文华的情书，擅自公开张文华不愿为人所知的个人秘密，给张文华造成了极大的精神痛苦，已经构成对张文华隐私权的侵犯。

人身自由权是指自然人自主支配自己的身体行为，不受非法干涉、限制的具

---

① 杨立新：《人格权法》，法律出版社 2020 年版，第 152 页。
② 杨立新：《人格权法》，法律出版社 2020 年版，第 144 页。
③ 杨立新：《人格权法》，法律出版社 2020 年版，第 220 页。
④ 杨立新：《人格权法》，法律出版社 2020 年版，第 252 页。

体人格权。① 在上述案例中，虽然张文华未经许可进入女生宿舍属于不当行为，艾哈迈德等人将张文华采取控制性措施后，应及时向学校或警方报告，而无权继续扣留张文华或自行作出其他处置。艾哈迈德等人非法限制张文华的人身自由，已经构成对其人身自由权的侵犯。

一般人格权是指民事主体享有的，概括人格独立、人格自由、人格尊严全部内容的一般人格利益，由此产生和规定具体人格权，并对具体人格权不能保护的人格利益进行保护的抽象人格权。② 在上述案例中，艾哈迈德、柳子慧等人强迫中国留学生张文华在女生宿舍门口长跪并进行身体或言语羞辱，不能通过具体人格权进行保护的，应认定侵犯张文华的一般人格权。

（二）校园欺凌的法律规制

高等学校作为较为封闭的独立区域，在校学生通常既要遵守所在国的法律和政策，也要遵守校规校纪和学生行为规范。当校园内部发生矛盾或纠纷时，通常首先由学校负责教务和学生管理的部门进行调查，并予以协调处理。只有在事态严重程度超过学校的内部控制能力或发生暴力犯罪行为时，才由政府部门或司法机关介入干预。这种常规化的事件处理方式，致使校园欺凌长期未受到立法机关、公共政策乃至警务人员的足够重视。巴基斯坦政府教育部门虽长期主张反对校园欺凌和校园暴力，但尚缺乏行之有效的法律干预措施，致使巴基斯坦国内校园暴力或校园欺凌在一定范围内仍持续存在。

校园内部亦不是法外之地，也要受到巴基斯坦国内法律的规制。在上述案例中，涉案的学生均系成年人，具有刑事责任能力。艾哈迈德、柳子慧等人在校园内对中国留学生张文华实施暴力殴打、限制人身自由、人格侮辱等非法行为，属于典型的校园欺凌行为，应该受到法律的制裁。该案的欺凌行为已经导致张文华右腿腿骨粉碎性骨折，已经达到刑事司法追诉标准而构成犯罪，艾哈迈德、柳子慧等行为人亦应承担刑事责任。

三、对策建议

（一）规范自身言行，交友谨慎

如前文所述，巴基斯坦是一个习俗相对保守的伊斯兰国家，存在诸多民族或宗教禁忌。在巴基斯坦的中国公民应事先了解相关习俗或禁忌，在巴基斯坦旅行、

---

① 杨立新：《人格权法》，法律出版社 2020 年版，第 164 页。
② 杨立新：《人格权法》，法律出版社 2020 年版，第 64 页。

生活、学习期间亦应规范自身的言行，尊重民族、宗教传统习惯。如果中国公民在无意间触犯了民族、宗教禁忌，应及时诚恳道歉，争取获得被冒犯的伊斯兰教徒的谅解，将事件不良影响和可能的损害后果尽可能弱化。在上述案例中，张文华明知伊斯兰教徒有忌食猪肉的传统宗教习俗，仍在宿舍中偷偷食用猪肉火腿肠。在被舍友艾哈迈德发现后，亦未表示歉意，而是与之发生口角争执，张文华的失范行为系加剧双方矛盾的重要诱因之一。同时，受历史传统因素的影响，巴基斯坦的学校严格执行男女分居制度，禁止男生擅自进入女生宿舍。在上述案例中，张文华未经许可擅自进入女生宿舍，是本次事件发生的重要原因之一，张文华最终亦因自己的行为受到奎德阿萨姆大学的警告处分。

（二）向值班教师、附近同学求救

中国留学生在巴基斯坦遭遇校园欺凌或其他人身权益受到损害时，应向校方寻求救助和保护。前述中国留学生张文华在女生宿舍遭受殴打时，并未寻求他人救助，甚至在整个过程中一言不发，致使艾哈迈德、柳子慧等人的校园欺凌愈加肆无忌惮。在周围有数十名学生围观的情况下，如果张文华大声呼救或采取其他必要途径寻求救援，则可能会引起值班教师的注意，以赢得救援的时间；也可能警示校园欺凌者，使其尽快结束校园欺凌，避免损害结果进一步扩大。

事件结束之后，除通过正常程序向中国驻巴基斯坦使领馆、巴基斯坦司法机构依法维权外，中国留学生也应充分利用学校内部的纠纷解决机制，要求学校留学生权益保护部门组织双方进行协调，并依据校规校纪对涉事人员进行处分。

（三）寻求警察、司法机构救济

如果在巴基斯坦中国公民的合法权益遭到侵犯，除向中国驻巴基斯坦使馆领馆寻求救助外，应在第一时间向巴基斯坦警方报警。拨打报警电话时，应准确描述事件概况、事件发生地点、事件现场的相关情况、是否需要医疗救援等情况。如果侵权事件已经结束且不存在现实危险时，在警务人员到达现场之前，应妥善保护案发现场和相关证据材料，避免案发现场遭到破坏或相关证据材料毁损、灭失。

本章小结

中国和巴基斯坦作为传统友好国家，两国人民在长期交往过程中建立了深厚的友谊。伴随"中巴经济走廊"项目建设的不断推进和"一带一路"倡议由设想走向现实，两国之间的政治、经济、文化等各领域之间的交流合作将更加密切，中国公民赴巴基斯坦旅游、经商、务工、学习的人数亦将日益增加。然而，受巴基斯坦国内局势动荡、民族宗教矛盾复杂等诸多因素影响，在巴基斯坦中国公民的合法权益遭受侵害的事件时有发生，甚至发生多起情节恶劣的恐怖袭击事件。在巴基斯坦中国公民合法权益保护的相关法律机制完善问题，正日益为社会各界所关注。

中国公民的合法权益在巴基斯坦遭受非法侵害，主要体现在生命健康权益、财产权益、投资者权益和劳动者权益等四个方面。

其一，生命、健康权益。在巴基斯坦的中国公民生命、健康权益遭受侵害，主要表现为中国公民在事故中死亡、受伤或罹患疾病（如因遭遇瘟疫而患病）等。依据加害人主观方面存在的差异，可以区分为下述三种情况：（1）加害人故意实施的侵害行为，此类侵害行为主要包括恐怖袭击、严重刑事犯罪和其他暴力违法行为；（2）加害人基于过失造成中国公民人身损害的行为；（3）基于公共事件或意外事件造成中国公民人身损害的情况，此类损害的发生无特定加害人或者存在不可归责于行为人的法定事由，例如发生群体性踩踏事故、自然灾害、突发公共卫生事件、行为人无过错实施的侵害行为等。其中第（1）（2）种情况，加害人均需要就中国公民的损失承担损害赔偿责任。中国公民在赴巴基斯坦旅行、学习、工作前应制定安全应急预案，采取必要的安全防范措施，尊重巴基斯坦的民族宗教习惯和习俗；发生安全事故时，应沉着冷静，及时向巴基斯坦警方或中国驻巴基斯坦使领馆求助。

其二，财产权益。在巴基斯坦的中国公民财产权益遭到侵害，主要表现为中国公民的财产因他人的行为而灭失或价值降低。例如：中国公民的财物被盗窃、抢劫、抢夺、非法侵占或故意毁损等。发生中国公民财产权益受到侵犯的情况，中国公民应及时向巴基斯坦警方报警或向中国驻巴基斯坦使领馆求助；在第三方机构介入干预之前，应尽量避免与加害人发生冲突，避免遭受更严重的损失。

其三，投资者权益。在巴基斯坦的中国公民投资者权益受到侵害，主要表现为中国公民遭受商业欺诈、不正当竞争、歧视性待遇或其他非基于正常市场风险而造成的商业损失，既包括经营成本的提升，也包括可得利润的降低和丧失。侵害中国公民投资者权益的行为主体既可能是在巴基斯坦的个人或机构，也可能是巴基斯坦政府或其他反对派政治团体、武装力量。投资者在进入巴基斯坦投资之前，应充分熟悉巴基斯坦的法律和投资政策，注重合同的订立和履行；如果发生矛盾和纠纷，应及时收集和固定各项证据，并通过诉讼、仲裁、调解、谈判等多元化的方式解决投资争议。

其四，劳动者权益。在巴基斯坦的中国公民劳动者权益遭受侵害，主要表现为中国劳动者在巴基斯坦务工过程中，遭遇雇主拖欠工资或其他福利待遇、非法延长工作时间、未签订书面劳动合同、非法剥夺组织或参加工会组织的权利、非法变更或解除劳动合同、受到性骚扰或者歧视待遇等事件。中国劳动者到巴基斯坦务工，应与雇主订立书面劳动合同；当发生合法权益遭受侵害的情况，应向中国驻巴基斯坦使领馆寻求帮助，并通过合法途径主张权利，避免直接与雇主发生激烈冲突。

中国公民在巴基斯坦实用信息

单位名称或事项	地址	电话	备注
外交部全球领事保护与服务应急热线	—	+86 – 10 – 12308 +86 – 10 – 65612308	
中国驻巴基斯坦伊斯兰共和国大使馆	伊斯兰堡外交使馆区周恩来大道 1 号	领事保护与协助电话： +92 – 31 – 56060000 外国人签证认证咨询电话： +92 – 51 – 8439385	咨询时间： 周一至周五 10:00—15:00 （节假日除外）
中国驻卡拉奇总领事馆	巴基斯坦卡拉奇克利夫顿 4 号区 ST.20 号	领事保护与协助电话： +92 – 31 – 12311297 领事证件咨询电话： +92 – 21 – 35874266 人工咨询电话： +92 – 21 – 35155247/48	
中国驻拉合尔总领事馆	巴基斯坦拉合尔穆斯林城运河小区 F – 1 号	领事保护与协助电话： +92 – 31 – 54130168 证件业务咨询电话： +92 – 42 – 35851411	对外办公时间： 周一至周五 9:00—12:30 15:00—17:30 （节假日除外）
匪警	—	15	
火警	—	16	
急救	—	115	

第十七章
在埃及的中国公民权益保护

阿拉伯埃及共和国（The Arab Republic of Egypt），简称埃及，单一制国家，位于非洲东北部，古埃及是世界四大文明古国之一。国土面积 100.145 万平方公里，人口数量 1.04 亿（截至 2024 年 1 月），全国共有 27 个省。埃及的首都为开罗，官方语言为阿拉伯语，货币为埃及镑，国教为伊斯兰教。

埃及因其特殊的地缘位置和地区影响力而被中国视为在中东地区推进"一带一路"建设的支点国家之一。[①] 2016 年 1 月，在习近平主席访埃期间，中埃签署《关于共同推进丝绸之路经济带和 21 世纪海上丝绸之路建设谅解备忘录》和《关于加强两国全面战略合作伙伴的五年实施纲要》。2020 年，双边贸易额 145.3 亿美元，同比增长 10.1%。经过 12 年的建设，截至 2020 年年底，中埃·泰达苏伊士经贸合作区（泰达合作区）共吸引 96 家企业入驻，实际投资额超 12.5 亿美元，累计销售额超 25 亿美元，缴纳税费近 1.76 亿美元，直接解决约 4000 人就业，产业带动就业 3.6 万余人。[②] 埃及文化灿烂，历史悠久，名胜古迹丰富，具有发展旅游业的优越条件，每年也吸引着许多中国游客前往。

在埃及吸引中国公民入境的背景下，厘清埃及关于外国人权益保护的法律制度具有现实性与必要性，能够对在埃及的中国公民权益保护起到举足轻重的作用。埃及有关外国人权益保护的法律机制较为健全，具体情况概述如下：

一、外国人法律地位规定

埃及加入了《世界人权宣言》《公民权利和政治权利国际公约》《经济、社会和文化权利国际公约》，根据以上公约的国民待遇原则，外国人在经济文化民事权

[①] 赵军：《埃及发展战略与"一带一路"建设》，载《阿拉伯世界研究》2016 年第 3 期。

[②] 国际在线：《中国去年中国对埃及出口 120.6 亿美元 同比增长 12.2%》，http：//news.cri.cn/20210115/f99bb6e2-a825-477f-d2e7-d43792d1889d.html，访问时间：2021 年 7 月 1 日。

利方面享有与埃及本国公民基本一致的各项权利。埃及政府为促进国内经济发展历来比较重视外商投资，制定了一系列针对外商投资的法律法规，其中明确规定了外国自然人和法人的法律地位。主要有：1981 年颁布的 159 号法《公司法》（Companies Law No. 159 of 1981）及其实施细则、1997 年颁布的 8 号法《投资保护鼓励法》（Investment Guarantees and Incentives Law No. 8 of 1997）及其实施细则、2002 年颁布的 83 号法《经济特区法》（Special Economic Zones Law No. 83 of 2002）及其实施细则。其中，《公司法》适用于所有投资；《投资保护鼓励法》适用于特定行业和部门的国内外投资，鼓励境内外对埃及进行投资；《经济特区法》允许建立出口导向型的经济特区，开展工业、农业和其他服务活动。

二、外国人权益保护的实体法规定

埃及尚未有专门的外国人权益保护法，对外国人的权益保护也体现在相关国际法、埃及实体法。在民事权益保护方面有 1949 年《埃及民法典》，在海外务工劳动者权益保护方面有《埃及劳动法》，在投资权益保护方面有《埃及投资保障与促进法》，而《埃及海关法》《埃及进出口法》则涉及对外贸易中，外国自然人和法人实体权益保护。

三、外国人权益保护的程序法规定

埃及与诉讼程序相关的法律主要有《民事和商务程序法》《仲裁法》《法庭规则》《刑事诉讼法》以及相应的附属法规，内容涵盖了诉讼程序、证据规则、法院系统、律师制度等。不论是外国人还是埃及公民，均享有诉讼及辩护权利。外国人在埃及的程序法律权益还可以通过国际法途径进行保护。埃及于 1959 年批准加入了《承认及执行外国仲裁裁决公约》（《纽约公约》）；1971 年批准加入了《关于解决国家和其他国家国民之间投资争端公约》。中国和埃及在 1994 年签订了《中华人民共和国和阿拉伯埃及共和国关于民事、商事和刑事司法协助的协定》，约定双方在相互尊重主权和平等互利的基础上进行司法协助，包括送达司法文书、调查取证、无偿法律援助等。①

---

① 《一带一路沿线国家法律风险防范指引》系列丛书编委会编：《一带一路沿线国家法律风险防范指引（埃及）》，经济科学出版社 2016 年版，第 220 页。

第一节 事先预防

事先预防可以降低中国公民在埃及被侵犯权益事件发生的概率，也是保护我国公民在埃及合法权益的最有效的手段。通过事先行动或提前做好准备以阻止事故和灾难的发生，能够帮助即将前往或者已在埃及的中国公民避免人身或财产遭受到侵害。如果做到事先预防，可以减少事后的补救措施。因此，本节将着重梳理中国投资者王经理与埃及亚历山大客户交易纠纷案的来龙去脉，对在埃及的中国公民权益保护的事先预防环节进行法理分析，提出相关法律对策和完善建议。

一、中国投资者与埃及客户交易纠纷案

2013 年 3 月埃及某展会上，在埃及苏伊士经贸合作区投资办厂的中国籍投资者王经理认识了一位来自埃及亚历山大省的客户。在展会现场，埃及客户爽快地下了 500 美金的定金，但好景不长，从展会回来后，王经理和埃及客户的联系出现了问题，客户突然反悔不想合作了，还要求退还 500 美金的定金，客户的要求遭到了王经理的拒绝。6 月，埃及客户再次联系了王经理表示将下单购买商品。为了留住这个失而复得的机会，王经理用最大的诚意给埃及客户提供最低价。双方很快签订贸易合同并约定好 400 美金的预付款，余款采取见提单复印件付款的货款结算方式。埃及客户按时付完定金后还表示，在发货前会再付一部分货款。王经理所在公司随后将货装船运往埃及亚历山大港。但令王经理始料未及的是，如此主动的客户会再次发生变故。7 月 2 日，和埃及客户谈好的货款迟迟未到账，没有考虑太多的王经理依然选择先发货。在随后的联系中，埃及客户向王经理承诺，等提单出来后便一起付款。然而货物到港后的一个多月里，王经理不断催客户付款，埃及客户却一再以"一定会付款"为由拖延。王经理本已做好转卖的打算，但埃及客户一再坚持承诺会付钱，王经理又一次选择相信他，便放弃了转卖的想法。9月，王经理再次查货款，还是没到账。"转了，付了一万，你再查查吧。"面对客户的回复，王经理将信将疑。一日下午，王经理终于成功在网络上和客户通话，但埃及客户的回答让王经理感到气愤。埃及客户称："我没有钱，你把货转卖给其他客户吧，我会帮他提货，但你要把之前的定金退还给我。"由于在埃及转卖很麻烦，王经理只能依靠埃及客户提货，如果寻找其他的买家，转卖只能大打折扣，

给王经理的公司造成巨大损失。陷入左右为难的王经理，对自己曾经做出的决定后悔莫及。王经理无奈道："如果最早客户要求退还定金时，我们能答应就不会亏这么多。现在被没信用的骗子客户骗也是自找的。"

二、法理分析

（一）国籍国和事件发生国对海外公民保护的法理依据

中国对在埃及的本国公民权益进行保护主要涉及三类法律关系：中国公民与埃及形成的属地管辖法律关系、中国与埃及形成的国家间法律关系以及中国与中国公民的属人管辖法律关系。

第一，当中国公民入境埃及，身处埃及的领土管辖之下，应当遵守埃及的法律法规，当身处埃及的中国公民遭到当地私人的侵害或者该中国公民违反了埃及的法律法规时，根据属地管辖原则，埃及有关部门有权根据属地管辖原则按照埃及的法律法规对其进行管辖。这种法律关系为埃及与中国公民所形成的属地管辖法律关系。

第二，当中国公民遭到埃及的非法侵害，包括国家的直接侵害和国家纵容的私人侵害，在用尽了当地救济仍未实现其合法权益的情况下，中国作为中国公民的母国，负有保护在埃及的中国公民权益的义务，给予其领事保护或外交保护，这是中国对身处埃及的中国公民进行保护而发生的中国与埃及之间国家间法律关系。

第三，主权国家对其国民享有管辖权，即使他们在本国境外时亦然，中国对有中国国籍的自然人以属人管辖原则行使管辖权，是保护在埃及的本国公民的法律依据，这是中国与中国公民的属人管辖法律关系。

在本案中，由于贸易纠纷产生地在埃及，在尊重埃及国家主权以及属地管辖原则的前提下，应当首先由埃及相关部门根据属地管辖原则对贸易纠纷进行管辖，王经理可以向有管辖权的埃及法院提起民事诉讼，运用法律武器维护自己的合法权益。根据中埃双方签订的《中华人民共和国政府和阿拉伯埃及共和国政府关于鼓励和相互保护投资协定》，缔约任何一方的投资者在缔约另一方领土内的投资，应始终受到公平和公正的待遇和持久的保护和保障，埃方基于国民待遇原则应承担保护王经理的义务。又由于被埃及客户欺骗而受到财产损失的王经理拥有中国国籍，根据属人管辖原则以及国家对海外公民保护的义务，国家应对遭受财产损失的中国公民进行保护，王经理可以向中国驻亚历山大总领事馆寻求领事保护，领馆应当及时与埃及有关部门交涉，督促埃及有关部门及时采取救助措施，查清纠纷，启动事后追责程序。中国与埃及签订了《中华人民共和国和阿拉伯埃及共和国关于民事、商事和刑事司法协助的协定》，中埃两国根据司法协助条约可相互协助代为送达民商事文书、调查取证以及承认和执行法院民商事裁决和仲裁裁决，以维护在埃及的中国公民的合法权益。

（二）案件中贸易合同成立要件解析

在这起外商投资贸易纠纷案件中，王经理和埃及客户的法律关系为双方形成的涉外合同法律关系。涉外贸易合同的成立，必须符合法律规范，方为有效。本案涉外合同生效具备的法律要件主要包括：第一，合同当事人具有行为能力，即双方在法律上必须具有签订合同的资格。一方面，就我国的进出口商而言，企业需要到商务部进行备案登记，才能对外达成贸易合同；另一方面，对方的进出口商也应具备签订进出口合同的能力和资格，对方的具体条件依据埃及法律确定。由于进出口贸易主要是企业之间的行为，而企业的行为必须通过自然人来实现，还应确定签订进出口贸易合同的企业代表是否具有行为能力。因此，签字人必须是其企业的授权代表，且不能是未成年人或精神病患者。第二，当事人必须意思表示一致而达成协议，即贸易合同按照自愿和真实的原则达成，排除当事人意思表示不一致或受欺诈、胁迫、产生重大误解而订立合同的情形。第三，合同的标的和内容必须合法。任何合同的订立，必须保证不违法及不违背或危害国家的公共政策，否则无效。第四，合同必须符合法定的形式。

本案中，王经理和埃及客户均具有签订合同的资格，双方就贸易合同的标的和内容达成一致，订立的涉外合同有效。贸易合同是最有效证明双方约定的证据，在国际贸易中，当贸易合同生效后，卖方必须履行合同义务，保证所出运的货物符合贸易合同约定，买方也必须遵照合同约定及时检验货物并付款。

（三）中埃贸易常见纠纷

近年来，中埃经贸关系进入全面发展阶段，对积极推动中国企业对埃出口，取得了比较明显的成效，双边经贸额连续6年以30%以上的速度递增。与此同时，两国企业交往过程中产生的贸易纠纷数量也随之增加。中国企业在出口过程中遇到的问题增多，风险加大。在频繁发生贸易纠纷的背景下，应当反思的是贸易纠纷的预防措施是否健全。为加强中国企业对埃出口过程中的风险意识，确保交易安全，有效保护自身合法权益，中国驻埃使馆商务处根据近年来发生的贸易纠纷案件总结出三种典型案例。

一是与新客户的首次交易缺乏足够的风险意识，如本案。在涉外合同签订之前，没有与对方公司相关人员进行前期接触与谈判，没有掌握对方的初步信息，当货物发出后，对方会以各种理由反悔或者强调经济困难，要求减价。埃及公司的行为会让中国出口方进退两难。如同意对方做法，则利润大幅缩减甚至无利可图，并且有可能完全无法收回货款；如不同意对方做法，由于货物已滞港，则需支付巨额的码头及相关费用。

二是在不能确保收汇安全的条件下发货。中国 B 公司以 FOB 方式向埃及 Y 公司出售金属制品，合同约定买方支付 25% 预付款，余款于货物出港前支付。提单正本签发给买方。收到预付款后，B 公司立即组织货源运至港口，Y 公司多次解释付款困难，并保证会尽快付款，B 公司在余款未收到的情况下，同意货物装船运往埃及。后 B 公司发觉货物已被 Y 公司提走，但余款至今未付，并拒绝与 B 公司联系。B 公司钱货两空。

三是无单放货。埃及 C 公司以 FOB 方式向我国 M 公司定购一批钢材，提单正本签发给卖方 M 公司。合同约定买方支付 30% 预付款，余款见到提单副本付清。当货到埃及港口后，C 公司以各种理由拖延付款。后 M 公司得知货物在无单情况下已被提走，余款迄今难以追索。

以上种种案例表明，虽然中埃两国贸易规模逐渐加大，但涉外进出口贸易的风险无处不在，中国公民有必要提高自身的风险和保护意识，中国有关部门也应当加大力度完善对在埃及的公民权益保护的事前预防措施。

三、对策建议

古人常说的未雨绸缪，居安思危，有备无患都是强调事前预防的重要性。随着到埃及投资、开展贸易合作的中国公民人数的逐年增加，企业的规模越来越大，类型越来越多，相应的贸易过程中的风险越来越多，因此，在埃及的中国公民投资风险将作为一个长期问题一直摆在我们面前。一个良好且完善的事前预防措施可以帮助在埃及的中国公民通过事先行动或者做好准备以阻止案件或事故的发生。在埃中国公民需要在规范个人行为方式和提高自我防范意识和保护能力等方面引起高度重视。为减少贸易纠纷，下文将针对在埃及的海外中国公民权益受损的事先预防提出建议。

（一）注意事前调查、分析、评估相关风险

在多起案件中，抱有侥幸图省事的心理纠纷是风险产生的主要原因。因此，在实际的进出口贸易中，首要的是树立事前预防的理念。从事涉外贸易活动，应注意以下风险：（1）盲目决策导致企业亏损的投资风险；（2）贸易合同订立中的主体不明、内容不确定的风险；（3）货物销售中，要避免知识产权保护、反倾销

和反补贴调查、质量检验、技术性壁垒的风险；（4）货物运输中的 FOB 条款、货损货差、迟延交付、无单放货、物权控制的风险；（5）贸易结算中的支付方式、汇率变动的风险等。

针对上述风险，在埃及开展投资、贸易的过程中，要特别注意事前调查、分析、评估相关风险，事中做好风险规避和管理工作，切实保障自身利益。具体而言：（1）要充分了解埃及的投资政策，对埃及政府出台的一系列政策与法规信息进行收集和分析，以便做出正确的决策，避免盲目投资。合资企业要慎重选择合作伙伴。埃及鼓励中小企业的发展，中小型和个体公司所占比例较大，资信参差不齐。在进入埃及市场前，应做好可行性研究，选择信誉过硬的合作伙伴，确保顺利建厂投产，避免造成不必要的损失。要充分了解市场需求结构及其变化趋势。有些企业在投资时未对市场的需求趋势做出正确预测致使生产出的产品不符合市场需求，无销路，导致亏损。① 可以对项目或贸易客户及相关方的资信进行调查和评估，对埃及的政治风险和商业风险分析和规避，对项目本身实施的可行性分析等，对于一些金额较大的贸易，最好先通过中国驻埃使馆经商处了解埃及进口商有关情况。② （2）企业在埃及开展对外投资合作过程中应积极利用保险、担保、银行等金融机构和其他专业风险管理机构的相关业务来保障自身利益，包括贸易、投资、承包工程和劳务类信用保险、财产保险、人身安全保险等，银行的保理业务、担保业务等。建议企业使用中国政策性保险机构——中国出口信用保险公司（公司网址：www. sinosure. com. cn）提供的包括政治风险、商业风险在内的信用风险保障产品，也可使用中国进出口银行等政策性银行提供的商业担保服务。③ 如果在没有有效风险规避情况下发生了风险损失，也要根据损失情况尽快通过自身或相关手段追偿损失。通过信用保险机构承保的业务，由信用保险机构定损核赔、补偿风险损失，相关机构协助信用保险机构追偿。

（二）在签订涉外贸易合同中需要注意的事项

为了保证涉外贸易的正常进行，规定双方的权利与义务关系，签订涉外贸易合同是至关重要的，中国企业签订涉外贸易合同应注意以下问题：（1）明确交易各方的名称、地址、联系方式等基本信息。很多企业没有明确对方的身份和联系

① 中华人民共和国商务部：《中国企业在埃及开展投资合作应该注意哪些问题？》，http：//eg. mofcom. gov. cn/article/ddfg/201108/20110807703687. shtml，访问时间：2021 年 7 月 1 日。

② 中华人民共和国商务部：《中国企业在埃及开展贸易业务应注意哪些问题？》，http：//eg. mofcom. gov. cn/article/ddfg/201507/20150701035316. shtml，访问时间：2021 年 7 月 1 日。

③ 《一带一路沿线国家法律风险防范指引》系列丛书编委会：《一带一路沿线国家法律风险防范指引（埃及）》，经济科学出版社 2016 年版，第 124 页。

方式，最后对方跑路钱货两空。对方的联系方式非常重要，最好在合同中将对方的住宅电话、移动电话、邮箱地址等一一列明，便于日后定期联系。（2）明确合同标的的质量、数量。品名规格应表述详细、完整和规范。凭样成交的要封存样品，妥善保管，作为验收的最终凭据。（3）明确运输方式及交货具体时间。涉外贸易因其需要长途运输耗时较长，交货期要比国内销售合同有适当增加。如果分批交货，贸易合同必须订明每次交货的具体数量及时间。（4）支付定金或预付款时，必须分清定金与订金的区别，千万别给不法分子钻了空子。定金在履约前可起到担保的作用，给付定金一方如果不履行债务，无权要求另一方返还定金；接受定金的一方如果不履行债务，需向另一方双倍返还债务。定金可抵作价款或者收回，具有惩罚的作用。而订金和预付款一样，都不具备这种担保与惩罚的作用，一旦对方违约，对出口方的利益毫无保障。可见定金和订金虽只一字之差，但其所产生的法律后果是不一样的。（5）明确合同终止、解除条件及赔偿等事项。中国许多中小型企业在接单过程中，没有明确合同终止、解除的条件及赔偿等条款，前期投入很大，后期却遭对方毁约，导致严重亏损。（6）明确合同争议解决方式及适用法律。在争议解决的问题上，由于仲裁具有比诉讼更容易在国外获得承认和执行和高效率等种种优势，涉外合同中的争议条款应尽量多采用仲裁方式解决，双方还可选定在国际上有较高的声望或在许多国家得到认可的仲裁机构，这样可保障后续裁决的承认与执行。在涉外合同中订立仲裁条款除应明确仲裁地点、仲裁机构、程序规则等之外，选定的仲裁机构还必须明确、具体，表述准确，以免出现争议。在采用法院诉讼的情况下，应尽量选择对自己有利的法院管辖，在法律适用上应尽量争取适用对自己有利的法律或中国法律。

（三）中国企业要有长远目标，加强沟通，勇于承担社会责任

中国企业在埃及投资劳动密集型企业，要充分利用当地劳动力，既可以降低生产成本，也能增加埃及当地人的就业机会，从而实现经济效益和社会效益的双重目标。埃及很多政策支持出口企业，所以中国企业在埃及应投资兴办出口导向型加工企业，尽量扩大出口，积极开拓埃及周边国家市场，这样既可增加所在国的贸易收入，也可以享受许多优惠条件。出口埃及的工业品要取得国家质检总局颁发的 CIQ 证书和埃及驻华使馆颁发的原产地证明，出口货物一定要确保质量。埃及的投资项目起点不算太高，投资者一旦决定投资，其生产设备、研发水平、管理水平均要保证处于国内中上游水平，先从小项目起步，杜绝眼大肚小。在埃及投资办厂的同时，还可兴建一些服务设施，改善当地人民的生活条件，合资企业要注意实行属地化管理，培养当地企业技术人才和管理人才。

中埃两国相距甚远，语言与文化差异较大，客观上制约了彼此在各个方面的相互了解。埃及有着独特的文化传统与风俗习惯，中方人员应尊重当地民众的生活习俗与宗教信仰，加深相互了解、增进彼此友谊，这对国家间的政治和经济关系起着重要作用。中埃之间应进一步加强官方和民间的文化交流，促进了解、增进友谊，为投资合作夯实基础。企业要高度重视营造和谐的社会关系，积极履行社会责任，比如在重大传统节日时举办慈善活动，力所能及地向当地有关政府部门、部落等捐赠实物或善款等，积极促进当地教育、卫生、环保等事业的发展。①

（四）在埃及解决贸易纠纷的主要途径及适用法律

如果根据政府间协议产生的投资合作发生纠纷，主要依靠政府机构协调涉及企业与政府间的纠纷，但不排斥诉诸司法程序。如果企业间商业行为产生的投资合作纠纷，由企业自行协调或诉诸埃及本地法律，涉及国际仲裁，可以向具有资格的国际仲裁机构递交材料，申请仲裁。有关解决贸易纠纷的埃及本地法律主要有：《民事和商务程序法》《民商事仲裁法》《商业法》《经济诉讼法》《投资法》《破产法》。②

第二节　事件应对

一、贝都因人扣留中国公民事件

贝都因人是以氏族部落为基本单位，喜欢过游牧生活的阿拉伯人，主要分布在西亚和北非广阔的沙漠和荒原地带。除了本部落的酋长外，他们不承认部落传统以外的任何法律，不承认任何政治制度。③ 由于埃及政府征地发展旅游业，在部落民族看来，政府建设用地，也要征求酋长的意见，因为从历史传统角度而言，土地都属于酋长，政府用地必须与酋长商议，并给予公正的补偿。这使得以土地为生的贝都因人与埃及政府间的矛盾由来已久，在西奈半岛，不时发生贝都因人

---

① 中华人民共和国商务部：《国别投资指南——埃及（2020年版）》，http://www.mofcom.gov.cn/dl/gbdqzn/upload/aiji.pdf，访问时间：2021年7月1日。

② 中华人民共和国商务部：《国别投资指南——埃及（2020年版）》，http://www.mofcom.gov.cn/dl/gbdqzn/upload/aiji.pdf，访问时间：2021年7月1日。

③ 王金岩：《埃及乱局背后的部落现象　中国工人遭"扣留"而非"劫持"》，载《世界博览》2012年第5期。

与政府或地方军队之间的冲突事件。

2012 年 1 月 31 日上午，25 名中国人在埃及西奈半岛阿里什地区被当地氏族部落贝都因人扣留。这伙贝都因人已于 3 天前封锁附近道路，事发当日，在 24 名中国工人和 1 名翻译乘车前往一中国公司承包水泥厂建设项目工地上班途中将他们扣留，以此要求埃及政府释放其因涉嫌参与红海旅游地塔巴爆炸及阿里什油气管道爆炸而被捕的贝都因人，并将遭劫持的工人关押在道路附近的帐篷中。① 25 名中国人见贝都因人持枪，不敢反抗。他们表示不会跟中国人过不去，只想向埃及政府施加压力，尽快释放其同胞。

中国外交部就此事立即启动应急机制。时任中国驻埃及大使宋爱国在得知此事后紧急约谈埃及内政部安全局和国防部官员，要求埃方在确保中国工人安全的前提下，采取措施妥善处理此事，以使中国工人尽快获释。埃方表示将迅速采取措施处理此事，埃及当地安全官员也迅速赶往现场，并与当地部落首领取得联系。部分被扣人员也一直与使馆保持短信沟通。25 名工人最终于 2 月 1 日凌晨 3 时左右安全获释，无人员伤亡。

二、法理分析

对于中国提出的"一带一路"倡议，中东地区很多国家都表现出极大的兴趣，积极希望加入这个行列，带动本国经济的发展。中国企业走出去的步伐越来越快，也带动了越来越多的中国公民走出国门投资、就业。但与此同时，各种安全风险严重威胁着海外中国公民的财产及生命安全。能否正确妥善地处理好突发事件中的应对工作是能否缓解或化解危机的一个重要因素，处理不好就可能会加深危机。为此，着重梳理贝都因人扣留中国公民事件的来龙去脉，对我国在埃及的中国公民权益保护的事件应对环节进行法理分析，提出法律对策和完善建议。

（一）事故发生国救助和国籍国保护的法理依据

本次扣留事件中，埃及政府对事故中的中国公民有救助的义务。法理依据如下：一是埃及已加入《世界人权宣言》《公民权利和政治权利国际公约》《经济、社会和文化权利国际公约》，承认外国人在国内享有国民待遇原则，在民事权利方面埃及应给予在其境内的外国公民和企业与其国内公民和企业同等待遇。埃及为《维也纳领事关系公约》和《维也纳外交关系公约》缔约国，其中涉及海外公

---

① 《25 名中国人在埃及西奈半岛遭当地人扣留》，http://www.chinanews.com/gj/2012/02 - 01/3634356. shtml，访问时间：2021 年 7 月 1 日。

民安全保护的内容有在接受国保护派遣国及其国民（个人与法人）的利益。依照国际公约的规定，埃及政府应当对在埃及出现紧急状况的外国公民负有救助义务。二是依据国际习惯法，一国公民在另一国遭受意外事件，所在国应该向外国公民提供人道援助。三是根据中国政府与埃及政府之间签订的双边条约，埃及对中国公民的人身财产安全应履行保护义务。

中国公民在埃及突发权益受损事件时，中国作为中国公民的国籍国，也负有保护在埃及的中国公民权益的义务。保护的类型主要分为外交、领事、刑事保护等，其中运用比较多的是外交保护和领事保护。领事保护与外交保护的最大区别在于两者适用的前提条件不同，外交保护以存在另一国的国际不法行为为前提，领事保护的很多内容不以国际不法行为的实际发生为前提条件，但两者的共同目的都是保护本国公民的合法权益。① 我国在《中国领事保护与协助指南（2023年版)》中对领事保护有详细解释，领事保护的实施主体是中国政府及其派驻国外的驻外使领馆；领事保护的方式主要是通过外交途径向驻在国当局提出交涉、表达关切或转达当事人诉求，敦促其依法、公正、及时、妥善地处理；领事保护的法律依据，主要包括公认的国际法原则、有关国际公约、双边条约或协定以及中国和驻在国的有关法律法规；领事保护的内容是中国公民、法人在海外的合法权益，主要包括人身安全、财产安全、必要的人道主义待遇，以及与我国驻当地使领馆保持正常联系的权利等。② 例如，贝都因人扣留中国公民的事件中，中国外交部迅速启动应急机制，杨洁篪等外交部同志当即做出工作部署。驻埃及大使馆迅速向埃方紧急交涉，要求埃方采取一切必要措施，确保被扣中方人员安全，以尽快释放中国工人，同时加强对在埃中方人员及企业的安全保护。③ 本案就是一次成功的领事保护案例。

（二）贝都因人对中国公民的涉外侵权法律关系

中国公民和贝都因人存在涉外侵权法律关系。贝都因人存在故意扣留中国公民的行为，限制了中国公民的人身自由，严重侵犯中国公民人身权。根据埃及的刑事法律规定，贝都因人损害中国公民人身安全的行为，应当追究其刑事责任。

（三）刑事责任与刑事管辖权的认定

中国和埃及分别于1993年和1981年加入《反对劫持人质国际公约》，根据该

① 陶莎莎：《海外中国公民安全保护问题研究》，中共中央党校2011年博士学位论文，第63页。
② 中华人民共和国外交部：《中国领事保护与协助指南（2023版)》，http：//cs.mfa.gov.cn/zggmzhw/lsbh/lbsc_660514/202311/P020231114392262052796.pdf，访问时间：2024年6月30日。
③ 中国新闻网：《25名中国人在埃及西奈半岛遭当地人扣留》，http：//www.chinanews.com/gj/2012/02-01/3634356.shtml，访问时间：2021年7月1日。

公约第 1 条对劫持人质罪的定义，任何人如劫持或扣押并以杀死、伤害或继续扣押人质为威胁，以强迫第三方（国家、国际组织、自然人、法人等）作或不作某种行为，作为释放人质的明示或暗示条件，即违犯该公约意义范围内的劫持人质罪。[①] 埃及贝都因人以限制在埃及劳工的中国公民人身自由的行为，威胁埃及政府释放因涉嫌参与恐怖主义活动而被捕的贝都因人，已构成劫持人质罪。该公约还规定犯罪发生地国、劫持分子所属国、人质所属国、被强迫实施或不实施某种行为的国家对劫持人质罪都有刑事管辖权。因此，中国对此类行为有管辖权。

三、对策建议

越来越多中国人走进埃及寻求发展，中国人在埃及的危险系数随之升高，中国人及企业的安全遇险事件亦明显增加，中国人在埃及的生命财产威胁呈现时间密集性的特点。[②] 仔细研究在埃及中国公民和企业安全的事件，可以把各类风险归纳为：社会治安风险、恐怖主义活动风险、自然灾害风险、贸易和劳务纠纷风险等。[③] 中国在保护海外公民和企业利益方面的机制设置和事件应对措施尚处于起步阶段，当紧急事件发生时，中国公民可以通过以下方式来进行应对。

（一）提高自我防范和保护意识

当前埃及社会总体比较稳定，治安情况良好，未出现大规模的打砸抢烧等恶性事件，但仍不可放松警惕，中资企业应强化安全意识，建立安全防范应急机制，制定安全预案，规范出差、财务等管理制度，加强驻地安保设施；企业员工尽量不要私自前往西奈半岛、西部沙漠等偏远地区旅游，避免前往当地大型活动场所、军警禁区等敏感地区。[④] 如果遇到绑架、扣留等紧急情况，要保持镇定，不要消极等待，如可以安全方式离开，应立即采取行动。若无充分把握，不要用言语或者动作刺激绑匪，熟记绑匪容貌、口音、交通工具及周围环境等特征。如果在事件中不小心受伤，应当查看受伤部位，千万不要随意乱动，有可能造成进一步的损伤，此时想办法安抚绑匪，进行沟通，等待时机设法逃脱。

（二）及时向埃及当地警方报案

埃及安全形势仍然比较严峻，近一年来曾发生多起恐袭事件，造成人员伤亡，

---

① 李英：《认定劫持人质罪的国际法原则》，载《国际关系学院学报》2006 年第 2 期。
② 马燕坤：《中国人在非洲的生命财产安全探析》，载《湖州职业技术学院学报》2010 年第 2 期。
③ 刘诗琪：《从西方防范海外风险措施看我在非华人和企业的安全保护》，载《亚非纵横》2012 年第 4 期。
④ 中华人民共和国商务部：《国别投资指南——埃及（2020 年版）》，http：//www.mofcom.gov.cn/dl/gbdqzn/upload/aiji.pdf，访问时间：2021 年 7 月 1 日。

虽然不针对中国人，但对中国投资者造成了一定的心理障碍，对埃及的国际形象也有一定损害。要熟记埃及当地火警、急救、警察等应急电话，遇事及时求助，以尽快脱离困境。如人身安全或财产受到侵害，不要慌张，应立即向当地警方报案，并请其出具报警证明，以便日后办理保险理赔、证件补发等手续，如能联系到在埃及的亲属、同事、朋友等，也可委托他们代为报警。① 报警后，要保持冷静，根据当地民警的提示，如实说清楚报警求助的基本情况以及现场的状态，以便当地民警能快速做出准确的判断，采取适当的紧急措施，减少事件带来的损失。如果身体受伤，应该尽快呼救或拨打当地急救电话由专业医护人员救助。

（三）与中国驻当地使领馆取得联系

中国公民在海外遭遇重大事故、自然灾害等人身安全受到威胁的紧急情况时，立即与就近的中国驻该国使领馆取得联系，中国驻埃及领事馆领区为亚历山大、塞得港、伊斯梅利亚、苏伊士四省，以获得最新相关信息。可以拨打 12308 热线，接通后按"0"再按"9"优先转人工服务，也可登录微信进入"领事直通车"公众号或打开外交部 12308 小程序，按提示进入人工客服对话或选择一键呼叫 12308 热线。② 把相关情况、联系方式告知使领馆，使领馆将视具体情况提出有关建议，使领馆将在职责范围协助中国公民撤离危险区域。需妥善保存自己的重要证件和文件，包括护照、出入境记录、保险和银行记录等，以备不时之需。

第三节　事后处理

一、埃及旅游客车侧翻事件

埃及历史悠久，有着丰富的旅游资源，其中，阿布辛贝神庙是埃及南方城市阿斯旺的重要旅游景点，阿布辛贝和其下游至菲莱岛的许多遗迹一起作为努比亚遗址，被联合国教科文组织指定为世界遗产。太阳节奇观，即太阳光一年两次照进圣殿，照亮圣殿地区的神像，是该神庙的神秘特色之一。巨大的吸引力使其成

---

① 中华人民共和国外交部：《中国领事保护与协助指南（2023 版）》，http://cs.mfa.gov.cn/zggmzhw/lsbh/lbsc_660514/202311/P020231114392262052796.pdf，访问时间：2024 年 6 月 30 日。
② 中华人民共和国外交部领事保护中心编：《中国领事保护和协助指南（2023 版）》，世界知识出版社 2023 年版，第 14 页。

为每一个来阿斯旺的外国游客都要去的地方。阿布辛贝神庙距阿斯旺 280 公里，全程大约 3 个半小时，路途中是一望无际的荒漠，很容易出现驾驶疲劳，埃及司机开车较为粗鲁，时常做出超速、竞速、贴近驾驶等危险驾驶行为，稍有不慎就很容易发生交通事故。

2013 年 3 月 2 日上午（埃及当地时间），一辆载有 14 名游客的小型旅游客车在从埃及南部城市阿斯旺前往阿布辛贝神庙旅游区途中，发生侧翻，当时车上载有 14 名来自不同国家的游客，其中 1 名 24 岁的中国籍男性游客受重伤，在被送往阿布辛拜勒国际医院后不治身亡，另有 3 名中国游客受伤，车上其余 10 名其他国家游客也不同程度受伤。初步调查结果表明，这辆小型客车在行至阿斯旺—阿布辛贝公路 50 公里处时左侧车胎爆胎，车辆失去控制发生侧翻。据遇难游客的母亲回忆事发情形时称，当时客车司机正打瞌睡，发现迎面开来的大卡车时猛打方向盘，才造成客车侧翻。中国驻埃及大使馆接到事故通知后立即成立专门工作组，赶往事发地点处理善后事宜。①

据了解，这是 2013 年 3 月份一周内第二次在埃及南方旅游地区发生中国游客死亡事故。频频发生这样的悲剧，令人十分揪心。

二、法理分析

（一）国籍国和所在国对海外公民保护的法理依据

中国对在埃及的本国公民权益进行保护主要涉及三类法律关系：中国公民与埃及形成的属地管辖法律关系、中国与埃及形成的国家间法律关系以及中国与中国公民的属人管辖法律关系。具体而言，第一，当中国公民入境埃及，身处埃及的领土管辖之下，应当遵守埃及的法律法规，当身处埃及的中国公民遭到当地私人的侵害或者违反埃及的法律法规时，根据属地管辖原则，埃及有关部门有权根据属地管辖原则按照埃及的法律法规对其进行管辖，这种法律关系为埃及与中国公民所形成的属地管辖法律关系；第二，当中国公民在埃及遭到包括国家的直接侵害和国家纵容的私人侵害等非法侵害时，在用尽了当地救济仍未实现其合法权益的情况下，国家负有保护在埃及的中国公民权益的义务，给予其领事保护和外交保护，这是中国对身处埃及的中国公民进行保护而发生的中国与埃及之间国家间法律关系；第三，主权国家对其国民享有管辖权，即使他们在他国境外时亦然，

---

① 《埃及车祸致死一中国游客》，http://www.people.com.cn/GB/24hour/n/2013/0304/c25408 - 20661914. html，访问时间：2021 年 7 月 1 日。

中国对有中国国籍的自然人以属人管辖原则行使管辖权也是保护在埃及的中国公民的法律依据，这是中国与中国公民的属人管辖法律关系。

在本案中，由于事故发生地在埃及，在尊重埃及国家主权以及属地管辖原则的前提下，应当首先由埃及相关部门根据属地管辖原则对事故进行处理，埃方基于国民待遇原则应承担保护中国游客的义务，采取救援措施，查清事故责任，对受害者进行事后赔偿。在车祸中不幸身亡以及受到伤害的中国籍游客，根据属人管辖原则以及国家对海外公民保护的义务，国家应对伤亡的游客进行保护，中国驻埃及使领馆应当及时对在此次事故中遭受伤害的中国公民提供领事保护，与埃及有关部门交涉，督促埃及有关部门及时采取救助措施，查清事故责任，启动事后追责程序，保护中国公民的合法权益。[①]

（二）案件中法律责任的划分

在埃及旅游客车侧翻事件中，应围绕伤亡的中国游客的法律关系划分相关责任并明确承担主体。

第一，旅行社与伤亡游客之间的旅游合同法律关系。中国游客跟团出境旅游，与旅行社形成旅游合同关系，旅行社按照要求为出境旅游的游客提供旅游服务，领队按照旅行社的指示履行自己的工作职责，为游客提供服务，其行为应当被认定为职务行为，后果由旅行社承担。中国《消费者权益保护法》第18条规定："经营者应当保证其提供的商品或者服务符合保障人身、财产安全的要求。对可能危及人身、财产安全的商品和服务，应当向消费者作出真实的说明和明确的警示，并说明和标明正确使用商品或者接受服务的方法以及防止危害发生的方法。"《关于审理人身损害赔偿案件适用法律若干问题的解释》第6条规定："从事住宿、餐饮、娱乐等经营活动或者其他社会活动的自然人、法人、其他组织，未尽合理限度范围内的安全保障义务致使他人遭受人身损害，赔偿权利人请求其承担相应赔偿责任的，人民法院应予支持。"可见旅行社和领队负有安全保障义务，即在旅游途中，旅行社倘若没有尽到安全保障义务，使游客遭受到了他人的侵害，旅行社应当向游客就其不作为导致的本可以避免的损害承担相应的赔偿责任。当然，安全保障义务必须限制在合理的范围之内，综合考虑旅行社与游客的权利义务，旅行社的安全保障义务有以下方面：（1）选择安全可靠的旅游线路、景点；（2）安全告知、警示义务；（3）救助义务。[②] 本案中，领队在出发前对可能存在的危险及

---

① 孙丽亚：《海外中国公民安全领事保护》，黑龙江大学2015年硕士学位论文，第27页。

② 马平海：《旅行社的安全保障义务及责任——以陈淑玲诉西南旅行社案为例》，兰州大学2010年硕士学位论文，第6-8页。

安全注意事项要充分告知游客，事故发生时向医疗机构、公安、消防等部门求助，游客受伤后及时将其送到医院治疗，便尽到了对游客的安全保障义务。

第二，埃及旅游客车运输公司或司机对伤亡游客的涉外侵权法律关系。运输公司作为旅游辅助服务者，保护游客的安全是其应尽的义务，该义务既是法律的规定也是合同的约定，而旅行社作为经营者，对作为旅游辅助服务者的埃及客运公司要尽到谨慎选择的义务，即应该选择有经营资质的运输公司，这也是判断旅行社承担本案赔偿责任与否的前提条件之一。由于阿布辛贝神庙距阿斯旺路途较远，危险路段较多，容易发生交通事故，因此运输公司应根据路途的危险性采取相应的预防措施，如制定严格的客车司机上岗培训、使用安全系数更高的安全带、开车前告知游客安全注意事项等。从事故的后续调查来看，客车发生侧翻的主要原因是司机疲劳驾驶，为了躲避迎面而来的车辆猛打方向盘，导致客车侧翻，造成了一名中国游客死亡以及三名中国游客不同程度受伤，司机的危险驾驶行为存在过错且与中国游客伤亡之间存在因果关系，司机因执行工作任务导致游客伤亡的后果应由运输公司负责，因此，运输公司应当就客车侧翻事件所导致的中国游客伤亡承担侵权责任。

第三，埃及旅游运输公司与旅行社之间的法律关系。因旅行社与旅游客车所属公司签订了包车客运合同，明确约定由客车公司承担本案旅游的客运安全，客车司机按照运输公司的指示履行自己的工作职责，为游客提供运输服务。本案中，旅行社依据旅游合同承担赔偿责任无疑，但造成游客伤亡的直接侵权人并非旅行社，而是旅行社所委托的埃及旅游运输公司，因此二者间产生托运人对承运人的违约责任。

（三）赔偿责任的认定

本案还涉及受害人向谁来主张赔偿以及旅行社与运输公司的责任分配的问题。本案中，中国游客在旅途中因乘坐的客车发生交通事故伤亡，该损害事实产生了两个不同的债务，即中国游客与旅行社之间的旅游合同之债和中国游客与运输公司的涉外侵权之债。根据《最高人民法院关于审理旅游纠纷案件适用法律若干问题的规定》的相关规定，旅行社未尽到安全保障义务，造成游客人身损害、财产损失，游客有权请求旅行社承担责任。第三人的行为造成旅游者人身损害或财产损失的，由第三人承担责任，游客可以依据当地法律依法维权。毫无疑问，旅行社因违反保障游客生命安全的合同约定，对中国游客的人身及财产损失承担赔偿责任。但运输公司司机的行为是交通事故的主要原因，该运输公司也要赔偿中国游客的损失。运输公司作为直接的侵权行为人，旅行社履行赔偿义务后可向运输公司追偿。因此，旅行社与运输公司对本次事故中伤亡的中国游客承担一定的连带责任。

三、对策建议

灾难的发生让每个人都措手不及，有效的救助措施和良好的自救常识能很好地避免悲剧的发生。在面对类似的突发事件的事后处理事宜时，可以从以下几个角度出发，着重探讨如何在紧急事件突发后保护海外中国公民人身及财产权益的对策。

（一）事发后立即联系使领馆和相关救助机构

针对不同的突发事件时，采取不同的求救方法，中国驻埃及大使馆官网列举了如下情况：其一，个人财物被盗，请及时报警，如遇护照丢失，请在警局挂失后持挂失单前往中国使领馆补办旅行证件。其二，发生交通事故时，保持冷静，确认伤亡情况，迅速报警，并移至路旁安全地带等待警察和救护，同时尽可能记住对方车辆和驾驶人信息特征。埃及当地车辆大多没有投保商业险，因此，事故理赔非常困难，不建议自驾游。其三，发生恐怖袭击时，迅速寻找掩体做保护，尽量躲避在坚固物体后面；保持安静，将手机静音；辨清恐袭方向，观察周围环境，迅速计划合理逃生路线；如条件允许，第一时间致电中国使领馆，报告具体位置和处境，等待救援。[①]

境外跟团游的游客，一旦出现情况立即反馈领队，听从领队安排。若游客不幸在意外事件中伤亡，一定要及时联系当地医院和救助机构寻求救助。切勿原地消极等待。若无法联系上当地医院，受伤旅客可拨打外交部全球领事保护与服务应急呼叫中心热线，若求助人在国外，拨通号码后可以按"0"再按"9"直接转人工服务。

（二）用尽当地救济方式

在埃及旅游客车侧翻事件中遭受人身财产损失的中国公民可以通过多种途径获得赔偿。双方可协商解决，亦可向合同签订地的旅游质监执法机构、消费者协会、有关的调解组织等有关部门或机构申请调解。协商或者调解不成的可以通过提交仲裁委员会仲裁或依法向人民法院起诉来解决。根据《中华人民共和国和阿拉伯埃及共和国关于民事、商事和刑事司法协助的协定》有关管辖权的规定，在

---

① 中国驻埃及大使馆：《来埃旅游和遇突发事件时，你该这样做》，http://eg.china-embassy.org/chn/lsfw/t1702794.htm，访问时间：2021年7月1日。

合同外侵权案件中，侵权行为或结果发生在该方境内，该方法院被认为对案件具有管辖权：但不得违反双方法律对专属管辖权的规定。因此，中国公民如果向埃及旅游运输公司提起侵权之诉，埃及作为侵权发生地，对此类案件有管辖权。中埃两国根据司法协助条约可相互协助代为送达民商事文书、调查取证以及承认和执行法院民商事裁决和仲裁裁决。

（三）国籍国保护方式

国籍国保护主要是指领事保护和外交保护两种方式。在中国公民在境外发生意外事故后，国籍国的领事保护起到至关重要的作用。外交部领事司、驻外使领馆是我国领事保护的主要机构。中国外交部发布的 2023 年版《中国领事保护与协助指南》详细介绍了中国公民赴境外旅行、探亲、工作、出差应注意的事项。在埃及的中国公民当遇到突发事件时，可以向就近的中国驻埃及使领馆求助，中国驻埃及使领馆可以依据公认的国际法原则、有关国际公约、双边条约或协定以及中国和驻在国的有关法律，可以帮助中国公民撤离危险地区和提供必要的协助。协助内容包括提供咨询，推荐律师，翻译及医生，将事故或损伤情况通知国内亲属，协助寻亲，补/换/发旅行证件，签发回国证件，应请求进行探视等。[①] 中国公民前往埃及之前可以通过中国领事服务网"出国及海外中国公民自愿登记"系统（http://ocnr.mfa.gov.cn/expa）进行公民自愿登记，使领馆能够及时通过该系统上登记的信息联系到该中国公民，保护中国公民的权益。游客需要配合中国驻埃及使领馆实施领事保护，必须提供真实信息，不能作虚假陈述，诉求不应超出所在国国民待遇水平，不能干扰外交部或驻外使领馆的正常办公秩序等。

当本国国民受到另一国违反国际法的行为的侵害并且穷尽当地救济仍然得不到解决时，该国民所属的国家可以采取外交行动来解决争端。对于国家来说，是否对受到迫害的本国人行使外交保护权，该如何进行具体保护，完全由国家决定，权利受到侵害的个人不能主张外交保护权。[②] 外交保护的前提是要求被保护人持续具有保护国的实际国籍或经常居住在该国，而且被保护人需用尽当地救济即要求受害人用尽当地救济后仍未实现其合法权利，才能进行外交保护。实践中，领事保护方式运用较多，外交保护只在特殊情形下行使。

---

① 中华人民共和国外交部领事司编：《中国领事保护与协助指南（2023 年版）》，世界知识出版社 2023 年版，第 9 页。
② 谢海霞：《论领事通知权的性质》，载《中国政法大学学报》2009 年第 6 期。

本章小结

中埃两国都是文明古国，有着悠久的交往历史。随着中国"一带一路"建设不断推进，埃及因其地理位置是"一带一路"倡议中的关键节点，前往埃及工作和生活的中国公民日渐增多，中埃经济建设、文化交流等方面稳步推进。随着埃及外资投资优惠和激励政策的出台，中国企业和机构对埃及的投资兴趣日益浓厚，中国企业在埃及投资的领域主要集中于纺织、服装、箱包、文具和塑料制品加工等行业，以及一些基础设施和重大项目的投资和合作。[①] 2012 年埃及总统穆尔西访华后，两国在基础设施建设、农业、科技、交通、能源、金融、旅游等领域的合作开始增多，中埃建立的苏伊士经贸合作区更是开创新局面，不断涌现新的发展机遇；2018 年有 50 万名中国公民赴埃及旅游；2020 年 9 月，中埃签署《将汉语纳入埃及中小学作为选修第二外语的谅解备忘录》，标志着汉语教学正式进入埃及中小学教育体系；2020 年 11 月，中国在埃及设立的 2 所鲁班工坊正式建成。因此，赴埃的中国公民身份逐渐多元化，国企职工、高端人才、汉语教师、投资者、劳务工人、游客的数量明显增加，如何更好地保护在埃及的中国公民权益应引起高度重视。

一、在埃及中国公民的权益内容和风险

根据海外中国公民的定义，在埃及的中国公民主要是：（1）长期在埃及定居、生活或取得永久居留权的中国籍公民，统称为华侨；（2）短期赴埃从事各项政治、经济、文化交流等具有公派或私人性质的中国公民个人或群体。[②] 权益内容主要涉及以下方面：

（一）在埃及中国公民的权益内容

人身安全。人身安全指中国公民在国外工作、学习、旅行探亲时，享有保持身体各器官及其机能的完整以及生命不受危害的权利。埃及局势动荡，经常发生较为恶劣的爆炸、袭击等恐怖事件，严重侵害外国公民的人身权益。如 2019 年 5

---

① 徐宝娇：《中国企业赴埃及投资环境与对策分析》，载《经济研究导刊》2013 年第 16 期。
② 陶莎莎：《海外中国公民安全保护问题研究》，中共中央党校 2011 年博士学位论文，第 60 页。

月 19 日中午，一辆旅游大巴在行驶至开罗吉萨郊区埃及新博物馆附近时遭遇路边炸弹袭击，造成至少 7 名外国游客及 10 名埃及人受伤。

财产安全。财产安全主要指在埃及的中国企业和公民可以依法占有、使用、收益、处置自己的合法财产，即财产所有权不受非法限制和剥夺，不因刑事侵害、社会动荡、自然灾害等因素而中止或消亡。[①] 在埃及，游客财物被盗、遭勒索的情况时有发生，这些都是对中国公民财产安全的侵害。

投资权益。根据埃及投资法律制度，埃及十分注重营造适宜的投资环境，为投资者提供了一系列的便利措施和优惠条件，鼓励外国政府、外国企业、外国人对埃及各行各业进行投资。[②] 根据埃及《投资鼓励与保障法》的规定，投资者应该在国家政策的框架内和社会发展计划的目标范围内，享有相应的投资权益，如享有投资自由权、投资管理权、投资收益权等。

劳动权益。埃及作为劳动力大国，有大量劳动力可供向外输出，对外籍劳务需求不大，只对技术型和管理型岗位有一定需求。因此，中国公民在埃及务工的大多是文化程度较高的科学技术工作者和管理人员，仅有少部分提供简单劳动力、文化程度较低的中国公民，其享有的劳动权益应该包括获得劳动报酬权、劳动休息权、劳动环境保障权等，还包括职业培训、职业健康以及对女职工的特殊保护等方面。

（二）在埃及中国公民的常见风险

恐怖袭击风险。埃及经常发生较为恶劣的爆炸、袭击等恐怖事件，在埃及的中国公民要高度重视人身安全。例如，2017 年 11 月 24 日，埃及西奈半岛一座清真寺遭到恐怖袭击，造成 235 人死亡、109 人受伤；2019 年 8 月 5 日凌晨，埃及首都开罗国家癌症研究所附近，一辆逆行汽车撞上三辆正常行驶的汽车后发生巨大爆炸，造成 20 人死亡、48 人受伤。如此触目惊心的事件并不罕见。近年来，埃及军方在西奈半岛地区、吉萨省巴哈利亚地区持续采取军事行动，严厉打击恐怖活动，安全形势依然严峻。外交部和中国驻埃及使馆多次提醒中国公民暂勿前往除沙姆沙伊赫以外的西奈半岛地区，以及包括黑白沙漠在内的埃及吉萨省巴哈利亚地区。游客避免前往人烟稀少、治安较差、通信不畅或非正规景区旅游。

违法犯罪风险。违法犯罪活动也是在埃及的中国公民面临的一个重大威胁，针对中国公民的绑架、抢劫、诈骗、强奸等犯罪行为时有发生。犯罪分子往往利

---

① 陶莎莎：《海外中国公民安全保护问题研究》，中共中央党校 2011 年博士学位论文，第 60 页。

② 《一带一路沿线国家法律风险防范指引》系列丛书编委会：《一带一路沿线国家法律风险防范指引（埃及）》，经济科学出版社 2016 年版，第 31 页。

用中国公民缺乏经验、对于当地环境及语言感到陌生的劣势来实施犯罪活动。例如，2019 年 4 月，某中国女游客赴埃自由行，与当地陌生男子交往过密，受骗至一偏僻屋内被强行拍照并勒索钱财，后经中国驻埃及大使馆救助才得以脱身回国。①

投资风险。埃及是一个新兴的投资市场，虽然目前正处于对埃投资的绝佳机遇，但埃及整体投资环境还亟待改善，基础设施、能源电力等方面存在欠缺。根据世界银行的调研，在埃及进行资产登记注册一般需要 60 天，而合同真正得到执行则需要 1000 多天，行政审批手续仍繁杂，政府部门工作效率仍较低，工作人员经常索要高额小费且不按正常程序操作。② 埃及还存在一些贪图一时之利的不法商家，合同违约给在埃及投资的中国公民造成经济损失，因此中国公民在埃及投资要注意防范此类风险。

劳动风险。自 2011 年以来，埃及人力资源部不断收紧外籍公民在埃及就业的相关政策，严格限制外籍劳务进入埃及国内。埃及新《劳动法》可谓是世界上最严格的劳动法规之一，将对中国赴埃务工人员产生不小的影响，比如拒签的可能性增大，务工人员可能面临限期离境的风险。另外，埃及《劳动法》保障工人的终生工作岗位，竞争性不足，工人劳动积极性不高，缺乏熟练和半熟练工人和管理人员，培训消耗成本过多，这是在埃及的中国雇主面临的用工风险。

二、中国公民在埃及权益受损的本地救济途径

和大多国家一样，埃及民商事纠纷解决途径主要是仲裁和诉讼等。

（一）仲裁

随着埃及经济逐步发展，法院的审判依据、程序、效率已经不能适用商业社会的要求，商人们希望用更快捷的方式解决争端，同时还能保护自己的商业秘密及相关信息，埃及在 1994 年颁布了《民商事仲裁法》，确立了仲裁制度。该法确定了仲裁作为主要的替代性争议解决机制的整体框架，规定了可仲裁性、仲裁协议、仲裁程序以及仲裁裁决的生效和执行等问题，是埃及仲裁的主要法律渊源。③埃及还是《关于解决国家和其他国家国民之间投资争端公约》（简称《华盛顿公

---

① 中华人民共和国驻阿拉伯埃及共和国大使馆：《驻埃及使馆提醒暑期来埃中国游客注意安全》，http://eg. china-embassy. org/chn/lsfw/20180517/t1681259. htm，访问时间：2021 年 7 月 1 日。

② 中华人民共和国商务部： 《"一带一路"之埃及投资法律规则与实践（投资）》，http://eg. mofcom. gov. cn/article/ddfg/201506/20150601008012. shtml，访问时间：2021 年 7 月 1 日。

③ 中国国际经济贸易仲裁委员会： 《"一带一路"沿线国家国际仲裁制度研究（一）》http://www. cietac. org/index. php? m = Article&a = show&id = 13713，访问时间：2021 年 7 月 1 日。

约》）、《承认及执行外国仲裁裁决公约》（简称《纽约公约》）、1907 年《关于解决太平洋国际问题的公约》的缔约国。

埃及的常设仲裁机构为"开罗国际商事仲裁区域中心"（The Cairo Regional Centre for International Commercial Arbitration，CRCICA），成立于 1979 年，是一个独立、非营利的国际组织，由亚非法律咨询委员会（Asian African Legal Consultative Organization，AALCO）主管，目前采用的仲裁规则为 2011 年 3 月生效的《开罗国际商事仲裁区域中心仲裁规则》（中心网站：http：//crcica. org. eg/）。但在仲裁程序进行过程中，部分待决事项有赖于法院的裁定或命令，且适格法院自仲裁程序开始至结束，皆对案件有管辖权。①

（二）诉讼

在埃及，中国公民合法权益遭到侵害，必要时应通过诉讼方式解决纠纷，捍卫自己的合法权益。埃及法院是独立的司法机构，实行两级终审制度，共有三类相互独立的法院，即普通法院、行政法院、专门法院。

埃及的普通法院又包含三级，即初级法院、上诉法院、最高上诉法院。埃及初级法院负责审理轻微的刑事案件以及少于 5000 埃镑的小额民商事案件，但对经济犯罪没有管辖权，这类案件均由 1 名法官负责审理；埃及在 7 个主要城市设有上诉法院，上诉法院法庭由 3 名法官组成合议庭，负责审查初级法院作出的有关轻罪和民事案件的一审判决，同时作为经济犯罪的一审管辖法院；埃及最高上诉法院设在开罗，负责审理不服上诉法院判决的上诉案件和审理违反法律以及严重违反法定程序规定的案件，不接受一审案件。②

埃及行政法院称为国家委员会，包含行政司法法院、最高行政法院，受理公民对不服政府行政行为的诉讼，行政司法法院是行政案件的初审法院，最高行政法院负责审理对行政司法法院判决不服的上诉案件。③

埃及各专门法院就不同事务行使管辖权，如家庭法院审理关于未成年人的监护权、抚养权等案件，军事法院对有关军人的案件有管辖权等。④

① 中国国际经济贸易仲裁委员会：《"一带一路"沿线国家国际仲裁制度研究（一）》http：//www. cietac. org/index. php？m = Article&a = show&id = 13713，访问时间：2021 年 7 月 1 日。
② 《一带一路沿线国家法律风险防范指引》系列丛书编委会：《一带一路沿线国家法律风险防范指引（埃及）》，经济科学出版社 2016 年版，第 202 页。
③ 《一带一路沿线国家法律风险防范指引》系列丛书编委会：《一带一路沿线国家法律风险防范指引（埃及）》，经济科学出版社 2016 年版，第 203 页。
④ 《一带一路沿线国家法律风险防范指引》系列丛书编委会：《一带一路沿线国家法律风险防范指引（埃及）》，经济科学出版社 2016 年版，第 204 页。

三、中国公民在埃及权益的领事保护

外交部领事司、驻外使领馆是我国领事保护的主要机构,对中国公民在海外享有的合法权益受到侵害有保护责任。中国外交部发布的 2023 年版《中国领事保护与协助指南》中详细介绍了中国公民赴境外旅行、探亲、工作、出差应注意的事项。中国公民在埃及的权益受到损害时,可以向就近的中国驻埃及使领馆求助。

中国驻埃及使领馆可以依据公认的国际法原则、有关国际公约、双边条约或协定以及中国和驻在国埃及的有关法律,帮助当事人用尽当地救济。中国公民前往埃及之前可以通过中国领事服务网"出国及海外中国公民自愿登记"系统(http: //ocnr. mfa. gov. cn/expa)进行公民自愿登记,如果在埃及出现突发情况,使领馆可通过该系统上登记的信息及时联系到该中国公民,保护中国公民的权益。

四、中国公民在埃及权益的外交保护

外交保护针对的是国际不法行为,并采取措施追究外国国家责任,以国家名义行使,目的是补偿本国国民所受的侵害或纠正本国国民因所在国违反国际法的行为所受到的不公正待遇。外交保护的前提是要求被保护人持续具有保护国的实际国籍或经常居住在该国,而且被保护人需用尽当地救济即要求受害人用尽当地救济后仍未实现其合法权利,才能进行外交保护。当中国公民在埃及无端受到逮捕或拘留、司法程序中被拒绝、财产遭到非法没收等,用尽当地救济仍无法保护其合法权利,才满足外交保护的条件。

五、中国公民利用当地华人自治组织维权

埃及华人自治组织在当地影响力大且维权意识比个人要高,也逐渐成为维护合法权益的重要途径,海外华人在权益受到侵犯时能够勇敢地站出来,为自己发声。埃及中国商会(Chinese Chamber of Commerce in Egypt)成立于 2004 年,是在中国驻埃及大使馆经商处指导下,由驻埃中资企业、华人机构发起成立的自律性、非营利组织,是埃及最大、最具影响力的华人商会之一,受埃及 NGO 注册的限制,尚未在当地正式注册,暂无独立办公地点。商会在协调会员单位之间的经营行为,促进合法合规经营,及时向中国驻埃及大使馆经商处反馈中资企业在经营中遇到的问题并提出意见建议等方面发挥着巨大作用。

其他华人商会和社团还包括埃及华人联谊理事会、埃及中国和平统一促进会、埃及东北华商总会、埃及中国石材协会、埃及中华总会、中埃友谊促进会、埃及埃中文化交流协会、埃及华人华侨协会等。

中国公民在埃及常用信息

单位名称或事项	地址	电话	备注
外交部全球领事保护与服务应急热线	—	+86 – 10 – 12308 +86 – 10 – 65612308	
中国驻埃及大使馆	埃及开罗扎马雷克巴哈特阿里街 14 号	领事保护与协助电话： +20 – 2 – 27363556 领事侨务处： +20 – 2 – 27367551	对外受理时间： 周日至周四 9：00—12：00
中国驻亚历山大总领事馆	埃及亚历山大莫哈拉姆·贝拉萨法巴达维街 6 号	+20 – 3 – 3955192	对外办公时间： 周日至周四 9：00—14：00
匪警	—	+20 – 2 – 122	
火警	—	+20 – 2 – 180	
急救	—	+20 – 2 – 123	
埃及卫生部咨询热线（阿拉伯语）	—	+20 – 2 – 105	

第十八章
在新西兰的中国公民权益保护

新西兰（New Zealand），议会制君主立宪制国家，其领土主要包括了南岛与北岛两大岛屿，而以库克海峡作为一条分界线，北岛多火山和温泉，南岛多冰河与湖泊。全境多山，地貌以山地、丘陵为主。新西兰国土面积约 27 万平方公里，首都为惠灵顿，人口约为 530.6 万（截至 2023 年 12 月），官方语言为英语、毛利语，货币为新西兰元。

新西兰处于海上丝绸之路的南太平洋的支点上，离"一带一路"主要沿线国家稍远。在对华经贸关系的发展上，新西兰一直走在发达国家的前列，其最先承认中国的市场经济地位，最先与中国完成入世谈判，最先启动双边自贸协定谈判，最先签署双边自贸协定。① 2017 年 3 月 27 日，新西兰与中国签署了《中华人民共和国政府和新西兰政府关于加强"一带一路"倡议合作的安排备忘录》。这表明新西兰是第一个与中国签署"一带一路"相关协议的西方发达国家，同时，前述"备忘录"也是在"一带一路"框架下中国与南太平洋地区国家签署的第一个合作文件。除此之外，新西兰现在有 26.3 万的华裔。每周有 40 多架次的直飞航班往返于两国；每年有 40 多万名中国游客前往新西兰旅游参观；有 35000 多名的中国留学生在新西兰的大学和学校学习。② 可见在各个领域内，新西兰与中国通过"一带一路"的纽带形成了更加紧密的合作伙伴关系。

作为普通法系国家中的一员，新西兰当然也是一个非成文宪法国家，法律、修正案和一些会议决定共同构筑了新西兰的宪法。因此，新西兰除了没有宪法这样赋予最高效力的法律文本，也没有设立宪法法院以制约议会。在海外公民权益

---

① 《中国的"一带一路"战略给新西兰带来的机遇和挑战》，https://www.chineseherald.co.nz/news/new-zealand/page-525/，访问时间：2021 年 7 月 1 日。

② 张梅撰稿，王晓波翻译：《一带一路：新中关系发展新动能——专访新西兰驻华大使麦康年（John McKinnon）》，载《中国投资（丝路版）》2017 年 5 月第 9 期，第 53 页。

保护方面，新西兰的法律机制较健全，简要分类如下：

一、外国人法律地位规定

新西兰作为 WTO 成员国，同时也是《世界人权宣言》《公民权利和政治权利国际公约》《经济、社会和文化权利国际公约》等公约的参与国，外国人在新西兰与新西兰公民的各项权利基本一致，享有国民待遇。新西兰目前未有专门的外国人权益保护法，对外国人的法律保护主要体现在各部门法的条文规定中。

二、外国人权益保护的实体法规定

《权利法案法》是新西兰在 1990 年通过的一部重要的宪法性文件，它着重强调要保护公民个人的合法权益，这部法律对保护外国人合法权益与保护人权也具有重要意义。根据其规定，在新西兰的外国人若认为自己的正当权利遭到侵犯，法院就会审理其诉求。另外《合同法》《侵权法》《消费者法》《劳动法》的条文规定都体现外国人与新西兰公民处于平等的法律地位，享有同样的民事权利。新西兰没有成文的国际私法法典，主要以判例法为表现形式。根据新西兰的法律，只要没有强制性规定，合同中的当事人可以在自愿、合法的基础上选择任何国家的法律化解矛盾。在 2017 年 11 月，新西兰议会三读通过了《国际私法（侵权行为法律选择）法令》，主要对外国人的侵权案件进行规定。从《刑法》的条文中可见，在新西兰境内犯罪的犯罪人与案件受害人都应受到平等对待。从国际法层面看，中国与新西兰签订了诸多保护海外公民权益的双边协定，如在 2003 年签订《领事协定》，在 2006 年签订《教育与培训的合作谅解备忘录》，在 2008 年签订《劳动合作谅解备忘录》。根据这些条约，在新西兰的中国海外公民享有优惠待遇，其权益保护也得以加强。

三、海外公民权益保护的程序法规定

从新西兰《民事诉讼法》《刑事诉讼法》的条文中可见，在新西兰境内的诉讼当事人不论国籍，都受到平等对待，其诉讼权利与新西兰公民一致。中国与新西兰在 2006 年签订《刑事司法协助的条约》。除此之外，新西兰致力于以非诉讼争议解决机制化解纠纷与矛盾，签署了《关于解决国家和其他国家国民之间投资争端公约》（《华盛顿公约》）和《承认及执行外国仲裁裁决公约》（《纽约公约》）等。这些程序法方面的国内法和国际法都有力地维护了在新西兰的外国公民权益。

第一节　事先预防

随着"一带一路"的深入推进，中国与该框架下的共建国家和地区之间的联系日益紧密。无论是对外经贸还是文化交流，共建各国与地区的开放性与包容性程度都逐渐提高，其中，具有先联先通优势的旅游业作用功不可没。数据显示，旅游热度排在前三十的"一带一路"共建国家中，新西兰位列第十。新西兰统计局的数据显示，中国已经超过美国、英国，上升为继澳大利亚之后的新西兰第二大游客来源地。① 在 2019 年，"中国—新西兰旅游年"活动正式启动且顺利完成。在新西兰旅游的过程中，最重要的就是对游客们的人身财产安全的保障。在旅途中，一些难以预料的紧急情况时有发生。究竟应如何应对这些情形，保护中国海外公民的合法权益？本节特别选择中国公民在新西兰自驾游交通事故案进行深入的法理分析，从事先预防的角度出发，提出对策建议。

一、中国公民在新西兰自驾游交通事故案

2019 年 3 月 8 日，在新西兰南岛中部的特卡波湖附近突发了一起严重的交通事故。一辆自驾车上载着 5 名中国游客与另外一辆汽车迎头相撞，其中，有 3 名中国游客当场死亡，除此之外，还有 2 名中国游客和 3 名外籍游客不同程度受伤。② 事件发生后，当地的救护车和直升机抵达现场进行救援。中国驻克赖斯特彻奇总领事馆联络员和志愿者在第一时间要求警方调查事故原因，随后到达医院，并现场协助善后工作。

随后，这起自驾游交通事故案在新西兰但尼丁地方法庭进行审理。在这起事故中，被告与被告车内受害者都来自四川或重庆。当时，被告驾驶一辆租来的丰田商务车带着妻子和几名家庭成员行驶在一条事故多发道路上。根据警方发布的案情简报，被告是为了躲避一辆靠近的车辆，与对向驶来的车辆迎面相撞，造成车内 3 名老人当场死亡，另一辆车有 3 人受伤。在案件审理的过程中，在翻译的帮

---

① 《2019 中国—新西兰旅游年官方网站正式上线》，https：//www.sohu.com/a/244589651_653310，访问时间：2021 年 7 月 1 日。

② 《新西兰南岛车祸致 3 名中国游客死亡，赴新自驾游注意这些》，http：//www.bjnews.com.cn/travel/2019/03/08/554261.html，访问时间：2021 年 7 月 1 日。

助下，被告通过律师承认了 3 项不慎驾驶致人死亡以及 4 项不慎驾驶致人受伤的罪名。事发后，法官对肇事司机发布了禁驾令，不允许他继续在新西兰境内驾车。

其实，在这起事件之前，已经发生过多起由中国游客在新西兰当地引发的交通事故案。对国外旅行来说，选择"跟团游"似乎比个人自由行更为安全可靠，但是，即使有团队有导游也不可能 24 小时照顾到每一个人。而身处陌生国家，面对语言沟通障碍、不同的生活习俗以及交通规则，都可能导致纠纷，甚至发生重大事故。有报道显示，仅 2014 年这一年，中国游客违反规则造成的交通事故就多达十多起，这些事故被新西兰媒体争相报道，引起新西兰本国人民的关注与不满。① 事实上，这些频繁发生的交通事故案如果仍然未引起中国游客的重视，不仅对中国赴新西兰旅游的公民的人身安全有害，而且对新西兰当地的治安有不利影响，甚至会有损于中国形象。

二、法理分析

（一）案中法律关系的梳理

在自驾游车祸死伤事件中，涉及的法律关系主要包括以下三层：

一是被告与受害者之间的法律关系。在本案的交通肇事中，有 3 名中国游客当场死亡，另有 2 名中国游客及 3 名外籍游客受伤。被告的危险驾驶行为，侵犯了事故中死者的生命权，侵犯了事故中伤者的身体权和健康权。从法律角度来说，生命权是其他民事权利的基础，不受任何人非法侵犯，由其延伸并与其密切相关的身体权和健康权当然也不受任何人非法侵犯。身体权，指的是自然人所享有的身体组织完整、能依自己的意志自由支配其身体各部分并排除他人干涉的权利。健康权，指的是保证自然人的生理机能能正常运行，其身心健康不受侵犯的权利。根据新西兰 1998 年《道路交通安全法》的规定，公民违反规则的一切危险且莽撞的行为都会被给予罚款、吊销驾驶证等轻重程度不同的惩处，如果导致像重伤或死亡这类的严重损害，甚至可能会被指控为危险驾驶而触犯刑法。粗心驾驶、不顾及他人的驾驶行为主要被界定为在道路上驾驶车辆的时候粗心大意或是完全不顾及他人的驾驶感受，法官可以对此处以 3000 新西兰元以下的罚款以及一定时间内的驾照资格吊销。如果有人因为粗心和不顾他人的驾驶行为受伤或死亡，那么判罚将更为严重，最多可以处以 3 个月的监禁，4500 新元的罚款，至少 6 个月不

---

① 环球网：《在新西兰自驾那些血的教训》，https://auto.huanqiu.com/article/9CaKrnJKSdp，访问时间：2021 年 7 月 1 日。

能驾驶机动车。事实上，在新西兰法院审理交通肇事案件中，对危险驾驶、鲁莽驾驶与粗心驾驶、不顾及他人的驾驶之间的判罚程度明显不相同，其界限实际上也是比较模糊的，主要依据警察、目击证人以及勘查现场的物证来帮助法官进行判断。在本案中，被告导致了严重的交通事故，警方对案件所述属实、证据确凿，但由于被告的驾驶行为属于疏忽大意，以及在案件审理过程中被告认错态度良好，主动承认罪行，并积极寻找受害者进行赔偿，所以应获得受理法院的"从轻发落"。

二是被告与租车公司之间的租车合同关系。被告在新西兰进行自驾游，与租车公司签订了租车合同，租赁一辆丰田商务汽车，二者之间形成租车合同关系。在新西兰有 Apex、Ezi、Ace、Jucy 这些本土租车公司，也有 Avis、Hertz、Thrifty 这样的国际车行，当游客租车时，公司都会与他们签订租车合同，但每个公司的租车合同条款不尽相同。租车合同一般约定车辆的使用、事故发生的处理、保险条款、租车人的损坏赔偿责任等事项。因此，在本案中，被告在租车之后按照合同约定享有汽车的使用权，但被告也应该在行驶过程中履行合同义务，否则，需要对租车公司承担赔偿责任。

三是被告、事故受害人与保险公司之间的法律关系。去新西兰旅游前，根据旅行社的建议或者自身需求，一般都会购买旅游险。有的游客还会自己在国内购买意外险等商业保险。除此之外，如果在新西兰租车，都必须购买保险，而相关的保险条款一般都会放在租车合同中。在本案中，被告、受害人都与本国和新西兰保险公司签订了保险合同。因此，在事故发生后，汽车毁损赔偿、医药费等，应该根据具体的保险合同条款，要求保险公司承担部分赔偿责任，履行合同义务。

（二）被告承担的法律责任分析

一起交通肇事会引发多方面的法律责任和潜在的处罚后果。在本案中，被告由于交通肇事主要承担三种法律责任。

一是民事责任。该责任承担是基于交通事故侵权行为而产生，由被告对受害者以及租车公司承担损害赔偿的民事责任。在交通事故侵权案件中，需要承担自身侵权行为造成他人人身及财产损害的民事责任的自然人或者组织就是赔偿义务人，赔偿范围包括租车合同约定的汽车毁损赔偿责任以及被侵权人超过责任限额部分的亏损。因此，在本案中，被告要对受害者以及租车公司毁损的车辆进行赔偿，具体的赔偿数额与方案依照新西兰法律规定。

二是行政责任。行政责任是指公民实施了行政违法行为就应当承担相应的法律责任。它分为行政处分与行政处罚，行政处罚适用于一般公民，而行政处分是对国家工作人员的约束。在本案中，法官对肇事司机发布了禁驾令，不允许其继续在新西兰境内驾车。除此之外，根据《道路交通安全法》的规定也会对被告处以罚款。

三是刑事责任。在本案中，被告造成严重交通事故，即使其危险驾驶的行为缺乏主观恶意，但根据新西兰 1998 年《道路交通安全法》以及 1999 年《道路交通安全（罪行及罚则）规例》的规定，被告承认了危险驾驶等 4 项罪名，根据法院判决将面临监禁的惩罚。

（三）与交通安全有关的法律规定

新西兰有关交通安全管理的法律规定得十分细致，集中体现于 1998 年的《道路交通安全法》及相关法律法规中。该法分为 17 个部分，从一般原则、驾驶执照、运输服务牌照、与驾驶有关的违法行为等方面对交通安全管理进行规定，具有较突出的特色。新西兰还制定了 1999 年《道路交通（罪行及罚则）规例》。该法对车辆超载、暂时吊销驾驶执照、驾驶车辆侵权行为等方面进行了更加具体的规定。除此之外，1998 年《道路交通安全（评估中心及意外报告费用）规例》、1999 年《道路交通安全（司机牌照及司机测试费用）规例》、2003 年《道路交通安全管理法》、2004 年《道路交通安全（道路使用者）规则》、2014 年《道路交通安全（证明书及其他费用）规例》等都从各方面保护新西兰道路交通安全。另外，新西兰作为英美法系国家，其公民具有公民逮捕权。公民逮捕权，不同于中国的公民扭送，它是指普通公民即便不具备执法人员的身份，对正在进行违法行为的犯罪嫌疑人也有权实施逮捕。也就是说，如果在新西兰发生交通事故，其他公民是可以在警方未及时赶到的情形下对肇事方先行紧急扣留。

（四）在新中国游客自驾游风险预防的欠缺

面对多发的中国游客自驾游交通肇事案件，在扼腕悲伤的同时，更应该思考其背后的问题，特别是风险预防意识欠缺的问题。

一是国情不同，交通规则大不一样。与中国相反，新西兰深受英国影响，所有车辆都为右舵车，在道路中都必须靠左行驶，在行驶过程中不能驶过中心线。因此，很多在新西兰驾车的中国人在最开始都无法适应这一驾驶方式，常常不经意就违反交通规则。在新西兰，许多道路在转弯处和路口没有红绿灯，而是靠让路规则行驶。即使是在来新西兰前"恶补"过新西兰交规的中国驾驶者，常常也因随意性驾驶习惯而酿成大祸。除了对交通规则不熟悉，初来乍到的中国游客可能对新西兰的道路情况也不太了解，或者尽管提前知道事故多发地带的情况而有了警惕心，但像新西兰南岛这样山路盘绕、视野不开阔的地方，仍然十分容易发生交通事故。

二是中国使领馆及境外旅游相关部门未完全起到安全警示作用。中国驻新西兰使领馆官网发布过很多提醒中国游客注意自驾游安全的公告。但事实上，真正去旅游的大部分人没有登录使领馆官网查看警示信息；或者说，很多人都不知道使领馆官网及境外旅游相关部门会公布这些信息。这不仅体现部分赴外国旅游的中国公民安全意识较差，也反映出相关部门没有通过切实可行的途径将安全警示信息传递到赴新西兰旅游的中国游客中。

三是中国游客自身的安全意识淡薄。进入一个从未履足的国家，很容易激起游客的兴奋感，个别游客在时差没有倒过来之前，就开始自驾游之旅，日夜驾车，疲劳行车，将安全弃于脑后。在这种情形下，很容易发生交通事故，酿成惨剧。

三、对策建议

随着两国在经贸、政治、文化等领域的深入交流，在赴新西兰旅游的中国公民逐年增加的背景下，如何维护中国游客从出境到入境的合法权益是一个值得深思的问题。良好有效的事先预防对策建议在一定程度上可以提高中国游客的警惕，尽量避免一些可能使权益遭遇到侵犯的危险。为此，特从事先预防的角度对赴新西兰旅游的中国公民提一些具体的对策建议。

（一）谨慎选择旅行社，谨慎签订旅游合同

对于初次去新西兰旅游的中国公民来说，一个性价比高的旅行社是不二选择。但是，行业内的旅行社良莠不齐。有的旅行社虚假宣传并且要价过高，不能使游客享受应有的待遇；有的旅行社资质不合格可能会给游客带来一堆麻烦；有的旅行社与旅游景点的商店串通，哄骗游客购物并暗中吃回扣……这类事件不胜枚举，并且在新闻报道中也屡见不鲜，但仍然有很多上当受骗的人。除此之外，游客在看中旅行社之后，一般会与其签订旅游合同，对双方进行约束。但由于很多人的法律意识较为淡薄，难以逐条推敲写满密密麻麻专业术语的合同书，不知不觉中就容易被坑。因此，在选择旅行社时，第一要查看旅行社的资质。也就是说，要查看该社的《旅行社业务经营许可证》和《法人营业执照》。《旅行社业务经营许可证》是中国国内任何类型旅行社都必须具备的执照，它标明了经营许可的范围。一般来说，国内所熟知的旅行社都为综合性旅行社，只是各旅行社之间的侧重点不同。而不同城市对旅行社的评级有不同的规定，等级越高、规模越大的旅行社对出国旅游来说更为安全稳妥。当然，如果有不明白的地方，可以在网页上查找或拨打当地旅游管理局的电话查询。第二，向旅行社详细询问行程表，最好是索

要纸质或者电子的能留作证据的行程安排表。当有漏掉的属于行程之列的景点没有去时，可以借此与旅行社对质，并且如果因此发生了诉讼也可以作为支持己方胜诉的证据。此外，格外注意行程表中是否有不起眼的字眼或模糊的表述与旅行社之前作出的承诺有出入。对于不理解的地方应该直接询问工作人员。如果可以的话，在询问工作人员时对谈话内容用手机进行录音保存。第三，注重导游的资质。可以询问旅行社领队导游是谁，可要求耐心沉稳、从业时间长且经验丰富的导游提供服务。第四，询问旅行社是否提供费用细目表，弄清所交的旅游费都花去了哪里。当然，有的旅行社没有细目表，那就最好选择能提供细目表的旅行社。第五，看旅行社规划的线路是否适合自己，行程安排是否合理。不同的旅行社提供的路线是不一样的，可以根据自己的喜好选择路线再定旅行社。

在与旅行社签订旅游合同时，有一些细节问题值得注意。根据中国《旅行社条例》第 28 条规定，旅行社为旅游者提供服务，应当与旅游者签订旅游合同并载明行程安排、费用等 13 项具体的事项。其中，在交通服务安排及其标准和住宿服务安排及其标准这些方面，注意不能含有模糊性词汇。比如，要详细了解出行方式、乘坐的交通工具、搭乘人数等重要信息，明确旅行社预订的酒店名称、具体所在地、评定的等级以及周围环境是否安全。酒店如未评星则直接写明酒店名称，不可使用"准四星""四星待评"等模糊用语，非星级酒店应该在网页或者酒店预订 App 上明确标注房间内的配套设施。另外，要注意缴纳的旅行费用中包括哪些内容，要求旅行社对费用尽可能明确和细化。最后，对于合同中的违约责任内容，应注意其是否包含纠纷处理方法、投诉机构等。

（二）备好出国手续，多渠道了解当地国信息

在去新西兰之前，游客应该提前办理好签证，并检查各种证件是否因过期需要重新办理。游客可将护照、签证、机票及酒店预订、租车单据的电子版保存在手机和个人电子邮箱中，以备不时之需。另外，虽然新西兰独有的意外伤害赔偿保险（ACC）可以对发生在新西兰境内的意外情况提供紧急救助，但由于海外医疗费用昂贵，仍建议游客提前购买合适的个人境外意外保险及医疗保险。

在材料准备齐全后，游客可从多渠道了解新西兰各地区的信息。一是可以登录中国领事服务网、中国驻新西兰使领馆网站，以及新西兰当地有关网站了解新西兰国情、出入境检验、交通管理等法律法规等信息。牢记新西兰报警电话 111，学会几句简单的英文，如，Police（警察），Ambulance（救护车）或 Fire（火警），以便告知接线员需要何种帮助。值得一提的是，中国外交部领事司在 2023 年发布了《中国领事保护与协助指南》最新版，该书分为"领事保护与协助""海外出行建议""海外安全风险自我防范"这三大部分,其中也重点提到遇到电信诈骗该怎么办。[①] 这本书有电子版本,可以下载到手机、电脑里随时查看,对于即将出国的中国公民非常实用。二是可充分利用其他媒体渠道,如微信、微博、知乎等手机 App,可以关注领事直通车微信(微信号:LS12308)、"领事之声"微博及"外交部 12308"微信小程序,高效便捷地查看信息。三是自驾游的游客们一定要提前学习新西兰的有关交通规则,了解当地事故多发路段,增强安全意识。自驾游游客们要了解,必须携带驾驶证原件及被新西兰认可的翻译件;行前认真阅读租车合同,建议购买全险;取车时全面检查车况;合同指定司机之外的人员禁止驾车。四是增强地质灾害避险意识,关注相关安全警示。游客应增强自然灾害安全防范意识,关注地质与天气变化。提前调整并规划好行程,避免前往或行经受灾严重地区。

第二节　事件应对

自 2008 年 10 月 1 日《中新自贸协定》生效实施以及"一带一路"深入发展以来,中新双边贸易高速增长,中国和新西兰在工程、劳务等方面的合作关系愈加紧密。2002 年,由于劳工短缺的问题日益严重,为吸引更多外国优质劳动力,新西兰政府实施《熟练工行动计划》。据统计,2016—2017 财政年度,新西兰工作签证的发放数量达 22.6 万份,与上年对比增加 1.7 万份。2017—2018 财政年度,新西兰工作签证的发放总量超过 22.8 份。[②] 截至 2021 年 4 月,工作签证的持有者人数为 19.8 万人。中国公民获得工作签证人数排在第三,约为 2 万。在如此庞多的中国劳动力输入新西兰的情形下,应当如何维护这些海外劳动者的合法权益呢?

一、在新西兰务工的华人 A 某工伤案

2019 年 11 月 5 日,在新西兰拥有 3 年从业经验的中国籍塔吊司机 A 某,在对塔吊进行年终保养时发生意外事故不幸身亡。新西兰工作安全局表示,A 某在给塔

---

① 中华人民共和国外交部:《中国领事保护与协助指南(2023 版)》,http://cs.mfa.gov.cn/zggmzhw/lsbh/lbsc_660514/202311/P020231114392262052796.pdf,访问时间:2024 年 6 月 30 日。

② 中华人民共和国商务部:《对外投资合作国别(地区)指南——新西兰(2020 年版)》,https://www.yidaiyilu.gov.cn/wcm.files/upload/CMSydylgw/201902/201902010424014.pdf,访问时间:2021 年 7 月 1 日。

吊做润滑时无意触动了塔吊的遥控开关，致使塔吊撞向卡车装货甲板，而 A 某因受伤严重不幸身亡。

后经警方介入调查，A 某在出国前妻子因担心其安全，所以为其购买了人身意外伤害保险。之后，A 某到达新西兰后，就与公司签订了劳动合同并开始工作。在本次作业中，这一悲剧本可避免，但公司没有进行合理规划，没有保证设备保养工作在安全的情况下进行。此次事故涉及两个安全操作问题：一是在保养时，塔吊应该关闭开关，切断电源；二是塔吊司机不可以在做保养工作时身带遥控器。事故发生后，A 某的家人火速赶往新西兰处理 A 某后事，并向公司索求赔偿。然而，A 某所在公司却推卸事故责任，认为是 A 某自己疏忽导致安全事故，公司不负责任，但出于人道主义情怀愿意支付 2 万新西兰元（纽币）作为补偿。公司在商谈时态度十分恶劣，且未对 A 某家属进行任何慰问。因语言不通，且不懂新西兰国家的法律，A 某家属求助无门，于是向中国驻新西兰大使馆寻求帮助。了解情况后，大使馆迅速派出志愿者，并为 A 某家属联系律师与翻译，帮助他们在新西兰法院对公司进行诉讼。最后，奥克兰地区法院判决 A 某公司赔偿 8 万新西兰元（纽币），并支付罚款 3.6 万新西兰元（纽币）。

二、法理分析

（一）案件应适用哪国法律

在本案中，A 某是赴新西兰务工的中国公民，属于中国国籍。而事故发生于新西兰，且 A 某所在公司也位于新西兰。因此本案涉及两个国家，根据属地管辖原则，应适用新西兰国家的法律；根据属人管辖原则，应适用中国法律。

国际法上的属地管辖权原则和属人管辖权原则是法院地国对案件是否具有管辖权的依据。前者是以自然人、法人或其他组织的所在地作为连接点确定管辖法院的原则，而后者则是以当事人的国籍作为连接点确定管辖法院的原则。实践中，如果出现管辖权冲突，即在多国对同一案件都有管辖权而无法协商一致的情况下，一般以属地管辖优先处理。因此，本案应由新西兰法院受理，并且适用新西兰国家的法律。

（二）案中法律关系的梳理

在新华人 A 某遭严重工伤案件中，涉及的法律关系主要包括以下三层：

一是死者 A 某与其所在公司之间存在的侵权法律关系。在此次事故中，A 某死亡，因此公司侵犯了 A 某的生命权。基于该侵权法律关系，公司应对 A 某承担民事赔偿责任。案件中的公司推卸责任并认为其不存在过失是不合理的。因为 A

某属于公司员工，在工作作业时，公司负有保护责任。所以公司不能仅仅补偿A某家属，而应对A某家属进行赔偿。公司对于A某的补偿金额也不合理，该补偿数额远远不到法律规定的赔偿数额。

二是死者A某与其所在公司之间存在的劳务合同关系。根据新西兰的法律规定，企业与劳动者必须订立劳动合同。在本案中，A某来到新西兰后，就与公司签订了劳务合同，二者形成雇佣与被雇佣的劳务合同关系。A某的死亡是在工作时发生，根据新西兰法律应认定为工伤。

三是死者A某与新西兰保险公司、中国保险公司之间的保险合同关系。在本案中，A某前往新西兰之前在中国购买了人身意外伤害保险，与中国的保险公司存在保险合同关系，因此，中国的保险公司应根据合同规定对A某的死亡进行理赔。A某来到新西兰后，公司会为其购买医疗保险，并购买ACC意外伤害保险。所以，A某与新西兰保险公司也存在保险合同关系，新西兰保险公司应对其工伤死亡进行赔偿。一般而言，工伤保险是社会保险，是国家强制的规定。人身意外伤害保险是商业保险，国家没有强制规定。相对于工伤保险而言，商业保险是锦上添花，二者是叠加关系。保险公司赔付死者金额应为意外死亡保险和工伤保险的总和。

（三）外国人在新西兰工作的规定分析

外国人想要在新西兰获得一份工作，首先要取得相关部门签发的工作许可证，否则很有可能被认定为"打黑工"，并且如果产生劳务纠纷时很难维护自己的合法权益。

新西兰对工作许可证作了详细的划分。根据其规定，像普通类、医疗工作类等五种许可证在给予之前要进行测试并得到通过；而像律师、牙医、维修工等这类对专业能力要求较高的职业不仅需要注册登记，还必须通过有关部门的资格认证。除此之外，还有假期工作类的许可证，适合一些打短工或者短途旅游的外国人。关于这些工作许可证的具体种类和要求，可以在新西兰移民局网站（www. immigration. govt. nz）查到。

总体来看，新西兰劳工保护相关法律比较健全，劳工权益能够得到有效保障，但同时，前往新西兰工作的人员需要获得相关签证许可，部分行业需要通过劳动市场测试并取得相关资质。

（四）商务纠纷涉及的新西兰国内立法

商业组织法律：如《公司法》《合伙企业法》《有限合伙企业法》等。

合同法：《合同错误法》《合同救济法》《合同法》《信用合同与消费融资法》

《合同和商业法》[1]：

消费者法：《公平交易法》《消费者保障法》《隐私法》《信贷合同与消费融资法》等。其中《公平交易法》的适用范围广泛，所有参与到贸易中的当事人都能适用该法。《消费者保障法》将消费者限定于为生活消费需要的个人，也就是说，在双方都为法人或其他组织机构的商务合同中，其纠纷并不能通过《消费者保障法》得到解决。《隐私法》是为了约束企业或机构使用消费者个人信息的行为，保障消费者的隐私权。除此之外，新西兰还从零售、赌博、特殊医疗器材的供应等方面制定法律法规以规制其他向公众提供的商品或服务，例如《零售法规》等。

保护就业的立法：《育儿假和职业保护法》《雇佣关系法》《事故赔偿法》《假日法》《最低工资法》《职业健康和安全法》等。其中，《雇佣关系法》适用于一切雇佣关系，并且是新西兰规制工作场所的主要立法。该法对诚信原则、劳动合同的签订与终止、劳务派遣、劳动争议的解决等多方面进行规定，保障雇佣关系中当事人的合法权益。《事故赔偿法》为遭受人身伤害的劳动者提供求偿保障，即无论是否属于工伤，受到人身伤害的劳动者可向雇佣企业或机构寻求赔偿，但不包括单纯的精神损害。该法也同样适用于在新西兰工作的外国人，但赔偿费用不包括与收入有关的事项。除此之外，《新西兰人权法》禁止劳动中的一切歧视，无论是否新西兰居民的劳动者都应得到平等的待遇。

三、对策建议

在新西兰许多行业中，均存在劳动力短缺的现象。而随着中国和新西兰的交往日益密切，越来越多的中国公民赴新西兰务工。但中国公民在新西兰工作过程中仍有可能面临不平等待遇，甚至无故遭受公司的盘剥。那么，在务工过程中，当合法劳动权益受到侵犯时，应该怎么做才能尽量维护正当权益？为此，本书特从公民自身需注意事项和外部解决途径两个角度提出建议。

（一）公民自身需注意事项

其一，签订劳动合同时要仔细谨慎。第一，新西兰的企业或机构与劳动者必须订立劳动合同，且必须采用书面形式。劳动合同可以由劳动者个人与雇佣者签订，即劳动者个人合同；也可以由工会代表劳动者与雇佣者签订，即集体合同。订立合同要遵循诚实信用原则，一般包含工作种类、时间、休假、工资、争议解

---

① 《合同和商业法（Contract and Commercial Law Act 2017）》于 2017 年 9 月 1 日生效，新法合并和更新原有一些有关合同和销售的法律，使其更符合现代商业习惯，被合并的法案包括 1908 年《货物销售法》、1979 年《货物运输法》、2002 年《电子交易法》等。

决等内容，当事人可以就内容协商或谈判，雇佣者应听取劳动者的意见。因此，如果企业以各种理由推脱不与劳动者签订劳动合同的话，就是违法行为。如前文所述，新西兰在保护劳动者方面制定了一系列法律法规，其中《雇佣关系法》是新西兰规制雇佣关系方面的主要立法，所以当劳动者遭到无缘解雇、剥夺休假、克扣薪资等使其合法权益受到损害的违法行为时，可以根据这些法律规定维护自身权益。第二，有关雇佣关系的法律注重对弱势劳动者的保护，主要包括对清洁工或者食品餐饮行业劳动者求偿权的保护。第三，当劳动者认为其合法权益受到侵害时，一般应先与雇佣者调解，在无法协商一致的情形下，可将争议提请劳动关系委员会解决，如果仍无法得到满意的结果，可诉至劳动法庭。在被无缘由解雇、被压榨劳动力、被克扣工资时，应主动了解有关法律，寻求解决方案。在新西兰，不能无缘由解雇员工。一般解雇的原因包括：一是严重的不当行为。如果雇主进行公正的调查和纪律处分，然后认定员工实施了严重的不当行为，可以解雇该雇员。二是反复的不端行为。这包括暴力行为、欺凌、骚扰、盗窃或欺诈、危害员工或他人健康和安全的行为、在工作中使用非法药物和不诚实。三是性能问题。四是在试用期间，如果试用期不顺利并且雇主决定解雇该雇员，可以解雇员工，但必须通知及时并到位。五是冗余，指的是员工被迫因为公司的经营原因而裁员。六是配伍禁忌，主要指有必须合作关系的员工之间关系严重崩溃，以及在两者之间进行的调解未能成功，情况可能无法解决。七是缺乏能力。如果员工被解雇且未处于试用期，他们有权向雇主询问解雇原因。此请求可在发现解雇后60天内提出，公司必须在提出要求后14天内提供书面陈述，否则，雇员可以在规定的90天时限之后提出申诉。除此之外，根据新西兰劳工局的规定，在新西兰工作的成年人最低工资为15.75新西兰元/小时，不管是全职还是兼职，只要劳动者每周的工作时间超过40小时，企业支付的薪酬都不得低于新西兰劳工局规定的最低标准。[①]

其二，可通过协商、投诉等方式应对不同纠纷。面对劳资纠纷，合法务工并签订劳务合同的务工人员应按合同自行协商解决争议，或通过国内派出单位或中介协商解决争议。如前文所述，在没有强制性规定和非法律规避的情形下，合同当事人可在自愿平等、协商一致的基础上选择其他国家的法律以解决纠纷。

其三，遭遇不公平待遇等困境时，保持冷静，留存证据。当劳动者感受到自

---

① 中华人民共和国商务部：《对外投资合作国别（地区）指南——新西兰（2020年版）》，https://www.yidaiyilu.gov.cn/wcm.files/upload/CMSydylgw/201902/201902010424014.pdf，访问时间：2021年7月1日。

己权益受侵害时，应在情绪平复之后再与用工企业商谈，且尽可能避免争执。可以用手机或录音笔录音，或者让老板以书面形式作出承诺，并留存证据，可在可能发生的诉讼中发挥作用。

（二）外部解决途径

其一，通过诉讼或仲裁等方式解决劳动纠纷。一般来说，如果劳动合同中的当事人未选择解决争议应适用的法律或者未就选择达成一致，法院会根据最密切联系原则确定法律适用法。从这种角度看，当事人未在合同中选择准据法则无法预见最终的法律适用，具有不确定性。另外，如前文所述，新西兰致力于以非诉讼争议解决机制化解纠纷与矛盾，签署了国际上所有主要解决争端的公约，比如《华盛顿公约》和《纽约公约》等，为国际投资贸易纠纷的解决和仲裁裁决的执行提供了良好的法律环境。根据《仲裁法》，在商务纠纷中，当事人可以在争议发生之前于合同中约定或者争议发生后协议选择将争议提交仲裁委员会。签订的仲裁条款应包括仲裁机构和时间、仲裁规则、仲裁地等内容，当事人也可以协议约定临时仲裁。值得一提的是，当事人只能够在国际商会、美国仲裁委以及伦敦国际仲裁法院这三种仲裁规则中进行选择。

其二，向中国驻新西兰大使馆、新西兰当地劳动检查局等部门寻求帮助。劳动纠纷、中资企业在新西兰开展投资合作遇到困难，除向中国驻新西兰大使（领）馆经商参处（室）、国内公司总部寻求帮助外，还可以及时与新西兰政府主管部门取得联系，争取支持。新西兰与外商投资合作相关的主要政府部门有新西兰国税局，新西兰移民局，海外投资办公室，商业、创新和就业部。

第三节　事后处理

按照区域划分，中国留学生海外安全事件的发生与意向留学国家的热门程度基本呈正相关。[①] 近年来，在中美贸易战的影响下，中国赴海外的留学生们开始考虑更多其他出台优惠政策的国家。但是，复杂的国际形势和各种不稳定因素使得留学生的安全事故频发。2019 年 3 月，一名中国留学生在新西兰神秘失踪，下落

---

① 《2019 年中国公民的海外安全现状与发展趋势》，https：//mp．weixin．qq．com/s/CSFqfLwTW4yD8l4L6vY_DQ，访问时间：2021 年 7 月 1 日。

不明。而在海外，近年来发生最多的就是留学生遭到人身伤害或者各种类型的诈骗。因此，本节着重选择新西兰奥克兰的中国女留学生遭受性侵案进行深入的法律分析，提出相关应对策略和建议。

一、中国留学生网络交友权益受损案

小 C 是奥克兰某大学中国女留学生，申请注册了某交友软件并结识了一个名叫小 J 的拥有新西兰国籍的男生。两人相谈甚欢，小 C 向小 J 透露了很多关于自己的真实信息。一段时间的相处后，小 J 提出见面，小 C 欣然前往。见面结束后，小 J 提出送小 C 回家。小 C 出于礼貌邀请小 J 上楼坐一下再走，小 J 跟着小 C 上楼。然而，小 J 在屋内直接提出要与小 C 发生性关系，被小 C 明确拒绝，小 J 恼羞成怒，对小 C 进行了性侵犯，同时还拍下很多小 C 赤裸的照片并威胁她不能将事情说出去，否则就将照片放到她学校的校园网上。单纯的小 C 感到害怕，也怕让自己的形象受损，于是没有报警。

事后几天，小 J 变本加厉骚扰小 C，让小 C 与他发生性关系，如果小 C 不愿意，那就要付给小 J 10000 新西兰元。小 C 没有办法，受小 J 威胁前后转了 10000 新西兰元。但是，小 J 欲壑难填，持续不断地骚扰并贪得无厌地威胁敲诈小 C，终于，小 C 精神崩溃，患上严重的抑郁症。小 C 的家人发现女儿精神不正常后，火速赶往新西兰，在了解情况后并报警。中国驻新西兰大使对该案件也表示了关注，并全力敦促新西兰警方破案。

二、法理分析

（一）案件受理法院

本案究竟由哪个国家审理？这需要从两个角度思考：其一，中国与海外中国公民的属人管辖权问题；其二，中国公民处于新西兰境内且犯罪事实发生在新西兰的属地管辖权问题。本案的犯罪行为地、犯罪结果发生地都位于新西兰境内，其中犯罪嫌疑人拥有新西兰国籍，所以，本案在新西兰按照当地法律进行审理。

（二）对被告的定罪

1. 被告小 J 构成强奸罪

根据新西兰 1961 年《刑法》第 128 条对"性侵犯"的定义，"性侵犯是一个人强奸他人或与他们发生性关系的行为"。在本案中，小 J 未经过小 C 同意强行与其发生性关系，构成强奸罪。另外，新西兰《刑法》第 128 条 B 项规定："（1）任何人犯有性侵犯行为，可处以不超过 20 年的监禁。（2）被判犯有性侵犯罪行的人必须被判处监禁，除非考虑到第（3）款所述的事项，法院认为该人不应被判处监禁。（3）关键是被定罪人士的特殊情况及该罪行的特殊情况，包括构成该罪行的行为的性质。"因此，法院根据犯罪情节轻重对小J所犯的强奸罪定罪量刑。

2. 被告小J构成敲诈勒索罪

新西兰《刑法》第237条规定，敲诈勒索是指"以明示或暗示的方式威胁任何人（不论是活人或死人）作出任何控告、泄露任何人（不论是活人或死人）的资料或对财产造成严重损害或危及任何人的安全——（a）使受到威胁的人按照作出威胁的人的意愿行事；（b）获得任何利益或给任何其他人造成损失"。在本案中，小J用小C的裸照相威胁，从小C处获得了10000新西兰元，小J已然构成敲诈勒索罪。在对小J的定罪量刑上，新西兰《刑法》第238条规定，"任何人实施敲诈，可处以不超过14年的监禁"。因此，法院根据小J勒索的数额以及小J的认错态度对其处以不超过14年的监禁。但是，具体小J应服刑多久，要根据其强奸罪数罪并罚之后得出结论。

三、对策建议

在海外的中国公民遇到最常见的权益损害类型包括留学事故、务工工伤、旅游意外、交通事故。无论何种情形的权益受损，都需要想方设法挽回损失或寻求救济。因此，特就中国公民在新西兰遭受权益侵害时如何维护人身及财产权益提出一些参考建议。

（一）用尽当地救济方式

举例来说，用尽当地救济指的是拥有A国国籍的受害者在人身或财产权益受到所在国（B国）的政府、组织机构或个人的侵害时，应当首先寻求所在国B国包括行政以及司法途径在内的所有救济手段，只有在用尽救济途径而权益仍不能得到保障时，才能通过国际程序解决，才能寻求其国籍国（A国）的外交保护。因此，用尽当地救济原则是外交保护的前提，且受害者必须是因为其所在国的国家不当行为受到侵害。但在一些情况下，用尽当地救济原则也可以被排除适用，比如：B国政府明示放弃引用该原则、B国直接或间接不给予救济以及A国和B国达成协议明确排除适用该原则。

在新西兰中国留学生网络交友被强奸和敲诈案中，受害人小C在案件发生后可以保留被强奸或被勒索的证据，立马联系警方，请求新西兰当地警方将犯罪嫌疑人追捕归案，并要求永久删除被拍的照片。小C可以联系新西兰当地的律师，并积极向检方提供被侵害的证据。另外，小C可以依照新西兰的法律得到赔偿。

一是根据新西兰的《刑法》,对犯罪嫌疑人小J判处强奸罪与敲诈勒索罪,数罪并罚,犯罪嫌疑人小J得到了应有的惩罚。二是小J侵害了被害人的身体权和健康权,且被害人遭受身体与心理的双重打击,在犯罪嫌疑人的持续骚扰下得了严重的抑郁症,因此小J应对其进行民事赔偿,承担其后续治疗的医药费。除此之外,小C的亲人可以在新西兰寻找心理咨询师为她恢复心理健康。如果小C家庭条件有限,无力承担律师费的话,可以申请法律援助服务聘请律师。

(二) 中国国籍国保护方式

当在国外的本国国民的合法权益受到侵害时,当事国作为受害者的国籍国可以基于属人管辖权对其进行外交或领事保护。这两种类型的保护方式是一国对于身处外国的本国人进行属人管辖的最基本内容。① 一般来说,当事人国籍国的保护方式主要有"领事保护"与"外交保护"两种。

领事保护指的是本国驻外国的领事机关或领事官员,根据双方共同签订的国际公约、双边条约和一些得到普遍认可的国际法原则,维护本国及其国民合法权益的行为。领事保护有狭义与广义理解之分。就狭义的领事保护而言,只有当本国国民的合法权益在外国国家受到不法侵害并用尽当地救济时,其国籍国驻外国国家的领事机关或官员才能展开行动以保护其本国公民。而广义的领事保护主要体现在《维也纳领事关系公约》中,即国籍国驻外的领馆或领事官员有权为其本国国民提供必要的帮助。中国作为《维也纳领事关系公约》的签订国之一,与其他签订该公约的国家都以广义的领事保护对其海外公民进行保护。具体而言,对在海外的中国公民进行领事保护的主体是中国驻外国的各大领馆以及领事官员。领事保护应遵循合法合理且有限的原则,范围限于人身和财产安全以及正当的权利要求。在本案中,受害人小C拥有中国国籍,其健康权与身体权受到侵害,财产权利也被侵害,但根据新西兰国家的法律,犯罪嫌疑人已经被判处刑罚,小C的权利损害得到了赔偿,在这种情形下,可以不再向中国驻新西兰大使馆寻求保护。

外交保护指的是持续拥有本国国籍的海外公民因所在国国家不法行为受到侵害,在用尽当地救济后其合法权益仍不能得到保护,则本国可以以国家的名义对其进行保护的行为。与领事保护相比,外交保护针对的是外国的国家不法行为,且国家行使该权利无需以被害者的同意或申请为前提。也就是说,是否进行外交保护完全基于受害者国籍国的意愿。

---

① 万霞:《海外中国公民安全问题与国籍国的保护》,载《外交评论》2006年第6期。

此外，中国还可以通过与新西兰签订的双边条约对在新西兰的中国公民合法权益进行维护。其中，中国与新西兰在 2003 年签订的《领事协定》以及在 2006 年签订的《刑事司法协助的条约》都是维护中国公民在新西兰权益的重要依据。

本章小结

作为发达国家，新西兰拥有发达的经济发展水平、安全稳定的社会环境、健全的法治体系以及好的教育体制等，这一切为新西兰居民构筑了美好的生活环境，也多次让新西兰获评世界上最棒的国家。[①] 根据世界银行发布的《2020 年全球营商环境报告》，新西兰从 190 个经济体中突出重围再次蝉联第一。而从《中新自贸协定》生效至今，中国与新西兰两国友好合作，互利互惠，其贸易发展目前处于历史最好时期。2024 年 6 月，中国与新西兰启动自由贸易协定服务贸易负面清单谈判。[②] 随着"一带一路"的深化发展，中新各领域之间的交流只会更加密切。在此背景下，如何对在新西兰的中国公民的合法权益进行有效保护，值得深思。

一、在新西兰中国公民的权益内容

（一）人身安全

人身安全是人进行各项活动的前提，也是海外中国公民应享有的最基本权益。从国际法层面说，新西兰加入了《世界人权宣言》《经济、社会和文化权利国际公约》《公民权利和政治权利国际公约》，其负有保护外国公民合法权益的义务。从国内法层面说，新西兰国家的法制健全，法律分类细致，对外国公民权益保护的法律规定散见于各部门法中。

（二）财产安全

公民的私有财产神圣不可侵犯。在新西兰，中国公民的财产安全和新西兰公民一样都受新西兰法律的保护。新西兰《刑法》中有专门篇章涉及财产性犯罪，这体现在新西兰境内的居民和公民的财产都一样神圣不受侵犯。

---

① 《新西兰到底发达到什么程度？（九大特色）》，https：//www. 163. com/dy/article/G39UHL6N0539D443. html，访问时间：2021 年 7 月 1 日。

② 中华人民共和国中央人民政府：《中国与新西兰启动自由贸易协定服务贸易负面清单谈判》，https：//www. gov. cn/lianbo/bumen/202406/content_ 6957166. htm，访问时间：2024 年 6 月 30 日。

（三）劳动权益

根据《新西兰人权法》的规定，禁止劳动中的一切歧视，无论是否为新西兰居民，劳动者都应得到平等的待遇。因此，中国公民的劳动权益基本与新西兰本国国民一样，且也被新西兰法律所保护。如前所述，新西兰制定了一系列法律法规以保障劳动者的合法权益。总体来看，该国有关劳工保护的法律比较健全，劳工权益能够得到有效保障，但同时，前往新西兰工作的人员需要获得相关签证许可，部分行业需要通过劳动市场测试并取得相关资质。虽然新西兰政府制定了很多政策，以保障海外劳动者在当地就业的合法权益，但其本质上还是更偏向优先保障本国公民的就业，甚至其有关工作许可的政策对此进行了规定。除此之外，赴新西兰工作的海外劳动者也需要与雇佣者签订书面的劳动合同，合同中约定的工作时间也就是获得工作许可的时间，但一次最长也不得超过三年。如果海外劳动者想要从事专业能力要求较高的职业，则必须通过劳动市场测试。也就是说，只有符合雇佣者提出申请、没有本国公民符合要求以及该工作确属"当前紧缺工目录"中的工作这三项条件之一，海外劳动者才能获得这份工作。由此可见，新西兰在一定程度偏爱维护着本国劳动者的权益。

（四）投资权益

中国与新西兰在投资方面签订了一些条约。如1988年《双边投资保护协定》、1986年《避免双重征税协定》以及一些其他协定。其他协定如2008年《自由贸易协定》，这是中国与发达国家签署的第一个自由贸易协定，也是中国与其他国家签署的第一个涉及多个贸易领域的自由贸易协定。2017年3月28日，新西兰与中国签署《中华人民共和国政府和新西兰政府关于加强"一带一路"倡议合作的安排备忘录》，这是中国在"一带一路"框架下与南太平洋地区国家签署的第一个合作文件。除此之外，还有一些其他相关保护政策，即2005年《海外投资法》、2005年《海外投资条例》、1983年《捕鱼法》、1996年《渔业法》等。由此，中国公民、中国企业在新西兰享有投资自由权、投资收益权等。

（五）知识产权

新西兰有关知识产权保护的立法较为完善：一是商标立法。新西兰商标法于1955年正式生效，1988年开始接受服务商标注册，2001年重新修订。该法律规定了商标申请及审查、公告及异议的程序、商标注册有效期及续展有效期（各为10年）、商标权的转让、撤销、侵权处理等内容。新西兰现行商标分类采用《商标注册商品和服务国际分类》，商标注册种类包括商品商标、服务商标、证明商标、集体商标、系列商标、颜色商标、气味商标和声响商标等。新西兰商标权的取得基于使用在先，兼顾申请在先。新西兰是《马德里公约》的参加国。二是专利立法，2013 年《专利法》管辖新西兰的专利注册。专利侵权的处罚可以很重。在通常的进一步侵权的禁制令之外，处罚可以包括损害赔偿、支付侵权人所获得的任何利润、诉讼成本、销毁和缴交制作侵权产品所使用的任何物品。1994 年《著作权法》和 2002 年《商标法》也包含有针对为获得商业利益而进行的著作权作品的侵权和注册商标的伪冒的刑事责任。从事该类活动的人可以被处以至多 5 年的监禁或至多 15 万新西兰元的罚款。三是版权立法，新西兰有关版权的立法主要有 1994 年《著作权法案》及 1995 年《著作权法实施细则》。新西兰是《TRIPS 协定》《伯尔尼公约》《世界版权公约》等有关版权保护的国际公约的参加国，其国内立法的主要内容与国际版权保护体系基本一致。另外，新西兰为保护新发现的物种，还制定了 1987 年《物种权法》及其实施细则等。由此可见，中国公民在新西兰要严格遵循其知识产权法律规定。

二、中国公民权益在新西兰面临的风险预警

（一）人身财产风险

尽管新西兰的法律对人身财产安全都作了相当详细的规制与保护，但也存在着影响人身财产权益的不安全因素。正如前面所提及的，海外中国公民的合法权益面临的几大危害包括交通事故、劳务工伤、旅游事故以及留学事故。在这些类型的事故中，最难预防的就是突发自然灾害。比如之前新西兰发生地震，造成十多个中国留学生死亡。还有火山爆发，导致两名中国游客丧命。除此之外，受个别国人低素质行为的影响，很多犯罪分子想当然以为所有中国人都很富有，萌发了犯罪动机。

（二）投资风险

2020 年的调查数据显示，新西兰被认为是经营贸易环境最好的国家。[①]

该国较高的对外开放程度、化繁为简的业务办理程序、平等合理的贸易政策等，都吸引着外商投资。为更好管理外资企业，新西兰于 2005 年颁布《海外投资法》《海外投资条例》，并以此确立了一套外商投资的审批制度，即海外投资办公

---

① 中国国际贸易促进委员会网：《〈企业对外投资国别（地区）营商环境指南〉——新西兰》，http://www.changchun-ccpit.com/showinfo-59-2109-0.html，访问时间：2021 年 7 月 1 日。

室将对某些进入新西兰投资的外资企业进行审批。而在 2020 年面对新冠疫情带来的本国失业率上升等负面经济影响，新西兰也制定了相应的优惠或便利政策，比如放宽市场准入的审批要求，以更加吸引外商投资，从而带动当地就业，拉动经济增长。多年来，中国与新西兰一直保持友好的经济交往，此外，中新两国通过"一带一路"的纽带也形成了更加紧密的合作伙伴关系。因此，越来越多的中方投资者向新西兰涌入。但是，尽管新西兰政府为吸引外商投资曾作出一视同仁的承诺，但事实上它也并不能做到真正的平等，且当地企业也会对中方投资者有所抵制。同时，虽然新西兰为优化贸易环境而简化部分业务程序，但在一些敏感土地或自然资源的审批手续上也逐渐严格。另外，新西兰为多政党国家，投资者也可能受到政治阻挠的影响。由此可见，如果投资者要选择新西兰作为投资国，要做好风险防范和评估，并提前做预案，以应对海外投资的不确定因素与突发情况。

（三）劳工风险

新西兰在保护本国公民就业的前提下对外来劳动力的需求不大，对科技人才、特殊技术工种和粗工等需求较大。在新西兰的中方中介企业机构瞄准本地市场输入劳工的需求，从而招揽中国境内的劳动者赴新西兰务工。不仅如此，新西兰有关引入外来劳动力的规定较复杂，且基于国内就业形势的变化也具有不稳定性。因此，对于想要对新西兰输出劳务的单位或企业机构，应提前详细了解当地政策，评估从中国输出劳动力的难度。对于想要赴新西兰工作的中国公民来说，要查清中介机构是否具备介绍劳工的资质，详细了解合同的条款与每一笔支付的费用。除此之外，如果要从事特定职业的话，还需要事前取得新西兰的资格认证。在新西兰获得工作之后，如果认为自己的合法权益受到侵害可以通过多途径解决，比如向当地工会、领事馆等寻求帮助。

三、中国公民权益受损在新西兰本地的救济途径

受英联邦影响，新西兰作为普通法系国家拥有完备的法律体系。当在新西兰的中国公民之合法权益受到损害时，新西兰本地的救济途径包括调解、仲裁与诉讼等，每种方式都有不同的优势，因此当事人可以选择适用以尽快解决纠纷。

（一）调解

调解基于当事人的自愿选择而进行，这一解决纠纷的方式具备自愿性、协商性和高效性等优势，被各国普遍采纳。如前所述，新西兰是一个致力于以非诉讼争议解决机制化解纠纷与矛盾的国家，其签署了国际上所有重要的解决争端的公约，其中，以《华盛顿公约》和《纽约公约》为主，在有关国际投资贸易纠纷的

解决和仲裁裁决的执行方面形成了良好机制。

（二）仲裁

新西兰的商事合同允许仲裁，有关仲裁事项的规定主要被包含在《仲裁法》中。如前所述，根据《仲裁法》，在商务纠纷中，当事人可以在争议发生之前于合同中约定或者争议发生后协议选择将争议提交仲裁委员会。签订的仲裁条款应包括仲裁机构和时间、仲裁规则、仲裁地等内容，当事人也可以协议约定临时仲裁。

（三）诉讼

新西兰实行严格的三权分立制度，司法独立，律师在社会商业运营中发挥着不可或缺的作用。中国公民要学会守法和用法，更要懂得如何通过法律途径化解纠纷。中国与新西兰是不同法系的国家，并且两国语言存在差异，因此建议中国公民在新西兰遇到经济纠纷和其他法律问题时，积极寻求当地律师帮助。新西兰有一个全国律师协会，若干地区律师协会，法律规定每个律师必须加入律师协会。中资企业可以登录新西兰律师协会网站，根据自身所在地区、使用语言、法律服务领域等要求，选择合适的律师和律师事务所。

四、中国公民在新西兰权益的领事保护和外交保护

在领事保护层面，中国与新西兰在 2003 年签订《领事协定》；中国外交部发布了 2023 年版《中国领事保护与协助指南》，该指南详细介绍了中国公民赴境外旅行、探亲、工作、出差应注意的事项；中国驻新西兰大使馆利用官网网站和其他媒体渠道充分发布新西兰的安全状况、旅游、经商、劳务等信息；中国驻新西兰大使馆拍摄宣传短片，向社会多宣传，让海外中国公民知道中国政府可以提供什么服务，如何提供服务；除此之外，建立侨民登记制度，与其建立直接联络，保持服务渠道的畅通；等等。

在外交保护层面，外交保护是一国以国家名义针对外国的不法行为对具有本国国籍的公民进行保护的行为。如前所述，与领事保护相比，外交保护针对的是外国的国家不法行为，且国家行使该权利无需以被害者的同意或申请为前提。此外，行使外交保护的基本前提是被保护人拥有外交保护国的国籍且用尽当地救济。如果中国公民作为犯罪嫌疑人被新西兰警方逮捕，但其搜证程序、庭审程序均不符合法律规定，犯罪嫌疑人的中国公民多次抗议与沟通无效或用尽当地救济之后，即使不经请求，中国政府也可以进行外交保护。

中国公民在新西兰实用信息

单位名称或事项	地址	电话	备注
外交部全球领事保护与服务应急热线	—	+86 - 10 - 12308 +86 - 10 - 65612308	
中国驻新西兰大使馆	新西兰惠灵顿索恩登格伦莫尔街2 - 6号	领事保护与协助电话: +64 - 4 - 4995022 领事证件咨询电话: +64 - 4 - 4733514 政治处:+64 - 4 - 4749615 文化组:+64 - 4 - 4749633 科技组:+64 - 4 - 4749630 经商处:+64 - 4 - 4749637 教育组:+64 - 4 - 4749627	对外办公时间: 周一至周五 9:00—11:30 14:00—16:00 (周二、周五下午除外)
中国驻克赖斯特彻奇总领事馆	新西兰基督城上里卡顿汉森斯巷108号	领事保护与协助电话: +64 - 10 - 12308 +64 - 10 - 65612308 咨询电话: +64 - 3 - 3433650	对外办公时间: 周一至周五 9:00—12:00 (节假日除外)
中国驻奥克兰总领事馆	新西兰奥克兰艾勒斯利南大街588号	领事保护与协助电话: +64 - 9 - 5251200 总领馆:+64 - 9 - 5251588 政治处:+64 - 9 - 5267936 经商处:+64 - 9 - 6881608 领侨处(护照、签证、公证、认证): +64 - 9 - 5713080	对外办公时间 领侨处(护照、签证、公证、认证): 周一至周五 9:00—11:30(仅收件) 14:00—16:00(仅取证) 其他部门: 周一至周五 9:00—12:30 13:30—18:00
匪警	—	111	
火警	—	111	
急救	—	+64 - 9 - 3608008	
公路交通安全处	—	+64 - 800 - 699000	
心理健康支持中心	—	+64 - 9 - 4100604	

第十九章
在加拿大的中国公民权益保护

　　加拿大（Canada），被誉为"枫叶之国"，国土面积 998 万平方千米，居世界第二，人口大约 4000 万（截至 2023 年 6 月），主要为欧洲后裔，土著居民约占 3%，其余为亚洲、拉美、非洲裔等。行政区域划分为 10 省 3 地区。① 首都渥太华（Ottawa），位于安大略省。官方货币为加拿大元，国庆日为 7 月 1 日。

　　加拿大对中国的贸易政策持鼓励态度，不遗余力地叩开中国市场的大门，从 1970 年至今，中加签署的重要经贸协定、备忘录多达 41 个。2022 年中加货物贸易额 961 亿美元。其中，中国出口 537 亿美元，进口 424 亿美元。中国是加拿大第二大贸易伙伴、进口来源地及出口市场。②

　　加拿大作为"一带一路"倡议的积极响应者。2017 年 5 月 12 日，加拿大政府宣布国际贸易部长驻议会秘书帕米拉·戈德史密斯－琼斯（Pamela Goldsmith-Jones）代表加方出席在中国北京举行的"一带一路"国际合作高峰论坛。③ 同年 5 月 21 日，加拿大各界人士在温哥华举办"一带一路"倡议北美论坛，与会人士一致认为"一带一路"建设将给加拿大带来巨大机遇，不列颠哥伦比亚省地处加拿大亚太门户，该省目前已和中国广东省签署相互支持"一带一路"的合作文件。④

　　加拿大关于外国人权益保护的法律制度对在加拿大的中国公民权益保护发挥了重要作用。由于历史发展原因，加拿大的法律制度带有双轨制的特点，除魁北

---

　　① 10 省分别是不列颠哥伦比亚、阿尔伯塔、萨斯喀彻温、曼尼托巴、安大略、魁北克、新不伦瑞克、诺瓦斯科舍、爱德华王子岛、纽芬兰和拉布拉多，3 地区为育空、西北、努纳武特。

　　② 中华人民共和国外交部：《中加关系》，https：//www.fmprc.gov.cn/web/gjhdq_ 676201/gj_ 676203/bmz_ 679954/1206_ 680426/1206x0_ 680428/，访问时间：2021 年 7 月 1 日。

　　③ 《加拿大政府宣布派代表赴北京出席"一带一路"高峰论坛》，http：//ca.china-embassy.org/chn/zjgx_ 1/jmhz/t1461383.htm，访问时间：2021 年 7 月 1 日。

　　④ 《加拿大各界认为"一带一路"建设将为加拿大带来机遇》，http：//www.xinhuanet.com/world/2017－ 05/22/c_ 1121016478.htm，访问时间：2021 年 7 月 1 日。

克保留着大陆法系的特征之外，其余九个省的法律制度是在英美法系的基础之上发展而来。加拿大有关外国人权益保护的法律机制可作如下分类：

一、外国人法律地位规定

加拿大不仅加入了《世界人权宣言》《公民权利和政治权利国际公约》《经济、社会和文化权利国际公约》，而且也是 WTO 的成员国。因此根据相关公约的规定，外国人在经济文化民事权利方面享有国民待遇，与加拿大公民的各项权利基本一致。在投资领域，中国投资者根据加拿大《投资法》，任何一项外国投资都需要向政府备案或者通过政府的审核，《投资法》的特别条款以及加拿大联邦和省其他有关法律法规对特殊产业的外资比例设定了额外的限制。在劳务合作方面，中加两国尚未磋商、签署双边劳务准入协定。

二、外国人权益保护的实体法律规定

加拿大尚未有专门的外国人权益保护法，且加拿大是联邦制国家，各省有独立的立法权，如魁北克对外国人的权益保护就体现在《魁北克民法典》中，该法典规定外国人享有与加拿大公民人身权、财产权、婚姻家庭继承权等相同的民事权利。加拿大的国际私法作为解决涉外民商事纠纷的重要法律武器，对维护外国公民权益也有不容忽视的作用。《加拿大受害者权利法案》规定，在加拿大的外国受害者和加拿大本国受害者在刑事领域同样享有应有的权利。

三、外国人权益保护的程序法律规定

根据加拿大的《魁北克民事诉讼法典》《刑事罪程序条例》等相关程序法，外籍人享有与本国人同样的诉讼权利。中加之间签订了《中华人民共和国和加拿大关于刑事司法协助的条约》，中国公民在加拿大遭受不法侵害，双方可根据本条约的规定，相互提供刑事司法协助，如提供刑事调查取证或刑事诉讼的协助。

第一节　事先预防

一、中国公民在加人身伤亡案

案件一：加拿大留学生碎尸案

2012 年 5 月 24 日或 25 日（根据案件调查人员推断），加拿大的一名色情片演员 A 某，在其公寓内将中国留学生张某杀害并肢解，其犯罪手段极其凶残。令人发指的是犯罪嫌疑人 A 某将杀害死者的过程录制成视频并发布在网上。另外，犯罪嫌疑人还将张某的肢体分别寄往加拿大的两大政党总部。

犯罪嫌疑人 A 某患有精神疾病，此前 A 某曾将虐猫视频传至网上，对此英国的一名记者质询 A 某，随后该英国记者收到其回复邮件，称虐猫只是开始，"下次你再收到我制作的视频，里面出现的将是一些人……" A 某在杀害张某后，表现十分冷静并迅速潜逃。在作案的第二天 5 月 26 日通过伪造身份，男扮女装逃往法国。6 月 2 日法国警方在巴黎一家旅馆发现了嫌疑人的踪迹，并对该旅店实施突袭行动，但嫌疑人 A 某已经逃往德国，警方在其房间内发现了色情杂志等物品。6 月 4 日经民众举报，德国警方在柏林一家网吧将涉嫌杀害中国留学生张某的加拿大犯罪嫌疑人 A 某抓获，随后引渡到加拿大受审。令人震惊的是，嫌疑人 A 某被捕时表情平静，只是说了一句"你们抓着我了"。

犯罪嫌疑人 A 某被加拿大检方正式起诉，指控他犯有一级谋杀罪，辱尸罪，发布淫秽资料罪，邮递不雅资料罪，骚扰总理，国会议员罪等罪名。最后，加拿大陪审团裁决，2012 年发生的杀害中国留学生的加拿大嫌犯 A 某 5 项罪名全部成立，被判终身监禁，25 年不得假释。[①]

案件二：中国旅游大巴交通事故案

众所周知，加拿大是中国留学生聚集的国度之一，与此同时，加拿大也是一个风光旖旎的国家，吸引着无数中国游客前往领略其美丽风景。2018 年 6 月初，在加拿大安大略省的一条公路上发生夺命旅游巴士意外。2018 年 6 月 4 日下午，

[①]　黄丽丽、关飞：《加拿大肢解中国留学生林俊嫌犯马尼奥塔被判终身监禁》，人民网，http://ah.people.com.cn/n/2014/1224/c229939－23329824.html，访问时间：2021 年 7 月 1 日。

一辆载有 37 人（其中 35 人为中国公民）的美国旅游巴士，正沿着这条公路行驶，突然失控冲出公路，造成车上 3 名游客丧生，20 余名乘客受伤。据调查，这条公路当时有正在施工的工程，而且常年路况不好，经常发生交通意外事故。此外，司机是一个不负责且经常被投诉的司机，当时他正在超速驾驶。

有游客回忆说发车时一度下雨，但意外发生时已雨过天晴，且路况良好。当时大巴突然斜向道路右侧，冲出路面并撞向路边石墙。整个过程中车辆失控，数秒钟内连续产生多次撞击。车身与路边石块、树木等剧烈刮擦，甚至擦出火星。乘客未感觉到减速。猛烈的颠簸与撞击如同地震，大量碎玻璃、土石、树枝等横飞，"感觉像世界末日"。车子撞停后，车身倾斜但未翻覆，但车内一片狼藉。当时车上不少人在打盹，反应不及。不少人的头部和身体被玻璃、树枝严重割伤，有人被摔出座位导致骨折、骨裂。车内血迹斑斑，其状甚惨。①

二、法理分析

针对在加拿大频频发生的中国公民人身安全事故，如何预防、救济，首先需要了解加拿大这个国家的法律制度，然后再进行法理分析并探寻解决对策。

纵观加拿大的历史，加拿大曾先后成为法国和英国的殖民地。这对它的法律制度的影响也极深，加拿大魁北克地区作为法国的殖民地，其传统根深蒂固，1774 年，英国议会通过了《魁北克法案》，一方面确立英国公法、刑法和刑事诉讼法在魁北克的有效地位，另一方面认可了法国民法和民事诉讼法的效力。在魁北克以外的加拿大其他地区，也被称为上加拿大，被英国统治多年，其法律体系隶属普通法。加拿大开创了同一国家两种法制的双轨模式。② 本书以此为基础，深入分析上述案件，揭示法理机制。

案件一：留学生碎尸案的法理分析

1. 犯罪构成

第一个案件是一个故意杀人案，且犯罪嫌疑人的犯罪手段极其凶残。从犯罪的两阶层来看，在违法阶层方面，存在行为主体加拿大公民 A 某，行为对象中国留学生张某，危害行为是 A 某将张某杀害并肢解，造成危害结果张某死亡，并且死亡结果是由 A 某的杀害行为导致的，二者具有因果关系。在调查中并未发现 A 某杀害张某存在正当防卫、紧急避险或者被害人承诺等事由。因此，可以判断 A

---

① 《中国游客忆加拿大车祸细节：阴影难挥去，心理待疏导》，新浪网，https：//k. sina. cn/article_5137261048_ 1323461f8020007zj1. html？ subch＝onews，访问时间：2021 年 7 月 1 日。
② 高仰光：《加拿大民事法律制度的双轨制》，载《中国人大》2017 年第 8 期。

某的行为具有法益侵害性，即侵害了张某的生命权。在责任阶层方面，如果行为主体具有犯罪故意或过失，就表明其具有主观罪过性、可谴责性。但是，如果存在一些阻却事由的话，比如责任年龄、责任能力、违法性认识可能性、期待可能性等，便可以排除其可谴责性，免除刑事责任。本案中 A 某的律师就主张其患有精神疾病，是在精神错乱的情况下杀人的。

2. 管辖与司法协助

同时，该案件还具有涉外因素。本案发生在加拿大，根据尊重国家主权原则以及属地管辖权原则，首先应当由加拿大的有关司法机关秉承公正合法的原则对该案件进行调查，并将犯罪嫌疑人捉拿归案。另外，由于该被害人是中国公民，根据属人管辖原则，我国司法机关对该案件也具有管辖权，关于案件的调查，我国有关机关也应积极配合，全力协助加拿大司法机关的调查。中、加两国关于司法协助仅签订了《中华人民共和国和加拿大关于刑事司法协助的条约》，[①] 目前还没有签订引渡条约等其他司法协助条约。两国的合作有待进一步加强。

3. 定罪依据

在谋杀罪方面，根据加拿大的刑法规定，犯罪嫌疑人被指控为一级谋杀罪。一级谋杀：处终身监禁，判决执行二十二年后可适用临时出狱，二十五年后可适用假释。二级谋杀：处终身监禁，由法院确定在判决执行最低为十年至最高为二十五年之间的期限后可适用假释，在适用假释之日期以前的三年可适用临时出狱。[②] 需要注意的是，加拿大没有死刑的规定，加拿大在经过长期的立法改革后，在 1976 年废除死刑，所以在加拿大无论作案手段多恶劣的故意杀人案件，都不能判处死刑。该案的犯罪嫌疑人及其律师承认其杀人这一客观事实，却以犯罪嫌疑人患有精神疾病作为抗辩理由，提出 A 某是在精神错乱的情况下杀人，作案是在幻觉驱使下，无法辨认是非。若是犯罪嫌疑人和律师的证词成立，"作为与不作为在精神失常时发生的，不受有罪判决"。《加拿大刑法典》第 16 条除规定这一原则外，还对精神失常的含义作了规定："本条所称精神失常指先天白痴或患心理疾病达到不能认识其作为与不作为的性质或不能认识其作为与不作为系错误的程度。"[③] 因此，犯罪嫌疑人便不负刑事责任。但检方最终予以驳回，根据 A 某回复英国记者的邮件，可以看出 A 某谋杀并肢解张某是蓄意行为，且经过了事先策划。最后

---

① 《中华人民共和国和加拿大关于刑事司法协助的条约》于 1994 年 7 月 29 日签订，1995 年 7 月 1 日生效。

② ［加］理查德·M. 朱布里克，林遐译，叶逊校：《加拿大的长期监禁》，载《环球法律评论》1985 年第 6 期。

③ 朱华荣主编：《各国刑法比较研究》，武汉出版社 1995 年版，第 284 页。

凶手得以惩治。①

案件二：中国旅游大巴交通事故案

根据加拿大的交通法规定，如果交通事故损失不大（加拿大各省规定的金额不同）、责任很明确的情况下，一般通过私了解决。当事人必须记录好对方的驾照信息、联系电话，以及对方的保险号码以及相关信息，并且拍照保留证据。稍微大一些的事故就要先报警，判责之后，由对方保险公司赔偿损失。其中，要注意证据的收集，保留事故记录。该案件是一起关于公路交通意外事故的涉外侵权案件，案件的主要争议焦点在于确定责任主体、法律适用、赔偿问题。

1. **责任主体**

关于责任主体，首先需要探讨归责原则的冲突，目前存在四种归责原则：无过错原则、过错原则、过错推定原则、公平原则。② 一般而言，大多数大陆法系国家以无过错原则为根本原则，比如，我国《民法典》《道路交通安全法》的规定。相反，英美法系国家多以过错原则为根本原则，即公路交通事故侵权行为人必须具有过错才承担责任，该事故发生在加拿大安大略省，其法律制度深受英国判例法影响，交通事故的归责原则也以过错原则为本。③ 出事大巴来自美国的旅游公司，事故原因为驾驶员疲劳驾驶、超速驾驶撞上路边隔离带。该司机为美国旅游公司员工，同时旅游公司缺乏对司机的培训、管理，所以美国旅游公司为此次交通事故的主要责任主体。在本案中，事故发生在加拿大境内，加拿大安大略省为侵权行为地。可以根据侵权行为地适用加拿大法律起诉美国旅游公司。

2. **法律适用问题**

传统侵权行为法律适用规则有侵权行为地法、法院地法、最密切联系的法律等。在国际私法的发展中，也有学者提出适用当事人意思自治的法律、当事人共同属人法或更利于保护受害人的法律。1971 年的海牙《公路交通事故法律适用公约》在涉外交通事故的法律适用方面确定了以事故发生地法为主，以车辆登记地

---

① 李学江、胡萌：《加拿大中国留学生林俊宣判 凶手被判终身监禁》，https://world. huanqiu. com/article/9CaKrnJGcbD，访问时间：2021 年 7 月 1 日。

② 无过错责任原则，是指当事人实施了加害行为，虽然其主观上无过错，但根据法律规定仍应承担责任的归责原则。过错责任原则，是以当事人的主观过错为其构成侵权行为的必备要件的归责原则。过错就是行为人行为时的故意或过失的主观心理状态。在过错责任原则下，对一般侵权责任行为实行谁主张谁举证的原则。过错推定责任原则，是指行为人的行为只要致人损害就推定其主观上有过错，除非其能证明自己没有过错，否则应承担民事责任。公平责任原则，是指损害双方的当事人对损害结果的发生都没有过错，但如果受害人的损失得不到补偿又显失公平的情况下，由当事人分担损害后果。

③ 孟祥：《旅游，不能有钱就任性，也不能无知就无谓》，载《中国安全生产》2018 年第 7 期。

法为补充的原则。① 但是我国与加拿大都未加入该公约。若受害者或者其家属在加拿大法院起诉美国旅游公司，则根据加拿大的冲突规则来选择连结点适用法律。

3. 赔偿问题

由于法律观念和法律制度的不同，不同国家侵权损害赔偿原则、标准范围也各异。一般而言，对当事人的赔偿原则采取全部补偿原则，即受害人遭受了多少损失就赔偿多少。基于各国的实践，在赔偿标准方面，英美法系国家和大多数大陆法系国家采用可预见性标准，即受害人只能就其遭受的可预见到的损害获得赔偿。关于赔偿范围，受害者不仅可以主张医疗费、护理费、丧葬费、死亡补偿费等人身损害赔偿以及财产损失赔偿。其中大量旅客还面临记忆受损、正常认知及心理创伤后应激障碍和社会孤立等心理健康问题。这些都应当被列入赔偿范围。另外，购买了旅游保险的游客，还可以从保险公司得到相应补偿。

4. 其他法律关系

除上述的主要责任主体美国旅游公司外，本案还涉及其他责任主体：司机、安大略省运输厅以及施工公司。司机危险驾驶行为直接导致该交通事故的发生，可以以危险驾驶罪起诉，司机当承担相应责任。司机与旅游公司内部存在的合同关系，由旅游公司内部自行处理。由于这条公路正在施工，当时并没有放置任何标志，施工公司没有尽到充分确保公路的安全行驶的义务。且该段路发生了多宗严重交通意外，包括致命的多车相撞意外，相关部门监管失职，因此，安大略省运输厅也应该承担相应责任。②

三、对策建议

抢劫、绑架、强奸、恐怖袭击、种族歧视、交通意外事故等，都是中国在海外公民多发的安全问题，社会各界都应当引起重视。针对以上的案件，本书着重探讨加拿大的中国留学生和中国游客这两大群体如何防止人身权利被侵犯。

（一）对中国留学生人身安全保护的建议

留学生这个特殊的群体，大多数都是未成年者或者刚成年的青年，心智尚未成熟，在不熟悉的跨洋环境中学习，他们的权益容易侵害。除了以上两个案件外，在加拿大还发生过电信诈骗案、留学生飙车发生车祸案以及小留学生被虐待等大大小小侵害人身财产权益的案件，引发了广泛关注与讨论。无论是加拿大还是中

---

① 孙颖：《试论涉外公路交通事故侵权的法律适用》，西南政法大学 2011 年硕士学位论文。
② 柳龙龙：《中国旅行团加拿大遇车祸　当事人与家属索赔 50 亿元》，https://news.sina.com.cn/o/2019 – 12 – 17/doc-iihnzahi8045779.shtml，访问时间：2021 年 7 月 1 日。

国的有关政府部门，都应更加关注、保护中国留学生在加拿大的人身、财产安全。

1. 关于留学中介机构选择的建议

一般留学分为公派留学和自费留学，在自费留学过程中，大多数经济条件允许的学生，会选择一个留学中介机构，留学中介机构会为学生提供留学相关的信息和法律咨询、代办入学申请、提供签证服务、进行出国前的培训等。但是在实际操作中，留学中介机构存在着许多违规操作，比如申请学校的资料造假、高额收取费用、对学生的安全培训不到位等。这时，便需要相关部门对留学中介机构加强监管和规制。首先，有关政府部门应加强对留学中介机构的监管，完善相关的法律法规，严厉打击违反《自费出国留学中介服务管理规定》或者其他相关法律法规的留学中介机构，监管部门必须将纸上的明文规定落到实处。其次，留学中介机构应当加强对学生的安全意识培训，特别是提供学校和留学国家的治安情况，让学生更清楚地了解当地的有关情况，更安心、更放心地去学习。最后，就留学生个人而言，选择留学中介机构，一定要擦亮眼睛，多家比较，择优选择，同时也不要太盲目轻信广告，多多询问身边的朋友、家人。①

2. 对东道国和国籍国建议

对于东道国而言，无论是政府部门还是学校，都应关注留学生的安全，保护留学生的安全是每个国家不可逃避的义务，要消除留学生身边的安全隐患，避免安全事故的发生，就必须采取相应措施，加强安保，整顿社区治安。东道国还应当加强种族平等的思想宣传，往往在一些发达国家，更容易发生一些因为种族歧视而发生的海外留学生被害的案件。上述中国留学生张某碎尸案，据相关报道，犯罪嫌疑人 A 某曾经发表过一些歧视华人的言论，虽然这不是他作案的主要动机，但是在加拿大的中国留学生也会遇到被孤立，从而引发矛盾的情况。为避免中国留学生受歧视的情形，无论学校还是政府都应该加强关注，采取措施，及时消除安全隐患。

领事保护和外交保护是当前我国保护海外留学生乃至所有海外中国公民安全的重要和主要手段，领事和外交保护方面机制建设十分必要。在加强领事保护和外交保护的前提下，应最大限度地预防事前事故的发生：（1）利用多媒体及时发布与更新与留学生有关的预警信息，使留学生可以随时随地刷新预警信息；（2）

---

① 严书元、翁里：《论中国自费留学中介机构的法律规制》，载《中国地质大学学报（社会科学版）》2013年 S1 期。

多与当地的华人组织联系，因为当地的华人组织可以准确地洞悉当地的安全风险以及留学生们的需求。

3. 对留学生家庭及本人的建议

（1）家庭层面

应当充分做好孩子出国前的准备，如准备好留学费用，以保障其选择安全性好的住址，对于未成年的小留学生，最好由监护人随行，避免反复出现小留学生被虐待又孤立无助的情况。对留学国家和学校的选择考虑，一定要加强对留学环境和安全因素的考察和调查，合理选择留学服务机构，同时，从决定孩子出国时就刻意培养其安全意识和安全应急能力，在孩子出国后随时保持与其联络并时刻提醒其注意安全，牢记孩子的住址和通信方式甚至更多信息，一旦有安全事件发生便可快速报警。

（2）个人层面

首先，留学生要养成个人安全防范意识和思想。中国留学生大多家庭经济条件较好，但是无论多有钱，在日常生活中，最好行事低调，不攀比、不炫耀，这样才能不引起犯罪分子注意。现实中很多针对留学生的刑事犯罪，如抢劫、勒索这样的财产型犯罪，都是由于留学生高调炫富引起犯罪分子注意从而导致悲剧发生。出行、居住等各方面都要增强安全意识，不要想当然地认为像加拿大这样经济发达的国家，治安一定很好，安全系数一定很高。在陌生的国家一定要随时随地增强安全防范意识。特别是在夜间和人烟稀少的地方，尽量减少出行或者结伴而行，另外，租住安全性高的公寓，注意交通和日常用电用火等各方面的安全。

其次，留学生应该谨慎交友。交友是人之常情，但异国他乡难免分不清对方的真实目的和面目，近年来熟人加害事件多发，很多留学生被绑架都是自己交友不慎造成的，被带向吸毒泡吧堕落境地，被朋友设计绑架、抢劫、强奸甚至残忍杀害，所以，出国后要谨慎交友。2018年10月17日，加拿大全国范围内大麻合法化，留学生们不要因为好奇这种心态去尝试吸食大麻，一旦沾惹上，人生将会坠入深渊。如果你身边的朋友劝诱你吸食大麻，一定要果断地拒绝。

再次，学习了解和尊重留学地的风土人情和文化历史，快速融入新的环境。由于生活环境、文化背景不同，有时也可能会引起文化冲突，一些在中国正常的行为可能在国外会引发当地国民的仇视，尤其是种族和宗教信仰方面，留学生出国前应全面了解并尊重不同民族种族和不同信仰文化，如果被歧视，也要理智对待，尽量避免与人发生肢体冲突。同时遵守当地规则，如加拿大的交通规则，在限速、超车、醉驾处罚以及交通标志上与中国的有细微不同，这些都值得注意。因为法治环境不同，留学生在留学地应做到谨言慎行、遵守规则，以降低灾祸的发生概率。

最后，主动学习一些安全逃生技能，积极参加一些安全培训课程。安全技能在发生突发事件时作用显著。加拿大是一个高纬度国家，容易出现暴风雪天气，也经常发生飓风等自然灾害；加拿大法律虽然禁枪支，但是偶尔也会发生枪击案件；等等。面对种种意外事故，如何进行逃生都是平时需要加以学习培养的，以免遭遇事故时手足无措。①

（二）对游客人身安全保护的建议

每到中国法定节假日前，中国驻加拿大的使领馆发布假期出行注意事项，所以各位游客出行前一定要关注使领馆发布的信息。

第一，在选择旅行社时，要选择有资质的旅行社参团旅游，并听从带队导游的安全管理。旅游期间与导游保持密切联系，尽量避免脱团单独行动和非必要自费旅行项目，避免参加廉价团，以免为行程埋下安全隐患。

第二，理性选择项目。根据自身身体状况安排合适的游玩项目并充分了解相关风险和安全规定，开展户外运动要选择正规经营、有管理人员和救生力量的机构及场地进行，尽量结伴而行，切忌盲目追寻刺激和探险，切勿在无专业人员带领的情况下，进入不熟悉和未开放区域。

第三，谨慎选择自驾游。租车须有合法驾照，选择有运营资质的交通工具，切记购买相关交通保险；出行前合理规划旅游线路，详细了解路况及本地交通规则，杜绝超速、酒后驾车和疲劳驾驶等危险驾驶行为；行车中务必系好安全带，确保出行安全；过马路请走人行横道，切勿闯红灯。

第四，尽可能减少并避免恶劣天气出行。进入 10 月，加拿大气候变化莫测，特别是偏远山区常有酷寒、暴雪、冰雨等恶劣天气，外出前请务必留意当地天气预报、道路状况、航班变化等信息，确保人身安全并避免延误行程。

第五，增强安全防范意识。避免随身携带大量现金，在付账时避免显露携带的现金；不在酒店房间存放贵重物品，不在偏僻地区佩戴昂贵饰品、携带贵重物品，乘车、参观、购物时避免人包分离；减少深夜外出，尽量结伴而行，如遇盗

---

① 宋可：《中国海外留学生安全保护问题研究》，载《齐齐哈尔大学学报（哲学社会科学版）》2017 年第 3 期。

抢，应保持冷静，避免与劫匪争执或发生肢体冲突导致自身受伤，在确认自身无安全威胁后立即报警。注意防范电信诈骗，如接到疑似诈骗的电话、邮件等，请务必提高警惕，建议直接报警并同总领馆联系。

第六，不要接触、使用和携带大麻。虽然加拿大已经实施"大麻合法化"，但大麻目前仍是联合国禁毒公约规定的严格管制品，在绝大多数国家携带、吸食大麻仍属违法。《中华人民共和国刑法》明确规定大麻属于毒品。如果在加拿大登机回国前吸食了大麻，即使没有携带，下飞机时被查出吸毒，等同于在国内吸毒，根据不同情况，适用《中华人民共和国治安管理处罚法》和《戒毒条例》。如果携带、行李夹带大麻入境时被中国海关查获，无论数量多少，都不属于"非法持有"，而是"走私"行为，属刑事犯罪，将被追究刑事责任。加拿大《大麻法》对大麻的使用、销售、携带也有严格规管，外国公民若违反《大麻法》将可能被遣返，甚至被判刑。"好奇害死猫"，千万不要心存侥幸，以身试法，以免悔恨终身。

第七，旅行期间随时与亲友保持联系，常报平安。出境旅游往往伴随着各种难以预料的旅行风险，出行前请务必购买合适的境外旅游意外保险。加拿大地广人稀，洛基山脉附近等偏远地区的景区，网络信号较差，部分地区甚至没有信号。游玩前，务必先向家人、朋友告知行程，回到有信号区域及时向亲友报平安，避免因通信中断令家人担心。妥善保管护照、签证，建议预留护照、签证复印件并同原件分开存放，以备急用。如护照丢失，请立即报警挂失并与总领馆联系补办旅行证件。

第八，遵守加拿大法律法规。入境后请不要从事赌博、色情、毒品等违法活动，尊重当地风俗习惯、宗教信仰，不在公共场合大声喧哗、吵闹，谦虚礼让，和气待人，文明出行。

第九，旅行途中，如遇突发紧急情况，务必保持镇定并及时联系有关方面寻求帮助。如与旅行社发生纠纷或因航班晚点、取消、机票超售等情况延误行程时，一定要冷静面对，保留好相关证据，依法依规理性维权，合理合法表达诉求，切勿采取过激行为，以免使问题复杂化。[1]

---

[1]　中华人民共和国驻温哥华总领馆：《驻温哥华总领馆提醒中国游客国庆假期出行注意事项》，http://vancouver. china-consulate. org/chn/topic/zgly/，访问时间：2021 年 7 月 1 日。

第二节　事件应对

一、中国公民在加拿大无故被扣押事件

2018 年 12 月 1 日早上，中国驻加拿大总领事馆值班室被一个通信科技公司工作人员的电话打破平静，但并不是该公司推出某种新产品或者准备研发某种新科技的推广电话，而是该公司员工孟女士在加拿大温哥华被捕了。中国公民孟某按出行计划在加拿大转机，当航班降落时，却莫名其妙地被加拿大当局扣押在温哥华机场 3 小时，其间加拿大皇家骑警搜查了孟某的行李并向她问话，扣押其手机和其他电子设备，强迫其交出密码。12 月 5 日，应美国的引渡要求，孟某被指控违反美国对伊朗的制裁法规而被捕。加拿大警方如同对待重刑犯人一样给孟某扣上了手铐，在未经审判认定有罪的情况下，给孟某戴上适用于重刑犯人的刑具，无疑是对中国公民基本人权的践踏和人格的侮辱。中国公民途经加拿大却无端被拘留、逮捕的事件，引发了该通信科技公司、中国民众以及中国政府的强烈不满，同时在国际上也闹得沸沸扬扬。加拿大法院决定于当地时间 12 月 7 日在加拿大举行保释听证会，法官会针对孟女士是否应该被保释还是继续扣押作出判断，在近 6 个小时的听讯后，法庭没有做出任何决定并推迟听证会。听证会结束后，通信科技公司第一时间公开发表声明："公司一直相信孟女士是清白的。我们认为，美国下令逮捕孟女士是非法滥用程序，背后有政治因素驱动，而非出于法治考虑。"中国外交部对此事非常重视，12 月 8 日，外交部副部长向加拿大驻华大使提出严正交涉和强烈抗议，指出加拿大应美方要求拘押中国公民，严重侵犯了中国公民的合法权益。许多加拿大华侨以及富有正义感的加拿大普通民众纷纷涌上街头支持孟女士，向中国驻加大使馆发来邮件或在网上发帖，批评加方应美方要求无理拘押中国公民。更无理的是，美国总统表示，如果能与中国达成更好的贸易协定，他可能会支持干预该案件。显然，这起拘留中国公民事件带有政治因素。11 日上午，加拿大不列颠哥伦比亚省高等法院法官表示，拘押孟女士是基于美国的要求，但是美国方面尚未对孟女士正式提出引渡要求，且孟女士不具有人身危险性，因此在加拿大法院进行第三次保释听证会后，法官最终表示孟某可以有条件保释，

条件包括 1000 万加元保释金及 5 位保证人，以及上交护照、佩戴电子监控设备、全天候监视、外出时间和地域等人身限制。被加拿大拘押的中国公民孟某当地时间 11 日下午终于获得保释。但事情远远没有结束，2019 年 1 月 29 日，美国司法部正式向加拿大当局提交了引渡文件以引渡孟某，此外，美国司法部还就中国的通信科技公司在纽约提起 13 项指控。2020 年 1 月 20 日，加拿大法院再次就孟某案举行听证会。2020 年 5 月 27 日，加拿大高等法院就美国指控孟女士"对银行欺诈"的罪行是否构成在加拿大犯罪作出裁决，认定符合"双重犯罪"标准，美国提出对孟女士的引渡案将继续审理。2020 年 7 月 23 日，孟女士所属中国通信科技公司已向加拿大法院申请中止将孟女士引渡到美国。2020 年 7 月 24 日，加拿大不列颠哥伦比亚省高等法院公开孟女士引渡案下一阶段庭审的证据材料。2020 年 8 月 17 日，加拿大不列颠哥伦比亚省高等法院就孟女士案举行庭审，讨论涉案证据信息披露问题。2020 年 11 月 16 日，加拿大不列颠哥伦比亚省高等法院再次举行孟女士案听证会。涉嫌把孟女士电子设备密码提供给美国联邦调查局的加拿大皇家骑警退休警官 Ben Chang 拒绝出庭作证。2020 年 11 月 25 日，孟女士引渡案第二阶段法庭听证继续在加拿大温哥华举行。加联邦警察警长格拉夫是加警方直接操纵逮捕孟女士的负责人，关于是否看过逮捕令，格拉夫四次改口，最后的回答竟是不知道。2021 年 4 月 21 日，加拿大不列颠哥伦比亚省高等法院法官裁定，同意将孟女士的引渡听证会推迟 3 个月。后经中国政府不懈努力，孟女士在坚持不认罪的前提下，最终与美国司法部达成暂缓起诉协议，根据该协议她不会被美国进一步起诉，加拿大引渡程序也将终止。2021 年 9 月 24 日，被加拿大无故扣押 1028 天的孟女士搭乘中国政府包机回到祖国。回顾该扣押案，我们不难判断其绝非一起单纯的司法案件，而是美国一手炮制的严重政治事件。加方以应美方要求为由，滥用加美之间的双边引渡条约，任意拘押孟女士，严重侵犯中国公民合法、正当权益，该案件使中加关系遭遇前所未有困境，中方对加方的做法坚决反对。我国政府通过法律、外交等多种方式营救孟女士并使之顺利回国，彰显我坚决维护海外中国公民正当权益、人身安全的信心和决心。

二、法理分析

伴随着"一带一路"倡议的推进，我国赴境外旅游、出差、留学的人数逐年增长，各类海外安全风险突发事件也频频发生，不仅给中国公民造成人身和财产损失，也给中国公民在海外的生存带来不利影响。加拿大所发生的中国公民被加执法部门以第三国要求为由任意拘押的海外突发事件，与一般的国内突发事件不同，因其涉外性的特点，往往非单一原因所致，其与国际社会息息相关，可能涉及宗教矛盾、政治冲突、经贸利益冲突等多重原因。①

（一）事故发生国扣留的无端依据

首先，加拿大是奉行引渡"条约前置主义"的国家，与他国开展引渡合作以存在的双边条约为依据，加拿大1999年新《引渡法》扩大了条约的范围，将多边国际公约包括进来，允许根据外交部与请求国就个案达成的"特定协议"来开展引渡合作。② 这就增加了加拿大引渡制度的灵活性与便捷性。其次，孟某作为中国公民在加拿大属于外国人，加拿大依据属地管辖原则可以对其国家管辖范围内的民事、刑事或行政案件进行管辖。最后，美国法院奉行长臂管辖原则，只要被告和美国法院有某种最低联系，则对该被告具有管辖权。以上原因给孟某被加拿大执法部门应美国请求而被拘留埋下了潜在隐患。

加拿大于1999年颁布的新《引渡法》，在引渡制度上逐渐放宽加拿大司法部长的自由裁量权，允许根据加拿大外交部与请求国就个案达成"特定协议"来开展引渡合作，更增加了引渡制度的灵活性。根据1999年《引渡法》和《美加引渡条约》，加拿大应美国要求引渡外国公民需要满足两个条件：第一，符合双重犯罪原则。如果美国以被引渡人触犯了美国法律上的某个罪名提出一项引渡请求，加拿大必须确定被引渡人的行为根据加拿大的法律也构成同样罪名，才可以同意美国的引渡请求。如果加拿大根据美国提出的伊核问题以及对该公司的制裁申请而对孟某进行逮捕，但是加拿大目前并没有针对伊朗的金融制裁，无疑违反双重犯罪原则。第二，被引渡人涉嫌犯罪最低刑罚为两年。孟某面临的指控在加拿大并不构成犯罪，更无最低刑罚一说。③ 综上，孟某并未违反加拿大法律，也不符合美加两国的引渡条件，加方却偏听第三国的一面之词，在孟某转机之时将其拘押是不符合法律规定的。再者，中国和加拿大均为《维也纳领事关系公约》缔约国，《维也纳领事关系公约》第36条明确规定国家和个人享有领事通知权，加拿大执法部门执意逮捕中国公民必须通知中国驻加拿大领事馆，但加拿大未能做到这一点，中方是通过其他途径得知孟某被逮捕这一消息的，同样不符合条约规定。加

---

① 梁国鹏：《我国海外突发事件应急管理机制建设研究》，中国人民公安大学2019年硕士学位论文，第4页。

② 张磊：《从高山案看我国境外追逃的法律问题——兼与赖昌星案比较》，载《吉林大学社会科学学报》2014年第1期。

③ 黄风：《加拿大引渡制度简介》，载《中国司法》2006年第8期。

拿大无端搜查中国公民的行李、扣押电子设备、拘留和逮捕等一系列行为都是对中国公民人身财产安全的侵犯。

中国和加拿大都是独立的主权国家，当加拿大要扣留或逮捕在其境内的中国公民时，除了要确定该中国公民触犯了加拿大法律，更应当承担加拿大对中国所要承担的义务，而非其对第三国的义务。孟某事件是美国和加拿大两国对引渡条约的滥用，对中国公民的人身安全和合法权益造成侵犯，当事国各方应当尊重中国的主权和司法制度，才会有利于引渡制度的国际发展。加拿大是法治国家，它在对美方进行司法协助的同时，应尊重中国司法主权，维护孟女士的合法权益。

（二）国籍国保护的法理依据

中国外交代表机构和领事机关根据国际法、国际公约、双边领事条约和中国国内的法律规章负有保护海外中国公民合法权益的义务。[①] 中国公民在加拿大权益受损时，国籍国保护的方式主要是领事保护和外交保护。在突发事件情况下，通常采用领事保护方式帮助海外中国公民脱离困境。领事保护又叫领事协助，指的是一国的领事机关或领事官员，根据本国的国家利益和对外政策，在国际法许可的限度内，在接受国内保护派遣国及其国民的权利和利益的行为。[②] 以本次事件为例，当中国公民、法人的合法权益在加拿大受到不法侵害时，中国驻加拿大使领馆依据公认的国际法原则、有关国际公约、双边条约或协定以及中国和加拿大的有关法律，可以敦促加拿大当局依法公正、友好、妥善地处理本次事件，2018 年12 月 8 日，时任中国外交部副部长乐玉成紧急召见加拿大驻华大使麦家廉，就加方拘押某通信科技公司负责人提出严正交涉和强烈抗议，中方强烈敦促加方立即释放被拘押人员，切实保障当事人的合法权益。此外，领事保护还包括中国驻外使领馆向中国公民或法人提供国际旅行安全方面的信息、协助聘请律师和翻译、探视被羁押人员、协助撤离危险地区等。

外交保护也是国籍国保护的方式之一，外交保护是指一国对其国民所实行的保护，如果一国国民受另一国违反国际法行为的侵害而不能通过通常途径得到解决时，该国民所属的国家有权对其实行外交保护。[③] 外交保护以国家的名义行使，但领事保护并非总以国家的名义实施，外交保护的发出者是本国的外交机构，而

---

① 陶莎莎：《海外中国公民安全保护问题研究》，中共中央党校 2011 年博士学位论文，第 63 页。

② 梁宝山：《实用领事知识：领事职责・出入境办理・侨民权益保护》，世界知识出版社 2000 年版，第 235 页。

③ 王铁崖主编：《中华法学大辞典（国际法学卷）》，中国检察出版社 1996 年版，第 572 页。

不再是简单的领事机构。外交保护启动条件比领事保护要高，一般是在本国公民无法获得当地救济的情况下才启动。与外交保护相比，领事保护的形式更为常见，对于国外的公民来说，领事保护更贴近他们的日常生活，寻求领事保护也更为方便。①

（三）管辖权的认定

国家管辖权分为依据国籍的管辖，即属人管辖；依据领土的管辖，即属地管辖；为保护一国及其国民的重大利益而实行的管辖，即保护性管辖；为维护国际和平与安全和人类共同利益而实行的管辖，即普遍性管辖。② 此次事件，加拿大是基于中国公民与加拿大形成的属地管辖法律关系进行管辖。关于第三国的管辖权问题，无论美国依据属地管辖、属人管辖还是保护管辖原则均不具有管辖权。孟某尽管身处加拿大，但由于她所在的公司与美国法院地有所谓的"最低限度联系"，该地区法院依据长臂管辖原则，积极寻求对她的指控。从国际司法实践看，长臂管辖作为美国诉讼制度中一种规制外国公民、企业行为的做法，是对管辖权的滥用，是在法律面具遮盖下的强权政治，严重违背国家主权原则，造成国际民商事案件管辖冲突的泛滥，既有损国家司法主权，也不利于保护双方当事人的合法权益，甚至引发国际争端。

三、对策建议

进入 21 世纪以来，随着中国"走出去"战略不断深入，中加两国友好关系近年来发展迅速，越来越多中国公民到加拿大留学、旅游、经商、务工，保护海外中国公民的合法权益一直是中国外交的工作重点。加拿大发生多起中国公民被加拿大执法部门以第三国要求为由任意拘押的事件，加深了中国公民在境外时对人身安全的忧虑，为避免出国随时被拘的风险以及事件发生后该如何应对，以有效通过合法手段维护中国公民权益，现提出以下建议。

（一）做好预防与准备工作

中国公民意欲前往加拿大，应先在外交部网站（http：//www. mfa. gov. cn）或中华人民共和国驻加拿大大使馆官网（http：//ca. china-embassy. org/chn/）认真

---

① 夏莉萍：《20 世纪 90 年代以来主要发达国家领事保护机制变化研究——兼论对中国的启示》，外交学院 2008 年博士学位论文，第 18 页。

② 王铁崖：《国际法》，法律出版社 1995 年版，第 90 页。

浏览安全提醒，了解即将面临的安全风险，例如社会动乱、经济危机、自然灾害等，以及一些关于加拿大的基本法律常识、风俗习惯和风土人情，尤其是与国内不同的规定，比如动手打孩子会被当地人视为违法，如有人报警，可能会给自己和家人带来麻烦。应仔细阅读《中国领事保护与协助指南（2023 版）》等相关安全提醒手册或官方微博、官方微信平台发布的内容，合理利用网络信息，提前做好准备功课，再结合自身情况合理安排出国日程。出国前应登录中国领事服务网"出国及海外中国公民自愿登记"系统填写个人基本信息及联系方式，以便接收中国驻加拿大大使馆的安全提醒，发生紧急状况也可以第一时间取得联系。为避免出入境受阻，行前要检查是否带齐护照、签证、酒店订单等重要证件和文件，认真查看护照和签证的有效期至少在半年以上，若有效期在半年内要谨慎，如果持证人在规定的日期终止之后才到达加拿大入境口岸，将被视为签证失效而被阻止入境；如果持证人入境后在加拿大停留期限超过了签证规定的允许停留日期，将被视为过期滞留或非法滞留。出国后，应保持通信畅通，随时留意中国领事服务网或官方微信发布的相关信息，自觉遵守加拿大的法律法规。

（二）保持冷静，配合执法

加拿大皇家骑警要求出示证明国籍和身份的合法证件时应该保持镇静，积极配合执法，避免发生争执或采取过激或导致对方误解的行为。被无端羁押、拘留、查扣后，可以要求对方出示相关证件和法律文书，记录其姓名、证件号、法律文书名称等重要信息。如果对警方处理不满，切记莫要用暴力解决问题，因为每个国家警察有不同的执法风格，人与人之间要相互尊重，与加拿大警察打交道时要不卑不亢，切忌大声争辩，更不要对警察指手画脚，以免加深误会，带来麻烦。被皇家骑警无端羁押、拘留、查扣后，牢记四个"有权"：有权要求知晓被羁押、拘留、查扣的原因；有权享有国民待遇，即获得不低于加拿大公民的待遇，以及根据人道主义精神，不应因国籍、种族、肤色、宗教或其他政治、经济等情形受到不公正待遇；有权要求加拿大执法部门提供律师或与自己的律师联系；有权要求与中国驻加拿大使领馆联系。[①]

（三）立即向中国驻加拿大使领馆求助

如中国公民在加拿大被皇家骑警羁押、拘留、查扣，有权立即与中国驻当地

---

① 王秀梅、吴殿朝：《非传统安全背景下的海外中国公民保护问题初探》，载《广东外语外贸大学学报》2009 年第 5 期。

使领馆联系，也可以拨打外交部全球领事保护与服务应急呼叫中心的热线。使领馆将根据情况联系并敦促执法部门依法办案来保障中国公民的合法权益，向求助人介绍领保案件的处置流程，及时通报案情进展，并根据当事人需求提供建议或者诉讼案件中的协助。使领馆还可以要求外方安排使领馆官员进行领事探视，协助与国内亲属联系。[①] 使领馆不能超越领事职务的权限行事，比如不能干预审判或袒护违法行为，向执法部门请求减免处罚，不能出面代为进行诉讼或仲裁各种纠纷，不能帮助中国公民在治疗、拘留或监禁期间获得比当地人更好的待遇，不参与中国公民和律师之间的事情等。[②]

（四）聘请律师

在被拘留或逮捕的国家选择律师是非常重要的。海外中国公民可以先向使领馆要求提供律师名单，使领馆工作人员可以帮助翻译，但不能推荐具体的律师。具体聘请律师以及有关费用需自理。当与律师沟通时，可以就法律程序和将代表行的法律活动提出具体问题，请律师随时告知案件的进展情况，并要求保留所有信件和文件的副本。与家人和朋友分享律师的全名和地址，并向他们提供合同细节，这将确保亲属知道详细情况，以防他们被要求在本人不知情的情况下支付额外费用。

（五）证据保留和固定

被执法当局拘留或逮捕后最重要的是要保留和固定证据，以便将来维护合法权益。需要提醒的是，绝大部分警察不当执法行为不被立案调查的原因之一是没有证据。如加拿大警察在执法过程中存在违法违规行为，您可以质疑。如未果，请以稳妥方式保留相关证据，以便日后向当地相关部门投诉。常见的证据形式有：书证、物证、视听资料、证人证言等。证据要符合客观性、关联性、合法性。可以采取拍照、录音等还原第一现场的证据收集方法，也可以采集与案件有关的痕迹、物证、人证、生物样本等，必要时可将重要证件和证据双备份。

[①] 中华人民共和国外交部领事保护中心编：《中国领事保护和协助指南（2023 年版）》，https：//www. gov. cn/bumenfuwu/2012 – 11/16/content_ 2598156. htm，访问时间：2023 年 11 月 1 日。

[②] 肖松：《中国外交：关注和保护公民海外安全》，载《国际人才交流》2004 年第 9 期。

第三节 事后处理

一、私下换汇引发的电信诈骗案

受害人李菲菲在国内本科毕业，考上加拿大温哥华某大学打算继续读研深造。她家境优渥，在家什么都无需操心，两耳不闻窗外事，专心读书。父母为有这样勤奋的女儿而骄傲，家里长辈也把她视为弟弟妹妹们学习的榜样。李菲菲只身前往加拿大，为了攻克语言问题和学业的难题，整日泡在图书馆，日常生活也是简单的两点一线。父母因为工作较忙加上时差问题，怕打扰女儿学习，每周仅在周末通一次电话。

2019 年 3 月 10 日，李菲菲收到一条短信，内容大概是：她涉嫌卷入一起跨国金融非法洗钱案，然后列出了她的姓名、身份证号码和联系方式，表示立刻会有专门警务人员与其联系，并强调案情重大，请一定保持电话通畅。李菲菲觉得很疑惑，自己怎么会无故卷入洗钱案呢？她上网查询到该短信号码竟然与中国驻温哥华总领馆的电话一致。于是开始有些着急了，难道是自己信息遭到了泄露，被不法分子利用了，导致卷入了洗钱案，现在领事馆要进行核对处理吗？还没来得及多想，同样的号码打来了电话，对方称自己是"中国驻温哥华总领馆的工作人员"，因为收到了"国际刑警组织办公室"关于跨国洗钱案犯罪嫌疑人的通报名单，所以联系了李菲菲。案件重大，已经有 100 多名留学生涉嫌卷入其中。对方说话语气很紧急，电话那头有很多电话铃响起的声音，就像是许多"工作人员"正在忙碌地处理这起案件。为了使李相信，其又准确地说出了李菲菲更详细的身份信息。问及原因，对方说可能是不法分子盗取了受害人信息。并强调如果不尽快处理好将会要进入刑事程序，李不得不被停课调查，时间如果较长可能会要暂停学业，更严重的则会被驱逐出境。

李菲菲的心理防线在这时已经完全崩溃了，恳求"工作人员"一定要帮助自己。对方也表示自己是中国驻温哥华领事馆的，宗旨就是保护中国公民在海外的权益。对方给出明确的建议：先交 5000 元保证金给领事馆，由领事馆进行担保，李菲菲可以免于复杂的刑事调查程序，等到事件调查清楚再全额退还保证金。李菲菲这时完全顾不得多想了，只希望自己可以在"领事馆"的帮助下独立解决这个问题，免得家人担心。在对方发过来银行账号后，马上进行了汇款。结果可想而知，一天后，当李菲菲拨打中国驻温哥华领事馆的电话，询问案件进展情况时，对方表示根本没有这回事，也根本没有工作人员给其打过电话。

身份信息的暴露，事后受害人回忆可能与前几天的私下换汇有关。她在飞机上认识了一名"中国留学生"，通过简单交谈得知对方认识一个比较靠谱的在加拿大专门从事"换汇"工作的人，自己大部分换汇都是通过此人。之后双方交换了微信，对方演示了一遍换汇的流程，方便快速地完成了换汇。李菲菲也加入了换汇微信群，群里大部分都是"留学生"，在换汇完成后会把交易截图发到群里。相对于正规途径来说私下换汇享受更优惠的汇率，这确实是很诱人的。简单地提交了姓名、联系方式和银行账号后，李菲菲也开始了换汇。李菲菲的信息也许在此时就遭到了泄露。

二、法理分析

李菲菲的案件中涉及了两个问题，一个是"电信诈骗"，另一个则是"私下换汇"。电信诈骗，是指以非法占有为目的，犯罪分子利用现代电子信息技术手段，编造虚假信息，设置骗局，对受害人实施非接触式的诈骗活动，诱使受害人给犯罪分子打款或转账的犯罪行为。由于互联网的普及，加之风险较小、犯罪成本低、收益大、案件侦破难度高等，电信诈骗犯罪近些年数量呈爆发式增长。加拿大留学生群体集中、数量众多，所以是电信诈骗的高发区。本案是一起很典型的电信诈骗犯罪。实际上骗子可能只是简单地使用 400 电话、伪基站、一号通等软件，或运用 VOIP 网络电话技术，设置虚拟号模拟语言提示等诈骗技术手段，让受害人手机上显示的号码与领事馆号码一致而已。面对电信诈骗最近又再次涌现的情况，驻加拿大使领馆曾提醒中国公民注意诈骗分子花样翻新，除沿用"老套路"外，还会根据社会热点、焦点问题，不断更改诈骗技术及网络通信手段。不法分子可能假冒使领馆官员以当事人涉案为由，主动"协助"受害人进行处理，或要求转接国内有关"公检法部门"的电话予以说明情况；还有可能冒充快递公司、电信公司、当地银行等名义，谎称当事人有重要信函、文件或包裹需要领取，或当事人电话、银行账户出现异常即将关闭，要求当事人提供个人信息以核实身份，进而恐吓当事人涉嫌伪造证件、洗钱、贩毒、金融诈骗或其他罪行被通缉或者限制出入境，指导当事人登录伪造的公检法网站查阅所谓"逮捕令""管制令"，诱骗当事人提供银行账号、取款密码或者将资金转入所谓"安全账户"进行电信诈骗。① 加

---

① 《加拿大电信诈骗涌现　中领馆提醒防骗》，http://www.360doc.cn/article/64735846_ 852878417.html，访问时间：2021 年 7 月 1 日。

拿大犯罪学家戈登（Gordon）教授表示："诈骗者通常会选择那些容易上当的人群下手，受害人往往没经历过洗钱勒索这类事，所以一接到电话就容易反应过激。诈骗人员通过一些手段获取了在加拿大的许多中国公民的联系方式。诈骗分子可能在中国，他们使用一款可自动的电话列表拨号软件，看谁接电话就向谁下手，这是他们惯常使用的方法。"加拿大警方工作人员林托上士（Staff-Sergeant Linteau）也认为这些受害人被选择的随机性较大，但主要的目标为中国女性，尤其是学生。与国内针对老年人的诈骗犯罪不同，加拿大的受害对象大多是年轻的学生，他们平时没注意信息保护，登录了一些有病毒的网页、链接或无意识地留下了自己的身份信息。由于手上有一定数量的金钱，涉世未深又身处异国他乡，面对突发的问题无法及时寻求帮助。很容易陷入犯罪分子的圈套。

（一）事故发生地的当地救济法律依据

2018 年加拿大颁布了《个人信息保护与电子资料法》，通过十项基本原则，有效地保护互联网用户数据隐私。这些是 1983 年《隐私法》未涉及的领域。加拿大对隐私权的保护将行业自律和协会的监管模式与立法规制模式结合，鼓励与立法和执法机关合作。[1]《个人信息保护与电子资料法》的出台应该会在一定程度上减少受害人无意识的信息泄露。《加拿大刑法典》第 381 条规定了"利用邮件诈骗罪"，即指利用邮政传送或流通具有欺诈公众内容的信件或传单，意图骗取金钱，构成可诉罪，处两年以下监禁。[2]

电信诈骗案件频发，主要在于犯罪分子花样过多、团队作案使受害人防不胜防。但私下换汇也是诈骗人常用的手段之一，他们要求被害人提供自己的学生证、身份证、驾照等私人证件信息，骗取信任，以低于实时汇率的优惠汇率、没有上限的换汇额度和高额手续费以及简单的换汇手续等条件诱惑人换汇。实际上，私下换汇风险很大。本案中受害人李菲菲就是随意将身份信息提供给换汇人，给对方提供了下一步电信诈骗的机会。私下换汇后果不仅可能导致本案中的信息泄露，还会造成其他更严重的问题。其一，私下换汇本身可能会遭遇诈骗，遭受经济损失。骗子在短期交易内可能会汇兑，但当其已取得信任时，则会要求加大换汇金额，最后在收到转账汇款后直接"玩失踪"或将受骗人拉黑并注销微信账号。其二，私人换汇也可能涉嫌洗钱犯罪，犯罪团伙利用外国留学生进行洗钱活动的情况并不少见。因为无法保证换汇资金来源的合法性，所以受害人也容易成为洗钱链中的一环。受害人无法证明账户资金来源，将面临罚款、行政处罚，情节严重

---

① 参见李昱、程德安：《加拿大个人信息保护法对网络信息的保护及启示》，载《今传媒》2019 年第 9 期。

② 王立民主编：《加拿大法律发达史》，法律出版社 2004 年版，第 348 页。

可能涉及刑事犯罪。《加拿大刑法典》中明文规定了洗钱罪，符合情形将被处以 10 年以下监禁。

（二）中加签署的有关刑事合作的条约

中国与加拿大于 1994 年签有《中华人民共和国和加拿大关于刑事司法协助的条约》，1999 年和 2010 年又分别签订了《中华人民共和国政府和加拿大政府关于打击犯罪的合作谅解备忘录》和《中华人民共和国公安部和加拿大皇家骑警关于打击犯罪的合作谅解备忘录》。两国为了更加有效地打击洗钱和非法制贩货币等犯罪，在相互尊重主权和平等互利的基础上，在执法领域加强合作。合作的内容包括有关预防、侦查和打击犯罪的信息交换；在查找和确认被警方追捕的逃犯、罪犯及犯罪嫌疑人，失踪人员及证人时相互协助和提供信息；协助安排与案件有关人员自愿接受面谈或问询；协助查找、认定和鉴别涉案的物品和地点；交换与案件有关的记录和文件；交流知识、专业技能、法律或规范性文件以及相关科技信息等。

（三）国籍国保护的法理依据

我国 2016 年 12 月 20 日公布了《最高人民法院、最高人民检察院、公安部关于办理电信网络诈骗等刑事案件适用法律若干问题的意见》，统一了诈骗数额标准，诈骗公私财物价值三千元以上、三万元以上、五十万元以上的，分别认定为"数额较大""数额巨大""数额特别巨大"；解决了案件管辖问题，电信网络诈骗犯罪案件一般由犯罪地公安机关立案侦查，如果由犯罪嫌疑人居住地公安机关立案侦查更为适宜的，可以由犯罪嫌疑人居住地公安机关立案侦查；确定了抽样取证工作规则，经查证属实的银行账户交易记录、第三方支付结算账户交易记录、通话记录、电子数据等证据，综合认定被害人人数及诈骗资金数额等犯罪事实。依照国际条约、刑事司法协助、互助协议或平等互助原则，请求证据材料所在地司法机关收集，或通过国际警务合作机制、国际刑警组织启动合作取证程序收集的境外证据材料，经查证属实，可以作为定案的依据。

各地成立的"反网络诈骗中心"，全方位采取打击措施，快速应对跨国跨境电信诈骗，为构建全国、全球整体作战的新机制奠定基础。自 2019 年 2 月 1 日起，《最高人民法院、最高人民检察院关于办理非法从事资金支付结算业务、非法买卖外汇刑事案件适用法律若干问题的解释》开始施行，说明了非法从事资金支付结算业务、非法买卖外汇的犯罪活动的可能构成非法经营罪、帮助恐怖活动罪或者洗钱罪。这将直接关系到留学生的学习、就业、信用、签证申请等问题。《刑法》第 266 条规定了诈骗罪。我国《刑法》虽然尚未对电信诈骗进行新的定罪，但该行为在刑法上涉嫌的罪名是诈骗罪。所以，如果被骗不要着急，掌握方法，理性维权，还是有机会挽回损失。

三、对策建议

被骗的当事人往往会有以下特征：首先不注重个人信息的保护，轻易将身份信息主动提供或在对话交流中有意无意地透露给他人。留学生只身一人在外遇到国人难免放松警备心理，但一定要谨慎交友，保持戒备心，切勿盲目相信对方。其次，行事作风过于高调，往往容易被当成诈骗目标。这不仅是在现实生活中如此，在网络高度发达的今天，我们在线上分享的很多内容也都是公开的，过度炫富很容易被别有用心者盯上。所以，尽量保持低调，任何分享都要适当。再次，贪图小利的心理，最容易陷入诈骗分子的圈套。妄想走偏门获得利益都是有风险的，更别说私下换汇这种本来就违法的事。凡事不要心存侥幸，只要杜绝这种心理就能避免很多的陷阱。最后，缺乏生活常识和维权思路，不会寻找求助途径，也容易被操控，无法做到及时止损甚至可能二次被骗。留学生在外要与周围可信的人多交流，与国内亲人保持联系，观看时事新闻培养防范意识，增加法律、金融、电信等领域的常识，了解所在区域警署位置、主管警官姓名、报警电话或紧急求助电话，将有关信息记录备用，掌握自救手段。

（一）注重个人信息和人身安全保护

在面对电信诈骗时，应如何保护自己呢？加拿大隐私专员办公室（OPC）在2019年11月发布了一份官方声明，警告国民要注意诈骗电话，并敦促他们在电话中被问及个人信息时保持警惕。OPC指出，有信誉的公司永远不会通过电话询问个人或财务信息，如信用卡号码或社会保险号码等。其实加拿大政府部门、权力机关一般也不会直接打电话向民众核实私人信息。相关事宜常用的渠道是政府部门邮寄挂号信。警方如需查案，也会当面质证，而非电话讯问。其实国内一些公司为防止电信诈骗已经推出了方便有效的手机App，例如"某某手机管家"，通过联网技术支持和数据分析，可以对部分潜在的诈骗电话进行过滤，对部分短信予以屏蔽，这对防范电信诈骗有一定的作用。虽然电信公司已开通这一项功能，但也要提醒大家的是，外力手段毕竟只能起辅助作用，关键还是要靠自己明辨是非，保持清醒。

为了保证换汇安全，首先，一定是走正规合法渠道。带上本人有效护照、签证、身份证、户口本、录取通知书等向户口所在地国家外汇管理局及其授权的外汇指定银行的换汇窗口领取并填写申请表，交纳人民币及所需全部文件进行换汇。正规途径虽然没有所谓的"优惠汇率"，但至少安全可靠，切勿贪图小利上了大当。其次，在线上进行资金交易时，一定要严谨地核实对方的真实身份，评估可信度，验证对方资质，保存相关证据。当然最好是有担保人或信誉保障。是否线下交易就更好呢？其实私下会见交易更需特别注意，因为在网络上交易，至少人身安全可以得到保障，但是面交的话，就极有可能发生危险，严重的会人财两空。交易的对象最好是认识的人或有实体店面；交易时找朋友陪同；交易时间选择白天；交易地点尽量选择公共场所、人流量多和有摄像头的地方。最后，没有确认对方身份时，一定不要轻易将个人信息提供给对方。如果已经被诈骗了，就要积极配合公安机关调查，与银行等有关方面保持沟通，依法、理性维护自身合法权益。本案中李菲菲就是把身份信息提供给了换汇人，导致身份泄露，接着才会发生后续的电信诈骗。

（二）接到诈骗电话后理性处理

如果接到可疑电话后一定要提高警惕，不要轻易暴露隐私信息，如姓名、住址、家庭情况、银行账户等，也不要将钱财提供给他人。在接到陌生电话后，如果对话涉及金钱、恐吓威胁等内容，不妨直接挂断。一般直接涉及金钱交易，如提供保证金、赎金的都是骗子，发现对方有问题按下电话录音，交给当地警方处理，避免更多的人遭到诈骗。如确有必要，应找正常渠道主动核实情况。首先可以找身边的同学、老师和学校行政部门咨询。然后和家人及时沟通，说明自己身份信息遭到了泄露，防止他们因为担心自己而同样受骗。还可以向警方和大使馆求助，验证自己到底是不是真的涉嫌所谓的犯罪。本案中李菲菲在接到"大使馆"发来的信息和短信时，并没有保持足够的冷静，因警惕性不高因而受骗上当了。即使遭遇电信诈骗也要沉着冷静，切忌过多透露个人信息或是让犯罪分子得到自己声音信息，恶意制造二次诈骗。虽然显示的号码是官方电话但可以通过回拨的方式予以确认。因为犯罪分子是用特殊软件拨号的，回拨只能是打回号码真正的主人，不法分子是无法接听到的，这样就可以立即戳穿谎言和骗局。也可以直接拨打中国驻加使领馆领事保护与协助电话、外交部全球领事保护与服务应急呼叫中心热线来确认和核实相关情况，甚至可以直接前往大使馆核对。

（三）被骗后及时寻找当地救济和国籍国保护

如果真的已经受骗，即使转完钱后也要及时止损。应立即向当地警方报案（拨打911），并保存好汇款凭证或转账电子凭证截图，记录骗子的银行用户名、账号、开户行信息和聊天记录、电话录音等。尽快联系个人账户的开户银行，要求采取止付、冻结等相应措施。由于近期多伦多留学生频遭电信诈骗，全加华人联会安省分会宣布设立全新免费热线电话。该热线的运行时间从上午八点到次日零点，每日16小时以国语接听中国留学生求助电话，会根据不同情况将留学生转接至包括法律、警察及律师等在内不同机构。① 但是特别紧急的情况一定要先拨打911 报警。必要时可以委托律师介入处理，可以到加拿大律师事务所、加拿大律师协会官网找律师或者向法律援助机构寻求帮助。但注意区分不同省份的援助模式，加拿大法律援助大致分为三种模式：私人律师事务所承担，如不列颠哥伦比亚省；政府出资设立律师事务所，如萨斯喀彻温省；两者都有，如魁北克省和安大略省。② 委托律师时也要考虑好语言沟通问题。关键是仔细分辨真假律师。在加拿大，成为合格的律师需要四年的本科学习，再通过法学院的入学考试（Law School Admission Test）学习三年，加上一年的实习期、六个月律师协会的入学课程培训和十二门课的考试，即使一切顺利也需要八年半的时间才能完成全部学业。所以并不是每个在加拿大的律师都能取得律师执照和号码，成为真正的执业律师。因此在找到律师后，应当仔细审查他们的律师执照、资格证书和号码，以确保他们能用专业的职业技能帮助维权。

如果涉案账户为中国内地银行账户，可同时向国内公安机关报警。全国各级公安机关已全部接入快速接警止付平台，公安机关接到电信诈骗案件的报案后，会在第一时间查明改号软件并在 30 分钟内将简要案情和一级账户的姓名、账号、转账时间等信息录入平台。专案组就会与相关银行协作，开展紧急止付，减少和挽回受害人损失。受害人无法直接向国内公安机关报案的，可通过国内近亲属报案，并向国内报案地反电信网络诈骗中心请求帮助（拨打110 即可）。③

遭遇电信诈骗，受害人配合加拿大警方提供证据理性维权。中国和加拿大警方也要加强警务合作和信息沟通打击跨国犯罪。两国应按照《中华人民共和国和加拿大关于刑事司法协助的条约》的规定，在文书的送达、调查取证、搜查扣押、移交物证书证和帮助调查取证、归还被害人财物等方面积极协作，最大限度挽回受害人损失，维护受害人的权利。加拿大《个人信息保护与电子资料法》大多是原则性的规定，对于防止信息泄露有一定的作用。但更关键的是，各政府机关应该提高重视，加强合作，强化打击电信诈骗的力度。我国驻加拿大使领馆也要发挥作用，与当地案件管辖机关联系，提供语言翻译和维权建议，给无法得到救济的受害人提供援助。

跨国跨境电信诈骗案件还存在各国法律不统一、取证难、追赃难等问题，给

---

① 《"父母不在身边，我们帮助你"中国留学生求助热线开通》，http：//www.dzwww.com/xinwen/guoneixinwen/201711/t20171120_ 16678232.htm，访问时间：2021 年 7 月 1 日。

② 参见宫晓冰主编：《外国法律援助制度简介》，中国检察出版社 2003 年版，第 124 – 125 页。

③ 中华人民共和国外交部领事保护中心：《中国领事保护和协助指南（2023 年版）》，https：//www.gov.cn/bumenfuwu/2012－11/16/content_ 2598156.htm，访问时间：2023 年 11 月 1 日。

办案人员执法和受害人救济都带来了诸多困难。因此，应尽快完善刑事立法与司法，强化打击力度，明确电信诈骗跨国跨境追击的方式和范围，通过签订双边、多边条约，进行司法协助，多角度打击跨境电信诈骗犯罪。

本章小结

自 1970 年 10 月 13 日中加两国建交以来，两国经济贸易关系发展顺利，友好合作保持良好发展势头。近年来，中加经济贸易关系有了较大的发展，已从单一的商品贸易发展到全方位、跨领域、多元化的贸易和经济技术合作，商品、服务、人员和资本的流动日益频繁，两国间的经济联系不断加深。2012 年 9 月，双方在亚太经合组织（APEC）会议期间正式签署《中加投资保护协定》（FIPA）。2016 年 9 月 1 日，中加两国发表联合新闻稿，宣布了 17 项主要成果，包括一系列重要合作进展和相关合作协议，涉及政治、安全、金融、经贸、文化、旅游、环境等多个领域。2017 年 5 月，加拿大国际贸易部长驻议会秘书帕米拉·戈德史密斯 - 琼斯（Pamela Goldsmith-Jones）代表加拿大官方，出席"一带一路"国际合作高峰论坛。随着中加交流进一步深入，赴加拿大的中国公民逐渐多元化，留学生、游客、投资者、劳务人员的数量明显增加，如何更好地保护在加拿大的中国公民权益值得进一步探讨。

一、在加拿大中国公民的权益保护对象和对策建议

前往加拿大的中国公民以留学生和游客居多。仔细分析在加拿大中国公民突发安全事件，可以把各类风险归纳为社会治安风险、人身财产风险、自然灾害风险、贸易和劳务纠纷风险等。当紧急事件发生时，在加拿大的留学生和游客可以通过以下方式来进行应对。

（一）留学生权益保护

1. 财产安全：少带现金出门，重要证件需备份

新生到校尽快开设银行账户，不要把大量现金留在身上或住所。出门带少量现金，消费尽量使用银行卡，不将钱包、证件放在明显位置或外衣口袋，照看好贵重物品，以免丢失。护照首页及签证页等应预留复印件备用，同时拍照留存电子版，以备不时之需。近年来，针对在加拿大的中国公民的电信诈骗行为高发，

犯罪分子往往假冒中国大使馆、总领馆、银行、学校等单位名义行骗，不少留学生上当。防范电信诈骗要牢记，凡是录音来电的，多数为诈骗电话，应毫不犹豫立即挂断，凡是电话里索要个人银行账户信息或是要求转账汇款的都是诈骗电话，也应毫不犹豫立即挂断。对声称来自中国使领馆、银行、学校等单位的电话要注意甄别，不在电话中透露个人的姓名、证件号码、银行账号等重要信息，更不要轻信骗子盲目转账汇款。如不幸上当受骗，请第一时间拨打911警方报案。

2. 居住安全：留心住地周围治安状况，租房需谨慎

加拿大城市内不同区域安全状况有差异，建议密切留意居住地所在区域的治安状况。学校提供的宿舍通常比较安全，在外租房应通过正常渠道寻找，出租屋首选治安好、交通比较便利的地区，避开僻静人少以及治安较差的街区，一定要注意屋内有无烟雾报警器等安全设施，可向熟悉当地情况的朋友、师长请教。需要注意，有些房屋租金便宜是因为它们处于相对高犯罪率区域，在租房时可综合考虑各方面因素，避免只图价格便宜而埋下安全隐患。

3. 人身安全：避免前往治安不良地区，不深夜外出

加拿大校园内治安通常较好，但学校周边不一定都安全。建议留学生提前了解当地治安状况，增强安全意识，不去僻静人少的街区，避开治安较差路段。午夜是盗抢、滋事等罪案高发时段，应避免深夜外出。女同学需格外注意安全，特别是在多伦多市中心的东边，杰拉德东街以南，女王东街以北，经常会有大量流浪汉在街上游荡。如有深夜离开教室、实验室返回宿舍等特殊情况，要结伴而行或联系校警护送，不搭乘陌生人车辆，回家后要及时锁好房门。

留学生抵达加拿大学校后，除完成其他正常手续外，请尽快与本校中国学生学者联谊会取得联系（可在《加拿大留学人员安全手册》查看），并告知联系方式等相关信息。尽快联系本校留学生服务中心，了解当地医疗保险制度，及时办理医疗卡，确保有需要时能及时就医。

4. 出行安全：对自己和他人负责，别拿生命开玩笑

留学生务必认真学习熟悉当地交通规则，取得驾照再上路。驾车时勿接打或查看手机，不酒后开车，不疲劳驾驶，不飙车超速。无论驾车、乘车均要系上安全带。驾车遇警车在后方鸣笛示意时须立即靠边停车，等候警察前来处理。一旦遇到事故，千万不能逃逸，应立即联系保险公司处理。行人过马路务必遵守交通信号灯，不横穿马路。乘公交车尽量往前坐或站立，尤其夜晚乘车应避免坐后排；遇见醉酒者，尽量避开或及早下车换乘。不随便搭陌生人便车，不给陌生人带路，不与不熟悉的人结伴同行。

（二）游客权益保护

1. 人身安全：做好预防与准备工作

要确保两次阅读旅行建议：一次是在计划旅行的时候，另一次是在出国之前。因为预订旅行的日期和出发日期之间的安全保障条件可能会发生变化。可查看以下内容：加拿大当地安全和安保条件及应避免进入的地区，出入境要求，当地法律文化，可能造成的健康危害，自然灾害和气候变化以及在加拿大旅行突发状况时如何求助。要提前购买旅游保险，做好安全防范，掌握基本安全逃生知识，尽量避免前往人群聚集区域。加拿大为沿海国，建议在海边游玩时，提前关注当地气象和海洋情况预报，留意涨潮和退潮时间，活动时请务必留意观察海滩和海浪状况，注意查看相关警示标识。在观光拍照时尽量远离海浪，远离海边悬崖。切勿在海岸悬崖边上和海边礁石上停留或拍照等活动。若下水游泳，请穿戴好必要的救生设备，与同伴保持联系。游客在旅游过程中如遇到突发事件，如登山迷路、滑雪走失，可直接拨打 911 报警求助。

2. 财产安全：保管好贵重物品，谨防诈骗

旅行外出时切勿随身携带大额现金，一定要妥善保管好贵重物品，谨防小偷，不要放置于座椅等处，特别是在机场、饭店及餐厅等高危险区，在办理有关手续以及用餐时，应特别提高警惕，做到包不离身，尽量避免和陌生人攀谈。一定要增强防范网络诈骗意识，不要轻信各种"优惠换汇"广告，切勿因图一时方便或贪小便宜而吃大亏。如需换汇，应到正规金融机构办理。① 建议游客出国旅行时，随身携带几张护照照片及护照的复印件，以做申请补发旅行证件之备用。如丢失旅行证件，当事人立即向就近的中国使领馆报告，并直接前往使领馆申请补发旅行证件。

3. 文明当先，遵纪守法

加拿大当地人大多性情温和，有耐心，办事不急不躁，办理入住手续或其他需要等待的服务时一定要自觉排队，耐心等待，切勿跟服务员争吵。跟团游客一定要听从导游对当地文明习俗的介绍，加拿大对饮酒有非常严格的限制，餐厅没有酒牌不能卖酒也不允许顾客在此喝酒；当地法律禁止给野生动物喂食；不允许使用无人机拍摄……游客要特别重视并自觉遵守当地法律法规。因天气航班延误

---

① 中国驻加拿大大使馆：《中国驻加拿大使馆提醒在加中国公民谨防换汇骗局》，http：//ca. china-embassy. org/chn/lsyw/lsbh/lingshi1/t1644176. htm，访问时间：2021 年 7 月 1 日。

或取消的情况在加拿大时有发生，航空公司通常不负担由此产生的游客食宿、交通和改退票等费用，遇到类似情况务必要理性对待，依法维权。

二、中国公民在加拿大权益受损的救济途径

当中国公民在境外权益受到损害时，可以根据宪法和其他国内法，要求有关部门提供国内法救济，也可以依照国际法寻求所在国当地救济、领事保护、外交保护等救济方式。[①]

（一）调解或仲裁

加拿大调解制度包括法院附设调解和社会调解两类。加拿大联邦和各省都设有社会调解机构，不存在统一的社会调解规则，调解机构的调解手册在实践中发挥着重要作用。除魁北克省调解书可以直接作为执行的依据外，加拿大其他省和区都规定社会调解机构制作的调解书仅仅具有合同效力，不能直接作为执行的依据，必须转化为法院的判决之后才具有强制执行力。[②] 其中，安大略省的法院附设调解为强制调解制度。

加拿大的仲裁制度规定在1986年《商事仲裁法案》中，加拿大也加入了《承认及执行外国仲裁裁决公约》（《纽约公约》）。

（二）民事诉讼

民事诉讼程序规定在加拿大《联邦法院规则》第四部分。普通法诸省的民事法律制度主要由财产法、契约法、侵权行为法、婚姻家庭和继承法等部分组成，魁北克省可依据《魁北克民事诉讼法典》。[③] 加拿大规定有独特的案件管理人制度、审前调解制度、审前和解会议制度等，对案件尽早和解、节约司法资源起到了积极作用，[④] 也能节省诉讼当事人的时间和精力。

（三）领事保护

外交部领事司、驻外使领馆是我国领事保护的主要机构。领事保护工作的主要宗旨是保护中国国家利益和海外中国公民合法权益。中国外交部发布的2023年版《中国领事保护与协助指南》中详细介绍了中国公民赴境外旅行、探亲、工作、出差应注意的事项。在加拿大的中国公民当权益受到损害时，可以向就近的中国

---

① 刘国福：《中国公民境外权益法律救济手段探析》，载《外交评论》2010年第3期。
② 肖燕：《加拿大调解制度的特点》，载《人民法院报》2015年11月6日第8版。
③ 高仰光：《加拿大民事法律制度的双轨制》，载《中国人大》2017年第8期。
④ 侯海军：《加拿大法院案件管理的制度创新》，载《人民法院报》2018年4月20日第8版。

驻加拿大使领馆求助，中国驻加拿大大使领馆可以依据公认的国际法原则，有关国际公约、双边条约或协定以及中国和驻在国的有关法律，帮助当事人用尽当地救济，帮助内容包括提供咨询和必要的协助，推荐律师、翻译及医生，如遇特别情况协助向国内亲属通报情况，协助寻亲，补/换/发旅行证件，签发回国证件，依法办理公证、认证、婚姻登记，与国内亲属联系并解决所需费用，应请求进行探视。中国公民前往加拿大之前可以通过中国领事服务网"出国及海外中国公民自愿登记"系统（http：//ocnr. mfa. gov. cn/expa）进行公民自愿登记，如果在加拿大出现突发情况，使领馆能够及时通过该系统上登记的信息联系到该中国公民，保护中国公民的权益。

（四）外交保护

对于国家来说，是否对受到迫害的本国人行使外交保护权，该如何进行具体保护，完全由国家决定，权利受到侵害的个人不能主张外交保护权。[1] 外交保护针对的是外国不法行为，并以国家名义行使采取措施追究外国国家责任。外交保护的前提是要求被保护人持续具有保护国的实际国籍或经常居住在该国，而且被保护人需用尽当地救济即要求受害人用尽当地救济后仍未实现其合法权利，才能进行外交保护。也就是说，如果中国公民在加拿大无端受到逮捕或拘留、司法程序中被拒绝、财产遭到非法没收等，用尽当地救济仍无法保护其合法权利，才满足外交保护的条件。

中国公民在加拿大实用信息

单位名称或事项	地址	电话	备注
外交部全球领事保护与服务应急热线	—	+86 – 10 – 12308 +86 – 10 – 65612308	
中国驻加拿大使馆	加拿大安大略渥太华圣帕特里克街 515 号	领事保护与协助电话： +1 – 613 – 5621616 总机： +1 – 613 – 7893434	领事部证件组： 周一至周五 9：00—12：00 （节假日除外） 其他部门： 周一至周五 8：30—12：30 13：30—17：30 （节假日除外）

---

① 谢海霞：《论领事通知权的性质》，载《中国政法大学学报》2009 年第 6 期。

（续表）

单位名称或事项	地址	电话	备注
中国驻多伦多总领馆	加拿大安大略多伦多圣乔治街240号	领事保护与协助电话： +1－416－5942308 总机： +1－416－9647260 中国公民证件咨询电话： +1－437－3612299 签证咨询电话： +1－416－3458472	对外办公时间： 9：00—12：00 14：00—15：00 （周末及节假日除外）
中国驻温哥华总领馆	加拿大不列颠哥伦比亚温哥华格兰维尔街3380号	领事保护与协助电话： +1－604－3369926 领事证件咨询电话： +1－604－4160040	对外办公时间： 周一至周五 9：00—12：00 （节假日除外）
中国驻卡尔加里总领馆	加拿大阿尔伯塔卡尔加里西南第六大道1011号	领事保护与协助电话： +1－403－5376907 中国公民护照/旅行证/公证/认证/领取养老金资格审核/香港护照咨询电话： +1－403－5376905	对外办公时间： 工作日 9：00—12：00
中国驻蒙特利尔总领馆	加拿大魁北克蒙特利尔圣凯瑟琳街西2100号8楼	领事保护与协助电话： +1－514－9338891	办公时间： 9：00—12：00 13：30—17：00 证件组对外办公时间： 9：00—12：00
匪警	—	911	
火警	—	911	
急救	—	911	
加拿大反诈骗中心	—	+1－888－4958501	
加拿大儿童求助	—	+1－888－4958501	

第二十章
在美国的中国公民权益保护

美利坚合众国（United States of America）简称美国，是由华盛顿哥伦比亚特区、50 个州以及关岛等众多海外领土组成的联邦共和制国家，位于北美洲中部，北与加拿大接壤，南靠墨西哥湾，西临太平洋，东濒大西洋。美国国土面积约为937 万平方公里，人口约 3.36 亿（截至 2024 年 4 月），首都为华盛顿哥伦比亚特区，官方语言是英语，官方货币是美元。

中美关系是世界上最重要的双边关系，中国的"一带一路"倡议是在全球化更大空间里贸易与经济合作制度的安排，无论美国对"一带一路"倡议采取何种态度，中美都是现实与潜在的重要经济贸易伙伴，大量中国公民前往美国留学、工作、旅游和定居，中美关系的特殊性使得中国公民在美国权益保护问题显得尤为重要。

美国关于外国人管理的法律制度对在美国的中国公民权益保护起到举足轻重的作用。美国有关外国人管理的法律机制可作如下分类：

一、外国人身份地位规定

美国通过给予不同的签证对外国人的身份实行严格的分类。目前给予外国人的签证有 24 类 73 种，签证的类别按照英文 26 个字母的排列顺序从 A 类一直排列到 V 类，不同的签证类别下面再细分为若干种签证。如 N 字类下面的签证就有 9 种之多。签证种类囊括了所有的职业，如外交官、国际组织官员、商务人员、访问学者、学生、神职人员、舱务人员和普通工人等。常见的有关人才和工作方面的签证有：O-1 签证发放对象为拟赴美工作的外国国际知名人士，在科学、艺术、教育、商业、体育领域具有杰出才能的人士，获公认的国际奖励的人士；H-1B 签证发放对象为外国专业技术人才；L-1A 签证发放对象为跨国公司的外国高管人员；L-1B 签证发放对象为跨国公司的外国特殊技能人员。美国的签证从性质上区分，分为移民签证和非移民签证两大类；从时限上区分，分为永久居留签证（绿卡）和临时签证两大类。①

二、外国人权益保护的实体法律规定

美国加入了《世界人权宣言》《公民权利和政治权利国际公约》《经济、社会和文化权利国际公约》，而且是 WTO 的成员国。因此，根据相关公约的规定，外国人在美国享有最低国际标准的以人权为基点的统一外国人待遇。至于外国人是否受宪法保护这一问题，由于美国宪法只是笼统地提出"人民"这一概念，并没有具体区分公民、国民、侨民或外国人，这使得人们对外国人是否在美国宪法保护之内产生了疑问。针对这一问题，依据 1990 年的先例，最高法院首席大法官伦奎斯特在其代表法院的意见书里就受美国宪法保护的"人民"作了如下界定："受《宪法第四修正案》及第一、第九修正案保护的'人民'……是指这样一群人：他们是一个国家的一部分，或者跟这个国家建立起了充分的联系，使其被认为是这个国家的一部分。……现有的历史数据表明，《宪法第四修正案》的目的是保护美国人民免受本国政府的专制行为的侵害。从来没人认为这项条款应该限制联邦政府对美国境外的外国人采取行动。"② 在这个案件里，最高法院认为，居住在美国的外国人与美国公民同样受美国宪法保护。

三、外国人权益保护的程序法律规定

外国人在美国享有诸多程序性权利，如：受人身保护令救济的权利、非经大陪审团报告或起诉不受特定重罪审判的权利、非经陪审团审判不被定罪的权利、不受无理搜查和扣押的权利、拒绝自证其罪的权利以及程序性正当程序权利。③ 在国际法方面，美国是《关于解决国家和其他国家国民之间投资争端公约》（《华盛顿公约》）和《承认及执行外国仲裁裁决公约》（《纽约公约》）的缔约国，这些公约有利于国际投资贸易纠纷的解决和仲裁结果的执行。另外，中美之间在 2000 年签订了《刑事司法协助协定》，两国在平等互利的前提下提供跨国司法便利。这些程序法方面的国内法和国际法都有力地维护了在美国的外国公民权益。

---

① 王新民：《美国对外国人管理的九大特点》，载《国际人才交流》2007 年第 2 期。

② United States v. Verdugo-Urquidez, 494 U. S. 259（1990），in Curtis Bradley and Jack Goldsmith, eds., Foreign Relations Law: Cases and Materials. NY: Aspen Publishers, 2003, p. 502.

③ 任越：《对美国联邦最高法院有关外国人人身保护令判例研究》，载《环球法律评论》2009 年第 4 期。

第一节 事先预防

一、中国公民在美国持枪案

案例一：2018 年美国维吉利亚理工大学一名 19 岁中国留学生赵某因非法持有攻击性枪支被警方逮捕。这名仅有 19 岁的大一新生将面临"外国人非法持有攻击性武器罪"，如果罪名成立其将面临最高 5 年的刑期。被逮捕后，维吉利亚理工大学将其退学。

案例二：2016 年 12 月 6 日，密歇根州立大学中国留学生张某在挑灯夜战苦读时，三名歹徒携枪闯入他家抢劫，张某立刻拿起枪反击，当场击毙一个歹徒，另外两个人闻风逃窜。

案例三：2019 年 3 月洛杉矶一名男性中国留学生有去枪店买枪的电脑记录，但当时因为留学生身份购枪遭到拒绝。该留学生在去墨西哥旅游回来时，在美墨边境被美国移民海关执法局（ICE）的官员扣押，当场吊销签证，并将其送进长堤移民拘留中心等待遣返。理由是联邦电脑系统显示该名留学生有去枪店买枪的记录，但该名留学生在填写入境背景调查时有意无意地隐瞒了其购枪遭拒的情况，客观上向联邦司法部撒了谎。时值美国校园枪击案频发的敏感期，执法人员认为这名留学生买枪不仅违法，而且还有制造另一起校园枪击案的嫌疑，因此当场将其逮捕并送进长堤移民拘留中心。

二、法理分析

持枪自由和枪支暴力具有美国特色。中国公民前往美国之前，应了解并正确看待、面对这些社会现象，做好风险预防，才有可能保障其在美国的各项权益。

（一）美国持枪自由的社会传统因素

美国著名社会学家赫尔曼·康恩曾经说过："枪支是美国文化的核心。"枪支在美国文化中占据着重要地位，普通老百姓持有枪支是美国的传统，也是美国人民自由的一种表现。独特的历史时代背景造就了美国独有的枪支文化。在美国独立战争中，大量平民拿着枪支参加战争，提供了大量的即战力量。直到今天，仍然有许多美国人认为，美国之所以能够获得独立和自由，是因为拥有枪支的人们为信念挺身而出，才有了今天的美国。因此，在美国人心中，枪支意味着捍卫政权独立和自由。1776 年，托马斯·杰斐逊起草的《独立宣言》中就曾写道："政府企图把人民置于专制统治之下时，那么人民就有权利，也有义务推翻这个政府……"而枪支就是实现该权利的保障。

（二）美国持枪自由的法律依据

美国持枪自由的权利首先来自美国宪法。托马斯·杰斐逊等人领衔起草的美国宪法第二修正案进一步巩固了美国人民的持枪权利，并将其上升到了天赋人权神圣不可侵犯的高度。1791 年该宪法修正案与另外 9 条修正案一起获得联邦国会批准，共同构成了美国宪法"权利法案"的前 10 条。《美利坚合众国宪法第二修正案》中明确规定："管理良好的民兵部队对自由州的安全是必要的，因此，人民持有并携带武器的权利不容侵犯。"[①] 此外，美国持枪自由的权利来自"私人财产神圣不可侵犯"，为了保护公民私人财产和住宅安全，美国出台了"堡垒原则"（Castle Doctrine），也叫作"堡垒法"（Castle Law），或称"住宅防卫法"（Defense of Habitation Law）。该法律规定：对非法侵入和暴力袭击，主人、租户、委托保管人等有权使用致命武力来保护其"堡垒"。住宅"堡垒"包括院子和车道。有些州的法律更进一步将工作场所和私人车子都归入"堡垒"范围，不可侵犯。

（三）美国私人持枪的管理

美国联邦法律规定，美国公民、有美国绿卡、有美国非移民签证进行狩猎和体育活动的外国人，以及非移民身份但符合 5 种例外情况（包括有美国任一州颁发的有效狩猎执照或许可证等）的外国人，均可拥有枪支。买枪者填写武器交易记录表，通过美国联邦调查局全国即时犯罪调查系统审核就可以购买枪支。美国是合众国，50 个州都是政治实体并拥有州内立法权（例如婚姻、居民权、枪支管理等），枪支管理除了必须遵守联邦枪支管理条例外，还必须符合各州的立法，且各州的枪支管理规定均不相同。美国某网站做了一个有趣的排名，美国对枪支"最不友好的"也就是管理较严的前十名地区为：华盛顿哥伦比亚特区、纽约州、新泽西州、马萨诸塞州、夏威夷州、加利福尼亚州、康涅狄格州、马里兰州、伊利诺伊州和罗得岛州；而对枪支"最友好的"前十名地区是：亚利桑那州、佛蒙特州、阿拉斯加州、犹他州、肯塔基州、怀俄明州、亚拉巴马州、堪萨斯州、密

---

① 原文：A well regulated Militia being necessary to the security of a free State, the right of the people to keep and bear Arms shall not be infringed.

苏里州和新罕布什尔州。① 美国前总统奥巴马 2013 年任期内提出的"枪支管控行政令"被美国国会参议院否决。

（四）美国持枪自由和枪支管控之间的博弈

美国持枪自由，造成了美国枪支暴力案件频繁。是持枪自由还是枪支管制，两者博弈的背后凸显了利益集团的控制和美国的两党之争。美国步枪协会（又称长枪协会）是这些利益集团中势力最大，政治影响力最强、最广的一个组织。拥有近 400 万个会员分布在全美各地，其中很多都是实力强大的枪支生产商和经销商。步枪协会长期在国会进行反对枪支管制的游说活动，并在社会上专门从事维护持枪权的宣传造势活动，使得美国有关枪支限制的法案无法通过。美国民主、共和两党在持枪自由问题上立场大相径庭。民主党一直主张对枪支实施必要的管控，但共和党则持完全相反的立场。步枪协会在共和党人特朗普 2016 年总统选举中耗资 3000 多万美元帮助其在竞选摇摆州打广告以树立良好的形象。目前来看，美国的持枪自由与枪支管控的博弈将长期存在，美国持枪自由这一社会现象将会继续存在，私人枪支的持有率仍在上升。

三、对策建议

（一）了解美国社会的基本情况

中国公民前往美国，应对其社会基本情况进行了解。可登录中国驻美国大使馆网站（http://www.china-embassy.org/chn/）查看相关资料。案例 1 和案例 2 最终的判决结果在当时引起了轩然大波和对枪支管控的广泛讨论，但根据法律规定，法官和陪审团做出的判决无可非议。也正因为枪支的普及，美国警方在执勤时的风险更大，自卫的需求也更大，动用枪支的可能性也更高。因此，案例 3 中，以国人的视角来看，美国警方可能有滥用职权和暴力之嫌，但在美国属于正常执法。留学生若未取得购枪资格，最好不要进入枪支店，也勿尝试购买，如果背景调查未能通过，未能成功购买枪支，但申请购买枪支的记录也可能带来极大麻烦，如吊销签证、遣返等，近年来类似案例屡见不鲜，要引以为戒。但对于在美国拥有购枪资格的中国公民而言，枪支泛滥在增加安全风险的同时，同样为其提供了进行自力救济、维护自身安全的最佳途径——自身持有枪支。一般而言，获得美国永居居住权的中国公民，以及持有移民签证的中国公民，拥有购枪资格，而持有

---

① 纽约资讯：《想自卫的话如何在美国合法拥有枪支》，http://m.sohu.com/a/311241039_120067332，访问时间：2021 年 7 月 1 日。

非移民签证的中国公民在符合美国烟酒枪炮及炸裂物管理局（Bureau of Alcohol，Tobacco，Firearms and Explosives，ATF）规定的情况下也可以获得购枪资格，"持非移民签证入境美国的外籍人士禁止寄送、运输、接收或持有枪支或弹药，除非满足以下几种情况的一种：拥有有效持枪证/狩猎执照或许可证等证件（hunting license/permit）；入境美国的目的为参加狩猎或射击等活动（比如体育竞技类比赛）；外籍政府的特定官员代表；友好外籍政府入境美国参与执法行动的执法人员"。但非法移民在任何情况下均不得购买、拥有、持有枪支，否则涉嫌犯罪。

（二）掌握应急联系方式

出行前可登录中国外交部网站（http：//www.fmprc.gov.cn/）和中国领事服务网（http：//cs.mfa.gov.cn/），查看《中国领事保护与协助指南》，保存中国驻美国使领馆的联系方式以及相关旅行提醒、警告等海外安全信息。熟记美国火警、急救、警察等应急电话，遇事及时求助。如人身安全或财产受到侵害，应立即向当地警方报案，并请其出具报警证明，以便日后办理保险理赔、证件补发等手续。

（三）与国内亲朋保持联系

前往美国前给家人或朋友留下一份出行计划日程，约定好联络方式。护照、签证、身份证应复印，一份留在家中，一份随身携带，还要准备几张护照相片，以备不时之需。确保已取得美国的入境签证和经停国家的过境签证，签证种类与出国目的相符，签证的有效期和停留期与出行计划一致。但需要注意的是，根据国际惯例，即使已取得美国签证，美国也有权拒绝中国公民入境且无需说明理由，在这种情况下应配合美国移民局及海关工作人员的工作，提交证明文件，并积极联系中国驻美国的使领馆，做好应对措施。美国医疗费用极高，建议根据自身经济条件，购买人身安全和医疗等方面的必要险种，防患于未然。

（四）寻求领事保护

如在美国停留较长时间，可在中国驻美国使领馆或通过中国领事服务网进行公民登记，以便出现紧急情况时能与使领馆及时取得联系。当情况相对严重时，可向中国使领馆寻求帮助。我国领事官员可提供的协助有：如美国发生重大突发事件时，可以为撤离危险地区提供咨询和必要的协助；如遭遇意外，可以协助将事故或损伤情况通知国内亲属；如遇到生计困难，可以协助与国内亲属联系，请其协助解决费用问题；如在美国与他人发生民事纠纷，或涉及刑事案件，或突发疾病，可以应请求协助提供当地律师、翻译和医生等名单供参考，但并不保证其服务质量达到预期；为在美国的中国公民颁发、换发、补发旅行证件并进行加注；为遗失旅行证件或无证件的中国公民签发旅行证或回国证明。

（五）熟知美国习俗和传统文化

在枪支文化、私人财产神圣不可侵犯的背景下，美国公民有权在自己的住宅内使用致命武力进行正当防卫，警察也有较大的开枪自主权。因此，在美国，误入私宅与妨碍执法均具有生命危险。访亲寻友应弄清确切地址，避免误入私宅，一旦误入，应尽快高举双手退出住宅；当遇上警察执法时，一切遵照命令，切勿逃窜和引起冲突。如合法权益受到侵害，可以向当地主管部门投诉、司法起诉等正当途径解决维权，不要采取过激行为。对于当地警察、移民部门的执法行为，应争取说明情况，防止误解，不要暴力抗法或者试图贿赂以减轻或免除惩罚。

第二节　事件应对

一、中国学者美国遇害案

中国公民章某（女，27 岁）在美国伊利诺伊大学厄巴纳香槟分校交流学习，2017 年 6 月 9 日计划乘坐公交大巴前往校外公寓，签署租约。下午 1 点 39 分，章某发短信给伊利诺伊州厄巴纳市的租房机构，称她会在下午 2 点 10 分左右到达目的地。下午 2 点，克里斯滕森（Christensen）驾车经过在公交站等车的章某，交谈约 1 分钟后，章某坐上了这辆有去无回的轿车。2 点 38 分，房屋中介向章某发送短信，未得回应。随后的几个小时里，章某的好友、副教授等人也始终无法联系上她，当晚 21 点 24 分报警。2017 年 6 月 10 日 12 时 30 分，美国警方对章某失踪案正式立案。

2017 年 6 月 29 日，执法部门监听到了克里斯滕森承认自己绑架了章某的语音并对他进行了抓捕。克里斯滕森称，自己把章某带到了公寓，将她囚禁在公寓并消磨她的意志。2017 年 6 月 30 日，美国警方宣布，已经拘捕了嫌疑人克里斯滕森，并称章某或已死亡。

2017 年 7 月 12 日，美国联邦大陪审团首次以绑架案起诉克里斯滕森；2017 年 10 月 3 日，大陪审团重新起诉克里斯滕森，指控 3 项罪名。然而审判日期被一拖再拖，直至 2019 年 6 月 3 日，美国伊利诺伊州中部地区联邦法院重新开庭审理。据联邦检察官尤金·米勒（Eugene Miller）称，克里斯滕森在自己的公寓里撕下章某的衣服，强奸了她，然后掐住她的颈部长约 10 分钟，当时章某在奋力挣扎。随后，克里斯滕森带章某去了浴室，在那里他用路易斯维尔的棒球棒击中了她的头部，将她的头部劈开，并割下她的头。据尤金·米勒说，为了掩盖他的罪行，克里斯滕森彻底清理了他的公寓和车辆。但调查人员在他的床垫和床的基板，以及干墙、地毯下面和棒球棒上都发现血点，DNA 测试结果表明这些血迹就是章某的。在章某失踪 2 个月前，克里斯滕森还下载了 4 张女性被捆绑的照片，内容包括用强力胶带捆绑、用手铐铐在 PVC 管和锁人堵嘴。在他的电子产品中，除了有关人类分解的文章，还有在恋物癖网站的浏览记录。克里斯滕森还曾在章某失踪后要求维修公寓。6 月 24 日，美国伊利诺伊州中部地区联邦法院陪审团裁定，克里斯滕森绑架和谋杀章某的罪名成立。7 月 18 日，章某案陪审团作出最终裁决，判处被告克里斯滕森无假释可能的终身监禁。12 月，克里斯滕森被转移至美国肯塔基州联邦监狱服无期徒刑。

克里斯滕森是伊利诺伊大学香槟分校的一名毕业生，曾是助教，也曾经跟学校的心理咨询中心人员透露他有要伤害和谋杀年轻女性的想法和实施计划。学校不但没有跟进克里斯滕森的情况以确保他得到他需要的适当心理治疗并且确保他没有对学校社区构成威胁，反而是什么都没有做就直接封了他的档案。2019 年 6 月，章某家人提起民事诉讼，状告伊利诺伊大学香槟分校两名心理顾问，希望学校为其心理咨询中心的严重过失进行合理赔偿。但校方一口回绝，并向法庭提起动议要求撤销此案。章某家人的律师王某称，伊利诺伊大学香槟分校一直以来都在极力减少和消除该校一名学生被谋杀对学校造成的负面影响，而不是为被害者的家人提供支持。[①] 2019 年 12 月 30 日，美国伊利诺伊州联邦法院对中国访美学者章某民事案件作出裁决，驳回章某家人对伊利诺伊大学两名心理顾问提起的诉讼。

二、法理分析

目前大量的中国学生涌向美国高校深造，人身财产安全问题也益发受到关注。章某被蓄意杀害是中国留学生权益在美国受到侵害一个比较极端的例子，但暴露出海外留学生的安全隐患。结合章某谋杀案，对中国公民在美国权益受损进行法理分析，有助于厘清权益保护过程中的关键点，做好应对措施。

（一）中美法律制度的差异对中国公民权益保护的影响大

美国的法律制度与中国法律制度存在较大的差异，中国公民需要了解并利用

---

① 新浪司法：《关于章莹颖案，你可能不知道的事》，https://zhuanlan.zhihu.com/p/58307596，访问时间：2021 年 7 月 1 日。

美国法律制度特点以维护自身权益。美国刑事案件审理过程中陪审团起着举足轻重的作用。章某案由联邦调查局属地分局牵头，联合伊利诺伊大学警局、伊利诺伊州警署进行调查，联邦大陪审团根据调查结果决定起诉犯罪嫌疑人，伊利诺伊州联邦检察官依据司法部长的批准对嫌疑犯以死刑罪起诉。根据美国的刑事诉讼法规定，该案的定罪、量刑由陪审团来裁定。而按照美国联邦法律规定，涉及死刑的案件，其量刑裁决必须由全部陪审团成员一致认定才能作出。在本案中，陪审团一致认为犯罪嫌疑人绑架和谋杀罪名成立，但对其判处死刑无法达成一致。美国属于普通法系，法官在审理刑事案件中处于中立地位，犯罪嫌疑人是否有罪以及如何量刑由陪审团决定，陪审团由不具备法律专业知识的具有选举权的美国公民随机抽取后面试组成。陪审团依据在庭审过程中展示的证据、证人证言、犯罪嫌疑人造成的社会危害程度、受害人的损失和创伤来进行最终裁决。相比国内刑事案件的审判，美国陪审团的最终裁决具有很大的不确定性。

（二）美国社会环境复杂，中国公民权益保护难度大

中国公民一般会选择那些开放的发达国家去深造，如本案中的章某选择的就是开放程度极高的美国，但其开放性也造就了社会环境的复杂性。开放性很强的国家容易出现多种族人群混居的现象，来自不同国家的人由于文化背景和一些理念的差异、观点分歧，加之种族歧视的存在，很容易发生一些安全问题。美国高校对学生安全问题的态度也并不一致，有的学校采取放任的态度，置学生安全不顾。本案中，章某就读的伊利诺伊大学香槟分校明明知道克里斯滕森有谋杀年轻女性的想法和实施计划，却毫无作为，间接导致了章某的悲剧。尽管中国教育部每年会发布一些留学安全预警，但是仅凭留学预警远远不足以保护中国留学生安全。当前中美之间对留学生保护的合作程度不深入、合作机制不完善、合作范围不广泛，这也是美国大学校园留学生权益受损的原因之一。

（三）在美安全意识欠缺，中国公民权益的自我保护能力不足

本案中，被害人章某独自一人在校外等车，仅经过几分钟的交谈，就上了克里斯滕森的轿车，可见留学生安全意识薄弱。中国留学生的安全意识薄弱与中国的教育体制有一定的关系，我们的教育关注更多的是分数和考试，而忽视了社会这一大课堂。"从小学到大学毕业，一个年轻人只能死记硬背书本的内容，他的判断力和个人主动性没有用武之地，对于他来说，接受教育就是背书和服从。"[1] 年

---

① ［法］古斯塔夫·勒庞：《乌合之众》，杨森译，民主与建设出版社 2016 年版，第 124 页。

轻人亲身体验社会的机会被切断，他们无法鲜明而准确地理解世间的人和事，更不必说在与人打交道时能有清醒的警惕意识和自我保护意识了。同时，中国出国留学的人数逐年攀升，出现了低龄化现象，很大一部分留学生是独生子女，他们在国内养尊处优并习惯了家长的呵护，而一旦独自去异国他乡生活学习，很可能适应不了国外社会的生活。而且安全意识欠缺，居住、出行、交友等方面都缺乏警惕，一旦出现事故就显得自我保护能力不足。①

近年来，出国门槛逐渐降低，甚至出现只要支付大笔费用就可出国留学，国内某些高收入阶层人士迷信国外教育水平高，不惜重金把孩子送去国外深造学习镀金。有些富二代们行事高调、攀比奢靡、穿戴奢华，这种"炫富"现象导致国外不法分子认为中国留学生都是富人。很多抢劫绑架类案件犯罪者将中国留学生定为作案目标，就是把中国人看成非常富有的人。

三、对策建议

（一）充分利用美国法律制度对中国公民权益进行保护

章某案中犯罪嫌疑人虽最终未判死刑，但是仍然受到法律的严厉制裁。章某的朋友在发现联系不上章某后马上报警，并积极督促美国警方对章某失踪立案，使得警方能迅速锁定犯罪嫌疑人。在案件的审理过程中，用证据、社会危害性、损失创伤来说服陪审团，在伊利诺伊州已经取消死刑的前提下，陪审团12名成员中有10名成员赞成对犯罪嫌疑人处以死刑。由此可见，中国公民在美国权益受损时，需咨询专业的法律人士，利用美国的法律思维来解决问题，才有利于对自身权益的维护。

（二）充分利用外交保护和领事保护维护中国公民权益

中国公民在美国遭遇权益损害时，可以采取外交保护和领事保护两种手段来维权。外交保护是当中国公民在美国遭到侵害而用尽当地各种救济途径都难以解决时，中国政府以国家名义利用外交手段来使中国公民的权益得到尊重和维护。但中国公民利用外交保护自己的利益是有前提的，必须是有现实的损害存在，要满足国籍条件以及对方国家的事实不法行为，且必须用尽了当地救济才能适用。但是，领事保护却没如此多的限制，只要具有中华人民共和国国籍，均可以向我

---

① 宋可：《中国海外留学生安全保护问题研究》，载《齐齐哈尔大学学报（哲学社会科学版）》2017年第3期。

国相关机构申请领事保护。领事保护的范围也十分广泛，小到提供相关咨询服务，大到一些生命财产安全保护都是领事保护的内容。可以说，领事保护一直以来都是保护中国公民安全必不可少的重要手段。目前，中国驻美国大使馆、驻纽约总领事馆、驻纽约总领事馆、驻旧金山总领事馆、驻芝加哥总领事馆、驻洛杉矶总领事馆、驻休斯敦总领事馆均可为中国公民提供领事保护。

（三）我国政府积极开展与他国的国际合作

我国应该积极同美国开展相关合作，加强中国公民在美国的安全保护。因为只有寻求东道国救济才是处于安全保护的第一线，我国不可能越过该国的协助直接救济我国海外公民，国际合作能够为我国外交保护和领事保护减轻阻力和减少障碍。具体来讲，我国可以督促美国作为东道国加强对我国公民安全的保护，如在美国建立中国公民应急处置报警电话和志愿者队伍。若存在对我国公民保护拖延、办案效率低的情况，我国政府可以对其施压督促其快速查办案件，并要求其警方采取积极措施保护中国公民安全，如遇重要恐怖事件可要求其组织警力保护和提供相关避难场所等。

（四）中国在美留学生应强化自我保护意识

1. 督促留学生家庭做好出国前准备

留学生家庭应当充分做好孩子出国前的准备，如：准备好留学费用，以保障其选择安全性好的住址；充分考虑留学国家和学校的选择，对留学环境和安全因素进行考察和调查；合理选择留学服务机构；等等。同时，从决定孩子出国时就刻意培养其安全意识和安全应急能力，在孩子出国后随时与其保持联络、提醒其注意安全，记下孩子的住址和通信方式甚至更多信息，以便及时报警。

2. 增强留学生人身安全意识

首先，到达留学目的地后，留学生一定要到当地的中国使领馆备案，填写个人以及国内外联系人的详细信息。可在网上搜索中国驻当地大使馆或者领事馆官方网站，进入系统进行线上登记；也可以到线下的使领馆处登记。留学生备案之后，无论是当地发生战争或灾难事件，还是其他突发事件，都能及时得到保护。

其次，留学生要尽早了解当地治安状况。城市中心的犯罪率要比其他地区高，更容易碰见醉酒和吸毒而引发的暴力危险。与此同时，留学生要尽量少去人多嘈杂的娱乐场所，特别是晚上，待得越久，成为受害者的可能性就越高。女性留学生要注意饮品是否被添加迷幻剂等有害物，一般离开过自己视线的饮品最好不要继续喝；夜间不要独自行走，随身带手机，如果感觉有人跟踪，立即报警，美国的报警电话是 911。此外，留学生还应该谨记中国外交部全球领事保护与服务应急呼叫中心 24 小时热线电话。身处海外的留学生发现有车跟踪时，记住车牌号码并报告警察，告诉警察自己的名字和所处位置，身处陌生位置时，避免使用耳机或手机，以免分神。在校内遗失了物品或东西被偷，应向学校保安人员报告；遇有紧急事故时，立刻向指导老师、国际学生办公室、同学会、阳光留学服务联络处及中国驻美国使领馆联络；还未满十八岁的学生，请监护人与学校取得联系。

再次，留学生还要提前了解就读学校的治安情况。以美国为例，访问美国教育部，可以调研所在大学校内的犯罪情况；还可以联系校园安全办公室，了解更详细的情况，例如校园护送服务、安全地图与建议的安全路线、支持校园安全的应用程序。如果留学生选择租公寓或房子，要注意所住的城市区域，有些房屋便宜是因为它们不安全或处于高犯罪率区。

最后，切记要遵守美国当地法律，与美国公民和其他族裔和睦相处。留学生要学习了解和尊重美国的风土人情和文化历史，快速融入新的环境中。有些留学生在美国毫无禁忌，一些在中国正常的行为可能在美国会导致当地国民的误解，留美学生遵守规则才能降低灾祸的发生概率。但同时，留学生也应该谨慎交友。近年来熟人加害事件多发，很多留学生遭遇不幸都是交友不慎。[①]

3. 提高留学生个人财物安全意识

首先，入学后，留学生应该尽快向就读学校的中国学联报到，以便得到生活中必要的帮助。

其次，在大多数情况下，寄宿家庭的保险是不保学生财物的，建议学生自己买保险尤其要投医疗健康保险。刚抵达美国的学生应立即把现金存入银行账户，不要把现金留在家里或寄宿家庭，随身放 100 元左右现金就够了。需要取钱时才将卡带在身边，平时请把卡放在寄宿家庭的保险柜里，如果卡遗失了或被盗，需立即报告银行。贵重的物品，一定要随身携带或留在寄宿家庭的保险柜里。

最后，留学生个人在日常生活中要不显财不露富，行事低调，避免引起犯罪分子注意。不要向任何人透露在银行里有多少钱及父母的财产。如果有人问你要钱，即使他们只是借，也应立即回绝或向学校工作人员报告。

---

① 宋可：《中国海外留学生安全保护问题研究》，载《齐齐哈尔大学学报（哲学社会科学版）》2017 年第 3 期。

第三节 事后处理

一、美国通过贸易战打压中国投资人案件

中美两国作为世界排名第二和第一的经济体，双方贸易往来频繁，中国投资人在美国从事经贸往来活动日益增多，尤其随着中国经济与科技实力的增强，中国海外投资人在高新技术产业领域与美国企业开展了广泛的合作与竞争。然而，自 2018 年以来，受美国的外交、对外贸易的法律、法规和政策等影响，中国海外投资人在美国面临诸多不利因素，这不是单纯个人或者企业能解决的问题，需要放在中美两国关系的大背景下考量，中国投资人在美国的权益才能得到更好的保护。

2018 年 3 月，美国公布对华 301 调查报告以及针对中国的反制措施，被认为是中美贸易战的正式开始。① 美国对"中国制造 2025"相关的航天技术、通信信息、工业新材料等领域的 1102 种商品征税。中国回应对美国出口的农产品、汽车、水产品等领域的 695 项商品征税。② 在美国霸权主义的惯性思维下，任何对其称霸造成威胁的行为，美国都以国家利益为由进行各种打压。

以通信业为例，美国政府对中国某大型通信公司的禁运令，让该公司直接进入休克。③ 长期以来，在半导体制造业上美国实力强劲，中国因为缺乏最关键的元器件——芯片，而受制于美国。中国的高新技术企业正在崛起，而美国的打压一直存在且反复变化，近期美国加大对中国高科技民营企业甲公司的打压。2018 年 12 月 1 日，甲公司高管中国人孟女士在香港机场登上飞往温哥华的航班时，就已经被美国执法部门监视了。在没有证据的情况下，美国指使加拿大逮捕该公司 CFO 孟女士，并以涉嫌违反美国对伊朗的制裁规定，要求引渡到美国。④ 美联社 12

---

① 戴翔、张二震、王原雪：《特朗普贸易战的基本逻辑、本质及其应对》，载《南京社会科学》2018 年第 4 期。

② 余振、周冰惠、谢旭斌、王梓楠：《参与全球价值链重构与中美贸易摩擦》，载《中国工业经济》2018 年第 7 期。

③ 李正豪：《美国禁令使中兴休克 折射中国缺"芯"之痛》，http：//finance. sina. com. cn/roll/2018 - 04 - 20/doc-ifznefkf7866029. shtml，访问时间：2021 年 7 月 1 日。

④ ROBERT FIFE STEVEN CHASE：《事件还原：孟晚舟遭加拿大"非法拘押"前几个小时究竟发生了什么?》，http：//tech. ifeng. com/c/7s5CudBEFYe，访问时间：2021 年 7 月 1 日。

月 14 日发表的报告《夹在两个大国之间的加拿大，现在觉得很孤单》显示，12 月
10 日中国依照刑法和刑事诉讼法对两名加拿大人采取强制措施，12 月 11 日，加拿
大法院批准乙的保释申请。加拿大在拘捕中国人孟女士的事件中，夹在中美两个
超级大国之间，美国并未兑现对加拿大的支援。① 孟女士的事件还仅仅只是冰山一
角。2019 年 5 月 16 日，美国将中国的甲公司列入出口管制实体清单，美国公司同
中国甲公司的交易需要经过美国政府批准；5 月 20 日，美国的几个大的通信公司
宣布将不再给甲公司提供除开源以外安卓系统的支持，并宣布将对甲公司断供。②
随后，甲公司称其手机应用商店能与美国公司竞争。然而受美国制裁影响，5 月 22
日芯片设计商 Arm 甩掉甲公司，而甲公司新品 Mate 20 X 则从英国 5G 发布中剔除。
甚至某科学出版商直至 6 月 3 日，迫于各方压力才撤销其长达一周的针对中国甲公
司科学家审查技术论文的禁令。③ 7 月 23 日，美国商务部表示，受理美国科技公司
向"黑名单"甲公司出售产品的豁免申请。④ 8 月 8 日，甲公司推出鸿蒙系统的前
一天，美国政府反悔并决定推迟美国企业与中国企业的重启业务。⑤ 在 8 月 19 日
的例行新闻发布会上，中国外交部发言人回应美国延长甲公司"临时许可证"是
赤裸裸打压，是歧视性、不公平做法。⑥ 9 月 17 日，路透社报道，白宫没有找到证
据，来证明甲公司在美国做"间谍活动"。⑦ 美国用"断货"策略来打压中国的甲
公司发展，将其列入实体清单，甲公司为此调整了供应链，与其他国家开展广泛
的合作。2019 年 5 月 29 日，甲公司提交简易判决动议，作为其挑战《2019 财年国
防授权法案》（2019 NDAA）第 889 条合宪性行动的一部分，并且呼吁美国政府停
止以网络安全为由，没有证据打压甲的行为。⑧ 甲的分公司总裁声明，将备胎芯片

---

①　夏子怡：《美媒评华为高管被捕事件：加拿大"从未如此孤单"》，http：//www.cankaoxiaoxi.com/china/
20181214/2365516.shtml，访问时间：2021 年 7 月 1 日。

②　《华为事件时间线新闻报道汇总》，https：//www.sohu.com/a/317308481_100161251，访问时间：2021
年 7 月 1 日。

③　《中美贸易战对华为影响时间表（2019）》，http：//www.xiaobaicj.cn/redian/14622.html，访问时间：
2021 年 7 月 3 日。

④　《关于何时解禁华为　美国商务部给出新承诺》，http：//news.china.com.cn/2019 – 07/25/content_
75029213.htm，访问时间：2021 年 7 月 1 日。

⑤　陈青青、青木、陈一、王伟：《面对美国压力，华为余承东吐心声：这让华为更加团结，更有战斗力》，
http：//world.huanqiu.com/exclusive/2019 – 08/15277877.html？agt = 16361，访问时间：2021 年 7 月 1 日。

⑥　艾佳：《外交部回应美国延长华为"临时许可证"：赤裸裸打压，立即停止错误做法!》，http：//
finance.eastmoney.com/a/201908211212227253.html，访问时间：2021 年 7 月 1 日。

⑦　伍铎克、陶短房：《白宫调查未发现华为"间谍活动"令美国尴尬》，https：//world.huanqiu.com/
article/9CaKrnJxqpL，访问时间：2021 年 7 月 1 日。

⑧　《华为呼吁美国停止打压行为，有效应对网络安全风险》，https：//www.huawei.com/cn/press-events/
news/2019/5/huawei-us-adjust-Approach-tackle-cybersecurity，访问时间：2021 年 7 月 1 日。

"转正"，以此来保证产品供应，从而兑现服务承诺。① 甲公司为自主研发的操作系统注册"鸿蒙"商标，与俄罗斯、西班牙、英国、柬埔寨、匈牙利、马来西亚等国开展广泛合作。② 2019 年 12 月 5 日，为维护自身权利，中国甲公司在美国当地起诉美国联邦通信委员会（FCC），甲公司认为 FCC 基于猜测而非事实、无证据指责甲公司威胁美国国家安全，剥夺了企业公平竞争的宪法权利，是行政越权行为。③ 温哥华当地时间 2020 年 5 月 27 日，加拿大高等法院就美国指控中国人孟女士"对银行欺诈"的罪行是否构成在加拿大犯罪作出裁决，认定符合"双重犯罪"标准，美国提出对孟女士的引渡案将继续审理。④ 中国外交部曾就此案作出回应，认为这涉及中国公民合法正当的权益，孟女士事件为严重政治事件。⑤ 2020 年 8 月 17 日，加拿大高等法院就孟女士案举行庭审，讨论涉案证据信息披露问题。2020 年 11 月 16 日，加拿大高等法院再次举行听证会。2020 年 11 月 25 日，孟女士引渡案第二阶段法庭听证继续在加拿大温哥华举行。2021 年 4 月 21 日，加拿大高等法院法官裁定，同意孟女士的引渡听证会推迟 3 个月。2021 年 6 月 29 日，孟女士再次参加加拿大高等法院听证会。2021 年 8 月初，加拿大高等法院再次开庭审理是否向美国引渡孟女士一案。后经中国政府不懈努力，孟女士在坚持不认罪的前提下，最终与美国司法部达成暂缓起诉协议，根据该协议她不会被美国进一步起诉，加拿大引渡程序也将终止。2021 年 9 月 24 日，被加拿大无故扣押 1028 天的孟女士搭乘中国政府包机回到祖国。

二、法理分析

美国打压中国高新技术企业甲公司，并要求其盟国加拿大扣押中国人乙，该事件要置于美国发动对中国的贸易战大背景下进行全面分析。在经济全球化时代，中国投资人在美国从事经贸活动增多，不同类型企业、上下游企业之间的经贸往来频繁，从事高科技产品的研发、生产、服务的高新技术企业之间的网络协同合

① 《华为面对美国的突然打击，早有应对策略，不会"成为下一个中兴"》，https://new.qq.com/omn/20190518/20190518A04ZOD.html，访问时间：2021 年 7 月 1 日。

② 《签下 5G 大单后，华为或和俄罗斯进一步合作! 鸿蒙系统即将面世?》，http://www.sohu.com/a/322188579_334198，访问时间：2021 年 7 月 1 日。

③ 张晓雨：《华为回应起诉 FCC：说我们威胁美国国家安全不是事实》，http://www.bjnews.com.cn/wevideo/2019/12/05/658115.html，访问时间：2021 年 7 月 1 日。

④ 《孟晚舟加拿大被捕事件》，https://baike.sogou.com/v178475682.htm? fromTitle = % E5% AD%9F% E6% 99%9A% E8% 88% 9F% E4% BA% 8B% E4% BB% B6，访问时间：2021 年 7 月 1 日。

⑤ 于文：《孟晚舟有关案件裁判结果将公布 中国外交部回应：严重的政治事件》，http://henan.china.com.cn/legal/2020-05/27/content_41165487.htm，访问时间：2021 年 7 月 1 日。

作呈现规模化、社会化趋势。虽然中国采取"开放是原则，限制是例外"高水平对外开放模式，推行多边自由贸易体制，提供了良好的国内贸易环境；但在对美贸易方面，中国投资人、中国高新技术企业都遇到了诸多问题。如对当地法律法规不熟悉，前期投入未能完全适合东道国政府的要求，后期语言沟通、工程实施、证据收集等又造成基础设施的建设浪费、诉讼维权的软弱等。其中，最主要的是美国以国家利益为由，推行美国优先原则，贸易政策变动大，不确定性因素多，让美国的一系列外交政策充满霸权主义色彩。

（一）美国滥用长臂管辖原则对待中国投资人孟女士

中国投资人孟女士是从香港出发，准备前往阿根廷参加国际会议，在加拿大转机时应美国要求被捕。美国多次向加拿大政府主张引渡，其运用的就是长臂管辖原则。长臂管辖原则其实在美国法学界也是充满争议，在国际上更是饱受诟病。长臂管辖原则最初是为了解决美国国内州与州之间的跨区域管辖冲突，将属地管辖原则进行扩张以适应当时美国经济社会的发展。在《布莱克法律词典》中解释了三种不同的管辖权：域外管辖权、国际管辖权和长臂管辖权。其中长臂管辖权指的是"法院对不在法院地居住、但与法院具有某种联系的被告所享有的管辖权"①。一般而言，长臂管辖权被认为是域外管辖权，它超出主权国家的主权管辖范畴，当然域外管辖权并不都是长臂管辖权。美国的霸权主义、单边主义思维扩张，这直接导致美国对长臂管辖权任意进行长臂化改造。1890 年，美国的《谢尔曼反托拉斯法》原本是为维护美国国内的公平竞争、打击垄断行为，后被国会解读为可以扩张到美国之外一切涉及垄断的天然权力，这部法被认为是美国的长臂法律，其对于非美国的跨国垄断经营行为，主张域外管辖。美国在要求引渡中国投资人乙的案件中，以伊朗制裁事件为由，该事件始于美国"9·11"事件后打击全球恐怖主义，小布什政府曾提出朝鲜和伊朗各自的核问题"邪恶轴心论"。美国政府曾经对汇丰银行和渣打银行开出巨额罚单，以惩罚借助跨国金融的洗钱与资助恐怖主义的行为。有学者质疑"长臂管辖"的动机，认为美国推崇的海外反腐败行动，其实存在"'国家勒索'、'公器私用'的恶意"②。长臂管辖原则因类似于宽松且随意性大的最低联系原则，使美国法院可以审讯非美国人、非美国领土内发生的案件。也有学者区分长臂管辖原则的内容，认为大致分为无限制式和列举式长臂管辖，其分析效果后指出，"美国法院根据长臂法案的授权，依据联系原

---

① 肖永平：《"长臂管辖权"的法理分析与对策研究》，载《中国法学》2019 年第 6 期。
② 戚凯：《美国"长臂管辖"与中美经贸摩擦》，载《外交评论》2020 年第 2 期。

则，在非居民被告与法院地的联系满足美国宪法正当程序条款所要求的最低联系时，对非居民被告行使特别管辖权或者一般管辖权所形成的管辖权范围扩张的效果”①。

长臂管辖原则成为美国建立法律帝国主义的手段，其确定了最低限度联系或最低限度接触的原则。虽然该原则也有“不方便法院原则”作为限制性条件，然而在保护美国利益优先的背景下，该限制性条件常常被忽略，这直接造成侵害了有关的当事人合法权益，损害了具有实际管辖权或者有最密切联系地法院的司法管辖权，直接侵犯他国的主权。有学者分析后指出长臂管辖制度的缺陷在于，最低限度联系原则对于案件本身联结点的内容及标准没有具体规定，弹性非常大，且常常被法院扩大解释。② 在加拿大不列颠哥伦比亚省高等法院宣布中国人投资人孟女士符合“双重犯罪”标准之后，美国的长臂管辖原则滥用非常明显。仅仅凭借一份孟女士在香港向汇丰银行高管所做的 PPT 演讲报告，就认定孟女士具有欺诈行为，从而由加拿大法院判决符合“双重犯罪”标准，这是美国及其盟国加拿大对人权最直接的侵犯，也是他们进行政治“双标”的表现。孟女士已就加拿大政府在机场采取扣押手机、电子设备等行为在加拿大法院提起侵犯人权的诉讼。但美国政府提出对孟女士要求引渡的案件已经引起各方关注，而制约包括中国投资人孟女士所在的中国半导体业的发展，更是美国多年的心患。我国外交部对此裁判结果评论指出，坚决反对加拿大的裁判结果，认为其滥用美国和加拿大双边引渡条款，侵犯中国人孟女士的合法权益，加拿大为打压中国的高科技产业而“扮演美国的帮凶”。③

（二）美国打压中国高新技术企业甲公司的原因

美国发动贸易战，打压包括甲公司在内的中国高新技术企业，表现出美国挑起对中国贸易争端的本质和主要目的，只有清楚地判断中美贸易摩擦的未来走向，中国投资人在美国从事海外投资和研发权益遭遇侵害时，才能采取有效的救济措施。

美国发动此次贸易战的原因在于：一是提高美国国内就业率，打击国际资本对中国的投资，促使资金流向美国，实现“美国优先”的政治口号。通过信用评估、跨境结算、电子支付等方式，让美国在攫取金融领域巨大的收益同时，将人民币继续巩固在美元体系之中，达到控制中国的战略目的。自布雷顿森林体系建

---

① 张丝路：《长臂管辖效果辨正及对我国的启示》，载《甘肃社会科学》2017 年第 5 期。
② 杨云霞：《经济全球化下的法律帝国主义与中国应对》，载《马克思主义与现实》2020 年第 1 期。
③ 外交部：《孟晚舟事件中加拿大扮演了美方帮凶的角色》，http://www.fjrd.gov.cn/ct/3－160503，访问时间：2021 年 7 月 1 日。

立伊始，凯恩斯就提出贸易顺差国同样有债务调整的义务和责任，债务人不必采取紧缩政策，债权人应承担负债责任。[①] 因美国实力强大，"怀特方案"最终确定，按照"债权人逻辑"，以债权人为核心，要求债务人进行相应紧缩。然而由于美元是国际货币，这客观上造成各个国家用美元作为货币结算与储存单位，美元在其他国家的对外贸易比重加大，美国长期处于贸易逆差状态，而为了保持美元的稳定币值，又需要维护美国在国际贸易中的顺差地位。"美国的官员和公众舆论倾向于将美元危机和建立在美元危机基础上的国际货币体系的大部分责任归咎于1973年底石油价格的五倍上涨。"[②] 由于日益严重的"特里芬难题"困扰，美国在1971年单方面以严重违约的形式，宣布美元的"债务货币"性质。债权国通过用美元购买美国股票、国债、公司债权等，形成"商品美元"的路径，构筑美元的"债务人逻辑"信用周转体系。"许多其他国家只有通过严重抑制本国实际产出和最终需求的增长率，才避免了国外的巨额累积赤字。"[③] 中国储备大量外汇，在支撑美元体系之时，让美国对外负债却拥有以美元为中心的金融霸权地位。[④] 二是打压中国投资人的跨国研发，遏制中国高新技术产业的发展。从美国对中国增加关税清单以及美国对中国遏制知识产权、技术转让等来看，都是指向中国的高新技术企业。由于全球范围内贸易自由化逐渐转变为资本流动自由化、金融自由化，全球价值链会相应调整。分工造成劳动生产力获得最大的增强。[⑤] 美国通过"301调查"，对中国产品加征关税，来报复美国所认为的投资不公平。"当301标准未得到满足时，美国贸易代表可采取的行动包括征收关税、暂停贸易协定利益、服务部门限制或签订贸易协定。"[⑥] "301条款"属于脱离WTO规则的单边行为。[⑦] 此外，也有认为美国政府启用301条款调查中国，有出于朝鲜半岛核问题的考虑，与中国之间的"经济战"才是问题的关键。[⑧] 事实上，中国作为"世界工厂"，先将从日本、韩国等国家的企业所进口的中间产品、零部件进行组装，再出口到欧美等国，打破了原来由日本、韩国等国家的企业直接向欧美等国出口的东亚"三角

---

① 李晓：《中美贸易失衡与特朗普发动贸易战的目的》，载《南开学报（哲学社会科学版）》2018年第3期。

② Triffin，Robert，The International Role and Fate of the Dollar，Vol. 57，Foreign Affairs，（269 – 286）2019.

③ Cohen，Benjamin J，The US Trade Deficit：A Cause for Alarm，Vol. 2，Fletcher Forum，（238 – 241）2019.

④ 项卫星、王冠楠：《中美经济相互依赖关系中的"债务人逻辑"》，载《世界经济研究》2014年第9期。

⑤ ［英］亚当·斯密：《国富论》，富强译，北京联合出版公司2014年版，第1页。

⑥ Dexi，Qiao，A Survey of Intellectual Property Issues in China-U. S，Trade Negotiations under the Special 301 Provisions，Vol. 2，Pacific Rim Law & Policy Journal，（259 – 288）2019.

⑦ 孙继山：《中美经贸向何处去？——对中美贸易失衡问题及贸易战应对选项的分析》，载《国际贸易》2017年第11期。

⑧ 任靓：《特朗普贸易政策与美对华"301"调查》，载《国际贸易问题》2017年第12期。

贸易"格局。按照传统贸易统计来判断中美之间贸易状况,并不能准确反映中美之间贸易的顺差或者逆差状况;加上大量外资企业在中国的出口比重大,造成贸易顺差,出现出口在中国,但利润、利益在美国的现象,存在中国对美贸易顺差的数据统计失真的问题。而中国高新科技企业的崛起,逐渐进入产业链的高端,将获取更多的利润,美国为了巩固自己在国际分工领域的高端地位,便不遗余力地打压中国高新科技企业。

三、对策建议

中国投资人在美国从事贸易投资,尤其是从事高新技术企业的高管,在组织所在企业从事对美贸易时,一旦遇到美国针对性的贸易打压行为,在事后要有理、有据、有节地进行维权,可以采取如下应对措施:

(一) 利用知识产权制度保护自主创新

中国的国际投资人,尤其是高新技术企业的高管人员,在进行技术转型升级、产业弯道超车时,要利用好现有国际、国内法律和政策,在"科技蓝海"中增加自主创新的科研投入,引进和培养高科技人才。在对美贸易中,在关键技术、核心领域上,要立足于自主研发和创新,成立产业发展与改革的创新协调中心。国与国之间的利益关系在当今世界贸易领域显露无遗,本杰明认为:"答案的背后是利益的衡量,是对价值的衡量,要诉诸社会、群体或行业的经验、情感以及道德、经济的判断。"① 贸易壁垒、文化制度的差异、信息交流的障碍等,造成跨国企业异国经营成本提高的劣势,产生信息不对称,增加企业沟通交流和研发的不确定性。② 高新技术企业嵌入全球研发网络,会增加相应的研发成本,降低母公司效率,容易导致"外来者劣势""资源诅咒""替代效应"等问题。

在对美贸易纠纷中,中国投资人要积极利用现有的知识产权制度,维护合法权益。科技领域创新,离不开互联网技术的加速融合,离不开上下游产业链配合,离不开供给侧与需求侧的协调,离不开掌握核心、关键技术,具有国际眼光和战略思维的科研人员、管理人员、领军人员。中国高新技术企业除了在本国研发之外,还积极参与研发的国际化,通过对外直接投资、设立跨国研发子公司、成立全球研发技术中心、嵌入全球研发网络、加强研发人员国际交流等方式,汲取外国的管理经验、先进技术,快速提升高新技术企业本身的研发水平和市场竞争力,

---

① [美]本杰明·N.卡多佐:《法律科学的悖论》,劳东燕译,北京大学出版社 2016 年版,第 85 – 86 页。
② 向鹏飞、符大海:《企业跨国研发能否提高创新效率——基于中国高新技术企业的实证分析》,载《国际贸易问题》2019 年第 5 期。

促使知识创新的资源回流到本国母公司，跻身全球研发企业前列，部分高新技术企业已经从最初的追随者发展成为行业的领跑者、规则的制定者。高新技术企业要避免在价值链中，被发达国家"低端锁定"，积极利用现有法律法规，及时对科研成果进行知识产权保护。根据美国最新的《301 调查报告》，美国将加强与中国有关的信息保护、技术转让的管制措施。如中国高新技术企业甲公司那样生产芯片的公司要尽量回避美国的管制敏感区域。据世界贸易组织报告，"低端锁定"指的是，全球价值链中，发达国家利用其掌握的关键核心技术，压制发展中国家的自主创新，锁定在价值链的低端环节。① 这就需要中国投资人在管理中国高新技术企业时，利用创新来延长国内供给端链条，提高在全球价值链中的地位。要积极利用知识产权保护智力创造成果，如对自主创新的产品申请专利的保护，"给天才之火浇上利益之油"。利用知识产权制度，给自主创新的产品以法律保护，国外很多高新技术企业由于对产品进行了全方位的专利保护，造成中国每年需要支付大量的专利使用费。高新技术企业的知识产权管理是为了提高产业链位次和市场竞争能力。② 如果有需要依赖他国或地区的产品，对于关键零部件等核心技术领域，要有长久规划和应对措施，必要时要做好类似中国甲公司那样长达 10 年科技研发的备胎计划。甲公司的基础软件很早就已经与甲公司自主研发的 CPU 开始产品级适配。③

（二）对企业人员加强东道国法律法规的培训

中国投资人尤其是高新技术企业的高管，要通过内部培训的方式，加强东道国当地法律法规等方面知识的培训，加强中国企业的合规管理。在对美贸易方面，要熟悉美国与贸易相关的法律法规，尤其是美国的外资安全审查制度。国际上，最早规定外资安全审查制度的是美国，可以追溯到第一次世界大战期间颁布的《与敌国贸易法》（Trading with the Enemy Act）。为应对日本企业收购可能带来的对于美国国家安全的风险，1988 年美国国会通过的"埃克森—费罗里奥修正案"（Exon-Florio amendment），又称为"埃克森—费罗里奥条款"（Exon-Florio provision），建立了美国的外资并购国家安全审查体制。④ "埃克森—弗罗里奥条款"是

---

① 吕越、包雅楠：《国内价值链长度与制造业企业创新——兼论中国制造的"低端锁定"破局》，载《中南财经政法大学学报》2019 年第 3 期。

② 陈清爽、蒋丽梅：《高新技术企业知识产权管理模式探究——基于竞争力视角》，载《科技管理研究》2019 年第 1 期。

③ 《普华 & 华为海思——十年备胎史，共圆国产梦》，https：//chuangxin. chinadaily. com. cn/a/201905/24/WS5ce7693da310e7f8b157e8d3. html，访问时间：2021 年 7 月 1 日。

④ 邵沙平、王小承：《美国外资并购国家安全审查制度探析——兼论中国外资并购国家安全审查制度的构建》，载《法学家》2008 年第 3 期。

公认的第一个有关外资国家安全审查的专门法和基本法，它授权美国总统和 CFIUS 对外资进行国家安全审查。事实上，美国数次修改国家安全审查制度与美国外交政策的变化以及世界上其他国家的经济、政治等现状和国际关系有关。美国修改其国家安全审查制度，自美国一战后针对德国威胁，到 20 世纪 80 年代针对日本发展，再到近几年针对中国崛起，美国总统有权在战时或者国家紧急状态下否决外国投资。① 美国《外国投资风险审查现代化法》2018 年修订，扩大了受外国交易委员会审查的管辖交易的范围，增加了外国投资委员会进行国家安全审查时需要考虑的法定因素，修改了国家安全审查的程序，比如增加了 4 种新类型交易的管辖范围，将关键技术定义扩大化至新兴和基础技术，并进行每半年一次的技术更新和补充，而不仅仅是传统的防卫物资、生化武器、核设备等国防工业技术领域。这导致中国高新技术企业对美国企业的投资，都可能在外国投资委员会的审查范围之内，尤其是比如对美国硅谷的中小型高新技术企业的投资，也会受到美国国家安全审查的制约。任何向所谓关键基础设施的相关企业的投资，不仅是有关国防、军事或政府部门等的基础设施所在地的房地产交易，还延伸到全球任何服务于美国关键基础设施的企业。外国投资者能够接触到关键个人信息的交易，只要该美国企业持有、运营、生产、供应或向关键基础设施提供服务，或生产、设计、测试、建造或研发关键技术，储存、收集敏感个人信息，对该企业的投资都可能需要经过美国的外国投资委员会进行国家安全审查，这也就将数字科技、互联网企业等纳入监管的范畴。任何向外国人出售、出租临近美国军事设施或其他敏感国防设施的房地产交易等，也都被美国纳入外国交易委员会国家安全审查的范围。中国投资人只有熟悉美国对外国投资的贸易和风险防范等法律法规，才能让企业在合规审查、内部风险管控、事后纠纷处理等方面加强管理，减少法律上和政策上的风险。

（三）通过协商、诉讼、仲裁等方式来维护合法权益

中国投资人要保护自身的合法权益，如果受到东道国美国的无端指责时，要积极运用美国当地的法律和政策去维护合法权益，必要时可以利用当地司法资源向美国法院提起诉讼。例如，中国的甲公司在美国起诉美国运营商侵犯专利权，美国公司拒绝与甲公司达成专利授权协议，继续使用甲公司的 4G LTE 相关通信技术。② 目前，针对美国在对外贸易中将中国高新技术企业列为"实体清单"的做

---

① 刘岳川：《投资美国高新技术企业的国家安全审查风险及法律对策》，载《政法论坛》2018 年第 11 期。
② 《任正非反击：华为又把美国第四大运营商告了！》，https://new.qq.com/rain/a/20181211A013DG，访问时间：2021 年 7 月 1 日。

法，中国制定了对应的不可靠实体清单制度、国家技术安全管理清单制度。这是中国维系经济安全、反制美国通过技术限制和断供中国高新技术企业的长期制度。① 有学者指出，"长臂管辖"是基于美国司法管辖权扩张理论而衍生的制度，基于国家主权平等原则，中国的司法主权也同样应当受到尊重②，因此对于美国的长臂管辖原则，中国企业可以通过选择管辖法院而规避，如福建晋华公司案。虽然美国可以根据其国内的 301 条款，对中国进行大规模加征关税，如果加上中国的反制措施，将推高物价水平，增加很多美国人民生活支出，减少尤其是美国农民的福利。如果发动中美贸易战，引起国际金融市场的震荡，将会直接破坏以美元为中心的国际货币基金体系。

目前根据 WTO 规则，在服务贸易领域的"商业存在"属于投资行为，《服务贸易总协定》下的计算机、通信、视听服务等行业都承诺了市场准入与国民待遇，这些都是中国企业主张相关待遇和权利的法律依据。根据《服务贸易总协定》上述条款，"安全例外"主要涉及军事设施、核材料以及战时或者国际关系中的其他紧急情况，"公共秩序例外"则限于社会根本利益受到足够严重的真实威胁的情形。但根据欧盟和美国的外资安全审查制度规定，其安全和公共秩序的范畴已经超出了 WTO 的规定，从关键基础设施、关键技术到数据安全、政府控制等项目，着眼于维护战略性竞争优势。中国投资人、高新技术企业的高管能够以 WTO 规则，在对美贸易中进行合理的抗辩。如果中国投资人、企业高管等对美国当地的执法存在异议，可以先收集并保存好相关证据，再向当地有关机关进行投诉；也可以向中国驻美国使领馆反映情况，如遇诉讼，可以请求中国领事馆人员旁听出席庭审。

本章小结

美国位于北美洲中部，是当今世界上最发达的资本主义国家，2023 年美国国内生产总值（GDP）为 27.36 万亿美元（按当年价格计算），人均国内生产总值为

---

① 《回应美方施压，中国筹建新的清单制度》，https：//finance. ifeng. com/c/7nMQCOtjyT2，访问时间：2021年 7 月 3 日。

② 钟燕慧、王一栋：《美国"长臂管辖"制度下中国企业面临的新型法律风险与应对措施》，载《国际贸易》2019 年第 3 期。

8.54 万美元（国际货币基金组织数据）。① 美国实行三权分立制，总统是国家元首、政府首脑兼武装部队总司令。参议院、众议院组成的国会是最高立法机构，司法机构则设有联邦最高法院、联邦法院、州法院以及一些特别法院。美国属于普通法系，为联邦制国家。美国是个多族裔的国家，其中在美国的华人约为 500 万，在亚裔中占比最高。自 1979 年中国和美国正式建立外交关系以来，两国在政治、经济、文化、社会等各个领域求同存异，开展广泛而深入的合作。中国人到美国申请移民，主要是采用 4 种方式——直系亲属移民、非直系亲属移民、职业性移民和通过庇护移民，其中职业性移民主要是在美国拿到学位后，通过雇主办理签证，获得美国永久居留权，这种高学历人才获得美国绿卡，在美国很受欢迎，也是华裔中有超过一半的人从事管理和职业性领域工作的原因。中国人在美国两极分化明显：有部分华人受教育程度高，收入和社会地位高，英语交流顺畅；还有部分华人文化程度低，工作极不稳定，处于贫困线以下，甚至根本不懂英语。作为世界上有着 14 亿人口的发展中国家，2023 年中国的国内生产总值破百万亿元，达到 1260582 亿元，比上年增长 5.2%；全年人均国内生产总值 89358 元，比上年增长 5.4%。② 中美两国关系被认为是 21 世纪最重要的双边关系，而保护中国人在美国的合法权益，是中国政府和人民关注的焦点。

一、在美国中国公民的权益内容和特征

中国人在美国享有人身权、财产权，享有学习、工作、生活方面一系列的合法权益，要保障中国人在美国的人身安全，维护其人格尊严与自由，保护其私生活安宁；保障财产安全，免受不法侵害和随意因政策、法律等过度干预；保障投资与交易的安全，享有出资、管理、利润分配、收益处分等自由；保障中国人在美国旅游、购物、学习、就业、医疗、养老、失业救济等各个方面的合法权益。近年来，随着"美国利益优先"政策的推行，中国公民在美国面临的不确定风险加大，其权益特征表现为复杂性、多变性、多样化。

"'美国利益优先'在贸易领域内的表现就是重塑利己的贸易新规则，凭借美国经济强势和市场规模，一国一国地进行贸易谈判乃至诉诸经贸摩擦，对于核心

---

① 中华人民共和国外交部：《美国国家概况》，https：//www. mfa. gov. cn/web/gjhdq_ 676201/gj_ 676203/bmz_ 679954/1206_ 680528/1206x0_ 680530/，访问时间：2024 年 6 月 30 日。

② 国家统计局：《中华人民共和国 2023 年国民经济和社会发展统计公报》，https：//www. stats. gov. cn/xxgk/sjfb/tjgb2020/202402/t20240229_ 1947923. html，访问时间：2024 年 6 月 30 日。

贸易伙伴国也绝不手软。"① 美国外国投资委员会（CFIUS）的最新政策表明，其以国家安全为由进行贸易保护主义政策，严重破坏了国家贸易自由、公平、透明的规则，将美国的国内法凌驾于 WTO 的贸易规则之上，使 WTO 面临失序的风险，对处于利益链条低端的国家更为不利。随着中国的强大，中国致力于打造更加开放与透明的营商环境，与包括美国在内的世界各国成为贸易交往的伙伴。中国投资人、中国高新技术企业在美国增多，如何保护中国投资人在美国的合法权益成为重要话题。高新技术企业与以高新技术企业为代表的产业平台由于创新过程很难单独完成，常需要跨国企业之间形成协作、互补，在中美贸易摩擦背景下，高新技术企业如何促进资源的优化整合，为消费者提供更优良的产品和服务，尽可能规避法律风险，做好应急预防措施，这是目前高新技术企业迫在眉睫的问题。而这些都加大了中国海外投资人在美国权益保护的复杂性、多变性等。因此对在美国的中国人提供多样化的保护是有必要的。

二、中国公民在美国权益受损风险预警与救济途径

为了更好地保护在美国的中国公民，除了遵从一般性的权益保护之外，还需要考虑以下几点：中国公民维护在美国的合法权益，要首先了解美国的历史文化、宗教传统和法律法规政策等现有规定。比如，美国允许私人持有枪支，允许办理枪支证或狩猎许可证，但中国赴美公民不能盲目进入美国枪支店，以免发生遣返、签证吊销甚至人身伤害事件。美国允许在私人住宅内，使用枪支等杀伤力大的武器进行正当防卫，警察也有相当大的开枪自主权，因此如果在美国拜访朋友，应提前做好准备，万一误入私人住宅，可以按照美国的习惯高举双手尽快退出，遇到美国当地警察执法，切忌盲目反抗或者逃跑，避免采取过激行动。要遵守美国的出入境管理制度，在签证或者居留许可证期限内停留，不能提前入境或者逾期出境。

中国公民如果赴美留学，则留学美国前要登录中国外交部官方网站，中国领事服务网，可以对照《中国领事保护及协助指南》，了解留学注意事项。要选择正规的中介组织，进行出国前的专题培训尤其是安全警示、风土人情、社会状况等方面的培训。出国前要准备好车船票、相关证件，购买保险。要给家人留下出国

后的联系方式和相关资料。在留学过程中，要遵守美国的法律，尊重当地的宗教文化与习俗，保护好自身的安全，与生活在美国的本土人、外国人尽量和睦相处，谨慎交友。中国留学生要加强安全意识，不能盲目炫富，以免带来财产损失和人身伤亡。重点要了解入读学校的周边环境、治安状况，提前安排好到美国之后的住宿问题。如果中国人留学美国而遇到现实威胁时，需要采取包括自救在内的措施，可以用尽当地救济。可以向中国派驻美国的领事馆申请领事保护，如果存在自身的现实损害、对方的不法侵害等事实，中国留学生还可以积极申请外交保护。

要做好风险的预案，密切关注美国的贸易保护主义政策的最新走势，对美国可能将中国列为汇率操纵国的惩罚性关税等问题，提前做好应急风险防范与救济。国际政治经济领域的竞争是瞬息万变的，企业应做好应急预案。中国企业一如既往地保持着兼容并蓄的开放态度，不断满足世界各地客户的产品创新和技术服务的高品质需求。此外，中国投资人、中国高新技术企业的高管，在美国参与跨国研发需要量力而行，要充分权衡那些周期长、风险大、收益低的跨国研发项目的风险，不能盲目确定跨国研发的项目和内容。美国政府保护主义色彩浓厚，贸易环境中不确定性因素太多。"应对风险挑战和加快外贸转型升级结合。既要树立底线思维，做好应对风险冲击的各项准备，更要苦练内功，加快培育外贸新增长点和新竞争优势。"[1] 中国投资人可以将研发中心设在国内，依靠自主创新的研发活动。如果确需到境外参与研发，也要充分考虑到美国当地的政策和法律，了解其税收、金融、法律等方面的知识，避免不必要的损失。中国投资人要积极寻求母国及东道国当地政府的优惠利率、贷款、税收等政策支持和法律保护，要与本国发展的重点领域和关键产业对接产业发展。在美国如遇到合法权益被侵害，可以积极向当地主管部门投诉，采取协商、诉讼、仲裁等方式进行维权。

中国公民在美国实用信息

单位名称或事项	地址	电话	备注
外交部全球领事保护与服务应急热线	—	+ 86 – 10 – 12308 + 86 – 10 – 65612308	
中国驻美国大使馆	美国华盛顿特区西北区国际广场3505 号	领事保护与协助电话： + 1 – 202 – 495 – 2266	人工接听时间： 工作日 12:30—16:30

---

① 毕吉耀、张哲人、李慰：《特朗普时代中美贸易面临的风险及应对》，载《国际贸易》2017 年第 2 期。

（续表）

单位名称或事项	地址	电话	备注
中国驻纽约总领事馆	美国纽约州纽约市第十二大道520号	领事保护与协助电话： +1–212–244–9392 办证咨询电话： +1–212–8682078 中国公民证件服务咨询专线： +1–212–2449498	接听时间： 周一至周五 9:00—12:00 13:00—16:00 （节假日除外）
中国驻旧金山总领事馆	美国加利福尼亚州旧金山市拉古纳街1450号	领事保护与协助电话： +1–415–929–6998 侨务： +1–415–929–6998 领事证件： +1–415–919–6008 +1–415–872–9091	对外办公时间： 9:00—12:00 13:00—17:00 （节假日除外）
中国驻洛杉矶总领事馆	美国加利福尼亚州洛杉矶市沙托广场500号3楼	领事保护应急电话： +1–213–807–8052 总机电话：+1–213–8078088	办公时间： 周一至周五 9:00—12:00 14:00—17:00 （节假日除外）
中国驻芝加哥总领事馆	美国伊利诺伊州芝加哥市西伊利街100号	领事保护应急电话： +1–312–803–0095 中文专线： +1–312–453–0212（在美国境内拨打）	对外办公时间： 周一至周五 9:30—14:30（中部时间） （节假日除外）
匪警	—	911	
火警	—	911	
急救	—	911	

结　语

　　本书采用文献研究法、历史分析法、实证研究法、比较分析法等，对新时期，特别是"一带一路"倡议提出后，我国公民在发达国家、发展中国家的权益保护进行了较为深入的探讨。广泛收集"一带一路"共建国家以及相关国家海外中国公民权益遭受侵害的典型案例，揭示海外中国公民权益保护中的基本法理，探寻其存在的问题，思考问题的成因，并为当下海外中国公民保护提供可参考的意见和建议。海外中国公民权益保护问题从学理和实践方面都不断变化发展，需要研究者和实务部门不断努力。放眼国际国内，正处百年未有之大变局，重大全球性挑战频现，大国竞争复杂多变。面对变幻莫测的国际形势，以习近平同志为核心的党中央积极推动和完善全球治理，中国在自身发展建设同时承担国际责任。面对中国加速崛起，美国不断强化"对华竞争"，联手欧盟、日本等在政治、经贸领域频频向中国施压。西方国家"排华思维"有增无减，干涉中国内政，无端指责中国；而海外的中国公民在此种情形下遭遇到更多不公正待遇。目前，海外公民权益保护面临着传统问题和新问题的叠加。海外侵犯中国公民的生命财产的案件时有发生，我国政府高度重视海外中国公民生命和财产安全问题，运用法治手段切实维护海外中国公民的权益。2020 年 11 月 17 日，习近平总书记在中央全面治国工作会议上提出："要坚持统筹推进国内法治和涉外法治。要加快涉外法治工作战略布局，协调推进国内治理和国际治理，更好维护国家主权、安全、发展利益。"可见，海外中国公民合法权益的保护属于国家战略发展的题中应有之义。我国政府一直将海外中国公民权益的保护作为对外工作的重要内容，此既是对个人权益的切实维护又是对国家海外利益的坚决捍卫。可以预见，除了国家间的权利义务出现波动之外，外国人在内国的权益保护也会出现新的问题，因此需要强化法治思维、运用法治方式从法律层面进行解决。海外中国公民权益的保护之路在国家战略定位引领和有效的理论指导下，在法律立法司法实践中不断发展完善。

以下从宏观整体视角，对本书内容再次进行全面的归纳总结，以期推进海外中国公民权益保护研究。

一、习近平法治思想对"一带一路"海外公民权益保护的价值与功用

（一）习近平法治思想涉外法治理念是"一带一路"海外中国公民权益保护的重要指针

"统筹推进国内法治和涉外法治"就是要加快涉外法治工作的战略布局，协调推进国内治理和国际治理，更好地维护国家主权、安全、发展利益。要强化法治思维，运用法治方式，有效应对挑战、防范风险，综合利用立法、执法、司法等手段开展斗争，坚决维护国家主权、尊严和核心利益。要推动全球治理变革，推动构建人类命运共同体。海外中国公民权益保护的法律供给是我国涉外法治工作战略布局的重要一环，习近平法治思想涉外法治理念是海外中国公民权益保护法律机制构建的重要指针。

（二）习近平法治思想涉外法治理念是"一带一路"海外公民权益保护法律机制构建的重要方略

习近平法治思想强调"规则治理、制度治理、程序治理"，而海外中国公民权益保护正是从规则、制度、程序方面进行保护，将领事保护和外交保护纳入制度化和程序化。习近平法治思想中的涉外法治观立足国内国际两大局势、强调国内法治和涉外法治的共同推进。海外中国公民权益保护中的国内法、涉外法和国际法都是协调国际治理和国内治理重要手段；海外中国公民权益保护终极目的不仅仅是维护公民个人和本国利益，更是通过外国人保护条约、领事条约、外交保护等国际条约的缔结保护全人类共同利益，逐步构建人类命运共同体。

（三）海外中国公民权益保护法律机制的构建是习近平法治思想涉外法治理念的重要实践

"一带一路"倡议已成为中国积极参与全球治理和改革的重要实践领域；新时代下的海外中国公民权益保护更是习近平法治思想涉外法治理念的实践场。改革开放以来，特别是"一带一路"倡议提出后，中国公民因投资、工作、旅游、留学前往国外的人数呈几何式增长，因此要引导公民在走出去过程中更加自觉地遵守当地法律法规和风俗习惯，运用法治和规则维护自身合法权益。同时要注重培育一批国际一流的仲裁机构、律师事务所，把涉外法治保障和服务工作做得更有成效。中国公民在国外若权益受损，应充分运用当地救济和国籍国保护维护自身利益。而实践又能对涉外法治的完善起到良好的促进作用，如通过海外中国公民

权益保护法律机制的有效架构，进一步统筹推进国内法治和涉外法治的建设，继而推动全球治理变革，推动构建人类命运共同体。

二、"一带一路"海外中国公民权益保护的法理分析

聚焦大变局之下的海外中国公民权益保护问题，首先需要厘清相关基本概念，在此基础上构建符合大变局的海外中国公民权益保护路径，维护个人与国家之利益。

（一）海外中国公民的法律内涵

海外中国公民是指身处国外，但具有中国国籍的公民。我国在 2006 年《中国外交》首次使用"海外中国公民"一词。① 海外中国公民既是客观事实，又是法律概念，其强调地域和国籍。地域即处于国籍国之外，以国界为事实判断；而国籍以法律为依据，蕴含权利义务之意。《奥本海国际法》指明："国籍是以依附、生活和情感的真正联系的社会事实以及相互权利与义务为基础的法律纽带。它可以说是构成下述事实的一种法律表现：直接由法律授予或者由于当局的行为的结果而授予国籍的个人，在事实上是与授予国籍的国家的居民的联系要比其他任何国家的居民的联系更为密切的。"② 由此可见，国籍既是由事实产生，如出生获得；也可以是因法律行为产生，如加入获得。王铁崖先生认为国籍是指一个人属于某个国家的国民或公民的法律资格。③ 根据此定义，公民和国家之间是互为权利义务的法律关系，公民既享有国家所提供的权利，又必须向国家履行义务，接受国家的管辖。我国国籍法对国籍的取得兼取血统主义和出生地主义，不承认双重国籍。因此只要具备中国国籍，因各种原因，长期、短期或者临时身处中国领土之外都属于海外中国公民范畴。海外中国公民的特殊性在于：从法律角度而言与国籍国存在权利义务关系，受国籍国属人管辖和保护；但是从地域角度而言，却脱离国籍国的领土身处他国，受他国的属地管辖和保护。

（二）海外中国公民权益探析

权益是指应该享受的不容侵犯的权利。学界对权益包括法定权利达成共识，但对于权益中利益的界定有不同观点，一种观点认为权益中的利益应该是法律规定的合法利益，如《民法典》第 1165 条规定："行为人因过错侵害他人民事权益

---

① 项文惠：《中国海外公民保护的理念、内涵与未来走势》，载《国际展望》2016 年第 4 期。
② ［英］詹宁斯，瓦茨：《奥本海国际法》第一卷（第二分册），王铁崖等译，中国大百科全书出版社 1998 年版，第 295 页。
③ 王铁崖著：《国际法》，法律出版社 1999 年版，第 167 页。

造成损害的，应当承担侵权责任。"而另一观点认为，权益中的利益应包括法律未明确规定，但是主体所享有的应然利益。① 法律功利主义就认为，权利就是受法律保护的利益，利益的范围要大于权利，权利之外还存在法律未明确规定但是应该享有的各项利益，这就是权益，如《民法典》第990条第2款规定："除前款规定的人格权之外，自然人享有基于人身自由、人格尊严产生的其他人格权益。"另外还有一种观点认为，权益享有的主体更广泛，不仅仅限于自然人，还包括未具备权利能力的胎儿，如民法上对胎儿权益的保护。由此可见，"权益"一词已广泛运用在法律表述中，但理论界和实务界一直未有明确界定，"权益"一词使用时常常在法定权益和法律未明确规定的应然利益之间跳跃。② 我国立法上有《消费者权益保护法》《妇女权益保障法》，在立法上对消费者权益和妇女儿童权益立法模式采用的是概况加列举的模式，即既概况性地规定了消费者、妇女儿童权益，又明确列举了各项权利。综合考量之，权益应是权利和利益之结合，既包括法律明确规定的权利，也包括法律未有明确规定但正当的利益。在权益的立法中既要考虑到应然正当利益保护的广泛性，需对权益作概况性表述；又要考虑权益救济的有效性，需要对权益内容进行分类列举。2019年《政府工作报告》和十九届四中全会公报在海外公民保护的表述上都采用"权益"而未用"权利"或者"利益"，正是基于以上原因。

海外中国公民权益是指身处海外的中国公民享有的法律明确规定的权利和法律未明确规定但是正当的利益。根据不同的划分标准，权益的类型也呈多样化。根据权益的性质内容可以划分为人身权益和财产权益；根据权益的实现方式可以分为实体权益和程序权益；根据权益的形态可以划分物质权益和非物质权益；根据权益来源可划分为积极性权益和消极性权益，即明文规定之权益和受损后的救济权益；根据权益赋予方式可以分为实在法权益与应然法权益，即法律明确规定之权益和法律未明确规定但是具有自然法意义权益。

海外中国公民权益具有如下特征，从主体上看，权益主体具有广泛性和特定性，一方面只要是中国公民即享有此权益，另一方面该项权益的享有地具有特定性，在中华人民共和国领域之外。从权益内容上看具有多样性和复杂性，一方面这些权益种类繁多，另一方面这些权益互相交错，无法涵盖在某一特定的部门法中。从权益的实现来看有双重性和局限性，海外中国公民权益的实现既需要我国

① 高家伟：《论行政诉讼原告资格》，载《法商研究》1997第1期。
② 刘芝祥：《法益概念辨识》，载《政法论坛》2008第4期。

公权力的保障，又需要中国公民所在国的保障，但是中国公权力保障本国公民权益时需要尊重所在国的国家主权、遵守所在国的法律。改革开放以来，早期海外中国公民权益以人身权财产权为主，中国公民前往海外最重要、最基本的权益就是人身财产权益。随着我国"一带一路"倡议的提出，对外交往不断深入发展，民间交往更加频繁，中国公民在海外的权益也出现新的变化，在传统的人身财产等基本安全权益的基础上，经济权益劳动权益的诉求益发突出。而国际情势的变幻，海外中国公民权益受损也呈现出新的情形，如加拿大警方应美国政府司法互助要求逮捕中国公民孟女士，不仅侵害了中国公民孟女士的人身财产权益，而且还侵害其人格性权益和其他经济权益。随着国际社会政治经济格局的深层次变化，中国参与全球治理话语权的不断扩展，海外中国公民权益的内容也将出现变化和发展。

三、"一带一路"海外中国公民权益保护之现状

（一）海外中国公民权益保护的总体情况

我国政府一直重视保护海外中国公民权益。我国加入了联合国各项人权公约和外交领事公约，并在国内宪法、各部门法和行政法规中明确了对海外公民权益的保护。保护的方式也是以领事保护为主，辅以外交保护和撤侨等，并逐步建立了中央、地方、驻外使领馆和企业"四位一体"的境外公民和机构安全保护机制。2000年以来，我国海外撤侨次数多达20余次，近年来领事保护与协助案件多达10万件。2020年疫情防控期间，我国政府安排351架次航班，从92个国家接回超过7.3万名同胞。① 2022年，包机从乌克兰接回深陷战争恐惧的同胞，这一切都切实维护国家和人民利益。

（二）海外中国公民权益保护的责任主体

海外中国公民权益保护是一系统工程，具有保护义务的主体涉及国家、个人、社团等层面，国家是海外中国公民权益保护的根本主体，孤身海外的公民进行的自我救济显然远没有作为强大后盾的国家救济更有保证。个人是自身权益最忠实、最坚定的维护者，对自身权益的维护是人类的天性。社会团体、国际组织对海外公民的保护是补充，也是发展趋势。

国家是海外公民权益保护的最重要的义务主体。人类文明对国家与个人的关

---

① 《2020领事工作国内媒体吹风会》，http：//world. people. com. cn/n1/2020/1217/c1002 - 31970136. html，访问时间：2022年6月20日。

系认识是不断发展深化的，"自然法之父"格劳秀斯认为：国家是自由人们的完全合作体，旨在结合起来享受权利，谋求共同利益。① 霍布斯和卢梭秉承契约论，认为国家权力基于人民的同意，是人民为保护个人的天赋权利而创设的。② 个人是国家的基础，国家仅仅是人们保障自己权利的工具。③ 马克思主义认为国家的本质就是一个阶级对另一个阶级的专政，这个专政就是统治阶级依靠权力来实行的统治，其目的在于维护并发展那些有利于统治阶级的秩序。④ 无论是哪种学说和理论，都普遍承认国家对个人既有保护服务的义务和责任，又有管理、控制的权利和职能。海外公民权益保护的国家主体存在竞合，既有国籍国保护又有所在国保护。国籍国对海外公民保护侧重国家对国民的保护义务，此种义务突破了国家的领土界限，依据属人法原则而延伸到国外。英国国际法学家劳特派特提出："即使外国人在进入另一国的领域时便要受到该国属地管辖权的约束，但同时他们还可受到来自其本国的保护。这是国际法上普遍被承认的国际习惯，每个国家对于身处国外的国民都具有对其保障的权利。"⑤ 中国国际法学家周鲠生认为："主权国家基于其属人管辖权，有权利对其身居外国的本国公民进行保护。护侨是国家机关的重要职责之一。"⑥ 而所在国（东道国）对外国公民的保护亦是国家本质和国家职能所决定的，依国家的本质，其根据属地原则对身处在本国的外国公民进行管理和控制，同时依据国际法上外国人法律地位制度维护其合法权益。目前所在国对外国人法律地位存在两种不同的主张，资本主义等发达国家主张，各国应就外国人法律地位设置一个统一的最低标准，而不考虑各国的政治经济文化实际发展的差距；发展中国家则主张外国人法律地位应符合各国的实际情况，主张国民待遇原则。尽管对外国人法律地位的标准不统一，但是无论是最低标准还是国民待遇都主张保护在其境内外国人合法权益。

个人是海外公民权益保护的当然义务主体。个人对自身权益的维护既是权利又是义务。个人对自我权利的享有、控制和维护是实现个人利益的基础，"在竞争性环境中，要生存下去，就要有某些最起码的感受，即某些根本的东西应按照一个人自己的意志来保有和处理，并随时准备为这种支配权而战斗，这种就绪状态

---

① 转引自张乃根著：《西方法哲学史纲》，中国政法大学出版社 2002 年版，第 134 页。
② 参见霍布斯著：《利维坦》，商务印书馆 1985 年版，第 132 页。
③ 参见卢梭著：《社会契约论》，商务印书馆 2017 年版，第 22 页。
④ 参见恩格斯著：《家庭、私有制和国家的起源》，人民出版社 2018 年版，第 170 页。
⑤ 劳特派特著：《奥本海国际法》（上卷 第二分册），商务印书馆 1981 年版，第 173 页。
⑥ 周鲠生著：《国际法》，商务印书馆 1981 年版，第 285 页。

就是权利感"①。因此，人类对自身权益的维护是天性所赋予，在现代社会，法律承认和保障合理的私力救济。而海外中国公民对权益的自我维护既是权利又是自我责任。在海外的中国公民虽有国籍国保护，但是本人是自我生命财产的第一责任人，耶林认为"公民权利不是凭空而来，其在享有权利的同时也有看顾自身权益的责任，这是市民秩序得以形成的关键"②；希腊法谚"法律不保护躺在权利上睡觉的人"，法律不保护那些自己拥有权利却疏于维护和管理的人。中国公民在海外要遵守所在国的安全规则，听从我国驻外使领馆的预警提示，若非特殊情况，危险区域切莫贸然前往，如对自己生命不负责，理应承担相应的责任。2017 年针对巴厘岛火山存在火山爆发的极大可能性，中国驻登巴萨总领馆在网站上连续发布 12 次预警提醒，暂时不要前往此地，但是大量中国游客却未有重视该预警提醒，随后发生阿贡火山喷发事件，中国政府花费巨资包机撤回 17000 名滞留游客。③ 2023 年外交部公布的《中华人民共和国领事保护与协助工作条例》第二十一条规定，中国公民应当密切关注欲前往国家或已在国家的有关安全提醒，加强安全防范，合理安排海外行程。国籍国有保护海外本国海外公民权益的职责，但是公民个人具备民事行为能力，有认知和判断力，也需要对自身行为负责，警惕"巨婴式公民心态"，模糊了个人和国家的维权界限，损害自身权益。

此外，海外社会团体、协会、企业、国际组织也可以成为海外公民权益保护的主体，但较国家和个人而言，其义务程度较低，更多从公益角度、企业社会职能角度进行力所能及的保护。如海外华侨因熟悉当地情况具备本地社会资源，海外中国公民可以寻求当地华侨协会的维权帮助；中国驻国外的大型企业除了维护本企业中国籍员工权益之外，也可以向其他中国公民提供保护。而这些主体对中国公民权益进行保护非其法律义务或职责，无法强制其对海外中国公民进行保护。

（三）海外中国公民权益保护的常用路径

海外中国公民权益的保护路径既有国内法路径也有国际法路径。国内法路径是指通过国内立法模式对海外公民进行保护，而国际法路径则是通过国际公约双边条约国际习惯法等方式对海外公民进行保护。而海外公民权益保护的常用路径为本国的领事保护、外交保护和所在国的当地救济以及其他的一些新的保护方式。这些方式需借助国际法规范（如在领事保护方面，各缔约国通过《维也纳领事关

---

① ［美］波斯纳：《法理学问题》，苏力译，中国政法大学出版社 2002 年版，第 413－415 页。

② ［德］耶林：《为权利而斗争》，胡宝海译，中国法制出版社 2000 年版，第 28 页。

③ 《巴厘岛火山喷发　中国游客被多架民航包机接回》，http://china.cnr.cn/xwwgf/20171130/t20171130_524045465.shtml，访问时间：2022 年 6 月 20 日。

系公约》在全球范围内确立领事职责），但是最终还是通过国籍国或者是所在国国内立法实现的（同样是在领事保护方面，领事保护的最终实现是通过国籍国《领事保护法》或者《领事条例》等诸如此类的法律实现）。

领事保护是海外中国公民权益保护的常用方式。钱其琛主编的《世界外交大辞典》将"领事保护"定义为"一国的领事机关或领事官员，根据派遣国的国家利益和对外政策，于国际法许可的限度内，在接受国保护派遣国及其国民的权利和利益的行为"①。我国加入了《维也纳领事关系公约》，该公约虽未对领事保护进行明确定义，但对领事机构和领事官员的职责进行了规定，主要为协助和帮助本国公民、救济和援助本国国民等。我国外交部领事司将领事保护界定为当中国公民或法人的合法权益在接收国受到不法侵害时，我国驻外使、领馆依据国际法敦促接受国合法合理地处理；还包括风险预警、中国公民遇到困难或者被拘捕的情况下提供帮助，如协助撤离危险区、协助聘请律师等。②

外交保护是海外中国公民权益保护的非常态保护方式。我国国际法学者王铁崖先生将外交保护定义为："如果一国国民受另一国违反国际法的行为的侵害而不能通过通常途径得到解决，该国民所属的国家有权对其实行外交保护，这是国际法的一项基本原则。国家为其国民采用外交行动，该国实际上是主张自己的权利——保证国际法规则受到尊重的权利。"③ 外交保护需要通过国籍国对所在国施加外交干预手段才能最终实现，而我国在对外交往中坚持不干涉内政原则，因此对外交保护的最终实践一直持非常慎重的态度，只有在极其特殊的情况下才采用此种方式。

撤侨、护航是海外中国公民权益保护的特殊方式。撤侨又称为海外撤离行动，是指主权国家把本国和其他国家海外公民撤至安全地点的保护行为。④ 海外中国公民所在国发生自然灾害或者战争、严重骚乱等情况，危及海外中国公民安全时，我国政府采用多种途径将中国公民接回国内或者是安全地点。在撤侨行动中，所在国的使领馆承担着重要职责，但是又与传统的领事保护存在区别。中国政府改革开放以来的撤侨行为虽同为对海外公民的保护，但是因具体情况不同而存在差异：如2011年利比亚撤侨由中央政府启动国家一级响应成立应急协调中心，统领

---

① 钱其琛：《世界外交大辞典》，世界知识出版社 2005 年版，第 1215－1216 页。

② 原外交部领事司组织编写：《中国领事保护和协助指南（2018 年版）》，世界知识出版社 2018 年版。

③ 王铁崖著：《中华法学大辞典》（国际法学卷），中国检察出版社 1996 年版，第 572 页。

④ David T Stahl, Noncombatant Evacuation Operations in Support of the National Military Strategy, Biblioscholar, 2012.

外交部、公安部、商务部、国防部协作行动，中央军委批准出动军机参与撤侨行动，最终将3万多中国公民全部撤回祖国或者安全区域；又如2017年中国巴厘岛撤侨，是由外交部领导领事机构执行，采用民用运输工具将中国公民撤回国内。

当地救济是海外中国权益保护的基本方式。当地救济是指海外中国公民在所在国权益受损时，寻求所在国的司法行政等方式进行保护。当地救济体现了主权国家的属地管辖，对其境内的人、物皆有管辖权。目前世界各国都普遍承认外国人的法律地位，虽然存在对低标准和国民待遇之争，但都赋予外国人救济过程中的实体权利和程序权利。

四、"一带一路"海外中国公民权益保护中的法理瓶颈

我国政府一直重视海外中国公民权益保护，从国内法和国际法的双重维度对海外公民权益保护进行制度构建。但是由于海外中国公民权益保护中存在国籍国与所在国之间权利冲突以及海外中国公民保护供给与需求之间的矛盾，冲突与矛盾的存在使得海外中国公民权益保护效果减损，正视冲突，分析矛盾，有助于我们构建更合理、更有效的海外中国公民权益保护制度。

（一）国籍国与所在国的主权冲突不可避免

国籍国与所在国之间的权利冲突是海外公民权益保护效果减损的重要原因，而国籍国与东道国之间的主权冲突是最根本的冲突；主权冲突又进一步导致保护竞合和管辖竞合，成为海外中国公民权益保护的核心障碍。

1684年《威斯特伐利亚和约》确立了国家对外独立和对内至高无上的主权。国家主权原则构成了现代国际社会的基石。国家对其境内的人和物具有排他性管理和控制权利，对外独立不受他国的干涉。随着人员的向外迁徙和流动，自然人脱离原住所地国家而前往另一国家，自然人在此工作、学习、旅行，临时或者长久居住在此。自然人国籍国对自然人具有管理、保护的权利和义务，而所在国对外国人亦具有管理和保护的义务，这皆是国家主权的当然体现。根据国家主权法理，国籍国行使对其公民的管理和保护不受他国的干涉；同理，所在国对其境内的公民保护与管辖也不受他国的干涉。随着自然人离开国籍国国境，前往所在国，打破了原有主权治理格局，国籍国在对国外公民行使管理和保护时，受到所在国主权的限制，而所在国在管理与保护本国的外国公民时，因其国籍的原因，与本国国民的管理和保护事实上是存在区别的。在对外国人权益保护方面，国籍国和

所在国根据主权原则都可以自行行使对自然人管理和保护，而不受他国干涉。① 在自然人跨国流动稀有的情况下，这种主权之间的冲突矛盾并未凸显，而且根据主权属地规则的优越性，所在国主权行使优于国籍国主权行使。但是随着现代社会科技经贸的飞速发展，人口跨国迁徙流动更加频繁，大量自然人前往国籍国以外的国家，其权益保护是国籍国重要的国家职责和权利，国籍国主权利益凸显。所在国在对外国人管理和保护时，若仅仅依属地规则，强调本国的主权利益，定会有损国籍国的国家和公民权益，客观上减少和抑制了自然人的跨国流动，对所在国的发展和国际社会的合作也存在负面影响。而国籍国突破目前国际法上承认的领事保护和外交保护等方式，采用国外执法或者驻军的方式对在海外公民进行权益保护，则有违不干涉内政原则。

（二）保护竞合导致保护减损

公民离开国籍国，脱离国籍国领土前往其他国家，但未取得他国国籍，在此种情况下，公民既可以根据国籍获得国籍国保护，又可以根据属地原则获得所在国的保护，此种情形属于海外公民保护的应然状态或者是理想状态。但是事实却相去甚远，海外公民权益保护中籍国保护和所在国保护的实际效用都存在减损。其根本原因在于上述所析的国籍国与所在国的主权矛盾，而此矛盾延伸则是国籍国强烈的保护意愿、薄弱的保护能力与所在国保护意愿弱但保护能力强之间的矛盾。现代国际社会中，国籍国将海外公民权益视为国家海外利益的重要组成部分，因此国籍国越来越重视和加强海外公民权益的保护，对海外公民权益的保护也不再限于人身财产保护，其保护领域逐步扩展到劳动权益、投资权益等。但是在实际履行过程中，受到公民所在国国家主权的限制，其保护能力较低，若出现海外公民权益受损的情况，一般只能通过领事保护、外交保护等方式间接实现。而所在国对在本国的外国公民依据国际法法理规则，应给予外国公民国民待遇原则，但是目前国际社会对国民待遇的标准未统一，且对外国人保护的立法也未达成一致，所在国对外国人的保护意愿与本国民的保护意愿自然存在差异性，在相同的社会环境和保护能力下，则更多重视对国境内本国国民的权益保护。

（三）管辖权竞合导致管辖冲突

海外公民权益保护另一重要环节就是在海外公民权益受损的情况下寻求救济措施。而国籍国和所在国亦存在属地管辖和属人管辖之争。所在国对涉外国人的

① 参见国际常设法院1932年在"荷花号案"的判决，在此判决中国际常设法院确认除受国际条约或国际习惯限制外，任何国家都有权在其领土管辖范围内自由处理内外事务，无须国际法的授权和许可，国际法学者称之为"国际法不禁止即为许可"。

民事和刑事案件具有属地管辖权，而国籍国对涉本国公民的刑事和民事案件，依保护性管辖和属人管辖也具有管辖权，这就形成了管辖权的竞合。所在国对外国人的案件有管辖权，也赋予了外国人在本国诉讼上的国民待遇，但是由于外国人与所在国在语言、文化、风俗习惯、社会认知等方面的差异，诉讼结果存在不确定性；在某些刑事案件中，外国公民作为被害人，若犯罪嫌疑人抓捕难度大，所在国在警力资源有限的情况下一般很难加大投入进一步抓捕，无法切实维护受害人权益。而国籍国对案件进行管辖，当事人熟悉本国情况，可充分利用本国的诉讼资源维护自身权益，但在维权过程中仍存在障碍，如在民事案件中，判决如需在国外进行，则必须依赖国籍国和所在国之间的公约或者是司法协助条约，否则案件的判决最终很难执行，当事人的权益仍然无法得到维护；若是刑事案件，则国籍国没有相关条约或者未经所在国同意，无法境外执法抓捕犯罪嫌疑人。由此可见，虽然海外公民理论上受国籍国和所在国的双重保护，但是因为各项矛盾和客观情况，其权益实际保护减损。

五、"一带一路"海外中国公民权益保护中的现实难题

海外公民权益保护效能低下除其自身存在冲突矛盾外，另一个主要原因是全球化时代的经济发展、社会变迁与国际治理格局滞后的矛盾，海外中国公民权益保护制度的提供不仅仅是中国自身权益保护的需要，也是国际制度全球治理的需要。但是目前海外中国公民权益保护在法律供给、机构建设和保护效果方面与需求期待还存在较大差距和矛盾。

（一）"一带一路"海外中国公民权益保护法律供给与需求的矛盾

目前我国对海外公民权益保护的立法正在不断完善：在根本法层面，宪法明确规定了海外华侨的保护；在基本法层面，国家安全法规定国家依法采取必要措施保护海外公民；在行政法规层面，各行政部门有海外公民权益保护的紧急预案，如《国家涉外突发事件应急预案》《外交部重大突发事件应急预案》等。海外公民权益既涉及国家与自然人之间关系，又涉及国家之间的关系，若欲使几者之间权利义务平衡，构建公平正义合理的国际关系，必然需要通过法治化路径实现，但是目前的立法无法满足现有海外公民权益保护在法律支持上的需求。我国海外公民权益保护未有专门性立法，且海外公民权益保护最重要的领事保护，我国外交部仅在2023年公布了《领事保护与协助条例》，但一直未有更高效力的法律；现有立法存在滞后性，如中国政府在特殊情况下通过军队撤侨的方式对海外公民权益进行保护，但是立法上未对此种保护方式进行明确规定，在何种情况下启动以

军队为主的撤侨，程序如何都存在缺失。而现代国际社会的治理，特别是海外公民权益保护，如依靠国籍国和所在国的外交关系来维护，则存在不确定性和脆弱性，只有通过法律规范明确国家对海外公民权益保护的权利义务，约束国籍国与所在国之间的可为和不可为，才能使得海外公民权益保护最终实现。

（二）"一带一路"海外中国公民权益保护机构建设与需求的矛盾

目前我国海外公民权益的常规保护机构为外交部领事司和中国驻各国的使领馆，领事司所辖的领事保护中心负责海外公民、机构安全和合法权益保护工作的政策指导和统筹协调，已经形成较为成熟的领事保护预警机制、协调机制、应急机制。当发生海外突发事件，严重危及中国公民的人身财产安全时，中央政府根据《突发事件应对法》成立应急协调中心，领导管理协调外交部、公安部、商务部、国防部和国资委开展统一行动（如撤侨）对海外公民进行保护，但应急协调中心不是固定机构，缺乏稳定性。相比其他海外公民权益维护力度较大的国家，我国领事保护中心无论是在机构设立的层级方面还是领事保护人力物力投入方面的供给还需加强。美国作为发达国家，对其海外权益维护采取的是积极扩张模式，将海外公民权益保护纳入其全球战略，其海外公民权益保护由美国国务院统筹管理和驻外使领馆具体承担，海外公民权益保护机构层级较高，有利于各部门的协调。印度作为新兴的发展中国家也非常重视对海外公民权益的保护，设立了海外印度人高级委员会，负责海外印度人事务，该委员会虽隶属外交部，但却直接向总理负责；还成立了海外印度人事务部，可单独或者协调外交部处理涉及海外印度人利益保护的任何问题。[①] 无论是发达国家美国还是发展中国家印度海外公民权益保护机构的设置都未限于外交部门内部，而是赋予其相对独立的法律地位，有利于其对其他部门的协调和统领。我国在海外公民权益保护的主要保护方式仍是领事保护，依旧以外交部领事司履行领事保护职责为主，而且领事保护在人力、物力上都无法匹配日益庞大的海外公民数量，领事保护中心和各国的使领馆能提供海外预警信息和帮助，若我国公民在所在国受到不法侵害，敦促驻在国当局依法公正、友好、妥善地处理。[②] 2023 年，我国企业共向境外派出各类劳务人员34.7 万人；[③] 还有大量的中国公民前往海外留学、旅游、探亲等，但是中国驻各国使领馆的领事保护工作人员有限，领事保护经费紧张，无法满足海外公民权益保

---

① 李秀娜：《海外利益保护制度的有效性困境及路径探究》，载《北方法学》2019 年第 5 期。

② 夏莉萍：《中国领事保护新发展与中国特色大国外交》，载《外交评论》2020 年第 4 期。

③ 中华人民共和国商务部：《2023 年我国对外劳务合作业务简明统计》，http://fec.mofcom.gov.cn/article/tjsj/ydjm/lwhz/202401/20240103469622.shtml，访问时间：2024 年 6 月 30 日。

护的需要。海外中国公民权益保护机构需求与供给之间的矛盾较为突出。

（三）"一带一路"海外中国公民权益保护需求期待与实际保护之间的矛盾

海外中国公民权益保护中需求期待与实际保护之间的矛盾造成了保护有效性困境。而需求期待与实际保护之间的矛盾形成原因除自身制度之外，应然权益和实然权益之间的差距是其重要原因。海外中国公民权益保护需求期待是对海外公民应然权益的维护，即海外中国公民应有的权益和应有的维护效果。海外中国公民权益保护的实际效果是目前海外中国公民实际活动的权益和实际的维权效果。正如前文所述，海外公民权益保护从法理上分析，包含了法律上规定的权利，也包含了法律上虽未明确规定但合理的应当的权利。海外公民在所在国根据外国人法一般都可以获得人身财产权，多为民事方面和诉讼方面的权益。但是随着海外公民在所在国活动的广泛性和深入性，其权益的内容也在不断变化和扩展，如海外公民在所在国的劳动权益，国籍国和所在国对劳动权益的界定大多都只是围绕工资给付和劳动时间问题，但是对外国劳动者的人格尊严权益鲜有立法规定，如在新加坡务工的中国公民遭遇区别对待，在新加坡 SMRT 巴士公司工作的中国籍司机的工资就远远低于马来西亚籍司机的工资。[①] 海外中国公民应然权益虽未列入法律规定中，但是也应进行保护，否则海外中国公民权益的范围克减，中国国家海外利益也将受损。海外中国公民权益保护实际效果与预期也存在矛盾，我国一直重视海外公民权益保护，特别是党的十八大后将海外公民权益保护上升到国家战略层面，二十届三中全会通过的《中共中央关于进一步全面深化改革　推进中国式现代化的决定》再次强调"强化海外利益和投资风险预警、防控、保护体制机制，维护我国公民、法人在海外合法权益"。中央政府和职能部门不断加大海外公民权益保护的力度，但是由于海外公民权益保护其内在和外在的矛盾性，其保护的有效性待提高。

六、"一带一路"海外中国公民权益保护的对策

（一）国际合作缓和国籍国与所在国主权冲突

主权具有平等性、独立性，国籍国欲对本国海外公民进行保护，在其行使权利时必将受到所在国主权的限制，必须尊重所在国主权。国际之间在海外公民权益保护领域可以运用国际合作来化解主权冲突。国际合作是联合国宪章中规定的

---

① 《新加坡百余名司机不满住宿条件和工作进行罢工》，http://news.sina.com.cn/c/2012 - 11 - 26/145825665229.shtml，访问时间：2022 年 6 月 20 日。

基本原则，在海外公民权益保护领域的国际合作主要可以通过司法合作和警务合作的方式进行。传统国际关系理论认为，国籍国跨国执法保护本国公民权益是对本国公民有力的保护，但是却侵犯所在国主权，违反不干涉原则。但现阶段，随着海外国家利益和公民权益不断发展，各国都在寻求如何合理合法在所在国保护本国国民权益，尝试通过国际司法合作和警务合作解决这一难题，国籍国和所在国的司法合作可互相给予有限的执法权，警务合作就是国籍国在所在国执法。中国作为国籍国在采用此种合作方式时应尊重接受国的意愿，减少单方面行动，使得跨国执法具有国际合法性。

（二）国际条约解决保护竞合

国际条约是主权国家之间相互协商的产物，但国际条约一旦缔结，又反过来对主权国家的主权加以限制，如对主权国家自助的范围和方式所施加的限制。这些限制基本都是在互惠基础上形成的，也是符合国家利益的。国籍国与所在国在对海外公民权益的保护冲突来源于主权冲突，是主权冲突的具体体现。国籍国强烈的保护意愿、有限的保护能力与东道国保护意愿弱但保护能力强之间的矛盾可以通过国际条约进行协调和重构。

（三）司法协助化解管辖之争

司法协助有广义和狭义之分，但是都强调各国管辖权的协调，避免管辖权的冲突，国际社会一般通过缔结双边司法协调条约或者多边公约的方式来进行规制。海外公民权益保护中的关键问题就是国籍国和所在地管辖权之争。根据属地原则的优先性，属地管辖优先于属人管辖，因此所在国的管辖权优先于国籍国管辖权。国籍国和所在国的管辖权之争既有刑事管辖权又有民事管辖权，目前在协调民事管辖权多边公约有区域协调的《布鲁塞尔公约》、国际私法协会制定的《协议选择法院公约》和《海牙判决承认公约》等。

（四）完善各层次立法达到法律供需平衡

我国海外公民权利保护的法律供给严重滞后，既不能满足海外中国公民权益保护的要求，也与统筹推进国内法治和涉外法治的战略布局不相符，因此需要从多方面完善立法。从国内法展望而言，需要制定宏观统领的海外公民权益保护法；在现有立法下则需要通过司法解释的方式解决法律适用中的各项争议，如《对外劳务合作管理条例》中的对外劳务合作企业与外国雇主之间签订的劳务合作合同如何适用冲突法进一步进行解释和说明。从国际法层面而言，中国应借助"一带一路"建设的平台，参与并引领各项国家条约的制定，在海外公民权益保护领域采用灵活缔结的方式,在法律形式上可选择硬法形式、软法形式或其他法律形式。①

(五) 增加机构系统性解决建设与需求的矛盾

海外中国公民权益保护是一项系统性工程,需要各层级各环节的配合。提高我国海外公民权益保护的领导层级。海外公民权益保护的既是公民个人利益也代表国家的海外利益,因此可考虑将海外公民权益保护机制纳入国家安全委员会的领导下,由外交部负责具体事务协调各项工作。要统筹安排外交部领事司、驻外使领馆以及地方外事机构在海外公民保护机制中的职责和分工,充分发挥地方外事机构在海外公民权益保护中的作用,如地方外事部门可承担信息搜集反馈等日常工作以及突发情况的对口配合工作。

(六) 制度创新解决期待与实际保护之间的矛盾

身处海外的中国公民对国籍国保护的期望值较高,但保护效果有限,其中很大一个因素就是现有保护机制的资源有限。因此需不断创新现有的海外公民权益保护制度,拓宽海外公民权益保护的提供主体范围,丰富权益保护提供方式,让我国海外公民有更多的归属感和幸福感。一是提供保护的主体可更广泛,在"一带一路"倡议下,中国大量的企业公司在海外投资、承包工程,从法律角度看,这些公司有义务保护劳动者的安全;而有实力的中国公司,在海外与当地政府、华侨团体和中国驻外使领馆维护良好关系,以扩大企业影响力,提升企业形象。二是从提供方式看,可以考虑将领事服务社会化,雇佣当地工作人员或者与华人华商团体联合,满足海外中国公民权利保护的需求。

"一带一路"倡议已成为中国积极参与全球治理和改革的重要实践领域,标志我国对外关系开启新的时代。本书研究的是在"一带一路"新时期下海外中国公民权益保护法律问题,通过实证分析和理论探讨,找准当前海外中国公民权益维护的难点、重点与痛点,总结经验、吸取教训,分门别类地为"一带一路"共建及相关国家的中国公民权益保护提供完善对策,以期为统筹推进国内法治和涉外法治贡献力量。

---

① 蒋新苗、朱雅妮:《"一带一路"法律供给机制研究》,载《西北大学学报(哲学社会科学版)》2018 年第 3 期,第 12 - 19 页。

参考文献

一、专著类

[1] 陈立：《维护海外利益安全研究：中国民营保安公司作用探析》，法律出版社 2019 年版。

[2] 陈伟：《中国海外农业投资东道国国家风险研究》，中国农业出版社 2021 年版。

[3] 何志鹏：《国家利益的维护：国际法的力量》，法律出版社 2018 年版。

[4] 黄惠康：《中国特色大国外交与国际法》，法律出版社 2019 年版。

[5] 黄雯：《中国企业对"一带一路"沿线国直接投资的国家风险研究》，经济科学出版社 2017 年版。

[6] 蒋新苗：《国际私法本体论》（第二版），法律出版社 2021 年版。

[7] 黎海波：《海外中国公民领事保护问题研究（1978—2011）》，暨南大学出版社 2012 年版。

[8] 李浩培：《条约法概论》，法律出版社 1987 年版。

[9] 李晓敏：《非传统威胁下中国公民海外安全分析》，人民出版社 2011 年版。

[10] 李志永：《"走出去"与中国海外利益保护机制研究》，世界知识出版社 2015 年版。

[11] 梁宝山：《实用领事知识：领事职责·出入境办理·侨民权益保护》，世界知识出版社 2000 年版。

[12] 梁慧星：《民法总论》，法律出版社 2007 年版。

[13] 梁西、曾令良：《国际法（第三版）》，武汉大学出版社 2011 年版。

[14] 梁咏：《中国海外能源投资法律保障与风险防范》，中国法律出版社 2021 年版。

[15] 刘静：《中国海外利益保护：海外风险类别与保护手段》，中国社会科学出版社 2016 年版。

［16］漆彤主编：《中国海外投资法律指南》，法律出版社 2020 年版。

［17］祁虹、周章贵：《"一带一路"海外利益维护与境外安全管理》，法律出版社 2022 年版。

［18］邱学军：《新中国海外领事保护工作理论与实践》，世界知识出版社 2019 年版。

［19］邵津主编：《国际法》（第五版），北京大学出版社 2014 年版。

［20］陶斌智：《中国海外劳工权利法律保护研究》，武汉大学出版社 2017 年版。

［21］王吉文：《国际私法与中国海外权益保护》，中国政法大学出版社 2020 年版。

［22］王铁崖：《中华法学大辞典（国际法学卷）》，中国检察出版社 1996 年版。

［23］王义桅：《"一带一路"：机遇与挑战》，人民出版社 2015 年版。

［24］习近平：《论坚持全面依法治国》，中央文献出版社 2020 年版。

［25］夏莉萍：《领事保护机制改革研究——主要发达国家的视角》，北京出版社 2011 年版。

［26］谢荣镇：《留学之路：你应该知道的故事》，中国言实出版社 2017 年版。

［27］杨立新：《人格权法》，法律出版社 2020 年版。

［28］杨泽伟：《中国国家利益维护的国际法问题研究》，法律出版社 2019 年版。

［29］殷敏：《外交保护法律制度和中国》，上海世纪出版集团 2010 年版。

［30］于立新、王寿群、陶永欣：《国家战略："一带一路"政策与投资 沿线若干国家案例分析》，浙江大学出版社 2016 年版。

［31］张兵、梁宝山：《紧急护侨—中国外交官领事保护纪实》，新华出版社 2010 年版。

［32］张杰：《"一带一路"与海外安全保护》，经济管理出版社 2019 年版。

［33］张磊：《国家实施外交保护的国籍持续原则研究》，法律出版社 2012 年版。

［34］张磊：《外交保护国际法律制度研究》，法律出版社 2011 年版。

［35］张磊：《外交保护中跨国公司国籍认定法律制度研究》，法律出版社 2014 年版。

［36］张卫华：《外交保护法新论（1952—2012）》，法律出版社 2012 年版。

［37］庄国土：《华侨华人与中国的关系》，广东高等教育出版社 2001 年版。

［38］《新中国领事实践》编写组：《新中国领事实践》，世界知识出版社 1991 年版。

［39］《"一带一路"沿线国家安全风险评估》编委会：《"一带一路"沿线国家安全风险评估》，中国发展出版社 2015 年版。

［40］国家信息中心"一带一路"大数据中心：《一带一路大数据报告》，商务印

书馆 2018 年版。

[41] 外交部领事保护中心：《祖国在你身后——中国海外领事保护案件实录》，江苏出版社 2020 年版。

[42] 中国社会科学院全球战略智库国际风险评级项目组：《中国海外投资国家风险评级报告（2021）》，中国社会科学出版社 2021 年版。

[43] 中华人民共和国外交部领事保护中心：《中国领事保护与协助指南》，世界知识出版社 2023 年版。

[44] ［奥］阿·菲德罗斯等：《国际法》（下册），李浩培译，商务印书馆 1981 年版。

[45] ［奥］多丽丝·奈斯比特、约翰·奈斯比特、龙安志：《世界新趋势："一带一路"重塑全球化新格局》，张岩译，中华工商联合出版社 2017 年版。

[46] ［法］古斯塔夫·勒庞：《乌合之众》，杨森译，民主与建设出版社 2016 年版。

[47] 《俄罗斯联邦行政诉讼法典》，黄道秀译，商务印书馆 2016 年版。

[48] ［德］K. 茨威格特，H. 克茨：《比较法总论》，潘汉典等译，法律出版社 2003 年版。

[49] ［美］L. T. 李：《领事法和领事实践》，傅铸译，商务印书馆 1975 年版。

[50] ［德］拉萨·奥本海：《奥本海国际法》，王铁崖等译，中国大百科全书出版社 1998 年版。

[51] ［美］李宗周：《领事法和领事实践》，黄屏等译，世界知识出版社 2012 年版。

[52] ［英］M．阿库斯特：《现代国际法概论》，汪暄译，中国社会科学出版社 1982 年版。

[53] ［美］乔治·凯南：《美国外交（增订本）》，葵阳、南木、李活译，世界知识出版社 1989 年版。

[54] ［德］沃尔夫冈·格拉夫、魏智通：《国际法》，吴越、毛晓飞译，法律出版社 2002 年版。

[55] 徐久生、庄敬华译：《德国刑法典》，中国方正出版社 2002 年版。

[56] ［英］伊恩·布朗利：《国际公法原理》，曾令良译，法律出版社 2007 年版。

[57] 宗玉琨编译：《德国刑事诉讼法典》，知识产权出版社 2013 年版。

[58] Andrea Ghiselli, Protecting China's Interests Overseas：Securitization and Forei gn Policy，Oxford University Press，2021.

[59] Andrew L. Steigman, The Foreign Service of the United States：First Line of

Defense, Westview Press, 1985.

［60］ Anthony Aust, Handbook of International Law, Cambridge University Press, 2005.

［61］ Bruno De Moura Fernandes, Ruben Nizard and Erwan Madelena, "Race for Market Share in Africa: The European Pack Is Catching up with the French Breakaway" COFACE Economic Publications, 2018.

［62］ C. F. Amerasinghe, Diplomatic Protection, Oxford University Press, 2008.

［63］ C. S. Kennedy, The American Consul: A History of the United States Consular Service: 1776—1914, Greenwood Press, 1990.

［64］ Chanda R. , Migration between South and Southeast Asia: overview of Trends and Issues, Institute of South Asian Studies (ISAS) Working Paper No. 140, National University of Singapore, 2012.

［65］ Chittharanjan Felix Amerasinghe, Local Remedies in International Law, Cambridge: Cambridge University Press , 2004.

［66］ Edwin M. Borchard, Diplomatic Protection of Citizens Abroad or the Law of International Claims, The Banks Law Pub. Co. , 1928.

［67］ Hanis, Cases and Materials on International Law, Sweet&Mixwe Press, 2004.

［68］ Inge KauI, Global Public Goods: International Cooperation in the 21' Century, New York: Oxford University Press, 1999.

［69］ Jamey Essex, Development, Security and Aid: Geopolitics and Geoeconomics at the U. S. Agency for International Development, Athens and London: University of Georgia Press , 2013.

［70］ Kennedy, Charles Stuart, The American Consul: A History of the United States Consular Service 1776—1924. New Academia Publishing, 2015.

［71］ Mantouvalou V, Earbook of Immigration and Refugee Law, United Nations Office of the High Commissioner in Human Rights, 2006.

［72］ Theodor Meron, Human Rights and Humanitarian Norms as Customary Law, New York: Oxford University Press, 1989.

［73］ William U. Morgan and Charles Stuart Kennedy, The U. S. Consul at Work, Greenwood Press, 1991.

二、期刊文章类

［1］ 包运成：《海外公民权益的国际人权机制保护》，载《社会科学家》2014 年第

6 期。

[2] 陈伟恕:《中国海外利益研究的总体视野——一种以实践为主的研究纲要》,载《国际观察》2009 年第 2 期。

[3] 陈小沁:《新时期中国领事保护的特点与趋势》,载《聊城大学学报(社会科学版)》2015 年第 4 期。

[4] 陈奕平、许彤辉:《新冠疫情下海外中国公民安全与领事保护》,载《东南亚研究》2020 年第 4 期。

[5] 陈奕平、叶上原:《新冠肺炎疫情下中国海外留学生的领事保护机制与评估效果》,载《统一战线学研究》2020 年第 5 期。

[6] 程禹乔:《领事保护视角下的中国公民海外救助》,载《齐齐哈尔大学学报(哲学社会科学版)》2017 年第 2 期。

[7] 池正杰:《欧盟与德国的外国人政策——现状、异同及变化趋势》,载《德国研究》,1997 年第 4 期。

[8] 单海玲:《我国境外公民保护机制的新思维》,载《法商研究》2011 年第 5 期。

[9] 丁丽柏:《"维也纳领事关系公约"的革新与中国应对》,载《政法论坛》2019 年第 3 期。

[10] 杜凯、薛建:《海外中国公民权益保护探讨》,载《现代商贸工业》2011 年第 7 期。

[11] 葛军:《东帝汶撤侨"第一号领事保护事件"》,载《世界知识》2006 年第 12 期。

[12] 胡非非:《全球治理视野下我国海外利益的法律保护》,载《中南民族大学学报(人文社会科学版)》2022 年第 4 期。

[13] 花勇:《"一带一路"建设中的海外劳工权益法律保护》,载《云南社会主义学院学报》2016 年第 2 期。

[14] 蒋新苗、刘杨:《"一带一路"海外中国公民权益保护的法治困境破解》,载《西北大学学报(哲学社会科学版)》2021 年第 1 期。

[15] 金晓伟:《论我国紧急状态法制的实现条件与路径选择——从反思应急法律体系切入》,载《政治与法律》2021 年第 5 期。

[16] 康·瑟拉耶什金、丁超:《当前中哈关系中的现实问题及解决路径》,载《俄罗斯东欧中亚研究》2019 年第 1 期。

[17] 孔小霞:《海外中国国民权益保护的国际法思考》,载《兰州大学学报(社会科学版)》2008 年第 6 期。

[18] 黎海波:《撤离滞留泰游客与中国的人本性领事保护机制分析》,载《中国安

全（学术版）》2010 年第 2 期。

[19] 黎海波：《当前中国领事保护机制的发展及人权推动因素》，载《创新》2010 年第 4 期。

[20] 李博艺：《海外利益保护问题的文献综述及研究展望》，载《天津商务职业学院学报》2021 年第 2 期。

[21] 李秀娜：《我国私营安全公司域外服务的法律困境及其突破》，载《当代法学》2021 年第 1 期。

[22] 李雪莲、庄晶萍、洪必景：《在"一带一路"建设和公共法律服务视野下构建我国海外务工人员权益保护机制》，载《中国司法》2019 年第 9 期。

[23] 梁蓉：《"维也纳领事关系公约"的挑战与革新》，载《河北法学》2016 年第 12 期。

[24] 廖小健：《海外中国公民安全与领事保护》，载《南洋问题研究》2009 年第 3 期。

[25] 林惠玲：《再平衡视角下条约控制机制对国际投资争端解决的矫正——投资者国家间争端解决重回母国主义：外交保护回来了吗?》，载《政法论坛》2021 年第 1 期。

[26] 刘超、贺小美、高超：《欧美国家海外利益保护中的 NGO 作用于启示》，载《湖南工业大学学报（社会科学版）》2020 年第 4 期。

[27] 刘汝安：《领事保护的国际法理论研究》，载《法制与社会》2019 第 11 期。

[28] 刘诗琪：《从西方防范海外风险措施看我在非华人和企业的安全保护》，载《亚非纵横》2012 年第 4 期。

[29] 裴岩、王文柱：《"一带一路"倡议下中国保安服务业开展海外利益保护的思路与路径》，载《中国人民公安大学学报（社会科学版）》2020 年第 2 期。

[30] 任正红：《中国也门撤离行动的"领事保护"属性》，载《世界知识》2016 年第 12 期。

[31] 沈国放：《坚持以人为本　加强领事保护》，载《求是》2004 年第 22 期。

[32] 苏畅：《中国海外利益面临的恐怖主义风险分析——以中亚地区为例》载《社会科学文摘》2020 年第 11 期。

[33] 苏卡妮：《中国领事保护立法的不足与改进：以中外双边领事条约为主要视角》，载《福建师范大学学报（哲学社会科学版）》2013 年第 2 期。

[34] 孙德刚：《中国领事保护的整体思想与机制建设：以利比亚撤侨行动为例》，载《国际论坛》2020 年第 1 期。

[35] 孙德刚：《中国在中东的领事保护：理念、实践与机制创新》，载《社会科学文摘》2019 年第 10 期。

[36] 孙南翔：《我国海外突发事件应急机制构建探析》，载《学术探索》2015 年第 4 期。

[37] 陶短房：《欧美如何保护海外公民利益》载《时代报告》，2017 年第 1 期。

[38] 万霞：《海外公民保护的困境与出路——领事保护在国际法领域的新动向》，载《世界经济与政治》2007 年第 5 期。

[39] 万霞：《海外中国公民安全问题与国籍国的保护》，载《外交评论》2006 年第 6 期。

[40] 汪段泳等：《中国海外公民安全：基于对外交部"出国特别提醒"（2008—2010）的量化解读》，载《外交评论》2011 年第 1 期。

[41] 王玫黎、李煜婕：《总体国家安全观下中国海外权益保障国际法治构建的理论析探》，载《广西社会科学》2019 年第 8 期。

[42] 王小骄：《哈萨克斯坦国际私法冲突规范评述》，载《新疆财经大学学报》2015 年第 2 期。

[43] 王秀梅、吴殿朝：《非传统安全背景下的海外中国公民保护问题初探》，载《广东外语外贸大学学报》2009 年第 5 期。

[44] 王秀梅：《国际法人本化趋势下海外公民保护的性质演进及进路选择》，载《现代法学》2010 年第 4 期。

[45] 王玉主、李博艺：《风险—收益视角下中国对外投资中的海外利益保护问题探析》，载《亚太经济》2020 年第 6 期。

[46] 夏利萍：《从利比亚事件透析中国领事保护机制建设》，载《西亚非洲》2011 年第 9 期。

[47] 夏利萍：《惠及台胞的中国领事保护拉近两岸距离》，载《世界知识》2018 年第 18 期。

[48] 夏利萍：《西方国家领事保护中的"可为"与"不可为"》，载《世界知识》2017 年第 17 期。

[49] 夏利萍：《中国地方政府参与领事保护探析》，载《外交评论》2017 年第 4 期。

[50] 夏莉萍、许志渝：《新冠疫情下的海外中国公民合法权益保护》，载《国际论坛》2021 年第 1 期。

[51] 夏莉萍：《海外中国公民安全风险与保护》，载《国际政治研究》2013 年第 2 期。

[52] 夏莉萍：《海外中国公民安全状况分析》，载《国际论坛》2006 年第 1 期。

[53] 夏莉萍：《海外中国公民和中资企业的安全风险——基于中国驻外使馆安全提醒之分析》，载《国际安全研究》2019 年第 6 期。

［54］夏莉萍:《领事服务:还是"灰姑娘"吗》,载《世界知识》2013 第 12 期。

［55］夏莉萍:《试析近年来中国领事保护机制的新发展》,载《国际论坛》2005 年第 3 期。

［56］夏莉萍:《中国领事保护新发展与中国特色大国外交》,载《外交评论》2020 年第 4 期。

［57］夏莉萍:《中国涉非领事保护分析》,载《西亚非洲》2013 年第 1 期。

［58］肖晞,宋国新:《中国"一带一路"建设中海外利益的脆弱性分析与保护机制构建》,载《学习与探索》2019 年第 5 期。

［59］谢海霞:《领事保护制度的新发展》,载《国际法学刊》2020 年第 1 期。

［60］刑爱芬:《海外中国公民领事保护的立法初探》,载《国际论坛》2011 年第 4 期。

［61］徐伟功:《论次级经济制裁之阻断立法》载《法商研究》,2021 年第 2 期。

［62］许春清、许雨璋:《中国企业在哈萨克斯坦投资纠纷的法律决方法》,载《发展》2019 年第 12 期。

［63］许育红:《"领事保护"称谓在新中国的演变故事》,载《世界知识》2018 年第 15 期。

［64］颜梅林:《海外中国公民撤离的法律供给》,载《中国社会科学报》2020 年 6 月 18 日第 4 版。

［65］颜梅林:《海外中国公民领事保护的法律依据研究:兼评〈领事工作条例〉(征求意见稿)》,载《华侨华人历史研究》2013 年第 4 期。

［66］杨大:《日本在东南亚的海外利益保护论析》载《世界经济与政治》2019 年第 5 期。

［67］张爱宁:《国际法对移徙工人的保护——兼评"保护所有移徙工人及其家庭成员权利国际公约"》,载《人权研究》2020 年第 1 期。

［68］张丹丹:《中国海外撤离行动:概念内涵、创新发展和未来趋势》,载《世界经济与政治论坛》2022 年第 2 期。

［69］张宏莉、余苇:《哈萨克斯坦外来劳务移民及治理措施》,载《俄罗斯研究》2020 年第 3 期。

［70］张杰:《"一带一路"与私人安保对中国海外利益的保护》,载《上海对外经贸大学学报》2017 年第 1 期。

［71］张杰:《在俄华人华侨华企的安全保护与中俄警务合作》,载《国际安全研究》2018 年第 6 期。

［72］张杰:《中国在中亚地区的利益与公民安全保护》,载《俄罗斯研究》2016 年第 5 期。

［73］张磊：《论我国领事保护制度的内涵》，载《河北法学》2009 年第 5 期。

［74］张明楷：《日本刑法的发展及其启示》，载《当代法学》2006 年第 1 期。

［75］张明明：《中国公民海外遇袭遇险原因分析》，载《理论前沿》2006 年第 9 期。

［76］钟龙彪：《当代中国保护境外公民权益政策演进述论》，载《当代中国史研究》2013 年第 1 期。

［77］周继祥、马青腾：《论中国公民海外权益保护权——以利比亚撤侨为视角》，载《贵州警察职业学院学报》2012 年第 2 期。

［78］朱羿锟：《国家利益视阈下海外侨胞法律地位重构》，载《现代法学》2019 年第 4 期。

［79］朱永彪、任希达：《中亚中国劳工权益面临的风险》，载《新疆师范大学学报（哲学社会科学版）》2017 年第 4 期。

三、学位论文类

［1］［俄］杜玛伊基娜·瓦列丽娅：《中国和俄罗斯领事保护法律制度比较研究》，辽宁大学 2015 年博士学位论文。

［2］黎海波：《国际法的人本化与中国的领事保护》，暨南大学 2009 年博士学位论文。

［3］陶莎莎：《海外中国公民安全保护问题研究》，中共中央党校 2011 年博士学位论文。

［4］万霞：《外交保护制度研究》，外交学院 2012 年博士学位论文。

［5］夏莉萍：《20 世纪 90 年代以来主要发达国家领事保护机制变化研究——兼论对中国的启示》，外交学院 2008 年博士学位论文。

［6］张磊：《外交保护国际法律制度研究》，华东政法大学 2012 年博士学位论文。

后　记

　　随着我国对外开放的纵深发展，前往海外留学、务工、经商、旅游、探亲的中国公民人数剧增，海外中国公民权益保护问题凸显。党和政府无时无刻不把海外同胞的冷暖安危放在心上。广受好评的电影《万里归途》讲述了我国海外撤侨故事，片中我国外交官在同胞身处异国他乡危急时刻，郑重承诺："祖国不会放弃任何一位同胞，我们一定带大家回家！"这简单有力的话语直击人心。而真实的撤侨行动更加惊心动魄，背后凝聚的是党和国家维护海外公民权益坚定的决心与深厚力量。

　　祖国心系海外中国公民安危，而广大身处海外的同胞也应通过各种法律手段维护自身合法权益。作为法律工作者，更觉帮助数量如此庞大的群体在异国他乡护权维权着实必要。因此，我们在搜集了大量"一带一路"共建国①中国公民权益保护案例的基础上编写了此书。此书采取与传统纯理论性学术著作不同的编写方式：以国人在熟知甚至是发生在身边的事件为例，从事先预防、事件应对、事后处理三个维度，采用理论联系实际和以案说法的形式解读法理，并提出法律对策，把深奥的法学原理通俗易懂地阐明。以期我国同胞能借助此书在走出国门后知晓护权维权之基本途径。

　　蒋新苗教授负责本书的全面策划与总体设计，承担总纂任务，并最终统稿与审定。其他参与资料搜集和编写的人员有：第一章：王语凡、李丽；第二章：胡旭亮、李琼宇、罗玥；第三章：刘杨、肖攀诚；第四章：栗进东；第五章：刘杨、宋晓丹；第六章：向丽芬、徐露婷、王语凡；第七章：龚芳蔷、李丽；第八章：王

---

　　① 注：本书"一带一路"共建国的确定并未囿于与我国签订了"一带一路"合作文件的国家，而是从历史和现实以及发展视角，采用了广义开放性的概念。即既包括历史上曾经是"一带一路"的国家，如日本；也涵盖"一带一路"辐射国如西欧诸国；而且也不排斥任何将要与中国合作的国家如美国。因此本书选取的国家既是"一带一路"的共建国，也是中国公民出国主要目的国。

誉朵；第九章：石书婷、胡杨；第十章：武西娇、周倩文；第十一章：吴一鸣、栗进东、丁洁旺；第十二章：甘扬雪；第十三章：姜晓华、罗玥；第十四章：向丽芬、尹国情；第十五章：徐露婷、李雯倬；第十六章：李琼宇；第十七章：朱湘萍；第十八章：石书婷；第十九章：朱湘萍、王誉朵、甘阳雪；第二十章：杨宇航、彭洁、姜晓华。

由于时间有限，加之案例资料搜集难度较大，本书的编写难免存在不足之处，敬请各位读者批评指正。